経済現象の調和解析

経済現象の調和解析

丸山 徹 著

数理経済学叢書

知泉書館

編集委員

岩本　誠一／楠岡　成雄／グレーヴァ香子

武隈　愼一／原　　千秋／俣野　博／丸山　徹

刊 行 の 辞

　数理経済学研究センターは，数学・経済学両分野に携わる学徒の密接な協力をつうじて，数理経済学研究の一層の進展を図ることを目的に，平成 9 年に設立された。以来十数年にわたり，各種研究集会の開催，研究成果の刊行と普及などの活動を継続しつつある。

　活動の一環として，このほど知泉書館の協力により，数理経済学叢書の刊行が実現のはこびに到ったことは同人一同の深く喜びとするところである。

　この叢書は研究センターに設置された編集委員会の企画・編集により，（一）斯学における新しい研究成果を体系的に論じた研究書，および（二）大学院向きの良質の教科書を逐次刊行するシリーズである。

　数学の成果の適切な応用をつうじて経済現象の分析が深まり，また逆に経済分析の過程から数学への新たな着想が生まれるならば，これこそ研究センターの目指す本懐であり，叢書の刊行がそのための一助ともなることを祈りつつ努力したいと思う。

　幸いにしてこの叢書刊行の企てが広範囲の学徒のご賛同とご理解を得て，充実した成果に結実するよう読者諸賢のお力添えをお願いする次第である。

　本叢書の刊行にあたっては一般社団法人樫の会より助成を受けた。特に記して謝意を表する。

　2011 年 4 月

数理経済学叢書　編集委員一同

序

———————

　ある函数を正弦波・余弦波の重ね合せとして表現する可能性をめぐって，Fourier 解析と称せられる解析学の一分野が生まれた。とくに位相群上で同種の問題を考究する抽象理論を調和解析（harmonic analysis）と呼ぶ場合もあるが，本書ではふたつの呼称を殆ど区別せずに用いる。

　数学・物理学において Fourier 解析の果たす役割はきわめて広くかつ深いのであるが，経済学との関係は甚だ事情が異なる。実際，経済時系列論の専門家などを除くと，Fourier 解析は経済学徒の間では決して馴染みの深いものではなかったし，今日でもその状況は変わらない。したがって経済学と Fourier 解析との交渉の事例はごく限定された範囲にとどまることを認めなければならない。

　しかし事例が限られていることと，その重要性の如何とは全く別の問題である。両分野の有意義な交渉を示す事例として，私がとくに注目するのは，経済現象の周期性の解明という主題である。

　経済変数には，時間の流れのなかで周期的あるいは概ね周期的な規則性を伴って，類似した形状を反復するものがすくなくない。景気変動（business fluctuation, trade cycle）はその最も重要な典型例で，J.S. Mill をはじめ，英国後期古典学派の時代以降，多くの経済学者がこの現象の解明に脳漿を絞った。私自身も景気変動の理論の研究過程において Fourier 解析の手法を不可欠とするふたつの場面に遭遇した。これを数学の言葉で要約すれば次のとおりである。

　（I）非線形常微分方程式の周期解の存在。

　（II）確率過程の周期性の特徴づけ。

このふたつの主題こそ，本書の叙述がつねにそれに向けて進んでいくはずの

最終目標にほかならない。

その内容をやや具体的に述べてみよう。

第一の主題の主要な対象は，N. Kaldor の着想に負う，非線形景気変動論である。Kaldor 理論の核心は所謂 Liénard 型の微分方程式に要約され，その周期解の存在を確認する作業から景気循環の発生メカニズムを解き明かす手がかりが見出されるのである。周期解の存在証明を遂行するための決定的な原理となるのが E. Hopf の分岐定理である。Kaldor 型景気理論を数理の面から支える柱（すくなくともそのひとつ）は Hopf の定理であるといってよい。この定理の完全な証明はいずれもきわめて困難であるが，本書では Fourier 解析に基づく最も自然なアプローチを詳述した（第 11 章）。古典的 Fourier 級数論の知識に加えて，Fredholm 作用素に関する函数解析的理論を援用するので，それも必要な限りで解説した（第 10 章）。

第二の主題は，確率的衝撃の重ね合せが周期的あるいは概周期的な挙動を生成する可能性をめぐっての研究である。これは E. Slutsky の非凡な洞察によって提示された問題であるが，創唱者自身の論文は具体的試算をつうじて振動の発生を実験的に示すにとどまり，数学的根拠が十分に論証されていなかった。この不足を補い，完全な理論を与えるためには，Fourier 解析からの深い吟味が不可避である。つまり正の半定符号をもつ函数（弱定常確率過程の共分散函数はその代表的事例である）を，Radon 測度の Fourier 変換として表現する G. Herglotz および S. Bochner の定理こそが Slutsky 問題を厳密に論じるための窮極の鍵となるのである。古典的 Fourier 解析を超える一般調和解析（generalized harmonic analysis）が，時代を同じくして N. Wiener らの手によって開発され，Slutsky 問題の本質に迫る途が整えられたのであった。本書では測度の Fourier 変換論を古典的な総和法の考え方と結びつけて，Herglotz-Bochner の定理を証明する（第 6 章）。これには，より簡潔な超函数論に基づく別証をも掲げておくこととした。いまひとつの準備として，ユニタリ作用素の作る一径数群の Fourier 解析的表現にも一章を割いた（第 7 章）。こうした土台の上に，Slutsky 問題を弱定常確率過程の周期性（第 8 章）および概周期性（第 9 章）の問題として把握し，詳しくこれを論じた。

以上二点——ごく限られた問題ではあるが，私はこれらが周期的経済現象の解明のために有する意義を信じて，その数理の全貌を描き出すように努め

たつもりである。

この限定された主題に目標を絞るとしてさえも，その十全な理解のために
は Fourier 解析における常識的基礎理論を弁えておく必要がある。もとより
これについては内外に多数の良書（たとえば Katznelson[57]，河田 [61]，高
橋 [106]）が刊行されており，たぶんに重複の謗りを免れないが，本書をでき
る限り自足的たらしめるため，基礎理論についてもひととおりのことがらを
述べた。すなわち古典的 Fourier 級数（第 1 − 2 章）；$\mathcal{L}^1, \mathcal{L}^2, \mathfrak{S}$（急減少函数
の空間）および $\mathfrak{S}'$（緩増加超函数の空間）上の Fourier 変換（第 3 − 4 章）；
さらに総和法とスペクトル合成（第 5 章）などが，本書のいわば基礎篇のメ
ニューである。

○

私が Fourier 解析に初めて触れたのは，学生として故河田龍夫教授の講義
に列した折のことであった。やがて幾年かの外国暮らしののち，ご縁があっ
て母校慶應義塾に戻ってからも，河田教授の大学院の講義には欠かさず出席
して指導を受けた。教授は毎回詳細な講義ノートを配布され，それがいまも
私の座右に堆く残されている。私も真似をして大学院では毎年テーマを変え
て講義し，必ずノートを配布するようこころがけたのであるが，実はこれは
容易ならぬ努力を要することを知った。

近年の私の研究は，Fourier 解析に依拠する傾向が一層顕著になりつつあ
る。学徒としての出発点で学んだ学問が伏流のごとく私の生涯を貫き，その
暮れ方にあらためて力強く地表に現われ私の思索が掉さす流れとなったこと
は，むしろ当然かもしれない。旧師の講義ノートを繰り返し読みなおしなが
ら，懐しくもまたほほえましい気持ちが心に湧いてくるのである。

本書の内容はおもに慶應義塾大学大学院経済学研究科，東京大学大学院数
理科学研究科その他における私の講義に基づいている。

楠岡成雄名誉教授（東京大学）は本書の原稿を精読され，多くの誤謬や不
適切な記述を指摘して下さった。しかも確率論の知識が不十分な私は，同氏
のご教示を乞わねばならないことがしばしばであった。また学会での私の報

告に対し，貴重な意見を恵与された A. Ioffe (Technion)，L. Nirenberg (New York Univ.)，P.H. Rabinowitz (Univ. of Wisconsin) といった教授たちの名も感謝をこめて記しておかねばならない。さらに私の講義を聴いて浹渕たる反応を示してくれたかつての学生たち，とりわけ河備浩司，細矢祐誉，虞朝聞各氏から与えられた示唆は言葉に尽くすことができない。いずれも現在それぞれの大学で立派な研究活動に従事している姿を目のあたりにするのは私の喜びである。

　原稿の整理はすべて葛城洋子，遊佐晴子両君の，また仕事の流れ全体の管理は萩原由希子君の手を煩わせた。これらすべての方々に深く感謝の意を表する。

　平成 29 年盛夏

軽井沢にて

丸山　徹

序　　　　　　　　　　　　　　　　　　　　xi

引用の許諾について

　私自身の既発表論文数点の内容を本書中に再録した。寛大な許可を与えられた初出各掲載誌の発行者である米国数学会，日本オペレーションズ・リサーチ学会，数理経済学会に謝意を表する。

読者の予備知識について

　本書の執筆にあたり，私は読者が所謂解析概論と総称される初等的領域および函数解析の基礎をひととおり習得されていることを前提とした。微分積分学・級数論・複素函数論を含む解析概論については高木 [105] をはじめ Cartan [15], Stromberg [104] など; 測度と Lebesgue 積分については Dudley [24], 猪狩 [47], 丸山 [79]；函数解析については加藤 [55], コルモゴロフ＝フォミーン [69], Lax[71] などを必要に応じて参読していただきたい。

$$目\quad 次$$

序 $\cdots\cdots\cdots\cdots\cdots\cdots\cdots\cdots\cdots\cdots\cdots\cdots\cdots\cdots\cdots\cdots\cdots\cdots\cdots\cdots\cdots\cdots\cdots\cdots$ vii

第1章　Hilbert 空間上の Fourier 級数 $\cdots\cdots\cdots\cdots\cdots$ 3

1　Hilbert 空間 $\cdots\cdots\cdots\cdots\cdots\cdots\cdots\cdots\cdots\cdots\cdots\cdots\cdots\cdots\cdots\cdots$ 3

2　正規直交系 $\cdots\cdots\cdots\cdots\cdots\cdots\cdots\cdots\cdots\cdots\cdots\cdots\cdots\cdots\cdots\cdots$ 8

3　Fourier 級数 $\cdots\cdots\cdots\cdots\cdots\cdots\cdots\cdots\cdots\cdots\cdots\cdots\cdots\cdots\cdots$ 16

4　正規直交系の完備性 $\cdots\cdots\cdots\cdots\cdots\cdots\cdots\cdots\cdots\cdots\cdots\cdots$ 19

第2章　古典的 Fourier 級数の収束 $\cdots\cdots\cdots\cdots\cdots\cdots$ 29

1　Dirichlet 積分 $\cdots\cdots\cdots\cdots\cdots\cdots\cdots\cdots\cdots\cdots\cdots\cdots\cdots\cdots\cdots$ 29

2　Dini, Jordan の判定条件 $\cdots\cdots\cdots\cdots\cdots\cdots\cdots\cdots\cdots\cdots\cdots$ 34

3　Fourier 級数の概収束：学史的展望 $\cdots\cdots\cdots\cdots\cdots\cdots$ 41

4　一様収束 $\cdots\cdots\cdots\cdots\cdots\cdots\cdots\cdots\cdots\cdots\cdots\cdots\cdots\cdots\cdots\cdots$ 45

5　Fejér 積分と $(C,\,1)$ 総和法 $\cdots\cdots\cdots\cdots\cdots\cdots\cdots\cdots\cdots\cdots$ 47

第3章　Fourier 変換（その1）$\cdots\cdots\cdots\cdots\cdots\cdots\cdots$ 53

1　Fourier 積分 $\cdots\cdots\cdots\cdots\cdots\cdots\cdots\cdots\cdots\cdots\cdots\cdots\cdots\cdots\cdots$ 53

2　$f \in \mathfrak{L}^1(\mathbb{R}, \mathbb{C})$ の Fourier 変換 $\cdots\cdots\cdots\cdots\cdots\cdots\cdots$ 58

3　応用：熱伝導方程式 $\cdots\cdots\cdots\cdots\cdots\cdots\cdots\cdots\cdots\cdots\cdots\cdots$ 68

第4章　Fourier 変換（その2）$\cdots\cdots\cdots\cdots\cdots\cdots\cdots$ 71

1　急減少函数の Fourier 変換 $\cdots\cdots\cdots\cdots\cdots\cdots\cdots\cdots\cdots$ 71

2　$f \in \mathfrak{L}^2(\mathbb{R}, \mathbb{C})$ の Fourier 変換 $\cdots\cdots\cdots\cdots\cdots\cdots\cdots$ 79 xiv 目　次

　3　応用：たたみ込み型の積分方程式・・・・・・・・・・・・・・・・・・・・・・・・・・・・・・・82

　4　緩増加超函数の Fourier 変換・・・・・・・・・・・・・・・・・・・・・・・・・・・・・・・・・・85

　5　$\mathfrak{L}^2$ における Fourier 変換再論・・・・・・・・・・・・・・・・・・・・・・・・・・・・・・・97

　6　周期超函数の Fourier 係数・・・・・・・・・・・・・・・・・・・・・・・・・・・・・・・・・・・・103

第5章　総和核とスペクトル合成・・・・・・・・・・・・・・・・・・・・・・・・・・113

　1　移動作用素・・113

　2　$[-\pi, \pi]$ 上の総和核・・・117

　3　$[-\pi, \pi]$ 上のスペクトル合成・・・・・・・・・・・・・・・・・・・・・・・・・・・・・・・・122

　4　$\mathbb{R}$ 上の総和核・・125

　5　$\mathbb{R}$ 上のスペクトル合成――$\mathfrak{L}^1$ の逆変換公式・・・・・・・・・・・・・・128

第6章　測度の Fourier 変換・・・・・・・・・・・・・・・・・・・・・・・・・・・・・・・・135

　1　Radon 測度・・・135

　2　測度の Fourier 係数 (1)・・・・・・・・・・・・・・・・・・・・・・・・・・・・・・・・・・・・・137

　3　測度の Fourier 係数 (2)・・・・・・・・・・・・・・・・・・・・・・・・・・・・・・・・・・・・・140

　4　Herglotz の定理・・・144

　5　測度の Fourier 変換・・152

　6　Bochner の定理・・・162

　7　測度のたたみ込み・・171

　8　Wiener の定理・・175

第7章　ユニタリ作用素のスペクトル表現・・・・・・・・・・・・・・・・181

　1　Lax-Milgram の定理・・181

　2　共役作用素と射影作用素・・・・・・・・・・・・・・・・・・・・・・・・・・・・・・・・・・・・186

　3　ユニタリ作用素・・193

　4　恒等作用素の分解・・195

　5　ユニタリ作用素のスペクトル表現・・・・・・・・・・・・・・・・・・・・・・・・・・199

　6　ユニタリ作用素の一径数群とそのスペクトル表現

　　　――Stone の定理・・・206

目　次　　xv

第8章　定常確率過程の調和解析………………………………213

　1　二次確率過程……………………………………………………214

　2　弱定常確率過程…………………………………………………222

　3　弱定常確率過程の周期性………………………………………233

　4　直交測度…………………………………………………………241

　5　弱定常過程のスペクトル表現
　　　——Cramér-Kolmogorov の定理…………………………246

　6　スペクトル測度の密度函数……………………………………253

第9章　概周期函数と弱定常確率過程…………………………267

　1　概周期函数………………………………………………………267

　2　$\mathfrak{L}^\infty(\mathbb{R},\mathbb{C})$ における閉部分代数としての $\mathfrak{AP}(\mathbb{R},\mathbb{C})$………………270

　3　概周期函数のスペクトル………………………………………279

　4　概周期函数の Fourier 級数……………………………………290

　5　概周期弱定常確率過程…………………………………………300

第10章　Fredholm 作用素………………………………………305

　1　直和と射影………………………………………………………305

　2　Fredholm 作用素：定義と例…………………………………318

　3　パラメトリックス………………………………………………322

　4　Fredholm 作用素の積…………………………………………326

　5　指数の安定性……………………………………………………328

第11章　Hopf の分岐定理………………………………………331

　1　Ljapunov-Schmidt の降下法…………………………………332

　2　抽象的 Hopf の定理……………………………………………334

　3　Hopf の定理：周期解の分岐…………………………………339

　4　$\mathfrak{C}^r$ における Hopf 分岐…………………………………………357

　5　N. Kaldor の景気循環論………………………………………359

　6　Ljapunov の渦心点定理………………………………………364

xvi 目　次

付論A　指数函数　$e^{i\theta}$ 377
  1　複素指数函数 377
  2　虚の指数函数 379
  3　トーラス　$\mathbb{R}/2\pi\mathbb{Z}$ 382
  4　$\mathbb{R}$ から U への準同型 384
  5　トーラス上の函数 385

付論B　函数解析からの補足 387
  1　帰納的極限位相 387
  2　局所凸空間の双対 399

付論C　超函数論からの補足 415
  1　空間 $\mathfrak{D}$ 415
  2　試料函数の実例と近似定理 421
  3　超函数の定義と例 427
  4　超函数の微分 431
  5　超函数の空間 $\mathfrak{D}'$ の位相 435

参 考 文 献 444
人名索引 453
事項索引 455

経済現象の調和解析

第 1 章

Hilbert 空間上の Fourier 級数

l 次元の Euclid 空間においては、l 個の基本単位ベクトル $e_1, e_2, \ldots, e_l$ から成る基底を定めれば、いかなるベクトル x も

$$x = \sum_{i=1}^{l} c_i e_i$$

の形式に一意的に表現することができ、係数 c_i は $c_i = \langle x, e_i \rangle$（内積）として計算される。

これと同種の表現が内積の定義された無限次元の線形空間（つまり Hilbert 空間または pre-Hilbert 空間）においても可能であろうか。この問に答えるものが Fourier 級数の理論にほかならない。

本章ではまず抽象的 Hilbert 空間上の Fourier 級数を定義し、その基礎的性質を論じよう。

§1 Hilbert 空間

$\mathfrak{H}$ を複素線形空間とし,[1] 函数 $\langle \cdot, \cdot \rangle : \mathfrak{H} \times \mathfrak{H} \to \mathbb{C}$ が次の条件を満たすとき, $\langle \cdot, \cdot \rangle$ を $\mathfrak{H}$ 上の内積と称する。ここで x, y, x_1, x_2 はいずれも $\mathfrak{H}$ の元である。

---

1)　$\mathfrak{H}$ が実線形空間の場合の内積は (i)〜(iv) を満たす実数値函数 $\langle \cdot, \cdot \rangle; \mathfrak{H} \times \mathfrak{H} \to \mathbb{R}$ を意味する。したがって (ii) は $\langle x, y \rangle = \langle y, x \rangle$ と書き換えられる。

第 1 章　Hilbert 空間上の Fourier 級数

(i)　$\langle x, x \rangle \geqq 0$; $\langle x, x \rangle = 0 \Leftrightarrow x = 0.$

(ii)　$\langle x, y \rangle = \overline{\langle y, x \rangle}$　（共役複素数）.

(iii)　$\langle \alpha x, y \rangle = \alpha \langle x, y \rangle$; $\alpha \in \mathbb{C}.$

(iv)　$\langle x_1 + x_2, y \rangle = \langle x_1, y \rangle + \langle x_2, y \rangle.$

以上の公準から，次の関係が容易に導かれる。

(a)　$\langle x, y_1 + y_2 \rangle = \langle x, y_1 \rangle + \langle x, y_2 \rangle.$

(b)　$\langle x, \alpha y \rangle = \bar{\alpha} \langle x, y \rangle$; $\alpha \in \mathbb{C}$　（$\bar{\alpha}$ は α の共役複素数）.

複素線形空間 $\mathfrak{H}$ 上に内積 $\langle \cdot, \cdot \rangle$ が定まっているとき，

$$\|x\| = \sqrt{\langle x, x \rangle} \quad , \quad x \in \mathfrak{H} \tag{1}$$

と定義すると，次のふたつの重要な不等式が導かれる。

(I)　Schwarz の不等式　$|\langle x, y \rangle| \leqq \|x\| \cdot \|y\|.$

(II)　三角不等式　$\|x + y\| \leqq \|x\| + \|y\|.$

これから (1) によって定義された函数 $\|\cdot\| : \mathfrak{H} \to \mathbb{R}$ は $\mathfrak{H}$ 上のノルムであることが知られる。

(1) の方法により，内積をつうじてノルムの定まった線形ノルム空間を pre-Hilbert 空間，そして完備な pre-Hilbert 空間を Hilbert 空間という。

以下，Hilbert 空間におけるいくつかの基本的事実を列挙しておこう。

1°　（平行四辺形の原理，parallelogram law）　(i)　pre-Hilbert 空間 $\mathfrak{H}$ においては

$$\|x + y\|^2 + \|x - y\|^2 = 2(\|x\|^2 + \|y\|^2). \tag{2}$$

(ii)　逆に $(\mathfrak{H}, \|\cdot\|)$ を (2) を満たすノルム空間とすれば，それは pre-Hilbert 空間である。

2°　（Pythagoras の定理）　Hilbert 空間 $\mathfrak{H}$ の二元 x, y について $\langle x, y \rangle = 0$ が成り立つとき，x と y とは**直交する**（orthogonal）といい，$x \perp y$ とも書く。$\mathfrak{H}$ を Hilbert 空間とし，その二元 x, y が直交すれば

$$\|x + y\|^2 = \|x\|^2 + \|y\|^2.$$

より一般に，n 個の元 $x_1, x_2, \cdots, x_n$ について

$$x_i \perp x_j \quad \text{if} \quad i \neq j$$

であれば

$$\|x_1 + x_2 + \cdots + x_n\|^2 = \|x_1\|^2 + \|x_2\|^2 + \cdots + \|x_n\|^2.$$

3° （直交性の特徴づけ） Hilbert 空間 $\mathfrak{H}$ の二元 x, y について，

$$x \perp y \Leftrightarrow \|x\| \leqq \|x + \lambda y\| \quad \text{for all} \quad \lambda \in \mathbb{C}.$$

4° （最短距離の定理） C を Hilbert 空間 $\mathfrak{H}$ の非空な閉凸集合とする。任意の $z \in \mathfrak{H}$ に対して

$$\|x - z\| = \inf_{y \in C} \|y - z\|$$

を満足する点 $x \in C$ が存在して，そのような点は一意に定まる。

> **定義** $\mathfrak{H}$ を pre-Hilbert 空間，M をその部分集合とするとき，M のすべての元と直交する $x \in \mathfrak{H}$ の全体を
>
> $$M^\perp = \{x \in \mathfrak{H} \mid x \perp y \quad \text{for all} \quad y \in M\}$$
>
> と書き，これを M の**直交補空間** (orthogonal complement) と呼ぶ。

5° （直交分解） $\mathfrak{H}$ を Hilbert 空間，$\mathfrak{M}$ をその閉部分空間とする。このとき任意の $z \in \mathfrak{H}$ に対して

$$z = x + y$$

を満たす $x \in \mathfrak{M}$ と $y \in \mathfrak{M}^\perp$ が存在する。しかもこのような x, y は一意に定まる。これを $\mathfrak{H} = \mathfrak{M} \oplus \mathfrak{M}^\perp$ などとも書く。

Hilbert 空間上の連続線形汎函数は必ず内積の形式で表現することが可能であるという，所謂 F. Riesz の表現定理は，Hilbert 空間論における最も重要な基礎である。（$\mathfrak{H}'$ は $\mathfrak{H}$ の双対空間，つまり $\mathfrak{H}$ 上の連続線形汎函数の作る空

6   第 1 章　Hilbert 空間上の Fourier 級数

間である。)

　定理 **1.1**（F. Riesz）　$\mathfrak{H}$ を Hilbert 空間とする。
　(i)　各 $y \in \mathfrak{H}$ について作用素 $\Lambda_y : \mathfrak{H} \to \mathbb{C}$ を

$$\Lambda_y(x) = \langle x, y \rangle$$

と定義すると，$\Lambda_y \in \mathfrak{H}'$ かつ $\|\Lambda_y\| = \|y\|$.
　(ii)　逆に，すべての $\Lambda \in \mathfrak{H}'$ は適当な $y_\Lambda \in \mathfrak{H}$ について

$$\Lambda(x) = \langle x, y_\Lambda \rangle \quad \text{for all} \quad x \in \mathfrak{H}$$

と表現され，このような y_Λ は一意に定まる。

　証明　(i)　$y \in \mathfrak{H}$ をひとつ固定して考えると，Schwarz の不等式により

$$|\Lambda_y(x)| = |\langle x, y \rangle| \leqq \|x\| \cdot \|y\|.$$

したがって Λ_y は有界な線形汎函数で

$$\|\Lambda_y\| \leqq \|y\|. \tag{3}$$

一方

$$\Lambda_y(y) = \langle y, y \rangle = \|y\|^2$$

であるから

$$\|\Lambda_y\| \geqq \|y\|. \tag{4}$$

(3), (4) により $\|\Lambda\| = \|y\|$ を得る。
　(ii)　$\Lambda \in \mathfrak{H}'$ とする。Λ が恒等的にゼロ，つまり $\Lambda \equiv 0$ のとき定理が成り立つのは自明であるから，$\Lambda \not\equiv 0$ としてよい。そこで $\mathfrak{M} = \mathrm{Ker}\Lambda$ とすれば，$\mathfrak{M}$ は非空な閉凸部分集合であり，しかも $\Lambda \not\equiv 0$ により $\mathfrak{M} \subsetneq \mathfrak{H}$ である。そこで $z \in \mathfrak{H} \setminus \mathfrak{M}$ とすれば，上記の 4° により

$$\|x - z\| = \inf_{y \in \mathfrak{M}} \|y - z\| \tag{5}$$

を満たす $x \in \mathfrak{M}$ が存在して，それは一意に定まる。$\mathfrak{M}$ は線形部分空間であ

§1 Hilbert 空間 7

るから，任意の $w \in \mathfrak{M}$，任意の $\lambda \in \mathbb{C}$ について

$$x + \lambda w \in \mathfrak{M}.$$

(5) により

$$\|x - z\| \leqq \|x + \lambda w - z\|.$$

よって 3° から

$$(x - z) \perp w \quad \text{for any} \quad w \in \mathfrak{M}. \tag{6}$$

ここで $x \in \mathfrak{M}$, $z \notin \mathfrak{M}$ であるから，$x - z \notin \mathfrak{M}$ であることに注意しよう。すなわち $\Lambda(x - z) \neq 0$ であるから

$$\Lambda\left(\frac{x - z}{\Lambda(x - z)}\right) = 1.$$

しかるに

$$u = \frac{x - z}{\Lambda(x - z)}$$

とおくと，任意の $v \in \mathfrak{H}$ に対して

$$\Lambda(v - \Lambda(v)u) = \Lambda(v) - \Lambda(v)\Lambda(u) = 0. \tag{7}$$

(6) から，すべての $w \in \mathfrak{M}$ について $u \perp w$ であること，および (7) から $v - \Lambda(v)u \in \mathfrak{M}$ であることに留意して

$$\langle v - \Lambda(v)u, u \rangle = \langle v, u \rangle - \Lambda(v)\|u\|^2 = 0.$$

したがって

$$\Lambda(v) = \left\langle v, \frac{u}{\|u\|^2} \right\rangle \quad \text{for all} \quad v \in \mathfrak{H}.$$

そこで

$$y_\Lambda = \frac{u}{\|u\|^2}$$

とすれば所望の帰結を得る。y_Λ の一意性は明らか。 (証了)

各 $\Lambda \in \mathfrak{H}'$ に対して，定理 1.1 の方で $y_\Lambda \in \mathfrak{H}$ を対応させる写像 $\varphi : \Lambda \mapsto y_\Lambda$ を考えると，これは $\mathfrak{H}'$ と $\mathfrak{H}$ との間に（線形ノルム空間としての）等長同型を

与える。この意味で**Hilbert** 空間 $\mathfrak{H}$ とその双対空間 $\mathfrak{H}'$ とは同一視すること
ができるのである。それを記号的には次のように要約して書く。

$$\mathfrak{H} \cong \mathfrak{H}'.$$

§2 正規直交系

まず，実または複素 Hilbert 空間上の Fourier 級数論を概説する。以下，
$\langle \cdot, \cdot \rangle$ は Hilbert 空間における内積，また $\| \cdot \|$ はノルムを表わすものとする。

定義 Hilbert 空間 $\mathfrak{H}$ の部分集合 Φ の任意の相異なる二元 φ, φ' について

$$\langle \varphi, \varphi' \rangle = 0 \qquad \text{if} \quad \varphi \neq \varphi'$$

が成り立つとき，Φ は $\mathfrak{H}$ における**直交系** (orthogonal system) であるとい
い，とくにすべての $\varphi \in \Phi$ に対して $\|\varphi\| = 1$ である場合には，**正規直交系**
(orthonormal system) であるという。

$\Phi = \{\varphi_1, \varphi_2, \cdots, \varphi_n\}$ が正規直交系をなすとき，次のような計算のルール
を知っていると便利である。すなわち $c_1, c_2, \cdots, c_n \in \mathbb{C}$ に対して，

$$\Big\| \sum_{i=1}^{n} c_i \varphi_i \Big\|^2 = \Big\langle \sum_{i=1}^{n} c_i \varphi_i, \sum_{i=1}^{n} c_i \varphi_i \Big\rangle = \sum_{i=1}^{n} c_i \overline{c_i} = \sum_{i=1}^{n} |c_i|^2 \qquad (1)$$

である。ここで $\overline{c_i}$ は c_i の共役複素数である。

公式 (1) を用いると，

$$\sum_{i=1}^{n} c_i \varphi_i = 0 \quad \Longrightarrow \quad c_i = 0 \quad \text{for all} \quad i$$

とならねばならないから，正規直交系を構成するベクトルは互いに一次独立
であることがわかる。

次にいくつかの代表的な正規直交系の事例を掲げる。例 2，例 3 は本書中
において最も頻繁に用いられるもので，ここに挙げた函数系がそれぞれの空

§2 正規直交系 9

間における正規直交系をなすことはきわめて容易に確かめることができよう。例 4～例 6 の事例は，本書では利用する機会がないのであるが，ごく簡単に証明を述べておくことにした。[2]

例 1　$\mathbb{C}^l$（または $\mathbb{R}^l$）において，単位ベクトルの系 $e_1 = (1, 0, \cdots, 0), e_2 = (0, 1, 0, \cdots, 0), \cdots, e_l = (0, \cdots, 0, 1)$ は正規直交系を成す。

例 2　$\mathfrak{L}^2([-\pi, \pi], \mathbb{C})$（または $\mathfrak{L}^2([-\pi, \pi], \mathbb{R})$）において

$$\frac{1}{\sqrt{2\pi}}, \ \frac{1}{\sqrt{\pi}}\cos x, \ \frac{1}{\sqrt{\pi}}\sin x, \ \cdots, \ \frac{1}{\sqrt{\pi}}\cos nx, \ \frac{1}{\sqrt{\pi}}\sin nx, \ \cdots; \ n = 1, 2, \cdots$$

は正規直交系を成す。

例 3　$\mathfrak{L}^2([-\pi, \pi], \mathbb{C})$ において

$$\frac{1}{\sqrt{2\pi}}e^{inx} \quad ; \quad n = 0, \pm 1, \pm 2, \cdots$$

は正規直交系を成す。

例 4　$\mathfrak{L}^2([-1, 1], \mathbb{C})$ において

$$\sqrt{\frac{2n+1}{2}}P_n(x) \quad ; \quad n = 0, 1, 2, \cdots$$

は正規直交系を成す。ただしここで

$$P_n(x) = \frac{1}{2^n n!} \cdot \frac{d^n}{dx^n}(r^2 - 1)^n \qquad (\textbf{Legendre の多項式}),$$

$P_n(x)$ は n 次の多項式で，その最高次数の項は $(2n)!/2^n(n!)^2 \cdot r^n$ である。[3]

まず予備計算として $f : [-1, 1] \to \mathbb{R}$ を任意の $\mathbb{C}^n$-級の函数としよう。部分積分

---

2)　例 4～例 6 の証明については寺沢 [107] pp.145-149，pp.414-416 や Folland[29] Chap.6，Yosida[119] Chap.1,§3 および Chap.2,§2 を参照。
3)　$P_n(x)$ の最高次数項 $= (1/2^n n!)\{(2n)(2n-1)\cdots(n+1)\}x^n$.

10 第 1 章 Hilbert 空間上の Fourier 級数

を n 回繰り返すことによって, [4)]

$$2^n n! \langle f, P_n \rangle = \int_{-1}^{1} f(x) \frac{d^n}{dx^n} (x^2 - 1)^n dx = (-1)^n \int_{-1}^{1} \frac{d^n}{dx^n} f(x) \cdot (x^2 - 1)^n dx.$$
(2)

とくに f として $P_m (m < n)$ を選べば P_m の n 階微分は 0 であるから

$$2^n n! \langle P_m, P_n \rangle = 0 \quad (m < n).$$

$m > n$ の場合も同様にすればよいので,

$$\langle P_m, P_n \rangle = 0 \quad \text{if} \quad m \neq n.$$

つまり相異なる P_m と P_n とは互いに直交する。

次に $\|P_n\| = 1$ を示そう。$P_n(x)$ の n 階導函数は

$$\frac{d^n}{dx^n} P_n(x) = \frac{(2n)!}{2^n \cdot n!} = \frac{1 \cdot 2 \cdot \cdots \cdot (2n)}{(2 \cdot 1)(2 \cdot 2) \cdot \cdots \cdot (2 \cdot n)} = 1 \cdot 3 \cdot 5 \cdots (2n - 1).$$

したがって (2) により ($f = P_n$ として)

$$2^n n! \langle P_n, P_n \rangle = (-1)^n \int_{-1}^{1} (1 \cdot 3 \cdot 5 \cdot \cdots \cdot (2n - 1))(x^2 - 1)^n dx$$

$$= (1 \cdot 3 \cdot 5 \cdot \cdots \cdot (2n - 1)) \int_{-1}^{1} (1 - x^2)^n dx.$$
(3)

$x = \sqrt{y}$ としてベータ積分公式を適用すると, [5)]

---

4)　一回目の部分積分を念のために記しておけば,

$$f(x) \frac{d^{n-1}}{dx^{n-1}} (x^2 - 1)^n \Big|_{-1}^{1} - \int_{-1}^{1} f'(x) \frac{d^{n-1}}{dx^{n-1}} (x^2 - 1)^n dx$$

$$= -\int_{-1}^{1} f'(x) \frac{d^{n-1}}{dx^{n-1}} (x^2 - 1)^n dx.$$

5)　$\mathcal{R}es > 0$ なる複素平面の半空間 $\mathbb{C}_+$ で定義される函数

$$\Gamma(s) = \int_{0}^{\infty} x^{s-1} e^{-x} dx$$
(t)

($\Gamma : \mathbb{C}_+ \to \mathbb{C}$) を**ガンマ函数** (gamma function) と称する。Γ は $\mathbb{C}_+$ 上の解析函数である。Γ の定義域を $(0, \infty)$ とする場合もあり, 本文中ではそのように考えている。

$$\int_{-1}^1 (1-x^2)^n dx = 2\int_0^1 (1-x^2)^n dx = \int_0^1 (1-y)^n y^{-\frac{1}{2}} dy$$

$$= \frac{\Gamma(n+1)\Gamma\left(\frac{1}{2}\right)}{\Gamma\left(n+\frac{3}{2}\right)} = \frac{n!\sqrt{\pi}}{\Gamma\left(n+\frac{3}{2}\right)} \quad (\text{脚注 } 1°,\ 3° \text{ による}) \quad (4)$$

$$= \frac{n!}{\left(\frac{1}{2}\right)\left(\frac{3}{2}\right)\cdots\cdots\left(n+\frac{1}{2}\right)} = \frac{2^{n+1}\cdot n!}{1\cdot 3\cdot 5\cdots\cdots(2n+1)}.$$

ここで Γ はガンマ函数である。(3), (4) により,

$$\|P_n\|^2 = \frac{2}{2n+1}.$$

これからただちに

$$\left\|\sqrt{\frac{2n+1}{2}}P_n(x)\right\|_2 = 1$$

を得る。

例 5　$\mathfrak{L}^2(\mathbb{R},\mathbb{C})$ において

$$\frac{1}{\sqrt{2^n n!}\,\sqrt[4]{\pi}}\,H_n(x)e^{-\frac{x^2}{2}} \quad ;\quad n = 0, 1, 2, \cdots$$

は正規直交系を成す。ただしここで

$$H_n(x) = (-1)^n e^{x^2}\frac{d^n}{dx^n}e^{-x^2} \qquad (\textbf{Hermite の多項式}).$$

$H_n(x)$ は n 次の多項式で，最高次数の項は $(2x)^n$ である。

また $B : \mathbb{C}_+ \times \mathbb{C}_+ \to \mathbb{C}$ を

$$B(p,q) = \int_0^1 x^{p-1}(1-x)^{q-1}dx$$

と定義し（この積分は収束する），これをベータ函数 (beta function) と呼ぶ。

これらについて次のような公式が成り立つ。(cf. 高木 [105] 第 5 章 §68 および Cartan [15]Chap.V, §3.)

$1°$　$\Gamma(s+1) = s\Gamma(s)$.
これから帰納法により，すべての $n \in \mathbb{N}$ に対して $\Gamma(n+1) = n!$。

$2°$　$B(p,q) = \Gamma(p)\Gamma(q)/\Gamma(p+q)$.

$3°$　$\Gamma(s)\Gamma(1-s) = \pi/\sin\pi s$.
とくに $s = 1/2$ とすれば $\Gamma(1/2) = \sqrt{\pi}$.

$4°$　$\Gamma\left(n+\frac{1}{2}\right) = \frac{1}{2}\left(\frac{3}{2}\right)\cdots\left(n-\frac{1}{2}\right)\sqrt{\pi}$　$(n = 0, 1, 2, \cdots)$.

12   第 1 章 Hilbert 空間上の Fourier 級数

$f : \mathbb{R} \to \mathbb{R}$ を任意の $\mathbb{C}^n$-級函数とすれば，ここでもまた部分積分を反復して

$$
\int_{-\infty}^{\infty} f(x) H_n(x) e^{-x^2} dx = (-1)^n \int_{-\infty}^{\infty} f(x) \frac{d^n}{dx^n} e^{-x^2} dx
$$
$$
= \int_{-\infty}^{\infty} \frac{d^n}{dx^n} f(x) \cdot e^{-x^2} dx. \tag{5}
$$

$m < n$ とすれば，(5) により，

$$
\int_{-\infty}^{\infty} H_m(x) H_n(x) e^{-x^2} dx = 0 \quad (m < n).
$$

$m > n$ の場合についても同様である。つまり重み e^{-x^2} のついた測度 $e^{-x^2} dx$ について，相異なる H_m と H_n とは直交する。そこで $\widetilde{H}_n(x) = H_n(x) e^{-\frac{x^2}{2}}$ とおけば，相異なる $\widetilde{H}_m$ と $\widetilde{H}_n$ は通常の意味で直交する。すなわち

$$
\int_{-\infty}^{\infty} H_m(x) e^{-\frac{x^2}{2}} \cdot H_n(x) e^{-\frac{x^2}{2}} dx = 0 \quad \text{if} \quad m \neq n.
$$

(5) において $f = H_n$ とすれば，$f(x) = (2x)^n + \cdots$ であるから，$(d^n/dx^n) f(x) = 2^n n!$。ゆえに

$$
\| H_n(x) e^{-\frac{x^2}{2}} \|^2 = 2^n n! \int_{-\infty}^{\infty} e^{-x^2} dx = 2^n n! \sqrt{\pi}.
$$

したがって

$$
\left\| \frac{1}{\sqrt{2^n n!} \sqrt[4]{\pi}} H_n(x) e^{-\frac{x^2}{2}} \right\|_2 = 1.
$$

例 6　$\mathfrak{L}^2((0, \infty), \mathbb{C})$ において

$$
\frac{1}{n!} L_n(x) e^{-\frac{x}{2}} \quad ; \quad n = 0, 1, 2, \cdots
$$

は正規直交系を成す。ただしここで

$$
L_n(x) = e^x \frac{d^n}{dx^n} (x^n e^{-x}) \qquad (\textbf{Laguerre の多項式}).
$$

$L_n(x)$ は n 次の多項式で，最高次数の項は $(-1)^n x^n$ である。

$f : [0, \infty] \to \mathbb{R}$ を任意の $\mathbb{C}^n$-級函数とすれば，部分積分により，

$$
\int_0^{\infty} f(x) L_n(x) e^{-x} dx = \int_0^{\infty} f(x) \cdot e^x \frac{d^n}{dx^n} (x^n e^{-x}) \cdot e^{-x} dx
$$

$$= (-1)^n \int_0^\infty \frac{d^n}{dx^n} f(x) \cdot (x^n e^{-x}) dx.$$

$m < n$ とすれば，(6) により，

$$\int_0^\infty L_m(x) L_n(x) e^{-x} dx = 0 \quad (m < n).$$

$m > n$ の場合についても同様である。そこで $\widetilde{L}_n(x) = L_n(x) e^{-\frac{x}{2}}$ とおけば，相異なる $\widetilde{L}_m$ と $\widetilde{L}_n$ は直交する。つまり

$$\int_0^\infty L_m(x) e^{-\frac{x}{2}} \cdot L_n(x) e^{-\frac{x}{2}} dx = 0 \qquad \text{if} \quad n \neq m.$$

また (6) において $f = L_n$ とすれば，$d^n/dx^n(L_n) = (-1)^n$ であるから

$$\left\| \frac{1}{n!} L_n(x) e^{-\frac{x}{2}} \right\|_2^2 = \frac{(-1)^n}{(n!)^2} \int_0^\infty (-1)^n \cdot x^n e^{-x} dx$$

$$= \frac{1}{(n!)^2} \int_0^1 x^n e^{-x} dx = \frac{1}{(n!)^2} \Gamma(n+1) = 1.$$

以上，具体的な Hilbert 空間上での正規直交系の実例を示したが，一般の Hilbert 空間上ではたして正規直交系は存在するであろうか。次の定理はこの問題に肯定的に答えるものである。

定理 1.2 (Schmidt の直交化)   Hilbert 空間 $\mathfrak{H}$ の一次独立な点列を $\{x_n\}$ とする。このとき

$$\varphi_1 = c_{11} x_1, \quad \varphi_2 = c_{21} x_1 + c_{22} x_2, \quad \cdots \tag{7}$$

$$\varphi_n = c_{n1} x_1 + c_{n2} x_2 + \cdots + c_{nn} x_n, \quad \cdots \tag{8}$$

なる数 c_{nm} を適当に選んで，$\{\varphi_n\}$ を $\mathfrak{H}$ における正規直交系とすることができる。

証明の段取りを簡単に図解すると次のようである。点列 $\{x_n\}$ は一次独立ゆえ，もちろん $x_1 \neq 0$ であることに注意して，$\varphi_1 = x_1/\|x_1\|$ とする。つまり x_1 の長さを調整して 1 となるように規準化するのである。次にベクトル x_1 の張る直線上へ，x_2 の矢印の頭からおろした垂線の足を H とすると，線分 $0H$ の長さは

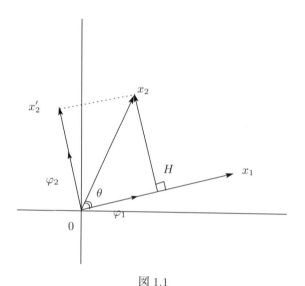

図 1.1

$$\|x_2\|\cos\theta = \|x_2\| \cdot \|\varphi_1\|\cos\theta = \langle x_2, \varphi_1 \rangle$$

である。ここで θ は，φ_1 と x_2 とのなす角であり，$\|\varphi_1\| = 1$ であることに注意する。そこで

$$x_2' = x_2 - \langle x_2, \varphi_1 \rangle \varphi_1$$

とおけば，x_2' は x_2 の矢印の頭と H とを結ぶ矢印によって表わされるベクトルで，明らかに φ_1 と直交している。そして再び長さを調整して $\varphi_2 = x_2'/\|x_2'\|$ とおけば，φ_1 と φ_2 は直交し，ともに長さは 1 である。以下，このプロセスを繰り返せばよい。

§2 正規直交系 15

さて厳密な証明に進もう。

定理 1.2 の証明　ベクトルの列 $\{x_n'\}, \{\varphi_n\}$ を次のように定義する。

$$x_1' = x_1, \quad \varphi_1 = x_1'/\|x_1'\|$$
$$x_2' = x_2 - \langle x_2, \varphi_1 \rangle \varphi_1, \quad \varphi_2 = x_2'/\|x_2'\|$$
$$\cdots\cdots\cdots\cdots$$
$$\cdots\cdots\cdots\cdots$$
$$x_{n+1}' = x_{n+1} - \sum_{k=1}^{n} \langle x_{n+1}, \varphi_k \rangle \varphi_k, \quad \varphi_{n+1} = x_{n+1}'/\|x_{n+1}'\|.$$

ここで各 φ_n は $\{x_1, x_2, \cdots, x_n\}$ の一次結合であり，また各 x_n は $\{\varphi_1, \varphi_2, \cdots, \varphi_n\}$ の一次結合になっていることに注意しよう。

上記のような構成を行なうためには，各 x_n' がゼロでないことを確認しておかねばならない。まず $\{x_n\}$ の一次独立性から，$x_1 = x_1' \neq 0$ は明らかである。また仮に $x_k' \neq 0 \; (1 \leqq k \leqq n), \; x_{n+1}' = 0$ とすると，

$$x_{n+1} = \sum_{k=1}^{n} \langle x_{n+1}, \varphi_k \rangle \varphi_k$$

とならねばならない。ここで各 φ_k は $\{x_1, x_2, \cdots, x_k\}$ の一次結合であるから，x_{n+1} が $\{x_1, x_2, \cdots, x_n\}$ の一次結合として表わされることとなる。だがこれは $\{x_1, x_2, \cdots, x_{n+1}\}$ の一次独立性に矛盾する。よって $x_{n+1}' \neq 0$ である。

次に，すべての n について　$\|\varphi_n\| = 1$　であることは明らかであろう。

最後に $\{\varphi_n\}$ の直交性を示す。まず

$$\langle x_2', \varphi_1 \rangle = \langle x_2, \psi_1 \rangle - \langle x_2, \varphi_1 \rangle \langle \varphi_1, \varphi_1 \rangle = \langle x_2, \varphi_1 \rangle - \langle x_2, \varphi_1 \rangle = 0$$

であるから，$\langle \varphi_1, \varphi_2 \rangle = 0$. さらに $\{\varphi_1, \varphi_2, \cdots, \psi_n\}$ が互いに直交するものと仮定し，

$$\langle \varphi_{n+1}, \varphi_j \rangle = 0 \quad \text{for} \quad j = 1, 2, \cdots, n \tag{9}$$

を示せばよい。

$$\langle x_{n+1}', \varphi_j \rangle = \langle x_{n+1}, \varphi_j \rangle - \sum_{k=1}^{n} \langle x_{n+1}, \varphi_k \rangle \langle \varphi_k, \varphi_j \rangle$$
$$= \langle x_{n+1}, \varphi_j \rangle - \langle x_{n+1}, \varphi_j \rangle = 0.$$

16 　　　　第 1 章　Hilbert 空間上の Fourier 級数

したがって，ただちに (9) を得て証明が完結する。　　　　　　　（証了）

　この定理によれば，無限次元の **Hilbert** 空間からは，少なくとも可算個の
ベクトルから成る正規直交系を必ず抽出することができるのである。

§3　Fourier 級数

　既に述べたとおり，$e_1 = (1, 0, \cdots, 0), e_2 = (0, 1, 0, \cdots, 0), \cdots, e_l = (0, 0,$
$\cdots, 0, 1)$ は $\mathbb{R}^l$ における正規直交系である。$x = (x_1, x_2, \cdots, x_l)$ を $\mathbb{R}^l$ の任
意の元とするとき，x は正規直交系 $\{e_1, e_2, \cdots, e_l\}$ の一次結合として，次の
ように表現することができる。

$$x = \sum_{i=1}^{l} x_i e_i. \tag{1}$$

しかもこのような表現は一意的である。ここで $x_i = \langle x, e_i \rangle$ であることにも
注意しておこう。こうして，$\mathbb{R}^l$ の任意の元は正規直交系 $e_i (i = 1, 2, \cdots, l)$
の一次結合として一意的に表現できるのであるが，一般の Hilbert 空間でも
これが可能であろうか。

　定義　$\mathfrak{H}$ を Hilbert 空間，$\{\varphi_1, \varphi_2, \cdots, \varphi_n, \cdots\}$ を $\mathfrak{H}$ の正規直交系とす
る。x を $\mathfrak{H}$ の任意の元とするとき，スカラー $\langle x, \varphi_n \rangle$ $(n = 1, 2, \cdots)$ を，
x の $\{\varphi_n\}$ に関する **Fourier 係数**（Fourier coefficient）といい，

$$\sum_{n=1}^{\infty} \langle x, \varphi_n \rangle \varphi_n \tag{2}$$

を x の $\{\varphi_n\}$ に関する **Fourier 級数**（Fourier series）と呼ぶ。

　もちろんこの級数 (2) は収束して値が定まるか否かは吟味を要する。
(2) が x の Fourier 級数であることを，しばしば形式的に

$$x \sim \sum_{n=1}^{\infty} \langle x, \varphi_n \rangle \varphi_n$$

§3 Fourier 級数

などと書く。(2) が形式的には (1) の一般化になっていることは明らかであろう。そこで問題は，級数 (2) が（ノルムの意味で）収束して x に等しいかどうか，つまり

$$\left\| x - \sum_{n=1}^{p} \langle x, \varphi_n \rangle \varphi_n \right\| \to 0 \quad \text{as} \quad p \to \infty$$

の成立如何である。これは Fourier 級数論の基本的問題であって，やがて述べる定理 1.6 がこの問に答える答案である。しかし，そこへたどり着くまでには，もうしばらく準備を要する。

Hilbert 空間として $\mathfrak{L}^2([-\pi, \pi], \mathbb{C})$ を考え，その正規直交系を p.9 の例 2 の如く選ぶ場合，$f \in \mathfrak{L}^2([-\pi, \pi], \mathbb{C})$ の Fourier 級数は

$$f(x) \sim \frac{a_0}{2} + \sum_{n=1}^{\infty} (a_n \cos nx + b_n \sin nx), \tag{3}$$

ここで

$$a_n = \frac{1}{\pi} \int_{-\pi}^{\pi} f(x) \cos nx \, dx \quad ; \quad n = 0, 1, 2, \cdots,$$
$$b_n = \frac{1}{\pi} \int_{-\pi}^{\pi} f(x) \sin nx \, dx \quad ; \quad n = 1, 2, \cdots$$

と表わされる。

また正規直交系を例 3 の如くとる場合には，$f \in \mathfrak{L}^2([-\pi, \pi], \mathbb{C})$ の Fourier 級数は

$$f(x) \sim \sum_{n=-\infty}^{\infty} c_n e^{inx}, \tag{4}$$

ここで

$$c_n = \frac{1}{2\pi} \int_{-\pi}^{\pi} f(x) e^{-inx} dx \quad ; \quad n = 0, \pm 1, \pm 2, \cdots$$

となる。これを複素型の **Fourier 級数**という。[6]

---

6) やや丁寧にいえば，$(1/\sqrt{2\pi})e^{inx}$ に対応する Fourier 係数は

$$\frac{1}{\sqrt{2\pi}} \int_{-\pi}^{\pi} f(x) e^{-inx} dx,$$

18   第 1 章　Hilbert 空間上の Fourier 級数

　次に Fourier 係数の意味を近似論の観点から考えてみよう。いま $\varphi_1, \varphi_2,$ $\cdots, \varphi_n$ を Hilbert 空間 $\mathfrak{H}$ の正規直交系とする。そして $x \in \mathfrak{H}$ をこれらの一次結合で近似する問題を考えてみることにしよう。すなわち係数 $c_1, c_2, \cdots, c_n$ を適当に選んで,

$$\left\| x - \sum_{i=1}^{n} c_i \varphi_i \right\|$$

をできるだけ小さくするという意味で, **最良な近似** (best approximation) を見出したいのである。次の定理は, c_i を Fourier 係数 $\langle x, \varphi_i \rangle$ に等しくとったとき, このような最良近似の得られることを示すものである。

> **定理 1.3**（Fourier 係数による最良近似）　　$\varphi_1, \varphi_2, \cdots, \varphi_n$ を Hilbert 空間 $\mathfrak{H}$ の正規直交系, x を $\mathfrak{H}$ の任意の元, さらに $c_1, c_2, \cdots, c_n$ を任意の定数とするとき,
>
> $$\left\| x - \sum_{i=1}^{n} \langle x, \varphi_i \rangle \, \varphi_i \right\| \;\leqq\; \left\| x - \sum_{i=1}^{n} c_i \varphi_i \right\|.$$

証明

$$\begin{aligned}
J &\equiv \left\| x - \sum_{i=1}^{n} c_i \varphi_i \right\|^2 \\
&= \left\langle x - \sum_{i=1}^{n} c_i \varphi_i, \; x - \sum_{i=1}^{n} c_i \varphi_i \right\rangle \\
&= \langle x, \, x \rangle - \sum_{i=1}^{n} c_i \langle \varphi_i, \, x \rangle - \sum_{i=1}^{n} \bar{c}_i \langle x, \, \varphi_i \rangle + \sum_{i,j=1}^{n} c_i \bar{c}_j \langle \varphi_i, \, \varphi_j \rangle
\end{aligned}$$

$$\tag{5}$$

$$= \|x\|^2 - \sum_{i=1}^{n} c_i \langle \varphi_i, \, x \rangle - \sum_{i=1}^{n} \bar{c}_i \langle x, \, \varphi_i \rangle + \sum_{i=1}^{n} |\, c_i \,|^2 \quad \text{(p.8 の公式 (1) を参照)}$$

Fourier 級数は

$$\sum_{n=-\infty}^{\infty} \frac{1}{\sqrt{2\pi}} \int_{-\pi}^{\pi} f(x) e^{-inx} dx \cdot \frac{1}{\sqrt{2\pi}} e^{inx}$$

である。

$$= \|x\|^2 - \sum_{i=1}^{n} c_i \langle \varphi_i, \, x \rangle - \sum_{i=1}^{n} \bar{c}_i \langle x, \, \varphi_i \rangle + \sum_{i=1}^{n} |\, c_i \,|^2$$

$$+ \sum_{i=1}^{n} \langle \varphi_i, \, x \rangle \langle x, \, \varphi_i \rangle - \sum_{i=1}^{n} \langle \varphi_i, \, x \rangle \langle x, \, \varphi_i \rangle$$

$$= \|x\|^2 + \sum_{i=1}^{n} |\, c_i - \langle x, \, \varphi_i \rangle \,|^2 - \sum_{i=1}^{n} |\, \langle x, \, \varphi_i \rangle \,|^2.$$

したがって J は $c_i = \langle x, \, \varphi_i \rangle$ $(i = 1, 2, \cdots, n)$ のとき最小となる。　（証了）

定理 1.2 によれば，無限次元の Hilbert 空間には，必ず可算無限個のベクトルから成る正規直交系 $\{\varphi_1, \varphi_2, \cdots, \varphi_n, \cdots\}$ が存在する。定理 1.3 の証明で行なった計算の結果 (5) において，$c_i = \langle x, \varphi_i \rangle$ $(i = 1, 2, \cdots, n)$ とすれば，$J \geqq 0$ により，

$$\|x\|^2 - \sum_{i=1}^{n} |\, \langle x, \varphi_i \rangle \,|^2 \geqq 0$$

であり，これがすべての n について成り立つ。そこで $n \longrightarrow \infty$ とすれば，次の重要な帰結を得る。

定理 1.4（Bessel の不等式）　$\mathfrak{H}$ を（無限次元）Hilbert 空間，$\{\varphi_1, \varphi_2, \cdots, \varphi_n, \cdots\}$ はその正規直交系とするとき，任意の $x \in \mathfrak{H}$ に対して

$$\sum_{i-1}^{\infty} |\, \langle x, \, \varphi_n \rangle \,|^2 \leq \|x\|^2.$$

これからただちに次の系が導かれる。

系 1.1（Riemann - Lebesgue の補題）

$$\lim_{n \to \infty} \langle x, \, \varphi_n \rangle = 0.$$

§4　正規直交系の完備性

これだけの準備の下に，$x \in \mathfrak{H}$ を Fourier 級数で表現する可能性につ

20　　　　　　　第 1 章　Hilbert 空間上の Fourier 級数

いて検討しよう。$\mathbb{R}^l$ の場合でさえ，$x \in \mathbb{R}^l$ を正規直交系の一次結合と
して表現するには，その正規直交系の中に，十分な数のベクトル（この
場合 l 個）が揃っていなくてはならない。たとえば 3 次元空間のすべて
のベクトルを $e_1 = (1,0,0)$, $e_2 = (0,1,0)$ の一次結合として表わそうと
しても，もちろんそれは不可能である。その意味で，$x \in \mathfrak{H}$ の **Fourier**
級数展開を可能にするためには，正規直交系が十分なメニューを含む完
全なものでなければならないことが，容易に想像される。そこで次のよ
うな概念を導入しよう。

定義　Φ を Hilbert 空間 $\mathfrak{H}$ における正規直交系とする。この Φ を真の
部分集合として含む正規直交系が存在しないとき，Φ は**完備**（complete）
であるという。

Hilbert 空間 $\mathfrak{H}$ における正規直交系 Φ が完備であるためには，

$$\langle x, \varphi \rangle = 0 \quad \text{for all} \quad \varphi \in \Phi \Longrightarrow x = 0$$

であることが必要十分である。（証明は殆ど自明。）

　先に掲げた，正規直交系の例 **1〜6** は，実はすべて完備である。そのすべ
てをここで証明するのは少々手間がかかりすぎるので，代表として例 3 の
$\{\frac{1}{\sqrt{2\pi}}e^{inx}\}$ の完備性だけを示しておこう。[7]

　さて $\mathfrak{L}^2([-\pi,\pi], \mathbb{C})$ における正規直交系

$$\Phi = \left\{ \frac{1}{\sqrt{2\pi}}e^{inx} \; ; \; n = 0, \pm 1, \pm 2, \cdots \right\}$$

の完備性を示そう。まず定理 1.3 により，任意の複素数 $c_j (j = 0, \pm 1, \cdots, \pm n)$
と $f \in \mathfrak{L}^2([-\pi,\pi], \mathbb{C})$ に対して

---

　7)　その他については，たとえば河田 [61], pp.33-36，Folland[29] Chap.6 などをご覧い
ただきたい。

$$\left\| f - \sum_{j=-n}^{n} \frac{1}{\sqrt{2\pi}} c_j e^{ijx} \right\|_2 \geqq \left\| f - \sum_{j=-n}^{n} \frac{1}{\sqrt{2\pi}} \alpha_j e^{ijx} \right\|_2 = \|f\|_2^2 - \sum_{j=-n}^{n} \frac{1}{2\pi} \mid \alpha_j \mid^2,$$
$$(1)$$

ここで $\|\cdot\|_2$ は $\mathfrak{L}^2$-ノルムであり，また α_j は Fourier 係数

$$\alpha_j = \left\langle f , \frac{1}{\sqrt{2\pi}} e^{ijx} \right\rangle = \frac{1}{\sqrt{2\pi}} \int_{-\pi}^{\pi} f(x) e^{-ijx} dx$$

である。とくに f が $f(-\pi) = f(\pi)$ を満たす連続函数の場合には，Weierstrass の三角多項式による近似定理により，(1) の左辺は係数 c_j と n とを適当に選ぶことにより，いくらでも小さくすることができる。したがって，いま

$$\mathfrak{M} = \{f \in \mathfrak{L}^2([-\pi, \pi], \mathbb{C}) \mid f \text{ は連続}, f(-\pi) = f(\pi)\}$$

とすれば，Φ の張る線形部分空間（つまり，Φ の元の有限一次結合の全体）は $\mathfrak{L}^2$-ノルムについて，$\mathfrak{M}$ の中で稠密である。さらに $\mathfrak{M}$ は $\mathfrak{L}^2([-\pi,\pi],\mathbb{C})$ の中で稠密であるから，結局，Φ の張る線形部分空間は $\mathfrak{L}^2([-\pi,\pi],\mathbb{C})$ の中で稠密である。ゆえに $f \in \mathfrak{L}^2([-\pi, \pi],\mathbb{C})$ に対して

$$\left\langle f, \frac{1}{\sqrt{2\pi}} e^{inx} \right\rangle = 0 \quad \text{for all} \quad n = 0, \pm 1, \cdots$$

が成り立てば，$f = 0$ でなければならない。こうして Φ の完備性が示されたのである。[8]

念のために，一般の Hilbert 空間における，完備な正規直交系の存在を確認しておこう。

定理 1.5（完備正規直交系の存在） Φ を Hilbert 空間 $\mathfrak{H}$ における任意の正規直交系とするとき，Φ を含む完備な正規直交系が必ず存在する。

証明 正規直交系 Φ を部分集合として含む，$\mathfrak{H}$ における正規直交系の全体

---

8) ここでの証明は Yosida[120] p.88 によった。

22   第 1 章　Hilbert 空間上の Fourier 級数

を $\mathcal{O}$ としよう。この $\mathcal{O}$ の上に

$$\Phi \prec \Phi' \Longleftrightarrow \Phi \subset \Phi'$$

として半順序 $\prec$ を定める。$\{\Phi_\alpha\}$ を $\mathcal{O}$ の全順序部分集合つまり鎖とすれば,

$$\bigcup_\alpha \Phi_\alpha \in \mathcal{O} \quad \text{かつ} \quad \Phi_\alpha \prec \bigcup_\alpha \Phi_\alpha \quad \text{for all} \ \alpha$$

である。したがって半順序構造 $(\mathcal{O}, \prec)$ は帰納的となり,Zorn の補題から,$\mathcal{O}$ が極大元を有することが知られる。これで完備な正規直交系の存在が確認された。
                                                                                          (証了)

さて,いよいよ $x \in \mathfrak{H}$ の Fourier 級数展開に関する基本定理を証明しよう。

定理 1.6(Fourier 級数展開の基本定理)　　Hilbert 空間 $\mathfrak{H}$ の正規直交系 $\Phi = \{\varphi_1, \varphi_2, \cdots, \varphi_n, \cdots\}$ について,次の五命題は互いに同値である。

 (i) Φ は完備である。

 (ii) $x, y \in \mathfrak{H}$ に対して

$$\langle x, \varphi_n \rangle = \langle y, \varphi_n \rangle \ \text{for all} \quad n \Longrightarrow x = y.$$

 (iii) すべての $x \in \mathfrak{H}$ が

$$x = \sum_{n=1}^\infty \langle x, \varphi_n \rangle \, \varphi_n$$

と表現される。すなわち

$$\lim_{p \to \infty} \left\| x - \sum_{n=1}^p \langle x, \varphi_n \rangle \varphi_n \right\| = 0.$$

 (iv) $x, y \in \mathfrak{H}$ に対して

$$\alpha_n = \langle x, \varphi_n \rangle \quad , \quad \beta_n = \langle y, \varphi_n \rangle \quad ; \quad n = 1, 2, \cdots$$

とおくと,

§4 正規直交系の完備性

$$\langle x, y \rangle = \sum_{n=1}^{\infty} \alpha_n \overline{\beta_n}.$$

(v) すべての $x \in \mathfrak{H}$ に対して

$$\|x\|^2 = \sum_{n=1}^{\infty} |\langle x, \varphi_n \rangle|^2. \qquad \textbf{(Parseval の等式)}$$

証明は大部分容易であるから読者に委ねるが，(ii) $\Longrightarrow$ (iii) のステップだけ解説しておこう。

まず任意の $x \in \mathfrak{H}$ に対して，Bessel の不等式（定理 1.4）から

$$\sum_{n=1}^{p} |\langle x, \varphi_n \rangle|^2 \leqq \|x\|^2 < \infty.$$

そこで

$$S_p = \sum_{n=1}^{p} \langle x, \varphi_n \rangle \varphi_n$$

とおけば $p < q$ に対して

$$\|S_q - S_p\|^2 = \sum_{n=p+1}^{q} |\langle x, \varphi_n \rangle|^2 \longrightarrow 0 \quad \text{as} \quad p, q \longrightarrow \infty.$$

ゆえに $\{S_p\}$ は $\mathfrak{H}$ の Cauchy 列である。$\mathfrak{H}$ の完備性から $\{S_p\}$ はある $y \in \mathfrak{H}$ に収束する。すなわち

$$y = \sum_{n=1}^{\infty} \langle x, \varphi_n \rangle \varphi_n.$$

この y に対して

$$\langle y, \varphi_n \rangle = \langle x, \varphi_n \rangle \quad \text{for all} \quad n$$

であるから，(ii) により $x = y$ である。かくして (iii) を得る。

ただここで注意しておかねばならないことは，可算個のベクトルから成る完備な正規直交系が存在するや否やは，まだ答えられていないこと，これである。もしそのような直交系が存在すれば，すべての $x \in \mathfrak{H}$ が Fourier 級数によって展開されることになる。この missing ring を次の定理が埋めてくれ

24   第 1 章　Hilbert 空間上の Fourier 級数

る。

　定理 1.7（可算個のベクトルから成る完備正規直交系）　　可分な Hilbert
空間は，高々可算個の元から成る完備な正規直交系を有する。

　証明　有限次元の場合は明らかゆえ，無限次元を想定する。
$D = \{x_1, x_2, \cdots\}$ を $\mathfrak{H}$ における可算稠密部分集合とする。D に属する 0 で
ない元のうち，最初の（つまり添数の一番若い）元を φ_1 とする。次に φ_1 の
張る線形部分空間 $\mathrm{span}\{\varphi_1\}$ に属さない最初の元を φ_2 とする。このプロセ
スを繰り返して，一般に $\mathrm{span}\{\varphi_1, \varphi_2, \cdots, \varphi_{n-1}\}$ に属さない，D の最初の
元を φ_n とするのである。$\dim \mathfrak{H} = \infty$ を想定しているから，このプロセス
は限りなく続いて，可算無限個の（相異なる）ベクトルから成る一次独立系
$\{\varphi_1, \varphi_2, \cdots, \varphi_n, \cdots\}$ が得られる。すると

$$\overline{\mathrm{span}\{\varphi_n; n = 1, 2, \cdots\}} = \overline{D} = \mathfrak{H} \tag{2}$$

である。実際，もし (2) が成り立たないとすると，

$$x_p \in \mathfrak{H} \setminus \overline{\mathrm{span}\{\varphi_n\}}$$

なる $x_p \in D$ が存在することになる。x_p はもちろん φ_1 ではありえない。ま
たいかなる n に対しても，x_p は φ_{n+1} としては選ばれていないのであるから，
（φ_{n+1} の定義により）x_p は $\mathrm{span}\{\varphi_1, \varphi_2, \cdots, \varphi_n\}$ に属さない最初の D の元で
はない。したがって x_p 以降の D の元 $\{x_p, x_{p+1}, \cdots\}$ の中には φ_{n+1} として
選ばれる元は存在しえないのである。このことがすべての n について成り立
つのだから，$\{\varphi_1, \varphi_2, \cdots\}$ はすべて，x_p よりも添数の若い $\{x_1, x_2, \cdots, x_{p-1}\}$
の中から選ばれていることにならざるをえない。しかしこれは，$\{\varphi_1, \varphi_2, \cdots\}$
の中に無限個の相異なるベクトルが含まれていることに矛盾する。こうして
(2) の成立が示されたわけである。

　この $\{\varphi_n\}$ に Schmidt の直交化（定理 1.2）を適用すれば，$\mathfrak{H}$ における正規
直交系 $\{\tilde{\varphi}_n\}$ を得ることができる。

　最後に $\{\tilde{\varphi}_n\}$ の完備性を示そう。その際（定理 1.2 の証明中でも注意したよう
に），各 $\tilde{\varphi}_n$ は $\{\varphi_1, \varphi_2, \cdots, \varphi_n\}$ の一次結合であり，また各 φ_n は $\{\tilde{\varphi}_1, \tilde{\varphi}_2, \cdots, \tilde{\varphi}_n\}$

§4 正規直交系の完備性　　　25

の一次結合になっているから,

$$\mathrm{span}\{\varphi_n; n = 1, 2, \cdots\} = \mathrm{span}\{\tilde{\varphi}_n; n = 1, 2, \cdots\}$$

であり, いずれも $\mathfrak{H}$ において稠密であることを記憶しておこう。もし $\{\tilde{\varphi}_n\}$ が完備でないとすれば定理 1.6 により,

$$\langle x, \tilde{\varphi}_n \rangle = 0 \quad \text{for all} \quad n \tag{3}$$

となる 0 でない $x \in \mathfrak{H}$ が存在する。すると $\mathrm{span}\{\tilde{\varphi}_n\}$ が $\mathfrak{H}$ において稠密であることから, $\{\tilde{\varphi}_n\}$ の有限一次結合の点列 $\{\xi_p\}$ を適当に選んで $\xi_p \to x$ (as $p \to \infty$) とすることができる。しかるに (3) によれば

$$\langle r, \xi_p \rangle = 0 \quad \text{for all} \quad p$$

とならねばならず, 内積の連続性から

$$\lim_{p \to \infty} \langle x, \xi_p \rangle = \langle x, x \rangle = \|x\|^2 = 0$$

である。これは $x \neq 0$ に矛盾。こうして $\{\tilde{\varphi}_n\}$ の完備性が示された。 (証了)

系 1.2 （可分な Hilbert 空間 $\cong l_2$）　可分な Hilbert 空間は l_2 と等長同型である。

証明　定理 1.7 により, $\mathfrak{H}$ は可算個の元から成る完備な正規直交系を有するから, これをひと組固定して考え, $\{\varphi_n\}$ と書く。すると定理 1.6 から

$$x = \sum_{n=1}^{\infty} \langle x, \varphi_n \rangle \, \varphi_n$$

で, しかも

$$\|x\|^2 = \sum_{n=1}^{\infty} |\langle x, \varphi_n \rangle|^2 < \infty$$

が成り立つ。したがって作用素 T を

$$T : x \longmapsto \{\langle x, \varphi_1 \rangle, \langle x, \varphi_2 \rangle, \cdots\}, \quad x \in \mathfrak{H}$$

26　　　　　　第 1 章　Hilbert 空間上の Fourier 級数

と定義すれば，T は

$$T : \mathfrak{H} \longrightarrow l_2$$

という形式の線形・等長作用素である。T は等長であるから，もちろん単射
である。(単射であることは定理 1.6 の (ii) からもわかる。)

　さらに T は全射であることも，次の如くして示される。$\{\alpha_n\} \in l_2$ とす
れば，

$$S_p = \sum_{n=1}^{p} \alpha_n \varphi_n \quad ; \quad p = 1, 2, \cdots$$

は Cauchy 列となるから，$\mathfrak{H}$ の完備性により

$$x = \sum_{n=1}^{\infty} \alpha_n \varphi_n$$

なる $x \in \mathfrak{H}$ が存在して，

$$\alpha_n = \langle x, \varphi_n \rangle \quad ; \quad n = 1, 2, \cdots$$

である。このことは T が全射であることを示している。

　かくして作用素 T は $\mathfrak{H}$ と l_2 との間の等長同型写像になっていることが知
られたのである。　　　　　　　　　　　　　　　　　　　　　　　　　(証了)

　本章の最後に若干の注意を補足する。

注意 1° 可分な Hilbert 空間には，可算個のベクトルから成る完備な正規直交系が
存在するので，これを用いて，すべての元が Fourier 級数に展開できる。しかし一
般の Hilbert 空間では，完備な正規直交系が必ずしも可算集合としてはとれない可
能性が生ずる。このような場合にも同じような理論を作ろうとすると，少し面倒な
お膳立てをしなければならない。(Yosida[120], pp.86-88, Dudley[24], pp.126-131
などを参照せよ。)

　2° 具体的な Hilbert 空間として，$\mathfrak{L}^2([-\pi, \pi], \mathbb{C})$ のかわりに $\mathfrak{L}^2([-l, l], \mathbb{C})$ を
用いた場合の Fourier 係数はどのような形になるであろうか。変数 t が $[-l, l]$ の

§4 正規直交系の完備性　　　　　　　　　27

中を動くとき，

$$x = \frac{\pi t}{l} \quad , \quad i.e. \ t = \frac{lx}{\pi}$$

とすれば，$f(t) \in \mathfrak{L}^2([-l, l], \mathbb{C})$ は $[-\pi, \pi]$ 上の函数

$$\tilde{f}(x) \equiv f\left(\frac{lx}{\pi}\right)$$

として表現することができる。この $\tilde{f}$ の Fourier 級数の係数は

$$\begin{aligned}
a_n &= \frac{1}{\pi} \int_{-\pi}^{\pi} \tilde{f}(x) \cos nx \, dx \\
&= \frac{1}{\pi} \int_{-\pi}^{\pi} f\left(\frac{lx}{\pi}\right) \cos nx \, dx \\
&= \frac{1}{\pi} \int_{-l}^{l} f(t) \cos \frac{n\pi t}{l} \cdot \frac{\pi}{l} \, dt \ (\text{変数変換}) \\
&= \frac{1}{l} \int_{-l}^{l} f(t) \cos \frac{n\pi t}{l} \, dt \quad ; \quad n = 0, 1, 2, \cdots
\end{aligned}$$

同様にして

$$b_n = \frac{1}{l} \int_{-l}^{l} f(t) \sin \frac{n\pi t}{l} dt \quad ; \quad n = 1, 2, \cdots$$

となる。したがって，f の Fourier 級数は，これらの a_n, b_n を使って表わせば，

$$\frac{a_0}{2} + \sum_{n=1}^{\infty} \left(a_n \cos \frac{n\pi t}{l} + b_n \sin \frac{n\pi t}{l} \right)$$

となるのである。

第 2 章

古典的 Fourier 級数の収束

前章では，一般的な Hilbert 空間上の Fourier 級数論の概略を述べた．そこで次に，可積分函数の三角函数系による Fourier 級数展開という古典的な枠組に視野を絞って，やや詳しい分析を施すことにしよう．Hilbert 空間として，とくに $\mathfrak{L}^2([-\pi,\pi],\mathbb{C})$ を採用し，完備な正規直交系としてたとえば

$$\frac{1}{\sqrt{2\pi}}, \frac{1}{\sqrt{\pi}}\cos x, \frac{1}{\sqrt{\pi}}\sin x, \cdots, \frac{1}{\sqrt{\pi}}\cos nx, \frac{1}{\sqrt{\pi}}\sin nx, \cdots ; n = 1, 2, \cdots$$

を用いると，函数 $f \in \mathfrak{L}^2([-\pi, \pi], \mathbb{C})$ の Fourier 級数は

$$\frac{a_0}{2} + \sum_{n=1}^{\infty}(a_n \cos nx + b_n \sin nx),$$

ただしここで

$$a_n = \frac{1}{\pi}\int_{-\pi}^{\pi} f(x)\cos nx\ dx, \quad b_n = \frac{1}{\pi}\int_{-\pi}^{\pi} f(x)\sin nx\ dx$$

となり，この Fourier 級数は，$\mathfrak{L}^2$ のノルムで f に収束するのであった．

しかし Fourier 級数を応用するさまざまな場面では，$\mathfrak{L}^2$-ノルムでの収束だけでなく，各点収束，概収束あるいは一様収束等のありさまを知る必要が生ずる．これらの問題が本章のテーマである．

§1　Dirichlet 積分

$f : \mathbb{R} \to \mathbb{C}$（または $\mathbb{R}$）を周期 2π で，しかも区間 $[-\pi, \pi]$ 上で**可積分な函数**

30　　　第 2 章　古典的 Fourier 級数の収束

とする。ここでは伝統に従って，Hilbert 空間の枠組を離れていることに注意しなければならない。しかし，$[-\pi, \pi]$ 上の可積分函数 $f \in \mathfrak{L}^1([-\pi, \pi], \mathbb{C})$ に対しても

$$a_n = \frac{1}{\pi} \int_{-\pi}^{\pi} f(t) \cos nt \ dt, \quad b_n = \frac{1}{\pi} \int_{-\pi}^{\pi} f(t) \sin nt \ dt$$

は意味をもつ（Hölder の不等式）から，形式的に $\mathfrak{L}^2$ の場合と同様

$$\frac{a_0}{2} + \sum_{n=1}^{\infty} (a_n \cos nx + b_n \sin nx) \tag{1}$$

なる級数を考えることができる。$\mathfrak{L}^1([-\pi, \pi], \mathbb{C})$ は Hilbert 空間ではないけれども，ここでも級数 (1) を f の Fourier 級数と呼ぶことにする。

まず級数 (1) の，ある一点 x における収束性を研究することにしよう。その際，とくに有用な手段となるのが **Dirichlet** 積分である。級数 (1) の x における部分和 $S_n(x)$ を直接に計算すると次のようである。

$$\begin{aligned}
S_n(x) &= \frac{1}{2\pi} \int_{-\pi}^{\pi} f(t) \cos 0 \cdot t \ dt + \sum_{k=1}^{n} \left(\frac{1}{\pi} \int_{-\pi}^{\pi} f(t) \cos kt \ dt \right) \cos kx \\
&\qquad + \sum_{k=1}^{n} \left(\frac{1}{\pi} \int_{-\pi}^{\pi} f(t) \sin kt \ dt \right) \sin kx \\
&= \frac{1}{\pi} \int_{-\pi}^{\pi} \frac{1}{2} f(t) dt + \frac{1}{\pi} \sum_{k=1}^{n} \int_{-\pi}^{\pi} f(t) \cos kt \cos kx \ dt \\
&\qquad + \frac{1}{\pi} \sum_{k=1}^{n} \int_{-\pi}^{\pi} f(t) \sin kt \sin kx \ dt \\
&= \frac{1}{\pi} \int_{-\pi}^{\pi} f(t) \left\{ \frac{1}{2} + \sum_{k=1}^{n} \cos k(t-x) \right\} dt.
\end{aligned} \tag{2}$$

さて一般に

$$\frac{1}{2} + \cos u + \cos 2u + \cdots + \cos nu = \frac{\sin \dfrac{2n+1}{2} u}{2 \sin \dfrac{u}{2}} \tag{3}$$

（もちろん $\sin(u/2) \neq 0$ として）

が成り立つことに注意しよう。なぜなら

§1 Dirichlet 積分 31

$$\sin\frac{u}{2} = \frac{1}{2}\cdot 2\sin\frac{u}{2},$$

$$\sin\frac{3u}{2} - \sin\frac{u}{2} = \cos u \cdot 2\sin\frac{u}{2},$$

$$\cdots\cdots\cdots\cdots$$

$$\sin\frac{2n+1}{2}u - \sin\frac{2n-1}{2}u = \cos nu \cdot 2\sin\frac{u}{2}$$

であるから，これらを辺々相加えあわせると，

$$\sin\frac{2n+1}{2}u = 2\sin\frac{u}{2}\left(\frac{1}{2} + \cos u + \cdots + \cos nu\right)$$

を得る。これからただちに (3) が導かれるのである。

(2) と (3) から，

$$S_n(x) = \frac{1}{\pi}\int_{-\pi}^{\pi} f(t)\cdot\frac{\sin\dfrac{2n+1}{2}(t-x)}{2\sin\dfrac{t-x}{2}}dt \tag{4}$$

である。ここで変数変換 $z = t - x$ を施し，

$$S_n(x) = \frac{1}{\pi}\int_{-\pi-x}^{\pi-x} f(x+z)\frac{\sin\dfrac{2n+1}{2}z}{2\sin\dfrac{z}{2}}dz \tag{5}$$

となるが，(5) の被積分函数全体が周期 2π であることに注意すれば，

$$S_n(x) = \frac{1}{\pi}\int_{-\pi}^{\pi} f(x+z)\frac{\sin\dfrac{2n+1}{2}z}{2\sin\dfrac{z}{2}}dz \tag{6}$$

となる。この積分を **Dirichlet** 積分 （Dirichlet integral) といい，

$$D_n(z) \equiv \frac{1}{2\pi}\cdot\frac{\sin\dfrac{2n+1}{2}z}{\sin\dfrac{z}{2}} \tag{7}$$

とおいて，これを **Dirichlet** の核 （Dirichlet kernel) と呼ぶ。

こうすれば (6) は

$$S_n(x) = \int_{-\pi}^{\pi} f(x+z)D_n(z)dz \tag{8}$$

と書き表わすことができる。

32   第 2 章　古典的 Fourier 級数の収束

注意　(2) を (4) の形に書きかえるとき $\sin 2^{-1}(t-x)=0$ となる可能性を心配する人がいるかもしれない。たしかに $2^{-1}(t-x)=m\pi$（m は整数）を満たす t では，$\sin 2^{-1}(t-x)=0$ となり，(4) の被積分函数は定義できないが，しかしこのような t の集合の測度は 0 であるから，積分に影響しないのである。要するに $z/2=m\pi$ となるような z では，厳密にいうと Dirichlet 核 (7) は定義できないが，そのような点 z では勝手な値を与えておけばよいわけである。

さて (3) によれば，

$$\int_{-\pi}^{\pi} D_n(z)dz = 1 \tag{9}$$

である。ゆえに (8)，(9) により，任意の数 c に対して

$$S_n(x) - c = \int_{-\pi}^{\pi} (f(x+z)-c)D_n(z)dz \tag{10}$$

が成り立つ。とくに $c=f(x)$ とすれば

$$S_n(x) - f(x) = \int_{-\pi}^{\pi} (f(x+z)-f(x))D_n(z)dz. \tag{10'}$$

これをすこしちがった形で書くこともできる。つまり $D_n(z)$ が z の偶函数であることに注意すれば，

$$S_n(x) = \int_0^{\pi} [f(x+z)+f(x-z)]D_n(z)dz = 2\int_0^{\pi} \phi(z)D_n(z)dz,$$

ここで

$$\phi(z) = \frac{1}{2}\left[f(x+z)+f(x-z)\right]$$

である。したがって，任意の数 c に対して

$$S_n(x) - c = 2\int_0^{\pi} [\phi(z)-c]D_n(z)dz \tag{11}$$

となり，とくに $c=f(x)$ とすれば

$$S_n(x) - f(x) = 2\int_0^{\pi} \left\{\frac{f(x+z)+f(x-z)}{2} - f(x)\right\}D_n(z)dz \tag{11'}$$

となる。以上の考察より，次の定理が導かれた。

§1 Dirichlet 積分　　　　33

定理 2.1（一点での収束）　　$f : \mathbb{R} \longrightarrow \mathbb{C}$（または $\mathbb{R}$）を周期 2π で，しかも $[-\pi, \pi]$ 上で可積分な函数とする。ある点 x において，Fourier 級数 (1) の部分和 $S_n(x)$ が $f(x)$ に収束するためには，(10′) あるいは (11′) の右辺の積分が 0 に収束することが必要十分である。

　もちろん，$S_n(x)$ がある数 c に収束するためには，(10) あるいは (11) の右辺の積分が 0 に収束することが必要十分である。

　正規直交系として

$$\frac{1}{\sqrt{2\pi}}e^{inx} \quad ; \quad n = 0, \pm 1, \pm 2, \cdots$$

を採用する場合についても，同様の結果を導くことができる。$f : \mathbb{R} \to \mathbb{C}$ を周期 2π で $[-\pi, \pi]$ 上で可積分な函数とし，形式的に Fourier 級数

$$\sum_{n=-\infty}^{\infty} c_n e^{inx} \tag{1′}$$

を考える。ここで

$$c_n = \frac{1}{2\pi}\int_{-\pi}^{\pi} f(t)e^{-int}dt \quad ; \quad n = 0, \pm 1, \pm 2, \cdots$$

である。(1′) の部分和 $S_n(x)$ を計算すると

$$S_n(x) = \frac{1}{2\pi}\sum_{k=-n}^{n}\int_{-\pi}^{\pi} f(t)e^{-ikt}dt \cdot e^{ikx} = \frac{1}{2\pi}\int_{-\pi}^{\pi} f(t)\sum_{k=-n}^{n} e^{ik(x-t)}dt. \tag{2′}$$

(2′) に現われる和は $z = t - x$ とおけば

$$\sum_{k=-n}^{n} e^{ik(x-t)} = \sum_{k=-n}^{n} e^{-ikz} = \sum_{k=-n}^{n} e^{ikz}.$$

これはちょうど $2\pi \cdot D_n(z)$（$D_n(z)$ は Dirichlet の核 (7)）に等しい。つまり

$$\frac{1}{2\pi}\sum_{k=-n}^{n} e^{ikz} = \frac{1}{2\pi}\frac{e^{-inz} - e^{inz+iz}}{1 - e^{iz}}$$

34　第 2 章　古典的 Fourier 級数の収束

$$= \frac{1}{2\pi} \frac{e^{-i(n+\frac{1}{2})z} - e^{i(n+\frac{1}{2})z}}{e^{-i\frac{z}{2}} - e^{i\frac{z}{2}}}$$

（前式の分母・分子に $e^{-i\frac{z}{2}}$ を乗ずる）

$$= \frac{1}{2\pi} \frac{\sin \dfrac{2n+1}{2}z}{\sin \dfrac{z}{2}}$$

$$= D_n(z). \tag{7'}$$

こうして複素型 Fourier 級数の部分和 (2′) は

$$S_n(x) = \int_{-\pi}^{\pi} f(x+z) D_n(z) dz \tag{8'}$$

の形に要約される。以下，これまでの推論と全く同様にして，複素型 Fourier
級数の収束についても定理 2.1 がそのまま成り立つことが知られる。

§2　Dini, Jordan の判定条件

　定理 2.1 において要約された結果を，いますこし見やすい形にしてみよう。
そのために，前章で述べた，Hilbert 空間上の Fourier 係数に関する Riemann-
Lebesgue の補題（系 1.1，p.19）の類似命題を $\mathfrak{L}^1$ の上で求めておくのが便利
である。

　補題 2.1（Riemann-Lebesgue）　　$\varphi \in \mathfrak{L}^1([a, b], \mathbb{R})$ ならば，

$$\lim_{p\to\infty} \int_a^b \varphi(x) \sin px\, dx = 0, \quad \lim_{p\to\infty} \int_a^b \varphi(x) \cos px\, dx = 0,$$

$$\lim_{p\to\infty} \int_a^b \varphi(x) e^{ipx} dx = 0.$$

　証明　　sin の場合だけ確認しておけば十分であろう。cos の場合も同様に
すればよい。最後の関係ははじめのふたつから，ただちに導かれる。まず φ
が $\mathfrak{C}^1$-級であることを仮定しよう。このときは部分積分により，

$$\int_a^b \varphi(x) \sin px\, dx = -\varphi(x) \frac{\cos px}{p} \Big|_a^b + \varphi'(x) \frac{\cos px}{p} dx$$

§2 Dini, Jordan の判定条件 35

$$= -\varphi(b)\frac{\cos pb}{p} + \varphi(a)\frac{\cos pa}{p} + \int_a^b \varphi'(x)\frac{\cos px}{p}dx \longrightarrow 0$$

$$\text{as} \quad p \longrightarrow \infty.$$

ここで，第 3 項が 0 に収束することを示すために，φ' の連続性（したがって $\varphi'(x)\cdot\cos px$ が有界であること）を利用した。

次に一般の $\varphi \in \mathfrak{L}^1([a,\ b],\ \mathbb{R})$ の場合を考える。$\mathfrak{C}^1([a,\ b],\mathbb{R})$ は $\mathfrak{L}^1([a,\ b],\ \mathbb{R})$ において稠密ゆえ，任意の $\varepsilon > 0$ に対して，$\|\varphi - \varphi_\varepsilon\|_1 < \varepsilon/2$ となる $\varphi_\varepsilon \in \mathfrak{C}^1$ が存在する。（$\|\cdot\|_1$ は $\mathfrak{L}^1$ のノルム。）この φ_ε に対して，十分に大きな p をとれば，上記の結果より

$$\left| \int_a^b \varphi_\varepsilon(x) \sin px\ dx \right| < \frac{\varepsilon}{2}.$$

したがって，十分大きな p については

$$\left| \int_a^b \varphi(x) \sin px\ dx \right|$$

$$\leqq \left| \int_a^b [\varphi(x) - \varphi_\varepsilon(x)] \sin px\ dx \right| + \left| \int_a^b \varphi_\varepsilon(x) \sin px\ dx \right|$$

$$\leqq \| \varphi - \varphi_\varepsilon \|_1 \cdot \| \sin px \|_\infty + \frac{\varepsilon}{2}$$

$$\text{(Hölder の不等式，} \| \cdot \|_\infty \text{ は essential sup のノルム)}$$

$$\leqq \| \varphi - \varphi_\varepsilon \|_1 \cdot 1 + \frac{\varepsilon}{2}$$

$$\leqq \frac{\varepsilon}{2} + \frac{\varepsilon}{2}$$

$$= \varepsilon. \hspace{6cm} \text{(証了)}$$

この結果は $\varphi \in \mathfrak{L}^1([a,\ b],\ \mathbb{C})$ としても成り立つことは自明であろう。[1]

───────────

1) ここでの証明法はコルモゴロフ＝フォミーン [69]pp.387-388 によったが，河田 [58] I, pp.63-64 には，より一般的形式での命題が示されている。

系 2.1 $f \in \mathfrak{L}^1([-\pi,\ \pi],\ \mathbb{R})$ の Fourier 係数 $\{a_n\},\ \{b_n\},\ \{c_n\}$ は $n \longrightarrow \infty$ のとき 0 に収束する。

さてこの結果を利用して，点 x における Fourier 級数の収束を再検討しよう。f に課せられる仮定は従来どおりである。

前節の (11) を用いると，$\xi(z) = \phi(z) - c$ とおいて

$$
\begin{aligned}
S_n(x) - c &= 2 \int_0^\pi \xi(z) D_n(z)\, dz \\
&= \frac{1}{\pi} \int_0^\pi \frac{\sin \dfrac{2n+1}{2} z}{\sin \dfrac{z}{2}} \xi(z)\, dz \\
&= \frac{1}{\pi} \int_0^\delta \frac{\sin \dfrac{2n+1}{2} z}{\dfrac{z}{2}} \xi(z)\, dz + \frac{1}{\pi} \int_\delta^\pi \frac{\sin \dfrac{2n+1}{2} z}{\sin \dfrac{z}{2}} \xi(z)\, dz \quad (1) \\
&\quad + \frac{1}{\pi} \int_0^\delta \left(\sin \frac{2n+1}{2} z \right) \left(\frac{1}{\sin \dfrac{z}{2}} - \frac{1}{\dfrac{z}{2}} \right) \xi(z)\, dz \\
&\equiv I_1 + I_2 + I_3 \quad (\text{ここで } 0 < \delta < \pi).
\end{aligned}
$$

こうすると，まず $I_2 \to 0$ (as $n \to \infty$) がすぐにわかる。実際，

$$
\int_\delta^\pi \sin\left(nz + \frac{z}{2}\right) \frac{\xi(z)}{\sin \dfrac{z}{2}}\, dz
$$

（ここで$[\delta, \pi]$ 上では $\xi(z)(\sin \frac{z}{2})^{-1}$ は可積分であり，

したがってこの積分は意味をもつ）

$$
= \int_\delta^\pi \sin nz \cos \frac{z}{2} \frac{\xi(z)}{\sin \dfrac{z}{2}}\, dz + \int_\delta^\pi \cos nz \sin \frac{z}{2} \frac{\xi(z)}{\sin \dfrac{z}{2}}\, dz
$$

であるが，$[\delta,\ \pi]$ 上では

$$
\cos \frac{z}{2} \frac{\xi(z)}{\sin \dfrac{z}{2}}, \quad \sin \frac{z}{2} \frac{\xi(z)}{\sin \dfrac{z}{2}}
$$

はともに可積分である。ゆえに Riemann-Lebesgue の補題 2.1 により，$I_2 \to 0$ (as $n \to \infty$) である。

次に I_3 についてはどうか。

$$\frac{1}{\sin\dfrac{z}{2}} - \frac{1}{\dfrac{z}{2}} = \frac{\dfrac{z}{2} - \sin\dfrac{z}{2}}{\dfrac{z}{2}\sin\dfrac{z}{2}} = \frac{\dfrac{z}{2} - \left\{\dfrac{z}{2} + O(z^3)\right\}}{\dfrac{z}{2}\sin\dfrac{z}{2}} = O(z) \qquad (\text{as } z \to 0)$$

であるから

$$\left(\frac{1}{\sin\dfrac{z}{2}} - \frac{1}{\dfrac{z}{2}}\right)\xi(z) \ \in \ \mathfrak{L}^1\big([0,\,\delta],\,\mathbb{C}\big).$$

ゆえに再び補題 2.1 から，$I_3 \to 0$ (as $n \to \infty$) となる。

こうして結果が判然としないのは I_1 のみとなる。

定理 2.2（一点での収束）　$f : \mathbb{R} \longrightarrow \mathbb{C}$（または $\mathbb{R}$）を周期 2π で，しかも $[-\pi,\,\pi]$ 上で可積分な函数とする。ある点 x において，Fourier 級数の部分和が数 c に収束するためには，ある $\delta \in (0,\,\pi)$ に対して

$$\int_0^\delta \frac{\sin\dfrac{2n+1}{2}z}{z}\xi(z)\,dz \ \to \ 0 \ (\text{as } n \to \infty)$$

の成り立つことが必要十分である。（ここで

$$\xi(z) = \frac{1}{2}\big[f(x+z) + f(x-z)\big] - c$$

である。）

こうして，x における **Fourier** 級数の収束の可否は，f の x の近傍 $(x - \delta,\,x+\delta)$（δ はどんなに小さくてもよい）における挙動だけに依存することがわかる。この事実を，Fourier 級数の収束の**局所的性質**（local property）と呼ぶ。

定理 2.2 と補題 2.1 から，ただちに著名な U. Dini の結果が導かれる。

定理 2.3（Dini の条件）　$f : \mathbb{R} \longrightarrow \mathbb{C}$（または $\mathbb{R}$）を周期 2π で，しかも $[-\pi,\,\pi]$ 上で可積分な函数とする。ある数 c に対して $\xi(z) =$

$(1/2)\big[f(x+z)+f(x-z)\big]-c$ とおくとき，ある $\delta>0$ について

$$\int_0^\delta \frac{|\xi(z)|}{z}\,dz \;<\; \infty \tag{2}$$

が成り立つならば，$S_n(x)\to c\,(\text{as}\quad n\to\infty)$ である。

証明は殆ど自明であろう。条件 (2) を **Dini の判定条件** と呼んでいる。

注意　f に課せられる仮定はこれまでどおりとする。Dini 条件はある $\delta>0$ に対して

$$\int_{-\delta}^\delta \left|\frac{f(x+z)-c}{z}\right|\,dz \;<\; \infty \tag{3}$$

が満たされることと同値である。（コルモゴロフ＝フォミーン [69] 下, p.388 では，(3) を Dini の条件と呼んでいる。）

次に C. Jordan による，いまひとつ収束の判定条件を述べる。

定理 2.4（Jordan の条件）　$f:\mathbb{R}\to\mathbb{C}$（または $\mathbb{R}$）を周期 2π で，しかも $[-\pi,\pi]$ 上で可積分な函数とする。もし f が x のある近傍 $[x-\delta,\ x+\delta]$ $(\delta>0)$ において有界変分ならば，

$$S_n(x) \longrightarrow \frac{1}{2}\big[f(x+0)+f(x-0)\big] \quad (\text{as}\quad n\to\infty).$$

補題 2.2　任意の $a<b$ に対して

$$\left|\int_a^b \frac{\sin t}{t}dt\right| \leqq C \tag{4}$$

を満たす絶対定数 C が存在する。

証明　まず $0\leqq a<b$ として証明する。

（イ）$1\leqq a<b$ の場合。積分法の第二平均値の定理[2] により

---

2)　"区間 $[a,\ b]$ において，函数 $g(x)$ は可積分で，$h(x)$ は有界単調とする。このとき

$$\int_a^b \frac{\sin t}{t}dt = \frac{1}{a}\int_a^\eta \sin t\,dt = \frac{1}{a}(\cos a - \cos \eta)$$

なる $\eta \in [a,b]$ が存在する。したがって

$$\left|\int_a^b \frac{\sin t}{t}dt\right| \leqq 2.$$

（ロ）$0 \leqq a < b \leqq 1$ の場合。

$$0 \leqq \int_a^b \frac{\sin t}{t}dt \leqq \int_a^b dt \leqq 1.$$

（ハ）$0 \leqq a \leqq 1 < b$ の場合。

$$\left|\int_a^b \frac{\sin t}{t}dt\right| \leqq \left|\int_a^1\right| + \left|\int_1^b\right| \leqq 1 + 2 = 3.$$

こうして $0 \leqq a < b$ の場合には $C = 3$ として (4) が成り立つ。したがって必ずしも $0 \leqq a < b$ でない一般の場合には，$C = 6$ とすれば（a, b にかかわらず）(4) が成り立つ。[3]

定理 2.4 の証明 一般性を失うことなく，f が実数値函数として証明すればよい。（複素数値の場合は，f を実部と虚部に分けて，その各に同じ議論を適用すればよい。）

$$\int_a^b g(x)h(x)dx = h(a)\int_a^\eta g(x)dx + h(b)\int_\eta^b g(x)dx$$

を満たす $\eta \in [a,\ b]$ が存在する。"（Weierstrass 型）たとえば Stromberg [104]，pp.328-329，高木 [105] pp.287-288 を参照。

"区間 $[a,\ b]$ において，函数 $g(x)$ は可積分で，$h(x)$ は非負・非増加な函数とすると，

$$\int_a^b g(x)h(x)dx = h(a)\int_a^\eta g(x)dx$$

を満たす $\eta \in [a,\ b]$ が存在する。また $h(x)$ が非負・非減少な函数ならば，

$$\int_a^b g(x)h(x)dx = h(b)\int_\eta^b g(x)dx$$

なる $\eta \in [a,\ b]$ が存在する。"（Bonnet 型）これについては河田 [58] I，p.18，Stromberg [104]，pp.334 を見よ。

3) 上記の証明は河田 [61] pp.83-84 に負う。C の値をより精密に評価すると，$C = \frac{\pi}{2} + \frac{4}{\pi} \fallingdotseq 2.8$ で (4) が成り立つ。河田 [58] I，pp.67-69 の精巧な計算を見よ。

f が $[x-\delta, x+\delta]$ で有界変分であるから，$f(x+0), f(x-0)$ は確かに存在する。そこで $c = \frac{1}{2}\left[f(x+0)+f(x-0)\right]$ とし，$\xi(z) = \frac{1}{2}\left[f(x+z)+f(x-z)\right]-c$ とおけば，ξ は $[-\delta, \delta]$ 上で有界変分であり，しかも $\xi(0+) = 0$ である。さらに非負・非減少で，しかも $h_1(0+) = h_2(0+) = 0$ を満たす函数 $h_1, h_2 : [-\delta, \delta] \to \mathbb{R}$ を適当に選んで

$$\xi(z) = h_1(z) - h_2(z); \ z \in [-\delta, \ \delta] \tag{5}$$

とすることができる。

任意の $\varepsilon > 0$ に対して，$\delta > 0$ を十分に小さく選び

$$0 < z \leqq \delta \Rightarrow 0 \leqq h_1(z), \ h_2(z) < \varepsilon \tag{6}$$

となるようにする。

さて $S_n(x) - c$ を三つの部分に割って計算した (1) 式 (p.36) をもう一度みよう。

$$S_n(x) - c = I_1 + I_2 + I_3$$

のうち，$I_2 + I_3 \to 0 \ (\text{as} \ n \to \infty)$ であったから，$n_0 \in \mathbb{N}$ を十分に大きくとって

$$\mid I_2 + I_3 \mid < \varepsilon \quad \text{for all} \quad n \geqq n_0$$

とすることができる。したがって

$$\mid S_n(x) - c \mid \leqq \frac{1}{\pi}\left| \int_0^\delta \frac{\sin\dfrac{2n+1}{2}z}{\dfrac{z}{2}}\xi(z)dz\right| + \varepsilon$$

$$\tag{7}$$

$$\leqq \frac{2}{\pi}\sum_{i=1}^{2}\left| \int_0^\delta \frac{\sin\dfrac{2n+1}{2}z}{z}h_i(z)dz\right| + \varepsilon.$$

ここで積分

$$\int_0^\delta \frac{\sin\dfrac{2n+1}{2}z}{z}h_i(z)dz$$

の大きさを評価してみよう。積分法の第二平均値の定理（p.38 の脚注 2）と(6) とから，適当な $\theta_i \in [0, \delta]$ を用いて計算すると，

$$\left| \int_0^\delta \frac{\sin \frac{2n+1}{2} z}{z} h_i(z) dz \right| = h_i(\delta) \left| \int_{\theta_i}^\delta \frac{\sin \frac{2n+1}{2} z}{z} dz \right|$$

$$(8)$$

$$\leqq \varepsilon \left| \int_{\theta_i}^\delta \frac{\sin \frac{2n+1}{2} z}{z} dz \right|$$

であるが，最後の積分は $w = 2^{-1}(2n+1)z$ なる変数変換を行なえば

$$\left| \int_{2^{-1}(2n+1)\theta_i}^{2^{-1}(2n+1)\delta} \frac{\sin w}{w} dw \right| \tag{9}$$

となる．補題 2.2 から，(9) は絶対定数 C でおさえられる．したがって (7)，(8) を併せ考慮すれば

$$| S_n(x) - c | \leqq \frac{4}{\pi} \varepsilon C + \varepsilon = \left(\frac{4C}{\pi} + 1 \right) \varepsilon \quad \text{for all} \quad n \geqq n_0 \tag{10}$$

が成り立ち，定理の証明が終わる。[4]　　　　　　　　　　　　　　　　　　　　　（証了）

§3　Fourier 級数の概収束：学史的展望

　前節において，われわれは Fourier 級数の一点における収束の必要十分条件あるいは striking な十分条件について検討してきた。しかしたとえば連続函数の空間とか可積分函数の空間など，比較的すっきりとした空間では，すべての点において自動的に Fourier 級数の収束条件が満たされることが期待できないものだろうか。その意味で無条件での Fourier 級数の各点収束・概収束を許す函数のクラスが存在するや否や，もしあるとすれば，それはどのようなクラスか。これは長い間にわたって，Fourier 級数論の難問であった。

　まず P.du Bois-Reymond は 1876 年，その Fourier 級数がある一点で発散してしまうような連続函数の存在を示して，問題の容易ならざる前途を予示

---

4)　この証明は河田 [61] p.85 による．

42   第 2 章 古典的 Fourier 級数の収束

した。次のステップを順に証明し，これを確かめてみよう。[5] $x \in [-\pi, \pi]$ を
任意の一点とする。

(i)   Dirichlet 核 $D_n(z)$ について

$$\int_{-\pi}^{\pi} |D_n(z)| dz \longrightarrow \infty \quad (\text{as} \quad n \to \infty).$$

実際，

$$|D_n(z)| = \frac{\left| \sin \dfrac{2n+1}{2} z \right|}{2\pi \left| \sin \dfrac{z}{2} \right|}$$

であるが，右辺の分子は

$$\frac{2n+1}{2} z_k = \left(k + \frac{1}{2} \right) \pi, \quad k \in \mathbb{Z}$$

を満たす z_k において 1 となる。このような z_k のうち $[-\pi, \pi]$ に属する k は
$-n-1 \leqq k \leqq n$ であるが，ここでは $0 \leqq k \leqq n$ だけを使う。これらの
z_k $(0 \leqq k \leqq n)$ を中心とする十分に小さな区間 I_k をつくり，

$$\left| \frac{2n+1}{2} z - \frac{2n+1}{2} z_k \right| = \left| \frac{2n+1}{2} z - \frac{2k+1}{2} \pi \right| < \frac{\pi}{3},$$

すなわち

$$|z - z_k| < \frac{2\pi}{3(2n+1)}$$

となるようにしてみよう。I_k の長さはもちろん $4\pi/3(2n+1)$ であり，また
I_k 上では

$$\left| \sin \frac{2n+1}{2} z \right| > \frac{1}{2}$$

である。一方 $\sin (z/2)$ が I_k 上でとる値は

$$\sin \frac{z}{2} < \frac{z}{2} < \frac{1}{2} \cdot \frac{\dfrac{2k+1}{2}\pi + \dfrac{\pi}{3}}{\dfrac{2n+1}{2}} < \frac{k+1}{2n+1}\pi.$$

したがって

---

5)   コルモゴロフ＝フォミーン [69] 下, pp.390-391.

§3 Fourier 級数の概収束：学史的展望

$$\int_{\bigcup\limits_{k=0}^{n} I_k} |D_n(z)|dz \geqq \frac{1}{2\pi} \sum_{k=0}^{n} \frac{1}{2} \frac{1}{\dfrac{k+1}{2n+1}\pi} \cdot \frac{4\pi}{3(2n+1)}$$

$$= \frac{1}{3\pi} \sum_{k=0}^{n} \frac{1}{k+1} \to \infty \quad \text{as} \quad n \to \infty.$$

こうして (i) が証明された。

(ii) $D_n(z)$ を用いて

$$\Lambda_n(f) = \int_{-\pi}^{\pi} f(x+z)D_n(z)dz \ ; \ f \in \mathfrak{C}\big([-\pi, \pi], \mathbb{C}\big)$$

と定義すれば，Λ_n は $\mathfrak{C}([-\pi, \pi], \mathbb{C})$ 上の連続線形汎函数である。しかし，(i) と共鳴定理[6]により，$\{\Lambda_n | n \in \mathbb{N}\}$ は作用素ノルムについて有界ではない。したがって弱位相についても有界ではない。[7]

(iii) (ii) により，$\{\Lambda_n\}$ は弱収束列ではないので，ある $f \in \mathfrak{C}([-\pi, \pi], \mathbb{C})$ に対して

$$\lim_{n \to \infty} \int_{-\pi}^{\pi} f(x+z)D_n(z)dz$$

は存在しない。

(iv) これから，du Bois-Reymond の結論を確認せよ。

その後，多くの試算の積み重ねが行なわれ，たとえば G.H.Hardy は 1913 年，$f \in \mathfrak{L}^1([-\pi, \pi], \mathbb{C})$ に対して

$$\sum_{n=-\infty}^{\infty} c_n e^{inx} \frac{1}{\log(|n|+2)}$$

の概収束を証明した。ここで c_n は複素型の Fourier 係数である。

このような試算の蓄積に立脚して，1915 年，N.N.Lusin は"測度が正の集合上で Fourier 級数が発散するような，$\mathfrak{L}^2$ に属する函数は存在するか？"という明示的な問を発したのであった。

---

6) **Banach-Steinhaus** の共鳴定理 $\mathfrak{X}$ を Banach 空間，$\mathfrak{Y}$ をノルム空間とし，$\{T_\alpha : \alpha \in A\}$ は $\mathfrak{X}$ から $\mathfrak{Y}$ への有界線形作用素の族とする。各 $x \in \mathfrak{X}$ において $\{T_\alpha x | \alpha \in A\}$ が $\mathfrak{Y}$ の有界集合であれば，$\{T_\alpha | \alpha \in A\}$ は一様有界である。すなわち $\sup\limits_{\alpha \in A} \|T_\alpha\| < \infty$。（逆は自明。）Dunford and Schwartz [25] I, pp.52-53, 丸山 [77] pp.344-345, Yosida [120] p.69.

7) Banach 空間における強有界性と弱有界性は同値である。

44　　　　　　　第 2 章　古典的 Fourier 級数の収束

　これを契機として，さらに多くの結果が積み重ねられ，とくに $\mathfrak{L}^1$ と $\mathfrak{L}^p (p > 1)$ との間には大きな質的相違のあることが次第に解明された。とくに A.N.Kolmogorov は 1923 年，Fourier 級数がすべての点で発散するような $f \in \mathfrak{L}^1([-\pi, \pi], \mathbb{C})$ の存在を示して，学界を驚かせた。

　この方向での研究は 1920 年代，1930 年代の古典的蓄積期を経て，1960 年代に飛躍的な進展をみた。
　まず Y. Katznelson は次の結果を示した。
　"$\mathfrak{L}^p([-\pi, \pi], \mathbb{C})$，$1 \leqq p < \infty$, において次の二命題のうちのいずれか一方が成り立つ。

　　　　　a. すべての $f \in \mathfrak{L}^p$ の Fourier 級数は概収束する。
　　　　　b. いたるところ発散する $f \in \mathfrak{L}^p$ が存在する。"
　さらに同時に，J-P.Kahane と Y. Katznelson は，連続函数空間 $\mathfrak{C}([-\pi, \pi], \mathbb{C})$ でもこれと同様の結果の成立することを示した。
　矢つぎばやに素晴らしい結果が生み出される中で，1966 年，L. Carleson は遂に次のような決定的な結果を論証した。

Carleson の定理　　$f \in \mathfrak{L}^2([-\pi, \pi], \mathbb{C})$ の Fourier 級数は殆どすべての点で $f(x)$ に収束する。

　翌年，R.A. Hunt がこの結果を任意の $p > 1$ に拡張し，上に述べたいわゆる Lusin の問題は完全な解決をみたのである。
　Carleson の定理は本書第 9 章および第 11 章において重要な働きをする。しかしこの定理の証明には今日でも容易な道が見出されておらず，遺憾ながら，本書でも結果だけをここに述べて，証明は省略することとした。[8]

---

　8) Carleson[14], Hunt[46]。Jørsboe and Melbro[49] は Carleson の定理の証明に見とおしのよい整理を与えるために全巻を費している。本文中に掲げた重要な研究は Hardy [37], Kolmogorov [67] [68], Katznelson [56] および Kahane and Kalznelson [52] である。Hardy and Rogozinski [38] および古典的大著 Zygmund [123] も見よ

§4 一様収束　　　45

§4 一様収束

　Fourier 級数が一様収束するための条件をひとつだけ述べておく。この場合，Fourier 級数に展開される函数が連続でなければならないことが要請されるのは自明であろう。

定理 2.5（一様収束）　$f : \mathbb{R} \to \mathbb{C}$（または $\mathbb{R}$）が周期 2π の絶対連続函数で，$f' \in \mathfrak{L}^2([-\pi, \pi], \mathbb{C})$ ならば，f の Fourier 級数は $\mathbb{R}$ 上で f に一様収束する。

証明　仮定により f は絶対連続であるから殆どいたるところ微分可能であることに注意する。そこで導函数 f' の（三角函数形による）Fourier 級数の係数を

$$a'_n = \frac{1}{\pi} \int_{-\pi}^{\pi} f'(x) \cos nx \quad ; \quad n = 0, 1, 2, \cdots,$$

$$b'_n = \frac{1}{\pi} \int_{-\pi}^{\pi} f'(x) \sin nx \quad ; \quad n = 0, 1, 2, \cdots$$

とおく。すると部分積分[9]により

$$a_n = \frac{1}{\pi} \int_{-\pi}^{\pi} f(x) \cos nx$$

$$= \frac{1}{\pi} \left\{ f(x) \frac{\sin nx}{n} \Big|_{-\pi}^{\pi} - \frac{1}{n} \int_{-\pi}^{\pi} f'(x) \sin nx dx \right\} = -\frac{b'_n}{n}.$$

同様にして

$$b_n = \frac{1}{n} \int_{-\pi}^{\pi} f(x) \sin nx = \frac{a'_n}{n}.$$

---

　9)　区間 $[a, b]$ 上で定義される函数 u は絶対連続，v は可積分であるとき，$u \cdot v$ も可積分で，v の不定積分を V と書けば

$$\int_a^b u(t)v(t)dt = u(b)V(b) - u(a)V(a) - \int_a^b u'(t)V(t)dt.$$

加藤 [55] p.107，Stromberg[104]p.323 を見よ。

46 第 2 章 古典的 Fourier 級数の収束

ゆえに,

$$\sum_{n=1}^{\infty} \Big(\mid a_n \mid + \mid b_n \mid \Big) = \sum_{n=1}^{\infty} \Big(\frac{\mid b_n' \mid}{n} + \frac{\mid a_n' \mid}{n} \Big) \tag{1}$$

を得る。ここで

$$2\frac{\mid a_n' \mid}{n} \leqq \mid a_n' \mid^2 + \frac{1}{n^2} \quad , \quad 2\frac{\mid b_n' \mid}{n} \leqq \mid b_n' \mid^2 + \frac{1}{n^2} \tag{2}$$

であり，また $f' \in \mathfrak{L}^2([-\pi, \pi], \mathbb{C})$ であることから Bessel の不等式（定理 1.4,
p.19）が使えて

$$\sum_{n=1}^{\infty} \Big(\mid a_n' \mid^2 + \mid b_n' \mid^2 \Big) < \infty \tag{3}$$

である。(1), (2), (3) から

$$\sum_{n=1}^{\infty} \Big(\mid a_n \mid + \mid b_n \mid \Big) < \infty \tag{4}$$

である。f の Fourier 級数

$$\frac{a_0}{2} + \sum_{n=1}^{\infty} \Big(a_n \cos nx + b_n \sin nx \Big)$$

の各項の絶対値は，収束する正項級数

$$\frac{\mid a_0 \mid}{2} + \sum_{n=1}^{\infty} \Big(\mid a_n \mid + \mid b_n \mid \Big)$$

の，対応する項でおさえられているから，f の Fourier 級数はある連続函数
$\varphi : \mathbb{R} \longrightarrow \mathbb{C}$ に一様収束する。[10]

　最後に f と φ はともに連続であるから，$[-\pi, \pi]$ 上では二乗可積分である。
そして双方の Fourier 級数はすべて相等しいのであるから，定理 1.6（p.22）
により，$\varphi = f$ でなければならない。つまり，f の Fourier 級数は f に一様
収束するのである。[11]　　　　　　　　　　　　　　　　　　　　　（証了）

---

10)　Stromberg [104] pp.141-142, 高木 [105] p.155, 定理 39 を参照。
11)　コルモゴロフ＝フォミーン [69] pp.391-392 によった。

注意 1°　定理 2.5 は複素型の Fourier 級数についても同様に成り立つことはもちろんである。この場合も Fourier 級数 c_n は

$$
\begin{aligned}
c_n &= \frac{1}{\sqrt{2\pi}} \int_{-\pi}^{\pi} f(x) e^{-inx} dx \\
&= \frac{1}{in} \cdot \frac{1}{\sqrt{2\pi}} \int_{-\pi}^{\pi} f'(x) e^{-inx} dx \quad \text{(部分積分)} \\
&= \frac{1}{in} c_n'
\end{aligned}
$$

と計算される。ここで c_n' は f' の Fourier 係数である。ゆえに

$$
\sum_{n=-\infty}^{\infty} |c_n| = \sum_{n=-\infty}^{\infty} \frac{1}{|n|} |c_n'|.
$$

しかるに

$$
2 \frac{|c_n'|}{n} \leqq |c_n'|^2 + \frac{1}{n^2}
$$

であることと，Bessel の不等式とから

$$
\sum_{n=-\infty}^{\infty} |c_n| < \infty
$$

が導かれる。あとは全く同様にすればよい。

2°　とくに f が $[-\pi, \pi]$ 上で定義された $\mathfrak{C}^1$-級の函数なら，Fourier 級数の f への一様収束と，Fourier 係数を加えた級数の絶対収束は，定理 2.5 からただちに明らかである。

§5　Fejér 積分と $(C, 1)$ 総和法

一般に，級数 $\displaystyle\sum_{n=0}^{\infty} a_n$ に対して部分和を

$$
S_n = \sum_{k=0}^{n-1} a_k,
$$

48　　第 2 章　古典的 Fourier 級数の収束

また部分和の平均を

$$\sigma_n = \frac{1}{n} \sum_{k=0}^{n-1} S_k$$

とするとき，この σ_n をもとの級数の $(C, 1)$ 和 $((C, 1)\text{-sum})$ と呼び，$\sigma_n \to \sigma \ (\text{as } n \to \infty)$ が成り立つとき，もとの級数は σ へ **Cesàro** の意味で一次総和可能または略して $(C, 1)$ 総和可能 $((C, 1)\text{-summable})$ であるという。[12]

注意[13]

(i)　級数 $\displaystyle\sum_{n=0}^{\infty} a_n$ が収束するならば，それは同じ和へ $(C, 1)$ 総和可能である。実際，$S_n \to S^* (\text{as } n \to \infty)$ であるとする。$S_n = S^* + t_n \ (n = 1, 2, \cdots)$ とおけば，$t_n \to 0$.

$$\sigma_n = \frac{1}{n}(S_0 + S_2 + \cdots + S_{n-1}) = S^* + \frac{1}{n}(t_0 + t_1 + \cdots + t_{n-1}).$$

任意の $\varepsilon > 0$ に対して，十分に大きな k_0 を選び

$$|t_k| < \varepsilon \quad \text{for all} \quad k \geqq k_0$$

とすることができる。また

$$T = \text{Max}\{ |t_0|, |t_1|, \cdots, |t_{k_0-1}| \}$$

とおけば，

$$\left| \frac{1}{n}(t_0 + t_1 + \cdots + t_{n-1}) \right| \leqq \frac{1}{n}\{ T \cdot k_0 + \varepsilon(n - k_0) \} \leqq \frac{1}{n} T \cdot k_0 + \varepsilon.$$

したがって n を十分に大きくとれば，$|(1/n)(t_0 + t_1 + \cdots + t_{n-1})| < 2\varepsilon$ である。したがって $\sigma_n \to S^*$。

(ii)　(i) の逆は必ずしも成り立たない。

反例を以てこれを示そう。

---

12)　より一般に (C, m) 総和可能性については河田 [58] I, p.12, [59] pp.35-37 を見よ。

13)　高木 [105] p.9, p.275. 関連事項が Stromberg [104] pp.473-484 に明快に論じられている。

§5 Fejér 積分と $(C, 1)$ 総和法　　　　　　49

級数 $1 - 1 + 1 - 1 + \cdots$ の部分和は，$S_{2n} = 0$，$S_{2n+1} = 1$。したがってこの級数は収束しない。ところが $\sigma_{2n} = n/2n = 1/2$，$\sigma_{2n+1} = (n+1)/(2n+1)$ であるから，$\sigma_n \to 1/2$。

この $(C, 1)$ 総和法の考え方を Fourier 級数論に応用してみよう。

さしあたり，$f : \mathbb{R} \longrightarrow \mathbb{C}$（または $\mathbb{R}$）を周期 2π で，しかも $[-\pi, \pi]$ で可積分な函数としよう。この函数の Fourier 級数の部分和を

$$S_n(x) = \frac{a_0}{2} + \sum_{k=1}^{n-1} (a_k \cos kx + b_k \sin kx)$$

とおき，また

$$\sigma_n(x) = \frac{1}{n} \sum_{k=0}^{n-1} S_k(x)$$

とおく。この σ_n を f の **Fejér の和**（Fejér sum）という。

既に計算したように

$$S_k(x) = \int_{-\pi}^{\pi} f(x+z) D_k(z) dz$$

と書き表わされるのであった。ここで $D_k(x)$ は Dirichlet の核である。したがって

$$\sigma_n(x) = \int_{-\pi}^{\pi} f(x+z) \Big[\frac{1}{n} \sum_{k=0}^{n-1} D_k(z) \Big] dz \tag{1}$$

となる。簡単化のために

$$K_n(z) = \frac{1}{n} \sum_{k=0}^{n-1} D_k(z) \tag{2}$$

とおけば，(1) は

$$\sigma_n(x) = \int_{-\pi}^{\pi} f(x+z) K_n(z) dz \tag{3}$$

となる。この $K_n(z)$ を **Fejér の核**（Fejér kernel）といい，(3) の積分を **Fejér 積分**（Fejér integral）と呼んでいる。

50   第 2 章　古典的 Fourier 級数の収束

補題 2.3（Fejér 核の表現）

$$K_n(z) = \frac{1}{2n\pi}\left\{\frac{\sin n \cdot \dfrac{z}{2}}{\sin \dfrac{z}{2}}\right\}^2. \tag{4}$$

証明　(2) の両辺に $2\sin^2\dfrac{z}{2}$ を乗ずると,

$$
\begin{aligned}
K_n(z)\cdot 2\sin^2\frac{z}{2} &= \frac{1}{n}\sum_{k=0}^{n-1}D_k(z)2\sin^2\frac{z}{2}\\
&= \frac{1}{2n\pi}\sum_{k=0}^{n-1}2\sin\left(\frac{2k+1}{2}z\right)\sin\frac{z}{2}\\
&= \frac{1}{2n\pi}\sum_{k=0}^{n-1}\left[\cos kz - \cos(k+1)z\right]\\
&= \frac{1}{2n\pi}(1-\cos nz)\\
&= \frac{1}{n\pi}\sin^2\frac{nz}{2}
\end{aligned}
$$

である。これからただちに (4) を得る。（ただしもちろん, これは $\sin(z/2)\neq 0$ なる z で計算しているのである。）　　　　　　　　　　　　　　　（証了）

　補題 2.4　（Fejér 核の性質）

　(i)　$K_n(z)\geqq 0.$

　(ii)　$\displaystyle\int_{-\pi}^{\pi}K_n(z)dz = 1.$

　(iii)　$M_n(\delta) = \displaystyle\sup_{\delta\leqq|z|\leqq\pi}K_n(z)\quad(\delta>0)$

とおくとき,

$$\lim_{n\to\infty}M_n(\delta) = 0.$$

　証明　(i) は自明である。(ii) も

$$\int_{-\pi}^{\pi}D_k(z)dz = 1$$

であることを思い出せば, (2) の定義より明らか。そこで (iii) についてだけ

§5 Fejér 積分と $(C, 1)$ 総和法　　　51

慎重にチェックすればよい。補題 2.3 を使って

$$0 \leqq K_n(z) = \frac{1}{2n\pi} \left\{ \frac{\sin \dfrac{nz}{2}}{\sin \dfrac{z}{2}} \right\}^2$$

であるが，$|z| \in [\delta, \pi]$ のとき

$$\sin^2 \frac{\delta}{2} \leqq \sin^2 \frac{z}{2}$$

なので，このような z については

$$0 \leqq K_n(z) \leqq \frac{1}{2n\pi} \cdot \frac{\sin^2 \dfrac{nz}{2}}{\sin^2 \dfrac{\delta}{2}} \leqq \frac{1}{2n\pi} \cdot \frac{1}{\sin^2 \dfrac{\delta}{2}}$$

が成り立つ。ゆえに

$$M_n(\delta) \leqq \frac{1}{2n\pi} \cdot \frac{1}{\sin^2 \dfrac{\delta}{2}} \longrightarrow 0 \quad (\text{as} \quad n \to \infty). \qquad \text{(証了)}$$

定理 2.6（Fejér の総和定理）　$f : \mathbb{R} \longrightarrow \mathbb{C}$（または $\mathbb{R}$）が周期 2π の連続函数ならば，Fejér の和 $\sigma_n(x)$ は $\mathbb{R}$ 上で f に一様収束する。

証明　f は連続な周期函数ゆえ，$\mathbb{R}$ 上で有界かつ一様連続である。そこで任意の $\varepsilon > 0$ に対して

$$|x' - x''| \leqq \delta \quad \Longrightarrow \quad |f(x') - f(x'')| \leqq \frac{\varepsilon}{3}$$

となるように $\delta > 0$ を選ぶことができる。このような δ を固定して考える。

$$f(x) - \sigma_n(x) = \int_{-\pi}^{\pi} [f(x) - f(x+z)] K_n(z) dz \quad (\text{補題 2.4(ii) による})$$

$$= \int_{-\pi}^{-\delta} + \int_{-\delta}^{\delta} + \int_{\delta}^{\pi} \qquad (5)$$

$$\equiv J_1 + J_2 + J_3.$$

$A = \sup\limits_{x \in \mathbb{R}} |f(x)| \ (< \infty)$ とおくと，

$$| J_1 | \leq 2A \int_{-\pi}^{-\delta} K_n(z)dz \leq 2A \cdot M_n(\delta) \cdot \pi, \tag{6}$$

$$| J_3 | \leq 2A \int_{\delta}^{\pi} K_n(z)dz \leq 2A \cdot M_n(\delta) \cdot \pi, \tag{7}$$

$$| J_2 | \leq \frac{\varepsilon}{3} \int_{-\delta}^{\delta} K_n(z)dz \leq \frac{\varepsilon}{3}. \tag{8}$$

(6)~(8) は x の位置にかかわりなく成立することに注意しよう。そこで，補題 2.4(iii) により，n を十分に大きくとれば，(6)，(7) の右辺は $\varepsilon/3$ よりも小さくすることができる。したがって，このような十分に大きな n については，

$$| f(x) - \sigma_n(x) | \leq \frac{\varepsilon}{3} + \frac{\varepsilon}{3} + \frac{\varepsilon}{3} = \varepsilon \quad \text{for all} \quad x \in \mathbb{R}.$$

これで定理の証明が完了した。 (証了)

Fejér の総和法については，第 5 章においてあらためて詳しく検討する。

第 3 章

Fourier 変換（その 1）

———————

　前章で取り扱った古典的 Fourier 級数論では，周期函数を分析の対象とした。そこで同様のことを周期的でない（あるいはいいかえると周期が ∞ の）函数についても行なおうとすると，どのようにすればよいか。この問に答えるのが Fourier 変換の理論である。

§1　Fourier 積分

　まず全体の発想法をみきわめるために，少々大雑把な話しから始めよう。函数 $f : \mathbb{R} \longrightarrow \mathbb{C}$ は，各有限区間で可積分であり，しかも各点で Fourier 級数の収束条件（たとえば Dini の条件）が満たされているものとする。このような f を区間 $[-l, l]$ に限定して考えれば，f はこの区間上では次のような Fourier 級数に展開される（cf. p. 27）。

$$f(x) = \frac{a_0}{2} + \sum_{n=1}^{\infty} \left(a_n \cos \frac{n\pi}{l} x + b_n \sin \frac{n\pi}{l} x \right), \tag{1}$$

ここで，

$$a_n = \frac{1}{l} \int_{-l}^{l} f(t) \cos \frac{n\pi}{l} t \, dt \quad ; \; n = 0, 1, 2, \cdots, \tag{2}$$

$$b_n = \frac{1}{l}\int_{-l}^{l} f(t)\sin\frac{n\pi}{l}t\, dt \quad ; \; n=1,2,\cdots.$$

(2) を (1) に代入すると,

$$f(x) = \frac{1}{2l}\int_{-l}^{l} f(t)dt + \sum_{n=1}^{\infty}\left\{\frac{1}{l}\int_{-l}^{l} f(t)\cos\frac{n\pi}{l}t\, dt \cdot \cos\frac{n\pi}{l}x\right\}$$
$$+ \sum_{n=1}^{\infty}\left\{\frac{1}{l}\int_{-l}^{l} f(t)\sin\frac{n\pi}{l}t\, dt \cdot \sin\frac{n\pi}{l}x\right\}$$
$$= \frac{1}{2l}\int_{-l}^{l} f(t)dt + \sum_{n=1}^{\infty}\frac{1}{l}\int_{-l}^{l} f(t)\cos\frac{n\pi}{l}(t-x)dt$$
$$= \frac{1}{2l}\int_{-l}^{l} f(t)dt + \frac{1}{\pi}\sum_{n=1}^{\infty}\frac{\pi}{l}\int_{-l}^{l} f(t)\cos\frac{n\pi}{l}(t-x)dt. \tag{3}$$

ここで追加的な仮定として，f が $\mathbb{R}$ 上で可積分であるとしよう．すると (3) の第1項は，$l\to\infty$ とするとき 0 に収束する．また第2項の $\sum(\cdots)$ 部分は，λ の函数

$$\int_{-l}^{l} f(t)\cos\lambda(t-x)dt \tag{4}$$

の $[0,\infty)$ における積分の近似計算とみることができる．つまり $[0,\infty)$ を長さ π/l の区間に分割し，その区間の右端の点で (4) の値を計算し，それに区間の長さ π/l を乗じて加えあわせたものが $\sum(\cdots)$ である．

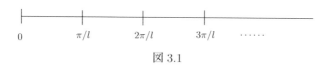

図 3.1

いま $l\to\infty$ とすれば，分割の幅が限りなく細かくなってくるから，(3) の第2項は，$l\to\infty$ の極限において

$$\frac{1}{\pi}\int_{0}^{\infty}\left\{\int_{-\infty}^{\infty} f(t)\cos\lambda(t-x)dt\right\}d\lambda$$

となることが期待されるであろう．もちろんこれは**厳密な議論ではない**．し

かし概ね

$$f(x) = \frac{1}{\pi} \int_0^\infty \left\{ \int_{-\infty}^\infty f(t) \cos \lambda(t-x) dt \right\} d\lambda \tag{5}$$

が期待される結果である。そこで

$$a_\lambda = \frac{1}{\pi} \int_0^\infty f(t) \cos \lambda t dt, \quad b_\lambda = \frac{1}{\pi} \int_0^\infty f(t) \sin \lambda t dt \tag{6}$$

とおけば，$f(x)$ は

$$f(x) = \int_0^\infty (a_\lambda \cos \lambda x + b_\lambda \sin \lambda x) d\lambda \tag{7}$$

となって，Fourier 級数と類似の表現が積分形式で得られることになるのである。

さて上記の推論は大筋において正しいが，$l \to \infty$ とするときの極限操作に精密さの欠けたあやしい点がある。そこでもう一度論証をやり直してみよう。

定理 3.1（Fourier の積分公式）　函数 $f : \mathbb{R} \longrightarrow \mathbb{C}$ は可積分で，しかも各 $x \in \mathbb{R}$ において，任意の $\delta > 0$ に対し

$$\int_{-\delta}^\delta \left| \frac{f(x+z) - f(x)}{z} \right| dz < \infty \tag{8}$$

が成り立つものとする。このとき

$$f(x) = \frac{1}{\pi} \int_0^\infty \left\{ \int_{-\infty}^\infty f(t) \cos \lambda(t-x) dt \right\} d\lambda \tag{5}$$

が成り立つ。

注意　(8) は $c = f(x)$ とするときの Dini の条件であることを想起しよう（cf. p.38）。

証明　$A > 0$ に対して

$$J(A) = \frac{1}{\pi} \int_0^A \left\{ \int_{-\infty}^\infty f(t) \cos \lambda(t-x) dt \right\} d\lambda \tag{9}$$

とおく。仮定により，f は $\mathbb{R}$ 上で可積分だから，

56 　　　　　第 3 章　Fourier 変換（その 1 ）

$$\int_0^A \left\{ \int_{-\infty}^\infty |f(t)\cos\lambda(t-x)|dt \right\} d\lambda < \infty. \tag{10}$$

ゆえに Fubini の定理が適用できるから，積分の順序を入れかえると，

$$
\begin{aligned}
J(A) &= \frac{1}{\pi}\int_{-\infty}^\infty \left\{ \int_0^A f(t)\cos\lambda(t-x)d\lambda \right\} dt \\
&= \frac{1}{\pi}\int_{-\infty}^\infty f(t)\frac{\sin A(t-x)}{t-x}dt \\
&= \frac{1}{\pi}\int_{-\infty}^\infty f(x+z)\frac{\sin Az}{z}dz \quad (z=t-x \text{ の変数変換}).
\end{aligned}
\tag{11}
$$

　したがって

$$
\begin{aligned}
J(A)-f(x) &= \frac{1}{\pi}\int_{-\infty}^\infty \frac{f(x+z)-f(x)}{z}\sin Az\,dz \\
&= \frac{1}{\pi}\int_{-N}^N \frac{f(x+z)-f(x)}{z}\sin Az\,dz \\
&\quad + \frac{1}{\pi}\int_{|z|\geqq N}\frac{f(x+z)}{z}\sin Az\,dz - \frac{f(x)}{\pi}\int_{|z|\geqq N}\frac{\sin Az}{z}dz \\
&\equiv I_1 + I_2 + I_3.
\end{aligned}
\tag{12}
$$

ここで周知の

$$\frac{1}{\pi}\int_{-\infty}^\infty \frac{\sin Az}{z}dz = 1 \quad (A>0) \tag{13}$$

を用いた。任意の $\varepsilon>0$ に対して，$N>0$ を十分に大きくとれば，

$$|\,I_2\,| < \frac{\varepsilon}{3} \quad,\quad |\,I_3\,| < \frac{\varepsilon}{3}.$$

このような N をひとつ固定して考えると，条件 (8) および補題 2.1 (p.34) により，十分大きな A に対しては $|\,I_1\,| < \varepsilon/3$. こうして十分に大きな A に対して

$$|\,J(A)-f(x)\,| < \frac{\varepsilon}{3}+\frac{\varepsilon}{3}+\frac{\varepsilon}{3} = \varepsilon$$

を得て，(5) が示されたことになる。　　　　　　　　　　　　　　（証了）

§1 Fourier 積分　　　　57

この (5) のことを **Fourier の積分公式** (Fourier integral formula) と呼んで
いる。

(5) の内側の積分

$$\int_{-\infty}^{\infty} f(t)\cos\lambda(t-x)dt$$

は λ についての偶函数であることに留意すると，

$$f(x) = \frac{1}{2\pi}\int_{-\infty}^{\infty}\left\{\int_{-\infty}^{\infty} f(t)\cos\lambda(t-x)dt\right\}d\lambda. \tag{14}$$

また f の可積分性より，積分

$$\int_{-\infty}^{\infty} f(t)\sin\lambda(t-x)dt$$

は存在し，これは λ の奇函数である。したがって

$$\frac{1}{2\pi}\int_{-\infty}^{\infty}\left\{\int_{-\infty}^{\infty} f(t)\sin\lambda(t-x)dt\right\}d\lambda = 0. \tag{15}$$

ここで λ についての積分は

$$\lim_{N\to\infty}\int_{-N}^{N}\ \cdots d\lambda,$$

つまり **Cauchy** の主値の意味である。 (14) $- i(15)$ として

$$f(x) = \frac{1}{2\pi}\int_{-\infty}^{\infty}\left\{\int_{-\infty}^{\infty} f(t)e^{-i\lambda(t-x)}dt\right\}d\lambda \tag{16}$$

を得る。これを複素型の **Fourier の積分公式**と呼ぶ。

ここで

$$g(\lambda) = \frac{1}{\sqrt{2\pi}}\int_{-\infty}^{\infty} f(t)e^{-i\lambda t}dt \tag{17}$$

と定義すれば，(16) は

$$f(x) = \frac{1}{\sqrt{2\pi}}\int_{-\infty}^{\infty} g(\lambda)e^{i\lambda x}d\lambda \tag{18}$$

と書き直される。 **(17)** の積分は常に存在するのに対して，**(18)** の積分は，
一般には **Cauchy** の主値の意味で存在するにすぎない。また **(17)** は g の定

義式であるが，他方 (18) は **Fourier** 積分公式の変形であり，右辺が $f(x)$ に等しいという積極的な主張を含んでいることに注意しよう。

$g(\lambda)$ は **Fourier** 係数に対応する表現であり，**(18)** は **Fourier** 級数の対応物であることはいうまでもない。[1]

以上の考察を予備知識として，Fourier 変換の理論へと進もう。(17) で定義される $g(x)$ こそ，$f \in \mathfrak{L}^1(\mathbb{R}, \mathbb{C})$ の Fourier 変換であり，これはいわば周期 ∞ の函数の Fourier 係数に該当するわけである。

§2 $f \in \mathfrak{L}^1(\mathbb{R}, \mathbb{C})$ の Fourier 変換

定義 $f \in \mathfrak{L}^1(\mathbb{R}, \mathbb{C})$ に対して，

$$\hat{f}(t) = \frac{1}{\sqrt{2\pi}} \int_{-\infty}^{\infty} f(x) e^{-itx} dx$$

を以て定義された函数 $\hat{f} : \mathbb{R} \longrightarrow \mathbb{C}$ を f の **Fourier 変換** (Fourier transform) と呼ぶ。また f に $\hat{f}$ を対応させる写像 $\mathcal{F} : f \longmapsto \hat{f}$ もまた Fourier 変換と呼ばれる。

定理 3.2（一様連続性） $f \in \mathfrak{L}^1(\mathbb{R}, \mathbb{C})$ の Fourier 変換 $\hat{f}$ は $\mathbb{R}$ 上で一様連続である。

証明

$$\hat{f}(t+u) - \hat{f}(t) = \frac{1}{\sqrt{2\pi}} \int_{-\infty}^{\infty} f(x) \{ e^{-i(t+u)x} - e^{-itx} \} dx$$

であるから，

---

1) 本節の叙述は，主としてコルモゴロフ＝フォミーン [69] 第 8 章 §3 によった。古典的 Fourier 変換に関する基本書として Dym and McKean [27]，Goldberg [31]，河田「59」「61」，Titchmarsh [108] など。

$$| \hat{f}(t+u) - \hat{f}(t) | \leqq \frac{1}{\sqrt{2\pi}} \int_{-\infty}^{\infty} | f(x) || e^{-iux} - 1 | \, dx.$$

この右辺は t から独立である。しかも

$$| f(x) || e^{-iux} - 1 | \leqq 2 | f(x) |$$

であるから，$u \to 0$ とするとき，上限収束定理によって，右辺は 0 に収束する。したがって $\hat{f}$ は一様連続である。 (証了)

さらに $f, g \in \mathfrak{L}^1(\mathbb{R}, \mathbb{C}), \alpha \in \mathbb{C}$ に対して，次の結果が成り立つことは明らかであろう。

$$(\widehat{f+g})(t) = \hat{f}(t) + \hat{g}(t), \tag{1}$$

$$(\widehat{\alpha f})(t) = \alpha \hat{f}(t), \tag{2}$$

$$| \hat{f}(t) | \leqq \frac{1}{\sqrt{2\pi}} \| f \|_1 . \tag{3}$$

$\mathbb{R}$ 上で定義された一様連続な複素数値函数全体が作る集合に，通常のベクトル演算と一様収束ノルムを与えた線形ノルム空間を $\mathfrak{U}(\mathbb{R}, \mathbb{C})$ とすれば，$\mathcal{F} : f \longmapsto \hat{f}$ は

$$\mathcal{F} : \mathfrak{L}^1(\mathbb{R}, \mathbb{C}) \longrightarrow \mathfrak{U}(\mathbb{R}, \mathbb{C})$$

なる形式の有界線形作用素である。(3) により

$$\| \mathcal{F} \| \leqq \frac{1}{\sqrt{2\pi}}$$

である。$\| \mathcal{F} \|$ は $\mathcal{F}$ の作用素ノルムである。

実は $\mathfrak{L}^1(\mathbb{R}, \mathbb{C})$ に属する函数の Fourier 変換 $\hat{f}$ は，もう少しその性質を特定化することができる。すなわち後に述べるように，$\hat{f}$ は "無限遠において消える" 函数なのである。

注意　$f, g \in \mathfrak{L}^1(\mathbb{R}, \mathbb{C})$ とするとき，次の公式が成り立つ。

(i)　$\hat{\bar{f}}(t) = \overline{\hat{f}(-t)}$. ($\bar{f}$ は複素共役を表わす。)

(ii)　$f_y(x) = f(x-y)$ とおけば　$\hat{f}_y(t) = \hat{f}(t) e^{-ity}$.

60 　　　　　第 3 章　Fourier 変換（その 1 ）

(iii)　実数 $\lambda \neq 0$ に対して $\varphi(x) = \lambda f(\lambda x)$ とおけば $\hat{\varphi}(t) = \hat{f}(t/\lambda)$.

(iv)　$h(x) = \dfrac{1}{\sqrt{2\pi}} \displaystyle\int_{-\infty}^{\infty} g(t) e^{itx} dt$　　（可積分）

とするとき，

$$(h * f)(x) = \int_{-\infty}^{\infty} g(t) \hat{f}(t) e^{itx} dt.$$

ここで $h * f$ は h と f とのたたみ込み (convolution)，つまり

$$(h * f)(x) = \int_{-\infty}^{\infty} h(x - y) f(y) dy$$

である。

ここで Fourier 変換の実例をいくつか示しておこう。

例 1　函数 $f : \mathbb{R} \to \mathbb{R}$ を

$$f(x) = \begin{cases} 1 & \text{on } (a, \ b), \\ 0 & \text{otherwise} \end{cases}$$

と定義するとき，その Fourier 変換を計算してみよう。

$$\hat{f}(t) = \frac{1}{\sqrt{2\pi}} \int_{a}^{b} e^{-itx} dx$$

であるから，まず $t = 0$ では

$$\hat{f}(t) = \frac{b - a}{\sqrt{2\pi}}.$$

$t \neq 0$ では，

$$\hat{f}(t) = \frac{-1}{\sqrt{2\pi} \, it} \, e^{-itx} \Big|_{a}^{b} = \frac{1}{\sqrt{2\pi} \, it} \, (e^{-ita} - e^{-itb})$$

である。$a = -b$ の特別な場合は，

$$\hat{f}(t) = \frac{1}{\sqrt{2\pi} \, it} \, (e^{itb} - e^{-itb}) = \frac{2 \sin tb}{\sqrt{2\pi} t}$$

となる。

§2 $f \in \mathfrak{L}^1(\mathbb{R}, \mathbb{C})$ の Fourier 変換   61

例 **2** $f(x) = e^{-\gamma|x|}$ $(\gamma > 0)$ の Fourier 変換を求めよう。

$$\hat{f}(t) = \frac{1}{\sqrt{2\pi}} \int_{-\infty}^{\infty} e^{-\gamma|x|} e^{-itx} dx = \frac{1}{\sqrt{2\pi}} \int_{-\infty}^{\infty} e^{-\gamma|x|} (\cos tx - i\sin tx) dx.$$

ここで

$$
\begin{aligned}
\int_{-\infty}^{\infty} e^{-\gamma|x|} \sin tx dx &= \int_{0}^{\infty} e^{-\gamma x} \sin tx dx + \int_{-\infty}^{0} e^{\gamma x} \sin tx dx \\
&= \int_{0}^{\infty} e^{-\gamma x} \sin tx dx - \int_{\infty}^{0} e^{-\gamma y} \sin t(-y) dy \\
&\qquad\qquad (-x = y \text{ の変数変換}) \\
&= \int_{0}^{\infty} e^{-\gamma x} \sin tx dx - \int_{0}^{\infty} e^{-\gamma y} \sin ty dy \\
&= 0.
\end{aligned}
$$

ゆえに

$$\hat{f}(t) = \frac{1}{\sqrt{2\pi}} \int_{-\infty}^{\infty} e^{-\gamma|x|} \cos tx dx = \frac{2}{\sqrt{2\pi}} \int_{0}^{\infty} e^{-\gamma x} \cos tx dx \equiv \frac{2}{\sqrt{2\pi}} I.$$

この I の計算は読者に委ねる（部分積分による）こととし，結果は

$$I = \frac{\gamma}{\gamma^2 + t^2}$$

となる。したがって

$$\hat{f}(t) = \frac{2}{\sqrt{2\pi}} \cdot \frac{\gamma}{\gamma^2 + t^2}$$

である。

例 **3** $f(x) = e^{-x^2/2}$ の Fourier 変換を求めよう。

$$\hat{f}(t) - \frac{1}{\sqrt{2\pi}} \int_{-\infty}^{\infty} e^{-x^2/2} e^{-itx} dx = e^{-t^2/2} \frac{1}{\sqrt{2\pi}} \int_{-\infty}^{\infty} e^{-(x+it)^2/2} dx.$$

いま図 3.2 に示した如き閉じた径路 γ に沿って，正則な複素函数 $e^{-z^2/2}$ を積分すると，Cauchy の積分定理[2]により，

$$\int_{\gamma} e^{-z^2/2} dz = 0.$$

ゆえに

---

2) Cartan [15] Chap.II, 高木 [105] pp.208-210.

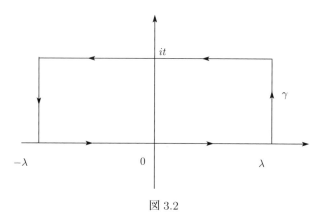

図 3.2

$$\frac{1}{\sqrt{2\pi}}\int_{-\lambda}^{\lambda} e^{-(x+it)^2/2}dx = \frac{1}{\sqrt{2\pi}}\int_{-\lambda}^{\lambda} e^{-x^2/2}dx + \frac{1}{\sqrt{2\pi}}\int_{t}^{0} e^{-(-\lambda+it)^2/2}idt \\ + \frac{1}{\sqrt{2\pi}}\int_{0}^{t} e^{-(\lambda+it)^2/2}idt. \quad (4)$$

ここで t は固定して $\lambda \to \infty$ とすれば，(4) の右辺第二，第三項は 0 に収束する．たとえば第三項については，

$$\left|\int_{0}^{t} e^{-(\lambda+it)^2/2}dt\right| \leqq \int_{0}^{t} e^{-(\lambda^2-t^2)/2}dt = e^{-\lambda^2/2}\int_{0}^{t} e^{t^2/2}dt \to 0$$
$$(\text{as } \lambda \to \infty)$$

となって，このことが確認できる．したがって Gauss の積分により，

$$\hat{f}(t) = \frac{1}{\sqrt{2\pi}}\int_{-\infty}^{\infty} e^{-x^2/2}e^{-itx}dx = e^{-t^2/2}\frac{1}{\sqrt{2\pi}}\int_{-\infty}^{\infty} e^{-x^2/2}dx = e^{-t^2/2}.$$

こうして，$f(x) = e^{-x^2/2}$ は Fourier 変換によって不変な函数であることが知られる．

この結果からただちに，$f(x) = e^{-ax^2}$ $(a > 0)$ の Fourier 変換は

$$\hat{f}(t) = \frac{1}{\sqrt{2a}}e^{-t^2/4a}$$

であることが示される．

§2 $f \in \mathfrak{L}^1(\mathbb{R}, \mathbb{C})$ の Fourier 変換 　　　　63

以下，Fourier 変換の基本的性質を列挙してゆこう。

まず先ほども一度登場したたたみ込みについて研究する。$f, g : \mathbb{R} \longrightarrow \mathbb{C}$ を可積分函数とし，これらのたたみ込みを

$$h(x) = \int_{-\infty}^{\infty} f(x-y)g(y)dy \tag{5}$$

と定義するのであった。単純な計算により，

$$\int_{-\infty}^{\infty} \int_{-\infty}^{\infty} |f(x-y)g(y)|dx\,dy = \int_{-\infty}^{\infty} \left\{ \int_{-\infty}^{\infty} |f(z)|dz \right\} |g(y)|dy$$

$$= \| f \|_1 \cdot \| g \|_1 < \infty$$

であるから，周知の定理により，ただちに次の事実が判明する。

(i)　$h(x)$ は殆どすべての x について定義される。

(ii)　h も可積分である。

これで (5) の $h(x)$ が殆どいたるところ定義されることが確認されたわけで，この函数を $(f * g)(x)$ などとも書くのである。

定理 3.3（たたみ込みの Fourier 変換）　$f, g \in \mathfrak{L}^1(\mathbb{R}, \mathbb{C})$ とするとき，

$$\widehat{(f * g)}(t) = \sqrt{2\pi}\hat{f}(t)\hat{g}(t).$$

証明　直接計算による。

$$\widehat{(f * g)}(t) = \frac{1}{\sqrt{2\pi}} \int_{-\infty}^{\infty} \left\{ \int_{-\infty}^{\infty} f(x-y)g(y)dy \right\} e^{-itx}dx$$

$$= \frac{1}{\sqrt{2\pi}} \int_{-\infty}^{\infty} \left\{ \int_{-\infty}^{\infty} f(x-y)e^{-itx}dx \right\} g(y)dy$$

（Fubini の定理による）

$$= \frac{1}{\sqrt{2\pi}} \int_{-\infty}^{\infty} \left\{ \int_{-\infty}^{\infty} f(w)e^{-itw}dw \right\} g(y)e^{-ity}dy$$

64 第 3 章 Fourier 変換（その 1）

$$(w = x - y \text{ の変数変換})$$

$$= \frac{1}{\sqrt{2\pi}} \int_{-\infty}^{\infty} f(w)e^{-itw}dw \cdot \int_{-\infty}^{\infty} g(y)e^{-ity}dy$$

$$= \sqrt{2\pi}\hat{f}(t)\hat{g}(t). \qquad \text{(証了)}$$

定理 3.4（導函数の Fourier 変換）　$f \in \mathfrak{L}^1(\mathbb{R}, \mathbb{C})$ が各有限区間で絶対連続で，しかも $f' \in \mathfrak{L}^1(\mathbb{R}, \mathbb{C})$ とするならば，

$$\widehat{f'}(t) = it\hat{f}(t).$$

証明　絶対連続函数 f は，各有限区間において

$$f(x) = f(0) + \int_0^x f'(t)dt$$

の形式で表わされる。$f' \in \mathfrak{L}^1(\mathbb{R}, \mathbb{C})$ であるから，$x \to \pm\infty$ のとき，上式の右辺は収束である。しかもまた $f \in \mathfrak{L}^1(\mathbb{R}, \mathbb{C})$ であるから，この極限値は 0 でなければならない。したがって（部分積分については p.45 の脚注を見よ）

$$\widehat{f'}(t) = \frac{1}{\sqrt{2\pi}} \int_{-\infty}^{\infty} f'(x)e^{-itx}dx$$

$$= \frac{1}{\sqrt{2\pi}} \left\{ f(x)e^{-itx}\Big|_{-\infty}^{\infty} + it \int_{-\infty}^{\infty} f(x)e^{-itx}dx \right\}$$

$$= it \cdot \frac{1}{\sqrt{2\pi}} \int_{-\infty}^{\infty} f(x)e^{-itx}dx$$

$$= it\hat{f}(t). \qquad \text{(証了)}$$

注意　これと関連して，$[-\pi, \pi]$ 上の絶対連続函数の Fourier 係数については，次の結果が知られている。

函数 $f : \mathbb{R} \to \mathbb{C}$ は周期 2π でしかも $[-\pi, \pi]$ 上で可積分かつ $\hat{f}(0) = 0$ とし，

$$F(x) = f(0) + \int_0^x f(t)dt$$

$$\S 2 \quad f \in \mathfrak{L}^1(\mathbb{R}, \mathbb{C}) \text{ の Fourier 変換}$$

と定義する。このとき F は周期 2π の連続函数で

$$\widehat{F}(n) = \frac{1}{in}\hat{f}(n), \quad n \neq 0$$

が成り立つ。

実際，F の連続性（さらに強く絶対連続性）は自明である。さらに

$$F(x + 2\pi) - F(x) = \int_x^{x+2\pi} f(x)dt = \sqrt{2\pi}\hat{f}(0) = 0$$

であるから，F は 2π を周期としてもつ。最後に，部分積分により，

$$\widehat{F}(n) = \frac{1}{\sqrt{2\pi}}\int_{-\pi}^{\pi} F(t)e^{-int}dt = \frac{-1}{\sqrt{2\pi}}\int_{-\pi}^{\pi} F'(t)\frac{1}{-in}e^{-int}dt = \frac{1}{in}\hat{f}(n).$$

$$(\text{ただし } n \neq 0 \text{ とする。})$$

定理 3.4 と同じ推論を繰り返して，次の帰結を得る。

系 3.1（高階導函数の Fourier 変換）　$f : \mathbb{R} \to \mathbb{C}$ の各階導函数 $f^{(\nu)}$ $(\nu = 0, 1, \cdots, k-1)$ が各有限区間で絶対連続で，しかも $f^{(\nu)} \in \mathfrak{L}^1(\mathbb{R}, \mathbb{C})$ $(\nu = 0, 1, \cdots, k)$ であるとすれば，

$$\widehat{f^{(k)}}(t) = (it)^k \hat{f}(t)$$

が成り立つ。

次の定理は Fourier 係数に関する Riemann-Lebesgue の補題（系 1.1, p.19）に対応するものである。

定理 3.5（Riemann-Lebesgue）　$f \in \mathfrak{L}^1(\mathbb{R}, \mathbb{C})$ に対して

$$\lim_{|t|\to\infty} \hat{f}(t) = 0.$$

証明　まず $g \in \mathfrak{C}_0^1(\mathbb{R}, \mathbb{C})$，すなわち連続微分可能で，しかも台がコンパク

66 第 3 章 Fourier 変換（その 1）

ト な 函数 g を考えることにすれば，定理 3.4 および p.59 の (3) により，

$$| \widehat{g'}(t) |=| t\hat{g}(t) |\leqq \frac{1}{\sqrt{2\pi}} \parallel g' \parallel_1 .$$

したがって

$$\lim_{|t|\to\infty} | \hat{g}(t) |\leqq \lim_{|t|\to\infty} \frac{1}{| t |} \cdot \frac{1}{\sqrt{2\pi}} \parallel g' \parallel_1= 0. \qquad (6)$$

次に $f \in \mathfrak{L}^1(\mathbb{R},\mathbb{C})$ と任意の $\varepsilon > 0$ に対して

$$\parallel f - g \parallel_1< \sqrt{2\pi} \cdot \varepsilon$$

を満足する $g \in \mathfrak{C}_0^1(\mathbb{R},\mathbb{C})$ が存在する。この g に対しては，再び p.59 の (3) に
より

$$| \hat{f}(t) - \hat{g}(t) |\leqq \varepsilon. \qquad (7)$$

(6), (7) から

$$\overline{\lim_{|t|\to\infty}} | \hat{f}(t) |\leqq \varepsilon.$$

ここで $\varepsilon > 0$ は任意であったから，結局

$$\lim_{|t|\to\infty} | \hat{f}(t) |= 0. \qquad \text{(証了)}$$

かくして，$\mathfrak{L}^1$ に属する函数を **Fourier** 変換して得られる一様連続函数は
無限遠で消えることが判明した。

$\hat{f}$ が無限遠で消えてゆく速さについては次の定理がある。

定理 3.6（$\hat{f}$ の消える速さ）　函数 $f : \mathbb{R} \longrightarrow \mathbb{C}$ について，各階導函
数 $f^{(\nu)}(\nu = 0, 1,\cdots, k-1)$ が各有限区間で絶対連続で，しかも $f^{(\nu)} \in$
$\mathfrak{L}^1(\mathbb{R},\mathbb{C})$ $(\nu = 0, 1,\cdots, k)$ とすれば，

$$\hat{f}(t) = o(| t |^{-k}) \quad \text{as} \quad | t |\to \infty.$$

証明　系 3.1 により

$$\widehat{f^{(k)}}(t) = (it)^k \hat{f}(t) = \frac{1}{(\frac{1}{it})^k} \hat{f}(t).$$

$f^{(k)} \in \mathfrak{L}^1$ であるから，定理 3.5 により $\widehat{f^{(k)}}(t) \to 0$ (as $| t |\to \infty$) である。

$$\S 2 \quad f \in \mathfrak{L}^1(\mathbb{R}, \mathbb{C}) \text{ の Fourier 変換}$$

したがって

$$|\widehat{f^{(k)}}(t)| = \frac{1}{|\frac{1}{t}|^k} |\hat{f}(t)| \to 0 \qquad \text{as} \quad |t| \to \infty. \qquad \text{(証了)}$$

すなわち，f がより高階の導函数をもつにつれて，$\hat{f}$ は無限遠においてより速く減少することがわかる。

この結果とちょうど双対的に，f の減少がより速かであるほど，$\hat{f}$ はより滑かとなることが示される。それに厳密な表現を与えるためにひとつだけ簡単な計算をしておこう。

補題 3.1 任意の複素数 $a = \alpha + i\beta$ に対して

$$|e^{ia} - 1| \leqq \begin{cases} |a|e^{-\beta} & \text{for} \quad \beta \leqq 0, \\ |a| & \text{for} \quad \beta \geqq 0. \end{cases}$$

定理 3.7（Fourier 変換の微分） $f, xf(x) \in \mathfrak{L}^1(\mathbb{R}, \mathbb{C})$ とすれば，$\hat{f}$ は微分可能で，かつ

$$\frac{d}{dt}\hat{f}(t) = (\widehat{-ixf})(t).$$

証明

$$\frac{\hat{f}(t+h) - \hat{f}(t)}{h} = \frac{1}{\sqrt{2\pi}} \int_{-\infty}^{\infty} f(x)e^{-itx} \left(\frac{e^{-ihx} - 1}{h} \right) dx.$$

補題 3.1 により，

$$\left| f(x)e^{-itx} \left(\frac{e^{ihx} - 1}{h} \right) \right| \leqq |xf(x)|.$$

さらに

$$f(x)e^{-itx} \left(\frac{e^{-ihx} - 1}{h} \right) \longrightarrow -ixf(x)e^{-itx} \qquad \text{as} \quad h \to 0.$$

これらの結果と $xf(x) \in \mathfrak{L}^1(\mathbb{R}, \mathbb{C})$ の仮定により，上限収束定理が使えて，

$$\lim_{h \to 0} \frac{\hat{f}(t+h) - \hat{f}(t)}{h} = \lim_{h \to 0} \frac{1}{\sqrt{2\pi}} \int_{-\infty}^{\infty} f(x)e^{-itx} \left(\frac{e^{-ihx} - 1}{h} \right) dx$$

$$= \frac{1}{\sqrt{2\pi}} \int_{-\infty}^{\infty} (-ixf(x))e^{-itx}dx$$

$$= (\widehat{-ixf})(t). \tag{証了}$$

同様にして——

系 3.2 （Fourier 変換の高階導函数） $f(x), xf(x), \cdots, x^k f(x)$ が可積分ならば，$\hat{f}$ は k 回微分可能で，

$$\hat{f}^{(\nu)}(t) = [\widehat{(ix)^\nu f}](t) \, ; \, \nu = 0, 1, \cdots, k.$$

こうして，f が非常に滑らかで，また無限遠において非常に速く消えてゆくならば，**Fourier** 変換 $\hat{f}$ も，やはり非常に滑らかで非常に速く消えてゆくことが期待されるであろう。次章で取り上げる急減少函数の概念がまさにこれにあたり，急減少函数の空間は，いわば Fourier 変換によって不変な空間なのである。

しかし話しをそこへ移す前に，これまでの理論の応用例として，簡単な偏微分方程式を解いてみよう。

§3 応用：熱伝導方程式

Fourier 変換論の簡単な応用として，一次元の熱伝導問題を考えてみよう。$t \geqq 0$ は時刻，$x \in (-\infty, \infty)$ は一本の導線上の点を表わすものと解釈する。$u(x, t)$ は時刻 t における，点 x の温度を表わす。いま初期の温度分布 $u(x, 0) = u_0(x)$ が既知であるとき，時間を追っての熱伝導のありさまは，偏微分方程式

$$\frac{\partial u}{\partial t}(x, t) = \frac{\partial^2 u}{\partial x^2}(x, t) \tag{1}$$

$$\text{subject to} \quad u(x, 0) = u_0(x) \tag{2}$$

§3 応用：熱伝導方程式　　　　69

で記述される。既知函数 $u_0(x)$ については，

$$u_0(x), \quad u_0'(x), \quad u_0''(x) \in \mathfrak{L}^1(\mathbb{R}, \mathbb{R})$$

を仮定する。また未知函数 u は，次のような制約に服するものとしよう。

(i)　任意に $t \geqq 0$ を固定したとき，$x \mapsto u(x, t)$, $x \mapsto u_x(x, t)$, $x \mapsto u_{xx}(x, t)$ は $\mathbb{R}$ 上で可積分。

(ii)　各有界区間 $[0, T]$ において

$$|u_t(x, t)| \leqq f(x) \quad \text{for all} \quad t \in [0, T] \quad \text{and} \quad x \in \mathbb{R}$$

を満たす可積分函数 $f : \mathbb{R} \longrightarrow \mathbb{R}$ が存在する。

さてこのような条件の下で，(1) の両辺を Fourier 変換（x についての）すれば，

$$(1) \text{左辺の Fourier 変換} = \frac{1}{\sqrt{2\pi}} \int_{-\infty}^{\infty} u_t(x, t) e^{-i\lambda x} dx$$
$$= \frac{1}{\sqrt{2\pi}} \frac{\partial}{\partial t} \int_{-\infty}^{\infty} u(x, t) e^{-i\lambda x} dx$$

（条件 (ii) を用いて，積分記号下の微分を行なう。ただし広義積分であることに注意[3]），

$$(1) \text{右辺の Fourier 変換} = -\lambda^2 \cdot \frac{1}{\sqrt{2\pi}} \int_{-\infty}^{\infty} u(x, t) e^{-i\lambda x} dx \qquad (\text{系 3.1 による})$$

を得る。

$$\frac{1}{\sqrt{2\pi}} \int_{-\infty}^{\infty} u(x, t) e^{-i\lambda x} dx = v(\lambda, t)$$

とおけば，以上により

$$v_t(\lambda, t) = -\lambda^2 v(\lambda, t) \tag{3}$$

を得る。これを初期条件

$$v(\lambda, 0) = \hat{u}_0(\lambda) \tag{4}$$

の下で解くことは容易である。実際 (3), (4) は λ を任意に固定したとき，t

───────────

3)　高木 [105] p.166, 定理 42, Stromberg [104] p.380 を参照。

70   第 3 章 Fourier 変換（その 1）

についての常微分方程式とみなすことができるから，この初期値問題の解は

$$v(\lambda,\ t) = e^{-\lambda^2 t}\hat{u}_0(\lambda) \tag{5}$$

である。

ここで p.62 の結果を $a = 1/4t$ として適用すると，$e^{-\lambda^2 t}$ は

$$x \mapsto \frac{1}{\sqrt{2t}}e^{-x^2/4t}$$

の Fourier 変換になっていることが知られる。したがって，f を $\hat{f}$ に移す作用素としての Fourier 変換を $\mathcal{F}$ と書けば，(5) により，

$$\begin{aligned}
v(\lambda, t) &= \mathcal{F}\left(\frac{1}{\sqrt{2t}}e^{-x^2/4t}\right)(\lambda) \cdot \mathcal{F}(u_0)(\lambda) \\
&= \frac{1}{\sqrt{2\pi}} \cdot \mathcal{F}\left(\frac{1}{\sqrt{2t}}e^{-x^2/4t} * u_0(x)\right)(\lambda) \qquad (\text{定理 3.3 による})
\end{aligned}$$

である。したがって $v(\lambda, t)$ は

$$u(x,t) = \frac{1}{2\sqrt{\pi t}}\int_{-\infty}^{\infty} e^{-(x-\xi)^2/4t} \cdot u_0(\xi)d\xi = \frac{1}{2\sqrt{\pi t}}\int_{-\infty}^{\infty} e^{-\xi^2/4t} \cdot u_0(x-\xi)d\xi \tag{6}$$

の Fourier 変換になっていることがわかる。この $u(x,t)$ が (1) の解であり，これを熱伝導方程式 (1)，(2) の解に対する **Poisson** の公式と呼ぶ。

(6) が (1) の解になっていることを検算してみよ。[4]

----

　　4)　ここでの説明は，ほぼコルモゴロフ＝フォミーン [69] 第 8 章 §4, 6° によった。さらに Schwartz[94] の pp.227-231, pp.330-335 の参読がきわめて有益である。

第4章
Fourier 変換（その2）

————————

われわれは前章において，函数 f およびその Fourier 変換 $\hat{f}$ の滑かさと，無限遠における減少の速さとの相関に注目した。ここではそれをヒントに，Fourier 変換によって不変な空間として急減少函数の作る空間 $\mathfrak{S}$ を導入しよう。そして次に M.Plancherel による $\mathfrak{L}^2$-函数の Fourier 変換論について述べる。さらに Plancherel の定理を援用して，たたみこみ型の積分方程式を解いてみよう。最後に $\mathfrak{S}$ 上の連続な線形汎函数を緩やかに増加する超函数としてとらえ，その Fourier 変換を考察する。

§1　急減少函数の Fourier 変換

既に注意したとおり (p.68)，函数 f が非常に滑かで，また無限遠において非常に速く消えてゆくならば，その Fourier 変換 $\hat{f}$ もやはり同様の性質を有することが予想されるのであった。本節ではこの予想に厳密な論証を与えよう。

定義　無限回微分可能な函数 $f : \mathbb{R} \longrightarrow \mathbb{C}$ が，すべての $n, m = 0, 1, 2, \cdots$ について

$$\sup_{x \in \mathbb{R}} | x^n f^{(m)}(x) | < \infty$$

を満たすとき，f は（無限遠において）**急減少** (rapidly decreasing) であ

るといい，このような函数の全体を $\mathfrak{S}(\mathbb{R})$ と書く．ここで $f^{(m)}$ はもちろん，f の m 階の導函数である．

いい換えれば，$\mathfrak{S}(\mathbb{R})$ とは $\mathbb{R}$ 上の無限回微分可能で，しかも $|x| \to \infty$ のとき各階の導函数が $1/|x|$ のいかなる巾よりも急速に減少する複素数値函数の作る空間のことである．

無限回微分可能で台がコンパクトな函数 $f : \mathbb{R} \longrightarrow \mathbb{C}$ の全体をしばしば $\mathfrak{D}(\mathbb{R})$ と書くが，明らかに $\mathfrak{D} \subset \mathfrak{S}$ である．また $f(x) = e^{-x^2}$ は $\mathfrak{D}$ には属さないが $\mathfrak{S}$ には含まれる函数の例として記憶すべきであろう．[1]

次の二，三の事実は容易に確かめることができる．

1° 函数 $f \in \mathfrak{E}(\mathbb{R})$ が $\mathfrak{S}(\mathbb{R})$ の元であるためには，すべての多項式 $P(x)$ とすべての非負の整数 m に対して

$$\sup_{x \in \mathbb{R}} |P(x) f^{(m)}(x)| < \infty$$

の成り立つことが必要十分である．

2° 任意の $f \in \mathfrak{S}(\mathbb{R})$ と任意の多項式 $P(x)$ に対して

$$\lim_{|x| \to \infty} P(x) f^{(m)}(x) = 0.$$

実際，$(1 + |x|^2) P(x)$ も多項式であるから，1° により

$$\sup_{x \in \mathbb{R}} |(1 + |x|^2) P(x) f^{(m)}(x)| \leqq C < \infty$$

なる数 C が存在する．したがって

$$|P(x) f^{(m)}(x)| \leqq \frac{C}{1 + |x|^2}$$

がすべての $x \in \mathbb{R}$ について成り立つので，$\displaystyle\lim_{|x| \to \infty} P(x) f^{(m)}(x) = 0$ である．そしてこの 0 への収束は m について一様であることにも注意しておこう．

---

1) ここで定義域が十分に明白な場合には，略して $\mathfrak{S}, \mathfrak{D}$ などと表記する．

§1 急減少函数の Fourier 変換　　　　73

定理 4.1（$\mathfrak{S}$ の性質）　　(i)　$f \in \mathfrak{S}$ とすれば，すべての整数 $n, m \geqq 0$ に対して，$x^n f^{(m)}(x)$ は有界かつ可積分である。

(ii)　$f \in \mathfrak{S}$ とすれば，すべての整数 $n, m \geqq 0$ に対して，$(x^n f(x))^{(m)}$ は有界かつ可積分である。

証明　(i)　$\mathfrak{S}$ の定義から

$$\sup_{x \in \mathbb{R}} |\, x^{n+2} f^{(m)}(x)\,| \leqq M < \infty$$

なる M が存在するから，

$$|\, x^n f^{(m)}(x)\,| \leqq \frac{M}{x^2} \quad \text{for all} \quad x \in \mathbb{R}.$$

これからただちに (i) を得る。

(ii) は (i) と Leibnitz の公式によれば明らかである。　　　　　（証了）

$\mathfrak{S}$ は線形空間であるが，この上に可算個のセミ・ノルム

$$p_{n,m}(f) = \sup_{x \in \mathbb{R}} |\, x^n f^{(m)}(x)\,| \ ; \ \ n, \, m = 0, 1, 2, \cdots$$

によって定まる位相を採用する。こうすることによって $\mathfrak{S}$ は距離づけ可能な局所凸線形位相空間 (**locally convex topological vector space**) となる。$\mathfrak{S}$ の点列 $\{f_\nu\}$ がこの位相について 0 に収束することは，すべての $n, m = 0, 1, 2, \cdots$ について

$$x^n f_\nu^{(m)}(x) \to 0 \quad \text{as} \quad \nu \to \infty \quad (\text{一様収束})$$

となることに等しい。[2]

とくに $n - m = 0$ とすれば

$$p_{0,0}(f) = \sup_{x \in \mathbb{R}} |f(x)| \quad (\text{一様収束ノルム})$$

であるから，$\mathfrak{S}$ の点列 $\{f_\nu\}$ がある f に収束することは，$\{f_\nu\}$ が f に一様収束することを含意することに注意しよう。

---

2)　局所凸空間の理論については，たとえば Schwartz[93] や Bourbaki[11], Grothendieck[34] が優れている。本書付論 B を見よ。

74 第 4 章 Fourier 変換（その 2）

いまいくつかの函数空間を次のような記号で表わす。

$\mathfrak{C}_\infty(\mathbb{R}, \mathbb{C})$: 無限遠において消える連続函数（$\mathbb{R} \to \mathbb{C}$）の集合。

$\mathfrak{C}_0(\mathbb{R}, \mathbb{C})$: 台がコンパクトな連続函数（$\mathbb{R} \to \mathbb{C}$）の集合。

$\mathfrak{C}_0^\infty(\mathbb{R}, \mathbb{C}) = \mathfrak{D}(\mathbb{R})$: 無限回微分可能で，台がコンパクトな函数（$\mathbb{R} \to \mathbb{C}$）の集合。

これらの函数空間の間には，位相的に次のような関係がある。まず一様収束については $1^\circ \sim 3^\circ$ を記憶しておこう。

1° $\mathfrak{C}_0$ は $\mathfrak{C}_\infty$ において（一様収束位相につき）稠密である。

2° $\mathfrak{D}$ は $\mathfrak{C}_0$ において（一様収束位相につき）稠密である。

3° $\mathfrak{D}$ は $\mathfrak{S}$ において（上に定めた $\mathfrak{S}$ の位相につき）稠密である。（したがって一様収束位相についても稠密である。）

証明 f を $\mathfrak{S}$ の任意の元とし，また $\psi \in \mathfrak{D}$ を

$$\psi(x) = 1 \quad \text{for} \quad |x| \leqq 1$$

となるように選ぶ。任意の $\varepsilon > 0$ に対して

$$f_\varepsilon(x) = f(x)\psi(\varepsilon x)$$

と定義すれば，$f_\varepsilon \in \mathfrak{D}$ で，しかも

$$D^\alpha(f_\varepsilon(x) - f(x)) = D^\alpha[f(x)(\psi(\varepsilon x) - 1)]$$

は，

$$D^\beta f(x)\varepsilon^\gamma D^\gamma \psi(\varepsilon x) \qquad (\beta + \gamma = \alpha, \ \gamma > 0),$$

$$(D^\alpha f(x))(\psi(\varepsilon x) - 1)$$

なる形式の項の一次結合である。したがって $\mathfrak{S}$ の位相の定義により，$\varepsilon \to 0$ とするとき $f_\varepsilon \to f$. （証了）

空間 $\mathfrak{L}^p(\mathbb{R}, \mathbb{C})$ との関連は以下のとおり。

$4°$ $\mathfrak{C}_0$ は $\mathfrak{L}^p(\mathbb{R},\mathbb{C})$ $(p \geqq 1)$ において（$\|\cdot\|_p$ について）稠密である。[3]

$5°$ $\mathfrak{D}$ は $\mathfrak{L}^p(\mathbb{R},\mathbb{C})$ $(p \geqq 1)$ において（$\|\cdot\|_p$ について）稠密である。（$\mathfrak{D} \subset \mathfrak{S}$ であるから，$\mathfrak{S}$ も $\mathfrak{L}^p(\mathbb{R},\mathbb{C})$ において稠密である。）

$5°$ は $2°$ と $4°$ を組み合わせればただちに導かれる。

次の定理は $\mathfrak{S}$ が Fourier 変換によって不変な空間であることを保証する基本的な結果である。

定理 4.2（$\mathfrak{S}$ 上の Fourier 変換） $\mathfrak{S}$ 上の Fourier 変換は，$\mathfrak{S}$ を $\mathfrak{S}$ の上に写す線形な位相同型写像であり，その逆作用素は

$$\tilde{f}(x) = \frac{1}{\sqrt{2\pi}} \int_{-\infty}^{\infty} f(t)e^{ixt}dt \; ; \; f \in \mathfrak{S}$$

で与えられる。（これを **Fourier の反転公式**または**逆変換公式 inversion formula** と呼ぶ。）—— 要するに **Fourier 変換**は $\mathfrak{S}$ 上の**自己同型作用素 (automorphism)** である。

証明 まず急減少函数は可積分であるから，Fourier 変換

$$\hat{f}(t) = \frac{1}{\sqrt{2\pi}} \int_{-\infty}^{\infty} f(x)e^{-itx}dx \; ; \; f \in \mathfrak{S} \tag{1}$$

を定義することができる。

次に $\hat{f}$ は無限回微分可能である。実際 (1) の被積分函数を機械的に t で n 回微分すると，

$$(-i)^n x^n f(x) e^{-itx} \tag{2}$$

であり，この絶対値は $|x^n f(x)|$（t に無関係）である。定理 4.1 から $x^n f(x)$ は可積分なので，(2) の $\mathbb{R}$ 上の積分は，t について一様に収束する。したがって（広義）積分記号下の微分[4]を施すことができて，

$$\hat{f}^{(n)}(t) = \frac{1}{\sqrt{2\pi}} \int_{-\infty}^{\infty} (-i)^n x^n f(x) e^{-itx} dx \tag{3}$$

---

3) 丸山 [79] pp.232-233. そこにはより一般的な定理が示されている。
4) 高木 [105] p.166.

である。こうして $\hat{f}$ は何回でも微分できることがわかる。

また定理 3.4（あるいは系 3.1, p.65）により，

$$i^m t^m \hat{f}(t) = \frac{1}{\sqrt{2\pi}} \int_{-\infty}^{\infty} f^{(m)}(x)e^{-itx}dx \tag{4}$$

である。すると，

$$\frac{1}{\sqrt{2\pi}} \int_{-\infty}^{\infty} e^{-itx} \frac{d^m}{dx^m}(x^n f(x))dx$$
$$= i^m t^m \cdot \widehat{x^n f}(t)$$
$$= i^m t^m \cdot \hat{f}^{(n)}(t) \cdot (-i)^{-n} \qquad ((3) による) \tag{5}$$
$$= i^{m+n} t^m \hat{f}^{(n)}(t).$$

これから

$$\mid t^m \hat{f}^{(n)}(t) \mid \leqq \frac{1}{\sqrt{2\pi}} \int_{-\infty}^{\infty} |(x^n f(x))^{(m)}|dx \tag{6}$$

を得る。定理 4.1(ii) により $(x^n f(x))^{(m)}$ は可積分ゆえ，(6) の右辺は有限で，したがって

$$\sup_{t \in \mathbb{R}} \mid t^m \hat{f}^{(n)}(t) \mid < \infty.$$

これがいかなる $m, n = 0, 1, 2, \cdots$ についても成立するのだから，結局 $\hat{f} \in \mathfrak{S}$ であることが判明する。

さらに (6) から Fourier 変換 $\mathcal{F} : \mathfrak{S} \to \mathfrak{S}$ の連続性もただちに知られる。実際，$\{f_\nu\}$ を 0 に収束する $\mathfrak{S}$ の点列とすると，それはすべての整数 $m, n = 0, 1, 2, \cdots$ について，（Leibnitz の公式により）

$$\sup_{x \in \mathbb{R}} \mid (x^n f_\nu(x))^{(m)} \mid \to 0 \quad \text{as} \quad \nu \to \infty$$

を含意する。ゆえに (6) により，

$$\sup_{t \in \mathbb{R}} \mid t^m \hat{f}_\nu^{(n)}(t) \mid \to 0 \quad \text{as} \quad \nu \to \infty.$$

これは $\{\hat{f}_\nu\}$ が $\mathfrak{S}$ において 0 に収束することを意味する。ゆえに線形作用素 $\mathcal{F}$ は連続である。

次に各 $f \in \mathfrak{S}$ に対して

$$\tilde{f}(x) = \frac{1}{\sqrt{2\pi}} \int_{-\infty}^{\infty} f(t) e^{ixt} dt$$

を対応させる作用素を $\widetilde{\mathcal{F}}$ と書くことにすると,$\mathcal{F}$ と $\widetilde{\mathcal{F}}$ の相違は指数部分の符号だけで,

$$\widetilde{\mathcal{F}}(f)(x) = \mathcal{F}(f)(-x)$$

である。$\mathcal{F}$ について述べたことから,$\widetilde{\mathcal{F}}$ が $\mathfrak{S}$ から $\mathfrak{S}$ への連続線形作用素であることは明らかである。

最後に,$\widetilde{\mathcal{F}}$ が $\mathcal{F}$ の逆写像であることを示さねばならない。そのためには,(I を $\mathfrak{S}$ 上の恒等写像として)

$$\widetilde{\mathcal{F}} \circ \mathcal{F} = I \; ; \; i.e. \; \tilde{\hat{f}} = f \quad \text{for all} \quad f \in \mathfrak{S}, \tag{7}$$

$$\mathcal{F} \circ \widetilde{\mathcal{F}} = I \; ; \; i.e. \; \hat{\tilde{f}} = f \quad \text{for all} \quad f \in \mathfrak{S} \tag{8}$$

のふたつの等式を示せばよい。いずれの証明法も全く同様であるから,(7) のみを示しておけば十分であろう。つまり

$$\frac{1}{\sqrt{2\pi}} \int_{-\infty}^{\infty} \hat{f}(t) e^{ixt} dt = f(x) \quad \text{for all} \quad f \in \mathfrak{S} \tag{7'}$$

を示すのである。$f, g \in \mathfrak{S}$ とすると,任意の $\varepsilon > 0$ に対して,

$$\begin{aligned}
\int_{-\infty}^{\infty} g(\varepsilon t) \hat{f}(t) e^{ixt} dt &= \frac{1}{\sqrt{2\pi}} \int_{-\infty}^{\infty} g(\varepsilon t) \left\{ \int_{-\infty}^{\infty} f(y) e^{-ity} dy \right\} e^{ixt} dt \\
&= \frac{1}{\sqrt{2\pi}} \int_{-\infty}^{\infty} \left\{ \int_{-\infty}^{\infty} g(\varepsilon t) e^{-it(y-x)} dt \right\} f(y) dy \tag{9} \\
&= \frac{1}{\sqrt{2\pi}} \int_{-\infty}^{\infty} \left\{ \int_{-\infty}^{\infty} g(\varepsilon t) e^{-i(\varepsilon t) \frac{y-x}{\varepsilon}} dt \right\} f(y) dy.
\end{aligned}$$

ここで $w = \varepsilon t, z = (y - x)/\varepsilon$ とおくと $dt = (1/\varepsilon) dw, \quad dy = \varepsilon dz$ であるから,(9) は次のように計算される。

$$\begin{aligned}
\int_{-\infty}^{\infty} g(\varepsilon t) \hat{f}(t) e^{ixt} dt &= \frac{1}{\sqrt{2\pi}} \int_{-\infty}^{\infty} \left\{ \int_{-\infty}^{\infty} g(w) e^{-iwz} dw \right\} f(x + \varepsilon z) dz \\
&= \int_{-\infty}^{\infty} \hat{g}(z) f(x + \varepsilon z) dz. \tag{10}
\end{aligned}$$

とくに，$g(t) = e^{-t^2/2}$ とおき，$\varepsilon \downarrow 0$ として上限収束定理を使うと，

$$g(0) \int_{-\infty}^{\infty} \hat{f}(t) e^{ixt} dt = f(x) \int_{-\infty}^{\infty} \hat{g}(z) dz \tag{11}$$

を得る。ここで $g(0) = 1$ であり，また p.61 の例 3 から

$$\int_{-\infty}^{\infty} \hat{g}(z) dz = \sqrt{2\pi}$$

である。したがって（11）により

$$\frac{1}{\sqrt{2\pi}} \int_{-\infty}^{\infty} \hat{f}(t) e^{ixt} dt = f(x)$$

が成り立つ。

これですべての証明が完了した。[5]　　　　　　　　　　　　（証了）

$f \in \mathfrak{S}$ を $\tilde{f} \in \mathfrak{S}$ に対応させる作用素 $\widetilde{\mathcal{F}}$ を以下 $\mathcal{F}^{-1}$ と記すこととし，これを **Fourier の逆変換**と呼ぶ。

重要な注意　$\mathfrak{S} = \{\hat{f} | f \in \mathfrak{S}\}$ が $\mathfrak{C}_\infty$ において稠密であることは p.74 の 1° から明らかである。また

$$\mathfrak{S}_c \equiv \{f \in \mathfrak{S} | \hat{f} \text{ の台はコンパクト} \}$$

と書くことにすると，$\mathfrak{S}_c$ および $\{\hat{f} | f \in \mathfrak{S}_c\}$ は $\mathfrak{S}$ において（一様収束ノルムについて）稠密で，したがって $\mathfrak{C}_\infty$ においても稠密である。

まず f を $\mathfrak{S}$ の任意の元とすると，$\hat{f} \in \mathfrak{S}$。したがって $\mathfrak{D}$ の列 $\{g_n\}$ を適当に選び，$g_n \to \hat{f}$（$\mathfrak{S}$ の位相）とすることができる（cf. p.74 の 3°）。g_n の Fourier の逆変換を $f_n \in \mathfrak{S}$(つまり $\hat{f}_n = g_n$) とすれば，$f_n \in \mathfrak{S}_c$ である。また $\mathfrak{S}$ 上の Fourier 逆変換の連続性により，$f_n \to f$（$\mathfrak{S}$ の位相）であり，したがって $\{f_n\}$ は f に一様収束する。これで上記のはじめの事実が確認されたのである。$\{\hat{f} | f \in \mathfrak{S}_c\}$ の $\mathfrak{S}$ における稠密性も同様にすればよい。

　5）ここでの (7) の証明は Yosida[120], p.147 に負う。これはやや技巧的な証明なのだが，最も簡潔なのでこれを採った。ほかにもいろいろな証明法があるが，たとえば次のような文献を参照せよ。Treves[110] の Theorem 25.1 あるいは丸山 [77] の定理 4.13。

§2 $f \in \mathfrak{L}^2(\mathbb{R}, \mathbb{C})$ の Fourier 変換

$\mathfrak{L}^2(\mathbb{R}, \mathbb{C}) \not\subset \mathfrak{L}^1(\mathbb{R}, \mathbb{C})$ であるから，これまで考えてきたような Fourier 変換は，二乗可積分函数については存在しないかもしれない。ところが次に述べる Plancherel の定理の意味で，われわれは $\mathfrak{L}^2$ 上でも Fourier 変換を考えることができる。

定理 4.3（Plancherel）　$\mathfrak{S}$ 上の Fourier 変換は $\mathfrak{L}^2(\mathbb{R}, \mathbb{C})$ 上の有界線形作用素として拡大される。この拡張を $\mathfrak{L}^2(\mathbb{R}, \mathbb{C})$ 上の Fourier 変換といい，$\mathcal{F}_2$ と書く。同様にして $\mathfrak{S}$ 上の Fourier の逆変換 $\mathcal{F}^{-1}$ も $\mathfrak{L}^2(\mathbb{R}, \mathbb{C})$ の上の有界線形作用素として拡大され，これを $\mathcal{F}_2^{-1}$ と書く。このとき $f,\, g \in \mathfrak{L}^2(\mathbb{R}, \mathbb{C})$ について次の命題が成り立つ。

(i)　$\langle \mathcal{F}_2 f ,\, g \rangle = \langle f, \mathcal{F}_2^{-1} g \rangle$.　（$\langle \cdot, \cdot \rangle$ は $\mathfrak{L}^2(\mathbb{R}, \mathbb{C})$ における内積。）

(ii)　$\| \mathcal{F}_2 f \|_2 = \| f \|_2$.

(iii)　$\mathcal{F}_2 : \mathfrak{L}^2(\mathbb{R}, \mathbb{C}) \to \mathfrak{L}^2(\mathbb{R}, \mathbb{C})$ は全単射である。

(iv)　$\mathcal{F}_2^{-1}$ は $\mathcal{F}_2$ の逆作用素である。

(v)　$(\mathcal{F}_2 f)(t) = \underset{r \to \infty}{\text{l.i.m.}} \dfrac{1}{\sqrt{2\pi}} \displaystyle\int_{-r}^{r} f(x) e^{-itx} dx$.　（l.i.m. は $\mathfrak{L}^2$-ノルムでの極限。）

(vi)　$(\mathcal{F}_2^{-1} f)(x) = \underset{r \to \infty}{\text{l.i.m.}} \dfrac{1}{\sqrt{2\pi}} \displaystyle\int_{-r}^{r} f(t) e^{ixt} dt$.

証明　$\mathfrak{S}$ 上の Fourier 変換および逆変換を $\mathcal{F}$, $\mathcal{F}^{-1}$ とすると，

$$
\begin{aligned}
\langle \mathcal{F}f,\, g \rangle &= \frac{1}{\sqrt{2\pi}} \int_{-\infty}^{\infty} \left\{ \int_{-\infty}^{\infty} f(x) e^{-itx} dx \right\} \overline{g(t)} dt \\
&= \frac{1}{\sqrt{2\pi}} \int_{-\infty}^{\infty} f(x) \left\{ \overline{\int_{-\infty}^{\infty} g(t) e^{ixt} dt} \right\} dx \\
&= \langle f,\, \mathcal{F}^{-1} g \rangle \quad \text{for all} \quad f, g \in \mathfrak{S}.
\end{aligned} \tag{1}
$$

とくに $g = \mathcal{F}f$ とすれば，(1) から

$$
\| \mathcal{F}f \|_2 = \| f \|_2 \quad \text{for all} \quad f \in \mathfrak{S}. \tag{2}
$$

80　　　　　　　第 4 章　Fourier 変換（その 2）

したがって $\mathcal{F} : \mathfrak{S} \to \mathfrak{S}$ は $\mathfrak{L}^2$-ノルムについて等長連続な作用素である。p.75 の 5° により，$\mathfrak{S}$ は $\mathfrak{L}^2$ において稠密なので[6]，$\mathcal{F}$ は $\mathfrak{L}^2$ 上の有界線形作用素 $\mathcal{F}_2$ として，ノルムを保存して一意的に拡大される。

$\mathcal{F}^{-1} : \mathfrak{S} \to \mathfrak{S}$ が $\mathfrak{L}^2$ 上の有界線形作用素 $\mathcal{F}_2^{-1}$ として一意的に拡大されることも同様に確認される。（ただし $\mathcal{F}_2^{-1}$ が $\mathcal{F}_2$ の逆作用素になっているや否やはまだ確かめられていない。それは (iv) で証明される.）

(1), (2) からまず (i), (ii) を示そう。

(i)　$f, g \in \mathfrak{L}^2(\mathbb{R}, \mathbb{C})$ とする。$\mathfrak{S}$ は $\mathfrak{L}^2(\mathbb{R}, \mathbb{C})$ において稠密なので，

$$\underset{n}{\mathrm{l.i.m.}} f_n = f, \quad \underset{n}{\mathrm{l.i.m.}} g_n = g$$

を満たす $\mathfrak{S}$ の点列 $\{f_n\}, \{g_n\}$ が存在する。(1) により

$$\langle \mathcal{F} f_n, g_n \rangle = \langle f_n, \mathcal{F}^{-1} g_n \rangle \quad \text{for all} \quad n$$

であるから（$\mathfrak{S}$ 上では $\mathcal{F} = \mathcal{F}_2, \mathcal{F}^{-1} = \mathcal{F}_2^{-1}$ に注意して）

$$\langle \mathcal{F}_2 f_n, g_n \rangle = \langle f_n, \mathcal{F}_2^{-1} g_n \rangle \quad \text{for all} \quad n. \tag{3}$$

$\mathcal{F}_2, \mathcal{F}_2^{-1}$ の（$\mathfrak{L}^2$ についての）連続性および内積の連続性から (3) の極限に移れば (i) が導かれる。

(ii)　が (2) から導かれることも既に明らかである。

(iii)　$\mathcal{F}_2$ が単射であることは (ii) からただちに知られる。g を $\mathfrak{L}^2(\mathbb{R}, \mathbb{C})$ の任意の元とすれば，$\underset{n}{\mathrm{l.i.m.}} g_n = g$ を満たす $\mathfrak{S}$ の点列 $\{g_n\}$ が存在する。$\mathcal{F} : \mathfrak{S} \to \mathfrak{S}$ は自己同型であることに留意し，$f_n = \mathcal{F}^{-1} g_n$ とおくと，(ii) により $\{f_n\}$ は $\mathfrak{L}^2(\mathbb{R}, \mathbb{C})$ の Cauchy 列であるから，$\underset{n}{\mathrm{l.i.m.}} f_n = f$ となる $f \in \mathfrak{L}^2(\mathbb{R}, \mathbb{C})$ が存在する。$\mathcal{F}_2$ は連続ゆえ，

$$g_n = \mathcal{F}_2 f_n = \mathcal{F} f_n \to \mathcal{F}_2 f = g$$

である。こうして $\mathcal{F}_2$ が全射であることも知られた。

---

6)　直接証明することも容易である。$f \in \mathfrak{S}$ は有界・可積分ゆえ，Hölder の不等式から $f \cdot f$ は可積分，つまり $f \in \mathfrak{L}^2$。次に $f \in \mathfrak{L}^2$ をまず台がコンパクトな単函数で近似し，それをさらに台がコンパクトな $\mathfrak{C}^\infty$-級の函数で近似してみよ。

§2 $f \in \mathfrak{L}^2(\mathbb{R}, \mathbb{C})$ の Fourier 変換 　　81

(iv) $\mathcal{F}_2^{-1} \circ \mathcal{F}_2 = \mathcal{F}_2 \circ \mathcal{F}_2^{-1} = I$ を示せばよい. 任意の $f \in \mathfrak{L}^2(\mathbb{R}, \mathbb{C})$ に対して f に $\mathfrak{L}^2$-収束する $\mathfrak{S}$ の点列を $\{f_n\}$ としよう.

$$(\mathcal{F}_2^{-1} \circ \mathcal{F}_2)f_n = (\mathcal{F}^{-1} \circ \mathcal{F})f_n = f_n \qquad (4)$$

であるから, (4) の極限に移って

$$(\mathcal{F}_2^{-1} \circ \mathcal{F}_2)f = f.$$

$(\mathcal{F}_2 \circ \mathcal{F}_2^{-1})f = f$ も同様にすればよい.

次に (v) を示そう. $f \in \mathfrak{L}^2(\mathbb{R}, \mathbb{C})$ に対して

$$f_r(x) = \begin{cases} f(x) & \text{if} \quad |x| \leqq r, \\ 0 & \text{if} \quad |x| > r \end{cases}$$

とおく. こうすると f_r に $\mathfrak{L}^2$-収束する $\mathfrak{S}$ の点列 $\{\varphi_n\}$ で $\operatorname{supp} \varphi_n$ が $[-r, r]$ を含む, n から独立な一定の有界区間に含まれるものが存在する. このとき $\{\varphi_n\}$ は f_r に $\mathfrak{L}^1$-収束することから,

$$\left| \frac{1}{\sqrt{2\pi}} \int_{-\infty}^{\infty} \varphi_n(x)e^{-itx}dx - \frac{1}{\sqrt{2\pi}} \int_{-\infty}^{\infty} f_r(x)e^{-itx}dx \right|$$
$$\leqq \frac{1}{\sqrt{2\pi}} \int_{-\infty}^{\infty} |\varphi_n(x) - f_r(x)| \, dx \to 0$$
$$(\text{as} \quad n \to \infty)$$

である. したがって作用素の拡大原理から,

$$\mathcal{F}_2 f_r(t) = \frac{1}{\sqrt{2\pi}} \int_{-\infty}^{\infty} f_r(x)e^{-itx}dx - \frac{1}{\sqrt{2\pi}} \int_{-r}^{r} f(r)e^{-itx}dx$$

となる. しかるに $\| f_r - f \|_2 \to 0$ と $\mathcal{F}_2$ の連続性から (v) が導かれる.

(vi) も同様にすればよい. 　　　　　　　　　　　　　　　　　　 (証了)

注意　$1°$　$f, g \in \mathfrak{L}^2(\mathbb{R}, \mathbb{C})$ に対して

$$\langle \mathcal{F}_2 f, \mathcal{F}_2 g \rangle = \langle f, g \rangle$$

の成り立つことも明らかである.

82　　　　　　　　第 4 章　Fourier 変換（その 2）

2°　$f \in \mathfrak{L}^1(\mathbb{R}, \mathbb{C}) \cap \mathfrak{L}^2(\mathbb{R}, \mathbb{C})$ に対しては，通常の意味での Fourier 変換 $\hat{f}$ と，Plancherel の意味での Fourier 変換 $\mathcal{F}_2 f$ は合致する．実際，このときは，$\| f_r - f \|_1 \to 0$　だから，p.59 の (3) により，$\| \hat{f}_r - \hat{f} \|_\infty \to 0$（一様収束）である．一方，上で見たとおり，$\| \hat{f}_r - \mathcal{F}_2 f \|_2 \to 0$ とならねばならない．ゆえに $\hat{f} = \mathcal{F}_2 f$ である．[7]

§3　応用：たたみ込み型の積分方程式

　Plancherel の定理の応用として，次のような型の積分方程式の解法を考えてみよう．つまり函数 $g, K : \mathbb{R} \to \mathbb{C}$ が既知であるとき，方程式

$$f(x) = g(x) + \int_{-\infty}^{\infty} K(x-y)f(y)dy \tag{1}$$

を f について解こう．厳密な条件はあとから考えることにして，大雑把なアウトラインを描いてみると，この方程式は次のような考え方で解けそうである．

　まずたたみ込みがあらわれることに注目して，両辺を Fourier 変換すると，

$$\hat{f}(t) = \hat{g}(t) + \sqrt{2\pi} \hat{f}(t) \cdot \widehat{K}(t).$$

これから

$$\hat{f}(t) = \frac{\hat{g}(t)}{1 - \sqrt{2\pi} \widehat{K}(t)}$$

となる．これに Fourier の逆変換を施せば

$$f(x) = \frac{1}{\sqrt{2\pi}} \int_{-\infty}^{\infty} \frac{\hat{g}(t)}{1 - \sqrt{2\pi} \widehat{K}(t)} e^{ixt} dt$$

を得，これで問題は解けてしまう．

　しかし以上はあくまでもアイデアのデッサンであって，いろいろと難所を含んでいることに気がつかねばならない．まず g, K や未知函数 f はなんらかの

---

　7)　ここでの証明は Dunford and Schwartz[25] III の pp.1988-1989 を参照した．超函数論との接続について本章 §4，さらに Schwartz[95] の Chap. VII が必読である．

意味で Fourier 変換が定義できる函数でなければならない。とくに f は Fourier の逆変換を施すことが可能でなければならないから，たとえば $\mathfrak{S}$ とか $\mathfrak{L}^2$ の枠組みで考えることが必要であろう。さらに細かい点では，$1 - \sqrt{2\pi}\widehat{K}(t) = 0$ となっては具合が悪い。

このような反省に基づいて，次のような条件を課すこととしよう。

(i)　$g \in \mathfrak{L}^2(\mathbb{R}, \mathbb{C})$,

(ii)　$K \in \mathfrak{L}^1(\mathbb{R}, \mathbb{C})$;　$| \widehat{K}(t) | \leqq C < \frac{1}{\sqrt{2\pi}}$　for all　$t \in \mathbb{R}$

を満たす C が存在する。

この条件の下で $\mathfrak{L}^2(\mathbb{R}, \mathbb{C})$ の中から (1) の解 f を見出す問題を考える。以下，$\mathfrak{L}^1$ における Fourier 変換も，$\mathfrak{L}^2$ におけるそれも，誤解のおそれはないと思うので，いずれも記号 $\widehat{}$ をつけて表わすことにしよう。

条件 (i)，(ii) の下では

$$\frac{\hat{g}(t)}{1 - \sqrt{2\pi}\widehat{K}(t)} \in \mathfrak{L}^2(\mathbb{R}, \mathbb{C})$$

であるから，Plancherel の定理 4.3 により

$$f(x) \equiv \underset{r \to \infty}{\text{l.i.m.}} \frac{1}{\sqrt{2\pi}} \int_{-r}^{r} \frac{\hat{g}(t)}{1 - \sqrt{2\pi}\widehat{K}(t)} e^{ixt} dt$$

が定義され，$f \in \mathfrak{L}^2(\mathbb{R}, \mathbb{C})$ である。この f を用いて

$$h(x) = \int_{-\infty}^{\infty} K(x - y)f(y)dy$$

とおくと，このような h は定義できて $\mathfrak{L}^2(\mathbb{R}, \mathbb{C})$ に属する。[8]

この h を Plancherel の意味で Fourier 変換すると，

$$\hat{h}(t) = \underset{r \to \infty}{\text{l.i.m.}} \frac{1}{\sqrt{2\pi}} \int_{-r}^{r} \left\{ \int_{-\infty}^{\infty} K(x - y)f(y)dy \right\} e^{-itx} dx$$
$$= \sqrt{2\pi}\widehat{K}(t)\hat{f}(t) \tag{2}$$

---

[8]　一般に $u \in \mathfrak{L}^p(\mathbb{R}, \mathbb{C})\,(1 \leqq p \leqq \infty)$, $v \in \mathfrak{L}^1(\mathbb{R}, \mathbb{C})$ とすれば，$u * v \in \mathfrak{L}^p(\mathbb{R}, \mathbb{C})$ で，しかも $\|u * v\|_p \leqq \|u\|_p \cdot \|v\|_1$ が成り立つ。丸山 [79] pp.235-236 を見よ。

84　　　　　　　　　第 4 章　Fourier 変換（その 2）

の成り立つことが次のようにして示される。まず

$$f_A = f \cdot \chi_{[-A,A]}$$

と定義すれば，$f_A \in \mathfrak{L}^1 \cap \mathfrak{L}^2$ で，

$$\underset{A \to \infty}{\text{l.i.m.}} f_A = f. \tag{3}$$

したがって定理 4.3（Fourier 変換の連続性）により，

$$\underset{A \to \infty}{\text{l.i.m.}} \hat{f}_A = \hat{f} \qquad (\mathfrak{L}^2 \text{ の意味}).$$

いま

$$h_A(x) = \int_{-\infty}^{\infty} K(x-y) f_A(y) dy$$

とおけば，$\mathfrak{L}^1$ におけるたたみ込みの Fourier 変換公式から

$$\widehat{h_A} = \sqrt{2\pi} \widehat{K} \cdot \widehat{f_A}.$$

ここで[9]

$$\underset{A \to \infty}{\text{l.i.m.}} h_A = h \tag{4}$$

であるから，再び定理 4.3 により

$$\underset{A \to \infty}{\text{l.i.m.}} \widehat{h_A} = \underset{A \to \infty}{\text{l.i.m.}} \sqrt{2\pi} \widehat{K} \cdot \widehat{f_A} = \hat{h}. \tag{5}$$

$\widehat{K}$ は有界である（p.59 の (3)）から

$$\hat{h} = \sqrt{2\pi} \widehat{K} \cdot \hat{f}.$$

これで (2) が示された。

---

[9]　(4) を確かめておく。一般論として，$u_r \in \mathfrak{L}^2(\mathbb{R}, \mathbb{C})$, $v \in \mathfrak{L}^1(\mathbb{R}, \mathbb{C})$, $\underset{r \to \infty}{\text{l.i.m.}} u_r = u$ とすれば

$$\underset{r \to \infty}{\text{l.i.m.}} \int v(x-z) u_r(z) dz = \int v(x-z) u_r(z) dz \tag{†}$$

が成り立つ。実際，前注により

$$\left\| \int v(x-z) u_r(z) dz - \int v(x-z) u(z) dz \right\|_2 = \left\| \int [u_r(z) - u(z)] v(x-z) dz \right\|_2$$

$$\leq \|u_r - u\|_2 \cdot \|v\|_1 \to 0 \quad \text{as} \quad r \to \infty.$$

こうして (†) が示された。(4) はこれからただちに導かれる。

ここで

$$\hat{f}(t) = \frac{\hat{g}(t)}{1 - \sqrt{2\pi}\widehat{K}(t)}$$

であるから,

$$\hat{h}(t) = \frac{\sqrt{2\pi}\widehat{K}(t)\hat{g}(t)}{1 - \sqrt{2\pi}\widehat{K}(t)}.$$

ゆえに

$$(\widehat{g+h})(t) = \hat{g}(t) + \frac{\sqrt{2\pi}\hat{g}(t)\widehat{K}(t)}{1 - \sqrt{2\pi}\widehat{K}(t)} = \frac{\hat{g}(t)}{1 - \sqrt{2\pi}\widehat{K}(t)} = \hat{f}(t).$$

かくして左右両辺に Plancherel の意味で Fourier の逆変換を施せば,

$$f = g + h$$

$$\text{i.e.} \quad f(x) = g(x) + \int_{-\infty}^{\infty} K(x-y)f(y)dy$$

を得,f が与えられた積分方程式 (1) の解であることが知られた。[10]

§4 緩増加超函数の Fourier 変換

空間 $\mathfrak{S}(\mathbb{R})$ について,ひととおりの議論が済んだので,これを基礎に超函数の Fourier 変換へと話題を転じよう。L. Schwartz に負う超函数の内容をここで説明するのは本書の主題を著しく逸脱することになる。しかしこれを全く既知の事実として前提にするのも読者に過大な負担を強いるであろう。そこで巻末に付論を設けやや詳しい解説を施して,読者の便宜を図ることにした。本節ではその結果を証明なしで自由に用いてゆくが,詳細については必要に応じて付論をご覧いただきたい。

Ω を $\mathbb{R}$ の非空な開集合とし,Ω 上で無限回微分可能な複素数値函数の全体を $\mathfrak{E}(\Omega)$ と書くこととしよう。Ω におけるコンパクト集合 K と $m \in \mathbb{N} \cup \{0\}$

---

10) 本節は 河田 [58] II の第 17 章によった。

とに対して，セミ・ノルム $p_{K,m}$ を

$$p_{K,m}(\varphi) = \sup_{\substack{x \in K \\ s \leq m}} |D^s \varphi(x)|$$

と定義する。このようなセミ・ノルムの族によって位相を与えられた $\mathfrak{E}(\Omega)$ は局所凸 Hausdorff 線形位相空間（LCHTVS と略記）である。しかもこの位相は完備距離空間として距離づけ可能な空間，つまり Fréchet 空間である（cf. 付論 B, §1）。

K を Ω のコンパクト集合とし，台が K に含まれる無限回微分可能な函数の集合を

$$\mathfrak{D}_K(\Omega) = \{\varphi \in \mathfrak{E}(\Omega) | \operatorname{supp}\varphi \subset K\}$$

とする。$\mathfrak{D}_K(\Omega)$ は $\mathfrak{E}(\Omega)$ の線形部分空間であり，$\mathfrak{E}(\Omega)$ から導入される相対位相は，セミ・ノルムの族

$$p_{K,m}(\varphi) = \sup_{\substack{x \in K \\ s \leq m}} |D^s \varphi(x)|, \quad m \in \mathbb{N} \cup \{0\}$$

によって定まり，$\mathfrak{D}_K(\Omega)$ はもちろん LCHTVS である。これもまた Fréchet 空間である。

Ω の中に

（イ） $K_n \subset \operatorname{int}.K_{n+1}$,

（ロ） $\displaystyle\bigcup_{n=1}^{\infty} K_n = \Omega$

を満たすコンパクト集合の列 $\{K_1, K_2, \cdots\}$ をつくり，

$$\mathfrak{D}(\Omega) = \bigcup_{n=1}^{\infty} \mathfrak{D}_{K_n}(\Omega)$$

とする。各 $\mathfrak{D}_{K_n}(\Omega)$ は上記の位相をもつ Fréchet 空間であるが，$\mathfrak{D}(\Omega)$ には $\{\mathfrak{D}_{K_n}(\Omega)\}$ からの強い意味での**帰納的極限位相** (inductive limit topology) を定める。この位相は $\{K_n\}$ の選び方によらず，一意的に定まる（cf. 付論 B, §1）。$\mathfrak{D}(\Omega)$ に属する函数を**試料函数** (test function) と呼ぶ。

こうすると $\mathfrak{D}(\Omega)$ は LCHTVS で，しかも距離づけは不可能である。$\mathfrak{D}(\Omega)$ の有向点族 $\{\varphi_\alpha\}_{\alpha \in A}$（$A$ は有向集合）がこの位相について $\varphi^* \in \mathfrak{D}(\Omega)$ に収

§4 緩増加超函数の Fourier 変換　　　　87

束するためには，(α に無関係な) あるコンパクト集合 $K \subset \Omega$ に対して

$$\mathrm{supp}\,\varphi_\alpha \subset K \quad \text{for all} \quad \alpha \in A \tag{1}$$

が成り立ち，しかもすべての $s \in \mathbb{N} \cup \{0\}$ について

$$D^s\varphi_\alpha \to D^s\varphi^* \quad (\text{一様収束}) \tag{2}$$

の成り立つことが必要十分である。

　$\mathfrak{D}(\Omega)$ の双対空間 $\mathfrak{D}(\Omega)'$ の元を，Ω における**超函数** (distribution, generalized function) と呼ぶ。

　たとえば $f : \Omega \to \mathbb{C}$ を局所可積分な函数とし，$T_f : \mathfrak{D}(\Omega) \to \mathbb{C}$ を

$$T_f(\varphi) = \int_\Omega f(x)\varphi(x)dx, \quad \varphi \in \mathfrak{D}(\Omega)$$

と定義すれば，T_f は Ω 上の超函数である。これを **f の定める超函数**と呼び，場合によっては T_f のことを単に f と書くこともある。

　超函数 T に対して，あらたな超函数 S を

$$S(\varphi) = -T(\varphi'), \quad \varphi \in \mathfrak{D}(\Omega)$$

と定義し，S を T の**導超函数** (generalized derivative, distributional derivative) と称する。これを T' と書くこととしよう。いかなる超函数もすべての階数の導超函数をもち，s 階の導超函数 $D^s T$ あるいは $T^{(s)}$ は

$$D^s T(\varphi) = (-1)^s T(D^s\varphi), \quad \varphi \in \mathfrak{D}(\Omega)$$

である。(ここで $D^s\varphi$ は通常の微分。) 超函数の微分をこのように定義する根拠については付論 B を見ていただきたい (cf. 付論 B, §4)。

　LCHTVS $\mathfrak{S}(\mathbb{R})$ の双対空間 $\mathfrak{S}(\mathbb{R})'$ の元 T を $\mathfrak{S}(\mathbb{R})$ の部分空間 $\mathfrak{D}(\mathbb{R})$ に限定すると，T は $\mathfrak{D}(\mathbb{R})$ 上の固有の位相についても連続である。実際，$\mathfrak{D}(\mathbb{R})$ から $\mathfrak{S}(\mathbb{R})$ の中への恒等写像は連続である。ここで $\mathfrak{D}(\mathbb{R})$ の位相は上に述べた $\{\mathfrak{D}_{K_n}(\mathbb{R})\}$ からの強い意味での帰納的極限位相，$\mathfrak{S}(\mathbb{R})$ の位相は本章 §1 において定めたとおりである。いま $\mathfrak{D}(\mathbb{R})$ の有向点族 $\{\varphi_\alpha\}$ が $0 \in \mathfrak{D}(\mathbb{R})$ に収束

88   第 4 章 Fourier 変換（その 2）

するとすれば，上記の (1)，(2) が成り立たねばならない．したがって任意の，
$m = 0, 1, 2, \cdots$ に対して

$$\sup_{x \in \mathbb{R}} |x^n \varphi_\alpha^{(m)}(x)| = \sup_{x \in K} |x^n \varphi_\alpha^{(m)}(x)| \to 0$$

が成り立つので，$\{\varphi_\alpha\}$ は $\mathfrak{S}(\mathbb{R})$ の位相についても 0 に収束する．こうして恒
等写像 $I : \mathfrak{D}(\mathbb{R}) \to \mathfrak{S}(\mathbb{R})$ の連続性が知られた．言葉をかえると，$\mathfrak{D}(\mathbb{R})$ の本
来の位相は，$\mathfrak{S}(\mathbb{R})$ から導入される相対位相よりも強いのである．したがっ
て $T|_{\mathfrak{D}(\mathbb{R})}$ は連続であることが確かめられた．つまり $T|_{\mathfrak{D}(\mathbb{R})}$ は超函数である．
　また逆に，ある超函数 $T \in \mathfrak{D}(\mathbb{R})'$ が，$\mathfrak{S}(\mathbb{R})$ から $\mathfrak{D}(\mathbb{R})$ に導入される相対
位相についても連続ならば，この T は $\mathfrak{S}(\mathbb{R})'$ の元として一意的に拡大される
（一致の原理）．実際，$\mathfrak{D}(\mathbb{R})$ は $\mathfrak{S}(\mathbb{R})$ において稠密である (p.74 の 3°) ことか
ら，これは明白である．
　したがって $\mathfrak{S}(\mathbb{R})'$ は $\mathfrak{D}(\mathbb{R})'$ のある部分空間と同一視することができる．つ
まりわれわれは，$\mathfrak{S}(\mathbb{R})'$ の元 T と，T に接続可能な（一意的に定まる）超函
数 S とを同一視して

$$\mathfrak{S}(\mathbb{R})' \subset \mathfrak{D}(\mathbb{R})'$$

と考えることができるのである．

　定義　$\mathfrak{S}(\mathbb{R})'$ の元を緩増加超函数 (tempered distribution) と呼ぶ．

$\mathfrak{S}(\mathbb{R})'$ の元をこのように命名する理由はすぐあとで明らかになる．
実例を挙げよう．

　例 1　可積分函数 $f : \mathbb{R} \to \mathbb{C}$ は緩増加超函数を定める．実際，任意の $\varphi \in \mathfrak{S}(\mathbb{R})$
に対して

$$T_f \varphi = \int_\mathbb{R} f(x) \varphi(x) dx$$

は意味をもち，$\mathfrak{S}(\mathbb{R})$ の位相について連続である．

§4 緩増加超函数の Fourier 変換   89

例2 有界な可測函数 $f : \mathbb{R} \to \mathbb{C}$ は緩増加超函数を定める。実際，$\mathfrak{S}(\mathbb{R})$ に属する函数 φ は可積分であるから，

$$T_f \varphi = \int_{\mathbb{R}} f(x)\varphi(x)dx$$

はやはり意味をもち，(Hölder の不等式)，$\mathfrak{S}(\mathbb{R})$ の位相について連続である。

例3 局所可積分函数 $f : \mathbb{R} \to \mathbb{C}$ が

$$\lim_{|x| \to \infty} |x|^{-k}|f(x)| = 0, \tag{3}$$

したがって適当な定数 $A > 0$ に対して

$$|f(x)| \leqq A|x|^k \quad \text{for large} \quad x$$

を満たすならば，f は緩増加超函数を定める。実際，$\varphi \in \mathfrak{S}(\mathbb{R})$ とすれば，

$$\sup_{x \in \mathbb{R}} |x^{k+2}\varphi(x)| \leqq B \quad \text{for some} \quad B < +\infty$$

であるから，

$$|\varphi(x)| \leqq \frac{B}{|x|^{k+2}} \quad \text{for all} \quad x \in \mathbb{R}.$$

ゆえに

$$|f(x)\varphi(x)| \leqq \frac{A \cdot B}{|x|^2} \quad \text{for large} \quad x$$

となるから，

$$T_f \varphi = \int_{\mathbb{R}} f(x)\varphi(x)dx$$

け意味をもち，しかも $\mathfrak{S}(\mathbb{R})$ の位相について連続である。

　緩増加超函数とは，(3) を満たすという意味で穏やかに増加する局所可積分函数が定める超函数の抽象化にほかならない。これが緩増加超函数という命名の由来である。

90　　　　　　　　第 4 章　Fourier 変換（その 2）

例 4　$f \in \mathfrak{C}^{\infty}(\mathbb{R}, \mathbb{C})$ とする。任意の非負整数 m に対して

$$\lim_{|x| \to \infty} |x|^{-k} |f^{(m)}(x)| = 0$$

を満たす非負の整数 k が存在するとき，f は**緩増加函数**であるという。緩増加函数 f をひとつ固定し，各 $\varphi \in \mathfrak{S}$ を $f \cdot \varphi$ に対応させる作用素 $S : \varphi \mapsto f \cdot \varphi$ は，$\mathfrak{S}$ を $\mathfrak{S}$ 自身に写す連続な線形作用素である。f と $T \in \mathfrak{S}'$ との積 fT を

$$fT : \varphi \mapsto T(f\varphi), \ \varphi \in \mathfrak{S}$$

と定義すれば，fT は $\mathfrak{S}'$ の元である。

例 5　$\mathbb{R}$ においてコンパクトな台を有する超函数は緩増加である。まず $\mathfrak{D}(\mathbb{R}) \subset \mathfrak{S}(\mathbb{R}) \subset \mathfrak{E}(\mathbb{R})$ であり，次の二点に注意すればよい。

　　1°　$\mathfrak{E}(\mathbb{R})$ から $\mathfrak{S}(\mathbb{R})$ に導入される相対位相よりも，$\mathfrak{S}(\mathbb{R})$ の固有の位相の方が強い。

　　2°　$\mathfrak{D}(\mathbb{R})$ は $\mathfrak{E}(\mathbb{R})$ において稠密である（補題 C.5，p.440）から，$\mathfrak{S}(\mathbb{R})$ も $\mathfrak{E}(\mathbb{R})$ において稠密である。

　　これから $\mathfrak{E}(\mathbb{R})'$ は $\mathfrak{S}(\mathbb{R})'$ の部分空間とみなすことができる。すなわち　$\mathfrak{E}(\mathbb{R})' \subset \mathfrak{S}(\mathbb{R})' \subset \mathfrak{D}(\mathbb{R})'$.

緩増加超函数の微分は，普通の超函数と同じように定義する。

非負整数 p に対して，作用素

$$\varphi \mapsto D^p \varphi \quad ; \quad \varphi \in \mathfrak{S}(\mathbb{R})$$

は $\mathfrak{S}(\mathbb{R})$ から $\mathfrak{S}(\mathbb{R})$ の中への連続線形作用素であるから，

$$\varphi \mapsto T(D^p \varphi) \quad ; \quad \varphi \in \mathfrak{S}(\mathbb{R})$$

が定義され，これも線形連続である。この点に注意することによって，次の定義を得る。

§4 緩増加超函数の Fourier 変換   91

定義 非負整数 p に対して，$T \in \mathfrak{S}(\mathbb{R})'$ の導超函数 $D^p T$ を

$$D^p T(\varphi) = (-1)^p T(D^p \varphi) \quad ; \quad \varphi \in \mathfrak{S}(\mathbb{R})$$

と定義する。

T が緩増加なら，$D^p T$ も同様である。

$\mathfrak{S}(\mathbb{R})$ 上の Fourier 変換 $\mathcal{F} : \varphi \mapsto \hat{\varphi}$ は，$\mathfrak{S}(\mathbb{R})$ を $\mathfrak{S}(\mathbb{R})$ の上に写す連続線形作用素であるから，$T \in \mathfrak{S}(\mathbb{R})'$ に対して，

$$\widehat{T} : \varphi \mapsto T(\hat{\varphi}) \quad ; \quad \varphi \in \mathfrak{S}(\mathbb{R})$$

は $\mathfrak{S}(\mathbb{R})$ 上の連続線形汎函数，つまり緩増加超函数である。これを T の Fourier 変換と呼ぶ。定義としてきちんと書き出しておこう。

定義 $T \in \mathfrak{S}(\mathbb{R})'$ に対して

$$\widehat{T}(\varphi) = T(\hat{\varphi}) \quad ; \quad \varphi \in \mathfrak{S}(\mathbb{R})$$

と定義される $\widehat{T} \in \mathfrak{S}(\mathbb{R})'$ を，T の **Fourier** 変換と呼ぶ。

$\mathfrak{S}(\mathbb{R})$ 上の Fourier 変換が $\mathfrak{S}(\mathbb{R})$ の自己同型写像であったように，緩増加超函数の Fourier 変換は $\mathfrak{S}(\mathbb{R})'$ の自己同型写像である。これを明澄に理解するために，双対作用素という概念に触れておこう。

定義 $\mathfrak{X}, \mathfrak{Y}$ を線形位相空間とし，$A : \mathfrak{X} \to \mathfrak{Y}$ を連続な線形作用素とする。このとき $A' : \mathfrak{Y}' \to \mathfrak{X}'$ を

$$A' : y' \mapsto y' \circ A \quad ; \quad y' \in \mathfrak{Y}'$$

と定義し，これを A の**双対作用素** (dual operator) と呼ぶ。

92 第 4 章 Fourier 変換（その 2）

定理 4.4 $\mathfrak{X}, \mathfrak{Y}$ を線形位相空間，$A : \mathfrak{X} \to \mathfrak{Y}$ を連続な線形作用素とする
とき，A の双対作用素 $A' : \mathfrak{Y}' \to \mathfrak{X}'$ は強位相[11]について連続である。

証明 $\{y'_\alpha\}$ を $\mathfrak{Y}'$ の有向点族で，強位相について 0 に収束するものとしよ
う。また B を $\mathfrak{X}$ における任意の有界集合とする。A は連続であるから，$A(B)$
は $\mathfrak{Y}$ の有界集合である。定義により $A'(y'_\alpha) = y'_\alpha \circ A$ に注意すれば，

$$\sup_{x \in B} |A'(y'_\alpha)(x)| = \sup_{x \in B} |(y'_\alpha \circ A)(x)| = \sup_{y \in A(B)} |y'_\alpha(y)| \to 0.$$

これが任意の有界集合 $B \subset \mathfrak{X}$ について成り立つのであるから，ただちに
$y'_\alpha \to 0$ （強収束）$\Rightarrow A'(y'_\alpha) \to 0$ （強収束）を得る。   (証了)

さて，緩増加超函数 $T \in \mathfrak{S}(\mathbb{R})'$ をその Fourier 変換に対応させる作用素を
$\mathfrak{F} : \mathfrak{S}(\mathbb{R})' \to \mathfrak{S}(\mathbb{R})'$ と書くこととし，これをやはり Fourier 変換と呼ぶ。[12]
急減少函数の Fourier 変換 $\mathcal{F} : \mathfrak{S}(\mathbb{R}) \to \mathfrak{S}(\mathbb{R})$ と緩増加超函数の Fourier 変
換 $\mathfrak{F}$ との関係は，

$$\mathfrak{F}T(\varphi) = \widehat{T}(\varphi) = T(\hat{\varphi}) = T(\mathcal{F}\varphi)$$

$$\text{for all} \quad T \in \mathfrak{S}(\mathbb{R})', \ \varphi \in \mathfrak{S}(\mathbb{R}),$$

すなわち

$$\mathfrak{F}T = T \circ \mathcal{F} \quad \text{for all} \quad T \in \mathfrak{S}(\mathbb{R})'$$

である。ゆえに $\mathfrak{F}$ は $\mathcal{F}$ の双対作用素である。

$$\mathfrak{F} = \mathcal{F}'. \tag{4}$$

また $\mathfrak{F}^{-1} : \mathfrak{S}(\mathbb{R})' \to \mathfrak{S}(\mathbb{R})'$ を $(T \in \mathfrak{S}(\mathbb{R})', \varphi \in \mathfrak{S}(\mathbb{R}))$

$$\mathfrak{F}^{-1}T(\varphi) = T(\mathcal{F}^{-1}\varphi) = T(\tilde{\varphi})$$

と定義し，これを緩増加超函数の逆 **Fourier** 変換と呼ぶ。そして $\mathfrak{F}^{-1}T$ を $\widetilde{T}$
と書くことも通常の場合と同じである。すると $\mathfrak{F}^{-1}$ は $\mathcal{F}^{-1}$ の双対作用素で

---

11) 付論 B §2 (p.399) を見よ。
12) 概念を区別するために，$\mathfrak{S}(\mathbb{R})$ 上の Fourier 変換を $\mathcal{F}$，$\mathfrak{S}(\mathbb{R})'$ 上の Fourier 変換をド
イツ文字で $\mathfrak{F}$ と表記した。

§4 緩増加超函数の Fourier 変換　　93

あることも明らかであろう。

$$\mathfrak{F}^{-1} = (\mathcal{F}^{-1})'. \tag{5}$$

定理 4.5　$\mathfrak{F}$ は $\mathfrak{S}(\mathbb{R})'$ 上の自己同型写像であり，その逆写像は逆 Fourier 変換 $\mathfrak{F}^{-1}$ によって与えられる。

証明　まず $\mathfrak{F}$ の線形性と，それが単射であることは明らか。

全射であることも次のようにして容易にわかる。T を $\mathfrak{S}(\mathbb{R})'$ の任意の元とすると，

$$\widehat{\widetilde{T}}(\varphi) = \widetilde{T}(\hat{\varphi}) = T(\tilde{\hat{\varphi}}) = T(\varphi) \quad \text{for all} \quad \varphi \in \mathfrak{S}(\mathbb{R})$$

である。すなわち，T は $\widetilde{T} \in \mathfrak{S}(\mathbb{R})'$ の Fourier 変換となっていることがわかる。

これと同様にして，$\mathfrak{F}$ の逆写像は逆 Fourier 変換によって与えられることも知られる。実際，

$$(\mathfrak{F}^{-1} \circ \mathfrak{F})(T)(\varphi) = T(\mathcal{F} \circ \mathcal{F}^{-1})(\varphi) = T(\varphi) \quad \text{for all} \quad T \in \mathfrak{S}(\mathbb{R})', \varphi \in \mathfrak{S}(\mathbb{R}),$$

つまり $\mathfrak{F}^{-1} \circ \mathfrak{F} = I$ (identity) である。

$\mathfrak{F}$ および $\mathfrak{F}^{-1}$ の強連続性は定理 4.4 からただちに導かれる。　　　　　（証了）

注意　　$\varphi \in \mathfrak{S}(\mathbb{R}), T \in \mathfrak{S}(\mathbb{R})'$ に対して，

$$\check{\varphi}(x) = \varphi(-x), \quad \check{T}(\varphi) = T(\check{\varphi})$$

と定義するとき，次の等式が成り立つ。

(i)　$\hat{\hat{\varphi}} = \check{\varphi}$ ；　$\varphi \subset \mathfrak{S}(\mathbb{R})$.

(ii)　$\widehat{\widehat{T}} = \check{T}$ ；　$T \in \mathfrak{S}(\mathbb{R})'$.

以下，緩増加超函数の Fourier 変換の実例を挙げよう。

94 第 4 章 Fourier 変換（その 2）

例 1 $f \in \mathfrak{L}^1(\mathbb{R}, \mathbb{C})$ とし，f および $\hat{f}$ の定める超函数をそれぞれ $T_f, T_{\hat{f}}$ とする。ここで $\hat{f}$ は通常の Fourier 変換である。このとき

$$\widehat{T_f} = T_{\hat{f}}.$$

実際，

$$\widehat{T_f}(\varphi) = T_f(\hat{\varphi}) = \int_{\mathbb{R}} f(x)\hat{\varphi}(x)dx = \frac{1}{\sqrt{2\pi}} \int_{\mathbb{R}} f(x) \left\{ \int_{\mathbb{R}} e^{-ix\xi} \varphi(\xi)d\xi \right\} dx$$

$$= \frac{1}{\sqrt{2\pi}} \int_{\mathbb{R}} \varphi(\xi) \left\{ \int_{\mathbb{R}} e^{-ix\xi} f(x)dx \right\} d\xi = T_{\hat{f}}(\varphi) \quad ; \quad \varphi \in \mathfrak{S}(\mathbb{R})$$

となり，所望の帰結を得る。

この例から，緩増加超函数の Fourier 変換は通常の函数の Fourier 変換の一般化であることがわかるであろう。

例 2 $\hat{\delta} = \dfrac{1}{\sqrt{2\pi}}T_1, \quad \widehat{T_1} = \sqrt{2\pi}\delta.$

（T_1 とは常に 1 に等しい函数の定める超函数である。）直接計算してみればよい。

$$\hat{\delta}(\varphi) = \delta(\hat{\varphi}) = \hat{\varphi}(0) = \frac{1}{\sqrt{2\pi}} \int_{\mathbb{R}} 1 \cdot \varphi(\xi)d\xi = \frac{1}{\sqrt{2\pi}} T_1(\varphi) \quad \text{for all} \quad \varphi \in \mathfrak{S}(\mathbb{R}).$$

これで前半が示された。

後半は，

$$\delta = \check{\delta} = \hat{\hat{\delta}} = \frac{1}{\sqrt{2\pi}}\widehat{T_1}$$

からただちに得られる。（cf.p.93 の注意.）

例 3 次に $\widehat{e^{int}}$ を計算する。$\varphi \in \mathfrak{S}(\mathbb{R})$ として

$$\widehat{e^{int}}\varphi = \frac{1}{\sqrt{2\pi}} \int \left[\int \varphi(x)e^{-itx}dx \right] e^{int}dt.$$

これは $\sqrt{2\pi}\hat{\varphi}$ の逆変換であるから，

$$\widehat{e^{int}}\varphi = \sqrt{2\pi}\delta_n\varphi. \qquad (\delta_n は点 n に質量 1 をおく Dirac 函数。)$$

ゆえに

$$\widehat{e^{int}} = \sqrt{2\pi}\delta_n.$$

§4 緩増加超函数の Fourier 変換　　　95

例 4　$T \in \mathfrak{S}(\mathbb{R})'$ とするとき,

$$\widehat{T'} = ix\widehat{T}, \tag{6}$$

$$\widehat{ixT} = -\widehat{T}'. \tag{7}$$

ここで ixT, $ix\widehat{T}$ は緩増加函数 ix と, T, $\widehat{T} \in \mathfrak{S}$ との積として定まる緩増加超函数である（p.90 の例 4 を見よ）。p.75 の公式 (3) を再掲すると, $f \in \mathfrak{S}(\mathbb{R})$ に対して

$$D^p \hat{f}(\xi) = \frac{1}{\sqrt{2\pi}} \int_{\mathbb{R}} (-i)^p x^p f(x) e^{-i\xi x} dx \tag{8}$$

が成り立つ。これを用いて (6) を示そう。

$$\widehat{T'}(\varphi) = T'(\hat{\varphi}) = -T(\hat{\varphi}') \underset{(8)}{=} -T(-\widehat{ix\varphi}) = T(\widehat{ix\varphi}) = ix\widehat{T}(\varphi).$$

また (7) を示すためには, p.76 で示した公式 (4) —— すなわち $f \in \mathfrak{S}(\mathbb{R})$ に対して

$$\widehat{D^q f}(\xi) = i^q \xi^q \hat{f}(\xi) \tag{9}$$

を思い出しておこう。

$$(\widehat{ixT})(\varphi) = (ixT)(\hat{\varphi}) = T(ix\hat{\varphi}) \underset{(9)}{=} T(\widehat{\varphi'}) = \widehat{T}(\varphi') = -\widehat{T}'(\varphi).$$

これで (7) が導かれた。

本節の最後に, 超函数およびその Fourier 変換の収束について, 二, 三の注意を施しておこう。

1°　超函数の列 $T_n \in \mathfrak{D}(\mathbb{R})'$ が超函数 T に単純収束するならば, 導超函数の列 T_n' は T' に単純収束する。

より一般に T_n の p 階の導超函数 $D^p T_n$ は $D^p T$ に単純収束する。

96   第 4 章　Fourier 変換（その２）

証明　任意の $\varphi \in \mathfrak{D}(\mathbb{R})$ に対して

$$\lim_{n\to\infty} T_n' \varphi = -\lim_{n\to\infty} T_n \varphi' = -T\varphi' = T'\varphi.$$

したがって T_n' は T' に単純収束する。   （証了）

2°　$\mathfrak{S}(\mathbb{R})'$ の列 T_n が $T \in \mathfrak{S}(\mathbb{R})'$ に単純収束することは，T_n の Fourier 変換 $\widehat{T_n}$ の列が $\widehat{T}$ に単純収束することと同値である。

証明　まず T_n が T に単純収束するとしよう。このとき

$$\lim_{n\to\infty} \widehat{T_n} \varphi = \lim_{n\to\infty} T_n \hat{\varphi} = T\hat{\varphi} = \widehat{T}\varphi; \quad \varphi \in \mathfrak{S}(\mathbb{R})$$

であるから $\widehat{T_n}$ は $\widehat{T}$ に単純収束する。

逆に $\widehat{T_n}$ が $\widehat{T}$ に単純収束するとしよう。$\varphi \in \mathfrak{S}(\mathbb{R})$ の Fourier の逆変換を ψ（つまり $\hat{\psi} = \varphi$）とすれば，

$$\lim_{n\to\infty} T_n \varphi = \lim_{n\to\infty} T_n \hat{\psi} = \lim_{n\to\infty} \widehat{T_n} \psi = \widehat{T}\psi = T\hat{\psi} = T\varphi.$$

ゆえに T_n は T に単純収束する。   （証了）

3°　したがって $\mathfrak{F} : \mathfrak{S}(\mathbb{R})' \to \mathfrak{S}(\mathbb{R})'$ は単純位相（w^*-位相）についても連続である。（cf. 付論 B. §2. p.399.）

4°　p.94 の例 2，例 3 により，Dirac 函数 δ と e^{inx} の Fourier 変換は次のように計算されるのであった。

$$\hat{\delta} : \varphi \mapsto \frac{1}{\sqrt{2\pi}} \int_{-\infty}^{\infty} \varphi(x)dx; \quad \varphi \in \mathfrak{S}(\mathbb{R}), \tag{10}$$

$$\widehat{e^{inx}} = \sqrt{2\pi}\delta_n. \tag{11}$$

2°，3° から

$$\sum_{k=-n}^{n} c_k \delta_k \text{の単純収束} \Longleftrightarrow \sum_{k=-n}^{n} c_k \widehat{e^{ikx}} \text{の単純収束}$$

$$\Longleftrightarrow \sum_{k=-n}^{n} c_k e^{ikx} \text{の単純収束。}$$

§5 $\mathfrak{L}^2$ における Fourier 変換再論

既に本章 §2 において，$\mathfrak{L}^2$ における Fourier 変換の理論について述べたのであるが，これを超函数論の立場からもう一度見直してみることにしよう。[13]

補題 4.1 μ を $\mathbb{R}$ 上の Borel 測度とし，ある非負の整数 k について

$$\int_{\mathbb{R}} (1+|x|^2)^{-k} d\mu < \infty$$

が成り立つならば，μ は

$$T_\mu(\varphi) = \int_{\mathbb{R}} \varphi d\mu \quad ; \quad \varphi \in \mathfrak{S}(\mathbb{R})$$

により緩増加超函数を定める。（このような測度を緩増加測度と呼ぶことにしよう。）

証明 φ が急減少であることにより，十分に $|x|$ が大きなところでは

$$\varphi(x) = o((1+|x|^2)^{-k})$$

であることから明らか。   (証了)

補題 4.2 $f \in \mathfrak{L}^p(\mathbb{R}, \mathbb{C})\ (p \geqq 1)$ は

$$T_f(\varphi) = \int_{\mathbb{R}} f(x)\varphi(x) dx \quad ; \quad \varphi \in \mathfrak{S}(\mathbb{R})$$

によって緩増加超函数を定める。

---

13)   Yosida[120] pp.151-155 を参照した。

これを示すためには $d\mu = |f|dx$ として，測度 μ が緩増加であることを示せばよい。そのためには

$$\int_{\mathbb{R}} (1 + |x|^2)^{-k} |f(x)| dx$$

に Hölder の不等式を適用すればよい。

また $\mathfrak{S}(\mathbb{R})$ は $\mathfrak{L}^2(\mathbb{R}, \mathbb{C})$ において稠密であることに注意しよう。(p.75 の 5° による。)

これだけの準備の下に定理 4.3 に再検討を加えよう。

定理 4.3′ (Plancherel) f を $\mathfrak{L}^2(\mathbb{R}, \mathbb{C})$ の元とし，f の定める超函数を T_f と記す。

(i) T_f は緩増加超函数で，$\widehat{T_f}$ はある $\hat{f} \in \mathfrak{L}^2(\mathbb{R}, \mathbb{C})$ によって定義される。すなわち

$$\widehat{T_f} = T_{\hat{f}} \quad \text{for some} \quad \hat{f} \in \mathfrak{L}^2(\mathbb{R}, \mathbb{C}).$$

しかも，$\|\hat{f}\|_2 = \|f\|_2$.（ここで $\|\cdot\|_2$ は $\mathfrak{L}^2$-ノルムである。）

(ii)   (i) で得られた $\hat{f}$ に対して，

$$\hat{f}(x) = \underset{h\uparrow\infty}{\mathrm{l.i.m.}} \frac{1}{\sqrt{2\pi}} \int_{|y|\leqq h} e^{-ixy} f(y) dy$$

が成り立つ。

(iii)   写像 $f \mapsto \hat{f}$ は，$\mathfrak{L}^2(\mathbb{R}, \mathbb{C})$ を $\mathfrak{L}^2(\mathbb{R}, \mathbb{C})$ 自身に写す全単射である。

(iv)   すべての $f, g \in \mathfrak{L}^2(\mathbb{R}, \mathbb{C})$ について

$$\langle f, g \rangle = \langle \hat{f}, \hat{g} \rangle \quad (\mathfrak{L}^2 \text{の内積})$$

が成り立つ。

$f \in \mathfrak{L}^2(\mathbb{R}, \mathbb{C})$ に対して上記の $\hat{f} \in \mathfrak{L}^2(\mathbb{R}, \mathbb{C})$ を対応させる写像 $\mathcal{F}_2 : f \mapsto \hat{f}$ を $\mathfrak{L}^2(\mathbb{R}, \mathbb{C})$ 上の Fourier 変換と呼ぶ。また $\mathcal{F}_2(f) = \hat{f}$ を，f の Fourier 変換と呼ぶこともある。P.79 に与えた $\mathfrak{L}^2$ 上の Fourier 変換の概念は，もちろん，ここでの定義と同一である。

§5 $\mathfrak{L}^2$ における Fourier 変換再論　　　99

定理 4.3′ の証明　(i)　まず $f \in \mathfrak{L}^2(\mathbb{R},\mathbb{C})$ が緩増加超函数を定めることは,既に補題 4.2 で見た。したがって T_f の Fourier 変換を定義することができる。すると Schwarz の不等式により,

$$\begin{aligned}|\widehat{T_f}(\varphi)| = |T_f(\hat{\varphi})| &= \left| \int_{\mathbb{R}} f(x)\hat{\varphi}(x)dx \right| \\ &\leqq \|f\|_2 \cdot \|\hat{\varphi}\|_2 = \|f\|_2 \cdot \|\varphi\|_2 \quad \text{for all} \quad \varphi \in \mathfrak{S}(\mathbb{R}).\end{aligned} \tag{1}$$

ここで $\|\hat{\varphi}\|_2 = \|\varphi\|_2$ は定理 4.3 の証明中,(2) を見よ。

これから,$\widehat{T_f}$ は $\mathfrak{S}(\mathbb{R})$ 上で $\mathfrak{L}^2$-ノルムについて連続な線形汎函数であることがわかる。しかるに,$\mathfrak{S}(\mathbb{R})$ は $\mathfrak{L}^2(\mathbb{R},\mathbb{C})$ において稠密であるから,$\widehat{T_f}$ は $\mathfrak{L}^2(\mathbb{R},\mathbb{C})$ 上の連続線形汎函数として一意的に拡大することができる。$\widehat{T_f}$ を $\mathfrak{L}^2(\mathbb{R},\mathbb{C})$ 上の作用素とみたときのノルムは,(1) により $\|\widehat{T_f}\| \leqq \|f\|_2$。そして Riesz の表現定理から,次のような $\hat{f} \in \mathfrak{L}^2(\mathbb{R},\mathbb{C})$ が一意的に定まる。

$$\begin{aligned}\widehat{T_f}(\varphi) = \int_{\mathbb{R}} \hat{f}(x)\varphi(x)dx &= T_{\hat{f}}(\varphi), \\ i.e. \quad \int_{\mathbb{R}} f(x)\hat{\varphi}(x)dx &= \int_{\mathbb{R}} \hat{f}(x)\varphi(x)dx \quad \text{for all} \quad \varphi \in \mathfrak{S}(\mathbb{R}).\end{aligned} \tag{2}$$

この $\hat{f}$ については $\|\hat{f}\|_2 = \|\widehat{T_f}\| \leqq \|f\|_2$. この不等式はすぐ上で示したものである。要するに

$$\|\hat{f}\|_2 \leqq \|f\|_2. \tag{3}$$

同様にして

$$\|\hat{\hat{f}}\|_2 \leqq \|\hat{f}\|_2 \leqq \|f\|_2 \tag{4}$$

を得る。他方 p.93 の注意と (2) により,

$$\int_{\mathbb{R}} \hat{\hat{f}}(x)\varphi(x)dx = \int_{\mathbb{R}} \hat{f}(x)\hat{\varphi}(x)dx = \int_{\mathbb{R}} f(-x)\varphi(x)dx \quad \text{for all} \quad \varphi \in \mathfrak{S}(\mathbb{R})$$

であるから,

$$\hat{\hat{f}}(x) = f(-x) \quad a.e. \tag{5}$$

かくして

$$\|\hat{\hat{f}}\|_2 = \|f\|_2 \tag{6}$$

が導かれ,(4) と (6) から $\|f\|_2 = \|\hat{f}\|_2$ を得る。

100   第 4 章　Fourier 変換（その 2）

(ii)　$h > 0$ に対して函数 f_h を

$$
f_h(x) = \begin{cases} f(x) & \text{for} \quad |x| \leqq h, \\ 0 & \text{for} \quad |x| > h \end{cases}
$$

と定義する。こうすると（たとえば上限収束定理を用いて）

$$
\lim_{h \to \infty} \|f_h - f\|_2 = 0.
$$

ゆえに (i) により

$$
\lim_{h \to \infty} \|\widehat{f_h} - \hat{f}\|_2 = 0 \quad i.e. \quad \hat{f} = \mathop{\mathrm{l.i.m.}}_{h \to \infty} \widehat{f_h} \tag{7}
$$

である。

しかるに (2) によれば，

$$
\begin{aligned}
\int_{\mathbb{R}} \widehat{f_h}(x)\varphi(x)dx &= \int_{\mathbb{R}} f_h(x)\hat{\varphi}(x)dx \\
&= \int_{|x| \leqq h} f(x)\left\{ \frac{1}{\sqrt{2\pi}} \int_{\mathbb{R}} e^{-ixy}\varphi(y)dy \right\}dx \\
&= \int_{\mathbb{R}} \frac{1}{\sqrt{2\pi}} \left\{ \int_{|x| \leqq h} e^{-ixy}f(x)dx \right\}\varphi(y)dy \ \text{ for all } \ \varphi \in \mathfrak{S}(\mathbb{R}).
\end{aligned}
$$

（$f(x)$ が $|x| \leqq h$ において可積分であることに注意して，

Fubini の定理を用いる。）

これから

$$
\widehat{f_h}(x) = \frac{1}{\sqrt{2\pi}} \int_{|x| \leqq h} e^{-ixy}f(y)dy \tag{8}
$$

が得られる。(7) と (8) とにより，ただちに (ii) が示される。

(iii)　まず $\mathfrak{L}^2(\mathbb{R}, \mathbb{C})$ 上の Fourier 変換 $\mathcal{F}_2 : \mathfrak{L}^2(\mathbb{R}, \mathbb{C}) \to \mathfrak{L}^2(\mathbb{R}, \mathbb{C})$ は，既に示したとおり（$\mathfrak{L}^2$-ノルムについての）等長な線形作用素であるから，明らかに単射である。

さて次に $f \in \mathfrak{L}^2(\mathbb{R}, \mathbb{C})$ の定める超函数 T_f の Fourier の逆変換 $\mathfrak{F}^{-1}T_f = \widetilde{T_f}$ は，次のように定義される $\tilde{f} \in \mathfrak{L}^2(\mathbb{R}, \mathbb{C})$ によって定まる超函数である。((i),

§5 $\mathfrak{L}^2$ における Fourier 変換再論

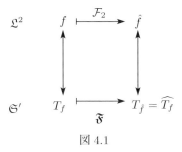

図 4.1

(ii) と同様にすればよい。) [14]

$$\tilde{f}(x) = \underset{h\to\infty}{\text{l.i.m.}} \frac{1}{\sqrt{2\pi}} \int_{|y|\leqq h} e^{ixy} f(y) dy. \qquad (9)$$

写像 $\mathcal{F}_2^{-1}: f \mapsto \tilde{f}$ を $\mathfrak{L}^2(\mathbb{R},\mathbb{C})$ 上における Fourier の逆変換と呼ぶことにしよう。(いままでと同様,$\tilde{f}$ を f の Fourier の逆変換ということもある。) (i) と同様にして $\|f\|_2 = \|\tilde{f}\|_2$ である。

いま
$$\mathfrak{S}'_2(\mathbb{R},\mathbb{C}) = \{T_f \in \mathfrak{S}'(\mathbb{R},\mathbb{C}) | f \in \mathfrak{L}^2(\mathbb{R},\mathbb{C})\}$$

とおけば,これまでの推論により,$\mathfrak{F}$ は $\mathfrak{S}'_2$ 上の自己同型作用素であり,またこれに対応して,$\mathcal{F}_2$ は $\mathfrak{L}^2$ 上の自己同型作用素になっていることが知られた。

(iv) は容易である。(証了)

---

14) つまり $f \in \mathfrak{L}^2(\mathbb{R},\mathbb{C})$ は緩増加超函数 T_f を定めるから,その逆変換 $\widetilde{T_f} \in \mathfrak{S}(\mathbb{R})'$ をもつ。(1) と同様の計算から,$\widetilde{T_f}$ は $\mathfrak{S}(\mathbb{R})$ 上で $\mathfrak{L}^2$-ノルムについての連続線形汎函数であることが知られるので,$\widetilde{T_f}$ は $\mathfrak{L}^2(\mathbb{R},\mathbb{C})$ 上の連続線形汎函数として一意的に拡大される。Riesz の定理から $\widetilde{T_f}$ を表現する函数 $\tilde{f} \in \mathfrak{L}^2(\mathbb{R},\mathbb{C})$ が存在し,これは具体的に

$$\tilde{f}(y) = \underset{h\to\infty}{\text{l.i.m.}} \frac{1}{\sqrt{2\pi}} \int_{|x|\leqq h} e^{ixy} f(x) dx$$

であることが (7), (8) と同様にして示される。$\mathfrak{S}(\mathbb{R})$ 上において,$\widetilde{T_f} = T_{\tilde{f}}$ が $\widehat{T_f} = T_{\hat{f}}$ の逆作用素であることから,$\mathfrak{L}^2(\mathbb{R},\mathbb{C})$ に拡大された作用素としても互いに逆作用素になっていることは明らかであろう。

第 4 章 Fourier 変換（その 2）

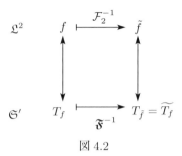

図 4.2

定理 4.6（Parseval）　$f, g \in \mathfrak{L}^2(\mathbb{R}, \mathbb{C})$ とする.

(i) $\displaystyle\int_{\mathbb{R}} f(x)g(x)dx = \int_{\mathbb{R}} \hat{f}(\xi)\hat{g}(-\xi)d\xi.$

(ii) $\displaystyle\int_{\mathbb{R}} \hat{f}(\xi)\hat{g}(\xi)e^{i\xi x}d\xi = \int_{\mathbb{R}} f(y)g(x-y)dy.$

証明　(i)　まず簡単な計算をつうじて

$$\widehat{\overline{g}} = \overline{\hat{g}(-\xi)} \tag{10}$$

となることが確かめられる. 実際,

$$\begin{aligned}
\widehat{\overline{g}}(\xi) &= \underset{h\to\infty}{\text{l.i.m.}} \frac{1}{\sqrt{2\pi}} \int_{|x|\leq h} \overline{g}(x)e^{-i\xi x}dx \\
&= \underset{h\to\infty}{\text{l.i.m.}} \frac{1}{\sqrt{2\pi}} \overline{\int_{|x|\leq h} g(x)e^{i\xi x}dx} \\
&= \underset{h\to\infty}{\text{l.i.m.}} \frac{1}{\sqrt{2\pi}} \overline{\int_{|x|\leq h} g(x)e^{-i(-\xi)x}dx} \\
&= \overline{\hat{g}(-\xi)}.
\end{aligned}$$

定理 4.3′(iv) と (10) により,

$$\begin{aligned}
\int_{\mathbb{R}} \hat{f}(\xi)\hat{g}(-\xi)d\xi &= \int_{\mathbb{R}} \hat{f}(\xi)\overline{\widehat{\overline{g}}}(\xi)d\xi \\
&= \langle \hat{f}, \widehat{\overline{g}} \rangle = \langle f, \overline{g} \rangle \qquad (\text{定理 4.3}'(\text{iv}))
\end{aligned}$$

$$= \int_{\mathbb{R}} f(x)g(x)dx.$$

(ii)　$g(x-y)$ の y についての Fourier 変換を求める。まず g が $\mathfrak{S}$ の元として計算すると

$$\frac{1}{\sqrt{2\pi}} \int_{\mathbb{R}} g(x-y)e^{-i\xi y}dy = \frac{1}{\sqrt{2\pi}} \int_{\mathbb{R}} g(t)e^{-i\xi(x-t)}dt$$

$$(t = x - y \text{ と変数変換})$$

$$= e^{-i\xi x} \frac{1}{\sqrt{2\pi}} \int_{\mathbb{R}} g(t)e^{-i\xi(-t)}dt$$

$$= e^{-i\xi x} \frac{1}{\sqrt{2\pi}} \int_{\mathbb{R}} g(t)e^{-i(-\xi)t}dt$$

$$= e^{-i\xi x} \hat{g}(-\xi).$$

$\mathfrak{S}$ が $\mathfrak{L}^2$ において稠密であることと Fourier 変換の連続性から，g が一般に $\mathfrak{L}^2$ の元の場合でも同じ関係が成り立つ。ここで (i) を用いれば，

$$\int_{\mathbb{R}} f(y)g(x-y)dy = \int_{\mathbb{R}} f(\xi)\hat{g}(\xi)e^{i\xi x}d\xi$$

を得る。 (証了)

§6　周期超函数の Fourier 係数

函数 $f(x) \in \mathfrak{L}^1_{loc.}(\mathbb{R}, \mathbb{C})$ によって定まる超函数 T_f は

$$T_f(\varphi) = \int_{-\infty}^{\infty} f(x)\varphi(x)dx, \quad \varphi \in \mathfrak{D}(\mathbb{R})$$

と定義されるのであった。$f(x)$ を $\tau \in \mathbb{R}$ だけ移動させた函数 $f(x-\tau)$ によって定まる超函数 $T_{f(x-\tau)}$ は

$$T_{f(x-\tau)}(\varphi) = \int_{-\infty}^{\infty} f(x-\tau)\varphi(x)dx$$

$$= \int_{-\infty}^{\infty} f(x)\varphi(x+\tau)dx, \quad \varphi \in \mathfrak{D}(\mathbb{R})$$

104 第 4 章 Fourier 変換（その 2）

である。したがって f が周期 τ の周期函数ならば

$$\int_{-\infty}^{\infty} f(x)\varphi(x)dx = \int_{-\infty}^{\infty} f(x)\varphi(x+\tau)dx$$

がすべての $\varphi \in \mathfrak{D}(\mathbb{R})$ について成り立たねばならない。

これを一般化して次の定義を得る。[15]

定義 すべての $\varphi \in \mathfrak{D}(\mathbb{R})$ に対して

$$T(\varphi(x)) = T(\varphi(x+\tau))$$

を満たす超函数 $T \in \mathfrak{D}(\mathbb{R})'$ を周期 τ の**周期超函数** (periodic distribution) と呼ぶ。

周期 τ の周期超函数の集合を $\mathfrak{D}_\tau(\mathbb{R})'$ と表記する。以下，簡単化のために $\tau = 2\pi$ として考察する。また $\mathbb{T}$ は $\mathbb{R}/2\pi\mathbb{Z}$ を表わす（cf. 付論 A）。

実は $\mathfrak{D}_{2\pi}(\mathbb{R})'$ と $\mathfrak{C}^\infty(\mathbb{T},\mathbb{C})'$ とは互いに同一視することができる。それを確かめておこう。

まず $S \in \mathfrak{C}^\infty(\mathbb{T},\mathbb{C})'$ が与えられたものとする。$\varphi \in \mathfrak{D}(\mathbb{R})$ に対して

$$\tilde{\varphi}(x) = \sum_{n=-\infty}^{\infty} \varphi(x+2\pi n) \tag{1}$$

と定義すれば，φ の台がコンパクトであることから，$x \in \mathbb{R}$ を任意にひとつ固定したとき，右辺は事実上有限和であり，したがって明確な値をもつ。$\tilde{\varphi}$ は周期 2π の無限回微分可能な函数なので，それは $\mathfrak{C}^\infty(\mathbb{T},\mathbb{C})$ の元とみなすことができる。そこで $\mathfrak{D}(\mathbb{R})$ 上の作用素 T を

$$T(\varphi) = S(\tilde{\varphi}), \quad \varphi \in \mathfrak{D}(\mathbb{R}) \tag{2}$$

と定義する。T は $\mathfrak{D}(\mathbb{R})$ 上で連続な線形作用素であるから，$T \in \mathfrak{D}(\mathbb{R})'$ である。$T(\varphi(x)) = T(\varphi(x+2\pi))$ も明らかゆえ，$T \in \mathfrak{D}_{2\pi}(\mathbb{R})'$ である。

---

15) 本節は Maruyama ［84］による。周期超函数については Schwartz[94]Chap. IV§1，吉田＝加藤 [121] 第 III 章 §7，Folland[29] pp.320-323，および Lax[71] pp.569-570 などを参考にした。

§6 周期超函数の Fourier 係数 105

逆に，任意の $T \in \mathfrak{D}_{2\pi}(\mathbb{R})'$ が $\mathfrak{C}^\infty(\mathbb{T}, \mathbb{C})'$ の元とみなしうることを示すのであるが，ひとつ補題を用意しておこう。

補題 4.3 任意の $a > 0$ に対して，次の条件を満たす $\theta \in \mathfrak{D}(\mathbb{R})$ が存在する。

   イ． $\mathrm{supp}\, \theta = [-a, a]$,

   ロ． $\displaystyle\sum_{n=-\infty}^{\infty} \theta(x + na) = 1.$

証明 函数 $\theta : \mathbb{R} \to \mathbb{C}$ を

$$\theta(x) = \begin{cases} \displaystyle\int_{|x|}^a \exp\left(-\frac{1}{w(a-w)}\right) dw \Big/ \int_0^a \exp\left(-\frac{1}{w(a-w)}\right) dw \\ \hspace{6cm} \text{for} \ \ |x| \leqq a, \\ 0 \hspace{5cm} \text{for} \ \ |x| > a \end{cases}$$

と定義すれば，$\theta \in \mathfrak{D}(\mathbb{R})$ で，しかもイの満たされることは明らか。$|x| \leqq a$ に対して $\theta(x-a)$ を計算すると，

$$\theta(x-a) = \int_{|x-a|}^a \exp\left(-\frac{1}{w(a-w)}\right) dw \Big/ \int_0^a \exp\left(-\frac{1}{w(a-w)}\right) dw.$$

ここで $z = a - w$ と変数を変換すると，[16]

$$\begin{aligned} \theta(x-a) &= -\int_x^0 \exp\left(-\frac{1}{z(a-z)}\right) dz \Big/ \int_0^a \exp\left(-\frac{1}{w(a-w)}\right) dw \\ &= \int_0^x \exp\left(-\frac{1}{z(a-z)}\right) dz \Big/ \int_0^a \exp\left(-\frac{1}{w(a-w)}\right) dw. \end{aligned}$$

したがって $0 \leqq x \leqq a$ とすれば

$$\theta(x) + \theta(x-a) = 1$$

である。

---

16) はじめの等号は $x - a \leqq 0$ にまず注意する。$w = |x-a| = a - x$ のとき，$z = a - (a-x) = x$。これから変数変換の結果は第一の等号のようになる。

106　　　　　　　　第 4 章　Fourier 変換（その 2）

次に任意の $x \in \mathbb{R}$ に対しては

$$ka \leqq x < (k+1)a$$

なる $k \in \mathbb{Z}$ が一意的に存在し，

$$\sum_{n=-\infty}^{\infty} \theta(x+na) = \theta(x-ka) + \theta(x-(k+1)a) = 1.$$

これで補題 4.3 が証明された。　　　　　　　　　　　　　　　　　（証了）

　まず $T \in \mathfrak{D}_{2\pi}(\mathbb{R})'$ とする。これに対応する $U \in \mathfrak{C}^{\infty}(\mathbb{T},\mathbb{C})'$ を次のように定める。

　$\theta \in \mathfrak{D}(\mathbb{R})$ を $a = 2\pi$ として補題 4.3 から得られた函数とする。任意の $\psi \in \mathfrak{C}^{\infty}(\mathbb{T},\mathbb{C})$ （$\mathbb{R}$ 上で定義された周期 2π の滑らかな函数とみなしてもよい[17]）に対して $\psi\theta \in \mathfrak{D}(\mathbb{R})$ である。そこで $\mathfrak{C}^{\infty}(\mathbb{T},\mathbb{C})$ 上の作用素 U を

$$U(\psi) = T(\psi\theta) \tag{3}$$

と定義する。この U は θ の選び方によらずに定まるという意味で well-defined である。実際，$\eta \in \mathfrak{D}(\mathbb{R})$ が

$$\sum_{n=-\infty}^{\infty} \eta(x+2n\pi) = 0$$

を満たすならば，[18]

$$
\begin{aligned}
T(\psi\eta) &= T\left(\psi\eta \sum_{n=-\infty}^{\infty} \theta(x+2n\pi)\right) \\
&= \sum_{n=-\infty}^{\infty} T(\psi\eta\theta(x+2n\pi)) \quad \text{（脚注 18 による）}
\end{aligned}
$$

―――――――――――

17)　詳しくは付論 A を見よ。

18)　$\operatorname{supp} \psi\eta$ の上では $\displaystyle\sum_{k=-p}^{p} \theta(x+2k\pi) \to \sum_{n=-\infty}^{\infty} \theta(x+2n\pi)$ （in $\mathfrak{C}^{\infty}$）であることに注意。

$$= \sum_{n=-\infty}^{\infty} T(\psi(x - 2n\pi)\eta(x - 2n\pi)\theta(x)) \quad (T \text{ の周期性による})$$

$$= \sum_{n=-\infty}^{\infty} T(\eta(x - 2n\pi) \cdot \psi(x)\theta(x)) \quad (\psi \text{ の周期性による})$$

$$= T\left(\left(\sum_{n=-\infty}^{\infty} \eta(x - 2n\pi)\right)\psi(x)\theta(x)\right)$$

$$= 0.$$

以上の推論から，U が well-defined であることが知られた。

U は $\mathfrak{C}^{\infty}(\mathbb{T}, \mathbb{C})$ 上で連続である。実際，$\mathfrak{C}^{\infty}(\mathbb{T}, \mathbb{C})$ の有向点族 $\{\psi_{\alpha}\}$ が $\mathfrak{C}^{\infty}$ の位相で ψ に収束したとすれば，[19]

$$\psi_{\alpha}\theta \to \psi\theta \quad \text{in} \quad \mathfrak{D}(\mathbb{R})$$

であるから

$$U(\psi_{\alpha}) = T(\psi_{\alpha}\theta) \to T(\psi\theta) = U(\psi).$$

さて，これまでの議論において，われわれは $\mathfrak{C}^{\infty}(\mathbb{T}, \mathbb{C})'$ の元 S から $\mathfrak{D}_{2\pi}(\mathbb{R})'$ の元 T を定め（(2) による），また逆に $\mathfrak{D}_{2\pi}(\mathbb{R})'$ の元 T から $\mathfrak{C}^{\infty}(\mathbb{T}, \mathbb{C})'$ の元 U を定める（(3) による）手続きを述べた。この U は S と同一物であろうか。$\psi \in \mathfrak{C}^{\infty}(\mathbb{T}, \mathbb{C})$ に対して，

$$U(\psi) = T(\psi\theta)$$

$$= S\left(\sum_{n=-\infty}^{\infty} \psi(x + 2n\pi)\theta(x + 2n\pi)\right)$$

$$= S\left(\sum_{n=-\infty}^{\infty} \psi(x)\theta(x + 2n\pi)\right) \quad (\psi \text{ の周期性による})$$

$$= S\left(\psi(x)\sum_{n=-\infty}^{\infty} \theta(x + 2n\pi)\right)$$

$$= S(\psi).$$

---

19) $\operatorname{supp} \psi_{\alpha}\theta \subset \operatorname{supp} \theta$ であることに注意。

108　　　　　　　　第 4 章　Fourier 変換（その 2）

こうして S と U との一致が確立され, (2), (3) をつうじて $\mathfrak{C}^{\infty}(\mathbb{T}, \mathbb{C})'$ と $\mathfrak{D}_{2\pi}(\mathbb{R})'$ とが一対一に対応することが示された。つまり (2), (3) で定義される作用素は互いに他の逆変換になっている。

定理 4.7　$\mathfrak{C}^{\infty}(\mathbb{T}, \mathbb{C})'$ と $\mathfrak{D}_{2\pi}(\mathbb{R})'$ とは一対一に対応する。

$T \in \mathfrak{D}_{2\pi}(\mathbb{R})'$ に対して，その Fourier 係数を

$$c_n = \frac{1}{\sqrt{2\pi}} T(e^{-inx}), \quad n \in \mathbb{Z}$$

と定義し, T の Fourier 級数を形式的に

$$T \sim \frac{1}{\sqrt{2\pi}} \sum_{n=-\infty}^{\infty} c_n e^{inx}$$

と定義する。

次に複素数列 $\{c_n\}$ がある超函数の Fourier 係数になっているための必要十分条件を考察する。

注意　ある三角級数

$$\frac{1}{\sqrt{2\pi}} \sum_{n=-\infty}^{\infty} C_n e^{inx}$$

が超函数 T に単純収束するとすれば，つまり

$$\frac{1}{\sqrt{2\pi}} \int_{-\pi}^{\pi} \sum_{k=-p}^{p} C_k e^{inx} \cdot \varphi(x) dx \to T(\varphi) \quad \text{for any} \quad \varphi \in \mathfrak{D}_{2\pi}(\mathbb{R}) \qquad (4)$$

とすれば $C_n = c_n$ でなければならない。実際 $\varphi = e^{-inx}$ とすると, (4) の左辺は $\sqrt{2\pi} C_n$ に収束し, $T(e^{-inx}) = \sqrt{2\pi} c_n$ である。したがって $C_n = c_n$。ゆえに T の Fourier 級数以外の三角級数が $\mathfrak{D}_{2\pi}(\mathbb{R})'$ において T に単純収束することが不可能である。

定理 4.8　複素数列 $\{c_n\}_{n \in \mathbb{Z}}$ が周期 2π の周期超函数の Fourier 係数である[20]ためには，適当な $N \in \mathbb{N} \cup \{0\}$ に対して

---

20)　つまり

§6 周期超函数の Fourier 係数　　　109

$$c_n = O(|n|^N), \tag{5}$$

$$i.e. \quad |c_n| \leqq K|n|^N \quad \text{for some} \quad K > 0$$

の成り立つことが必要十分である。

証明 （十分性）　$\{c_n\}$ が条件 (5) を満たすものとしよう。形式的に

$$u(x) = \sum_{n \neq 0} \frac{1}{(in)^{N+2}} c_n e^{inx}, \quad x \in \mathbb{R} \tag{6}$$

とおくと，(5) により

$$\sum_{n \neq 0} \frac{1}{|n|^{N+2}} |c_n||e^{inx}| \leqq \sum_{n \neq 0} \frac{K}{n^2}$$

であるから，(6) の右辺は絶対，一様収束である。ゆえに $u(x)$ は

$$|u(x)| \leqq K \sum_{n \neq 0} \frac{1}{n^2} \tag{7}$$

を満たす連続函数である。したがって $u(x)$ は超函数を定め，

$$u_n(x) = \sum_{\substack{k=-n \\ k \neq 0}}^{n} \frac{1}{(ik)^{N+2}} c_k e^{ikx}$$

は $u(x)$ （の定める超函数）に単純収束する。実際，任意の $\varphi \in \mathfrak{D}(\mathbb{R})$ に対して

$$\left| \int_{-\infty}^{\infty} (u_n(x) - u(x))\varphi(x)dx \right| \leqq \int_{-\infty}^{\infty} |u_n(x) - u(x)| \cdot |\varphi(x)|dx \to 0 \quad \text{as} \quad n \to \infty.$$

ゆえに p.95 の $1^\cap$ により，

$$D^{N+2} u(x)(\varphi) = \lim_{n \to \infty} \sum_{\substack{k=-n \\ k \neq 0}}^{n} \frac{1}{(ik)^{N+2}} c_k (ik)^{N+2} e^{ikx}(\varphi)$$

$$\frac{1}{\sqrt{2\pi}} \sum_{k=-p}^{p} c_k e^{ikx}$$

がある超函数に単純収束する。

$$= \lim_{n \to \infty} \sum_{\substack{k=-n \\ k \neq 0}}^{n} c_k e^{ikx}(\varphi).$$

したがって

$$\frac{1}{\sqrt{2\pi}} \sum_{k=-n}^{n} c_k e^{ikx} \to \frac{1}{\sqrt{2\pi}}(c_0 + D^{N+2}u(x)) \quad \text{as} \quad n \to \infty. \quad （単純収束）$$

（必要性）　逆に

$$\frac{1}{\sqrt{2\pi}} \sum_{k=-n}^{n} c_k e^{ikx}$$

がある超函数に単純収束するものと仮定する。仮に c_n が条件 (5) を満たさないものとすれば,

$$|c_{n_r}| > |n_r|^r, \quad r = 1, 2, \cdots \tag{8}$$

なる整数列 $\{n_r\}$ が存在する。函数 $\lambda(x)$ を

$$\lambda(x) = \begin{cases} e^{-x^2/(1-x^2)} & \text{if} \quad |x| < 1, \\ 0 & \text{if} \quad |x| \geqq 1 \end{cases} \tag{9}$$

とし, さらに

$$\varphi(x) = \sum_{r=1}^{\infty} c_{n_r}^{-1} \lambda(x - n_r) \tag{10}$$

と定義する。各 x ごとに (10) の右辺は有限和で, $\varphi \in \mathfrak{D}(\mathbb{R})$ である。φ の定義より[21]

$$\varphi(n) = \begin{cases} 0 & \text{if} \quad n \neq n_r, \\ c_{n_r}^{-1} & \text{if} \quad n = n_r \end{cases}$$

$$(r = 1, 2, \cdots).$$

したがって

---

21)　$n \neq n_r$ ならば $\lambda(n - n_r) = 0$, $n = n_r$ ならば $\lambda(n_r - n_r) = 1$。

§6 周期超函数の Fourier 係数　　　　　111

$$\sum_{k=-n}^{n} c_k \delta_k(\varphi) = \int_{-\infty}^{\infty} \left\{ \sum_{k=-n}^{n} c_k \delta_k \right\} \varphi(t) dt$$

$$- \sum_{k=-n}^{n} c_k \varphi(k) \qquad (11)$$

$$= -n \ \text{と} \ n \ \text{の間にある} \ n_r \text{の個数}.$$

(11) の右辺は n とともに発散する。したがって pp.96-97 の 4° により $\displaystyle\sum_{k=-n}^{n} c_k e^{ikt}$ は単純収束しない。よって矛盾。

(証了)

第 5 章
総和核とスペクトル合成

───────────

　既に第 2 章において，Fourier 級数の部分和の平均を考え，その収束について検討した。本章ではとくに複素型 Fourier 級数との関連で再びこの問題を取り上げることとしたい。

　$[-\pi, \pi]$ および $\mathbb{R}$ 上の Fejér 総和の処理をそれぞれ検討し，そのうえでこれに基づくスペクトル合成の基本的結果を述べよう。やがて第 6 章において Herglotz-Bochner の定理を証明する際にも本章で解説する総和法の手法が活用されるであろう。

§1　移動作用素

　$x_0 \in \mathbb{R}$ を固定したとき，作用素 $\tau_{x_0} : \mathfrak{L}^p(\mathbb{R}, \mathbb{C}) \to \mathfrak{L}^p(\mathbb{R}, \mathbb{C})$ $(p \geqq 1)$ を

$$(\tau_{x_0} f)(x) = f(x - x_0), \quad f \in \mathfrak{L}^p, \quad x \in \mathbb{R} \tag{1}$$

と定義する。[1] もちろん $\|\tau_{x_0} f\|_p = \|f\|_p$ であるから，τ_{x_0} は $\mathfrak{L}^p$ からそれ自身の中への等長な自己同型作用素である。しかも

$$\tau_x \circ \tau_y = \tau_{x+y} \quad ; \quad x, y \in \mathbb{R} \tag{2}$$

であるから，$x \mapsto \tau_x$ は $\mathbb{R} \to \mathrm{Aut}(\mathfrak{L}^p)$ なる形式の（群の）準同型となってい

───────────

　　1)　より一般に，$\mathbb{R}$ のかわりに局所コンパクト Hausdorff 可換位相群を，また Lebesgue 測度のかわりに Haar 測度を考えることもできる。

114   第 5 章　総和核とスペクトル合成

る。[2]

定理 5.1（連続性定理）　(i)　$f \in \mathfrak{C}_0(\mathbb{R}, \mathbb{C})$ とするとき，

$$F : x \mapsto \tau_x f \tag{3}$$

を以て定義される作用素 $F : \mathbb{R} \to \mathfrak{C}_0(\mathbb{R}, \mathbb{C})$ は一様連続である。

　(ii)　$f \in \mathfrak{L}^p(\mathbb{R}, \mathbb{C})\,(1 \leqq p < \infty)$ ならば，(3) を以て定義される作用素 $F : \mathbb{R} \to \mathfrak{L}^p$ は一様連続である。

　証明　(i)　$f \in \mathfrak{C}_0$ は一様連続であるから，任意の $\varepsilon > 0$ に対して $\delta > 0$ を十分小さくとれば，

$$|f(x) - f(y)| < \varepsilon \quad \text{if} \quad |x - y| < \delta$$

とすることができる。$|x_0 - y_0| < \delta$ とすれば

$$|(x - y_0) - (x - x_0)| < \delta \quad \text{for any } x$$

であるから，

$$|\tau_{x_0} f(x) - \tau_{y_0} f(x)| = |f(x - x_0) - f(x - y_0)| < \varepsilon$$

がすべての x について成り立つ。つまり

$$\|\tau_{x_0} f - \tau_{y_0} f\|_\infty \leqq \varepsilon \quad \text{if} \quad |x_0 - y_0| < \delta.$$

　(ii)　$f \in \mathfrak{L}^p\,(1 \leqq p < \infty)$ とすれば，任意の $\varepsilon > 0$ に対して $\|f - \varphi\|_p < \varepsilon/3$ を満たす $\varphi \in \mathfrak{C}_0$ が存在する。x, y に対して

$$\tau_x f - \tau_y f = \tau_x(f - \varphi) + \tau_x \varphi - \tau_y(f - \varphi) - \tau_y \varphi \tag{4}$$

であるが，

————————————

　2)　$\mathrm{Aut}(\mathfrak{L}^p)$ は $\mathfrak{L}^p$ の自己同型作用素の作る群。作用素の合成を群の演算とする。

$$\|\tau_x(f - \varphi)\|_p = \|\tau_y(f - \varphi)\|_p = \|f - \varphi\|_p < \frac{\varepsilon}{3}$$

なので, (4) より

$$\|\tau_x f - \tau_y f\|_p < \frac{2}{3}\varepsilon + \|\tau_x\varphi - \tau_y\varphi\|_p. \tag{5}$$

さて $K = \operatorname{supp}\varphi$ とおけば

$$\operatorname{supp}(\tau_x\varphi - \tau_y\varphi) \subset (x + K) \cup (y + K)$$

であるから,

$$m(\operatorname{supp}(\tau_x\varphi - \tau_y\varphi)) < 2mK.$$

(m は Lebesgue 測度)。したがって

$$\|\tau_x\varphi - \tau_y\varphi\|_p \leqq \|\tau_x\varphi - \tau_y\varphi\|_\infty \cdot (2mK)^{1/p}.$$

(i) により, $\delta > 0$ を十分に小さくとれば

$$\|\tau_x\varphi - \tau_y\varphi\|_\infty < \frac{\varepsilon}{3(2mK)^{1/p}} \quad \text{if} \quad |x - y| < \delta \tag{6}$$

とすることができる。(4), (5), (6) により

$$\|\tau_x\varphi - \tau_y\varphi\|_p < \varepsilon \quad \text{if} \quad |x - y| < \delta. \tag{証了}$$

定理 5.2　$f \in \mathfrak{L}^1(\mathbb{R}, \mathbb{C})$, $k : \mathbb{R} \to \mathbb{C}$ は連続かつ可積分とすれば,[3]

$$\int_{-\infty}^{\infty} k(x)\tau_x f dx = k * f.$$

証明　まず f が連続で $\operatorname{supp} f$ はコンパクトであることを仮定する。すると

---

3)　この命題は自明とみえるかもしれないが, 意味するところを注意しよう。右辺は

$$(k * f)(y) = \int_{-\infty}^{\infty} k(x)f(y - x)dx$$

と定義される函数であるが, 左辺は $x \mapsto k(x)\tau_x f$ を $\mathfrak{L}^1$-値函数とみての Cauchy-Bochner 積分 (cf. 丸山 [78] pp.329-333)。この定理は, この両辺が等しいことを述べているのである。

左辺の積分は事実上有限区間上の積分となるから

$$\int_{-\infty}^{\infty} k(x)\tau_x f dx = \lim \sum_j (x_{j+1} - x_j)k(x_j)\tau_{x_j} f. \tag{7}$$

ここで極限は積分区間の分割を細かくしたときの $\mathfrak{L}^1$-ノルムについてとるのである。他方,

$$(k * f)(x) = \lim \sum_j (x_{j+1} - x_j)k(x_j)f(x - x_j). \qquad (一様収束) \tag{8}$$

(7), (8) を比べて, この場合の証明は完了する。

次に一般の $f \in \mathfrak{L}^1$ の場合。任意の $\varepsilon > 0$ に対して $\|f - g\|_1 < \varepsilon$ を満たす, 台がコンパクトな連続函数 g が存在する。上に見たとおり

$$\int_{-\infty}^{\infty} k(x)\tau_x g dx = k * g$$

であるから,

$$\int_{-\infty}^{\infty} k(x)\tau_x f dx - k * f = \int_{-\infty}^{\infty} k(x)\tau_x(f - g)dx + k * (g - f).$$

ゆえに

$$\left\| \int_{-\infty}^{\infty} k(x)\tau_x f dx - k * f \right\|_1 \le 2\|k\|_1 \cdot \varepsilon. \tag{証了}$$

$\mathbb{R}$ 上で定義される複素数値可測函数で周期 2π を有し, $[-\pi, \pi]$ 上で p 乗可積分な函数の全体を $\mathfrak{L}_{2\pi}^p(\mathbb{R}, \mathbb{C})$ と書くことにしよう。$x_0 \in \mathbb{R}$ を固定したとき, 作用素 $\tau_{x_0} : \mathfrak{L}_{2\pi}^p(\mathbb{R}, \mathbb{C}) \to \mathfrak{L}_{2\pi}^p(\mathbb{R}, \mathbb{C})$ $(p \ge 1)$ を

$$(\tau_{x_0} f)(x) = f(x - x_0), \ f \in \mathfrak{L}_{2\pi}^p, \ x \in \mathbb{R}$$

と定義する。容易に知られるように $\tau_{x_0} f \in \mathfrak{L}_{2\pi}^p$ で, しかもこれを $[-\pi, \pi]$ 上の $\mathfrak{L}^p$-函数とみたとき

$$\|f\|_{\mathfrak{L}^p([-\pi,\pi],\mathbb{C})} = \|\tau_{x_0} f\|_{\mathfrak{L}^p([-\pi,\pi],\mathbb{C})}$$

である。

§2 $[-\pi, \pi]$ 上の総和核　　　　　　117

次のふたつの定理は定理 5.1, 5.2 と同様にして示すことができる。

定理 5.1′（連続性定理）　　(i)　$f : \mathbb{R} \to \mathbb{C}$ を周期 2π の連続函数とするとき,

$$F : x \mapsto \tau_x f \tag{9}$$

を以て定義される作用素 $F : \mathbb{R} \to \mathfrak{C}_{2\pi}(\mathbb{R}, \mathbb{C})$ は一様連続である。ここで $\mathfrak{C}_{2\pi}(\mathbb{R}, \mathbb{C})$ は $\mathbb{R}$ 上で定義された周期 2π の連続函数の集合で, そこに定まる位相は一様収束ノルムによる。

(ii)　$f \in \mathfrak{L}_{2\pi}^p(\mathbb{R}, \mathbb{C})$ $(1 \leqq p < \infty)$ ならば, (9) を以て定義される作用素 $F : \mathbb{R} \to \mathfrak{L}_{2\pi}^p$ は一様連続である。

定理 5.2′　　$f \in \mathfrak{L}_{2\pi}^1(\mathbb{R}, \mathbb{C})$, $k \in \mathfrak{C}_{2\pi}(\mathbb{R}, \mathbb{C})$ とすれば,[4]

$$\int_{-\pi}^{\pi} k(x) \tau_x f dx = k * f.$$

§2　$[-\pi, \pi]$ 上の総和核

ここでは複素型 Fourier 級数の総和法を調べるために, $[-\pi, \pi]$ 上の Fejér 総和法を論じよう。[5]

まず一般的に次の定義を与える。

定義　　連続函数列 $\{k_n : [-\pi, \pi] \to \mathbb{R}\}$ が次の条件を満たすとき**総和核**（summability kernel）と称する。

---

4)　左辺は Cauchy-Bochner 積分, 右辺は

$$(k * f)(y) = \int_{-\pi}^{\pi} k(x) f(y - x) dx.$$

5)　Katznelson[57] Chap. I, §2 を参照した。

(i) $\displaystyle\int_{-\pi}^{\pi} k_n(x)dx = 1$ for all $n = 1, 2, \ldots,$

(ii) $\|k_n\|_1 \leqq \text{constant}$ for all $n = 1, 2, \ldots,$

(iii) $\displaystyle\lim_{n\to\infty} \int_{\delta \leqq |x| \leqq \pi} |k_n(x)|dx = 0$ for any $\delta \in (0, \pi).$

補題 5.1　$\mathfrak{X}$ を Banach 空間，函数 $\varphi : [-\pi, \pi] \to \mathfrak{X}$ は連続函数とし，$\{k_n\}$ は $[-\pi, \pi]$ 上の総和核とする。このとき

$$\lim_{n\to\infty} \int_{-\pi}^{\pi} k_n(x)\varphi(x)dx = \varphi(0).$$

証明　総和核の条件 (i) を用いると，$\delta \in (0, \pi)$ に対して

$$\int_{-\pi}^{\pi} k_n(x)\varphi(x)dx - \varphi(0) = \int_{-\pi}^{\pi} k_n(x)(\varphi(x) - \varphi(0))dx$$
$$= \int_{-\delta}^{\delta} + \int_{\delta \leqq |x| \leqq \pi} = I_1 + I_2. \tag{1}$$

ここで I_1 については，

$$\|I_1\| \leqq \text{Max}_{|x| \leqq \delta} \|\varphi(x) - \varphi(0)\| \cdot \|k_n\|_1. \tag{2}$$

任意の $\varepsilon > 0$ に対して $\delta > 0$ を十分に小さくとれば，φ の連続性と条件 (ii) により，(2) の右辺は $< \varepsilon$ となる。また I_2 については

$$\|I_2\| \leqq \text{Max}_{\delta \leqq |x| \leqq \pi} \|\varphi(x) - \varphi(0)\| \int_{\delta \leqq |x| \leqq \pi} |k_n(x)|dx \tag{3}$$

であるが，条件 (iii) により，十分に大きな n については (3) の右辺は $< \varepsilon$ となる。(1)，(2)，(3) により

$$\int_{-\pi}^{\pi} k_n(x)\varphi(x)dx \to \varphi(0) \quad \text{as} \quad n \to \infty. \tag{証了}$$

　とくに $\mathfrak{X} = \mathbb{R}$ とすれば，補題 5.1 の内容は，"$k_n(x)$ を密度函数とする $[-\pi, \pi]$ 上の測度が作る列 $\{k_n dx\}$ は Dirac 測度 δ_0 に*弱収束する" といい換えてもよい。

§2 $[-\pi, \pi]$ 上の総和核   119

さて $f \in \mathfrak{L}_{2\pi}^1(\mathbb{R}, \mathbb{C})$ とし，$F : \mathbb{R} \to \mathfrak{L}_{2\pi}^1$ を $F : x \mapsto \tau_x f$ とすれば，定理 5.1′ により，F は一様連続で，もちろん $F(0) = f$ である。したがって補題 5.1 から次の帰結を得る。

定理 5.3 $f \in \mathfrak{L}_{2\pi}^1(\mathbb{R}, \mathbb{C})$ とし，$\{k_n\}$ を $[-\pi, \pi]$ 上の総和核とすれば，$\|\cdot\|_1$ について

$$\int_{-\pi}^{\pi} k_n(x) \tau_x f \, dx \to f \quad \text{as} \quad n \to \infty.$$

第 2 章 §5 では総和核の特別な事例である Fejér 核を

$$K_n(x) = \frac{1}{2n\pi} \left(\frac{\sin \dfrac{nx}{2}}{\sin \dfrac{x}{2}} \right)^2 \tag{4}$$

と表現した。(補題 2.3，2.4 を見よ，p.50)。K_n はまた次のような形に表わすことができる。

$$K_n(x) = \frac{1}{2\pi} \sum_{j=-(n-1)}^{n-1} \left(1 - \frac{|j|}{n} \right) e^{ijx}. \tag{5}$$

直接計算によって (5) を確かめておこう。まず

$$\sin^2 \frac{x}{2} = \frac{1}{2}(1 - \cos x) = -\frac{1}{4} e^{-ix} + \frac{1}{2} - \frac{1}{4} e^{ix}$$

であるから，

$$\sin^2 \frac{x}{2} \sum_{j=-(n-1)}^{n-1} \left(1 - \frac{|j|}{n} \right) e^{ijx}$$

$$= \left(-\frac{1}{4} e^{-ix} + \frac{1}{2} - \frac{1}{4} e^{ix} \right) \sum_{j=-(n-1)}^{n-1} \left(1 - \frac{|j|}{n} \right) e^{ijx}$$

$$\overset{(*)}{=} \frac{1}{n} \left(-\frac{1}{4} e^{-inx} + \frac{1}{2} - \frac{1}{4} e^{inx} \right) \tag{6}$$

$$= \frac{1}{n} \sin^2 \frac{nx}{2}$$

が導かれる。ここで二番目の等号 (∗) の計算はすこし厄介なので念のため確認しておこう。

$$\left(-\frac{1}{4}e^{-ix} + \frac{1}{2} - \frac{1}{4}e^{ix}\right) \sum_{j=-(n-1)}^{n-1} \left(1 - \frac{|j|}{n}\right)e^{ijx}$$

$$= \frac{1}{2}\sum_{j=0}^{n-1}\left(1 - \frac{j}{n}\right)e^{ijx} + \frac{1}{2}\sum_{j=1}^{n-1}\left(1 - \frac{j}{n}\right)e^{-ijx}$$

$$- \frac{1}{4}\sum_{j=0}^{n-1}\left(1 - \frac{j}{n}\right)e^{i(j-1)x} - \frac{1}{4}\sum_{j=1}^{n-1}\left(1 - \frac{j}{n}\right)e^{-i(j+1)x} \quad (7)$$

$$- \frac{1}{4}\sum_{j=0}^{n-1}\left(1 - \frac{j}{n}\right)e^{i(j+1)x} - \frac{1}{4}\sum_{j=1}^{n-1}\left(1 - \frac{j}{n}\right)e^{-i(j-1)x}.$$

ここで $j-1$, $j+1$ をあらためて j とおいて書きかえると，

$$= \frac{1}{2}\sum_{j=0}^{n-1}\left(1 - \frac{j}{n}\right)e^{ijx} + \frac{1}{2}\sum_{j=1}^{n-1}\left(1 - \frac{j}{n}\right)e^{-ijx}$$

$$- \frac{1}{4}\sum_{j=-1}^{n-2}\left(1 - \frac{j+1}{n}\right)e^{ijx} - \frac{1}{4}\sum_{j=2}^{n}\left(1 - \frac{j-1}{n}\right)e^{-ijx} \quad (8)$$

$$\underbrace{- \frac{1}{4}\sum_{j=1}^{n}\left(1 - \frac{j-1}{n}\right)e^{ijx}}_{\langle A \rangle} \underbrace{- \frac{1}{4}\sum_{j=0}^{n-2}\left(1 - \frac{j+1}{n}\right)e^{-ijx}}_{\langle B \rangle}.$$

この式を上記のごとく $\langle A \rangle$, $\langle B \rangle$ の二ブロックに分けて計算する。まず $\langle A \rangle$ ブロックを構成する三式に共通する e^{ijx} の j は $j = 1, 2, \cdots, n-2$ であることに注意する。そこで $\langle A \rangle$ ブロックの $j = 1, 2, \cdots, n-2$ については

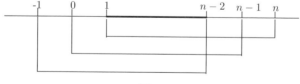

図 5.1

$$e^{ijx} \text{の係数} = \frac{1}{2}\left(1-\frac{j}{n}\right) - \frac{1}{4}\left(1-\frac{j+1}{n}\right) - \frac{1}{4}\left(1-\frac{j-1}{n}\right) = 0$$

となって消えてしまうから〈A〉ブロックの生き残る残余は次のように計算される。

$$\begin{aligned}\langle A \rangle =& \frac{1}{2}\left(1-\frac{0}{n}\right)e^{i0x} + \frac{1}{2}\left(1-\frac{n-1}{n}\right)e^{i(n-1)x} \\ & -\frac{1}{4}\left(1-\frac{-1+1}{n}\right)e^{i(-1)x} - \frac{1}{4}\left(1-\frac{0+1}{n}\right)e^{i0x} \\ & -\frac{1}{4}\left(1-\frac{n-1-1}{n}\right)e^{i(n-1)x} - \frac{1}{4}\left(1-\frac{n-1}{n}\right)e^{inx}.\end{aligned} \quad (9)$$

〈B〉ブロックについても同じ手続きで計算する。三式に共通する e^{-ijx} の j は $j = 2, 3, \cdots, n-2$ である。そこで〈B〉ブロックの $j = 2, 3, \cdots, n-2$ については,

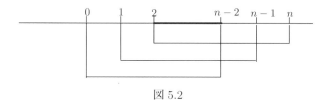

図 5.2

$$e^{-ijx} \text{の係数} = \frac{1}{2}\left(1-\frac{j}{n}\right) - \frac{1}{4}\left(1-\frac{j-1}{n}\right) - \frac{1}{4}\left(1-\frac{j+1}{n}\right) = 0$$

である。したがって残余を集めて

$$\begin{aligned}\langle B \rangle =& \frac{1}{2}\left(1-\frac{1}{n}\right)e^{-i1x} + \frac{1}{2}\left(1-\frac{n-1}{n}\right)e^{-i(n-1)x} \\ & -\frac{1}{4}\left(1-\frac{(n-1)-1}{n}\right)e^{-i(n-1)x} - \frac{1}{4}\left(1-\frac{n-1}{n}\right)e^{-inx} \\ & -\frac{1}{4}\left(1-\frac{0+1}{n}\right)e^{-i0x} - \frac{1}{4}\left(1-\frac{1+1}{n}\right)e^{-i1x}\end{aligned} \quad (10)$$

を得る.

(7) 式は (9) と (10) の合計であるから，相殺される項を除去すると

$$(7) = \langle \mathrm{A} \rangle + \langle \mathrm{B} \rangle = \frac{1}{n} \left(-\frac{1}{4}e^{-inx} + \frac{1}{2} - \frac{1}{4}e^{inx} \right).$$

これで (6) の $(*)$ が証明されたのである.

(5) は (6) と (4) からただちに導かれる.

§3 $[-\pi, \pi]$ 上のスペクトル合成

既に第 3 章 §2 において，$\mathbb{R}$ 上のたたみ込みの概念を説明し，これを応用する場面をも紹介した．同様にして $[-\pi, \pi]$ 上でのたたみ込みを考えることができる.

$f, g \in \mathfrak{L}^1_{2\pi}(\mathbb{R}, \mathbb{C})$ に対して

$$h(x) = \int_{-\pi}^{\pi} f(x - y)g(y)dy \tag{1}$$

とすれば，$\mathbb{R}$ 上のたたみ込みと同様にして，次の事実が容易に確認される．この $h(x)$ を f と g との $[-\pi, \pi]$ におけるたたみ込みと呼んで $(f * g)(x)$ と書く.

(i) $h(x)$ は殆どすべての $x \in [-\pi, \pi]$ について定義される.

(ii) $h(x)$ も $[-\pi, \pi]$ 上で可積分である.

(iii) $[-\pi, \pi]$ 上のたたみ込みの演算 $*$ は可換で，結合法則および（加法についての）分配法則を満たす.

(iv) f, g の Fourier 係数と $f * g$ のそれとの間には

$$\widehat{f * g}(n) = \sqrt{2\pi}\hat{f}(n)\hat{g}(n)$$

の関係が成り立つ．ここでたとえば

$$\hat{f}(n) = \frac{1}{\sqrt{2\pi}} \int_{-\pi}^{\pi} f(x)e^{-inx}dx$$

である.

§3 $[-\pi, \pi]$ 上のスペクトル合成　　　123

定理 5.4　$f \in \mathfrak{L}^1_{2\pi}(\mathbb{R}, \mathbb{C})$ とする。

(i)　$\varphi(x) = e^{inx}$ とすれば

$$(\varphi * f)(x) = \sqrt{2\pi}\hat{f}(n)e^{inx}.$$

(ii)　$\varphi(x) = \displaystyle\sum_{j=-n}^{n} a_j e^{ijx}$ とすれば

$$(\varphi * f)(x) = \sqrt{2\pi} \sum_{j=-n}^{n} a_j \hat{f}(j)e^{ijx}.$$

証明　(i)　$\varphi(x) = e^{inx}$ とすると

$$(\varphi * f)(x) = \int_{-\pi}^{\pi} e^{in(x-\xi)} f(\xi)d\xi = e^{inx} \int_{-\pi}^{\pi} f(\xi)e^{-in\xi}d\xi = \sqrt{2\pi}\hat{f}(n)e^{inx}.$$

(ii) は (i) からただちに導かれる。　　　　　　　　　　　　　　　　（証了）

いま $f \in \mathfrak{L}^1_{2\pi}(\mathbb{R}, \mathbb{C})$ に対して

$$\sigma_n(x) = (K_n * f)(x), \qquad x \in [-\pi, \pi] \tag{2}$$

とおくと，前節の公式 (5)(p.119) と定理 5.4 により，

$$\sigma_n(x) = \frac{1}{\sqrt{2\pi}} \sum_{j=-(n-1)}^{n-1} \left(1 - \frac{|j|}{n}\right)\hat{f}(j)e^{ijx}. \tag{3}$$

f の複素型 Fourier 級数の部分和を

$$S_n(x) = \frac{1}{\sqrt{2\pi}} \sum_{j=-(n-1)}^{n-1} \hat{f}(j)c^{ijx} \tag{4}$$

とすれば，

$$\frac{1}{n}\{S_0(x) + S_1(x) + \cdots + S_{n-1}(x)\} \tag{5}$$

の中に $\hat{f}(j)e^{ijx}$ $(j = 0, \pm 1, \cdots, \pm(n-1))$ が現われる回数は $n - |j|$ である。したがって

$$(5) = \frac{1}{n \cdot \sqrt{2\pi}} \sum_{j=-(n-1)}^{n-1} (n - |j|)\hat{f}(j)e^{ijx}$$

$$= \frac{1}{\sqrt{2\pi}} \sum_{j=-(n-1)}^{n-1} \left(1 - \frac{|j|}{n}\right) \hat{f}(j)e^{ijx} = \sigma_n(x) \qquad ((3) \text{ による}).$$

定理 5.5　$f \in \mathfrak{L}_{2\pi}^1(\mathbb{R}, \mathbb{C})$ とすれば,

$$\sigma_n(x) = \frac{1}{n}\{S_0(x) + S_1(x) + \cdots + S_{n-1}(x)\}. \qquad (6)$$

すなわち $\sigma_n(x)$ は複素型 Fourier 級数の $(C, 1)$ 和にほかならないのである.

したがって追加的に $\displaystyle\sum_{n=-\infty}^{\infty} \hat{f}(n)e^{inx}$ が収束することを仮定すれば,[6]

$$\sigma_n(x) \to \frac{1}{\sqrt{2\pi}} \sum_{n=-\infty}^{\infty} \hat{f}(n)e^{inx} \quad \text{as} \quad n \to \infty.$$

他方, 定理 5.3 により, $\{\sigma_n(x)\}$ は f に $\mathfrak{L}^1$-収束するので, 結局, 殆どすべての x において $\sigma_n(x) \to f(x)$ である.[7] こうして次の重要な帰結が導かれる.

定理 5.6（スペクトル合成）　$f \in \mathfrak{L}_{2\pi}^1(\mathbb{R}, \mathbb{C})$ でしかも

$$\sum_{n=-\infty}^{\infty} |\hat{f}(n)| < \infty$$

ならば,

$$\sigma_n(x) \to f(x) \quad a.e. \quad \text{as} \quad n \to \infty,$$

すなわち

$$f(x) = \frac{1}{\sqrt{2\pi}} \sum_{n=-\infty}^{\infty} \hat{f}(n)e^{inx}.$$

---

6)　級数 $\displaystyle\sum_{n=0}^{\infty} a_n$ が収束するならば, それは同じ和へ $(C, 1)$ 総和可能である.（cf. p.48）

7)　$\{\sigma_n\}$ が f に $\mathfrak{L}^1$-収束することから, 適当な部分列 $\{\sigma_{n'}\}$ を f に概収束せしめることができる. しかし $\{\sigma_n\}$ は $(1/\sqrt{2\pi}) \displaystyle\sum_{n=-\infty}^{\infty} \hat{f}(n)e^{inx}$ へ収束するのであるから, 結局 $\{\sigma_n\}$ 自身が f に概収束する.

この定理から，Fourier 係数を知って，元の函数を逆算する手続きが示されたことになる。この操作を**スペクトル合成**（spectral synthesis）と称する。

§4 $\mathbb{R}$ 上の総和核

前節において，$[-\pi, \pi]$ 上の Fourier 級数の総和法と，その際に用いられる Fejér 核の概念を説明した。同種の手続きを $\mathbb{R}$ 上で遂行するための手続きについて述べよう。[8]

定義 $\mathbb{R}$ 上の連続函数族 $\{k_\lambda : \mathbb{R} \to \mathbb{R}\}$ ($\lambda \in (0, \infty)$ あるいは $\lambda \in \mathbb{N}$) が次の条件を満たすとき，それを**総和核** (summability kernel) と呼ぶ。

(i) $\displaystyle\int_{-\infty}^{\infty} k_\lambda(x)dx = 1$ for all λ.

(ii) $\|k_\lambda\|_1 = O(1)$ as $\lambda \to \infty$.

(iii) 任意の $\delta > 0$ に対して

$$\lim_{\lambda \to \infty} \int_{|x| > \delta} |k_\lambda(x)|dx = 0.$$

$f \in \mathfrak{L}^1(\mathbb{R}, \mathbb{R})$ が

$$\int_{-\infty}^{\infty} f(x)dx = 1$$

を満たせば，この f から総相核を作ることができる。つまり各 $\lambda > 0$ に対して

$$k_\lambda(x) = \lambda f(\lambda x) \tag{1}$$

と定義すれば，$\{k_\lambda\}$ は総和核になる。実際，条件 (i) は $y = \lambda x$ なる変数変

---

8) Katznelson[57] Chap. VI, §1 を参照した。

126　　　第 5 章　総和核とスペクトル合成

換によって確かめられ，(ii) は同じ変数変換から

$$\|k_\lambda\|_1 = \int_{-\infty}^{\infty} |k_\lambda(x)| dx = \int_{-\infty}^{\infty} |f(y)| dy = \|f\|_1$$

がすべての $\lambda > 0$ について成り立つことによって示される。(iii) も同じ変数変換により

$$\int_{|x|>\delta} |k_\lambda(x)| dx = \int_{|y|>\lambda\delta} |f(y)| dy \to 0 \quad \text{as} \quad \lambda \to \infty$$

なので容易に確認される。

　たとえば f として

$$A(x) = \frac{1}{2} e^{-|x|}, \quad G(x) = \frac{1}{\sqrt{\pi}} e^{-x^2}$$

とすれば，これらは $\mathbb{R}$ 上の積分が 1 となる函数で，これに基づいて (1) のように総和核を作ることができる。A から作られるものを **Abel** の総和核，G から作られるものを **Gauss** の総和核と称する。[9]

　ここでは以下の議論に重要な役割を果たす $\mathbb{R}$ 上の Fejér 核について述べよう。そのためにまず函数 $K(x)$ を

$$K(x) = \frac{1}{2\pi} \left(\frac{\sin \frac{x}{2}}{\frac{x}{2}} \right)^2 \tag{2}$$

と定義する。ひとつ計算を確認しておこう。

補題 5.2
$$K(x) = \frac{1}{2\pi} \int_{-1}^{1} (1 - |\xi|) e^{i\xi x} d\xi. \tag{3}$$

証明　$I = \int_{-1}^{1} (1 - |\xi|) e^{i\xi x} d\xi$ とおくと，

$$I = \int_{-1}^{1} e^{i\xi x} d\xi - \int_{0}^{1} \xi e^{i\xi x} d\xi - \int_{-1}^{0} (-\xi) e^{i\xi x} d\xi = \frac{2\sin x}{x} - 2\int_{0}^{1} \xi \cos \xi x d\xi$$

───────────────

　9)　河田 [58] II, pp.66-73 を見よ。

$$
= \frac{2\sin x}{x} - 2\left\{ \frac{\sin \xi x}{x}\xi \bigg|_0^1 - \int_0^1 \frac{\sin \xi x}{x} d\xi \right\} = -\frac{2}{x^2}(\cos x - 1)
$$

$$
= -\frac{2}{x^2}\left\{ 1 - 2\sin^2 \frac{x}{2} - 1 \right\} = \left(\frac{\sin \frac{x}{2}}{\frac{x}{2}} \right)^2 .
$$

こうして (3) が証明された。   (証了)

$K(x)$ はもちろん可積分である。(積分が 1 に等しいことはあとから示す。) 次に (1) に従って $K_\lambda(x)$ $(\lambda > 0)$ を

$$
K_\lambda(x) = \lambda K(\lambda x) \tag{4}
$$

と定義しよう。$\{K_\lambda\}$ が総和核の条件 (ii), (iii) を満たすことは明白であるから，(i) のみを示せばよい。

$\lambda = n+1$ として計算すれば，

$$
K_{n+1}(x) = \frac{1}{2\pi(n+1)} \left(\frac{\sin \frac{(n+1)x}{2}}{\frac{x}{2}} \right)^2
$$

$$
= \frac{1}{2\pi(n+1)} \left(\frac{\sin \frac{x}{2}}{\frac{x}{2}} \right)^2 \left(\frac{\sin \frac{(n+1)x}{2}}{\sin \frac{x}{2}} \right)^2 .
$$

したがって $\delta > 0$ が十分に小さいとき，[10]

$$
K_{n+1}(x) > \frac{1}{2\pi(n+1)} \left(\frac{\sin \delta}{\delta} \right)^2 \left(\frac{\sin \frac{(n+1)x}{2}}{\sin \frac{x}{2}} \right)^2
$$

である。ゆえに

$$
\left(\frac{\sin \delta}{\delta} \right)^2 \frac{1}{2\pi} \int_{-\delta}^{\delta} \frac{1}{n+1} \left(\frac{\sin \frac{(n+1)x}{2}}{\sin \frac{x}{2}} \right)^2
$$

$$
< \int_{-\delta}^{\delta} K_{n+1}(x)dx \le \frac{1}{2\pi} \int_{-\pi}^{\pi} \frac{1}{n+1} \left(\frac{\sin \frac{(n+1)x}{2}}{\sin \frac{x}{2}} \right)^2 dx \tag{5}
$$

---

[10] $z > 0$ が十分に小さいとき，$(\sin z/z)' < 0$ であることに注意。

が導かれる。

まず $[-\pi, \pi]$ 上の Fejér 核の性質（補題 2.4, p.50）により，(5) の第一項に現われる積分は任意の $\delta \in (0, \pi)$ に対して

$$\frac{1}{2\pi} \int_{-\delta}^{\delta} \frac{1}{n+1} \left(\frac{\sin \frac{(n+1)x}{2}}{\sin \frac{x}{2}} \right)^2 dx \to 1 \quad \text{as} \quad n \to \infty. \tag{6}$$

また (5) の第三項は（すべての n について）1 に等しい。したがって十分に大きな n に対しては

$$\left(\frac{\sin \delta}{\delta} \right)^2 < \int_{-\delta}^{\delta} K_{n+1}(x)dx \leqq 1.$$

しかるに

$$\int_{-\delta}^{\delta} K_{n+1}(x)dx \to \int_{-\infty}^{\infty} K(x)dx \quad \text{as} \quad n \to \infty$$

であるから，[11]

$$\left(\frac{\sin \delta}{\delta} \right)^2 \leqq \int_{-\infty}^{\infty} K(x)dx \leqq 1$$

が成り立つ。$\delta \in (0, \pi)$ は任意であったから，結局

$$\int_{-\infty}^{\infty} K(x)dx = 1,$$

したがって $K_\lambda(x)$ の積分も 1 である。

こうして $\{K_\lambda\}$ が総和核のすべての条件を満たすことが証明されたのである。これを $\mathbb{R}$ 上の **Fejér** の総和核と称する。

§5　$\mathbb{R}$ 上のスペクトル合成——$\mathfrak{L}^1$ の逆変換公式

以上の準備の下に，ある函数が与えられたとき，それを Fourier 変換とするような函数を"逆解き"する方法を考えよう。$\mathfrak{L}^2$ に属する函数については，

---

[11] $\int_{-\infty}^{\infty} K(x)dx = \int_{-\infty}^{\infty} K_{n+1}(x)dx = \int_{-\delta}^{\delta} K_{n+1}(x)dx + \int_{|x|>\delta} K_{n+1}(x)dx$ であるが，最後の項は $n \to \infty$ のとき 0 に収束する。

すでに Placherel の定理（p.79）において答えを出したのであるが，ここでは $\mathfrak{L}^1$ に属する函数について，同種の問題を考えるのである。

Fourier 変換（あるいは Fourier 係数）を知って，それから元の函数を求める手続きをスペクトル合成 (spectral synthesis) と呼ぶ。

補題 5.1 に対応する次の補題にはベクトル値函数の積分が現われるが，それは Cauchy-Bochner の意味での積分である。[12]

補題 5.3　$\mathfrak{X}$ を Banach 空間，函数 $\varphi : \mathbb{R} \to \mathfrak{X}$ は有界・連続とし，$\{k_\lambda\}$ は総和核とする。このとき

$$\lim_{\lambda \to \infty} \int_{-\infty}^{\infty} k_\lambda(x)\varphi(x)dx = \varphi(0).$$

証明　総和核の条件 (i) を用いると，$\delta > 0$ に対して

$$\int_{-\infty}^{\infty} k_\lambda(x)\varphi(x)dx - \varphi(0) = \int_{-\infty}^{\infty} k_\lambda(x)(\varphi(x) - \varphi(0))dx \tag{1}$$

$$= \int_{-\delta}^{\delta} + \int_{|x|>\delta} = I_1 + I_2.$$

まず I_1 については

$$\|I_1\| \leq \operatorname*{Max}_{|x| \leq \delta} \|\varphi(x) - \varphi(0)\| \cdot \|k_\tau\|_1. \tag{2}$$

任意の $\varepsilon > 0$ に対して $\delta > 0$ を十分に小さくとれば，(2) の右辺は $< \varepsilon$ となる。また

$$\|I_2\| \leq \sup_{|\tau|>\delta} \|\varphi(x) - \varphi(0)\| \int_{|x|>\delta} |k_\lambda(x)|dx \tag{3}$$

であるが，総和核の条件 (iii) と φ の有界性とから，十分に大きな λ について，(3) の右辺は $< \varepsilon$ となる。(1), (2), (3) により

$$\int_{-\infty}^{\infty} k_\lambda(x)\varphi(x)dx \to \varphi(0) \quad \text{as} \quad \lambda \to \infty. \tag{証了}$$

_____

12)　丸山 [78] pp.329-333 を参照。

130   第 5 章　総和核とスペクトル合成

さて $f \in \mathfrak{L}^1(\mathbb{R}, \mathbb{C})$ とし，$F : \mathbb{R} \to \mathfrak{L}^1(\mathbb{R}, \mathbb{C})$ を $F : x \mapsto \tau_x f$ とすれば，定理 5.1 により F は一様連続かつ有界である。もちろん $F(0) = f$ である。したがって補題 5.3 から次の帰結を得る。

定理 5.7　$f \in \mathfrak{L}^1(\mathbb{R}, \mathbb{C})$ とし，$\{k_\lambda\}$ を総和核とすれば，$\| \cdot \|_1$ について

$$\int_{-\infty}^{\infty} k_\lambda(x) \tau_x f \, dx \to f \quad \text{as} \quad \lambda \to \infty.$$

補題 5.4　$f, h \in \mathfrak{L}^1(\mathbb{R}, \mathbb{C})$ とし，h は可積分な $H(\xi)$ を用いて

$$h(x) = \frac{1}{\sqrt{2\pi}} \int_{-\infty}^{\infty} H(\xi) e^{i\xi x} \, dx$$

と表わされるものとする。このとき

$$(h * f)(x) = \int_{-\infty}^{\infty} H(\xi) \hat{f}(\xi) e^{i\xi x} \, d\xi.$$

証明

$$\begin{aligned}
(h * f)(x) &= \frac{1}{\sqrt{2\pi}} \int_{-\infty}^{\infty} \int_{-\infty}^{\infty} H(\xi) e^{i\xi(x-y)} \, d\xi \cdot f(y) \, dy \\
&= \frac{1}{\sqrt{2\pi}} \int_{-\infty}^{\infty} \int_{-\infty}^{\infty} f(y) e^{-i\xi y} \, dy \cdot H(\xi) e^{i\xi x} \, d\xi \\
&= \int_{-\infty}^{\infty} H(\xi) \hat{f}(\xi) e^{i\xi x} \, d\xi. \quad\quad\quad \text{(証了)}
\end{aligned}$$

とくに総和核として Fejér の核 $\{K_\lambda\}$ を用いると，補題 5.2 により，

$$K_\lambda(x) = \frac{\lambda}{2\pi} \int_{-1}^{1} (1 - |\xi|) e^{i\xi \cdot \lambda x} \, d\xi = \frac{1}{2\pi} \int_{-\lambda}^{\lambda} \left(1 - \frac{|\xi|}{\lambda} \right) e^{i\xi x} \, d\xi \quad (4)$$

$$(\lambda\xi \text{ をあらためて } \xi \text{ とする変数変換}).$$

補題 5.4 の $H(\xi)$ として

$$H(\xi) = \begin{cases} \frac{1}{\sqrt{2\pi}} \left(1 - \frac{|\xi|}{\lambda} \right) & \text{on} \quad [-\lambda, \lambda], \\ 0 & \text{on} \quad [-\lambda, \lambda]^c \end{cases} \quad (5)$$

とすれば，$H \in \mathfrak{L}^1$ で，(4) により

$$K_\lambda(x) = \frac{1}{\sqrt{2\pi}} \int_{-\infty}^{\infty} H(\xi) e^{i\xi x} d\xi. \tag{6}$$

補題 5.4 により，

$$(K_\lambda * f)(x) = \int_{-\infty}^{\infty} H(\xi) \hat{f}(\xi) e^{i\xi x} d\xi.$$

定理 5.7 から次の結果を得る。

定理 5.8　$f \in \mathfrak{L}^1(\mathbb{R}, \mathbb{C})$ とすれば，$\|\cdot\|_1$ について

$$\frac{1}{\sqrt{2\pi}} \int_{-\lambda}^{\lambda} \left(1 - \frac{|\xi|}{\lambda}\right) \hat{f}(\xi) e^{i\xi x} d\xi \to f \quad \text{as} \quad \lambda \to \infty.$$

系 5.1　$f \in \mathfrak{L}^1(\mathbb{R}, \mathbb{C})$ かつ $\hat{f}(\xi) = 0 \ (\xi \in \mathbb{R})$ ならば $f = 0$ である。

つまり異なる可積分函数は必ず相異なる Fourier 変換をもつのである。
いま仮定を追加して $\hat{f} \in \mathfrak{L}^1$ とする。このときは

$$\lim_{\lambda \to \infty} \frac{1}{\sqrt{2\pi}} \int_{-\lambda}^{\lambda} \left(1 - \frac{|\xi|}{\lambda}\right) \hat{f}(\xi) e^{i\xi x} d\xi$$

$$= \lim_{\lambda \to \infty} \frac{1}{\sqrt{2\pi}} \int_{-\infty}^{\infty} \chi_{[-\lambda, \lambda]}(\xi) \left(1 - \frac{|\xi|}{\lambda}\right) \hat{f}(\xi) e^{i\xi x} d\xi$$

$$= \frac{1}{\sqrt{2\pi}} \int_{-\infty}^{\infty} \hat{f}(\xi) e^{i\xi x} d\xi \quad \text{(上限収束定理)}.$$

こうして $\mathfrak{L}^1$ に属する函数のスペクトル合成の公式，つまり Fourier の逆変換公式が導かれる。

定理 5.9（スペクトル合成）　f および $\hat{f}$ がともに $\mathfrak{L}^1(\mathbb{R}, \mathbb{C})$ に属するものとすれば，

$$f(x) = \frac{1}{\sqrt{2\pi}} \int_{-\infty}^{\infty} \hat{f}(t) e^{itx} dt.$$

132　　　　　　　第 5 章　総和核とスペクトル合成

函数空間

$$\mathfrak{A} = \{f \in \mathfrak{L}^1(\mathbb{R}, \mathbb{C}) | \hat{f} \in \mathfrak{L}^1(\mathbb{R}, \mathbb{C})\}$$

は通常の演算とたたみ込み $*$ について代数を成す（要証明）ので，これを
Wiener 代数 (Wiener algebra) と呼ぶ。

注意　$\mathfrak{A}(\mathbb{R})$ が代数であることを確かめるには、$f, g \in \mathfrak{A}(\mathbb{R})$ に対して $f * g \in \mathfrak{A}(\mathbb{R})$
であることを示せば十分であろう。そのために $\mathfrak{A}(\mathbb{R})$ の簡単な性質を拾い出して
おく。[13]

　$\mathbf{1^\circ}$　$f \in \mathfrak{A}(\mathbb{R}) \Leftrightarrow \hat{f} \in \mathfrak{A}(\mathbb{R})$.

　証明　$f \in \mathfrak{A}(\mathbb{R})$ とすれば，定理 5.9 により

$$f(x) = \frac{1}{\sqrt{2\pi}} \int_{-\infty}^{\infty} \hat{f}(t) e^{itx} dt.$$

$g(x) = f(-x)(\in \mathfrak{L}^1(\mathbb{R}, \mathbb{C}))$ とおけば，

$$g(x) = \frac{1}{\sqrt{2\pi}} \int_{-\infty}^{\infty} \hat{f}(t) e^{-itx} dt$$

であるから，

$$g = \hat{\hat{f}}.$$

したがって $\hat{f} \in \mathfrak{A}(\mathbb{R})$。逆も同様にすればよい。　　　　　　　　　　（証了）

　$\mathbf{2^\circ}$　$\|f\|_{\mathfrak{A}(\mathbb{R})} = \|f\|_1 + \|\hat{f}\|_1$ とおけば，

$$\|\hat{f}\|_\infty \leq \frac{1}{\sqrt{2\pi}} \|f\|_{\mathfrak{A}(\mathbb{R})}.$$

（p.59 の (3) から自明。）

　$\mathbf{3^\circ}$　$f \in \mathfrak{A}(\mathbb{R}) \Rightarrow f \in \mathfrak{L}^p(\mathbb{R}, \mathbb{C})$　$(1 \leq p \leq \infty)$.

---

13)　Malliavin[75] Chap.III, §2 を参照した。

§5　ℝ 上のスペクトル合成　　　133

証明　$\displaystyle\int_{-\infty}^{\infty}|f|^p dx \leqq \|f\|_\infty^{p-1}\cdot\|f\|_1.$　　　　　　　　　　（証了）

4°　$f,g\in\mathfrak{A}(\mathbb{R}) \Rightarrow f*g\in\mathfrak{A}(\mathbb{R})$.

証明　$\|f*g\|_1 \leqq \|f\|_1\cdot\|g\|_1$ かつ $\widehat{f*g}=\sqrt{2\pi}\hat f\hat g$ であることから

$$\|\widehat{f*g}\|_1 = \sqrt{2\pi}\|\hat f\hat g\|_1 \leqq \sqrt{2\pi}\|\hat f\|_\infty\|\hat g\|_1 < \infty.$$

ゆえに $f*g\in\mathfrak{A}(\mathbb{R}).$　　　　　　　　　　（証了）

(5) で定義された $H(\xi)$ は可積分であるから，(6) と定理 5.9 により，

$$H(\xi) = \widehat{K_\lambda}(\xi).$$

したがって

$$\widehat{K_\lambda * f}(\xi) = \begin{cases} \dfrac{1}{\sqrt{2\pi}}\left(1-\dfrac{|\xi|}{\lambda}\right)\hat f(\xi) & \text{on}\quad [-\lambda,\lambda], \\ 0 & \text{on}\quad [-\lambda,\lambda]^c. \end{cases}$$

これと定理 5.8 により，

定理 **5.10**　$\{f\in\mathfrak{L}^1(\mathbb{R},\mathbb{C})|\,\mathrm{supp}\,\hat f$ はコンパクト $\}$ は $\mathfrak{L}^1$ において稠密である。

第6章

測度の Fourier 変換

これまでは $\mathbb{R}$ または $\mathbb{T}$ 上で定義される函数につき，まずその Fourier 変換あるいは Fourier 係数を求め，そのうえでそれらを合成して元の函数を復元する方法（スペクトル合成）を研究した。本章ではこの本来の方法では Fourier 解析的表現が難しい函数を測度の Fourier 変換として表現する可能性について論じよう。とくに函数が正の測度の Fourier 変換として表現されるための条件については G. Herglotz, S. Bochner に負う美しい結果が知られており，これらに厳密な証明を与えることが本章の最終目的にほかならない。いくとおりかのアプローチが知られているが，ここでは，Fejér 核を用いた総和法に基づく方法を採用する。併せて，超函数の Fourier 変換論にもとづくアプローチについても論じよう。

ユニタリ作用素の作る一径数群の表現，弱定常確率過程の Fourier 解析との深い関連については後段，章をあらためて詳しく検討することとしたい。

§1　Radon 測度

はじめに連続函数空間の双対空間と測度との関係について一言しておく。

X を局所コンパクト・Hausdorff 位相空間とし，X 上で定義された複素数値（resp. 実数値）連続函数のうち，無限遠で消える[1]ものの全体を $\mathfrak{C}_\infty(X, \mathbb{C})$

---

1)　任意の $\varepsilon > 0$ に対して適当なコンパクト集合 $K \subset X$ を選び

136 第6章 測度の Fourier 変換

(resp.$\mathfrak{C}_\infty(X,\mathbb{R})$) と書くことにしよう。この空間は一様収束ノルム

$$\|f\|_\infty = \sup_{x\in X} |f(x)| \quad , \quad f \in \mathfrak{C}_\infty$$

の下に Banach 空間となることはよく知られている。

一方，X 上の Borel σ-集合体 $\mathcal{B}(X)$ 上の正則でしかも全変動が有限な複素数値測度 μ を全変動 $|\mu|$ について完備化して得られる測度を X 上の **Radon** 測度 (Radon measure) と呼び，その全体を $\mathfrak{M}(X)$ と書く。$\mathfrak{M}(X)$ は $\|\mu\|_{\mathfrak{M}(X)} = |\mu|$，つまり全変動をノルムとする Banach 空間である。とくに正値（したがってもちろん実数値）の Radon 測度の集合は $\mathfrak{M}_+(X)$ と表記する。

注意 通常，測度という用語は非負実数値の集合函数であるが，ここで扱う Radon 測度は，とくに断らない限り複素数値である。

任意の $\mu \in \mathfrak{M}(X)$ に対して，$\mathfrak{C}_\infty(X,\mathbb{C})$ 上の線形汎函数 Λ_μ を

$$\Lambda_\mu f = \int_X f(x)d\mu \quad , \quad f \in \mathfrak{C}_\infty(X,\mathbb{C})$$

と定義すれば，Λ_μ は有界，つまり $\Lambda_\mu \in \mathfrak{C}_\infty(X,\mathbb{C})'$ である。逆に任意の $\Lambda \in \mathfrak{C}_\infty(X,\mathbb{C})$ に対して，$\mu_\Lambda \in \mathfrak{M}(X)$ が一意的に定まり

$$\Lambda f = \int_X f(x)d\mu_\Lambda \quad , \quad f \in \mathfrak{C}_\infty(X,\mathbb{C})$$

が成り立つことが知られており，しかも $\|\Lambda\| = |\mu|$ である。

これを Riesz-Markov-Kakutani の定理と称する。[2]

Riesz-Markov-Kakutani の定理 X を局所コンパクト，Hausdorff 位相空間とするとき，Radon 測度の空間 $\mathfrak{M}(X)$ と $\mathfrak{C}_\infty(X,\mathbb{C})$ の双対空間

$$|f(x)| < \varepsilon \quad \text{for all} \quad x \in K^c$$

とすることができるとき，f は無限遠で消える (vanishing at infinity) 函数であるという。

  2) 丸山 [79] pp.300-315 などを見よ。

$\mathfrak{C}_\infty(X, \mathbb{C})'$ との間には Banach 空間として等長同型な関係が存在する。

$$\mathfrak{M}(X) \cong \mathfrak{C}_\infty(X, \mathbb{C})'.$$

§2 測度の Fourier 係数 (1)

$\mathbb{T}$ 上で定義される複素数値連続函数のつくる空間 $\mathfrak{C}(\mathbb{T}, \mathbb{C})$ は一様収束ノルムの下に Banach 空間となる。また Riesz-Markov-Kakutani の定理により，$\mathbb{T}$ 上の Radon（複素数値）測度のつくる Banach 空間（ノルムは全変動）$\mathfrak{M}(\mathbb{T})$ は $\mathfrak{C}(\mathbb{T}, \mathbb{C})$ の双対空間と同型であることを想起しよう。以後，Borel σ-集合体を具えた $\mathbb{T}$ と $[-\pi, \pi)$ とは同一視して考える（cf. 付論 A）。

定義 測度 $\mu \in \mathfrak{M}(\mathbb{T})$ に対して

$$\hat{\mu}(n) = \frac{1}{\sqrt{2\pi}} \int_{-\pi}^{\pi} e^{-inx} d\mu(x) \quad , \quad n \in \mathbb{Z}$$

を μ の **Fourier 係数**と呼ぶ。（ここで積分の範囲は $[-\pi.\pi)$ とする。）

測度の Fourier 係数を函数のそれと区別するために **Fourier-Stieltjes 係数**と称する場合もある。また $f \in \mathfrak{L}^1(\mathbb{T}, \mathbb{C})$ によって定まる測度 $\mu_f = f dx$（dx は Lebesgue 測度）の Fourier 係数は

$$\mu_f(n) = \frac{1}{\sqrt{2\pi}} \int_{-\pi}^{\pi} e^{-inx} f(x) dx \quad , \quad n \in \mathbb{Z}$$

であるから，これは函数 f の Fourier 係数にほかならない。

定理 6.1 $f \in \mathfrak{C}(\mathbb{T}, \mathbb{C})$, $\mu \in \mathfrak{M}(\mathbb{T})$ に対して

$$\int_{-\pi}^{\pi} f(x) d\mu = \lim_{n \to \infty} \sum_{j=-(n-1)}^{n-1} \left(1 - \frac{|j|}{n}\right) \hat{f}(j) \hat{\mu}(-j). \tag{1}$$

証明 まず f として三角多項式

$$P(x) = \frac{1}{\sqrt{2\pi}} \sum_{j=-(n-1)}^{n-1} a_j e^{ijx}$$

を考えると,

$$\int_{-\pi}^{\pi} P(x)d\mu = \sum_{j=-(n-1)}^{n-1} a_j \frac{1}{\sqrt{2\pi}} \int_{-\pi}^{\pi} e^{ijx}d\mu = \sum_{j=-(n-1)}^{n-1} a_j \hat{\mu}(-j).$$

前章と同様 $\sigma_n(x)$ を

$$\sigma_n(x) = \frac{1}{\sqrt{2\pi}} \sum_{j=-(n-1)}^{n-1} \left(1 - \frac{|j|}{n}\right) \hat{f}(j)e^{ijx}$$

と定義すると, 上記の結果から

$$\int_{-\pi}^{\pi} \sigma_n(x)d\mu = \sum_{j=-(n-1)}^{n-1} \left(1 - \frac{|j|}{n}\right) \hat{f}(j)\hat{\mu}(-j).$$

定理 2.6 (p.51) により, $n \to \infty$ とするとき $\sigma_n(x)$ は $f(x)$ に一様収束するので,

$$\int_{-\pi}^{\pi} f(x)d\mu = \lim_{n\to\infty} \int_{-\pi}^{\pi} \sigma_n(x)d\mu$$

$$= \lim_{n\to\infty} \sum_{j=-(n-1)}^{n-1} \left(1 - \frac{|j|}{n}\right) \hat{f}(j)\hat{\mu}(-j). \qquad \text{(証了)}$$

定理 6.1 から, (1) の右辺は必ず極限をもつことが保証される. つまり $\sum \hat{f}(j)\hat{\mu}(j)$ の $(C,1)$ 総和可能性が導かれることに注意しよう.

系 6.1 $\mu \in \mathfrak{M}(\mathbb{T})$ に対して $\hat{\mu}(n) = 0$ がすべての $n \in \mathbb{Z}$ について成り立つならば, $\mu = 0$ である.

これは定理 6.1 により

$$\hat{\mu}(n) = 0 \quad \text{for all } n \quad \Longrightarrow \quad \int_{-\pi}^{\pi} f(x)d\mu = 0 \quad \text{for all } f \in \mathfrak{C}(\mathbb{T}, \mathbb{C})$$

であることから明白である. この系により, 測度の Fourier 係数の一意性,

$$\mu \neq \nu \quad \Longrightarrow \quad \hat{\mu} \neq \hat{\nu}$$

が導かれる.

§2 測度の Fourier 係数 (1) 139

作用素 $S_n : \mathfrak{C}(\mathbb{T}, \mathbb{C}) \to \mathfrak{C}(\mathbb{T}, \mathbb{C})$ および $S_n^* : \mathfrak{M}(\mathbb{T}) \to \mathfrak{M}(\mathbb{T})$ を次のように
定義する。

$$S_n : f \mapsto \frac{1}{\sqrt{2\pi}} \sum_{j=-(n-1)}^{n-1} \hat{f}(j) e^{ijx}, \tag{2}$$

$$S_n^* : \mu \mapsto \frac{1}{\sqrt{2\pi}} \sum_{j=-(n-1)}^{n-1} \hat{\mu}(j) e^{ijx} dx. \tag{3}$$

これらは f および μ にその Fourier 級数の部分和を対応させる有界線形作用
素である。(2), (3) の $\hat{f}(j) e^{ijx}$ を $\hat{f}(-j) e^{-ijx}$, $\hat{\mu}(j) e^{ijx}$ を $\hat{\mu}(-j) e^{-ijx}$ と書き
かえても同じことである。$\mu \in \mathfrak{M}(\mathbb{T})$ を $\mathfrak{C}(\mathbb{T}, \mathbb{C})$ 上の有界線形汎函数とみて,
$f \in \mathfrak{C}(\mathbb{T}, \mathbb{C})$ における $\mu \circ S_n$, $S_n^* \mu$ の値を計算すると,

$$(\mu \circ S_n) f = \int_{-\pi}^{\pi} (S_n f)(x) d\mu = \int_{-\pi}^{\pi} \frac{1}{\sqrt{2\pi}} \sum_{j=-(n-1)}^{n-1} \hat{f}(j) e^{ijx} d\mu$$

$$= \frac{1}{\sqrt{2\pi}} \sum_{j=-(n-1)}^{n-1} \hat{f}(j) \int_{-\pi}^{\pi} e^{ijx} d\mu = \sum_{j=-(n-1)}^{n-1} \overset{\circ}{f}(j) \hat{\mu}(-j). \tag{4}$$

他方,

$$(S_n^* \mu) f = \int_{-\pi}^{\pi} f(x) \frac{1}{\sqrt{2\pi}} \sum_{j=-(n-1)}^{n-1} \hat{\mu}(j) e^{ijx} dx$$

$$= \frac{1}{\sqrt{2\pi}} \sum_{j=-(n-1)}^{n-1} \hat{\mu}(-j) \int_{-\pi}^{\pi} f(x) e^{-ijx} dx \tag{5}$$

$$= \sum_{j=-(n-1)}^{n-1} \overset{\circ}{f}(j) \hat{\mu}(-j).$$

(4), (5) を比べて

$$(\mu \circ S_n) f = (S_n^* \mu) f \tag{6}$$

がすべての $f \in \mathfrak{C}(\mathbb{T}, \mathbb{C}), \mu \in \mathfrak{M}(\mathbb{T})$ について成り立つ。つまり作用素 S_n^* は
S_n の双対作用素になっていることがわかる。[3]

---

3) 双対作用素については p.91 を見よ。

同様にして

$$\sigma_n : f \mapsto \frac{1}{\sqrt{2\pi}} \sum_{j=-(n-1)}^{n-1} \left(1 - \frac{|j|}{n}\right) \hat{f}(j) e^{ijx}, \tag{7}$$

$$\sigma_n^* : \mu \mapsto \frac{1}{\sqrt{2\pi}} \sum_{j=-(n-1)}^{n-1} \left(1 - \frac{|j|}{n}\right) \hat{\mu}(j) e^{ijx} dx \tag{8}$$

と定義すれば，作用素 σ_n^* は σ_n の双対作用素である。

定理 6.2　任意の $\mu \in \mathfrak{M}(\mathbb{T})$ に対して

$$w^*\text{-} \lim_{n \to \infty} \sigma_n^* \mu = \mu. \tag{9}$$

証明　$f \in \mathfrak{C}(\mathbb{T}, \mathbb{C})$ とする。$\sigma_n f(x)$ は $f(x)$ に一様収束する（cf. 定理 2.6, p.51）ので，

$$\mu f = \int_{-\pi}^{\pi} f(x) d\mu = \lim_{n \to \infty} \int_{-\pi}^{\pi} \sigma_n f(x) d\mu = \lim_{n \to \infty} (\mu \circ \sigma_n) f$$

$$= \lim_{n \to \infty} (\sigma_n^* \mu) f = \lim_{n \to \infty} \int_{-\pi}^{\pi} f(x) d(\sigma_n^* \mu).$$

終わりからふたつ目の等号は，σ_n^* が σ_n の双対作用素になっていることによる。これから (9) が導かれる。　　　　　　　　　　　　　　　　　　（証了）

§3　測度の Fourier 係数 (2)

いま（両方向の）無限複素数列 $\{a_n\}_{n=-\infty}^{\infty}$ が与えられたとき，これが周期超函数の Fourier 係数であるための条件を，われわれは既に研究した（定理 4.8, p.108）。ここでは $\{a_n\}$ が $\mathbb{T} = [-\pi, \pi)$ 上のある Radon 測度の Fourier 係数となっているための条件を求めよう。次に §4 において $\{a_n\}_{n=-\infty}^{\infty}$ が，$\mathbb{T}$ 上の正値 Radon 測度の Fourier 係数であるための条件を考えるが，この問に答えるのが G. Herglotz に負う著名な結果である。[4]

---

　4)　§3-§8 は，主として Katznelson[57] Chap.I, §7 および Chap.VI を参考にした。ただし Herlglotz-Bochner の定理への超函数論的アプローチについてはその限りでない。

§3 測度の Fourier 係数 (2)　　141

定理 **6.3**　複素数列 $\{a_n\}_{n=-\infty}^{\infty}$ に対して，次の二命題は互いに同値である。

(i)　$\|\mu\| \leqq C$（定数）かつ $a_n = \hat{\mu}(n)$ $(n \in \mathbb{Z})$ を満たす $\mu \in \mathfrak{M}(\mathbb{T})$ が存在する。

(ii)　任意の三角多項式 P について

$$\left| \sum_{n=-\infty}^{\infty} \widehat{P}(n)a_{-n} \right| \leqq C\|P\|_{\infty} \tag{1}$$

が成り立つ。

証明　(i)⇒ (ii):　$P(x)$ を三角多項式とすると，定理 6.1 により

$$\int_{-\pi}^{\pi} P(x)d\mu = \lim_{n \to \infty} \sum_{j=-(n-1)}^{n-1} \left(1 - \frac{|j|}{n} \right) \widehat{P}(j)\hat{\mu}(-j) \tag{2}$$

であるが，有限個の j を除いて $\widehat{P}(j) = 0$ なので，$n \to \infty$ として

$$(2) \text{ の右辺} = \sum_{n=-\infty}^{\infty} \widehat{P}(n)\hat{\mu}(-n) \underset{(i)}{=} \sum_{n=-\infty}^{\infty} \widehat{P}(n)a_{-n} \tag{3}$$

が導かれる。$\|\mu\| \leqq C$ であるから，(2), (3) により

$$\left| \int_{-\pi}^{\pi} P(x)d\mu \right| = \left| \sum_{n=-\infty}^{\infty} \widehat{P}(n)a_{-n} \right| \leqq C\|P\|_{\infty}.$$

これで (ii) が示された。

(ii)⇒(i):　$\mathbb{T}$ 上の三角多項式全体の集合（位相は一様収束による）を $\mathcal{T}$ とし，線形汎函数 $\Lambda : \mathcal{T} \to \mathbb{C}$ を

$$\Lambda : P \mapsto \sum_{n=-\infty}^{\infty} \widehat{P}(n)a_{-n} \tag{4}$$

と定義すれば，(ii) により Λ は有界で，$\|\Lambda\| \leqq C$ である。Λ はノルムを保存して $\mathfrak{C}(\mathbb{T},\mathbb{C})$ 上の有界線形汎函数に一意的に拡大可能である。この拡大も同

じ記号 Λ で表わすこととし，これに対応する Radon 測度 $\mu \in \mathfrak{M}(\mathbb{T})$ を考える。つまり

$$\Lambda f = \int_{-\pi}^{\pi} f(x)d\mu \quad , \quad f \in \mathfrak{C}(\mathbb{T},\mathbb{C})$$

である。とくに $f(x) = e^{inx}$ とすると，

$$\Lambda e^{inx} = \int_{-\pi}^{\pi} e^{inx}d\mu = \sqrt{2\pi}\hat{\mu}(-n). \tag{5}$$

また (4) によれば

$$\Lambda e^{inx} = \frac{1}{\sqrt{2\pi}}\int_{-\pi}^{\pi} e^{inx}e^{-inx}dx \cdot a_{-n} = \sqrt{2\pi} \cdot a_{-n}. \tag{6}$$

(5)，(6) により $a_n = \hat{\mu}(n)$。もちろん $\|\mu\| \leqq C$ である。 (証了)

系 6.2 複素数列 $\{a_n\}_{n=-\infty}^{\infty}$ に対して，次の二命題は互いに同値である。

(i) $\|\mu\| \leqq C$（定数）かつ $a_n = \hat{\mu}(n)$ $(n \in \mathbb{Z})$ を満たす $\mu \in \mathfrak{M}(\mathbb{T})$ が存在する。

(ii) 級数

$$\frac{1}{\sqrt{2\pi}} \sum_{n=-\infty}^{\infty} a_n e^{inx}$$

の $(C,1)$-和

$$\sigma_n(x) = \frac{1}{\sqrt{2\pi}} \sum_{j=-(n-1)}^{n-1} \left(1 - \frac{|j|}{n}\right) a_j e^{ijx} \tag{7}$$

によって定まる測度 $\sigma_n dx \in \mathfrak{M}(\mathbb{T})$ に対して

$$\|\sigma_n dx\| \leqq C' \quad \text{for all} \quad n \in \mathbb{Z}$$

を満たす C'（定数）が存在する。

注意　一般に三角多項式

$$P(x) = \sum_{j=-n}^{n} \alpha_j e^{ijx} \quad (\alpha_j \in \mathbb{C})$$

§3 測度の Fourier 係数 (2)   143

に対して, $P(x)$ を Fourier 級数とする函数は $P(x)$ そのものである。[5] $P(x)$ とし
てとくに上記の $\sigma_n(x)$ を考えても同様である。

系 6.2 の証明   (i)⇒ (ii): $\|\mu\| \leqq C$, $a_n = \hat{\mu}(n)$ $(n \in \mathbb{Z})$ なる $\mu \in \mathfrak{M}(\mathbb{T})$
が存在するとしよう。このとき

$$\sigma_n(x)dx = \frac{1}{\sqrt{2\pi}} \sum_{j=-(n-1)}^{n-1} \left(1 - \frac{|j|}{n} \right) a_j e^{ijx} dx$$

$$= \frac{1}{\sqrt{2\pi}} \sum_{j=-(n-1)}^{n-1} \left(1 - \frac{|j|}{n} \right) \hat{\mu}(j) e^{ijx} dx$$

$$= \sigma_n^* \mu.$$

つまり $\sigma_n dx = \sigma_n^* \mu$。定理 6.2 により $\sigma_n^* \mu \to \mu$ (*弱収束)。したがって
$\sup_n \|\sigma_n^* \mu\| < \infty$ である。

(ii)⇒ (i):   逆にすべての n について $\|\sigma_n dx\| \leqq C'$ が成り立っているもの
とする。P を任意の三角多項式, σ_n を (7) によって定義すると,

$$\sum \widehat{P}(j) a_{-j} = \lim_{n \to \infty} \int_{-\pi}^{\pi} P(x) \sigma_n(x) dx \tag{8}$$

であることを次のようにして確かめることができる。実際,

$$\int_{-\pi}^{\pi} P(x) \sigma_n(x) dx = \int_{-\pi}^{\pi} P(x) \frac{1}{\sqrt{2\pi}} \sum_{j=-(n-1)}^{n-1} \left(1 - \frac{|j|}{n} \right) a_j e^{ijx} dx$$

$$= \frac{1}{\sqrt{2\pi}} \int_{-\pi}^{\pi} P(x) \sum_{j=-(n-1)}^{n-1} \left(1 - \frac{|j|}{n} \right) a_{-j} e^{-ijx} dx$$

---

5) $P(x)$ の Fourier 係数は $|j| \leqq n$ に対しては

$$\frac{1}{\sqrt{2\pi}} \int_{-\pi}^{\pi} P(x) e^{-ijx} dx = \sqrt{2\pi} \alpha_j,$$

$|j| \geqq n+1$ に対しては 0 であるから, $P(x)$ を Fourier 級数に展開すると

$$P(x) = \sum_{j=-n}^{n} \sqrt{2\pi} \alpha_j \frac{1}{\sqrt{2\pi}} e^{ijx} = \sum_{j=-n}^{n} \alpha_j e^{ijx}.$$

$$= \frac{1}{\sqrt{2\pi}} \sum_{j=-(n-1)}^{n-1} \left(1 - \frac{|j|}{n}\right) a_{-j} \int_{-\pi}^{\pi} P(x) e^{-ijx} dx$$

$$= \sum_{j=-(n-1)}^{n-1} \left(1 - \frac{|j|}{n}\right) a_{-j} \widehat{P}(j).$$

ここで有限個の j を除いて $\widehat{P}(j) = 0$ であることに注意すれば，$n \to \infty$ とするとき (8) を得る。

(ii) と (8) とから

$$\left| \sum \widehat{P}(j) a_{-j} \right| \leqq C' \|P\|$$

が導かれる。したがって定理 6.3 により，(i) が成り立つ。　　　　　　　(証了)

　　注意　系 6.2 の (ii) における "$\|\sigma_n dx\| \leqq C'$ for all $n \in \mathbb{Z}$" は "無限個の n について $\|\sigma_n dx\| \leqq C'$ が成り立つ" と書きかえても (i) と (ii) は同値である。

　　$\|\sigma_n dx\| \leqq C'$ の成り立つ n を n' とすれば，(8) から

$$\sum \widehat{P}(j) a_{-j} = \lim_{n \to \infty} \int_{-\pi}^{\pi} P(x) \sigma_n dx = \lim_{n' \to \infty} \int_{-\pi}^{\pi} P(x) \sigma_{n'} dx$$

であるから，$|\sum \widehat{P}(j) \bar{a}_j| \leqq C' \|P\|$ が導かれる。

　　したがって後に §4 で述べる補題 6.2 の (1) も，無限個の n について成り立てば (i) と同値となる。

§4　Herglotz の定理

本節では複素数列 $\{a_n\}_{n=-\infty}^{\infty}$ が，$\mathbb{T}$ 上の正値 Radon 測度の Fourier 係数であるための条件を求めよう。§2 で定義したように，函数 f の Fourier 級数の $(C, 1)$-和を $\sigma_n f$ と書くこととする。

　　補題 6.1　$f \in \mathfrak{L}^1(\mathbb{T}, \mathbb{C})$ が実数値で，$m \leqq f(x)$ $a.e.$ であるならば，$m \leqq \sigma_n f(x)$ である。

§4 Herglotz の定理 145

証明 Fejér 核 K_n については，$K_n(x) \geqq 0$ かつ

$$\int_{-\pi}^{\pi} K_n(x)dx = 1$$

であるから，

$$\sigma_n f(x) - m = \int_{-\pi}^{\pi} K_n(\xi)(f(x-\xi)-m)d\xi \geqq 0. \qquad \text{(証了)}$$

補題 6.2 複素数列 $\{a_n\}_{n=-\infty}^{\infty}$ に対して，次の二命題は互いに同値である。

(i) $a_n = \hat{\mu}(n)$ $(n \in \mathbb{Z})$ を満たす正の Radon 測度 $\mu \in \mathfrak{M}(\mathbb{T})$ が存在する。

(ii) 任意の $n \in \mathbb{Z}$, $x \in \mathbb{T}$ について

$$\sum_{j=-(n-1)}^{n-1}\left(1-\frac{|j|}{n}\right)a_j e^{ijx} \geqq 0. \qquad (1)$$

証明 (i)$\Rightarrow$(ii): $a_n = \hat{\mu}(n)$ とすれば，

$$\frac{1}{\sqrt{2\pi}}\sum_{j=-(n-1)}^{n-1}\left(1-\frac{|j|}{n}\right)a_j e^{ijx} = \frac{1}{\sqrt{2\pi}}\sum_{j=-(n-1)}^{n-1}\left(1-\frac{|j|}{n}\right)\hat{\mu}(j)e^{ijx} \qquad (1')$$

は μ の Fourier 級数の $(C,1)$-和である。$(1')$ の定める測度を §2 の流儀で $\sigma_n^*\mu$ と書こう。$f \in \mathfrak{C}(\mathbb{T},\mathbb{R}), f \geqq 0$ とすれば

$$\int_{-\pi}^{\pi} f(x)d(\sigma_n^*\mu) = \int_{-\pi}^{\pi}\sigma_n f(x)d\mu. \qquad (2)$$

ここで $\sigma_n f$ は f の Fourier 級数の $(C,1)$-和である。$f \geqq 0$ と補題 6.1 により，$\sigma_n f(x) \geqq 0$。したがって (2) は $\geqq 0$ である。これがすべての $f \geqq 0$ なる連続函数について成り立つのであるから $\sigma_n^*\mu \geqq 0$。これから (1) が導かれる。

(ii)$\Rightarrow$(i): (1) を級数 $\varphi(x) \sim \sum_{n=-\infty}^{\infty} a_n e^{inx}$ の $(C,1)$-和とみて，これを $\sigma_n \varphi$ と書き，$\sigma_n \varphi(x) \geqq 0$ とする。$\sigma_n \varphi$ を測度とみて

$$\|\sigma_n \varphi\| = \int_{-\pi}^{\pi}\sigma_n\varphi(x)dx = 2\pi a_0.$$

146 第 6 章 測度の Fourier 変換

したがって系 6.2 により，$a_n = \hat{\mu}(n)$ なる $\mu \in \mathfrak{M}(\mathbb{T})$ が存在する。

$$\sigma_n^* \mu(x) = \sigma_n \varphi(x) dx$$

(cf. p.140) であるから，定理 6.2 により

$$\int_{-\pi}^{\pi} f(x) d\mu = \lim_{n \to \infty} \int_{-\pi}^{\pi} f(x) d(\sigma_n^* \mu) = \lim_{n \to \infty} \int_{-\pi}^{\pi} f(x) \sigma_n \varphi(x) dx \geqq 0 \quad (3)$$

がすべての $f \geqq 0$ なる連続函数 f について成り立つ。ゆえに測度 μ は正値である。
(証了)

ここでいよいよ Herglotz の著名な定理を述べる段取りであるが，ひとつだけ大切な概念を用意しておこう。

定義 G を $\mathbb{Z}$ または $\mathbb{R}$ とし，[6] 函数 $f : G \to \mathbb{C}$ を考える。G における任意有限個の点 $x_1, x_2, \cdots, x_n$ と任意の $\lambda_1, \lambda_2, \cdots, \lambda_n \in \mathbb{C}$ に対して

$$\sum_{i,j=1}^{n} f(x_i - x_j) \lambda_i \bar{\lambda}_j \geqq 0 \quad (4)$$

が成り立つとき，函数 f は正の半定符号 (positive semi-definite) であるという。

函数 $f : G \to \mathbb{C}$ が正の半定符号をもつとき，次の性質の成り立つことは容易に確かめられる。

補題 6.3 G を $\mathbb{Z}$ または $\mathbb{R}$ とし，函数 $f : G \to \mathbb{C}$ が正の半定符号をもつとき，

(i) $f(0) \geqq 0$.

(ii) $\overline{f(x)} = f(-x)$.

(iii) $|f(x)| \leqq f(0)$.

---

[6] G は一般の可換群としてもよい。

§4 Herglotz の定理　　　147

証明　(i)　上記の定義のうち, $n=1$, $x_1=0$, $\lambda_1=1$ とすれば, (i) が得られる。

(ii)　$n=2$ とし, また $x_1=0$, $x_2=x$, $\lambda_1=\lambda_2=1$ とすると,

$$2f(0)+f(x)+f(-x) \geqq 0. \tag{5}$$

λ_2 を i とすれば

$$f(0)+f(x)i-f(-x)i-f(0)=f(x)i-f(-x)i \geqq 0. \tag{6}$$

(i) と (5) から, $f(x)+f(-x)$ は実数であり, また (6) から, $f(x)-f(-x)$ は純虚数であることが知られる。したがって

$$\overline{f(x)}=f(-x).$$

(iii)　$|f(x)|=0$ の場合は (i) から明らかなので, $|f(x)|>0$ の場合を考える。$n=2$, $x_1=0$, $x_2=x$, $\lambda_1=-f(x)$, $\lambda_2=|f(x)|$ とすれば,

$$2f(0)|f(x)|^2-2|f(x)|^3 \geqq 0.$$

したがって $|f(x)|>0$ の場合は

$$|f(x)| \leqq f(0). \tag{証了}$$

注意　**1°**　$f(x_i-x_j)=\alpha_{ij}\ (1 \leqq i,j \leqq n)$ を要素とする $(n \times n)$-型行列 (α_{ij}) を考える。f が正の半定符号ならば, 補題 6.3 (ii) によりこれは Hermite 行列である。(4) は (α_{ij}) の定める Hermite 形式が正の半定符号であることを意味する。

2°　$n=2$, $x_1=0$, $x_2=x$ として得られる (2×2)-型行列

$$\begin{pmatrix} f(0) & f(-x) \\ f(x) & f(0) \end{pmatrix}$$

が正の半定符号の Hermite 形式を定める Hermite 行列であることに注目し, 小行列式による符号定理を用いれば, 補題 6.3 は殆ど自明である。[7]

---

7)　Hermite 形式とその符号については線形代数学のしかるべき文献を見よ。

148 第6章 測度の Fourier 変換

補題 6.4 函数 $f : \mathbb{R} \to \mathbb{C}$ は正の半定符号を有し，$t = 0$ において連続とする。このとき次の命題が成り立つ。

(i) f は $\mathbb{R}$ 上において一様連続である。

(ii) 任意の連続な $\zeta : \mathbb{R} \to \mathbb{C}$ に対して

$$\int_0^T \int_0^T f(s-t)\zeta(s)\overline{\zeta(t)}dsdt \geqq 0 \tag{7}$$

である $(T > 0)$．

証明 (i) 補題 6.3 により，$|f(t)| \leqq f(0)$ であるから，$f(0) = 0$ の場合は $f \equiv 0$ となり，(i) の成立は自明。そこで $f(0) > 0$ の場合を考えればよいわけだが，一般性を失うことなく，$f(0) = 1$ としてよい。$t_1 = 0,\ t_2 = t,\ t_3 = t+h$ とおくと，f の正の半定符号性により，

$$\begin{vmatrix} f(0) & f(-t) & f(-t-h) \\ f(t) & f(0) & f(-h) \\ f(t+h) & f(h) & f(0) \end{vmatrix}$$

$$= 1 - |f(t)|^2 - |f(t+h)|^2 - |f(h)|^2 + 2\mathcal{R}e\{f(t)f(h)\overline{f(t+h)}\} \geqq 0$$

である（Hermite 形式の符号定理）。これから

$$\begin{aligned} |f(t) - f(t+h)|^2 &= |f(t)|^2 + |f(t+h)|^2 - 2\mathcal{R}e\{f(t)\overline{f(t+h)}\} \\ &\leqq 1 - |f(h)|^2 + 2\mathcal{R}e\{f(t)\overline{f(t+h)}[f(h) - 1]\} \\ &\leqq 1 - |f(h)|^2 + 2|1 - f(h)| \quad \text{（補題 6.3 の (iii)）} \\ &\leqq 4|1 - f(h)|. \end{aligned}$$

ここで $f(0) = 1$ としていることを想起すれば，f の一様連続性が知られる。

(ii) 区間 $[0, T]$ の分点を $0 = s_0 < s_1 < \cdots < s_n = T,\ 0 = t_0 < t_1 < \cdots < t_n = T$ とする。f の連続性により，(7) の積分は Riemann 和

$$\sum_{i,j=1}^n f(s_i - t_j)\zeta(s_i)\overline{\zeta(t_j)}(s_i - s_{i-1})(t_j - t_{j-1})$$

の極限となる。f は正の半定符号ゆえ，Riemann 和は $\geqq 0$ であり，(ii) が導

§4 Herglotz の定理　　　　　149

かれる。　　　　　　　　　　　　　　　　　　　　　　　（証了）

　複素数列 $\{a_n\}_{n=-\infty}^{\infty}$ はひとつの函数 $\varphi : \mathbb{Z} \to \mathbb{C}$ とみなすことができるのであるから，この数列についても正の半定符号性を語ることができる。つまり任意有限個の正数 $n_1, n_2, \cdots, n_p$ と任意の $\lambda_1, \lambda_2, \cdots, \lambda_p \in \mathbb{C}$ に対して

$$\sum_{i,j=1}^{p} a_{n_i-n_j} \lambda_i \bar{\lambda}_j \geqq 0$$

が成り立つとき，数列 $\{a_n\}$ は正の半定符号をもつというのである。

　定理 6.4（Herglotz）[8]　複素数列 $\{a_n\}_{n=-\infty}^{\infty}$ に対して，次の二命題は互いに同値である。

　(i)　$\{a_n\}_{n=-\infty}^{\infty}$ は正の半定符号をもつ。

　(ii)　$a_n = \hat{\mu}(n)$ $(n \in \mathbb{Z})$ を満たす正の Radon 測度 $\mu \in \mathfrak{M}(\mathbb{T})$ が存在する。

　証明　(ii)⇒(i):　$a_n = \hat{\mu}(n)$, μ は正の Radon 測度とする。いま任意有限個の整数を固定して，これを n, m などと書く。（つまり，n, m は $n_1, n_2, \cdots, n_p$ のいずれかを表わす。）すると同じ個数の任意の複素数 λ_n, λ_m に対して

$$\sum_{n,m} a_{n-m} \lambda_n \bar{\lambda}_m = \sum_{n,m} \frac{1}{\sqrt{2\pi}} \int_{-\pi}^{\pi} e^{-i(n-m)x} d\mu \cdot \lambda_n \bar{\lambda}_m$$

$$= \frac{1}{\sqrt{2\pi}} \int_{-\pi}^{\pi} \left| \sum_n \lambda_n e^{-inx} \right|^2 d\mu \geqq 0.$$

(i)⇒(ii):　形式的に

$$\varphi(x) \sim \frac{1}{\sqrt{2\pi}} \sum_{n=-\infty}^{\infty} a_n e^{inx}$$

とおき，任意の $N \in \mathbb{N}$ に対して

────────────

　8)　Herglotz[40]。同系の結果として Carathéodory[13], Toeplitz[109]。まずここでの最初の証明は Katznelson[57] Chap.1, §7 による。

150　　　　　　　　　第 6 章　測度の Fourier 変換

$$\lambda_n = \begin{cases} e^{inx} & \text{if} \quad |n| \leqq N-1, \\ 0 & \text{if} \quad |n| \geqq N \end{cases}$$

とすれば,

$$\sum a_{n-m}\lambda_n\bar{\lambda}_m = \sum_j C_{j,N}a_j e^{ijx}, \tag{8}$$

$$\text{ここで} \quad C_{j,N} = \text{Max}\{0, 2N-1-|j|\}.$$

したがって

$$\sigma_{2N}\varphi(x) = \frac{1}{\sqrt{2\pi}} \cdot \frac{1}{2N-1}\sum_j C_{j,N}a_j e^{ijx}.$$

(i) と (8) により，すべての $N \in \mathbb{N}$ について $\sigma_{2N}\varphi(x) \geqq 0$。補題 6.2 と p.144 の注意により，(ii) が導かれる。　　　　　　　　　　　　　　　　　　（証了）

　注意　系 6.1 により，(iii) を満たす μ は一意的に定まる。

　以上，Herglotz の定理を総和法に基づいて証明したのであるが，この定理には周期超函数の理論による別証を与えることができる。次にこれを説明することとしよう。定理 6.4 の (ii)⇒(i) については何も付け加えることがないので，問題は (i)⇒(ii) の証明である。[9]

　つまり $\{a_n\}$ が正の半定符号の複素数列であることを仮定して

$$a_n = \frac{1}{\sqrt{2\pi}}\int_{\mathbb{T}} e^{-in\theta}d\mu(\theta), \quad n \in \mathbb{Z} \tag{9}$$

を満たす $\mathfrak{M}_+(\mathbb{T})$ の元 μ が存在することを示すのである。

　この場合，補題 6.3 により

$$|a_n| \leqq a_0 \quad \text{for all} \quad n \in \mathbb{Z} \tag{10}$$

であることはただちに知られる。したがって，ある $N \in \mathbb{N} \cup \{0\}$ について $|a_n| \leqq \text{const.}|n|^N$ の条件が満たされるから，定理 4.8（p.108）により，a_n は

─────────────

　9)　以下の証明は Maruyama [84] に基づく。

§4 Herglotz の定理　　　　　　　　151

ある周期 2π の周期超函数 T の Fourier 係数になっている。

$$a_n = \frac{1}{\sqrt{2\pi}} T(e^{-inx}). \tag{11}$$

ここで任意の $\varphi \in \mathfrak{D}_{2\pi}(\mathbb{R})$ に対して，その Fourier 係数を φ_k とすれば，

$$T\varphi = T\left(\frac{1}{\sqrt{2\pi}}\sum \varphi_n e^{inx}\right) = \frac{1}{\sqrt{2\pi}}\sum \varphi_n T(e^{inx}) = \sum \bar{a}_n \varphi_n. \tag{12}$$

φ は周期 2π の $\mathfrak{C}^\infty$-級函数であるから，その Fourier 係数を加えた級数は絶対収束し，[10] さらに (10) が成り立つので，(12) の右辺は収束する。

　次に T が非負であることを示そう。

　N 次の三角多項式

$$q_N(x) = \sum_{n=-N}^{N} \phi_n e^{inx} \tag{13}$$

を考えると，

$$|q_N(x)|^2 = \sum_{n,k=-N}^{N} \phi_n \bar{\phi}_k e^{i(n-k)x}.$$

(12) における φ として $|q_N|^2$ を用いると，(12) により

$$T(|q_N(x)|^2) = \sqrt{2\pi}\sum a_{k-n}\phi_n\bar{\phi}_k \geqq 0. \tag{14}$$

　$q(x) \in \mathfrak{D}_{2\pi}(\mathbb{R})$ とすれば，これは三角多項式の列 $\{q_N\}$ によって $\mathfrak{C}^\infty$-近似される。したがって超函数の定義から，(14) によれば，すべての $q \in \mathfrak{C}^\infty(\mathbb{T},\mathbb{C})(\mathfrak{D}_{2\pi}(\mathbb{R}))$ について

$$T(|q(x)|^2) \geqq 0. \tag{15}$$

　$p(x) \in \mathfrak{D}_{2\pi}(\mathbb{R})$ を正値とし，$q(x) = \sqrt{p(x)}$ とすれば $q(x) \in \mathfrak{D}_{2\pi}(\mathbb{R})$。(15) により

$$T(p(x)) \geqq 0.$$

したがって T は正の超函数である。正の超函数は測度である（cf. 付論 C, pp.430-431）から，

---

[10]　定理 2.5 およびそれへの注意を見よ。pp.45-47.

152　　第 6 章　測度の Fourier 変換

$$T(\varphi) = \int_{\mathbb{T}} \varphi(x)d\mu \quad \text{for all} \quad \varphi \in \mathfrak{C}^{\infty}(\mathbb{T}, \mathbb{C})$$

なる $\mu \in \mathfrak{M}_+(\mathbb{T})$ が存在する。ゆえに

$$a_n = \frac{1}{\sqrt{2\pi}}T(e^{-inx}) = \frac{1}{\sqrt{2\pi}}\int_{\mathbb{T}} e^{-inx}d\mu. \qquad \text{(証了)}$$

§5　測度の Fourier 変換

　Herglotz の定理と同じ系列の定理として，函数 $f : \mathbb{R} \to \mathbb{C}$ を $\mathbb{R}$ 上の正値 Radon 測度の Fourier 変換として表現する Bochner の定理がある。証明はいくとおりかの方法があるが，次節においてまず総和法に基づく考え方を示し，さらに超函数論の立場からの別証を与えたい。本節はそのための準備である。

　定義　$\mu \in \mathfrak{M}(\mathbb{R})$ に対して

$$\hat{\mu}(\xi) = \frac{1}{\sqrt{2\pi}}\int_{-\infty}^{\infty} e^{-i\xi x}d\mu(x)$$

を μ の **Fourier 変換**と呼ぶ。

　測度の Fourier 変換を函数のそれと区別するために，**Fourier-Stieltjes 変換**と称する場合もある。$\hat{\mu}(\xi)$ が一様連続であることは容易に知られる。また $f \in \mathfrak{L}^1(\mathbb{R}, \mathbb{C})$ によって定まる測度 $d\mu_f = fdx$ の Fourier 変換は

$$\hat{\mu}_f(\xi) = \frac{1}{\sqrt{2\pi}}\int_{-\infty}^{\infty} e^{-i\xi x}f(x)dx$$

であるから，これは函数 f の通常の Fourier 変換にほかならない。

　定義　測度 $\mu \in \mathfrak{M}(\mathbb{R})$ と函数 $\varphi \in \mathfrak{C}_{\infty}(\mathbb{R}, \mathbb{C})$ に対して積分

$$(\mu * \varphi)(x) = \int_{-\infty}^{\infty} \varphi(x - y)d\mu(y)$$

をμとφとのたたみ込み（合成積 convolution）という。[11]

ここでもちろん

$$\|\mu * \varphi\|_\infty \leqq \|\mu\|_{\mathfrak{M}(\mathbb{R})} \cdot \|\varphi\|_\infty$$

である。$\|\mu\|_{\mathfrak{M}(\mathbb{R})}$ は μ の全変動 $|\mu|$ によって定まるノルムである。たたみ込みの演算は，$\mu \in \mathfrak{M}(\mathbb{R})$ と μ について可積分な函数 $\varphi \in \mathfrak{L}^1_\mu(\mathbb{R}, \mathbb{C})$ の組み合わせに対しても同様に定義することができる。

次の定理は $\mathbb{T}$ 上での結果である定理 6.1 に対応するものである。

定理 6.5　$\mu \in \mathfrak{M}(\mathbb{R})$, $f \in \mathfrak{A}$（Wiener 代数）とすれば，

$$\int_{-\infty}^{\infty} f(x)d\mu = \int_{-\infty}^{\infty} \hat{f}(\xi)\hat{\mu}(-\xi)d\xi.$$

証明　逆変換公式（定理 5.9, p.131）により，

$$f(x) = \frac{1}{\sqrt{2\pi}} \int_{-\infty}^{\infty} \hat{f}(\xi)e^{i\xi x}d\xi$$

であるから，Fubini の定理により，

$$\begin{aligned}
\int_{-\infty}^{\infty} f(x)d\mu &= \frac{1}{\sqrt{2\pi}} \int_{-\infty}^{\infty} \int_{-\infty}^{\infty} \hat{f}(\xi)e^{i\xi x}d\xi d\mu(x) \\
&= \frac{1}{\sqrt{2\pi}} \int_{-\infty}^{\infty} \left\{ \int_{-\infty}^{\infty} e^{i\xi x}d\mu(x) \right\} \hat{f}(\xi)d\xi \\
&= \int_{-\infty}^{\infty} \hat{f}(\xi)\hat{\mu}(-\xi)d\xi. \qquad (\text{証了})
\end{aligned}$$

これから，系 6.1 に対応して次の系を得る。[12]

---

11)　ふたつの測度のたたみ込みについては本章 §7 を見よ。
12)　この結果を得るためには $\hat{\mu}(\xi)$ は "殆どすべて" の ξ についてゼロであればよいのであるが，$\hat{\mu}(\xi)$ は連続であることがわかっているので，この場合も結局 "すべて" の ξ においてゼロとなる。

154 第 6 章 測度の Fourier 変換

系 6.3 $\mu \in \mathfrak{M}(\mathbb{R})$ に対して $\hat{\mu}(\xi) = 0$ がすべての $\xi \in \mathbb{R}$ について成り立つならば，$\mu = 0$ である。

定理 6.6 $\varphi \in \mathfrak{C}(\mathbb{R}, \mathbb{C})$ とし，$\varPhi_\lambda$ を $(\lambda > 0)$

$$\varPhi_\lambda(x) = \frac{1}{\sqrt{2\pi}} \int_{-\lambda}^{\lambda} \left(1 - \frac{|\xi|}{\lambda} \right) \varphi(\xi) e^{i\xi x} d\xi$$

と定義する。このとき次の二命題は同値である。

(i) $\varphi = \hat{\mu}$ となる $\mu \in \mathfrak{M}(\mathbb{R})$ が存在する。

(ii) すべての $\lambda > 0$ に対して，$\varPhi_\lambda \in \mathfrak{L}^1(\mathbb{R}, \mathbb{C})$ で，しかも $\|\varPhi_\lambda\|_1 = O(1)$ (as $\lambda \to \infty$)。

証明 (i)⇒(ii): $\varphi = \hat{\mu}$ $(\mu \in \mathfrak{M}(\mathbb{R}))$ とする。μ と Fejér 核 K_λ とのたたみ込みを計算すると，

$$(\mu * K_\lambda)(x) = \int_{-\infty}^{\infty} K_\lambda(x - y) d\mu(y)$$

$$= \int_{-\infty}^{\infty} \frac{\lambda}{2\pi} \int_{-1}^{1} (1 - |\theta|) e^{i\theta(x-y)\lambda} d\theta \cdot d\mu(y)$$

$$\text{(補題 5.2, p.126 による)}$$

$$= \frac{\lambda}{2\pi} \int_{-1}^{1} \underbrace{\left\{ \int_{-\infty}^{\infty} e^{-i\theta\lambda y} d\mu(y) \right\}}_{\sqrt{2\pi}\hat{\mu}(\theta\lambda)} (1 - |\theta|) e^{i\theta\lambda x} d\theta$$

$$= \frac{1}{\sqrt{2\pi}} \int_{-\lambda}^{\lambda} \left(1 - \frac{|\xi|}{\lambda} \right) \hat{\mu}(\xi) e^{i\xi x} d\xi \qquad (\theta\lambda = \xi \text{の変数変換})$$

$$= \frac{1}{\sqrt{2\pi}} \int_{-\lambda}^{\lambda} \left(1 - \frac{|\xi|}{\lambda} \right) \varphi(\xi) e^{i\xi x} d\xi \qquad ((\text{i}) \text{による})$$

$$= \varPhi_\lambda(x).$$

したがって

$$\|\varPhi_\lambda\|_1 = \int_{-\infty}^{\infty} |\varPhi_\lambda(x)| dx = \int_{-\infty}^{\infty} |(\mu * K_\lambda)(x)| dx$$

$$= \int_{-\infty}^{\infty} \int_{-\infty}^{\infty} |K_\lambda(x - y)| d|\mu|(y) dx$$

$$\leqq \|K_\lambda\|_1 \cdot \|\mu\|_{\mathfrak{M}(\mathbb{R})}$$

であるから (ii) が導かれる。

(ii)⇒(i):　測度 μ_λ を $\Phi_\lambda(x)dx$ を以て定義する。$\{\Phi_\lambda\}_{\lambda>0}$ の $\mathfrak{L}^1$-有界性から，Alaoglu の定理[13]により，$\mu_\lambda = \Phi_\lambda(x)dx$ は $\lambda \to \infty$ のとき（*弱位相についての）極限点 μ をもつ。このとき $\varphi = \hat\mu$ であることを示そう。

そのためにまず，任意の $g \in \mathfrak{S}$（急減少函数の空間）に対して

$$\int_{-\infty}^{\infty} \varphi(-\xi)g(\xi)d\xi = \int_{-\infty}^{\infty} \hat\mu(-\xi)g(\xi)d\xi \tag{1}$$

が成り立つことを確認しよう。g の Fourier 逆変換を $G \in \mathfrak{S}$，つまり $g = \widehat{G}$ とし，これを用いて計算すると，

$$\begin{aligned}
\int_{-\infty}^{\infty} g(\xi)\varphi(-\xi)d\xi &= \lim_{\lambda\to\infty} \int_{-\lambda}^{\lambda} g(\xi)\varphi(-\xi)\left(1 - \frac{|\xi|}{\lambda}\right)d\xi \\
&= \lim_{\lambda\to\infty} \int_{-\lambda}^{\lambda} \left\{\frac{1}{\sqrt{2\pi}}\int_{\infty}^{\infty} G(x)e^{-i\xi x}dx\right\}\varphi(-\xi)\left(1 - \frac{|\xi|}{\lambda}\right)d\xi \\
&= \lim_{\lambda\to\infty} \frac{1}{\sqrt{2\pi}}\int_{-\infty}^{\infty} G(x)\left\{\int_{-\lambda}^{\lambda}\left(1 - \frac{|\xi|}{\lambda}\right)\varphi(-\xi)e^{-i\xi x}d\xi\right\}dx \\
&= \lim_{\lambda\to\infty} \frac{1}{\sqrt{2\pi}}\int_{-\infty}^{\infty} G(x)\left\{\int_{-\lambda}^{\lambda}\left(1 - \frac{|\xi|}{\lambda}\right)\varphi(\xi)e^{i\xi x}d\xi\right\}dx \\
&\qquad\qquad (-\xi をあらためて \xi とおく変数変換) \\
&= \lim_{\lambda\to\infty} \int_{-\infty}^{\infty} G(x)\Phi_\lambda(x)dx \\
&= \lim_{\lambda\to\infty} \int_{-\infty}^{\infty} G(x)d\mu_\lambda \\
&= \int_{-\infty}^{\infty} G(x)d\mu \qquad (\mu_\lambda \xrightarrow{w^*} \mu) \\
&= \int_{-\infty}^{\infty} \frac{1}{\sqrt{2\pi}}\int_{-\infty}^{\infty} g(\xi)e^{i\xi x}d\xi \cdot d\mu(x) \\
&= \int_{-\infty}^{\infty} g(\xi)\left\{\frac{1}{\sqrt{2\pi}}\int_{-\infty}^{\infty} e^{i\xi x}d\mu(x)\right\}d\xi
\end{aligned}$$

---

13)　Lax[71] pp.120-121, 丸山 [77] pp.354-355.

$$= \int_{-\infty}^{\infty} g(\xi)\hat{\mu}(-\xi)d\xi.$$

これで (1) が示された。

$\mathfrak{S}$ は $\mathfrak{C}_{\infty}$ の中で稠密ゆえ，(1) から，任意の $g \in \mathfrak{C}_{\infty}$ に対して

$$\int_{-\infty}^{\infty} g(\xi)\{\varphi(-\xi) - \hat{\mu}(-\xi)\}d\xi = 0$$

が成り立つ。したがって $\varphi(-\xi) = \hat{\mu}(-\xi)$，つまり $\varphi = \hat{\mu}$ が導かれる。

(証了)

補題 6.5 $\mu_n, \mu \in \mathfrak{M}(\mathbb{R}), \varphi \in \mathfrak{C}(\mathbb{R}, \mathbb{C})$ とし，

$$w^*\text{-}\lim_{n \to \infty} \mu_n = \mu$$

および各 $\xi \in \mathbb{R}$ において

$$\lim_{n \to \infty} \hat{\mu}_n(\xi) = \varphi(\xi)$$

が成り立つとすれば，$\hat{\mu} = \varphi$。

証明 前定理の証明と同様，$g \in \mathfrak{S}$ とし，その Fourier 逆変換を G とする。つまり $g = \widehat{G}$ である。すると

$$
\begin{aligned}
\int_{-\infty}^{\infty} g(\xi)\hat{\mu}(-\xi)d\xi &= \frac{1}{\sqrt{2\pi}} \int_{-\infty}^{\infty} \left\{ \int_{-\infty}^{\infty} e^{i\xi x}d\mu(x) \right\} g(\xi)d\xi \\
&= \frac{1}{\sqrt{2\pi}} \int_{-\infty}^{\infty} \left\{ \int_{-\infty}^{\infty} g(\xi)e^{i\xi x}d\xi \right\} d\mu(x) \\
&= \int_{-\infty}^{\infty} G(x)d\mu(x) \\
&= \lim_{n \to \infty} \int_{-\infty}^{\infty} G(x)d\mu_n(x) \qquad (\mu_n \xrightarrow{w^*} \mu \text{ による}) \\
&= \lim_{n \to \infty} \frac{1}{\sqrt{2\pi}} \int_{-\infty}^{\infty} \left\{ \int_{-\infty}^{\infty} g(\xi)e^{i\xi x}d\xi \right\} d\mu_n(x) \\
&= \lim_{n \to \infty} \frac{1}{\sqrt{2\pi}} \int_{-\infty}^{\infty} \left\{ \int_{-\infty}^{\infty} e^{i\xi x}d\mu_n \right\} g(\xi)d\xi
\end{aligned}
$$

§5 測度の Fourier 変換 157

$$= \lim_{n \to \infty} \int_{-\infty}^{\infty} g(\xi) \hat{\mu}_n(-\xi) d\xi$$

$$= \int_{-\infty}^{\infty} g(\xi) \varphi(-\xi) d\xi. \quad (\text{上限収束定理})$$

が導かれる。[14) したがって任意の $g \in \mathfrak{S}$ に対して

$$\int_{-\infty}^{\infty} g(\xi)(\hat{\mu}(-\xi) - \varphi(-\xi)) d\xi = 0$$

が成り立つ。$\hat{\mu}(-\xi) - \varphi(-\xi)$ の連続性から $\hat{\mu} = \varphi$ を得る。[15)   (証了)

次の定理は定理 6.3 に対応するものである。

定理 6.7 $\varphi \in \mathfrak{C}(\mathbb{R}, \mathbb{C})$ に対して，次の二命題は同値である。

(i) $\varphi = \hat{\mu}$ を満たす $\mu \in \mathfrak{M}(\mathbb{R})$ が存在する。

(ii)   任意の $f \in \mathfrak{S}$ に対して

$$\left| \int_{-\infty}^{\infty} \hat{f}(\xi) \varphi(-\xi) d\xi \right| \leq C \sup_{x \in \mathbb{R}} |f(x)|$$

を満たす定数 C が存在する。

証明   (i)⇒(ii)： $C = \|\mu\|$ とすれば，定理 6.5 から明らかである。

(ii)⇒(i)：   線形汎函数 $\Lambda : \mathfrak{S} \to \mathbb{C}$ を

$$\Lambda : f \mapsto \int_{-\infty}^{\infty} \hat{f}(\xi) \varphi(-\xi) d\xi \tag{2}$$

---

14) $g(\xi)\hat{\mu}(-\xi) \to g(\xi)\varphi(-\xi)$。また $\mu_n \overset{w*}{\to} \mu$ であるから，$\{\mu_n\}$ は（作用素ノルムについて）有界である。しかも $\|g\|_\infty < \infty$ なので

$$|g(\xi)\hat{\mu}_n(-\xi)| \leq |g(\xi)| \cdot C \leq F(\xi)$$

なる $F \in \mathfrak{L}^1$ が存在する。そこで上限収束定理を用いる。

15)   仮にある $\bar{\xi}$ において $\hat{\mu}(-\bar{\xi}) - \varphi(-\bar{\xi}) \neq 0$，たとえば > 0 であるとすれば，$\bar{\xi}$ のある近傍 U において $\hat{\mu}(-\xi) - \varphi(-\xi) > 0$ が成り立つ。そうすると supp $g \subset U$ で，台の内部で正となる $g \in \mathfrak{S}$ が存在する。明らかに

$$\int_{-\infty}^{\infty} g(\xi)(\hat{\mu}(-\xi) - \varphi(-\xi)) d\xi > 0.$$

矛盾。

と定義すれば，(ii) により，Λ は有界で $\|\Lambda\| \leqq C$ である。ただし，$\mathfrak{S}$ の位相は一様収束ノルムとする。$\mathfrak{S}$ は $\mathfrak{C}_\infty$ において稠密ゆえ，Λ は $(\mathfrak{C}_\infty)'$ の元としてノルムを保存して一意的に拡大することができる。それも同じ記号で Λ と書くことにすれば，

$$\Lambda f = \int_{-\infty}^{\infty} f(x)d\mu \quad , \quad f \in \mathfrak{C}_\infty \tag{3}$$

を満たす $\mu \in \mathfrak{M}(\mathbb{R})$ が一意的に定まる。($\|\mu\| \leqq C$.) 再び定理 6.5 により

$$\int_{-\infty}^{\infty} f(x)d\mu = \int_{-\infty}^{\infty} \hat{f}(\xi)\hat{\mu}(-\xi)d\xi \quad , \quad f \in \mathfrak{S} \tag{4}$$

であるから，(2) と (4) により

$$\int_{-\infty}^{\infty} \hat{f}(\xi)\{\varphi(-\xi) - \hat{\mu}(-\xi)\}d\xi = 0 \quad , \quad f \in \mathfrak{S}. \tag{5}$$

$\hat{\mathfrak{S}} = \{\hat{f} | f \in \mathfrak{S}\}$ であることと，$\varphi(-\xi) - \hat{\mu}(-\xi)$ の連続性から，(5) により $\varphi = \hat{\mu}$ が導かれる。 (証了)

p.74 の 1°, 2° および p.78 の注意に基づき，定理 6.7 の (ii) で用いた函数空間 $\mathfrak{S}$ を $\mathfrak{S}_c$ あるいは $\mathfrak{C}_0^\infty$ ととりかえても，それは (i) と同値になることがわかる。

定理 6.8 $\varphi \in \mathfrak{C}(\mathbb{R}, \mathbb{C})$ について，次の二命題は同値である。

(i) $\varphi = \hat{\mu}$ を満たす $\mu \in \mathfrak{M}(\mathbb{R})$ が存在する。

(ii) 任意の $\lambda > 0$ に対して数列 $\{\varphi(\lambda n)\}_{n \in \mathbb{Z}}$ が $\|\nu_\lambda\| \leqq C$ を満たす $\nu_\lambda \in \mathfrak{M}(\mathbb{T})$ の Fourier 係数となるような定数 C（λ から独立）が存在する。

証明 (i)⇒(ii) : (i) が成り立つとし，$\mathbb{T}$ 上の測度 ν を次のように定める。E を $\mathbb{T}$ の可測集合とし，$E_n = E + 2\pi n$ $(n \in \mathbb{Z})$, $\widetilde{E} = \cup_n E_n$ とおいて $\nu(E) = \mu(\widetilde{E})$ と定義するのである。[16] こうすると

---

16) 周期 2π の函数 f に対して

§5 測度の Fourier 変換　　　159

$$\varphi(n) = \hat{\mu}(n) = \hat{\nu}(n) \quad , \quad \|\nu\| \leqq \|\mu\|$$

である。$\mathbb{R}$ 上の測度 μ_λ $(\lambda > 0)$ を

$$\int_{-\infty}^{\infty} f(x)d\mu_\lambda = \int_{-\infty}^{\infty} f(\lambda x)d\mu \, , \, f \in \mathfrak{C}_\infty$$

となるように定めれば，$\|\mu_\lambda\| = \|\mu\|$ で，しかも

$$\hat{\mu}_\lambda(\xi) = \hat{\mu}(\lambda\xi) \tag{6}$$

が成り立つ。実際，

$$\hat{\mu}_\lambda(\xi) = \frac{1}{\sqrt{2\pi}} \int_{-\infty}^{\infty} e^{-i\xi x}d\mu_\lambda(x) = \frac{1}{\sqrt{2\pi}} \int_{-\infty}^{\infty} e^{-i\xi \cdot \lambda x}d\mu(x) = \hat{\mu}(\lambda\xi)$$

から，(6) が導かれる。したがって

$$\varphi(\lambda n) = \hat{\mu}(\lambda n) = \hat{\mu}_\lambda(n).$$

この μ_λ に対応する $\mathbb{T}$ 上の測度を ν_λ とすればよい。すべての $\lambda > 0$ に対し $\|\nu_\lambda\| \leqq \|\mu_\lambda\| = \|\mu\|$ であるから，$C = \|\mu\|$ とすればよい。

(ii)⇒(i)　：　$f \in \mathfrak{S}_c \equiv \{f \in \mathfrak{S} | \text{supp } \hat{f}$ はコンパクト $\}$ とすると $\hat{f}(\xi)\varphi(-\xi)$ は $\mathfrak{C}_0$ の元ゆえ，積分

$$\int_{-\infty}^{\infty} \hat{f}(\xi)\varphi(-\xi)d\xi$$

は Riemann 和で近似することができる。つまり任意の $\varepsilon > 0$ に対して，$\text{supp } \hat{f}$ を含む適当な区間 $[-A, A]$ を十分に小さな幅 λ で分割すれば

$$\left| \int_{-\infty}^{\infty} \hat{f}(\xi)\varphi(-\xi)d\xi \right| < \left| \lambda \sum_n \hat{f}(\lambda n)\varphi(-\lambda n) \right| + \varepsilon \tag{7}$$

とすることができる。

$$\int_{-\infty}^{\infty} f(x)d\mu = \int_{-\pi}^{\pi} f(x)d\nu.$$

160 第 6 章 測度の Fourier 変換

さて函数 $\psi_\lambda(x)$ $(: \mathbb{T} \to \mathbb{C})$ を

$$\psi_\lambda(x) = \sum_{m=-\infty}^{\infty} f\left(\frac{x+2\pi m}{\lambda}\right) \tag{8}$$

と定義する。ここで $f \in \mathfrak{S}_c (\subset \mathfrak{S})$ なのであるから，級数 $\psi_\lambda(x)$ の値は確かに定まり，連続であることに注意する。この函数の Fourier 係数を計算すると，

$$\begin{aligned}
\hat{\psi}_\lambda(n) &= \frac{1}{\sqrt{2\pi}} \int_{-\pi}^{\pi} \psi_\lambda(x) e^{-inx} dx \\
&= \frac{1}{\sqrt{2\pi}} \int_{-\pi}^{\pi} \sum_{m=-\infty}^{\infty} f\left(\frac{x+2\pi m}{\lambda}\right) e^{-inx} dx \\
&= \frac{\lambda}{\sqrt{2\pi}} \int_{-\frac{\pi}{\lambda}}^{\frac{\pi}{\lambda}} \sum_{m=-\infty}^{\infty} f\left(x+\frac{2\pi m}{\lambda}\right) e^{-i\lambda nx} dx
\end{aligned}$$

$(x/\lambda$ をあらためて x とおく変数変換$)$

$$= \frac{\lambda}{\sqrt{2\pi}} \sum_{m=-\infty}^{\infty} \int_{-\frac{\pi}{\lambda}}^{\frac{\pi}{\lambda}} f\left(x+\frac{2\pi m}{\lambda}\right) e^{-i\lambda nx} dx \tag{9}$$

$(\sum \cdots$ の一様収束による$)$.

(9) の積分を計算すると，

$$\begin{aligned}
\int_{-\frac{\pi}{\lambda}}^{\frac{\pi}{\lambda}} f\left(x+\frac{2\pi m}{\lambda}\right) e^{-i\lambda nx} dx &= \int_{-\frac{\pi}{\lambda}+\frac{2\pi m}{\lambda}}^{\frac{\pi}{\lambda}+\frac{2\pi m}{\lambda}} f(u) e^{-i\lambda nu} \cdot e^{2\pi inm} du
\end{aligned}$$

$(u = x + (2\pi m)/\lambda$ の変数変換$)$

$$= \int_{-\frac{\pi}{\lambda}+\frac{2\pi m}{\lambda}}^{\frac{\pi}{\lambda}+\frac{2\pi m}{\lambda}} f(u) e^{-i\lambda nu} du \tag{10}$$

$(e^{2\pi inm} = 1)$.

(10) を (9) に戻せば[17]

$$\hat{\psi}_\lambda(n) = \frac{\lambda}{\sqrt{2\pi}} \int_{-\infty}^{\infty} f(u) e^{-i\lambda nu} du = \lambda \hat{f}(\lambda n). \tag{11}$$

_____

17) 積分 (10) の上端，下端を $m \in \mathbb{Z}$ についてすべて加えあわせると $(-\infty, \infty)$ 上の積分となる。図 6.1 参照。

§5 測度の Fourier 変換

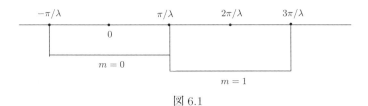

図 6.1

次に $f \in \mathfrak{S}$ であることから, 十分に小さな λ に対して

$$\|\psi_\lambda\|_\infty \leqq \|f\|_\infty + \varepsilon \tag{12}$$

の成り立つことが示される. 実際 f が急減少であることから, 適当な M に対して[18]

$$\left| f\left(\frac{x + 2\pi m}{\lambda} \right) \right| \leqq \frac{M}{\left(\frac{x + 2\pi m}{\lambda} \right)^2} \leqq \frac{M}{4\pi^2} \cdot \frac{1}{\left(\frac{m}{\lambda} \right)^2} \tag{13}$$

がすべての $x \in \mathbb{T}$ について成り立つ. したがって

$$\begin{aligned}
|\psi_\lambda(x)| &\leqq \sum_{m=-\infty}^{\infty} \left| f\left(\frac{x + 2\pi m}{\lambda} \right) \right| \\
&\leqq \left| f\left(\frac{x}{\lambda} \right) \right|_{(m=0)} + \sum_{m \neq 0} \frac{M}{4\pi^2} \cdot \frac{\lambda^2}{m^2} \\
&\leqq A \quad (A \text{ は } x \text{ から独立した定数}).
\end{aligned} \tag{14}$$

これから λ_0 をひとつ固定し N_0 を十分に大きく選ぶと

$$\sup_{x \in \mathbb{T}} \sum_{|m| \geqq N} \left| f\left(\frac{x + 2\pi m}{\lambda_0} \right) \right| < \varepsilon \tag{15}$$

とすることができる. $\lambda \leqq \lambda_0$ については (15) が成り立つ.

---

[18] $\left(\dfrac{x + 2\pi m}{\lambda} \right)^2 \geqq \left(\dfrac{\pi - 2\pi|m|}{\lambda} \right)^2 = \dfrac{\pi^2}{\lambda^2}(1 - 2|m|)^2 \geqq \dfrac{\pi^2}{\lambda^2} m^2$. ただし $|m| \geqq 1$ として.

$|m| \leq N_0$ については，λ を十分に小さくとれば

$$\sup_{x \in \mathbb{T}} \left| f\left(\frac{x + 2\pi m}{\lambda}\right) \right| \leq \frac{1}{2N_0 + 1} \|f\|_\infty \qquad (16)$$

が成り立つ。$\lambda \leq \lambda_0$ を (16) が成り立つように小さくとれば，(14)，(15)，(16) から

$$\|\psi_\lambda\|_\infty \leq \|f\|_\infty + \varepsilon. \qquad (17)$$

これから (12) が導かれるのである。

仮定 (ii) により，$\nu_\lambda \in \mathfrak{M}(\mathbb{T})$ を

$$\varphi(\lambda n) = \hat{\nu}_\lambda(n) \quad , \quad \|\nu_\lambda\| \leq C$$

を満たすように選ぶことができる。(11) および $|\hat{\psi}_\lambda(n)| \leq \sqrt{2\pi}\, \|\psi_\lambda\|_\infty$，$|\hat{\nu}_\lambda(n)| \leq (1/\sqrt{2\pi})C$ なる関係により，

$$\left| \lambda \sum_{n=-\infty}^{\infty} \hat{f}(\lambda n)\varphi(-\lambda n) \right| = \left| \sum_{n=-\infty}^{\infty} \hat{\psi}_\lambda(n)\hat{\nu}_\lambda(-n) \right| \leq C\|\psi_\lambda\|_\infty. \qquad (18)$$

(7)，(12)，(18) から

$$\left| \int_{-\infty}^{\infty} \hat{f}(\xi)\varphi(-\xi)d\xi \right| \leq C\|\psi_\lambda\|_\infty + \varepsilon$$

$$\leq C(\|f\|_\infty + \varepsilon) + \varepsilon = C\|f\|_\infty + (C+1)\varepsilon.$$

$\varepsilon > 0$ は任意であったから

$$\left| \int_{-\infty}^{\infty} \hat{f}(\xi)\varphi(-\xi)d\xi \right| \leq C\|f\|_\infty$$

がすべての $f \in \mathfrak{S}_c$ について成り立つ。

ゆえに定理 6.7 およびその注意により，(i) を得る。　　　　　　　　(証了)

§6　Bochner の定理

以上で Bochner の定理を証明するための殆どすべての用意が整った。

§6 Bochner の定理 163

定理 6.9 $\varphi = \mathfrak{C}^b(\mathbb{R}, \mathbb{C})$ に対して次の二命題は同値である。

(i) $\varphi = \hat{\mu}$ を満たす $\mu \in \mathfrak{M}_+(\mathbb{R})$ が存在する。

(ii) 任意の非負の $f \in \mathfrak{A}$（Wiener 代数）に対して

$$\int_{-\infty}^{\infty} \hat{f}(\xi)\varphi(-\xi)d\xi \geqq 0. \tag{1}$$

証明 (i)$\Rightarrow$(ii): (i) が成り立つとすれば，定理 6.5 により，任意の非負の $f \in \mathfrak{A}$ に対して，

$$\int_{-\infty}^{\infty} f(x)d\mu = \int_{-\infty}^{\infty} \hat{f}(\xi)\hat{\mu}(-\xi)d\xi \overset{\text{(i)}}{=} \int_{-\infty}^{\infty} \hat{f}(\xi)\varphi(-\xi)d\xi \geqq 0.$$

こうしてただちに (ii) が導かれる。

(ii)$\Rightarrow$(i): $\varphi = \hat{\mu}$ を満たす $\mu \in \mathfrak{M}(\mathbb{R})$ が存在するならば，(ii) により，任意の非負の $f \in \mathfrak{S}$ について，($\mathfrak{S} \subset \mathfrak{A}$ に注意)

$$\int_{-\infty}^{\infty} f(x)d\mu = \int_{-\infty}^{\infty} \hat{f}(\xi)\varphi(-\xi)d\xi \geqq 0$$

である。$\mathfrak{S}$ は $\mathfrak{C}_\infty$ において稠密であることから，$\mu \geqq 0$ とならねばならない。

したがって，以下では $\varphi = \hat{\mu}$ を満たす $\mu \in \mathfrak{M}(\mathbb{R})$ の存在だけを示せばよい。

計算上，Fejér 核 $K_\lambda(x)$ について，次の二点を思い出しておこう。

1°

$$\frac{1}{\lambda}K_\lambda(x) = K(\lambda x) = \frac{1}{2\pi}\left(\frac{\sin \lambda x/2}{\lambda x/2}\right)^2 \tag{2}$$

は非負で，しかも $\lambda \to 0$ のとき $1/2\pi$ に収束する。[19] この収束は $\mathbb{R}$ 上の任意のコンパクト集合上で一様である。

2°

$$\widehat{K(\lambda x)}(\xi) = \frac{1}{\lambda}\text{Max}\left\{\frac{1}{\sqrt{2\pi}}\left(1 - \frac{|\xi|}{\lambda}\right), 0\right\}. \tag{3}$$

実際，$K(\lambda x) = K_\lambda(x)/\lambda$ であるから，

$$\widehat{K(\lambda x)}(\xi) = \frac{1}{\lambda}\widehat{K_\lambda}(\xi). \tag{4}$$

既に示したとおり，[20]

---

19) Fejér 核 K および K_λ については，第 5 章 §4. p.125 以下を見よ。

20) 第 5 章 §5, p.133。

$$\widehat{K}_\lambda(\xi) = \begin{cases} \frac{1}{\sqrt{2\pi}}\left(1 - \frac{|\xi|}{\lambda}\right) & \text{on} \quad [-\lambda, \lambda], \\ 0 & \text{on} \quad [-\lambda, \lambda]^c \end{cases}$$

$$= \text{Max}\left\{\frac{1}{\sqrt{2\pi}}\left(1 - \frac{|\xi|}{\lambda}\right), 0\right\}. \tag{5}$$

(4), (5) より (3) が導かれる。

次に

$$\lim_{\lambda \to 0} \frac{\sqrt{2\pi}}{\lambda} \int_{-\infty}^{\infty} \widehat{K}_\lambda(\xi)\varphi(-\xi)d\xi = \varphi(0) \tag{6}$$

を示そう。(5) から (cf. 図 6.2)

$$\frac{1}{\lambda} \int_{-\infty}^{\infty} \widehat{K}_\lambda(\xi)d\xi = \int_{-\infty}^{\infty} \widehat{K(\lambda x)}(\xi)d\xi = \frac{1}{\sqrt{2\pi}} \tag{7}$$

であるから,

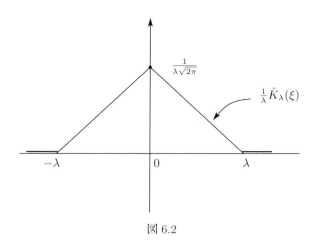

図 6.2

$$\left|\int_{-\infty}^{\infty} \frac{\sqrt{2\pi}}{\lambda} \widehat{K}_\lambda(\xi)\varphi(-\xi)d\xi - \varphi(0)\right| = \left|\int_{-\infty}^{\infty} \frac{\sqrt{2\pi}}{\lambda} \widehat{K}_\lambda(\xi)\{\varphi(-\xi)d\xi - \varphi(0)\}d\xi\right|$$

$$\leq \underbrace{\frac{\sqrt{2\pi}}{\lambda}\|\widehat{K}_\lambda\|_1}_{=1} \cdot \|\varphi(-\xi) - \varphi(0)\|_\infty = \|\varphi(-\xi) - \varphi(0)\|_\infty. \tag{8}$$

$\lambda \to 0$ とすれば，φ の連続性から

$$\sup_{\xi \in [-\lambda, \lambda]} |\varphi(-\xi) - \varphi(0)| \to 0.$$

つまり (8) の最右辺は 0 に収束する。こうして (6) が示されたのである。

最後に定理 6.7 およびその注意を用い，任意の $f \in \mathfrak{C}_0^\infty$ に対して

$$\left| \int_{-\infty}^\infty \hat{f}(\xi)\varphi(-\xi)d\xi \right| \leq C\|f\|_\infty \tag{9}$$

を満たす定数 C が存在することを示そう。一般性を失うことなく，f は実数値として考えればよい。（複素数値の場合は，実部と虚部に分けて，それを組み合せればよい。）さて任意の $\varepsilon > 0$ に対して十分に小さな $\lambda > 0$ をとれば

$$2\pi(\varepsilon + \|f\|_\infty)K(\lambda x) - f(x) \geqq 0 \qquad \text{for all} \quad x \in \mathbb{R} \tag{10}$$

である。[21] (10) の左辺は $\mathfrak{A}$ に属し，非負であるから，(ii) により

$$\begin{aligned}
\frac{1}{2\pi} \int_{-\infty}^\infty \hat{f}(\xi)\varphi(-\xi)d\xi &\leq (\varepsilon + \|f\|_\infty) \int_{-\infty}^\infty \widehat{K(\lambda x)}(\xi)\varphi(-\xi)d\xi \\
&= \frac{1}{\lambda}(\varepsilon + \|f\|_\infty) \int_{-\infty}^\infty \widehat{K}_\lambda(\xi)\varphi(-\xi)d\xi \\
&= \frac{1}{\sqrt{2\pi}} \frac{\sqrt{2\pi}}{\lambda}(\varepsilon + \|f\|_\infty) \int_{-\infty}^\infty \widehat{K}_\lambda(\xi)\varphi(-\xi)d\xi \\
&\longrightarrow \frac{\varepsilon + \|f\|_\infty}{\sqrt{2\pi}}\varphi(0) \quad \text{as} \quad \lambda \to 0 \quad ((6) \text{による}).
\end{aligned}$$
$$\tag{11}$$

ゆえに

$$\int_{-\infty}^\infty \hat{f}(\xi)\varphi(-\xi)d\xi \leq \sqrt{2\pi}(\varepsilon + \|f\|_\infty)\varphi(0) \tag{12}$$

が得られる。同じ議論を $-\varphi$ に対して繰り返せば，逆の不等号が導かれ，結

---

21) $\lambda \to 0$ のとき $K(\lambda x) \to 1/2\pi$ （任意のコンパクト集合上で一様）であることは p.163 で見た。supp f がコンパクトなので，まず (10) がそこで成り立つように λ （$x \in$ supp f から独立）を選ぶことができる。そして supp f の外では (10) は当然成り立っている。

166　　　　　　　　第 6 章　測度の Fourier 変換

局 $C = \sqrt{2\pi}\varphi(0)$ として (9) が示されたのである。　　　　　　　　（証了）

　前節の定理 6.8 と，いま証明した定理 6.9 を組み合わせて，次の定理を得る。

　定理 6.10　$\varphi \in \mathfrak{C}^b(\mathbb{R}, \mathbb{C})$ について，次のふたつの命題は同値である。
　(i)　$\varphi = \hat{\mu}$ を満たす $\mu \in \mathfrak{M}_+(\mathbb{R})$ が存在する。
　(ii)　任意の $\lambda > 0$ に対して，数列 $\{\varphi(\lambda n)\}_{n \in \mathbb{Z}}$ がその Fourier 係数となる $\nu_\lambda \in \mathfrak{M}_+(\mathbb{T})$ が存在する。

　証明　(i)⇒(ii)　は定理 6.8 と同様にすればよい。証明中，測度 μ_λ が正値となるため，それに対応する ν_λ も正値である。
　(ii)⇒ (i):　$\nu_\lambda \in \mathfrak{M}_+(\mathbb{T})$ は

$$\varphi(\lambda n) = \hat{\nu}_\lambda(n) \quad , \quad n \in \mathbb{Z}$$

を満たすのであるから，

$$\varphi(0) = \frac{1}{\sqrt{2\pi}} \int_{-\pi}^{\pi} d\nu_\lambda = \frac{1}{\sqrt{2\pi}} \|\nu_\lambda\|.$$

定理 6.8 から（$C = \sqrt{2\pi}\varphi(0)$ として），$\varphi = \hat{\mu}$ を満たす $\mu \in \mathfrak{M}(\mathbb{R})$ が存在する。
　定理 6.9 をつかうために非負の $f \in \mathfrak{A}$ に対して (1) の成り立つことを示すのであるが，一般性を失うことなく supp $\hat{f}$ はコンパクトと仮定してよい。[22]
この仮定の下に (1) の左辺の積分を前節 (7) (p.159) を満たすように Riemann

---

　22)　$f \in \mathfrak{A}, f \geqq 0$ とすれば，$\hat{f}$ に $\mathfrak{L}^1$-収束する $\mathfrak{C}_0^\infty$ の列 $\{g_n\}$ が存在する。g_n の Fourier 逆変換を f_n，つまり $\hat{f}_n = g_n$ とすれば $\{f_n\}$ は $\mathfrak{S}_c$ の列である。各 n について

$$\int_{-\infty}^{\infty} \hat{f}_n(\xi)\varphi(-\xi)d\xi = \int_{-\infty}^{\infty} g_n(\xi)\varphi(-\xi)d\xi \geqq 0$$

であるならば，極限に移って

$$\int_{-\infty}^{\infty} \hat{f}(\xi)\varphi(-\xi)d\xi \geqq 0$$

が導かれる。

近似し，さらに函数 $\psi_\lambda : \mathbb{T} \to \mathbb{C}$ を前節 (8) (p.160) として定義すれば，既に見たとおり (p.160 の (11) による)

$$\hat{\psi}_\lambda(n) = \lambda \hat{f}(\lambda n) \quad , \quad n \in \mathbb{Z} \tag{13}$$

であり，また十分小さな $\lambda > 0$ に対して

$$\|\psi_\lambda\|_\infty \leqq \|f\|_\infty + \varepsilon. \tag{14}$$

したがって $\sum \hat{\psi}_\lambda(n)\hat{\nu}_\lambda(-n)$ の収束が知られ，定理 6.1 から

$$\lambda \sum \hat{f}(\lambda n)\varphi(-\lambda n) = \sum \hat{\psi}_\lambda(n)\hat{\nu}_\lambda(-n) = \int_{-\pi}^{\pi} \psi_\lambda(x)d\nu_\lambda \geqq 0. \tag{15}$$

Riemann 近似の関係により，

$$\int_{-\infty}^{\infty} \hat{f}(\xi)\varphi(-\xi)d\xi \geqq \lambda \sum \hat{f}(\lambda n)\varphi(-\lambda n) - \varepsilon. \tag{16}$$

(15), (16) から $\varepsilon \downarrow 0$ として (1) を得る。 (証了)

定理 6.11（Bochner）[23] 函数 $\varphi \in \mathfrak{C}^b(\mathbb{R},\mathbb{C})$ に対して，次の二命題は同値である。

(i) $\varphi = \hat{\mu}$ を満たす $\mu \in \mathfrak{M}_+(\mathbb{R})$ が存在する。

(ii) φ は正の半定符号で，しかも 0 において連続である。

証明 (i)$\Rightarrow$(ii): $\xi_1, \xi_2, \cdots, \xi_p \in \mathbb{R}$, $z_1, z_2, \cdots, z_p \in \mathbb{C}$ とすれば，

$$\sum_{j,k} \varphi(\xi_j - \xi_k)z_j\bar{z}_k = \frac{1}{\sqrt{2\pi}} \int_{-\infty}^{\infty} \sum_{j,k} e^{-i\xi_j x}z_j \cdot e^{i\xi_k x}\bar{z}_k d\mu(x)$$

$$= \frac{1}{\sqrt{2\pi}} \int_{-\infty}^{\infty} \left|\sum z_j e^{-i\xi_j x}\right|^2 d\mu(x) \geqq 0.$$

(ii)$\Rightarrow$(i): φ が正の半定符号ならば，任意の $\lambda > 0$ に対して $\{\varphi(\lambda n)\}_{n \in \mathbb{Z}}$

---

23) Bochner[6].

168　　　　　　　第 6 章　測度の Fourier 変換

は正の半定符号の数列である。したがって Herglotz の定理 6.4 により，

$$\varphi(\lambda n) = \hat{\nu}_\lambda(n) \quad , \quad n \in \mathbb{Z}$$

を満たす $\nu_\lambda \in \mathfrak{M}_+(\mathbb{T})$ が存在する。定理 6.10 により，(ii) が導かれる。(証了)

　　注意　系 6.3 により，(i) を満たす u は一意的に定まる。

　　Herglotz の定理 6.4 に対応して，Bochner の定理にも超函数論に基づく別証を与えることができる。[24]

　　$\mathfrak{S}(\mathbb{R}) \subset \mathfrak{C}_\infty(\mathbb{R}, \mathbb{C})$ で，しかも $\mathfrak{S}$ は $\mathfrak{C}_\infty$ において稠密であるから，$\mathfrak{M} \subset \mathfrak{S}'$ である。測度 μ を緩増加超函数とみたとき，超函数としての Fourier 変換は §5 で定義した Fourier 変換と合致するであろうか。はじめにそれを確認しておこう。

　　$\theta \in \mathfrak{S}$ に対し，測度 μ の（超函数としての）Fourier 変換 $\hat{\mu}$ を計算する。

$$\hat{\mu}(\theta) = \mu(\hat{\theta}) = \mu\left[\frac{1}{\sqrt{2\pi}} \int_{\mathbb{R}} \theta(x) e^{-i\xi x} dx \right] = \frac{1}{\sqrt{2\pi}} \int_{\mathbb{R}} \left[\int_{\mathbb{R}} \theta(x) e^{-i\xi x} dx \right] d\mu(\xi)$$

$$= \int_{\mathbb{R}} \theta(x) \left[\frac{1}{\sqrt{2\pi}} \int_{\mathbb{R}} e^{-i\xi x} d\mu(\xi) \right] dx = \int_{\mathbb{R}} \theta(x) \hat{\mu}(x) dx$$

　　　　　　　　　　　（ここでの $\hat{\mu}(\xi)$ は §5 の定義による Fourier 変換）.

これがすべての $\theta \in \mathfrak{S}$ について成り立つのであるから，μ の超函数としての Fourier 変換と §5 の定義とは合致するのである。$\hat{\mu}$ の逆変換は μ である。

　　さて，定理の (ii)⇒(i)，つまり連続な正の半定符号函数 $\varphi : \mathbb{R} \to \mathbb{C}$ は，ある $\mu \in \mathfrak{M}_+(\mathbb{R})$ の Fourier 変換として表現されることを示すのである。

$$|\varphi(x)| \leqq \varphi(0) \quad \text{for all} \quad x \in \mathbb{R} \tag{17}$$

であるから，φ は有界であり，緩増加超函数を定める。つまり $\varphi \in \mathfrak{S}(\mathbb{R})'$ である。したがって φ は Fourier 逆変換を有し，それを $\check{\varphi} \in \mathfrak{S}'$ としよう。

---

　　24)　Bochner の定理には各種の別証があるが，ここで述べた証明は Katznelson[57] Chap.VI, §2 に負うところが大きい。ユニタリ作用素が作る一径数群の表現（Stone の定理）との関係は次章において詳しく述べる。またすぐあとに述べる超函数の理論に基づく証明については，Schwartz[95], Chap.VII, Lax[71] pp.141-147。局所コンパクト可換位相群上での抽象論については Naimark[85] Chap.6 を見よ。以下の証明は Maruyama[84] に基づく。

§6 Bochner の定理 169

Parseval の定理により[25]

$$\varphi(s) = (\check{\varphi})\check{}(s) = \check{\varphi}(\hat{s}), \quad s \in \mathfrak{S}. \tag{18}$$

$\theta \in \mathfrak{C}_0^\infty(\mathbb{R}, \mathbb{C})$ に対して，補題 6.4 によれば

$$\int_{\mathbb{R}} \int_{\mathbb{R}} \varphi(x - y)\theta(x)\overline{\theta(y)}dxdy \geqq 0$$

であるが，$z = x - y$ とおくと

$$\int_{\mathbb{R}} \int_{\mathbb{R}} \varphi(z)\theta(x)\overline{\theta(x - z)}dxdz \geqq 0. \tag{19}$$

ここで

$$\Theta(z) = \int_{\mathbb{R}} \theta(x)\overline{\theta(x - z)}dx \tag{20}$$

とすると，$\Theta \in \mathfrak{C}_0^\infty$ で，(19) は

$$\int_{\mathbb{R}} \varphi(z)\Theta(z)dz \geqq 0 \tag{19'}$$

と書きかえることができる。(20) から[26]

$$|\hat{\theta}(w)|^2 = \hat{\theta}(w)\bar{\hat{\theta}}(w) = \frac{1}{\sqrt{2\pi}}\hat{\Theta}(w). \tag{21}$$

(18), (19'), (21) により

$$\varphi(\Theta) \underset{(18)}{=} \check{\varphi}(\hat{\Theta}) \underset{(21)}{=} \check{\varphi}(\sqrt{2\pi}|\hat{\theta}|^2) \underset{(19')}{\geqq} 0. \tag{22}$$

これが任意の $\theta \in \mathfrak{D}(\mathbb{R})$ について成り立つわけであるが，$\mathfrak{D}(\mathbb{R})$ は $\mathfrak{S}$ において稠密であることから，(22) はすべての $\theta \in \mathfrak{S}$ についても成り立つ。

――――――

25)　ここで φ は函数の定める超函数であるから

$$\varphi(s) = \int_{\mathbb{R}} \varphi(x)s(x)dx$$

である。

26)

$$\hat{\Theta}(w) = \frac{1}{\sqrt{2\pi}} \int_{\mathbb{R}} \left[\int_{\mathbb{R}} \theta(x)\overline{\theta(x - z)}dx \right] e^{-iwz}dz = \frac{1}{\sqrt{2\pi}} \int_{\mathbb{R}} \left[\int_{\mathbb{R}} \theta(x)\overline{\theta(u)}dx \right] e^{-iwx}e^{iwu}du$$

$$= \frac{1}{\sqrt{2\pi}} \int_{\mathbb{R}} \theta(x)e^{-iwx}dx \cdot \int_{\mathbb{R}} \bar{\theta}(u)e^{iwu}du = \hat{\theta}(w) \cdot \sqrt{2\pi}\bar{\hat{\theta}}(w) = \sqrt{2\pi}\hat{\theta}(w) \cdot \bar{\hat{\theta}}(w).$$

170　　第 6 章　測度の Fourier 変換

$p(w) \geqq 0$ を $\mathfrak{C}_0^\infty(\mathbb{R}, \mathbb{R})$ の元とすれば，$\sqrt{p(w)}$ も同様で，したがって $\mathfrak{S}$ の元である。もちろん Fourier 変換が $\sqrt{p}$ となる $\mathfrak{S}$ の元が一意的に存在するから，(22) の $|\hat{\theta}|$ として $\sqrt{p}$ を用いれば，

$$\check{\varphi}(p) \geqq 0 \quad \text{for any} \quad 0 \leqq p \in \mathfrak{C}_0^\infty.$$

したがって $\check{\varphi}$ は非負の超函数であるから，それは（非負の）測度である。

$$\check{\varphi}(\theta) = \int_{\mathbb{R}} \theta(x) d\mu, \quad \theta \in \mathfrak{D}(\mathbb{R})$$

なる測度 μ が存在する。

$\mu(\mathbb{R}) < \infty$ も次のように確かめられる。$0 \leqq g \in \mathfrak{C}_0^\infty(\mathbb{R}, \mathbb{R})$ とし，さらに

$$g(x) = 1 \quad \text{on} \quad [-1, 1] \tag{23}$$

を満たすものとする。$g_n(x) = g(x/n)$ とし，g および g_n の逆 Fourier 変換を G, G_n とすれば

$$G_n(y) = nG(ny).$$

(18) により

$$\check{\varphi}(g_n) = \int_{\mathbb{R}} \varphi(y) nG(ny) dy. \tag{24}$$

$\check{\varphi}$ は非負超函数で，$g \geq 0$ および (23) から

$$\check{\varphi}(g_n) \geqq \int_{[-n,n]} d\mu.$$

また (17) により

$$\int_{\mathbb{R}} \varphi(y) nG(ny) dy \leqq \varphi(0) \int_{\mathbb{R}} n|G(ny)| dy = \varphi(0) \int_{\mathbb{R}} |G(y)| dy. \tag{25}$$

この右辺は n から独立なので，これを C とすれば

$$\int_{[-n,n]} d\mu \leqq C \quad (n \text{ から独立})$$

である。ゆえに $\mu(\mathbb{R}) \leqq C$。

$\varphi(\theta) = \hat{\mu}(\theta)$ がすべての $\theta \in \mathfrak{D}$ について成り立つので，すべての $\theta \in \mathfrak{S}$ についても成り立つ。したがって φ（の定める超函数）は測度 μ の Fourier 変換にほかならない。

§7　測度のたたみ込み

$G = \mathbb{T}$ または $\mathbb{R}$ とする。[27]

G 上の Radon 測度 μ についてその離散部分の大きさを求める N. Wiener の結果について述べよう。まずそのための準備として，測度のたたみ込みという概念を導入する。

$\mathfrak{M}(G)$ は G 上の Radon 測度の空間，さらに

$$\mathfrak{M}_d(G) = \left\{ \mu \in \mathfrak{M}(G) \middle| \mu = \sum_{n=1}^{\infty} \alpha_n \delta_{x_n}, \sum_{n-1}^{\infty} |\alpha_n| < \infty, \ \alpha_n \in \mathbb{C} \right\}$$

と定義する。つまり $\mu \in \mathfrak{M}_d(G)$ は可算個の点 $\{x_n\}$ にそれぞれ質量 α_n を与えて得られる複素測度（全変動は有限）である。

いまふたつの Dirac 測度 $\delta_{x_1}, \delta_{x_2}$ に対して

$$\delta_{x_1} * \delta_{x_2} = \delta_{x_1 + x_2}$$

と定義される測度を，δ_{x_1} と δ_{x_2} とのたたみ込みと称する。これをさらに一

---

[27]　ふたつの実数 x, y に対して二項関係 $\sim$ を

$$x \sim y \iff x - y \in 2\pi\mathbb{Z}$$

と定義する。関係 $\sim$ は $\mathbb{R}$ 上の同値関係であり，差が 2π の整数倍であるような数はすべて同値となる。いかなる実数 x もそれと同値な数を $(\pi, \pi]$ の中にもつことは明らかであろう。

いま $(-\pi, \pi]$ 上で定義されている函数 f に対して $f(x+y)$（ただし $x, y \in (-\pi, \pi]$ と書くと，$x;y$ は定義域 $(-\pi, \pi]$ から逸脱している可能性がある。その場合 $x+y$ はそれと上記の意味で同値な $(-\pi, \pi]$ の元を意味するものと考えることにしよう。また $(-\pi, \pi]$ 上の Dirac 測度についても δ_{x+y} は同様に理解することとしたい。より一般に $f(x_1 + x_2 + \cdots + x_n)$ や $\delta_{x_1 + x_2 + \cdots + x_n}$ も同様である。

$(-\pi, \pi]$ ではなく $\mathbb{R}$ 上で考える場合には，このような操作は不用である。厳密にいえば加群 $\mathbb{R}$ の部分群 $2\pi\mathbb{Z}$ を法とする商群 $\mathbb{R}/2\pi\mathbb{Z}$ を考えているのである。この商群をトーラスといい，しばしば $\mathbb{T}$ と書く。付論 A を参照。

本節については Malliavin[75] Chap. III, §1 に負うところが大きい。

般化して次の定義を得る。

定義　$\mathfrak{M}(G)$ の元 μ, ν を

$$\mu = \sum_{n=1}^{\infty} \alpha_n \delta_{x_n}, \quad \sum_{n=1}^{\infty} |\alpha_n| < \infty,$$

$$\nu = \sum_{n=1}^{\infty} \beta_n \delta_{y_n}, \quad \sum_{n=1}^{\infty} |\beta_n| < \infty \tag{1}$$

とするとき,

$$\mu * \nu = \sum_{n,m} \alpha_n \beta_m \delta_{x_n + y_m} \tag{2}$$

と定義される測度 $\mu * \nu$ を μ と ν とのたたみ込み（convolution）と呼ぶ。
もちろん $\mu * \nu$ は $\mathfrak{M}_d(G)$ の元である。

たたみ込みの演算については，ただちに次のような性質が確認される。すなわち $\mu, \nu, \theta \in \mathfrak{M}_d(G)$ とするとき,

1° $\quad \mu * \nu = \nu * \mu.$

2° $\quad (\mu * \nu) * \theta = \mu * (\nu * \theta).$

3° $\quad (\mu + \nu) * \theta = \mu * \theta + \nu * \theta.$

4° $\quad \lambda(\mu * \nu) = (\lambda\mu) * \nu = \mu * (\lambda\nu) \quad$ for any $\quad \lambda \in \mathbb{R}.$

5° $\quad \|\mu * \nu\| \leqq \|\mu\| \cdot \|\nu\|.$

要するに，$\mathfrak{M}_d(G)$ はたたみ込みの演算 $*$ について**可換ノルム代数**となっているのである。[28]

補題 6.6　$\mu, \nu \in \mathfrak{M}_d(G)$, $\theta = \mu * \nu$ とすれば,

$$\int_G f(x)d\theta = \int_G \int_G f(x+y)d\mu(x)d\nu(y) \quad \text{for all} \quad f \in \mathfrak{C}_\infty(G, \mathbb{C}).$$

$$(G = (-\pi, \pi] \text{ の場合は } f \in \mathfrak{C}(G, \mathbb{C}).)$$

---

[28]　ノルム代数については Naimark[85], Lax[71] Chap. 17-20 および丸山 [77] 第 7 章。

証明 μ, ν が (1) の形式をもつとすれば

$$\theta = \sum_{n,m} \alpha_n \beta_m \delta_{x_n + y_m}.$$

$f \in \mathfrak{C}_\infty(G, \mathbb{C})$ に対して

$$\int_G \int_G f(x+y) d\mu(x) d\nu(y) = \sum_{n,m} f(x_n + y_m) \alpha_n \beta_m = \int_G f(x) d\theta. \quad \text{(証了)}$$

次にたたみ込みの概念を $\mathfrak{M}(G)$ 全体の上に拡大しよう。$\mu, \nu \in \mathfrak{M}(G)$ に対して $\mathfrak{C}_\infty(G, \mathbb{C})'$ の元 $\Lambda_{\mu,\nu}$ を

$$\Lambda_{\mu,\nu}(f) = \int_G \int_G f(x+y) d\mu(x) d\nu(y), \quad f \in \mathfrak{C}_\infty(G, \mathbb{C})$$

と定義する。ここで

$$\begin{aligned}
|\Lambda_{\mu,\nu}(f)| &\leqq \int_G \int_G |f(x+y)| d|\mu|(x) d|\nu|(y) \\
&\leqq \|f\|_\infty \int_G \int_G d|\mu|(x) d|\nu|(y) \\
&\leqq \|f\|_\infty \|\mu\| \|\nu\|
\end{aligned}$$

であるから、たしかに $\Lambda_{\mu,\nu} \in \mathfrak{C}_\infty(G, \mathbb{C})'$。したがって Riesz-Markov-Kakutani の定理により

$$\Lambda_{\mu,\nu}(f) = \int_G f(x) d\theta, \quad f \in \mathfrak{C}_\infty(G, \mathbb{C})$$

を満たす $\mathfrak{M}(G)$ の元 θ が一意的に定まる。この θ を μ と ν とのたたみ込みと呼び、$\theta = \mu * \nu$ と表記する。補題 6.6 に鑑みれば、この概念が $\mathfrak{M}_d(G)$ 上のたたみ込みの一般化になっていることは明白であろう。

$\mathfrak{M}(G)$ 上のたたみ込みについては $\mathfrak{M}_d(G)$ 上のそれと同様に次の (i)〜(v) が成り立つ。さらに加えて (vi) も容易に示すことができる。

定理 6.12 $\mu, \nu, \theta \in \mathfrak{M}(G)$ に対して次の諸命題が成り立つ。

(i) $\mu * \nu = \nu * \mu$.

(ii) $(\mu * \nu) * \theta = \mu * (\nu * \theta)$.

（iii）　$(\mu + \nu) * \theta = \mu * \theta + \nu * \theta.$

（iv）　$\lambda(\mu * \nu) = (\lambda\mu) * \nu = \mu * (\lambda\nu)$　　for any　$\lambda \in \mathbb{C}.$

（v）　$\|\mu * \nu\| \leqq \|\mu\| \cdot \|\nu\|.$

したがって $\mathfrak{M}(G)$ は演算 $*$ についての Banach 代数となる。

（vi）　$\mathfrak{M}(G)$ の列 $\{\mu_n\}, \{\nu_n\}$ がそれぞれ μ_0, ν_0 に $*$ 弱収束するとき，$\{\mu_n * \nu_n\}$ は $\mu_0 * \nu_0$ に $*$ 弱収束する。

測度 μ, ν のたたみ込みの Fourier 変換 $\widehat{\mu * \nu}$ については次の結果が成り立つ。$\hat{\mu}, \hat{\nu}$ はそれぞれ μ, ν の Fourier 変換である。

定理 6.13　$\mu, \nu \in \mathfrak{M}(G)$ に対して

$$\widehat{\mu * \nu} = \sqrt{2\pi}\hat{\mu} \cdot \hat{\nu}.$$

証明　$\theta = \mu * \nu$ とおくと

$$\hat{\theta}(t) = \frac{1}{\sqrt{2\pi}} \int_G e^{-itx} d\theta(x) = \frac{1}{\sqrt{2\pi}} \int_G \int_G e^{-it(x+y)} d\mu(x)d\nu(y) = \sqrt{2\pi}\hat{\mu}(t)\hat{\nu}(t).$$

（証了）

$\mathfrak{M}(G)$ の元のうち $\mathfrak{M}_d(G)$ に属するものを**離散的** (discrete) な測度という。またすべての $x \in G$ に対して $\mu(\{x\}) = 0$ を満たす $\mu \in \mathfrak{M}(G)$ を連続であるという。任意の $\mu \in \mathfrak{M}(G)$ に対して離散的な測度 μ_d と連続的な測度 μ_c を適当に選び

$$\mu = \mu_d + \mu_c$$

とすることができる。そしてこの分解は一意的に定まることはよく知られている。[29]

簡単な計算ルールをまとめておこう。

---

29)　μ を G 上の有界 Borel 測度とするとき，$\mu = \mu_a + \mu_s + \mu_d$ と表わされる。ここで $\mu_a \ll m$ (Lebesgue 測度)，μ_s は連続かつ $\mu_s \perp m, \mu_d$ は離散的で，この分解は一意的に定まる。cf. 猪狩 [47] p.137.

$1°$ $\mu \in \mathfrak{M}(G)$ が連続ならば，すべての $\nu \in \mathfrak{M}(G)$ に対して $\mu * \nu$ も連続である。

$2°$ $\mu \in \mathfrak{M}(G)$ に対して $\mu^\sharp \in \mathfrak{M}(G)$ を

$$\mu^\sharp(E) = \overline{\mu(-E)}$$

と定義する。[30] $\mu = \mu_c + \mu_d$ とすれば

$$\mu^\sharp = \mu_c^\sharp + \mu_d^\sharp.$$

$3°$ $\mu * \mu^\sharp = \underbrace{(\mu_c * \mu_c^\sharp + \mu_c * \mu_d^\sharp + \mu_d * \mu_c^\sharp)}_{\text{連続}} + \underbrace{\mu_d * \mu_d^\sharp}_{\text{離散的}}.$

$4°$ $\mu_d = \sum_j a_j \delta_{\tau_j}$ とすれば

$$\mu_d^\sharp = \sum_j \bar{a}_j \delta_{-\tau_j}.$$

したがって

$$(\mu * \mu^\sharp)(\{0\}) = \sum_j |a_j|^2.$$

§8 Wiener の定理

はじめに $[-\pi, \pi)$ 上の，次に $\mathbb{R}$ 上の Wiener の定理について述べる。[31]
前節の最後に述べた $4°$ から，次の補題は明白である。

補題 6.7 任意の $\mu \in \mathfrak{M}(G)$ に対して

$$\sum |\mu(\tau)|^2 = (\mu * \mu^\sharp)(\{0\}).$$

ここで左辺は μ の離散部分 μ_d の重みのかかる可算個の τ についての和である。したがって μ が連続的であるためには $(\mu * \mu^\sharp)(\{0\}) = 0$ であることが必要十分である。

---

30) $\widehat{\mu^\sharp} = \bar{\hat{\mu}}.$
31) Katznelson[57] Chap.I, §7 および Chap. VI, §2 による。

176   第 6 章　測度の Fourier 変換

定理 6.14　任意の $\mu \in \mathfrak{M}((-\pi, \pi])$, $\tau \in (-\pi, \pi]$ に対して

$$\mu(\{\tau\}) = \lim_{N \to \infty} \frac{\sqrt{2\pi}}{2N+1} \sum_{j=-N}^{N} \hat{\mu}(j) e^{ij\tau}.$$

証明　まず予備計算を行なうこととし,

$$\varphi_N(t) = \sum_{j=-N}^{N} e^{ijt}, \quad t \in (-\pi, \pi] \tag{1}$$

とおく。$t = 0$ ならば $\varphi_N(t) = 2N + 1$. $t \neq 0$ としてみると[32]

$$\sum_{j=0}^{N} e^{ijt} = \frac{e^{i(N+1)t} - 1}{e^{it} - 1}. \tag{2}$$

同様にして

$$\sum_{j=-N}^{0} e^{ijt} = \frac{e^{i(N+1)t} - 1}{e^{it} - 1}. \tag{3}$$

(2), (3) により

$$\varphi_N(t) = \frac{2\cos(N+1)t - 2}{e^{it} - 1} - 1. \tag{4}$$

$t \neq 0$ に注意して, $|t| > \varepsilon$ となる十分小さな $\varepsilon > 0$ を選び,

---

[32]

$$e^{it} - 1 \enspace \overline{) \, e^{i(N+1)t} - 1} \; \dfrac{e^{iNt} + e^{i(N-1)t} + \cdots\cdots + 1}{}$$

$$\dfrac{e^{i(N+1)t} - e^{iNt}}{e^{iNt} - 1}$$

$$\dfrac{e^{iNt} - e^{i(N-1)t}}{e^{i(N-1)t-1}}$$

$$\vdots$$

$$\alpha = \underset{|\theta| > \varepsilon}{\mathrm{Min}} |e^{i\theta} - 1|$$

とおけば，(4) から

$$|\varphi_N(t)| \leqq \frac{4}{\alpha} + 1. \tag{5}$$

以上の計算から，$N \to \infty$ とするとき（$\varphi_N(0) = 2N + 1$ に注意して）

$$\frac{1}{2N+1}\varphi_N(t) \to \begin{cases} 1 & \text{if} \quad t = 0, \\ 0 & \text{if} \quad t \neq 0. \end{cases} \tag{6}$$

もちろん

$$\left| \frac{1}{2N+1}\varphi_N(t) \right| \leqq 1. \tag{7}$$

そこで

$$\varphi_N(\tau - t) = \sum_{j=-N}^{N} e^{ij(\tau - t)} = \sum_{j=-N}^{N} e^{ij\tau} e^{-ijt}$$

とすれば，上の計算から

$$\frac{1}{2N+1}\varphi_N(\tau - t) \to \begin{cases} 1 & \text{if} \quad t = \tau, \\ 0 & \text{if} \quad t \neq \tau. \end{cases} \tag{6'}$$

しかも

$$\left| \frac{1}{2N+1}\varphi_N(\tau - t) \right| \leqq 1. \tag{7'}$$

したがって上限収束定理により，

$$\lim_{N \to \infty} \int_{-\pi}^{\pi} \frac{1}{2N+1}\varphi_N(\tau - t) d\mu(t) = \int_{-\pi}^{\pi} \chi_{\{\tau\}} d\mu = \mu(\{\tau\}). \tag{8}$$

φ_N の定義により，(8) は次のように書き直すことができる。

$$\lim_{N \to \infty} \frac{\sqrt{2\pi}}{2N+1} \sum_{j=-N}^{N} \hat{\mu}(j) e^{ij\tau} = \mu(\{\tau\}). \tag{証了}$$

これから次の結果を導くのは容易である。

178 第 6 章 測度の Fourier 変換

定理 **6.15** (Wiener) $\mu \in \mathfrak{M}((-\pi, \pi])$ に対して

$$\sum |\mu(\{\tau\})|^2 = \lim_{N \to \infty} \frac{2\pi}{2N+1} \sum_{j=-N}^{N} |\hat{\mu}(j)|^2.$$

とくに μ が連続ならば，右辺に現われる極限はゼロである。

証明　補題 6.7 により，

$$\sum |\mu(\{\tau\})|^2 = (\mu * \mu^{\sharp})(\{0\})$$

$$= \lim_{N \to \infty} \frac{\sqrt{2\pi}}{2N+1} \sum_{j=-N}^{N} \widehat{(\mu * \mu^{\sharp})}(j) e^{ij0}$$

$$= \lim_{N \to \infty} \frac{2\pi}{2N+1} \sum_{j=-N}^{N} \hat{\mu}(j) \widehat{\mu^{\sharp}}(j) \quad (\text{定理 } 6.13)$$

$$= \lim_{N \to \infty} \frac{2\pi}{2N+1} \sum_{j=-N}^{N} \hat{\mu}(j) \overline{\hat{\mu}(j)} \quad (\text{p.175 の脚注 } 30)$$

$$= \lim_{N \to \infty} \frac{2\pi}{2N+1} \sum_{j=-N}^{N} |\hat{\mu}(j)|^2. \qquad (\text{証了})$$

これまでの結果を $\mathfrak{M}(\mathbb{R})$ に適合するように変形するのは難しくない。
p.176 の (1) 式で定義した φ_N の類似として

$$\varphi_n(t) = \int_{-n}^{n} e^{i\xi t} d\xi, \quad t \in \mathbb{R} \tag{9}$$

とおけば，$n \to \infty$ とするとき，[33]

---

33) $t \neq 0$ とする。

$$\varphi_n(t) = \frac{1}{it} e^{i\xi t} \Big|_{-n}^{n} = \frac{1}{it} (e^{int} - e^{-int}) = \frac{2}{t} \sin nt.$$

ゆえに

$$\frac{1}{2n} \varphi_n(t) = \frac{1}{nt} \sin t.$$

ここで $n \to \infty$ とすれば (10) を得る。

$$\frac{1}{2n}\varphi_n(t) \to \begin{cases} 1 & \text{if } t = 0, \\ 0 & \text{if } t \neq 0 \end{cases} \tag{10}$$

でしかも

$$\left| \frac{1}{2n}\varphi_n(t) \right| \leqq 1. \tag{11}$$

そこで

$$\varphi_n(\tau - t) = \int_{-n}^{n} e^{i\xi(\tau-t)} d\xi$$

とすれば，上の計算から（$n \to \infty$ として）

$$\frac{1}{2n}\varphi_n(\tau - t) \to \begin{cases} 1 & \text{if } t = \tau, \\ 0 & \text{if } t \neq \tau. \end{cases} \tag{10$'$}$$

しかも

$$\left| \frac{1}{2n}\varphi_n(\tau - t) \right| \leqq 1. \tag{11$'$}$$

上限収束定理により，

$$\lim_{n\to\infty} \int_{-\infty}^{\infty} \frac{1}{2n}\varphi_n(\tau - t)d\mu(t) = \int_{-\infty}^{\infty} \chi_{\{\tau\}} d\mu = \mu(\{\tau\}). \tag{12}$$

φ_n の定義により

$$\frac{1}{2n}\int_{-\infty}^{\infty} \varphi_n(\tau - t)d\mu(t) = \frac{1}{2n}\int_{-\infty}^{\infty}\int_{-n}^{n} e^{i\xi\tau} \cdot e^{-i\xi t} d\xi d\mu(t)$$

$$= \frac{1}{2n}\int_{-n}^{n} e^{i\xi\tau}\int_{-\infty}^{\infty} e^{-i\xi t} d\mu(t)d\xi$$

$$= \frac{\sqrt{2\pi}}{2n}\int_{-n}^{n} \hat{\mu}(\xi)e^{i\xi\tau} d\xi$$

であるから，(12) は次のように書き直すことができる。

$$\lim_{n\to\infty} \frac{\sqrt{2\pi}}{2n}\int_{-n}^{n} \hat{\mu}(\xi)e^{i\xi\tau} d\xi = \mu(\{\tau\}). \tag{12$'$}$$

これが定理 6.14 に対応する結果である。

180 第 6 章 測度の Fourier 変換

定理 6.14′ 任意の $\mu \in \mathfrak{M}(\mathbb{R})$, $\tau \in \mathbb{R}$ に対して

$$\lim_{n \to \infty} \frac{\sqrt{2\pi}}{2n} \int_{-n}^{n} \hat{\mu}(n) e^{i\xi t} d\xi = \mu(\{\tau\}).$$

定理 6.14′ から

$$\begin{aligned}
\sum |\mu(\{\tau\})|^2 &= (\mu * \mu^\sharp)(\{0\}) \quad (\text{補題 6.7 による}) \\
&= \lim_{n \to \infty} \frac{\sqrt{2\pi}}{2n} \int_{-n}^{n} \widehat{(\mu * \mu^\sharp)}(\xi) e^{i\xi 0} d\xi \\
&= \lim_{n \to \infty} \frac{2\pi}{2n} \int_{-n}^{n} \hat{\mu}(\xi) \widehat{\mu^\sharp}(\xi) d\xi \\
&= \lim_{n \to \infty} \frac{\pi}{n} \int_{-n}^{n} |\hat{\mu}(\xi)|^2 d\xi \quad (\text{p.175 の脚注 30 による})
\end{aligned} \tag{13}$$

が導かれる。

以上を整理すれば――

定理 6.16 (Wiener)　$\mu \in \mathfrak{M}(\mathbb{R})$ に対して

$$\sum |\mu(\{\tau\})|^2 = \lim_{n \to \infty} \frac{\pi}{n} \int_{-n}^{n} |\hat{\mu}(\xi)|^2 d\xi.$$

とくに μ が連続ならば，右辺に現われる極限はゼロである。[34]

---

34)　右辺の積分の上・下端は，任意の数列 $\{\theta_n\}$ に対して $\int_{\theta_n}^{\theta_n + n}$ としてもよい。

第 7 章
ユニタリ作用素のスペクトル表現

本章では Hilbert 空間におけるユニタリ作用素およびユニタリ作用素がつくる一径数群をある種の Fourier 変換の形式で表現する問題, つまりスペクトル表現の問題を考察する。ここでは, 既に詳しく論じた Herglotz-Bochner の定理に基づく理論を述べるが, これとユニタリ作用素（およびその一径数群）の表現との間には同一の現象を表と裏から眺めたともいうべき, 不可分の関係のあることにも注目したい。

ここで得られた結果はやがて次章において弱定常確率過程のスペクトル表現を導く際に本質的な役割を演ずることになる。

§1 Lax-Milgram の定理

以下, とくに断らない限り, 線形空間は複素線形空間とする。まず第 1 章で述べた Hilbert 空間論の基本事項に加えて, さらにひとつの重要な結果を述べよう。

定義 線形空間 $\mathfrak{X}$ の直積上で定義される複素数値函数 $\Phi : \mathfrak{X} \times \mathfrak{X} \to \mathbb{C}$ が次の条件を満足するとき, Φ は $\mathfrak{X}$ 上の**半双線形汎函数** (sesquilinear functional) であるという。

(i) $\Phi(x + x', y) = \Phi(x, y) + \Phi(x', y)$.

(ii) $\Phi(x, y + y') = \Phi(x, y) + \Phi(x, y')$.

182　　　　第 7 章　ユニタリ作用素のスペクトル表現

(iii)　$\Phi(\alpha x, y) = \alpha \Phi(x, y)$.

(iv)　$\Phi(x, \alpha y) = \bar{\alpha} \Phi(x, y)$.

ここで x, x', y, y' は $\mathfrak{X}$ の元，$\alpha \in \mathbb{C}$ である。

また

$$\Phi(x, y) = \overline{\Phi(y, x)}$$

が成り立つとき，Φ は**歪対称的** (skew-symmetric) であるという。

Hilbert 空間 $\mathfrak{H}$ 上の内積 $\langle \cdot, \cdot \rangle$ は歪対称的な半双線形汎函数である。[1]

注意　半双線形汎函数 Φ について，$\Phi(x, x)$ は必ずしも実数ではないが，Φ がさらに歪対称的ならば，$\Phi(x, x)$ は必ず実数である。

この概念を用いると，Hilbert 空間の双対空間の表現に関する Riesz の定理 1.1 （p.6）は次の形式に一般化される。[2]

定理 7.1　（Lax-Milgram）　$\mathfrak{H}$ を Hilbert 空間とし，函数 $B : \mathfrak{H} \times \mathfrak{H} \to \mathbb{C}$ は半双線形汎函数で次の二条件を満たすものとする。

(i)　　　　　　　　$|B(x, y)| \leqq \alpha \|x\| \cdot \|y\|$　for all　$x, y \in \mathfrak{H}$

を満たす定数 $\alpha > 0$ が存在する。

(ii)　　　　　　　　$|B(y, y)| \geqq \beta \|y\|^2$　for all　$y \in \mathfrak{H}$

を満たす定数 $\beta > 0$ が存在する。

---

1)　ただし内積は歪対称的な半双線形汎函数であることに加えて，もうひとつの条件

$$\langle x, x \rangle \geqq 0 \quad ; \quad \langle x, x \rangle = 0 \Leftrightarrow x = 0$$

をも満たしていなければならないことに注意しよう。

2)　Lax-Milgram の定理は楕円型偏微分方程式の解の存在証明において最も顕著な応用例を見出すことができる。Evans[28], Chap.6 を見よ。

§1 Lax-Milgram の定理　　　　　　　　　183

このとき，いかなる $\Lambda \in \mathfrak{H}'$ に対しても

$$\Lambda(x) = B(x, y_\Lambda) \quad \text{for all} \quad x \in \mathfrak{H}$$

を満たす $y_\Lambda \in \mathfrak{H}$ が存在して，このような y_Λ は一意的に定まる。

証明　$y \in \mathfrak{H}$ をひとつ固定して考えると，函数 $x \mapsto B(x, y)$ は $\mathfrak{H}$ 上の有界線形汎函数（つまり $\mathfrak{H}'$ の元）である。したがって Riesz の定理 1.1 により，

$$B(x, y) = \langle x, z \rangle \quad \text{for all} \quad x \in \mathfrak{H} \tag{1}$$

なる $z \in \mathfrak{H}$ が存在して，それは一意に定まる。そこで

$$Ay = z$$

とすれば (1) は

$$B(x, y) = \langle x, Ay \rangle, \quad x, y \in \mathfrak{H} \tag{2}$$

と書き直すことができる。

この作用素 $A : \mathfrak{H} \to \mathfrak{H}$ は有界な線形作用素である。実際，$\lambda_1, \lambda_2 \in \mathbb{C}$, $y_1, y_2 \in \mathfrak{H}$ とすれば，

$$\begin{aligned}
\langle x, A(\lambda_1 y_1 + \lambda_2 y_2) \rangle &= B(x, \lambda_1 y_1 + \lambda_2 y_2) \quad ((2) \text{ による}) \\
&= \bar{\lambda}_1 B(x, y_1) + \bar{\lambda}_2 B(x, y_2) \quad (\text{半双線形性による}) \\
&= \bar{\lambda}_1 \langle x, Ay_1 \rangle + \bar{\lambda}_2 \langle x, Ay_2 \rangle \\
&= \langle x, \lambda_1 Ay_1 + \lambda_2 Ay_2 \rangle
\end{aligned}$$

がすべての $x \in \mathfrak{H}$ について成り立つ。ゆえに A は線形である。さらに

$$\|Ay\|^2 = \langle Ay, Ay \rangle \underset{(2)}{=} B(Ay, y) \underset{(\mathrm{i})}{\leqq} \alpha \|Ay\| \cdot \|y\|$$

であるから，$\|Ay\| \neq 0$ の場合には両辺を $\|Ay\|$ で割って

$$\|Ay\| \leqq \alpha \|y\| \quad \text{for all} \quad y \in \mathfrak{H}$$

を得る。また $\|Ay\| = 0$ の場合にも同じ結果が成り立つのは自明である。ゆえに A は有界線形作用素である。

184　　第 7 章　ユニタリ作用素のスペクトル表現

次に A が単射であることを確認しよう。実際 (ii) から

$$\beta\|y\|^2 \leqq |B(y,y)| = |\langle y, Ay \rangle| \leqq \|y\| \cdot \|Ay\|$$

なので，ただちに

$$\beta\|y\| \leqq \|Ay\| \tag{3}$$

となる。これから A が単射であることがただちに明らかであろう。

(3) からはさらに A の像 $A(\mathfrak{H})$ が $\mathfrak{H}$ の閉部分空間であることも導かれる。それは次のように考えればよい。$\mathfrak{H}$ の点列 $\{y_n\}$ に対して，

$$Ay_n \to z \quad \text{as} \quad n \to \infty$$

としてみよう。(3) から

$$\beta\|y_n - y_m\| \leqq \|Ay_n - Ay_m\|$$

であるから，$\{y_n\}$ は Cauchy 列である。$\mathfrak{H}$ の完備性により，$\{y_n\}$ は極限 $y_0 \in \mathfrak{H}$ を有する。したがって A の連続性により

$$Ay_n \to Ay_0 \quad \text{as} \quad n \to \infty.$$

極限の一意性から $z = Ay_0$ となり，$z \in A(\mathfrak{H})$。こうして A の像 $A(\mathfrak{H})$ が閉じていることが知られたのである。[3]

しかし実は

$$A(\mathfrak{H}) = \mathfrak{H} \tag{4}$$

である。仮に $A(\mathfrak{H}) \subsetneq \mathfrak{H}$ とすれば，$x \in A(\mathfrak{H})^\perp \setminus \{0\}$ が存在しなければならない。ところがそうすると

$$\beta\|x\|^2 \leqq |B(x,x)| = \langle x, Ax \rangle = 0.$$

したがって $x = 0$ とならねばならない。これは矛盾である。

---

[3]　$z = Ay_0$ の証明は次のようにしてもよい。(2) により，各 $x \in \mathfrak{H}$ について

$$B(x, y_n) = \langle x, Ay_n \rangle$$

なのであるから，極限に移って

$$B(x, y_0) = \langle x, z \rangle \quad \text{for all} \quad x \in \mathfrak{H}$$

が成り立つ。つまり $z = Ay_0$。

$$\S1 \quad \text{Lax-Milgram の定理} \qquad 185$$

さて $\Lambda \in \mathfrak{H}'$ に対して Riesz の定理 1.1 を再び用いれば,

$$\Lambda(x) = \langle x, z_\Lambda \rangle \quad \text{for all} \quad x \in \mathfrak{H} \tag{5}$$

なる $z_\Lambda \in \mathfrak{H}$ が一意的に定まる。(4) によれば $z_\Lambda = Ay_\Lambda$ なる $y_\Lambda \in \mathfrak{H}$ が存在するから,

$$B(x, y_\Lambda) = \langle x, Ay_\Lambda \rangle = \langle x, z_\Lambda \rangle = \Lambda(x),$$

つまり

$$\Lambda(x) = B(x, y_\Lambda) \quad \text{for all} \quad x \in \mathfrak{H}$$

の成り立つことがわかった。

最後に, このような y_Λ の一意性を示そう。

$$\Lambda(x) = B(x, y_\Lambda) = B(x, y_\Lambda') \quad \text{for all} \quad x \in \mathfrak{H}$$

なるもうひとつの $y_\Lambda' \in \mathfrak{H}$ が存在するとすれば,

$$B(x, \ y_\Lambda - y_\Lambda') = 0 \quad \text{tor all} \quad x \in \mathfrak{H}.$$

(ii) により

$$\beta \| y_\Lambda - y_\Lambda' \|^2 \leqq |B(y_\Lambda - y_\Lambda', \ y_\Lambda - y_\Lambda')| = 0.$$

ゆえに $y_\Lambda = y_\Lambda'$ である。 (証了)

重要な注意 定理 7.1 の函数 B には歪対称性が仮定されていない。もし歪対称性をも仮定すれば, B はそれ自体がひとつの内積になる。したがって内積 B に Riesz の定理 1.1 を適用すれば, ただちに Lax-Milgram の定理の結論が得られる。この定理の重要な点は B の歪対称性を仮定しないところにある。

$\mathfrak{H}$ 上の半双線形汎函数 $\Phi(x, y)$ が適当な $\alpha > 0$ に対して

$$|\Phi(x, y)| \leqq \alpha \|x\| \cdot \|y\| \quad \text{for all} \quad x, y \in \mathfrak{H}$$

を満たすとき, Φ は有界であるという。有界な半双線形半函数の全体は通常

186 第 7 章 ユニタリ作用素のスペクトル表現

の演算の下に（複素）線形空間を成し,

$$\|\Phi\| = \sup_{\substack{x \neq 0 \\ y \neq 0}} \frac{|\Phi(x,y)|}{\|x\| \cdot \|y\|}$$

はそのノルムとなる。

§2 共役作用素と射影作用素

複素 Hilbert 空間 $\mathfrak{H}$ 上の有界線形作用素 $(\mathfrak{H} \to \mathfrak{H})$ の全体を $\mathcal{L}(\mathfrak{H})$ と表記する。

いま $T \in \mathcal{L}(\mathfrak{H})$ をひとつ固定し，函数 $\Phi : \mathfrak{H} \times \mathfrak{H} \to \mathbb{C}$ を

$$\Phi(x,y) = \langle Tx, y \rangle \tag{1}$$

と定義すれば，Φ は明らかに $\mathfrak{H}$ 上の半双線形汎函数である。しかも

$$|\Phi(x,y)| \leqq \|T\| \cdot \|x\| \cdot \|y\|$$

であることから，$\|\Phi\| \leqq \|T\|$. 他方,

$$\|Tx\|^2 = \langle Tx, Tx \rangle = \Phi(x, Tx) \leqq \|\Phi\| \cdot \|x\| \cdot \|Tx\|$$

となるから，$Tx \neq 0$ に対しては $\|Tx\| \leqq \|\Phi\| \cdot \|x\|$。したがって $\|T\| \leqq \|\Phi\|$。こうして

$$\|T\| = \|\Phi\| \tag{2}$$

の成り立つことが知られた。

重要なことは，$\mathfrak{H}$ 上の任意の有界な半双線汎函数が必ず (1) の形式で表現できるという事実であろう。これは Riesz の定理 1.1 から容易に証明することができる。

定理 7.2 $\mathfrak{H}$ 上の任意の有界な半双線形汎函数 Φ に対して

$$\Phi(x,y) = \langle Tx, y \rangle \quad x, y \in \mathfrak{H}$$

を満たす $T \in \mathcal{L}(\mathfrak{H})$ が存在して，これは一意に定まる。しかも $\|T\| = \|\Phi\|$ である。

証明　$x \in \mathfrak{H}$ を固定して $\Phi_x(y) = \Phi(x,y)$ とおくと，$\overline{\Phi_x(y)}$ は $\mathfrak{H}'$ の元である。したがって定理 1.1 から

$$\overline{\Phi_x(y)} = \langle y, Tx \rangle, \quad y \in \mathfrak{H}$$

を満たす元 $Tx \in \mathfrak{H}$ が一意に定まる。これによって定義される作用素 $T : x \mapsto Tx$ は明らかに線形で，[4] しかも (2) によって $\|T\| = \|\Phi\|$ である。　　　　（証了）

定理 7.3　任意の $T \in \mathcal{L}(\mathfrak{H})$ に対して

$$\langle Tx, y \rangle = \langle x, T^*y \rangle, \quad x, y \in \mathfrak{H}$$

を満たす $T^* \in \mathcal{L}(\mathfrak{H})$ が存在する。これは一意に定まり，しかも $\|T\| = \|T^*\|$ である。

証明　函数 $\Phi, \Psi : \mathfrak{H} \times \mathfrak{H} \to \mathbb{C}$ をそれぞれ

$$\Phi(x, y) = \langle Tx, y \rangle, \quad \Psi(x, y) = \overline{\Phi(y, x)} = \overline{\langle Ty, x \rangle}$$

と定義する。Φ, Ψ は有界な半双線形汎函数で

$$\|\Phi\| = \|\Psi\| = \|T\|.$$

定理 7.2 から

$$\Psi(x, y) = \langle T^*x, y \rangle, \quad x, y \in \mathfrak{H}$$

を満たす $T^* \in \mathcal{L}(\mathfrak{H})$ が一意的に定まり

$$\|T^*\| = \|\Psi\| = \|T\|.$$

この T^* については

$$\langle Tx, y \rangle = \Phi(x, y) = \overline{\Psi(y, x)} = \overline{\langle T^*y, x \rangle} = \langle x, T^*y \rangle, \quad x, y \in \mathfrak{H}. \quad （証了）$$

――――――――――
[4]　$x_1, x_2 \in \mathfrak{H}, \alpha_1, \alpha_2 \in \mathbb{C}$ とすれば，任意の $y \in \mathfrak{H}$ に対して $\langle y, \alpha_1 Tx_1 + \alpha_2 Tx_2 \rangle = \bar{\alpha}_1 \langle y, Tx_1 \rangle + \bar{\alpha}_2 \langle y, Tx_2 \rangle = \bar{\alpha}_1 \overline{\Phi(x_1, y)} + \bar{\alpha}_2 \overline{\Phi(x_2, y)} = \overline{\Phi(\alpha_1 x_1 + \alpha_2 x_2, y)} = \langle y, T(\alpha_1 x_1 + \alpha_2 x_2) \rangle$. ゆえに $\alpha_1 Tx_1 + \alpha_2 Tx_2 = T(\alpha_1 x_1 + \alpha_2 x_2)$。

188　　　　　第 7 章　ユニタリ作用素のスペクトル表現

定義　定理 7.3 によって定まる作用素 T^* を T の**共役作用素** (conjugate operator) あるいは**随伴作用素** (adjoint operator) と呼ぶ。[5]

共役作用素の簡単な性質を列挙しておこう。[6]

1°　$T^{**} = T$.

2°　$S, T \in \mathcal{L}(\mathfrak{H})$, $\alpha, \beta \in \mathbb{C}$ に対して

$$(\alpha S + \beta T)^* = \bar{\alpha} S^* + \bar{\beta} T^*.$$

3°　$S, T \in \mathcal{L}(\mathfrak{H})$ に対して

$$(ST)^* = T^* S^*.$$

4°　$\|T\|^2 = \|T^* T\|$.

例 1　$T \in \mathcal{L}(\mathbb{C}^n)$ とすれば，T は行列 (t_{ij}) で表現することができる。このとき T^* は (t_{ij}) の共役転置行列によって表現される作用素である。

例 2　Hilbert 空間 $\mathfrak{L}^2([0,1], \mathbb{C})$ を考える。$K(x, y)$ は $[0,1] \times [0,1]$ で定義される複素数値可測函数で

$$\int_0^1 \int_0^1 |K(x, y)|^2 dx dy < \infty$$

とする。いま $f \in \mathfrak{L}^2([0,1]^2, \mathbb{C})$ に対して

$$(Tf)(x) = \int_0^1 K(x, y) f(y) dy$$

と定義すると，T は $\mathfrak{L}^2([0,1], \mathbb{C})$ 上の有界線形作用素である。そこで作用素 T^* を

――――――――――

　5)　Hilbert 空間上の線形作用素に関する抽象論（C^*-代数の理論）については Arveson[2]，Diximier[21]，丸山 [77] 第 7 章を参照。

　6)　たとえば 4° は次のように示せばよい。$\|T^* T\| \leqq \|T^*\| \cdot \|T\| = \|T\|^2$. 他方すべての $x \in \mathfrak{H}$ に対して

$$\|Tx\|^2 = \langle Tx, Tx \rangle = \langle T^* Tx, x \rangle \leqq \|T^* T\| \cdot \|x\|^2$$

なので $\|T\|^2 \leqq \|T^* T\|$.

§2 共役作用素と射影作用素　　　　189

$$(T^*f)(y) = \int_0^1 \overline{K(x,y)} f(x) dx$$

と定義すれば，T^* は T の共役作用素である．同じことであるが函数 $K^* : [0,1] \times [0,1] \to \mathbb{C}$ を

$$K^*(y,x) = \overline{K(x,y)}$$

と定義すれば，次の関係が成り立つ．

$$(T^*f)(y) = \int_0^1 K^*(y,x) f(x) dx.$$

例 3　$\mathfrak{L}^2(\mathbb{R},\mathbb{C})$ 上の Plancherel の意味での Fourier 変換を $\mathcal{F}_2$ とすれば，定理 4.3(p.79) により，

$$\mathcal{F}_2^* = \mathcal{F}_2^{-1} \quad (逆変換).$$

定義　$T \in \mathcal{L}(\mathfrak{H})$ に対して $T = T^*$ が成り立つとき，T は**対称作用素** (symmetric or Hermitian operator) であるという。[7]

例　上記の例 1 において $t_{ij} = \overline{t_{ji}}$ for all i, j ならば $T = T^*$ である．例 2 において $K(x,y) = \overline{K(x,y)}$ a.e. x, y ならば $T = T^*$ である．

定理 7.4　$T \in \mathcal{L}(\mathfrak{H})$ に対して次の諸命題は同値である．

(i)　T は対称である．

(ii)　$\Phi(x,y) = \langle Tx, y \rangle$ $(x, y \in \mathfrak{H})$ で定義される半双線形汎函数 Φ は歪対称的である．

(iii)　すべての $x \in \mathfrak{H}$ に対して，$\langle Tx, x \rangle$ は実数である．

―――――――――

7)　対線作用素と密接な関係のある**自己随伴作用素**（self-adjoint operater）については Lax[71]Chap.32 を見よ．

190   第 7 章　ユニタリ作用素のスペクトル表現

証明　(i)⇔(ii): すべての $x, y \in \mathfrak{H}$ に対して

$$\Phi(x, y) = \overline{\Phi(y, x)}$$

の成り立つことは，すべての $x, y \in \mathfrak{H}$ に対して

$$\langle Tx, y \rangle = \overline{\langle Ty, x \rangle} = \overline{\langle y, T^*x \rangle} = \langle T^*x, y \rangle$$

の成り立つことと同値ゆえ，(i)⇔(ii) が確認される。

(i)⇔(iii): T が対称であれば，任意の $x \in \mathfrak{H}$ について

$$\overline{\langle x, Tx \rangle} = \langle Tx, x \rangle = \langle x, Tx \rangle$$

であるから，$\langle Tx, x \rangle$ は実である。

逆に，すべての $\langle Tx, x \rangle$ が実であるとしよう。任意の $x, y \in \mathfrak{H}$ に対して

$$\langle x + y, T(x + y) \rangle = \langle x, Tx \rangle + \langle y, Ty \rangle + \langle x, Ty \rangle + \langle y, Tx \rangle$$

であるが，左辺および右辺の初めの二項は仮定によって実数なのであるから

$$\langle x, Ty \rangle + \langle y, Tx \rangle \equiv \alpha \tag{3}$$

もまた実数でなければならない。いま y のかわりに iy を用いれば，やはり同様にして

$$i\langle x, Ty \rangle - i\langle y, Tx \rangle \equiv \beta \tag{4}$$

が実数とならねばならない。(3), (4) から

$$2\langle x, Ty \rangle = \alpha - i\beta, \tag{5}$$

$$2\langle y, Tx \rangle = \alpha + i\beta, \quad \alpha, \beta \in \mathbb{R} \tag{6}$$

である。しかるに

$$2\langle Tx, y \rangle = 2\overline{\langle y, Tx \rangle} \underset{(6)}{=} \alpha - i\beta \underset{(5)}{=} 2\langle x, Ty \rangle$$

となるので，

$$\langle Tx, y \rangle = \langle x, Ty \rangle, \quad x, y \in \mathfrak{H}.$$

ゆえに $T = T^*$.　　　　　　　　　　　　　　　　　　　　　　　(証了)

§2 共役作用素と射影作用素　　　191

注意　(iii) ⇒ (i) の証明中で虚数 i を用いたことは本質的に重要である。実 Hilbert 空間ではこの論法を採用することはできまい。事実，実 Hilbert 空間においては，もちろん $\langle Tx, x \rangle$ は常に実数であるけれども，それにもかかわらず，すべての線形作用素が対称とは限らないのである。[8]

定理 7.2 と定理 7.4 を組み合わせれば次の系が得られる。

系 7.1　$\mathfrak{H}$ 上の任意の有界な歪対称半双線形汎函数 Φ に対して，

$$\Phi(x, y) = \langle Tx, y \rangle, \quad x, y \in \mathfrak{H}$$

を満たす対称な $T \in \mathcal{L}(\mathfrak{H})$ が存在して，これは一意に定まる。しかも $\|T\| = \|\Phi\|$ である。

$\mathfrak{M}$ を Hilbert 空間 $\mathfrak{H}$ の閉部分空間とするとき，任意の $z \in \mathfrak{H}$ の直交分解

$$z = x + y, \quad x \in \mathfrak{M}, \quad y \in \mathfrak{M}^\perp$$

が一意に定まることは既に見た（cf.p.5 の **5°**）。このとき z を x に対応せしめる線形写像 $P : z \mapsto x$ を $\mathfrak{H}$ から $\mathfrak{M}$ への**射影** (projection) または**射影作用素** (projection operator) と呼ぶ。

ただちに知られる射影作用素の性質を二，三掲げておこう。

1°　P を閉部分空間 $\mathfrak{M} \subset \mathfrak{H}$ への射影とし，さらに

$$\mathfrak{M}_1 = \{x \in \mathfrak{H} | Px = x\}, \quad \mathfrak{M}_2 = \{Px | x \in \mathfrak{H}\}$$

とすれば，$\mathfrak{M} = \mathfrak{M}_1 = \mathfrak{M}_2$。

2°　P を閉部分空間 $\mathfrak{M} \subset \mathfrak{X}$ への射影とする。$x \in \mathfrak{H}$ に対して $\|Px\| = \|x\|$ が成り立つならば，$Px = x$ である。

---

8)　加藤 [55] p.257.

192　　　第 7 章　ユニタリ作用素のスペクトル表現

証明　$x = Px + (x - Px)$,　$Px \in \mathfrak{M}$,　$x - Px \in \mathfrak{M}^\perp$ であるから,

$$\|x\|^2 = \|Px\|^2 + \|x - Px\|^2.$$

ところが仮定により $\|Px\| = \|x\|$ であるから,　$\|x - Px\| = 0$ を得る。

（証了）

定理 7.5　$\mathfrak{M}$ を Hilbert 空間 $\mathfrak{H}$ の閉部分空間とするとき, 射影 $P : \mathfrak{H} \to \mathfrak{M}$ は次の性質を満たす。
    (i)　$P^2 = P$.　　（巾等性 idempotency）
    (ii)　$P^* = P$.　　（対称性）
さらに $\mathfrak{M} \neq \{0\}$ ならば $\|P\| = 1$。

証明　$z \in \mathfrak{H}$ を直交分解して $z = x + y$ $(x \in \mathfrak{M}, y \in \mathfrak{M}^\perp)$ とすれば

$$P^2 z = Px = x = Pz$$

であるから,　$P^2 = P$ である。
    また

$$\|Pz\|^2 = \|x\|^2 \leqq \|x\|^2 + \|y\|^2 = \|z\|^2.$$

ゆえに $\|P\| \leqq 1$。とくに $\mathfrak{M} \neq \{0\}$ ならば $0 \neq z \in \mathfrak{M}$ として $Pz = z$ であるから，上で得た $\|P\| \leqq 1$ と併せて $\|P\| = 1$。
    最後に $P = P^*$ を示そう。

$$x = x_1 + x_2,　x_1 \in \mathfrak{M},　x_2 \in \mathfrak{M}^\perp,$$
$$y = y_1 + y_2,　y_1 \in \mathfrak{M},　y_2 \in \mathfrak{M}^\perp$$

とすれば

$$\langle Px, y \rangle = \langle x_1, y \rangle = \langle x_1, y_1 \rangle = \langle x, y_1 \rangle = \langle x, Py \rangle.$$

これが任意の $x, y \in \mathfrak{H}$ に対して成り立つので $P = P^*$。　　（証了）

定理 7.5 の逆も次のようにして成り立つ。

定理 **7.6** $P \in \mathcal{L}(\mathfrak{H})$ が (i) $P^2 = P$ かつ (ii) $P^* = P$ を満足するものとし，また

$$\mathfrak{M} = \{x \in \mathfrak{H} | Px = x\}$$

とおけば，P は $\mathfrak{H}$ から $\mathfrak{M}$ への射影である。

証明 (i) により，すべての $x \in \mathfrak{H}$ に対して

$$P(Px) = Px. \tag{7}$$

(ii) により，すべての $x \in \mathfrak{H}$, すべての $y \in \mathfrak{M}$ に対して

$$\langle y, x - Px \rangle = \langle y, x \rangle - \langle Py, x \rangle = 0 \tag{8}$$

が成り立つ。(7), (8) により

$$Px \in \mathfrak{M}, \quad x - Px \in \mathfrak{M}^\perp.$$

すべての $x \in \mathfrak{H}$ について

$$x = Px + (x - Px)$$

に注意すれば，ただちに所望の帰結が得られる。 (証了)

要するに，$\mathfrak{H}$ 上の射影作用素は，巾等・対称な作用素として完全に特徴づけられるのである。

§3 ユニタリ作用素

まずユニタリ作用素の定義と基本性質を確認することから始めよう。

定義 $T \in \mathcal{L}(\mathfrak{H})$ が $TT^* = T^*T = I$ （恒等作用素）を満たすとき，T はユニタリ作用素 (unitary operator) と称する。

194　　　　　　第 7 章　ユニタリ作用素のスペクトル表現

　$(n \times n)$-型の実行列のうち，その行列式が 1 に等しいものが定める $\mathbb{R}^n$ 上の線形作用素はユニタリ作用素である。$\mathfrak{L}^2(\mathbb{R}, \mathbb{C})$ 上の（Plancherel の意味での）Fourier 変換，逆変換は最も重要なユニタリ作用素の実例である。$\mathcal{L}(\mathfrak{H})$ のうち，ユニタリ作用素の全体は作用素の合成についての群を成す。この群のことを**ユニタリ群**（unitary group）と呼ぶ。

　定理 7.7　作用素 $T \in \mathcal{L}((\mathfrak{H}))$ について，次の三命題は同値である。
  (i)　T はユニタリ作用素である。
  (ii)　$T(\mathfrak{H}) = \mathfrak{H}$ かつすべての $x, y \in \mathfrak{H}$ について
$$\langle Tx, Ty \rangle = \langle x, y \rangle.$$
  (iii)　$T(\mathfrak{H}) = \mathfrak{H}$ かつすべての $x \in \mathfrak{H}$ について
$$\|Tx\| = \|x\|.$$

　証明　(i)⇒(ii)：T がユニタリであるとしよう。すると定義によって $TT^* = I$ であるから，T は逆作用素を有し，これが T^* に等しいのである。したがって T は全単射である。また
$$\langle Tx, Ty \rangle = \langle x, T^*Ty \rangle = \langle x, y \rangle \quad \text{for all} \quad x, y \in \mathfrak{H}.$$

(ii)⇒(iii)：自明。
(iii)⇒(i)：(iii) が成り立つものとすれば，すべての $x \in \mathfrak{H}$ について
$$\langle T^*Tx, x \rangle = \langle Tx, Tx \rangle = \|Tx\|^2 = \|x\|^2 = \langle x, x \rangle.$$
つまり
$$\langle (T^*T - I)x, x \rangle = 0 \quad \text{for all} \quad x \in \mathfrak{H} \tag{1}$$
であるから，$T^*T = I$。（下記の注意を見よ。）仮定により，T は $\mathfrak{H}$ から $\mathfrak{H}$ への全単射なので，逆作用素 T^{-1} が存在する。したがって $T^{-1} = T^*$ でなければならない。ゆえに
$$T^*T = TT^* = I. \tag{証了}$$

要するに，$T \in \mathcal{L}(\mathfrak{H})$ がユニタリであるためには，それが $\mathfrak{H}$ 上の等長自己同型作用素であることが必要十分である。

注意　定理 7.7 の証明中，(1) から $T^*T = I$ を導くのは，次の一般的な原理による。つまり $S \in \mathcal{L}(\mathfrak{H})$ に対して

$$\langle Sx, x \rangle = 0 \quad \text{for all} \quad x \in \mathfrak{H} \Rightarrow S = 0 \tag{2}$$

である。実際，$x, y \in \mathfrak{H}$ とすると，(2) によって

$$\langle S(x + y), x + y \rangle = \langle Sx, y \rangle + \langle Sy, x \rangle = 0, \tag{3}$$

$$\langle S(x + iy), x + iy \rangle = -i\langle Sx, y \rangle + i\langle Sy, x \rangle = 0. \tag{4}$$

(4) に i を乗じて (3) に加えれば

$$2\langle Sx, y \rangle = 0 \quad \text{for all} \quad x, y \in \mathfrak{H}.$$

これからただちに

$$Sx = 0 \quad \text{for all} \quad x \in \mathfrak{H}$$

を得る。上記の証明では，$S = T^*T - I$ と考えればよい。

§4　恒等作用素の分解

後において詳述するユニタリ作用素のスペクトル表現において重要な役割を演ずる恒等作用素の分解という概念について，あらかじめ一般論を述べておこう。

定義　$(\Omega, \mathcal{E})$ を可測空間，$\mathfrak{H}$ を Hilbert 空間とする。写像

$$E : \mathcal{E} \to \mathcal{L}(\mathfrak{H})$$

が次の条件を満たすとき，この E を ($\mathcal{E}$ 上の) 恒等作用素の分解 (resolution of the identity) と称する。

196   第 7 章　ユニタリ作用素のスペクトル表現

1°　　$E(\emptyset) = 0,\ E(\Omega) = I.$

2°　　$A \in \mathcal{E}$ に対して，$E(A)$ は射影作用素。

3°　　$A, B \in \mathcal{E}$ に対して，$E(A \cap B) = E(A)E(B).$

4°　　$A, B \in \mathcal{E},\ A \cap B = \emptyset \Rightarrow E(A \cup B) = E(A) + E(B).$

5°　　各 $x, y \in \mathfrak{H}$ に対して函数 $E_{x,y} : \mathcal{E} \to \mathbb{C}$ を

$$E_{x,y}(A) = \langle\, E(A)x, y \,\rangle,\ A \in \mathcal{E}$$

と定義すれば，これは $(\Omega, \mathcal{E})$ 上の複素測度である。

次の結果は定義から容易に導かれる。

定理 7.8　（分解 E の性質）恒等作用素の分解 E については次の命題が成り立つ。A, B は $\mathcal{E}$ の元とし，また $x \in \mathfrak{H}$ とする。

(i)　$E_{x,x}(A) = \|E(A)x\|^2.$

(ii)　$E_{x,x}$ は $(\Omega, \mathcal{E})$ 上の（正値）測度で

$$E_{x,x}(\Omega) = \|x\|^2.$$

(iii)　$E(A)E(B) = E(B)E(A).$

(iv)　$A \cap B = \emptyset$ ならば，$E(A)$ の像と $E(B)$ の像とは互いに直交する。

(v)　E は有限加法的である。

証明　(i)　2° および射影作用素の巾等性，対称性によって

$$E_{x,x}(A) = \langle\, E(A)x, x \,\rangle = \langle\, E(A)^2 x, x \,\rangle = \langle\, E(A)x, E(A)x \,\rangle = \|E(A)x\|^2.$$

(ii)　$E(\Omega) = I$ と (i) から明らか。

(iii)　3° により

$$E(A)E(B) = E(A \cap B) = E(B)E(A).$$

(iv)　$A \cap B = \emptyset$ とし，また $x, y \in \mathfrak{H}$ とすれば

$$\langle\, E(A)x, E(B)y \,\rangle = \langle\, x, E(A)E(B)y \,\rangle \quad (E(A) = E(A)^* による)$$

§4 恒等作用素の分解   197

$$\underset{3°}{=} \langle x, E(A \cap B)y \rangle = \langle x, E(\emptyset)y \rangle \underset{1°}{=} \langle x, 0 \rangle = 0.$$

(v) $4°$ より自明。   (証了)

注意 $1°$ E は必ずしも可算加法的ではない。$A_n \in \mathcal{E}$ を互いに共通部分をもたない可測集合の列とするとき, 作用素の級数

$$\sum_{n=1}^{\infty} E(A_n) \tag{1}$$

は強収束するであろうか。各 $E(A_n)$ は射影作用素であるから, そのノルムは 0 または 1 である (定理 7.5)。したがって (1) を構成する項のうち, 高々有限個を除いて他のすべてが 0 である場合以外は, (1) の部分和の列

$$\sum_{n=1}^{N} E(A_n), \quad N = 1, 2, \cdots$$

は Cauchy 列を成しえない。それゆえ (1) は特殊な場合を除けば, 一般的には強収束しないのである。上記の点を念のため詳しく説明すると次のようである。いま各作用素 $E(A_n)$ に対して $\mathfrak{M}_n = \{x \in \mathfrak{H} | E(A_n)x = x\}$ と定義すると, $E(A_n)$ は $\mathfrak{M}_n$ への射影であり, もし $\mathfrak{M}_n \neq \{0\}$ であれば $\|E(A_n)\| = 1$ である。仮に $\mathfrak{M}_n \neq \{0\}$ となる n が無限個存在するとしてみよう。たとえば $\mathfrak{M}_{k_0} \neq \{0\}$ とし, $m < k_0 < n$ とする。(1) の部分和

$$\sum_{k=1}^{m} E(A_k), \quad \sum_{k=1}^{n} E(A_k)$$

を考え, $x_0 \in \mathfrak{M}_{k_0}, \|x_0\| = 1$ とすると $\langle E(A_k)x_0, E(A_{k'})x_0 \rangle = 0$ であるから,

$$\left\| \sum_{k=m+1}^{n} E(A_k)x_0 \right\|^2 = \sum_{k=m+1}^{n} \|E(A_k)x_0\|^2 \geqq \|E(A_{k_0})x_0\| = \|x_0\| = 1.$$

したがって $\left\| \sum_{k=m+1}^{n} E(A_k) \right\| \geqq 1$。このような k_0 が無限個存在するのであるから, (1) の部分和は Cauchy 列とはならないのである。

   $2°$ しかし $x \in \mathfrak{H}$ をひとつ固定したとき, $E(\cdot)x$ の σ-加法性は成立する。

198　　　　　第 7 章　ユニタリ作用素のスペクトル表現

これを示すために，一般論として次の事実を確認しておこう。[9]

$\{x_n\}$ を Hilbert 空間 $\mathfrak{H}$ について互いに直交するベクトルの列とするとき，次の三条件は同値である。

(i)　$\displaystyle\sum_{n=1}^{\infty} x_n$ は強収束する。

(ii)　$\displaystyle\sum_{n=1}^{\infty} \|x_n\|^2 < \infty.$

(iii)　任意の $y \in \mathfrak{H}$ について $\displaystyle\sum_{n=1}^{\infty} \langle x_n, y \rangle$ は収束する。

さて 2° に戻るが，$A_n \in \mathcal{E}$ を互いに共通部分をもたない可測集合の列とすれば，定理 7.8(iv) により

$$\langle E(A_n)x, E(A_m)x \rangle = 0 \quad \text{if} \quad n \neq m.$$

定義の 5° により $\langle E(\cdot)x, y \rangle$ は複素測度なので，

$$\left\langle E\left(\bigcup_{n=1}^{\infty} A_n\right)x, y \right\rangle = \sum_{n=1}^{\infty} \langle E(A_n)x, y \rangle \quad \text{for all} \quad y \in \mathfrak{H}. \tag{2}$$

したがって上記の命題 ((i)⇔(iii)) から

$$\sum_{n=1}^{\infty} E(A_n)x \quad \text{(強収束)}$$

が存在する。(2) の右辺を書き直すと

$$\begin{aligned}
\sum_{n=1}^{\infty} \langle E(A_n)x, y \rangle &= \lim_{N \to \infty} \left\langle \sum_{n=1}^{N} E(A_n)x, y \right\rangle \\
&= \left\langle \lim_{N \to \infty} \sum_{n=1}^{N} E(A_n)x, y \right\rangle \quad \text{(内積の連続性)} \\
&= \left\langle \sum_{n=1}^{\infty} E(A_n)x, y \right\rangle \quad \text{(第一項の強収束より)}.
\end{aligned}$$

これが (2) の左辺に等しいという結果がすべての $y \in \mathfrak{H}$ について成り立つのであるから，

$$E\left(\bigcup_{n=1}^{\infty} A_n\right)x = \sum_{n=1}^{\infty} E(A_n)x.$$

こうして $E(\cdot)x$ の σ-加法性が示された。

---

9)　これを示すには，(ii)⇒(i)⇒(iii) ⇒(ii) の順に進むとよい。(iii)⇒(ii) を示すには Banach-Steinhaus の共鳴定理を用いる。(Yosida [120]p.69，丸山 [77] p.168.)

§5 ユニタリ作用素のスペクトル表現

$\mathfrak{H}$ を（複素）Hilbert 空間，$U \in \mathcal{L}(\mathfrak{H})$ をユニタリ作用素とする。$x \in \mathfrak{H}$ をひとつ固定し，

$$a_n = \langle U^n x, x \rangle, \quad n \in \mathbb{Z}$$

と定義すれば，数列 $\{a_n\}_{n \in \mathbb{Z}}$ は正の半定符号である。すなわち，有限個を除いて 0 の複素数から成る任意の列 $\{z_n\}_{n \in \mathbb{Z}}$ に対して

$$\sum_{n,m} a_{n-m} z_n \bar{z}_m \geqq 0$$

が成り立つ。実際，$(U^* = U^{-1}$ に留意して$)$

$$\sum_{n,m} a_{n-m} z_n \bar{z}_m = \sum_{n,m} \langle U^{n-m} x, x \rangle z_n \bar{z}_m$$

$$= \sum_{n,m} \langle U^n x, U^m x \rangle z_n z_m = \left\langle \sum_n z_n U^n x, \sum_m z_m U^m x \right\rangle$$

$$= \| \sum_n z_n U^n x \|^2 \geqq 0.$$

したがって Herglotz の定理 6.4（p.149）により，a_n は $\mathbb{T}$ 上のある正値 Radon 測度 $m_x \in \mathfrak{M}_+(\mathbb{T})$ の Fourier 係数として表現することができる。

$$a_n = \langle U^n x, x \rangle = \frac{1}{\sqrt{2\pi}} \int_{\mathbb{T}} e^{-in\theta} dm_x(\theta). \tag{1}$$

ここで測度 m_x が x に依存していることに注意しよう。また $n = 0$ とおくことにより，

$$\frac{1}{\sqrt{2\pi}} m_x(\mathbb{T}) = \|x\|^2 \tag{2}$$

であることも明白である。

次に $x, y \in \mathfrak{H}$ を固定して $\langle U^n x, y \rangle$ を同じように表現してみよう。$\langle U^n x, y \rangle$ は

$$\langle U^n (x \pm y), x \pm y \rangle, \quad \langle U^n (x \pm iy), x \pm iy \rangle$$

200 第 7 章 ユニタリ作用素のスペクトル表現

の一次結合で表わされるから, [10] (1) により，次の表現をうる。

$$\langle U^n x, y \rangle = \frac{1}{\sqrt{2\pi}} \int_{\mathbb{T}} e^{-in\theta} dm_{x,y}(\theta), \tag{3}$$

ここで $4m_{x,y} = m_{x+y} - m_{x-y} + im_{x+iy} - im_{x-iy}.$

もちろん $m_{x,x} = m_x$ である。

定理 7.9 $U \in \mathfrak{L}(\mathfrak{H})$ をユニタリ作用素とする。このとき任意の $x, y \in \mathfrak{H}$ と $n \in \mathbb{Z}$ に対して

$$\langle U^n x, y \rangle = \frac{1}{\sqrt{2\pi}} \int_{\mathbb{T}} e^{-in\theta} dm_{x,y}(\theta)$$

を満たす Borel 複素測度 $m_{x,y}$ が存在し，そのような測度は一意に定まる。

定理 7.10 上に得た $m_{x,y}$ については，任意の $S \in \mathcal{B}(\mathbb{T})$ に対して次の命題が成り立つ。

(i) $(x, y) \mapsto m_{x,y}(S)$ は半双線形的である。

(ii) $(x, y) \mapsto m_{x,y}(S)$ は歪対称的である。

(iii) $\frac{1}{\sqrt{2\pi}}|m_{x,y}(S)| \leqq \|x\| \cdot \|y\|$ for any $S \in \mathcal{B}(\mathbb{T})$.

証明 (i) $\alpha, \beta \in \mathbb{C}$, $x_1, x_2 \in \mathfrak{H}$ とすると

$$\langle U^n(\alpha x_1 + \beta x_2), y \rangle = \alpha \langle U^n x_1, y \rangle + \beta \langle U^n x_2, y \rangle$$
$$= \frac{\alpha}{\sqrt{2\pi}} \int_{\mathbb{T}} e^{-in\theta} dm_{x_1,y} + \frac{\beta}{\sqrt{2\pi}} \int_{\mathbb{T}} e^{-in\theta} dm_{x_2,y}$$
$$= \frac{1}{\sqrt{2\pi}} \int_{\mathbb{T}} e^{-in\theta} d(\alpha m_{x_1,y} + \beta m_{x_2,y}).$$

---

[10] $\langle U^n x, y \rangle = \frac{1}{4}\{\langle U^n(x+y), x+y \rangle - \langle U^n(x-y), x-y \rangle + i\langle U^n(x+iy), x+iy \rangle - i\langle U^n(x-iy), x-iy \rangle\}.$

§5 ユニタリ作用素のスペクトル表現　　　201

これから

$$m_{\alpha x_1 + \beta x_2, y} = \alpha m_{x_1, y} + \beta m_{x_2, y}$$

を得る。同様にして

$$m_{x, \alpha y_1 + \beta y_2} = \bar{\alpha} m_{x, y_1} + \bar{\beta} m_{x, y_2}$$

である。

(ii)　$\langle U^n y, x \rangle = \langle y, U^{-n} x \rangle = \overline{\langle U^{-n} x, y \rangle}$
$$= \overline{\frac{1}{\sqrt{2\pi}} \int_{\mathbb{T}} e^{in\theta} dm_{x,y}} = \frac{1}{\sqrt{2\pi}} \int_{\mathbb{T}} e^{-in\theta} \overline{dm_{x,y}}.$$

他方,

$$\langle U^n y, x \rangle = \frac{1}{\sqrt{2\pi}} \int_{\mathbb{T}} e^{-in\theta} dm_{y,x}$$

であるから,$\overline{m_{x,y}} = m_{y,x}$ を得る。

(iii)　$S \in \mathcal{B}(\mathbb{T})$ とし,函数 $\varphi : \mathfrak{H} \times \mathfrak{H} \to \mathbb{C}$ を

$$\varphi_s(x, y) = m_{x,y}(S)$$

と定義すれば,既に見た如く,φ_s は半双線形かつ歪対称である。また

$$\varphi_s(x, x) = m_{x,x}(S) = m_x(S) \geqq 0.$$

さらに $x = 0$ ならば $\varphi_s(0,0) = 0$ も明らか。Schwarz の不等式により,[11]

$$|m_{x,y}(S)| \leqq m_x(S)^{1/2} \cdot m_y(S)^{1/2}. \tag{4}$$

$m_x(\cdot), m_y(\cdot)$ は測度であり,$\dfrac{1}{\sqrt{2\pi}} m_x(\mathbb{T}) = \|x\|^2$,$\dfrac{1}{\sqrt{2\pi}} m_y(\mathbb{T}) = \|y\|^2$ であるから ((2) による),(4) から

$$\frac{1}{\sqrt{2\pi}} |m_{x,y}(S)| \leqq \|x\| \cdot \|y\|$$

が導かれる。　　　　　　　　　　　　　　　　　　　　　　　　　　　(証了)

―――――――――

11)　ここで φ_s は必ずしも内積ではない。$x \neq 0$ ならば $\varphi_s(x, x) > 0$ が一般には満たされないからである。しかしそれ以外の内積の条件はすべて充足しているので,Schwarz の不等式を適用することが可能なのである。Schwarz の不等式が成り立つためには,内積の条件のうち $x \neq 0 \Rightarrow \langle x, x \rangle \neq 0$ は不用である。

202　　　　第 7 章　ユニタリ作用素のスペクトル表現

こうして，$\varphi_s(x, y)$ は $\mathfrak{H} \times \mathfrak{H}$ 上の歪対称な半双線形汎函数で

$$|\varphi_s(x, y)| \leqq \sqrt{2\pi} \|x\| \cdot \|y\| \tag{5}$$

が成り立つという意味で有界であることが知られた。したがって系 7.1 により，次の帰結を得る。[12]

定理 7.11　任意の $S \in \mathcal{B}(\mathbb{R})$ に対して

$$\frac{1}{\sqrt{2\pi}} m_{x,y}(S) = \langle\, E(S)x, y\,\rangle, \quad x, y \in \mathfrak{H}$$

を満たす有界な対称作用素 $E(S) \in \mathcal{L}(\mathfrak{H})$ が存在して，それは一意的に定まる。しかも $\|E(S)\| = \dfrac{1}{\sqrt{2\pi}} \|\varphi_S\|$。

定理 7.12　作用素 $E : \mathcal{B}(\mathbb{R}) \to \mathcal{L}(\mathfrak{H})$ は $\mathcal{B}(\mathbb{R})$ 上の恒等作用素の分解である。

証明　pp.195-196 における $1° \sim 5°$ を確認していこう。
1°　(4) により

$$|m_{x,y}(\emptyset)| = |\varphi_\emptyset(x, y)| = 0 \quad \text{for all} \quad x, y \in \mathfrak{H}.$$

ゆえに $E(\emptyset) = 0$。(3) において $n = 0$ とおけば

$$\langle\, x, y\,\rangle = \frac{1}{\sqrt{2\pi}} m_{x,y}(\mathbb{T}) = \langle\, E(\mathbb{T})x, y\,\rangle \quad \text{for all} \quad x, y \in \mathfrak{H}.$$

したがって $E(\mathbb{T}) = I$。
2°　定理 7.11 から $E(S)$ は対称であり，次に示す $3°$ から，$S = T$ とおけば

$$E(S) = E(S)^2$$

である。ゆえに定理 7.6 により，$E(S)$ は射影作用素である。

---

12)　Lax[71]Chap.31 とくに sec.31.7 に負う。

§5　ユニタリ作用素のスペクトル表現　　　203

3°　$m_{x,y}$ と $\langle E(\cdot)x, y \rangle$ との関係から,

$$\langle U^n x, y \rangle = \frac{1}{\sqrt{2\pi}} \int_{\mathbb{T}} e^{-in\theta} dm_{x,y}(\theta) = \int_{\mathbb{T}} e^{-in\theta} \langle E(d\theta)x, y \rangle. \tag{6}$$

n を $n+k$ で置き換えると

$$\langle U^{n+k} x, y \rangle = \int_{\mathbb{T}} e^{-in\theta} e^{-ik\theta} \langle E(d\theta)x, y \rangle. \tag{7}$$

また (6) の x を $U^k x$ で置き換えると,

$$\langle U^{n+k} x, y \rangle = \int_{\mathbb{T}} e^{-in\theta} \langle E(d\theta)U^k x, y \rangle. \tag{8}$$

(7), (8) を比較して,[13)]

$$e^{-ik\theta} \langle E(d\theta)x, y \rangle = \langle E(d\theta)U^k x, y \rangle. \tag{9}$$

$S \in \mathcal{B}(\mathbb{R})$ の特性函数を χ_S と書くことにすれば, ($n = 0$ として)

$$\int_{\mathbb{T}} \chi_S(\theta) e^{-ik\theta} \langle E(d\theta)x, y \rangle = \langle E(S)U^k x, y \rangle.$$

$$= \langle U^k x, E(S)y \rangle \quad (E(S) = E(S)^* による) \tag{10}$$

$$\underset{(6)}{=} \int_{\mathbb{T}} e^{-ik\theta} \langle E(d\theta)x, E(S)y \rangle.$$

(10) の第一項, 第四項が等しいことから

$$\chi_S(\theta) \langle E(d\theta)x, y \rangle = \langle E(d\theta)x, E(S)y \rangle.$$

この両辺を $T \in \mathcal{B}(\mathbb{T})$ 上で積分すると,[14)]

$$\int_{\mathbb{T}} \chi_T(\theta) \chi_S(\theta) \langle E(d\theta)x, y \rangle = \langle E(T)x, E(S)y \rangle.$$

この左辺は $\langle E(S \cap T)x, y \rangle$ に等しいから, 結局

$$\langle E(S \cap T)x, y \rangle = \langle E(T)x, E(S)y \rangle = \langle E(S)E(T)x, y \rangle.$$

ゆえに $E(S \cap T) = E(S)E(T)$。

---

13)　$\mathbb{T}$ 上のふたつの Radon 測度の Fourier 係数が等しければ, それらの測度は等しい。(cf. 系 6.1, p.138)

14)　$\chi_T \chi_S = \chi_{S \cap T}$.

204　　　第 7 章　ユニタリ作用素のスペクトル表現

4°　$S \cap T = \emptyset$ とする。まず

$$m_{x,y}(S \cup T) = \langle E(S \cup T)x, y \rangle \tag{11}$$

であるが，他方

$$
\begin{aligned}
m_{x,y}(S \cup T) &= m_{x,y}(S) + m_{x,y}(T) \\
&= \langle E(S)x, y \rangle + \langle E(T)x, y \rangle = \langle (E(S) + E(T))x, y \rangle.
\end{aligned}
\tag{12}
$$

(11)，(12) を比べて

$$E(S \cup T) = E(S) + E(T).$$

5°　$m_{x,y}(\cdot) = \langle E(\cdot)x, y \rangle$ の作り方から，これは複素測度である。

(証了)

これに加えて $E(\cdot)$ については次の性質も成り立つ。

6°　$E(S)U = UE(S).$

実際，U がユニタリであるから

$$\langle U^n(Ux), y \rangle = \langle U^n x, U^{-1}y \rangle.$$

したがって

$$m_{Ux,y} = m_{x,U^{-1}y}. \tag{13}$$

また

$$
\begin{aligned}
m_{Ux,y}(S) &= \langle E(S)Ux, y \rangle, \\
m_{x,U^{-1}y}(S) &= \langle E(S)x, U^{-1}y \rangle = \langle UE(S)x, y \rangle.
\end{aligned}
\tag{14}
$$

(13)，(14) により $E(S)U = UE(S)$ を得る。

また定理 7.8 に該当する性質もすべて満たされていることはいうまでもない。つまり $S, T \in \mathcal{B}(\mathbb{T})$, $x \in \mathfrak{H}$ とするとき，次のような命題が成り立つ。

7°　$m_{x,x}(S) = \langle E(S)x, x \rangle = \|E(S)x\|^2.$

§5 ユニタリ作用素のスペクトル表現　　　205

8°　$m_{x,x}(\cdot)$ は $(\mathbb{T}, \mathcal{B}(\mathbb{T}))$ 上の正値測度で

$$m_{x,x}(\mathbb{T}) = \|x\|^2.$$

9°　$E(S)E(T) = E(T)E(S).$

10°　$S \cap T = \emptyset$ ならば，$E(S)$ の像と $E(T)$ の像とは互いに直交する。

$E(\cdot)$ を用いると

$$\langle U^n x, y \rangle = \int_{\mathbb{T}} e^{-in\theta} \langle E(d\theta)x, y \rangle = \Big\langle \underbrace{\int_{\mathbb{T}} e^{-in\theta} E(d\theta)}_{\substack{\text{ベクトル測度 } E(\cdot)x \\ \text{による積分}}} x, y \Big\rangle$$

であるから，これを記号的に次のように書いてもよいであろう。

$$U^n = \int_{\mathbb{T}} e^{-in\theta} dE.$$

とくに $n = 1$ とすれば，U のスペクトル表現

$$U = \int_{\mathbb{T}} e^{-i\theta} dE$$

を得る。

　　注意　上の結果はユニタリ作用素 U の合成 $U^n (z \in \mathbb{N})$ に対して定義される数列 $\{a_n = \langle U^n x, x \rangle\}$ $(x \in \mathfrak{H})$ が正の半定符号であることに基づき，これを $\mathbb{T}$ 上のある Radon 測度の Fourier 係数として表現する（Herglotz の定理）ところに，証明の着想を得たものである。

　　これをすこしだけ一般化し，n をパラメータとするユニタリ作用素の族 $\{U_n | n \in \mathbb{Z}\}$ が

$$U_n U_m = U_{n+m} \ (n, m \subset \mathbb{Z}), \quad U_0 = I$$

を満たすものとしよう。（U の合成の族 $\{U^n | n \in \mathbb{Z}\}$ はこれの特別の場合である。）このときにも $S \in \mathcal{B}(\mathbb{T})$ に対して有界な対称作用素 $E(S)$ が一意的に定まり，

$$U_n = \int_{\mathbb{T}} e^{-in\theta} dE(\theta), \quad n \in \mathbb{Z}$$

と表現することができる。証明も全く同様である。

206　　　第7章　ユニタリ作用素のスペクトル表現

　次節ではパラメータが $\mathbb{Z}$ ではなく $\mathbb{R}$ 上を動く場合について考えよう。その場合は Herglotz の定理にかわって Bochner の定理が主役を果たすことは当然予想できるであろう。

§6　ユニタリ作用素の一径数群とそのスペクトル表現 ——Stone の定理

定義　Hilbert 空間 $\mathfrak{H}$ における有界線形作用素の族 $\{T_t | t \in \mathbb{R}\}$ が,

$$T_t T_s = T_{t+s} \quad (t, s \in \mathbb{R}), \quad T_0 = I$$

を満たすとき, $\{T_t | t \in \mathbb{R}\}$ は線形作用素の**一径数群** (one-parameter group) であるという。[15]
　また各 $t_0 \in \mathbb{R}$ において

$$\underset{t \to t_0}{s\text{-}\lim} T_t x = T_{t_0} x \quad \text{for all} \quad x \in \mathfrak{H}$$

が成り立つとき, この一径数群は C_0-級 (class C_0) であるという。

　ここではとくに, ユニタリ作用素の作る C_0-級一径数群について考えることにしよう。[16]（C_0-級というかわりに, 強連続といってもよい。）

補題 7.1　$\{U_t | t \in \mathbb{R}\}$ をユニタリ作用素の作る C_0-級一径数群とする。$x \in \mathfrak{H}$ をひとつ固定し, 函数 $\varphi : \mathbb{R} \to \mathbb{C}$ を

$$\varphi(t) = \langle U_t x, x \rangle$$

と定義するならば, φ は連続で

$$\varphi(-t) = \overline{\varphi(t)}$$

を満たし, かつ任意有限個の $t_1, t_2, \cdots, t_n \in \mathbb{R}$; $z_1, z_2, \cdots, z_n \in \mathbb{C}$ に対

---

15)　径数 t を非負 $\geqq 0$ に限定するとき, $\{T_t | t \in \mathbb{R}\}$ は**半群** (semi-group) であるという。
16)　Lax[71]Chap.35 を参照した。この定理は Stone[103] によって確立された。

して

$$\sum_{i,j=1}^n \varphi(t_i - t_j)z_i\bar{z}_j \geqq 0$$

が成り立つ。

証明 まず φ の連続性は明らかであろう。$\{U_t | t \in \mathbb{R}\}$ が一径数群であることから，

$$U_{-t} = U_t^{-1} = U_t^* \tag{1}$$

であることに注意する。(1) により

$$\varphi(-t) = \langle U_{-t}x, x \rangle = \langle U_t^*x, x \rangle = \overline{\langle x, U_t^*x \rangle} = \overline{\langle U_t x, x \rangle} = \overline{\varphi(t)}.$$

次に $t_1, t_2, \cdots, t_n \in \mathbb{R}$; $z_1, z_2, \cdots z_n \in \mathbb{C}$ とすれば，

$$\sum \varphi(t_i - t_j)z_i\bar{z}_j = \sum \langle U_{t_i - t_j}x, x \rangle z_i\bar{z}_j = \sum \langle U_{t_j}^{-1}U_{t_i}x, x \rangle z_i\bar{z}_j$$
$$= \sum \langle U_{t_i}x, U_{t_j}x \rangle z_i\bar{z}_j = \langle \sum z_i U_{t_i}x, \sum z_j U_{t_j}x \rangle = \| \sum z_i U_{t_i}x \|^2 \geqq 0.$$

(証了)

この補題により，$\varphi(t)$ は連続かつ正の半定符号であることが判明した。したがって Bochner の定理 6.11 (p.167) により，$\varphi(t)$ は $\mathbb{R}$ 上のある正値 Radon 測度 $m(\cdot\,;\,x)$ の Fourier 変換として表現することができる。——すなわち

$$\varphi(t) = \langle U_t x, x \rangle = \frac{1}{\sqrt{2\pi}} \int_{\mathbb{R}} e^{-it\lambda} dm(\lambda;\,x)$$

を満たす $m(\cdot\,;\,x) \in \mathfrak{M}_+(\mathbb{R})$ が存在する。

次に $x, y \in \mathfrak{H}$ を固定して考えれば，$\langle U_t x, y \rangle$ は

$$\langle U_t(x \pm y), x \pm y \rangle, \quad \langle U_t(x \pm iy), x \pm iy \rangle$$

の一次結合で表わされるので，

$$\langle U_t x, y \rangle = \frac{1}{\sqrt{2\pi}} \int_{\mathbb{R}} e^{-it\lambda} dm(\lambda;\,x, y) \tag{2}$$

を満たす（複素）測度 $m(\cdot\,;\,x, y)$ が存在する。

208 第7章 ユニタリ作用素のスペクトル表現

定理 7.13 $\{U_t \,|\, t \in \mathbb{R}\}$ をユニタリ作用素の作る C_0-級一径数群とする。このとき任意の $x, y \in \mathfrak{H}$ に対して

$$\langle U_t x, y \rangle = \frac{1}{\sqrt{2\pi}} \int_{\mathbb{R}} e^{-it\lambda} dm(\lambda; x, y) \tag{3}$$

を満たす Borel 複素測度 $m(\lambda; x, y)$ が存在し，そのような測度は一意に定まる。

このようにして得られた測度 $m(\,\cdot\,; x, y)$ については次の性質が成り立つ。証明は定理 7.10 と全く同様にすればよい。

定理 7.14 $m(\,\cdot\,; x, y)$ については，次の命題が成り立つ。

(i) $(x, y) \mapsto m(\,\cdot\,; x, y)$ は半双線形的である。

(ii) $m(\,\cdot\,; x, y)$ は歪対称的である。

(iii) $\frac{1}{\sqrt{2\pi}} |m(S; x, y)| \leqq \|x\| \cdot \|y\|$ for any $S \in \mathcal{B}(\mathbb{R})$.

もちろん $m(\,\cdot\,; x, x) = m(\,\cdot\,; x)$ である。

こうして函数

$$\Phi_S : (x, y) \mapsto \frac{1}{\sqrt{2\pi}} m(S; x, y)$$

は $\mathfrak{H} \times \mathfrak{H}$ 上の歪対称な半双線汎函数で

$$\|\Phi_S(x, y)\| \leqq \|x\| \cdot \|y\|.$$

したがって系 7.1 により，任意の $S \in \mathcal{B}(\mathbb{R})$ に対して

$$\Phi_S(x, y) = \frac{1}{\sqrt{2\pi}} m(S; x, y) = \langle E(S)x, y \rangle, \quad x, y \in \mathfrak{H} \tag{4}$$

を満たす有界な対称作用素 $E(S) \in \mathcal{L}(\mathfrak{H})$ が一意的に定まる。しかも $\|E(S)\| = \|\Phi_S\|$ である。

§6 ユニタリ作用素の一径数群とそのスペクトル表現　　209

定理 7.13 と (4) により，結局 (3) は

$$\langle U_t x, y \rangle = \int_{\mathbb{R}} e^{-it\lambda} \langle E(d\lambda)x, y \rangle$$

となる。これが Stone の定理の最終形態である。

定理 **7.15** (Stone)　$\{U_t | t \in \mathbb{R}\}$ をユニタリ作用素の作る C_0-級一径数群
とする。このとき任意の $x, y \in \mathfrak{H}$ に対して

$$\langle U_t x, y \rangle = \int_{\mathbb{R}} e^{-it\lambda} \langle E(d\lambda)x, y \rangle$$

を満たす有界な対称作用素 $E(S) \in \mathcal{L}(\mathfrak{H})$ が存在し，それは一意的に定まる。

さてここでは Bochner の定理に基づいて Stone の定理を証明したのであるが，逆に Stone の定理から Bochner の定理を導くこともできる。つまりこれらふたつの定理は数学的に同等であることが知られる。[17]
　函数 $\varphi \in \mathfrak{C}^b(\mathbb{R}, \mathbb{C})$ は正の半定符号であるとしよう。$\mathbb{R}$ から $\mathbb{C}$ への函数のうち，有限個の点を除いてゼロになる函数の集合を $\mathfrak{H}$ とし，$\mathfrak{H}$ 上の加法，スカラー乗法および内積を次の如く定める[18]すなわち $x(\cdot), y(\cdot) \in \mathfrak{H}$, $\alpha \in \mathbb{C}$ に対して，

$$(x + y)(t) = x(t) + y(t),$$
$$(\alpha x)(t) = \alpha \cdot x(t),$$
$$\langle x, y \rangle = \sum_{t, s \in \mathbb{R}} \varphi(t - s) x(t) \overline{y(s)}$$

とするのである。これらの演算の下に $\mathfrak{H}$ は pre-Hilbert 空間となる。

$$\mathfrak{N} = \{x \in \mathfrak{H} | \langle x, x \rangle = 0\}$$

---

17)　Yosida[120]pp.346-347 による。
18)　ただし，$\langle x, x \rangle = 0 \Rightarrow x = 0$ は必ずしも導かれない。$\langle x, x \rangle \geqq 0$ は φ の正の半定符号性から明らか。

210　第 7 章　ユニタリ作用素のスペクトル表現

と定義すれば，$\mathfrak{N}$ は $\mathfrak{H}$ の部分空間である。[19]　さらに商空間 $\mathfrak{H}/\mathfrak{N}$ の元のうち，$x, y \in \mathfrak{H}$ を含む同値類を ξ_x, ξ_y とすれば，内積

$$\langle \xi_x, \xi_y \rangle = \langle x, y \rangle$$

の下に $\mathfrak{H}/\mathfrak{N}$ は pre-Hilbert 空間となる。$\mathfrak{H}/\mathfrak{N}$ の完備化を $\widetilde{\mathfrak{H}}$ とすれば $\widetilde{\mathfrak{H}}$ は Hilbert 空間である。

作用素 $U_\tau : \mathfrak{H} \to \mathfrak{H} \ (\tau \in \mathbb{R})$ を

$$(U_\tau x)(t) = x(t - \tau), \quad x \in \mathfrak{H}$$

と定義すれば，

$$\langle U_\tau x, U_\tau y \rangle = \langle x, y \rangle, \quad x, y \in \mathfrak{H},$$

$$U_\tau U_\sigma = U_{\tau+\sigma}, \quad \tau, \sigma \in \mathbb{R}, \quad U_0 = I$$

の成り立つことは明白である。これから $\widetilde{U}_\tau ; \widetilde{\mathfrak{H}} \to \widetilde{\mathfrak{H}} (\tau \in \mathbb{R})$ を

$$(\widetilde{U}_\tau \xi_x)(t) = (U_\tau x)(t)$$

と定義すれば，$\{\widetilde{U}_\tau\}$ は Hilbert 空間 $\widetilde{\mathfrak{H}}$ 上でユニタリ作用素が作る一径数群で，また函数 φ の連続性から，$\{\widetilde{U}_\tau\}$ は C_0-級である。

したがって Stone の定理 7.15 から

$$\langle \widetilde{U}_\tau \xi_x, \xi_y \rangle = \langle U_\tau x, y \rangle = \int_{\mathbb{R}} e^{-i\tau\lambda} \langle E(d\lambda)x, y \rangle$$

を満たす（複素）対称作用素 $E(S) \ (S \in \mathcal{B}(\mathbb{R}))$ が存在する。そこで

$$m(S; x, y) = \sqrt{2\pi} \langle E(S)x, y \rangle$$

と定義すると，$m(\cdot; x, y)$ は複素測度で，定理 7.14 により，$m(\cdot; x, x)$ は実

---

19)　$x, y \in \mathfrak{N}$ とするとき $x + y \in \mathfrak{N}$ であることは次のように示せばよい。ここで φ は正の半定符号であることから，$\varphi(-u) = \overline{\varphi(u)}$ が成り立つ（補題 6.3, p.146）こと，そして $\langle \cdot, \cdot \rangle$ には Schwarz の不等式が使えることに注意する。$\langle x, x \rangle = \langle y, y \rangle = 0$ であるから，

$$\langle x + y, x + y \rangle = 2\mathcal{R}e\langle x, y \rangle.$$

したがって Scwarz の不等式より

$$|\langle x + y, x + y \rangle| \leqq 2\langle x, x \rangle^{1/2} \cdot \langle y, y \rangle^{1/2} = 0$$

ゆえに $x + y \in \mathfrak{N}$ である。

数である。

とくに $x_0 \in \mathfrak{H}$ を

$$x_0(t) = \begin{cases} 1 & \text{if} \quad t = \tau, \\ 0 & \text{if} \quad t \neq \tau \end{cases}$$

とすれば，演算 $\langle \cdot, \cdot \rangle$ の定義により，

$$\langle U_\tau x_0, x_0 \rangle = \sum_{t,s \in \mathbb{R}} \varphi(t-s) U_\tau x_0(t) \overline{x_0(s)} = \sum_{t,s \in \mathbb{R}} \varphi(t-s) x_0(t-\tau) \overline{x_0(s)}.$$

$x_0(t-\tau) \neq 0, x_0(s) \neq 0$ であるのは $t = 2\tau, s = \tau$ のときだけであるから

$$\langle U_\tau x_0, x_0 \rangle = \varphi(\tau).$$

したがって

$$\varphi(\tau) = \frac{1}{\sqrt{2\pi}} \int_{\mathbb{R}} e^{-i\tau\lambda} dm(\lambda; \ x_0, x_0).$$

これで Bochner の定理が導かれたのである。

第8章

定常確率過程の調和解析

1930 年前後における深刻な世界的経済不況に直面し，さまざまな景気変動理論が生まれた。P.A. Samuelson および J.R. Hicks による加速度と乗数の相互作用に基づく分析，N. Kaldor や R. Goodwin の非線形振動論によるモデル化，R. Fisch による遅れを伴う微分方程式の援用など，枚挙にいとまがない。そして J.M. Keynes の革新的な新理論の提唱がこれらの動学的経済変動理論に堅固な基礎を与えたことも忘れてはならない。

上に列挙した研究と並び，いまひとつ，確率的衝撃の重ね合せから周期的な景気の浮沈を論じた，ウクライナの数理統計学者 E. Slutsky の着想は経済学および確率論の双方に小さからぬ影響を与えたものとして記憶されるべきであろう。[1]

本章では定常確率過程の周期的・概周期的挙動を調和解析の立場から検討し，Slutsky に源を発する問題の数学的本質を明らかにしたいと思う。そのための推論の根底を支えるのは，既に詳述した Bochner-Herglotz の定理にほかならない。ここではこの特殊な視点から定常確率過程の理論と調和解析との交渉を論ずるのが目的で，決して確率過程の一般論を述べようとするものではない。[2]

---

1) 景気変動理論の大略については丸山 [82] 第 18 章を参照していただきたい。本文中にあげた文献は Samuelson[90], [91], Hicks[43], Kaldor[54], Frisch[30], Keynes[66], Slutsky[100] など。

2) 本章の内容については，とくに Doob[22] Chap.X-XI, Kawata[60], 河田 [62] 第 4 章, [63] 第 3-5 章, および Maruyama[76] に負うところが大きい。

214   第8章　定常確率過程の調和解析

§1　二次確率過程

確率過程論における若干の基本的概念についてまず解説を施しておこう。

定義　$(\Omega, \mathcal{E}, P)$ を確率空間，T を $\mathbb{R}$ の部分集合とし，函数 $X : T \times \Omega \to \mathbb{C}^l$（あるいは $\mathbb{R}^l$）を考える。ここで値域の $\mathbb{C}^l$（あるいは $\mathbb{R}^l$）には Borel σ-集合体 $\mathcal{B}(\mathbb{C}^l)$（あるいは $\mathcal{B}(\mathbb{R}^l)$）が定まっている。任意に $t \in T$ を固定したとき，函数 $\omega \mapsto X(t, \omega)$ $(\Omega \to \mathbb{C}^l, \mathbb{R}^l)$ が $(\mathcal{E}, \mathcal{B}(\mathbb{C}^l))$（あるいは $(\mathcal{E}, \mathcal{B}(\mathbb{R}^l))$）について可測である場合，$X$ を**確率過程** (stochastic process) と呼ぶ。

　上記の定義の中で T は通常時間を表わす変数 t の集合と解釈され，具体的には $T = \mathbb{R}, \mathbb{Z}, \mathbb{N}$ などを考える場合が多い。

　$\omega \in \Omega$ をひとつ固定したときの $X(t, \omega)$ の軌跡，つまり函数 $t \mapsto X(t, \omega)$ をこの確率過程の**標本函数** (sample function) と称する。

　T における有限個の元の組 $\boldsymbol{t} = (t_1, t_2, \cdots, t_n)\,(n = 1, 2, \cdots)$ の全体を $\mathcal{T}$ と書く。つまり

$$\mathcal{T} = \{\boldsymbol{t} = (t_1, t_2, \cdots, t_n) | t_j \in T,\, j = 1, 2, \cdots, n,\, n \in \mathbb{N}\}$$

である。$\boldsymbol{t} \in \mathcal{T}$ に対して

$$X_{\boldsymbol{t}}(\omega) = (X(t_1, \omega), X(t_2, \omega), \cdots, X(t_n, \omega))$$

とし，各 $E \in \mathcal{B}(\mathbb{C}^{ln})$（あるいは $\mathcal{B}(\mathbb{R}^{ln})$）に対して

$$\nu_{X_{\boldsymbol{t}}}(E) = P\{\omega \in \Omega | X_{\boldsymbol{t}}(\omega) \in E\}$$

と定義すれば，この $\nu_{X_{\boldsymbol{t}}}$ は $\mathcal{B}(\mathbb{C}^{ln})$（あるいは $\mathcal{B}(\mathbb{R}^{ln})$）上の確率測度で，$X_{\boldsymbol{t}}(\omega)$ の**分布** (distribution) と呼ばれる。そしてそのような分布の全体

$$\{\nu_{X_{\boldsymbol{t}}} | \boldsymbol{t} \in \mathcal{T}\} \tag{1}$$

を，$X(t, \omega)$ によって定まる**有限次元分布系** (system of finite dimensional distributions) と称するのである。

§1 二次確率過程 215

(1) はまず確率過程 $X(t, \omega)$ が与えられたものとし，それに基づいて定められたのであった。そこで次に特定の確率過程を前提とせず，各 $\boldsymbol{t} = (t_1, t_2, \cdots, t_n) \in \mathcal{T}$ ごとに $\mathcal{B}(\mathbb{C}^{ln})$（あるいは $\mathcal{B}(\mathbb{R}^{ln})$）上の確率測度 ν_t が与えられているとしてみよう。ν_t の全体は

$$\{\nu_t | \boldsymbol{t} \in \mathcal{T}\} \tag{2}$$

である。さて確率測度の族 (2) が与えられたとき，それを有限次元分布系としてもつ確率過程が必ず存在するであろうか？　この問いに答えるのが，A.N. Kolmogorov に負う次の著名な定理である。[3]

Kolmogorov の定理　確率測度の族 (2) に対して，次の (i), (ii) が成り立つならば，(2) を有限次元分布系とする確率過程 $X : T \times \Omega \to \mathbb{C}^l$（あるいは $\mathbb{R}^l$）が存在する。

(i)　$\boldsymbol{t}_1 = (t_1, t_2, \cdots, t_n)$, $\boldsymbol{t}_2 = (t_1, t_2, \cdots, t_n, t_{n+1})$ とすると

$$\nu_{t_1}(E) = \nu_{t_2}(E \times \mathbb{C}^l) \text{ (あるいは } E \times \mathbb{R}^l)$$
$$\text{for} \quad E \in \mathcal{B}(\mathbb{C}^{ln}) \text{ (あるいは } \mathcal{B}(\mathbb{R}^{ln})).$$

(ii)　π を n 文字の置換とし，また $\boldsymbol{t} = (t_1, t_2, \cdots, t_n) \in \mathcal{T}$, $\boldsymbol{s} = (s_1, s_2, \cdots, s_n) = \pi(\boldsymbol{t})$ とする。このとき

$$\nu_t(E) = \nu_s(\pi(E)) \quad \text{for} \quad E \in \mathcal{B}(\mathbb{C}^{ln}) \text{ (あるいは } \mathcal{B}(\mathbb{R}^{ln})).$$

ここで $\pi(E) = \{(x_{s_1}, \cdots, x_{s_n}) | (x_{t_1}, \cdots, x_{t_n}) \in E\}$.

以下，とくにことわらない限り $T = \mathbb{R}$，また $X(t, \omega)$ の値域は $\mathbb{C}$ とする。確率過程 $X(t, \omega)$ が各 $t \in T$ に対して $(p \geqq 1)$

$$\mathbb{E}|X(t, \omega)|^p = \int_\Omega |X(t, \omega)|^p dP(\omega) < \infty$$

を満たすとき，これを p 次確率過程と称する。本章ではとくに $p = 2$ の場合について考える。ここで $\mathbb{E}$ は期待値をとる操作を表わすことはいうまでもない。

---

3)　証明については確率論の成書を見よ。たとえば河田 [63] pp.5-7，ほかに Loève[72] pp.92-94, Dudley[24] pp.346-349.

216　　　　第 8 章　定常確率過程の調和解析

$X : T \times \Omega \to \mathbb{C}$ を二次の確率過程とするとき，次のふたつの函数

$$R : T \times T \to \mathbb{C}, \quad \rho : T \times T \to \mathbb{C}$$

が重要な役割を果たす．$R(s,t)$ は

$$R(s,t) = \mathbb{E}X(s,\omega)\overline{X(t,\omega)}, \quad s,t \in T$$

と定義され，これを X の**相関函数** (correlation function) と呼ぶ。[4] また $\rho(s,t)$ は

$$\rho(s,t) = \mathbb{E}[X(s,\omega) - \mathbb{E}X(s,\omega)][\overline{X(t,\omega) - \mathbb{E}X(t,\omega)}], \quad s,t \in T$$

と定義され，これを X の**共分散函数** (covariance function) と称する．

確率過程 $X(t,\omega)$ の共分散函数 $\rho(s,t)$ の性質のうち，今後しばしば用いられるものを整理しておくことにしよう．

1°　$\rho(s,t) = R(s,t) - \mathbb{E}X(s,\omega)\mathbb{E}\overline{X(t,\omega)}$.

証明　$\rho(s,t) = \mathbb{E}[X(s,\omega)\overline{X(t,\omega)} - X(s,\omega)\mathbb{E}\overline{X(t,\omega)}$
$$\qquad\qquad - \overline{X(t,\omega)}\mathbb{E}X(s,\omega) + \mathbb{E}X(s,\omega) \cdot \mathbb{E}\overline{X(t,\omega)}]$$
$$\qquad = \mathbb{E}[X(s,\omega)\overline{X(t,\omega)}] - \mathbb{E}X(s,\omega) \cdot \mathbb{E}\overline{X(t,\omega)}$$
$$\qquad\qquad - \mathbb{E}\overline{X(t,\omega)} \cdot \mathbb{E}X(s,\omega) + \mathbb{E}X(s,\omega) \cdot \mathbb{E}\overline{X(t,\omega)}$$
$$\qquad = R(s,t) - \mathbb{E}X(s,\omega) \cdot \mathbb{E}\overline{X(t,\omega)}. \qquad\qquad \text{（証了）}$$

2°　$\rho(s,t) = \overline{\rho(t,s)}$.

3°　$\rho(t,t) = \mathbb{E}|X(t,\omega) - \mathbb{E}X(t,\omega)|^2 \geqq 0$.

これは $X(t,\omega)$ の**分散** (variance) にほかならない．

4°　$|\rho(s,t)|^2 \leqq \rho(s,s) \cdot \rho(t,t)$.

証明　Schwarz の不等式により，

$$|\rho(s,t)|^2 \leqq \mathbb{E}|X(s,\omega) - \mathbb{E}X(s,\omega)|^2 \times \mathbb{E}|X(t,\omega) - \mathbb{E}X(t,\omega)|^2$$
$$\qquad = \rho(s,s) \cdot \rho(t,t). \qquad\qquad\qquad \text{（証了）}$$

---

　4)　$R(s,t)$ を相関函数と呼ぶのは河田 [63]p.11 によった．ただし楠岡成雄氏より，この用語法が必ずしも一般的ではないという注意を受けた．

5° 任意の $t_i, t_j \in \mathbb{R}$ $(i, j = 1, 2, \cdots, n)$, $n \in \mathbb{N}$ に対して定義される $(n \times n)$-型行列

$$M = (\rho(t_i, t_j))_{1 \leqq i, j \leqq n}$$

は Hermite 行列で，これによって定まる Hermite 形式は正の半定符号である。

証明 M が Hermite であることは **2°** より明らか。$z_i, z_j \in \mathbb{C}$ に対して

$$\sum_{i,j=1}^{n} \rho(t_i, t_j) z_i \bar{z}_j$$
$$= \mathbb{E}\left\{ \sum_{i,j=1}^{n} [X(t_i, \omega) - \mathbb{E}X(t_i, \omega)] \times \overline{[X(t_j, \omega) - \mathbb{E}X(t_j, \omega)]} z_i \bar{z}_j \right\}$$
$$= \mathbb{E}\left| \sum_{i=1}^{n} [X(t_i, \omega) - \mathbb{E}X(t_i, \omega)] z_i \right|^2 \geqq 0.$$

ゆえに M によって定まる Hermite 形式は正の半定符号である。　　　　(証了)

$X : T \times \Omega \to \mathbb{C} (T - \mathbb{R})$ を二次確率過程とする。$t \in T$ をひとつ固定し，X を ω の函数とみたとき，これを $X_t(\omega)$ と書くことがある。

定義 各 $t \in T$ に対して $\mathfrak{L}^2(\Omega, \mathbb{C})$ の元 $X_t(\omega)$ を対応させる函数 $t \mapsto X_t(\omega)$ $(T \to \mathfrak{L}^2(\Omega, \mathbb{C}))$ が点 $t_0 \in T$ において連続であるとき，つまり

$$\mathbb{E}|X(t, \omega) - X(t_0, \omega)|^2 = \mathbb{E}|X_t(\omega) - X_{t_0}(\omega)|^2 \to 0 \quad \text{as} \quad t \to t_0$$

が成り立つとき，$X(t, \omega)$ は t_0 において**強連続** (strongly continuous) であるという。$X(t, \omega)$ がすべての $t \in T$ において強連続であるときには，$X(t, \omega)$ は T 上で強連続，あるいは単に強連続であるという。

もちろん t_0 における強連続性は次のようにいっても同じである。任意の $\varepsilon > 0$ に対して $\delta > 0$ を適当に選び，$|t - t_0| < \delta$ ならば

$$\mathbb{E}|X(t, \omega) - X(t_0, \omega)|^2 < \varepsilon$$

とすることができる。$X(t, \omega)$ がすべての t において強連続であるとしても，δ の大きさは ε と t とに依存する。とくに δ を ε のみに依存し，t から独立に

218　　　第 8 章　定常確率過程の調和解析

選べるときには，$X(t,\omega)$ は一様に強連続であるということにしよう。

定義からただちに導かれる二，三の関係を整理しておこう。

1°　$X(t,\omega)$ が強連続ならば，函数 $t \mapsto \mathbb{E}X(t,\omega)$ は連続である。
証明　$t_0 \in T$ を任意に固定して考える。

$$
\begin{aligned}
|\mathbb{E}X(t,\omega) - \mathbb{E}X(t_0,\omega)|^2 &= |\mathbb{E}[X(t,\omega) - X(t_0,\omega)] \cdot 1|^2 \\
&\leqq \mathbb{E}|X(t,\omega) - X(t_0,\omega)|^2 \cdot \mathbb{E}(1)^2 \\
&\qquad\qquad \text{(Schwarz の不等式)} \\
&= \mathbb{E}|X(t,\omega) - X(t_0,\omega)|^2 \to 0 \quad \text{as} \quad t \to t_0.
\end{aligned}
$$

(証了)

2°　$R(s,t)$ が連続であるためには，$\mathbb{E}X(t,\omega)$ および $\rho(s,t)$ の双方が連続であることが必要十分である。
証明　$R(s,t)$ が連続であるとしよう。**1°** の証明をもう一度利用すると，

$$
\begin{aligned}
|\mathbb{E}X(t,\omega) &- \mathbb{E}X(t_0,\omega)|^2 \\
&\leqq \mathbb{E}|X(t,\omega) - X(t_0,\omega)|^2 \quad (\text{1° の証明による}) \\
&= \mathbb{E}|X(t,\omega)|^2 + \mathbb{E}|X(t_0,\omega)|^2 - 2\mathcal{R}e\mathbb{E}X(t,\omega)\overline{X(t_0,\omega)} \\
&= R(t,t) + R(t_0,t_0) - 2\mathcal{R}eR(t,t_0).
\end{aligned}
$$

(3)

$R(s,t)$ が連続のとき $t \to t_0$ とすれば，(3) は 0 に収束する。ゆえに $t \mapsto \mathbb{E}X(t,\omega)$ は連続。

次に，p.216 の **1°** により

$$
\rho(s,t) = R(s,t) - \mathbb{E}X(s,\omega)\overline{\mathbb{E}X(t,\omega)} \tag{4}
$$

であるが，$R(s,t)$ が連続ならば，上記の結果から (4) の右辺第二項も連続。したがって $\rho(s,t)$ も連続である。

逆に $\mathbb{E}X(t,\omega), \rho(s,t)$ がともに連続ならば，(4) からただちに $R(s,t)$ の連続性を得る。

(証了)

§1 二次確率過程　　　　　　　　　　　　219

定理 8.1（強連続性の特徴づけ）　次の三命題は同値である。

(i)　$X(t, \omega)$ は強連続。

(ii)　$R(s, t)$ は連続。

(iii)　$R(s, s)$ は s について連続で，しかも各 $t \in T$ について函数 $s \mapsto R(s, t)$ も連続。

証明　(i)⇒(ii): $s_0, t_0 \in \mathbb{R}$ とするとき，

$$
\begin{aligned}
R(s, t) - R(s_0, t_0) &= \mathbb{E}[X(s, \omega)\overline{X(t, \omega)} - X(s_0, \omega)\overline{X(t_0, \omega)}] \\
&= \mathbb{E}\{[X(s, \omega) - X(s_0, \omega)]\overline{X(t, \omega)}\} \\
&\quad + \mathbb{E}\{X(s_0, \omega)[\overline{X(t, \omega)} - \overline{X(t_0, \omega)}]\}. \quad (5)
\end{aligned}
$$

Schwarz の不等式により，

$$
\begin{aligned}
(\mathbb{E}|X(s, \omega) - X(s_0, \omega)| \cdot |\overline{X(t, \omega)}|)^2 & \\
&\leqq \mathbb{E}|X(s, \omega) - X(s_0, \omega)|^2 \cdot \mathbb{E}|\overline{X(t, \omega)}|^2. \quad (6) \\
(\mathbb{E}|X(s_0, \omega)| \cdot |\overline{X(t, \omega)} - \overline{X(t_0, \omega)}|)^2 & \\
&\leqq \mathbb{E}|X(s_0, \omega)|^2 \cdot \mathbb{E}|\overline{X(t, \omega)} - \overline{X(t_0, \omega)}|^2. \quad (7)
\end{aligned}
$$

(i) と (5), (6), (7) により (ii) が導かれる。

(ii)⇒(iii): 自明。

(iii)⇒ (i): 既に (3) で計算したように，

$$
\mathbb{E}|X(t, \omega) - X(t_0, \omega)|^2 \to 0 \quad \text{as} \quad t \to t_0. \tag{証了}
$$

確率過程の連続性として，強連続性よりも弱い概念を導入しておこう。

二次確率過程 $X(t, \omega)$ が与えられたとき $\mathfrak{L}^2(\Omega, \mathbb{C})$ の部分空間 $\mathfrak{H}(X)$ を

$$
\mathfrak{H}(X) = \overline{\text{span}}\{X(t, \omega)|t \in \mathbb{R}\}
$$

と定義し，これを仮に X の定める線形部分空間と呼ぶことにしよう。$\mathfrak{H}(X)$ は（$\mathfrak{L}^2$ の内積の下に）Hilbert 空間を成すことは明らかである。

定義 $t_0 \in \mathbb{R}$ とする。任意の $Y \in \mathfrak{H}(X)$ に対して

$$\mathbb{E}Y(\omega)\overline{X(t,\omega)} \to \mathbb{E}Y(\omega)\overline{X(t_0,\omega)} \quad \text{as} \quad t \to t_0$$

であるとき，$X(t,\omega)$ は t_0 において $\mathfrak{H}$-弱連続であるという。すべての $t_0 \in \mathbb{R}$ において $\mathfrak{H}$-弱連続ならば，$X(t,\omega)$ は $\mathbb{R}$ 上で $\mathfrak{H}$-弱連続，あるいは単に $\mathfrak{H}$-弱連続であるという。

$X(t,\omega)$ が強連続ならば，それは $\mathfrak{H}$-弱連続である。

実際，任意の $Y \in \mathfrak{L}^2$ に対して，Schwarz の不等式から

$$|\mathbb{E}Y(\omega)\overline{X(t,\omega)} - \mathbb{E}Y(\omega)\overline{X(t_0,\omega)}| \leqq \|Y\|_2 \cdot \|X(t,\omega) - X(t_0,\omega)\|_2$$

が成り立つことから，それはただちにわかる。

定理 8.2 （$\mathfrak{H}(X)$ の可分性：$\mathfrak{H}$-弱連続の場合）　$X(t,\omega)$ が $\mathfrak{H}$-弱連続ならば，$\mathfrak{H}(X)$ は可分な Hilbert 空間である。

証明

$$\sum_{j=1}^{n} r_j X(t_j,\omega), \quad n \in \mathbb{N}, \quad r_j : \text{有理複素数}^{5)}, \quad t_j \in \mathbb{Q}$$

なる形式の確率変数の全体を D とすれば，これは可算集合である。D が $\mathfrak{H}(X)$ の部分集合であることもいうまでもない。

$$\mathfrak{M} = \overline{\text{span}}D$$

とすれば，$\mathfrak{M}$ は $\mathfrak{H}(X)$ における可分な閉部分空間である。したがって $\mathfrak{H}(X)$ の可分性を示すためには $\mathfrak{M} = \mathfrak{H}(X)$ であることを証明すればよい。

---

5) つまり r_j の実部・虚部はいずれも有理数。

§1 二次確率過程　　　　　　　221

$\mathfrak{H}(X)$ は Hilbert 空間であることに注意すると，$\mathfrak{M}$ の $\mathfrak{H}(X)$ における直交補空間を $\mathfrak{M}^\perp$ とするとき（cf.p.5），

$$\mathfrak{H}(X) = \mathfrak{M} \oplus \mathfrak{M}^\perp.$$

そこで $Y \in \mathfrak{H}(X)$ とすれば，それは

$$Y(\omega) = V(\omega) + W(\omega), \quad V \in \mathfrak{M}, \quad W \in \mathfrak{M}^\perp \qquad (8)$$

と一意的に表現することができる。すると $\mathfrak{L}^2$ の元として $W = 0$ であることが次のようにして知られる。まず $t_0 \in \mathbb{R}$ とし，$\{t_n\}$ を t_0 に収束する有理数の列とすれば，$X(t, \omega)$ の $\mathfrak{H}$-弱連続性により，

$$\mathbb{E}W(\omega)\overline{X(t_n, \omega)} \to \mathbb{E}W(\omega)\overline{X(t_0, \omega)} \quad \text{as} \quad n \to \infty. \qquad (9)$$

ここで $X(t_n, \omega) \in D \subset \mathfrak{M}$ であることと，$W \in \mathfrak{M}^\perp$ とから

$$\mathbb{E}W(\omega)\overline{X(t_n, \omega)} = 0 \quad \text{for all} \quad n. \qquad (10)$$

(9)，(10) により

$$\mathbb{E}W(\omega)\overline{X(t_0, \omega)} = 0$$

が導かれる。したがって $\operatorname{span}\{X(t, \omega)|t \in \mathbb{R}\}$ の任意の元 $\sum_{j=1}^{n} c_j X(t_j, \omega)$, $c_j \in \mathbb{C}$, $t_j \in \mathbb{R}$, $n \in \mathbb{N}$ に対しても

$$\mathbb{E}W(\omega)\left[\overline{\sum_{j=1}^{n} c_j X(t_j, \omega)}\right] = 0.$$

したがって一致の原理により

$$\mathbb{E}W(\omega)\overline{Z(\omega)} = 0 \quad \text{for all} \quad Z \in \mathfrak{H}(X).$$

これから $W = 0$ (in $\mathfrak{L}^2$) であることが判明した。

直交分解 (8) の一意性から

$$Y(\omega) = V(\omega)$$

であり，$Y \in \mathfrak{M}$ となる。これが任意の $Y \in \mathfrak{H}(X)$ について成り立つのであるから，$\mathfrak{H}(X) \subset \mathfrak{M}$，つまり $\mathfrak{M} = \mathfrak{H}(X)$ を得る。　　　　　　（証了）

$X(t,\omega)$ が強連続ならばそれは $\mathfrak{H}$-弱連続なので,定理 8.2 によれば,$X(t,\omega)$ の強連続性から $\mathfrak{H}(X)$ の可分性がただちに導かれる。

§2 弱定常確率過程

$T = \mathbb{R}, \mathbb{Z}$ あるいは $\mathbb{N}$ とし,$(\Omega, \mathcal{E}, P)$ は確率空間とする。このとき確率過程 $X(t,\omega) : T \times \Omega \to \mathbb{C}$ を考える。$T = \mathbb{Z}$ あるいは $\mathbb{N}$ の場合,$X(t,\omega)$ のかわりに $X_t(\omega)$ と表記する習慣があるので,ここでもしばしばそれを用いる。

定義 任意の $n \in \mathbb{N}$ と $t_1, t_2, \cdots, t_n \in T$ に対して

$$(X(t_1 + t, \omega),\ X(t_2 + t, \omega), \cdots, X(t_n + t, \omega))$$

の分布が t に無関係であるとき,$X(t,\omega)$ は**強定常確率過程** (strongly stationary process) であるという。

つまり $E \in \mathcal{B}(\mathbb{C}^n)$ に対して

$$\Phi_{t_1, t_2, \cdots, t_n}(E) = P\{\omega \in \Omega | (X(t_1, \omega), \cdots, X(t_n, \omega)) \in E\}$$

とおけば,$X(t,\omega)$ が強定常であるとは,いかなる $t \in T$ に対しても

$$\Phi_{t_1, t_2, \cdots, t_n} = \Phi_{t_1 + t, t_2 + t, \cdots t_n + t}, \quad n \in \mathbb{N}, \quad t_1, t_2, \cdots, t_n \in T$$

の成り立つことをいうのである。

定義 すべての $s, t, h \in T$ に対して

$$m(t) \equiv \mathbb{E}X(t,\omega) = \text{定数 } m,$$

$$\rho(s + h, t + h) = \rho(s, t)$$

が成り立つ二次の確率過程 $X(t,\omega)$ を**弱定常確率過程** (weakly stationary process) であるという。

§2 弱定常確率過程　　　　　　　　　223

このとき共分散函数 $\rho(s,t)$ は $s-t$ のみの函数となるので

$$\rho(u), \quad u = s - t$$

と表記することにしよう。[6]

定理 8.3　確率過程 $X(t,\omega)$ がある $t_0 \in T$ において

$$\mathbb{E}|X(t_0,\omega)|^2 < \infty$$

を満たしかつ強定常ならば，それは弱定常である。

証明　強定常性により

$$\mathbb{E}|X(t,\omega)|^2 = \mathbb{E}|X(t_0,\omega)|^2 < \infty \quad \text{for all} \quad t \in T$$

であるから，$X(t,\omega)$ は二次確率過程である。また

$$m(t) = \int_{\mathbb{C}} \xi d\Phi_t(\xi),$$
$$\rho(s,t) = \int_{\mathbb{C}} \int_{\mathbb{C}} (\xi - m(s))(\overline{\eta - m(t)})d\Phi_{s,t}(\xi,\eta)$$

であるから，強定常性により弱定常性が導かれる。　　　　　　　（証了）

注意　強定常過程の定義にあたっては $\mathbb{E}|X(t,\omega)|^2 < \infty$ を要請していないのであるから，もちろん強定常 $\Rightarrow$ 弱定常は成り立たない。

例 1　$X_j : \Omega \to \mathbb{C}$ $(j = 1, 2, \ldots, n)$ は $\mathfrak{L}^2(\Omega, \mathbb{C})$ の確率変数で平均がゼロ，しかも互いに直交するものとしよう。つまり

$$\mathbb{E}X_j(\omega) = 0, \quad j = 1, 2, \cdots, n,$$

---

6)　本来ならば一変数函数 $\rho(u)$ と二変数函数 $\rho(s,t)$ とは別の函数記号を用いるべきであろうが，混乱の恐れはないと思われるので，同一の記号を採用した。

224   第 8 章　定常確率過程の調和解析

$$\mathbb{E}X_j(\omega)\overline{X_k(\omega)} = 0 \quad \text{if} \quad j \neq k \quad （直交性）$$

とする。$\lambda_j \in \mathbb{R}\ (j = 1, 2, \cdots, n)$ に対して

$$X(t, \omega) = \sum_{j=1}^{n} e^{i\lambda_j t} X_j(\omega), \quad t \in \mathbb{R} \tag{1}$$

と定義しよう。このとき $X(t, \omega)$ は弱定常で

$$\mathbb{E}X(t, \omega) = 0 \quad \text{for all} \quad t \in \mathbb{R}, \tag{2}$$

$$\rho(u) = \sum_{j=1}^{n} e^{i\lambda_j u} \mathbb{E}|X_j(\omega)|^2 \tag{3}$$

である。

　実際，(2) は自明であり，直交性によって

$$\rho(s, t) = \mathbb{E}X(s, \omega)\overline{X(t, \omega)} = \mathbb{E}\sum_{j=1}^{n}\sum_{k=1}^{n} e^{i\lambda_j s} e^{-i\lambda_k t} X_j(\omega)\overline{X_k(\omega)}$$

$$= \sum_{j=1}^{n} e^{i\lambda_j (s-t)} \mathbb{E}|X_j(\omega)|^2.$$

これから，$u = s - t$ として (3) が成り立つ。

例 2　$X_j, Y_j : \Omega \to \mathbb{R}\ (j = 1, 2, \cdots, n)$ は直交確率変数列で

$$\mathbb{E}X_j(\omega) = \mathbb{E}Y_j(\omega) = 0, \quad j = 1, 2, \cdots, n,$$

$$\mathbb{E}|X_j(\omega)|^2 = \mathbb{E}|Y_j(\omega)|^2 = 1, \quad j = 1, 2, \cdots, n$$

とする。$a_j, \lambda_j \in \mathbb{R}\ (j = 1, 2, \cdots, n)$ に対して

$$X(t, \omega) = \sum_{j=1}^{n} a_j [X_j(\omega)\cos\lambda_j t + Y_j(\omega)\sin\lambda_j t] \tag{4}$$

と定義する。まず

$$\mathbb{E}X(t, \omega) = 0 \quad \text{for all} \quad t \in \mathbb{R} \tag{5}$$

は明らか。次に共分散函数 $\rho(s, t)$ を計算すると，X_j および Y_j は平均ゼロ，分散 1 の確率変数であることにより，

$$\rho(s,t) = \mathbb{E}X(s,\omega)\overline{X(t,\omega)}$$

$$= \mathbb{E}\left[\sum_{j=1}^{n} a_j^2 (X_j(\omega)^2 \cos\lambda_j s \cos\lambda_j t + Y_j(\omega)^2 \sin\lambda_j s \sin\lambda_j t)\right]$$

$$= \sum_{j=1}^{n} a_j^2 \cos\lambda_j(s-t).$$

ここで $u = s - t$ とおけば

$$\rho(u) = \sum_{j=1}^{n} a_j^2 \cos\lambda_j u. \tag{6}$$

こうして $X(t,\omega)$ が弱定常過程であることが知られた。

例 3 (移動平均)　$X_n : \Omega \to \mathbb{C}$ $(n \in \mathbb{Z})$ を $\mathfrak{L}^2$ の直交確率変数列とし（つまり $\mathbb{E}X_j(\omega)\overline{X_k(\omega)} = 0$ for $j \neq k$)，各 $n \in \mathbb{Z}$ に対して

$$\mathbb{E}X_n = 0, \quad \mathbb{E}|X_n(\omega)|^2 = \sigma^2 \quad (n \text{ から独立}),$$

とする。$\{c_\nu\}_{\nu \in \mathbb{Z}}$ を $l_2(\mathbb{C})$ に属する数列とし,

$$Y_n(\omega) = \sum_{k=-\infty}^{\infty} c_{k-n} X_k(\omega), \quad n \in \mathbb{Z} \tag{7}$$

とおくと，(7) の右辺は $\mathfrak{L}^2$ において強収束し，$\{Y_n(\omega)\}$ は弱定常過程で

$$\mathbb{E}Y_n(\omega) = 0, \quad n \in \mathbb{Z}, \tag{8}$$

かつ

$$\rho(u) = \sigma^2 \sum_{\nu=-\infty}^{\infty} c_{u+\nu}\bar{c}_\nu \tag{9}$$

である。

　まず (7) の右辺が $\mathfrak{L}^2$-収束することを示そう。$n \in \mathbb{Z}$ をひとつ固定し，$0 \leqq p < p'$ なる整数 p, p' を考えると,

$$\mathbb{E}\left|\sum_{k=p}^{p'} c_{k-n} X_k(\omega)\right|^2 = \sum_{j,k=p}^{p'} c_{j-n}\overline{c_{k-n}}\mathbb{E}X_j(\omega)\overline{X_k(\omega)} = \sum_{k=p}^{p'} |c_{k-n}|^2\sigma^2$$

(直交性による)

$$= \sigma^2 \sum_{k=p}^{p'} |c_{k-n}|^2 = \sigma^2 \sum_{\nu=p-n}^{p'-n} |c_\nu|^2. \tag{10}$$

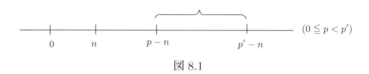

図 8.1

ここで n は固定されており，$0 \leqq p < p'$ であるから，p と p' を限りなく大きくしてゆけば $p-n < p'-n$ はやがて正となり，絶対値は限りなく大きくなる．したがって $\{c_\nu\} \in l_2(\mathbb{C})$ であることにより，$p, p' \to \infty$ のとき $(10) \to 0$ である．

同様にして，$p' < p < 0$ の場合も

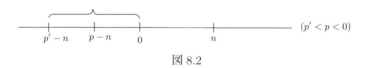

図 8.2

$$\mathbb{E} \left| \sum_{k=p'}^{p} c_{k-n} X_k(\omega) \right|^2 = \sigma^2 \sum_{\nu=p'-n}^{p-n} |c_\nu|^2 \quad \to 0 \quad \text{as} \quad p, p' \to -\infty \tag{10'}$$

である．

これを予備計算として，(7) の部分和

$$U(\omega) = \sum_{k=p}^{q} c_{k-n} X_k(\omega), \quad V(\omega) = \sum_{k=p'}^{q'} c_{k-n} X_k(\omega),$$

$$p' < p < 0, \quad 0 \leqq q < q'$$

を考えると，[7]

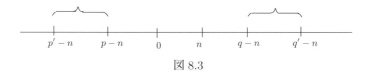

図 8.3

$$\|U(\omega)-V(\omega)\|_2^2 = \left\| \sum_{\nu=p'-n}^{p-n} c_\nu X_{n+\nu}(\omega) + \sum_{\nu=q-n}^{q'-n} c_\nu X_{n+\nu}(\omega) \right\|_2^2$$

$$= \left\| \sum_{\nu=p'-n}^{p-n} c_\nu X_{n+\nu}(\omega) \right\|_2^2 + \left\| \sum_{\nu=q-n}^{q'-n} c_\nu X_{n+\nu}(\omega) \right\|_2^2$$

(直交性による)

$$= \sigma^2 \left\{ \sum_{\nu=p'-n}^{p-n} |c_\nu|^2 + \sum_{\nu=q-n}^{q'-n} |c_\nu|^2 \right\}$$

$$\to 0 \quad \text{as} \quad p, p' \to -\infty, \; q, q' \to \infty.$$

こうして (7) の右辺の部分和の列

$$\sum_{k=p}^{q} c_{k-n} X_k(\omega) \quad p<0,\; q \geqq 0,\; p \to -\infty,\; q \to \infty$$

は $\mathfrak{L}^2$ における Cauchy 列であることが知られた.ゆえに (7) の右辺は $\mathfrak{L}^2$ において強収束する.上の議論から,その極限は $p \to -\infty, q \to \infty$ の選び方にかかわらず一意的に定まるから,$Y_n(\omega)$ はなんの曖昧さもなく定義されるのである.

次に (8) の成り立つことは次のようにして確認される.

$$\mathbb{E} Y_n(\omega) = \mathbb{E} \left[\underset{p \to \infty}{\text{l.i.m.}} \sum_{k=-p}^{p} c_{k-n} X_k(\omega) \right] \quad (p>0)$$

である[8]が,Ω は確率空間なので,$\mathfrak{L}^2$-収束は $\mathfrak{L}^1$-収束を含意する.したがって

---

[7] 部分列同士の差を計算するとき,和の上端 (q') は ∞ へ,下端 (p,p') は $-\infty$ へ移ってゆくときの状況を調べるのであるから,一般性を失うことなく,$p',p<0,\; 0 \leqq q, q'$ としてよい.また p と p',q と q' の大小関係はこれ以外の場合もあるが,取り扱い方は同じである.

[8] (7) の右辺が強収束することが既に知られているので,$\sum$ の上下は $p, -p$ のように特定化してよい.また l.i.m. は $\mathfrak{L}^2$ についての極限を表わすことを思い出しておこう.limit in the mean の略である.

$$\mathbb{E}Y_n(\omega) = \lim_{p \to \infty} \mathbb{E} \sum_{k=-p}^{p} c_{k-n} X_k(\omega) = 0.$$

最後に共分散函数を計算する。

$$\rho(m,n) = \mathbb{E}Y_m(\omega)\overline{Y_n(\omega)} = \sigma^2 \lim_{p \to \infty} \mathbb{E} \sum_{k=-p}^{p} c_{k-m}\overline{c_{k-n}} = \sigma^2 \sum_{\nu=-\infty}^{\infty} c_{n-m+\nu}\bar{c}_\nu.$$

ここで $u = n - m$ とおけば

$$\rho(u) = \sigma^2 \sum_{\nu=-\infty}^{\infty} c_{u+\nu}\bar{c}_\nu$$

を得る。よって $\{Y_n(\omega)\}$ は弱定常確率過程である。

(7) によって定義される弱定常確率過程を $\{X_n(\omega)\}$ の移動平均過程 (moving average process) あるいは $\{X_n(\omega)\}$ から導かれる線形確率過程 (linear stochastic process) と呼ぶ。

定義 確率過程 $X_n : \Omega \to \mathbb{C}$ $(n \in \mathbb{Z})$ が次の条件を満たすとき,これを白色雑音 (white noise) と称する。すなわち

(i) $\mathbb{E}X_n(\omega) = 0$ for all $n \in \mathbb{Z}$.

(ii) $\mathbb{E}|X_n(\omega)|^2 = \sigma^2$ for all $n \in \mathbb{Z}$.

(iii) $\mathbb{E}X_n(\omega)\overline{X_m(\omega)} = 0$ for all $n \neq m$.

(iii) によって表現される直交性は系列無相関 (serially uncorrelatedness) の条件とも称せられる。

この言葉を用いれば,例 3 の結果は白色雑音の移動平均過程は弱定常であるということにほかならない。

弱定常過程の強連続性,共分散函数の連続性および両者の関係について述べる。

定理 8.4 確率過程 $X : \mathbb{R} \times \Omega \to \mathbb{C}$ は弱定常で

$$\mathbb{E}X(t,\omega) = 0 \quad \text{for all} \quad t \in \mathbb{R}$$

とする。次の諸命題は互いに同値である。

§2 弱定常確率過程   229

(i) $X(t, \omega)$ は $t = 0$ において強連続。

(ii) $X(t, \omega)$ は $\mathbb{R}$ 上で一様に強連続。

(iii) $\rho(u)$ は $u = 0$ において連続。

(iv) $\rho(u)$ は $\mathbb{R}$ 上で一様に連続。

証明 (i) $\Leftrightarrow$ (ii) : $X(t, \omega)$ は $t = 0$ において強連続としよう。

$$\mathbb{E}|X(t + h, \omega) - X(t, \omega)|^2$$
$$= \mathbb{E}|X(t + h, \omega)|^2 + \mathbb{E}|X(t, \omega)|^2 - 2\mathcal{R}e\mathbb{E}X(t + h, \omega)\overline{X(t, \omega)}$$
$$= \mathbb{E}|X(h, \omega)|^2 + \mathbb{E}|X(0, \omega)|^2 - 2\mathcal{R}e\mathbb{E}X(h, \omega)\overline{X(0, \omega)} \quad (\text{弱定常性による})$$
$$= \mathbb{E}|X(h, \omega) - X(0, \omega)|^2. \tag{11}$$

これから $X(t, \omega)$ の一様強連続性が導かれる。逆は自明。

(ii) $\Rightarrow$ (iv) :

$$|\rho(u + h) - \rho(u)|^2 = |\mathbb{E}[X(u + h, \omega)\overline{X(0, \omega)} - X(u, \omega)\overline{X(0, \omega)}]|^2$$
$$\leqq \mathbb{E}|X(u + h, \omega) - X(u, \omega)|^2 \cdot \mathbb{E}|X(0, \omega)|^2. \tag{12}$$

(12) と (ii) から (iv) が導かれる。

(iv) $\Rightarrow$ (iii) : 自明。

(iii) $\Rightarrow$ (ii) : (11) の右辺を書き直して

$$\mathbb{E}|X(t + h, \omega) - X(t, \omega)|^2 = \mathbb{E}|X(h, \omega) - X(0, \omega)|^2 \qquad ((11) \text{ による})$$
$$= 2\mathbb{E}|X(0, \omega)|^2 - 2\mathcal{R}e\mathbb{E}X(h, \omega)X(0, \omega)$$
$$(\text{弱定常性による})$$
$$= 2[\rho(0) - \mathcal{R}e\rho(h)]. \tag{13}$$

(13) と (iii) から (ii) を得る。   (証了)

定義 $\mathcal{L}$ を $\mathbb{R}$ 上の Lebesgue σ-集合体とする。確率過程 $X : \mathbb{R} \times \Omega \to \mathbb{C}$ が $(\mathcal{L} \otimes \mathcal{E}, \mathcal{B}(\mathbb{C}))$-可測であるとき, X は**可測確率過程** (measurable stochastic

230 第 8 章 定常確率過程の調和解析

process) であるという。

次に示すのは，可測弱定常過程の強連続性に関する M.M. Crum の結果である。[9]

定理 **8.5** (Crum)　可測弱定常確率過程 $X(t,\omega)$ の共分散函数は連続である。したがって $X(t,\omega)$ は強連続である。

証明　一般性を失うことなく $\mathbb{E}X(t,\omega) = 0$ と仮定してよい。定理 8.4 により，共分散函数 $\rho(u)$ が $u = 0$ において連続であることを示せばよい。
　まずはじめに

$$e^{-t^2}X(t,\omega) \in \mathfrak{L}^2(\mathbb{R}, \mathbb{C}) \quad a.e. \tag{14}$$

であることを確認しておこう。実際それは次のようにして示される。

$$\mathbb{E}\int_{\mathbb{R}} e^{-2t^2}|X(t,\omega)|^2 dt = \int_{\mathbb{R}} e^{-2t^2}\mathbb{E}|X(t,\omega)|^2 dt = \rho(0)\int_{\mathbb{R}} e^{-2t^2} dt < \infty.$$

したがって (14) が導かれるのである。
　(14) の函数を用いて

$$Y(\omega) = \int_{\mathbb{R}} e^{-2t^2}|X(t,\omega)|^2 dt, \tag{15}$$

$$Z(u,\omega) = \int_{\mathbb{R}} |e^{-t^2}X(t,\omega) - e^{-(t+u)^2}X(t+u,\omega)|^2 dt \tag{16}$$

と定義しよう。(もちろんこれらは殆どすべての ω で定義されるのである。)
　移動作用素の連続性定理 5.1(p.114) により，

$$u \mapsto e^{-(t+u)^2}X(t+u,\omega) \qquad (\mathbb{R} \to \mathfrak{L}^2)$$

は連続であるから，

$$Z(u,\omega) \to 0 \quad \text{as} \quad u \to 0. \tag{17}$$

───────────

9)　Crum[20].

§2 弱定常確率過程　　　　　　　　　　231

Z の定義 (16) により,[10]

$$0 \leqq Z(u, \omega)$$
$$\leqq 2\left[\int_{\mathbb{R}} e^{-2t^2} |X(t, \omega)|^2 dt + \int_{\mathbb{R}} e^{-2(t+u)^2} |X(t+u, \omega)|^2 dt\right]$$
$$= 4Y(\omega).$$

$\mathbb{E}Y(\omega) < \infty$ であるから,(17) と上限収束定理によって

$$\lim_{u \to 0} \mathbb{E}Z(u, \omega) = 0. \tag{18}$$

また一方,

$$Z(u, \omega) = \int_{\mathbb{R}} [e^{-2t^2} |X(t, \omega)|^2 + e^{-2(t+u)^2} |X(t+u, \omega)|^2$$
$$- 2\mathcal{R}e\, e^{-t^2-(t+u)^2} X(t+u, \omega)\overline{X(t, \omega)}] dt$$
$$= 2 \int_{\mathbb{R}} [e^{-2t^2} |X(t, \omega)|^2 - e^{-t^2-(t+u)^2} \mathcal{R}e X(t+u, \omega)\overline{X(t, \omega)}] dt \tag{19}$$

(変数変換による).

ゆえに

$$\mathbb{E}Z(u, \omega) = 2 \int_{\mathbb{R}} [e^{-2t^2} \rho(0) - e^{-t^2-(t+u)^2} \mathcal{R}e\, \rho(u)] dt$$
$$= 2\rho(0) \int_{\mathbb{R}} e^{-2t^2} dt - 2e^{-u^2} \mathcal{R}e\, \rho(u) \int_{\mathbb{R}} e^{-2t^2-2tu} dt$$
$$= 2[\rho(0) - \mathcal{R}e\rho(u)]e^{-u^2} \int_{\mathbb{R}} e^{-2t^2-2tu} dt$$

---

10)　一般に複素数 α, β に対して

$$|\alpha - \beta|^2 \leqq 2(|\alpha|^2 + |\beta|^2)$$

が成り立つことに注意せよ。ここでは

$$\alpha = e^{-t^2} X(t, \omega), \quad \beta = e^{-(t+u)^2} X(t+u, \omega)$$

として計算すればよい。

$$+ 2\rho(0)\int_{\mathbb{R}} e^{-2t^2}(1-e^{-2tu-u^2})dt. \quad (20)$$

ここで

$$I_1 = \int_{\mathbb{R}} e^{-2t^2-2tu}dt, \quad I_2 = \int_{\mathbb{R}} e^{-2t^2}(1-e^{-2tu-u^2})dt$$

とおくと,

$$\mathbb{E}Z(u,\omega) = 2[\rho(0) - \mathcal{R}e\,\rho(u)]e^{-u^2}I_1 + 2\rho(0)I_2 \quad (21)$$

である. 単調収束定理により, 次の極限関係の成り立つことを確かめることができる.[11]

---

11) 函数 $t \mapsto e^{-2tu}$ は u の正負に応じて, 次のような形状のグラフを有する.

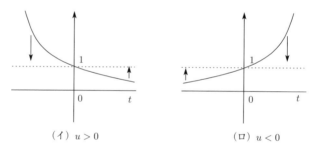

(イ) $u > 0$ (ロ) $u < 0$

(イ) $u > 0, u \to 0$ とすれば, 各 t ごとに e^{-2tu} は単調に 1 に収束する. 詳しくいえば, $t > 0$ の領域では単調増加, $t < 0$ の領域では単調減少である. 一般性を失うことなく $0 < u \leqq 1$ としてよいから, $t < 0$ の領域では $e^{-2t^2-2tu} \leqq e^{-2t^2-2t}$ である. したがって積分 $\int_{\mathbb{R}} e^{-2t^2-2tu}dt = \int_{-\infty}^{0} e^{-2t^2}e^{-2tu}dt + \int_{0}^{\infty} e^{-2t^2}e^{-2tu}dt$ の右辺第一項に上限収束定理, 第二項に単調収束定理を適用すれば, 結局, $u > 0, u \to 0$ のとき

$$\int_{\mathbb{R}} e^{-2t^2-2tu}dt \to \int_{\mathbb{R}} e^{-2t^2}dt \quad (\dagger)$$

を得る.
(ロ) $u < 0, u \to 0$ の場合も同様であるが, t の正負による増減は逆になる.
一般に正負の入り混る数列 $\{u_n\}$ が 0 に収束するとし, 仮に

$$\int_{\mathbb{R}} e^{-2t^2}e^{-2tu_n}dt \not\to \int_{\mathbb{R}} e^{-2t^2}dt$$

としてみよう. 十分に小さな $\varepsilon > 0$ に対して $\{u_n\}$ の適当な部分列 $\{u_{n'}\}$ を選び

$$\left|\int_{\mathbb{R}} e^{-2t^2-2tu_{n'}}dt - \int_{\mathbb{R}} e^{-2t^2}dt\right| \geqq \varepsilon \quad \text{for all} \quad n'$$

とすることができる. さらに $\{u_{n'}\}$ から (イ) または (ロ) の型の部分列 $\{u_{n''}\}$ を取り出すと,

§3 弱定常確率過程の周期性 233

$$\lim_{u \to 0} I_1 = \int_{\mathbb{R}} e^{-2t^2} dt, \quad \lim_{u \to 0} I_2 = 0. \tag{22}$$

したがって (18), (21), (22) から

$$\rho(0) - \mathcal{R}e\,\rho(u) \to 0 \quad \text{as} \quad u \to 0, \tag{23}$$

すなわち

$$\mathcal{R}e\,\rho(u) \to \rho(0) \quad \text{as} \quad u \to 0. \tag{23'}$$

しかるに $|\rho(u)| \leqq \rho(0)$ (cf. p.216 の 4°) であるから

$$(\mathcal{R}e\,\rho(u))^2 + (\mathcal{I}m\,\rho(u))^2 \leqq \rho(0)^2. \tag{24}$$

(23′), (24) により

$$\mathcal{I}m\,\rho(u) \to 0 \quad \text{as} \quad u \to 0. \tag{25}$$

かくして

$$\rho(u) \to \rho(0) \quad \text{as} \quad u \to 0$$

が示された。 (証了)

§3 弱定常確率過程の周期性

$X : \mathbb{R} \times \Omega \to \mathbb{C}$ を可測弱定常確率過程とし，$\rho(u)$ をその共分散函数としよう。また一般性を失うことなく $\mathbb{E}X(t, \omega) = 0$ を仮定する。

このとき，既に論じたとおり，$\rho(u)$ は $u = 0$ においても連続である（定理 8.5）。しかも $\rho(u)$ が正の半定符号であることも容易に知られる。実際，

$$\left| \int_{\mathbb{R}} e^{-2t^2 - 2t u_{n''}} dt - \int_{\mathbb{R}} e^{-2t^2} dt \right| \geqq \varepsilon \quad \text{for all} \quad n''.$$

これは上の議論に矛盾。

234 第 8 章 定常確率過程の調和解析

$t_j \in \mathbb{R}$, $z_j \in \mathbb{C}$ $(j = 1, 2, \cdots, n)$ とするとき,

$$\sum_{i,j=1}^{n} \rho(t_i - t_j) z_i \bar{z}_j = \sum_{i,j=1}^{n} \mathbb{E} X(t_i, \omega) \overline{X(t_j, \omega)} z_i \bar{z}_j = \mathbb{E} \left| \sum_{j=1}^{n} X(t_j, \omega) z_j \right|^2 \geqq 0$$

である。ここで行列

$$(\rho(t_i - t_j)), \quad 1 \leqq i, j \leqq n$$

が Hermite 行列であることはいうまでもない。

したがって Bochner の定理 6.11（p.167）とそれへの注意（p.168）によれば次の命題がただちに成り立つことがわかる。

定理 8.6 (ρ のスペクトル表現) $X : \mathbb{R} \times \Omega \to \mathbb{C}$ を可測弱定常確率過程とすれば，$\rho(u)$ は $\mathbb{R}$ 上のある正値 Radon 測度 ν の Fourier 変換として表現することができる。——すなわち

$$\rho(u) = \frac{1}{\sqrt{2\pi}} \int_{\mathbb{R}} e^{-iut} d\nu(t) \tag{1}$$

を満たす $\nu \in \mathfrak{M}_+(\mathbb{R})$ が存在する。このような ν は一意に定まる。

注意 ここでは $\rho(0) = 1/\sqrt{2\pi}$ は必ずしも成り立っていないから，ν が Radon 確率測度であるという保証はない。

定理 8.6 によって得られた Radon 測度 ν を $X(t, \omega)$ のスペクトル測度 (spectral measure) と呼ぶ。またこれに対応して

$$F(\alpha) = \nu((-\infty, \alpha)), \quad \alpha \in \mathbb{R}$$

として定まる関数 $F : \mathbb{R} \to \mathbb{R}$ を $X(t, \omega)$ のスペクトル分布関数 (spectral distribution function) という。さらに ν が Lebesgue 測度 dt に関する Radon-Nikodým の微分 $p(t) \in \mathfrak{L}^1(\mathbb{R}, \mathbb{R})$, $p(t) \geqq 0$ を有するとき，つまり

$$\nu(E) = \int_E p(t) dt$$

となる非負可積分関数 $p(t)$ が存在するとき，$p(t)$ を $X(t, \omega)$ のスペクトル密度関数 (spectral density function) と呼ぶ。スペクトル密度関数は，もし存

§3 弱定常確率過程の周期性 235

在するならば，Lebesgue 測度 0 の集合を除いて一意的に定まる。確率過程がスペクトル密度函数を有するための条件については後に述べる。

$T = \mathbb{R}$ ではなく $T = \mathbb{Z}$ とする場合は次の定理が成り立つ。これは Herglotz の定理 6.4(p.149) の直接の帰結である。

定理 8.6′ $X : \mathbb{Z} \times \Omega \to \mathbb{C}$ を弱定常確率過程とすると，その共分散函数 $\rho(n)$ は $\mathbb{T}$ 上のある正値 Radon 測度 $\nu \in \mathfrak{M}_+(\mathbb{T})$ の Fourier 係数として表現することができる。——すなわち

$$\rho(n) = \frac{1}{\sqrt{2\pi}} \int_{\mathbb{T}} e^{-in\theta} d\nu(\theta) \tag{1′}$$

を満たす $\nu \in \mathfrak{M}_+(\mathbb{T})$ が存在する。このような ν は一意に定まる。

例 1 pp.223-224 に掲げた例 1 を見よう。つまり $X_j : \Omega \to \mathbb{C}$ $(j = 1, 2, \cdots, n)$ は平均が 0 かつ直交する確率変数とし，

$$X(t, \omega) = \sum_{j=1}^{n} e^{i\lambda_j t} X_j(\omega), \quad t \in \mathbb{R} \qquad (\lambda_j \in \mathbb{R},\ j = 1.2.\cdots, n)$$

とするのであった。このとき $X(t, \omega)$ は弱定常で

$$\mathbb{E}X(t, \omega) = 0 \quad \text{for all} \quad t \in \mathbb{R},$$

$$\rho(u) = \sum_{j=1}^{n} e^{i\lambda_j u} \mathbb{E}|X_j(\omega)|^2 \tag{2}$$

であることは既に確認済みである。ここで一般性を失うことなく，$\lambda_j \in [-\pi, \pi]$ としてよい。$\mathbb{E}|X_j(\omega)|^2$ は $X_j(\omega)$ の分散である。これを σ_j^2 と書くことにしよう。すると (2) からただちに知られるとおり，この $X(t, \omega)$ のスペクトル測度は各 $\iota = -\lambda_j$ に質量

$$\sqrt{2\pi} \mathbb{E}|X_j(\omega)|^2 = \sqrt{2\pi} \sigma_j^2$$

を置く $\mathbb{T}$ 上の Radon 測度にほかならない。λ_j に質量 1 を置く Dirac 測度を δ_{λ_j} と書くことにすれば，

$$\frac{1}{\sqrt{2\pi}} \nu = \sum_{j=1}^{n} \sigma_j^2 \delta_{-\lambda_j}$$

である。スペクトル密度函数は存在しない。またスペクトル分布函数は次のよう

である。$\lambda_1 < \lambda_2 < \cdots < \lambda_n$ として

$$\frac{1}{\sqrt{2\pi}}F(\alpha) = \begin{cases} 0 & \text{for} \quad \alpha < -\lambda_n, \\ \displaystyle\sum_{j=k}^{n} \sigma_j^2 & \text{for} \quad -\lambda_k \leqq \alpha < -\lambda_{k-1}, \quad (k=2,3,\cdots,n), \\ \displaystyle\sum_{j=1}^{n} \sigma_j^2 & \text{for} \quad -\lambda_1 \leqq \alpha. \end{cases}$$

例 2　p.224 に掲げた例 2 を見よう。つまり $X_j, Y_j : \Omega \to \mathbb{R}$ $(j=1,2,\cdots,n)$ は平均が 0, 分散が 1 の直交確率変数列とし，$a_j, \lambda_j \in \mathbb{R}$ $(j=1,2,\cdots,n)$ に対して

$$X(t,\omega) = \sum_{j=1}^{n} a_j[X_j(\omega)\cos\lambda_j t + Y_j(\omega)\sin\lambda_j t]$$

と定義する。このとき $X(t,\omega)$ は弱定常で

$$\mathbb{E}X(t,\omega) = 0 \quad \text{for all} \quad t \in \mathbb{R},$$

$$\rho(u) = \sum_{j=1}^{n} a_j^2 \cos\lambda_j u \tag{3}$$

であった。ここでも一般性を失うことなく $\lambda_j \in \mathbb{T}$ としてよい。すると (3) により，$X(t,\omega)$ のスペクトル測度は $t=\pm\lambda_j$ に質量 $\sqrt{2\pi}a_j^2/2$ を置く Radon 測度

$$\nu = \sqrt{2\pi}\sum_{j=1}^{n} \frac{a_j^2}{2}\delta_{\lambda_j} + \sqrt{2\pi}\sum_{j=1}^{n} \frac{a_j^2}{2}\delta_{-\lambda_j} = \sqrt{2\pi}\sum_{j=1}^{n} \frac{a_j^2}{2}(\delta_{\lambda_j} + \delta_{-\lambda_j})$$

である。スペクトル密度函数は存在しない。またスペクトル分布函数は各 $\pm\lambda_j$ において $\sqrt{2\pi}a_j^2/2$ だけ jump する階段状の函数である。

pp.225-228 の例 3 で取り上げた移動平均のスペクトル測度については，後にあらためて考察する。

いま ν を $\mathbb{R}$ 上の正値 Radon 測度としたとき，その Fourier 変換を共分散函数とするような弱定常確率過程が存在するであろうか？ 次の定理はこの問いに肯定的に答えるものである。[12]

---

12)　河田 [62], pp.150-151 による。

§3 弱定常確率過程の周期性　　　237

定理 8.7　ν を $\mathbb{R}$ 上の正値 Radon 測度とする。このとき次の条件を満たす適当な確率空間 $(\Omega, \mathcal{E}, P)$ と $\mathbb{R} \times \Omega$ 上で定義された確率過程 $X(t, \omega)$ が存在する。

(i)　$X(t, \omega)$ は可測な弱定常確率過程。[13]

(ii)　ν は $X(t, \omega)$ のスペクトル測度である。すなわち $X(t, \omega)$ の共分散函数は ν の Fourier 変換によって表現することができる。

証明　ν を $\mathbb{R}$ 上の（正値）Radon 測度とする。

$$\theta(E) = \nu(E)/\nu(\mathbb{R}), \quad E \in \mathcal{B}(\mathbb{R})$$

と定義すれば，θ は $\mathbb{R}$ 上の Radon 確率測度である。このとき，適当な確率空間 $(\Omega, \mathcal{E}, P)$ 上で定義され，次の条件を満たす（実）確率変数 $Y(\omega)$, $Z(\omega)$ が存在する。[14] つまり $Y(\omega)$ と $Z(\omega)$ は独立であり，$Z(\omega)$ の分布は θ で，しかも

$$\mathbb{E}Y(\omega) = 0, \quad \mathbb{E}Y(\omega)^2 = \frac{1}{\sqrt{2\pi}} \nu(\mathbb{R})$$

というのがその条件である。そこで確率過程 $X(t, \omega)$ を

$$X(t, \omega) = Y(\omega)e^{-iZ(\omega)t}$$

と定義すれば，[15]

$$\mathbb{E}X(t, \omega) = \mathbb{E}Y(\omega)\mathbb{E}e^{-iZ(\omega)t} = 0,$$
$$\rho(t+u, t) = \mathbb{E}X(t+u, \omega)\overline{X(t, \omega)} = \mathbb{E}[Y(\omega)^2 e^{-iZ(\omega)u}]$$
$$= \frac{1}{\sqrt{2\pi}} \nu(\mathbb{R}) \int_{\mathbb{R}} e^{-i\lambda u} d\theta(\lambda) = \frac{1}{\sqrt{2\pi}} \int_{\mathbb{R}} e^{-i\lambda u} d\nu(\lambda).$$

---

13)　定理 8.5 により $X(t, \omega)$ は強連続。

14)　$\Phi_1, \Phi_2, \cdots$ を $\mathbb{R}$ 上の Borel 確率測度の列とする。このとき適当な確率空間 $(\Omega, \mathcal{E}, P)$ 上で定義され，その分布が $\Phi_1, \Phi_2, \cdots$ であるような，互いに独立な確率変数の列が存在する。（伊藤 [48] p.68 を参照。）

15)　$X_1, X_2, \cdots$ を独立な実確率変数とする。また $g_1, g_2, \cdots : \mathbb{R} \to \mathbb{C}$ は Borel 可測とする。このとき $Y_1 = g_1(X_1), Y_2 = g_2(X_2), \cdots$ もまた独立な確率変数である。（伊藤 [48] p.66 参照。）

したがって本文中の $Y(\omega)$ と $e^{-iZ(\omega)t}$ もまた独立である。

238 　　　　第 8 章　定常確率過程の調和解析

こうして $X(t,\omega)$ の共分散函数 $\rho(t+u,t)$ は u だけに依存し，それは ν の Fourier 変換で表現された。

ν の Fourier 変換は一様連続なので，[16] $X(t,\omega)$ は強連続である。また $X(t,\omega)$ の可測性も，その定義から明らか。　　　　　　　　　　　　　　　（証了）

$t \in \mathbb{Z}$ とする場合にも同様の定理が成り立つ。このときには $\mathbb{T}$ 上の正値 Radon 測度 ν に対して，ν をスペクトル測度とする弱定常確率過程が存在することとなる。

$X : \mathbb{R} \times \Omega \to \mathbb{C}$ を弱定常確率過程とし，その挙動の周期性について研究しよう。

定義　弱定常確率過程 $X : \mathbb{R} \times \Omega \to \mathbb{C}$ の共分散函数 $\rho(\cdot)$ が周期 T の周期函数であるとき，$X(t,\omega)$ を周期 T の**周期弱定常確率過程** (periodic weakly stationary stochastic process) と呼ぶ。

定理 8.8　$X : \mathbb{R} \times \Omega \to \mathbb{C}$ を可測弱定常確率過程とするとき，次の三命題は互いに同値である。

(i)　$X(t,\omega)$ は周期 T の弱定常確率過程である。

(ii)　任意の $t \in \mathbb{R}$ に対して

$$X(t+T,\omega) - X(t,\omega) = 0 \quad a.e.(\omega).$$

(iii)　$X(t,\omega)$ のスペクトル測度を ν とするとき，

---

16)　ν の Fourier 変換を $\hat{\nu}$ と書くと

$$|\hat{\nu}(t+h) - \hat{\nu}(t)| = \frac{1}{\sqrt{2\pi}} \left| \int_{\mathbb{R}} (e^{-i(t+h)x} - e^{-itx}) d\nu(x) \right|$$
$$\leqq \frac{1}{\sqrt{2\pi}} \int_{\mathbb{R}} \left| e^{-ihx} - 1 \right| d\nu(x) \to 0 \text{ as } h \to 0.$$

（上限収束定理）

$$E \cap \{2k\pi/T | k \in \mathbb{Z}\} = \emptyset$$

なる $E \in \mathcal{B}(\mathbb{R})$ に対して $\nu(E) = 0$.

証明 (i)$\Rightarrow$ (ii): $\rho(\cdot)$ が周期 T の周期函数であることを仮定し, (ii) と同値な

$$\mathbb{E}|X(t+T,\omega) - X(t,\omega)|^2 = 0 \tag{4}$$

を示そう. 直接計算によることとし,

$$\begin{aligned}
\mathbb{E}|X(t+T,\omega) - X(t,\omega)|^2 &= \mathbb{E}|X(t+T,\omega)|^2 + \mathbb{E}|X(t,\omega)|^2 \\
&\quad - 2\mathcal{R}e\mathbb{E}X(t+T,\omega)\overline{X(t,\omega)} \\
&= 2\rho(0) - 2\mathcal{R}e\rho(T) \\
&= 2(\rho(0) - \mathcal{R}e\rho(T)) \\
&= 0 \quad ((\text{i}) \text{ による}).
\end{aligned}$$

(ii)$\Rightarrow$ (!): (ıı) つまり (4) を仮定する。

$$\begin{aligned}
|\rho(u+T) - \rho(u)|^2 &= |\mathbb{E}[X(u+T,\omega)\overline{X(0,\omega)} - X(u,\omega)\overline{X(0,\omega)}]|^2 \\
&\leqq \mathbb{E}|X(u+T,\omega) - X(u,\omega)|^2 \cdot \mathbb{E}|X(0,\omega)|^2 \\
&\qquad\qquad\qquad\qquad\qquad (\text{Schwarz の不等式}) \\
&= 0 \quad ((4) \text{ による}).
\end{aligned}$$

(i)$\Rightarrow$(iii): $\rho(\cdot)$ が周期 T の函数とすれば,

$$0 = 2\rho(0) - \rho(T) - \rho(-T) = 2\int_{\mathbb{R}} (1 - \cos tT) d\nu(t),$$

ここで $1 - \cos tT \geqq 0$ であるから, $1 - \cos tT = 0$ となるような t, つまり $\{2k\pi/T | k \in \mathbb{Z}\}$ の点を含まない $E \in \mathcal{B}(\mathbb{R})$ に対しては $\nu(E) = 0$ でなければならない。

(iii)⇒(i): (iii) を仮定する。$X(t,\omega)$ のスペクトル測度を ν とすれば,

$$\rho(u) = \frac{1}{\sqrt{2\pi}} \int_{\mathbb{R}} e^{-iut} d\nu(t).$$

いま $a_k = \nu(\{2\pi k/T\})$ $(k \in \mathbb{Z})$ とおけば, (iii) により

$$\rho(u) = \frac{1}{\sqrt{2\pi}} \sum_{k=-\infty}^{\infty} a_k e^{-iu \cdot 2\pi k/T}.$$

これは明らかに周期 T をもつ関数である。 (証了)

注意 1° 上記の証明の最後に定義した a_k の中にはもちろんゼロとなるものが含まれる可能性もある。

2° $X(t,\omega)$ のスペクトル分布関数

$$F(\alpha) = \nu((-\infty, \alpha)), \quad \alpha \in \mathbb{R}$$

を用いると, (iii) の意味するところは, $F(\alpha)$ は

$$\{2k\pi/T | k \in \mathbb{Z}\}$$

の中にのみ不連続点を有する階段関数であること, これである。

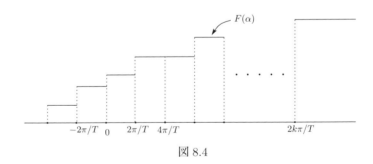

図 8.4

この図では, たとえば $a_2 = 0$ であることが見てとれる。

3°　周期弱定常確率過程のスペクトル測度は密度函数をもちえない。Sargent[92] (Chap.IX) などでは，この場合にも密度函数について語り，その形状は直感的にいって $(2(k-1)\pi/T, 2k\pi/T)$ ではゼロ，$F(\alpha)$ が jump するところで"無限大に跳ね上る"といった説明がなされているが，あくまでも比喩的な叙述で，数学的には不正確である。この事態を正確にとらえるためには，超函数の微分論を要する。

§4　直交測度

弱定常確率仮定をある種の Fourier 変換の形式で表現する問題，あるいはスペクトル測度が密度函数をもつための条件を調べる問題の研究は次節以降の課題であるが，その際，直交測度という概念が本質的な役割を果たす。その定義と基本的性質について，あらかじめ論じておこう。

$\mathcal{B}(\mathbb{R})$ は $\mathbb{R}$ 上の Borel σ-集合体，m は $(\mathbb{R}, \mathcal{B}(\mathbb{R}))$ 上の Lebesgue 測度，また $\mathcal{B}^*(\mathbb{R}) = \{S \in \mathcal{B}(\mathbb{R}) | m(S) < \infty\}$ とする。さらに $(\Omega, \mathcal{E}, P)$ は確率空間とする。

定義　函数 $\xi : \mathcal{B}(\mathbb{R}) \times \Omega \to \mathbb{C}$ が次の性質を満たすとき，$\xi(S, \omega)$ は**直交測度** (orthogonal measure) あるいは $\mathfrak{L}^2$-直交測度であるという。

(i)　すべての $S \in \mathcal{B}^*(\mathbb{R})$ について，函数 $\omega \mapsto \xi(S, \omega)$ は $\mathfrak{L}^2(\Omega, \mathbb{C})$ に属する。

(ii)　S_n を互いに共通部分をもたない $\mathcal{B}^*(\mathbb{R})$ の列とし，$S = \bigcup_{n=1}^{\infty} S_n \in \mathcal{B}^*(\mathbb{R})$ とするとき，

$$\xi(S, \omega) = \sum_{n=1}^{\infty} \xi(S_n, \omega) \qquad (\sigma\text{-加法性})$$

が成り立つ。ただし右辺の級数の収束は $\|\cdot\|_2$ についてのそれである。[17]

(iii)　$S, S' \in \mathcal{B}^*(\mathbb{R})$ が互いに共通部分をもたないならば，

---

17)　したがって右辺が有限和のときには $\xi(S, \omega) = \sum_{j=1}^{p} \xi(S_j, \omega)$ $a.e.$

242　　第 8 章　定常確率過程の調和解析

$$\langle \xi(S, \omega), \xi(S', \omega) \rangle = \int_{\mathbb{R}} \xi(S, \omega) \overline{\xi(S', \omega)} dP = 0. \qquad \text{(直交性)}$$

(i), (ii), (iii) における $\mathcal{B}^*(\mathbb{R})$ をすべて $\mathcal{B}(\mathbb{R})$ におきかえて同じ条件が成り立つとき, $\xi(S, \omega)$ を有限直交測度あるいは有限・$\mathfrak{L}^2$-直交測度と呼ぶ.

　一般の直交測度の場合は, たとえば函数 $\omega \to \xi(\mathbb{R}, \omega)$ は必ずしも $\mathfrak{L}^2(\Omega, \mathbb{C})$ に属するとは限らないが, 有限直交測度の場合は必ず $\mathfrak{L}^2(\Omega, \mathbb{C})$ に属する.

　また $\mathbb{R}$ のかわりに $\mathbb{T}$ を考える場合にも直交測度の概念は全く同様に定義すればよい. ただしこのときは直交測度は必ず有限直交測度となることはいうまでもない.

　定理 8.9　$\xi : \mathcal{B}(\mathbb{R}) \times \Omega \to \mathbb{C}$ を有限直交測度とし, 函数 $\nu_\xi : \mathcal{B}(\mathbb{R}) \to \mathbb{R}$ を

$$\nu_\xi(S) = \|\xi(S, \omega)\|_2^2, \quad S \in \mathcal{B}(\mathbb{R})$$

と定義すれば, ν_ξ は $(\mathbb{R}, \mathcal{B}(\mathbb{R}))$ 上の有限測度である.

　証明　まず任意の $S \in \mathcal{B}(\mathbb{R})$ について $\nu_\xi(S) \geq 0$ は自明である. 次に $S_n (n = 1, 2, \cdots)$ を $\mathcal{B}(\mathbb{R})$ における互いに共通部分をもたない列とすれば,

$$\nu_\xi \left(\bigcup_{n=1}^{\infty} S_n \right) = \left\| \xi \left(\bigcup_{n=1}^{\infty} S_n, \omega \right) \right\|_2^2 \underset{\text{(ii)}}{=} \lim_{n \to \infty} \left\| \sum_{j=1}^{n} \xi(S_j, \omega) \right\|_2^2$$

$$\underset{\text{(iii)}}{=} \lim_{n \to \infty} \sum_{j=1}^{n} \left\| \xi(S_j, \omega) \right\|_2^2 = \sum_{n=1}^{\infty} \nu_\xi(S_n).$$

(i) から, $\nu_\xi(\mathbb{R}) = \|\xi(\mathbb{R}, \omega)\|_2^2 < \infty$ も明らかである.　　　　(証了)

　一般の直交測度 $\xi(S, \omega)$ については定理 8.9 はもちろん成り立たないが, 適当な $c > 0$ に対して

$$\nu_\xi(S) = cm(S) \quad \text{for all} \quad S \in \mathcal{B}^*(\mathbb{R})$$

であるとき, ξ は **Khintchine** の直交測度と呼ばれる.

§4 直交測度 243

有限直交測度 $\xi(S,\omega)$ による積分を定義しよう。

まず $\varphi : \mathbb{R} \to \mathbb{C}$ を

$$\varphi(x) = \sum_{j=1}^{p} c_j \chi_{S_j}(x), \quad c_j \in \mathbb{C}, \quad S_j \in \mathcal{B}(\mathbb{R}), \tag{1}$$

$$S_i \cap S_j = \emptyset \ (i \neq j), \quad m(S_j) < \infty$$

という形式の単函数とする。(χ_{S_j} は集合 S_j の特性函数。) m は $\mathbb{R}$ 上の Lebesgue 測度である。(便宜上，積分変数を明示して dx, dy などと書く場合もある。) このとき φ の積分を

$$\int_{\mathbb{R}} \varphi(x)\xi(dx,\omega) = \sum_{j=1}^{p} c_j \xi(S_j,\omega) \tag{2}$$

と定義する。単函数 φ の表現法 (1) は必ずしもひととおりではないが，(1) の表現法によらず，(2) の値が一義的に定まることは，通常の Lebesgue 積分の場合と同様に示すことができる。ゆえに (2) の定義には何の曖昧さもない。

次に (1) のような単函数 $\varphi_1, \varphi_2, \cdots, \varphi_n$ の一次結合 $\sum_{k=1}^{n} \alpha_k \varphi_k(x) \ (\alpha_k \in \mathbb{C})$ の積分は次のようにすればよい。

$$\int_{\mathbb{R}} \sum_{k=1}^{n} \alpha_k \varphi_k(x)\xi(dx,\omega) = \sum_{k=1}^{n} \alpha_k \int_{\mathbb{R}} \varphi_k(x)\xi(dx,\omega). \tag{3}$$

また測度 ν_ξ を定理 8.9 のように定義すれば，

$$\left\| \int_{\mathbb{R}} \varphi(x)\xi(dx,\omega) \right\|_2^2 = \int_{\mathbb{R}} |\varphi(x)|^2 \nu_\xi(dx) \tag{4}$$

が成り立つ。実際，ξ の直交性 (iii) により

$$(4) の左辺 = \sum_{k=1}^{n} |c_k|^2 \nu_\xi(S_k) = (4) の右辺$$

である。

さて可測函数 $f : \mathbb{R} \to \mathbb{C}$ のうち，測度 ν_ξ について自乗可積分であるものの全体を $\mathfrak{L}_{\nu_\xi}^2(\mathbb{R}, \mathbb{C})$ と書くことにしよう。

$f \in \mathfrak{L}^2_{\nu_\xi}(\mathbb{R}, \mathbb{C})$ とすれば，$\mathfrak{L}^2_{\nu_\xi}$ に属する単函数列 $\{\varphi_n\}$ を適当に選び

$$\|f - \varphi_n\|^2_{\nu_\xi,2} = \int_{\mathbb{R}} |f(x) - \varphi_n(x)|^2 d\nu_\xi \to 0 \quad \text{as} \quad n \to \infty. \tag{5}$$

とすることができる。(4), (5) を用いて

$$\left\| \int_{\mathbb{R}} \varphi_m(x)\xi(dx,\omega) - \int_{\mathbb{R}} \varphi_n(x)\xi(dx,\omega) \right\|^2_2 = \int_{\mathbb{R}} |\varphi_m(x) - \varphi_n(x)|^2 d\nu_\xi \to 0$$
$$\text{as} \quad n,m \to \infty.$$

つまり $\{\varphi_n\}$ は $\mathfrak{L}^2_{\nu_\xi}$ における Cauchy 列である。したがって

$$\int_{\mathbb{R}} \varphi_n(x)\xi(dx,\omega)$$

は，ひとつの函数に $\mathfrak{L}^2_{\nu_\xi}$ において収束する。この極限を f の，$\xi(S,\omega)$ による積分と呼び，

$$\int_{\mathbb{R}} f(x)\xi(dx,\omega) \tag{6}$$

と表記するのである。極限 (6) が，(5) を満たす単函数の列 $\{\varphi_n\}$ の選び方によらずに定まることも，通常の議論と同様であるから繰り返さない。

注意　直交測度 ξ が必ずしも有限でなくても，ν_ξ が測度（有限である必要はない）で，f が ν_ξ について自乗可積分ならば，同じように積分を定義することができる。

直交測度による積分について線形性等の初等的性質の成り立つことも容易に確かめることができる。

$1°$　　$f_1, f_2, \cdots, f_p \in \mathfrak{L}^2_{\nu_\xi}(\mathbb{R}, \mathbb{C}), \alpha_1, \alpha_2, \cdots, \alpha_p \in \mathbb{C}$ とするとき，

$$\int_{\mathbb{R}} \sum_{k=1}^p \alpha_k f_k(x)\xi(dx,\omega) = \sum_{k=1}^p \alpha_k \int_{\mathbb{R}} f_k(x)\xi(dx,\omega).$$

$2°$　　$\{f_n\}$ を $\mathfrak{L}^2_{\nu_\xi}(\mathbb{R}, \mathbb{C})$ の列で $f \in \mathfrak{L}^2_{\nu_\xi}(\mathbb{R}, \mathbb{C})$ に $\mathfrak{L}^2_{\nu_\xi}$ のノルムで収束するならば，$\mathfrak{L}^2(\Omega, \mathbb{C})$ において

$$\int_{\mathbb{R}} f_n(x)\xi(dx,\omega) \to \int_{\mathbb{R}} f(x)\xi(dx,\omega) \quad \text{as} \quad n \to \infty.$$

次の結果は，後の議論においてしばしば利用されるので，是非記憶してお

§4 直交測度   245

きたい。上記の **2°** はこれからただちに導かれる。定理 8.10 の (7), (8) を仮
に **Doob-Kawata** の公式 (D-K formulas) と呼んでおく。[18]

定理 8.10 $f, g \in \mathfrak{L}^2_{\nu_\xi}(\mathbb{R}, \mathbb{C})$ に対して

$$\mathbb{E} \int_{\mathbb{R}} f(x)\xi(dx,\omega) \int_{\mathbb{R}} \overline{g(x)\xi(dx,\omega)} = \int_{\mathbb{R}} f(x)\overline{g(x)} d\nu_\xi(x). \tag{7}$$

とくに $f = g$ とすれば

$$\left\| \int_{\mathbb{R}} f(x)\xi(dx,\omega) \right\|_2^2 = \int_{\mathbb{R}} |f(x)|^2 d\nu_\xi(x). \tag{8}$$

証明   まず (8) を示そう。f が $\mathfrak{L}^2_{\nu_\xi}$ に属する単函数の場合には，(8) は明ら
かである。$f \in \mathfrak{L}^2_{\nu_\xi}$ とすれば，$\mathfrak{L}^2_{\nu_\xi}$ に属する単函数の列 $\{\varphi_n\}$ で

$$\|f - \varphi_n\|^2_{\nu_\xi,2} \to 0 \quad \text{as} \quad n \to \infty$$

を満たすものが存在する。($\|\cdot\|_{\nu_\xi,2}$ は ν_ξ についての $\mathfrak{L}^2$-ノルム，) したがって

$$\int_{\mathbb{R}} |\varphi_n(x)|^2 d\nu_\xi(x) \to \int_{\mathbb{R}} |f(x)|^2 d\nu_\xi(x). \tag{9}$$

一方，積分の定義 (6) により

$$\left\| \int_{\mathbb{R}} \varphi_n(x)\xi(dx,\omega) \right\|_2^2 \to \left\| \int_{\mathbb{R}} f(x)\xi(dx,\omega) \right\|_2^2. \tag{10}$$

(4) により，(9)，(10) の左辺は等しいのであるから，(8) が導かれる。

次に (7) を示そう。(8) から

$$\left\| \int_{\mathbb{R}} (f(x) - g(x))\xi(dx,\omega) \right\|_2^2 = \int_{\mathbb{R}} |f(x) - g(x)|^2 d\nu_\xi. \tag{11}$$

$$(11) \text{ の左辺} = \left\| \int_{\mathbb{R}} f(x)\xi(dx,\omega) \right\|_2^2 + \left\| \int_{\mathbb{R}} g(x)\xi(dx,\omega) \right\|_2^2$$

---

18)   たとえば河田 [63], pp.34-35。

$$- 2\mathcal{R}e\mathbb{E} \int_{\mathbb{R}} f(x)\xi(dx,\omega) \int_{\mathbb{R}} \overline{g(x)\xi(dx,\omega)}.$$

(11) の右辺 $= \int_{\mathbb{R}} |f(x)|^2 d\nu_\xi(x) + \int_{\mathbb{R}} |g(x)|^2 d\nu_\xi(x) - 2\mathcal{R}e \int_{\mathbb{R}} f(x)\overline{g(x)} d\nu_\xi(x).$

したがって (11) により

$$\mathcal{R}e\mathbb{E} \int_{\mathbb{R}} f(x)\xi(dx,\omega) \cdot \int_{\mathbb{R}} \overline{g(x)\xi(dx,\omega)} = \mathcal{R}e \int_{\mathbb{R}} f(x)\overline{g(x)} d\nu_\xi(x). \qquad (12)$$

同様に (11) の $f(x) - g(x)$ を $if(x) - g(x)$ で置き換えると，(12) における $f(x)$ を $if(x)$ で置き換えた式が成立する。つまり

$$\mathcal{I}m\mathbb{E} \int_{\mathbb{R}} f(x)\xi(dx,\omega) \cdot \int_{\mathbb{R}} \overline{g(x)\xi(dx,\omega)} = \mathcal{I}m \int_{\mathbb{R}} f(x)\overline{g(x)} d\nu_\xi(x). \qquad (13)$$

(12), (13) から (7) が導かれる。 (証了)

§5 弱定常過程のスペクトル表現
——Cramér-Kolmogorov の定理

§3 においては，弱定常確率過程の共分散函数を Radon 測度の Fourier 変換として表現する方法を論じた。本節では弱定常確率過程そのものの Fourier 解析的表現について研究しよう。

定理 8.11 (Cramér-Kolmogorov)[19] $X : \mathbb{R} \times \Omega \to \mathbb{C}$ を可測な弱定常確率過程とする。$\mathbb{E}X(t,\omega) = m \ (t \in \mathbb{R})$ とするとき

$$X(t,\omega) = m + \frac{1}{\sqrt{2\pi}} \int_{\mathbb{R}} e^{-i\lambda t} \xi(d\lambda,\omega)$$

を満たす $\mathfrak{L}^2$-直交測度 $\xi : \mathcal{B}(\mathbb{R}) \times \Omega \to \mathbb{C}$ が存在する。

---

19) H. Cramér[18]，伊藤 [48] pp.255-258 による。伊藤の著書には Kolmogorov の重要な論文は $C.R.Acad.Sci.URSS$, **26**(1940) 115-118 に掲載された旨が記されている。しかし私は未見であるため，巻末の文献録に記載しなかった。

証明にはいる前に二，三の注意を施しておこう。

1° $X(t, \omega)$ の可測性を仮定しているので，Crum の定理 8.5 により，$X(t, \omega)$ は強連続である。

2° 一般論として，M を完備な距離空間，D はその稠密部分集合とする。函数 $f : D \to D$ は等長（したがって一様連続）な全射としよう。等長な函数は単射なので，f は全単射である。連続性による拡張（extension by continuity）の定理[20] により，f は M から M の中への等長函数として一意的に拡大することができる。拡大された函数も同じ f という記号で書くことにすると，$f : M \to M$ は等長な単射である。そしてこの f は全射であることも次のようにして容易に知られる。

y を M の任意の一点としよう。$\bar{D} = M$ であるから，y に収束する D の点列 $\{y_n\}$ が存在する。

$$y_n \to y \quad \text{as} \quad n \to \infty, \quad y_n \in D.$$

$f : D \to D$ は全単射ゆえ，各 n ごとに $f(x_n) = y_n$ を満たす $x_n \in D$ が一意的に存在する。$\{y_n\}$ は収束点列であり，f は等長ゆえ，$\{x_n\}$ は D の Cauchy 列である。したがって M の完備性から $\{x_n\}$ は M の一点 x に収束する。

$$x_n \to x \quad \text{as} \quad n \to \infty.$$

$f(x_n) \to f(x)$ で，また一方 $f(x_n) = y_n \to y$ なのであるから，$y = f(x)$ である。こうして $f : M \to M$ が全射であることが知られたのである。この事実を証明の中で利用することとしたい。

定理 8.11 の証明 一般性を失うことなく，$m = 0$ と仮定してよい。そうでない場合には $X'(t, m) = X(t, m) - m$ とおいて，この X' に以下の推論を適用すればよいのである。

$$\mathfrak{M} = \text{span}\{X(t, \omega) | t \in \mathbb{R}\}, \quad \mathfrak{H}(X) = \overline{\mathfrak{M}}$$

---

20) 丸山 [78] pp.74-76.

248 第 8 章 定常確率過程の調和解析

とする。$\mathfrak{M}$ の元は

$$\sum_{i=1}^{n} a_i X(t_i, \omega), \quad a_i \in \mathbb{C}$$

のような形式をもち，$\mathfrak{L}^2(\Omega, \mathbb{C})$ における $\mathfrak{M}$ の閉包が $\mathfrak{H}(X)$ である。$\mathfrak{H}(X)$ は $\mathfrak{L}^2(\Omega, \mathbb{C})$ の閉部分空間で，それ自身 Hilbert 空間である。

次に $\mathfrak{H}(X)$ 上の作用素 $U_\tau (\tau \in \mathbb{R})$ を定義しよう。まず

$$U_\tau X(t, \omega) = X(t + \tau, \omega) \tag{1}$$

とする。さらに $W(\omega) \in \mathfrak{M}$ とし，たとえば

$$W(\omega) = \sum_{i=1}^{n} a_i X(t_i, \omega) \tag{2}$$

と表現されるものとしよう。このような W に対して

$$U_\tau W(\omega) = \sum_{i=1}^{n} a_i X(t_i + \tau, \omega) \tag{3}$$

と定義する。しかし $W(\omega)$ の表現法は (2) だけではないから，$U_\tau W$ の値は W の表現法の多様性から独立でなければならない。その点を確認しておこう。そこで $W(\omega)$ の (2) と異なる表現を

$$W(\omega) = \sum_{j=1}^{m} b_j X(s_j, \omega)$$

としてみる。このとき

$$\sum_{i=1}^{n} a_i X(t_i + \tau, \omega) = \sum_{j=1}^{m} b_j X(s_j + \tau, \omega) \tag{4}$$

の成り立つことを示そう。(4) が成り立てば $U_\tau W$ がなんの曖昧さもなく定義されたことになる。$m = 0$ であることに注意して，($\langle \cdot, \cdot \rangle$ は $\mathfrak{L}^2$ における内積，ρ は共分散)

$$\left\langle \sum_i \alpha_i X(t_i + \tau, \omega), \sum_j \beta_j X(s_j + \tau, \omega) \right\rangle = \sum_{i,j} \alpha_i \bar{\beta}_j \rho(t_i - s_j)$$

$$\tag{5}$$

§5 弱定常過程のスペクトル表現 249

$$= \left\langle \sum_i \alpha_i X(t_i, \omega), \sum_j \beta_j X(s_j, \omega) \right\rangle, \quad \alpha_i, \beta_j \in \mathbb{C}$$

である。これからとくに

$$\left\| \sum_i \alpha_i X(t_i + \tau, \omega) \right\|_2^2 = \left\| \sum_i \alpha_i X(t_i, \omega) \right\|_2^2 \qquad (5')$$

が導かれる。この関係の特別の場合として,

$$\left\| \sum_{i=1}^n a_i X(t_i + \tau, \omega) - \sum_{j=1}^m b_j X(s_j + \tau, \omega) \right\|_2^2 = \left\| \sum_{i=1}^n a_i X(t_i, \omega) - \sum_{j=1}^n b_j X(s_j, \omega) \right\|_2^2$$

を得る。この右辺はゼロであるから,(4) が確認された。

こうして U_τ が $\mathfrak{M}$ 上で定義されたことになる。$W \in \mathfrak{M}$ に対して $U_\tau W$ も $\mathfrak{M}$ の元である。

$$U_\tau : \mathfrak{M} \to \mathfrak{M}.$$

U_τ の性質としていくつかの事柄がすぐに確かめられる。

1° (線形性) $\quad U_\tau(\alpha V + \beta W) = \alpha U_\tau V + \beta U_\tau W, \quad \alpha, \beta \in \mathbb{C}; \ V, W \in \mathfrak{M}.$

2° (群) $\quad U_\tau U_\theta W = U_{\tau+\theta} W, \quad W \in \mathfrak{M}, \quad U_0 = I$ (恒等作用素).

3° (等長性) $\quad \langle U_\tau V, U_\tau W \rangle = \langle V, W \rangle, \quad V, W \in \mathfrak{M}.$ とくに $\quad \|U_\tau V\|_2^2 = \|V\|_2^2.$ ((5),(5') による。)

4° (全射) $\quad \mathfrak{M}$ の元

$$\sum_{i=1}^n a_i X(t_i, \omega)$$

に対して,U_τ は,これを値としてもつ。実際

$$U_\tau \left(\sum_{i=1}^n a_i X(t_i - \tau, \omega) \right) = \sum_{i=1}^n a_i X(t_i, \omega)$$

となることは明白であろう。

さて一致の原理により,作用素 U_τ を $\mathfrak{H}(X)$ 上の等長線形作用素として一意的に拡大することができる。これも同じ記号 U_τ で表記することにしよう。p.247 の 2° によれば

$$U_\tau : \mathfrak{H}(X) \to \mathfrak{H}(X), \quad \tau \in \mathbb{R}$$

は全射になっている。つまり U_τ は $\mathfrak{H}(X)$ 上のユニタリ作用素であり,$\{U_\tau | \tau \in \mathbb{R}\}$ は一径数群となっているのである。

250　　　　第 8 章　定常確率過程の調和解析

次にこの一径数群が強連続であること，つまり $\tau_0 \in \mathbb{R}$ に対して

$$\underset{\tau \to \tau_0}{\text{s-lim}}\, U_\tau V = U_{\tau_0} V \quad \text{for all} \quad V \in \mathfrak{H}(X) \tag{6}$$

の成り立つことを示そう．

$V \in \mathfrak{H}(X)$ とすれば，任意の $\varepsilon > 0$ に対して

$$\|V - W\|_2 < \frac{\varepsilon}{3} \tag{7}$$

なる $W \in \mathfrak{M}$ が存在する．

$$W(\omega) = \sum_{i=1}^n a_i X(t_i, \omega)$$

とすると，

$$\|U_\tau W - U_{\tau_0} W\|_2 \leqq \sum_{i=1}^n |a_i| \|X(t_i + \tau, \omega) - X(t_i + \tau_0, \omega)\|_2$$

であるから，X の強連続性 (p.247 の 1°) により，τ と τ_0 が十分に近い限り

$$\|U_\tau W - U_{\tau_0} W\|_2 < \frac{\varepsilon}{3} \tag{8}$$

である．

$$\|U_\tau V - U_{\tau_0} V\|_2 \leqq \|U_\tau V - U_\tau W\|_2 + \|U_\tau W - U_{\tau_0} W\|_2 + \|U_{\tau_0} W - U_{\tau_0} V\|_2$$

であるが，右辺の第一，三項は作用素 U_τ, U_{τ_0} の等長性と (7) とから $\varepsilon/3$ よりも小．また第二項は，(8) により $|\tau - \tau_0|$ が十分に小さいときには，やはり $\varepsilon/3$ よりも小であった．したがって $|\tau - \tau_0|$ が十分に小さいとき，

$$\|U_\tau V - U_{\tau_0} V\|_2 < \varepsilon$$

で，これがすべての $V \in \mathfrak{H}(X)$ について成り立つのである．

以上の議論から $\{U_\tau\}$ が $\mathfrak{H}(X)$ 上のユニタリ作用素が作る強連続な一径数群であることがわかった．したがって Stone の定理 7.15 (p.209) により

$$U_\tau = \frac{1}{\sqrt{2\pi}} \int_{\mathbb{R}} e^{-i\tau\lambda} E(d\lambda) \tag{9}$$

と表現できることとなる．ここで $E(\cdot)$ は $(\mathbb{R}, \mathcal{B}(\mathbb{R}))$ 上の，有界・対称作用素

§5 弱定常過程のスペクトル表現　　　251

に値をとる恒等作用素の分解である。より丁寧に書けば

$$\langle U_\tau V, W \rangle = \frac{1}{\sqrt{2\pi}} \int_{\mathbb{R}} e^{-it\lambda} \langle E(d\lambda)V, W \rangle, \quad V, W \in \mathfrak{H}(X).$$

そこで $\xi : \mathcal{B}(\mathbb{R}) \times \Omega \to \mathbb{C}$ を

$$\xi(S, \omega) = E(S)X(0, \omega), \quad S \in \mathcal{B}(\mathbb{R}) \tag{10}$$

と定義する。さらに $S \in \mathcal{B}(\mathbb{R})$ に対して $\nu_\xi(S)$ を次のように定める。[21] つまり $\langle \cdot, \cdot \rangle$ を $\mathfrak{L}^2(\Omega, \mathbb{C})$ における内積として,

$$\begin{aligned}
\nu_\xi(S) &= \langle E(S)X(0, \omega), \, X(0, \omega) \rangle_{\mathfrak{L}^2(\Omega, \mathbb{C})} \\
&= \langle E^2(S)X(0, \omega), \, X(0, \omega) \rangle \quad (E(S) \text{ は射影作用素}) \\
&= \langle E(S)X(0, \omega), \, E(S)X(0, \omega) \rangle \quad (E(S) \text{ は対称作用素}) \\
&= \|\xi(S, \omega)\|_2^2 \quad (\xi \text{ の定義による}), \quad S \in \mathcal{B}(\mathbb{R}).
\end{aligned} \tag{11}$$

すると ξ が $\mathfrak{L}^2$-直交測度であることはすぐにわかる。実際, $\omega \in \Omega$ を固定したときの集合函数 $S \mapsto \xi(S, \omega)$ の σ-加法性と, $S \in \mathcal{B}(\mathbb{R})$ を固定したときに函数 $\omega \mapsto \xi(S, \omega)$ が自乗可積分であることは殆ど明白であろう。さらに直交性を示す, $S_1, S_2 \in \mathcal{B}(\mathbb{R})$ として,

$$\begin{aligned}
\langle \xi(S_1, \omega), \xi(S_2, \omega) \rangle &= \langle E(S_1)X(0, \omega), E(S_2)X(0, \omega) \rangle \\
&= \langle E(S_2)E(S_1)X(0, \omega), X(0, \omega) \rangle \\
&\qquad\qquad (E(\cdot) \text{ は対称作用素}) \\
&= \langle E(S_1 \cap S_2)X(0, \omega), X(0, \omega) \rangle \quad (\text{p.196 の } 3^\circ) \\
&= \nu_\xi(S_1 \cap S_2) \quad ((11) \text{ による})
\end{aligned} \tag{12}$$

であるから, $S_1 \cap S_2 = \emptyset$ ならば

$$\mathbb{E}\xi(S_1, \omega)\overline{\xi(S_2, \omega)} = \nu_\xi(S_1 \cap S_2) = 0.$$

---

21)　あらためて計算するまでもなく, $\nu_\xi(S) = \|\xi(S, \omega)\|_2^2$ は定理 7.8(i) の特別の場合である。

252　　第 8 章　定常確率過程の調和解析

最後に $X(t,\omega)$ をこの $\xi(S,\omega)$ を用いて表現しよう。[22]

$$X(t,\omega) = U_t X(0,\omega) = \frac{1}{\sqrt{2\pi}} \int_{\mathbb{R}} e^{-i\lambda t} E(d\lambda) X(0,\omega) = \frac{1}{\sqrt{2\pi}} \int_{\mathbb{R}} e^{-i\lambda t} \xi(d\lambda,\omega).$$

これで定理の証明が完了した。　　　　　　　　　　　　　　　　　（証了）

$X(t,\omega)$ の共分散を $\rho(u)$，スペクトル測度を ν とするとき，

$$\nu(S) = \nu_\xi(S) \underset{(11)}{=} \|\xi(S,\omega)\|_2^2 \tag{13}$$

が成り立つことに留意しておこう。実際，

$$\begin{aligned}
\rho(u) &= \langle X(u,\omega), X(0,\omega)\rangle \\
&= \frac{1}{\sqrt{2\pi}} \int_{\mathbb{R}} e^{-i\lambda u} \langle E(d\lambda) X(0,\omega), X(0,\omega)\rangle \\
&= \frac{1}{\sqrt{2\pi}} \int_{\mathbb{R}} e^{-i\lambda u} d\nu_\xi(\lambda).
\end{aligned}$$

したがってスペクトル測度の一意性から $\nu = \nu_\xi$ である。

定理 8.11 は $T = \mathbb{R}$ の場合であるが，$T = \mathbb{Z}$ としても同様の結果が成り立つ。

定理 8.11′　$\{X_n(\omega)\}_{n\in\mathbb{Z}}$ を弱定常確率変数列で $\mathbb{E}X_n(\omega) = m$ とする。このとき

$$X_n(\omega) = m + \frac{1}{\sqrt{2\pi}} \int_{\mathbb{T}} e^{-i\lambda n} \xi(d\lambda,\omega)$$

を満たす $\mathfrak{L}^2$-直交測度 $\xi : \mathcal{B}(\mathbb{T}) \times \Omega \to \mathbb{C}$ が存在する。

---

22)　最後の等式については次のように確かめればよい。$e^{-i\lambda t}$ のかわりに，単函数 $\varphi(\lambda) = \sum_{i=1}^n \alpha_i \chi_{S_i}(\lambda)$　$(S_i \cap S_j = \emptyset$　if　$i \neq j)$ を考えると，

$$\int_{\mathbb{R}} \varphi(\lambda) dE(\lambda) X(0,\omega) = \sum_{i=1}^n \alpha_i E(S_i) X(0,\omega) = \sum_{i=1}^n \alpha_i \xi(S_i,\omega) = \int_{\mathbb{R}} \varphi(\lambda) \xi(d\lambda,\omega).$$

$e^{-i\lambda t}$ の積分は，このような単函数の積分の極限にほかならないことに注意しよう。

§6　スペクトル測度の密度函数

　既に見たとおり，周期的な弱定常確率過程はそのスペクトル測度が規則的な離散性を有するのであった。したがってこの場合は，スペクトル測度はLebesgue 測度に関して絶対連続たりえず，密度函数は存在しないのである。逆に，スペクトル密度函数をもつ弱定常確率過程は周期的たりえないことに留意しよう。

　そこで弱定常確率過程がスペクトル密度函数を有するための条件を究明する問題が浮上する。

　まず $T = \mathbb{Z}$ の場合について考えよう。

　$\xi : \mathcal{B}(\mathbb{T}) \times \Omega \to \mathbb{C}$ を $\mathbb{E}\xi(S, \omega) = 0$ $(S \in \mathcal{B}(\mathbb{T}))$ を満たす直交測度とする。定理 8.7 により，確率空間 $(\Omega', \mathcal{E}', P')$ と弱定常確率過程 $Y_n(\omega') : \Omega' \to \mathbb{C}$ $(n \in \mathbb{Z})$ を適当に選び，Y_n のスペクトル測度が $\mathbb{T}$ 上の Lebesgue 測度 m となるようにすることができる。$(\Omega, \mathcal{E}, P)$ および $(\Omega', \mathcal{E}', P')$ 上で期待値をとる作用素をそれぞれ $\mathbb{E}_\omega$, $\mathbb{E}_{\omega'}$ と表記する。Cramér-Kolmogorov の定理により

$$Y_n(\omega') = \frac{1}{\sqrt{2\pi}} \int_{\mathbb{T}} e^{-i\lambda n} \eta(d\lambda, \omega')$$

を満たす直交測度 $\eta : \mathcal{B}(\mathbb{T}) \times \Omega' \to \mathbb{C}$ が存在する。ここで $\mathbb{E}_{\omega'} Y_n(\omega') = 0$ を仮定している。η は次の性質を有する。

　(a)　$\mathbb{E}_{\omega'} \eta(S, \omega') = 0$　for any　$S \in \mathcal{B}(\mathbb{T})$.

　(b)　$\mathbb{E}_{\omega'} |\eta(S, \omega')|^2 = m(S)$　for any　$S \in \mathcal{B}(\mathbb{T})$.

　ξ と η との関係を表現するために，次のようなやや技術的な方便を構ずる。[23] $\mathbb{E}_{(\omega, \omega')}$ は直積確率空間 $(\Omega \times \Omega', \mathcal{E} \otimes \mathcal{E}', P \otimes P')$ 上の期待値をとる作用素，また $\mathbf{1}(\omega)$ と $\mathbf{1}'(\omega')$ はそれぞれ Ω, Ω' 上で恒等的に 1 に等しい函数を表わす。すると次の関係を容易に確かめることができる。

---

　23)　Doob[22] Chap.II, §2 を見よ。

254 第 8 章 定常確率過程の調和解析

(i) $\mathbb{E}_{(\omega,\omega')}\eta(S,\omega')\mathbf{1}(\omega) = \mathbb{E}_{\omega'}\eta(S,\omega') = 0$ for any $S \in \mathcal{B}(\mathbb{T})$.

(ii) $\mathbb{E}_{(\omega,\omega')}|\eta(S,\omega')\mathbf{1}(\omega)|^2 = \nu_\eta(S) = m(S)$ for any $S \in \mathcal{B}(\mathbb{T})$.

(iii) $\mathbb{E}_{(\omega,\omega')}\xi(S,\omega)\mathbf{1}(\omega')\cdot\overline{\eta(S',\omega')\mathbf{1}(\omega)} = \mathbb{E}_\omega\xi(S,\omega)\mathbb{E}_{\omega'}\overline{\eta(S',\omega')} = 0$ for any S and $S' \in \mathcal{B}(\mathbb{T})$.

定理 8.12 $\{X_n(\omega)\}_{n\in\mathbb{Z}}$ は弱定常確率過程（確率変数列）で，$\mathbb{E}X_n(\omega) = 0 \ (n \in \mathbb{Z})$ とする。このとき，次の二命題は互いに同値である。

(i) $X_n(\omega)$ はスペクトル密度函数を有する。

(ii) $X_n(\omega)$ は移動平均確率過程である。すなわち

$$\sum_{n=-\infty}^{\infty} |c_n|^2 < \infty$$

なる複素数列 $\{c_n\}$ と

$$\mathbb{E}Z_n(\omega) = 0, \quad \mathbb{E}|Z_n(\omega)|^2 = 1,$$
$$\langle Z_n(\omega), Z_m(\omega)\rangle_{\mathfrak{L}^2} = 0 \quad (n \neq m) \tag{1}$$

なる確率過程 $Z_n(\omega) \ (n \in \mathbb{Z})$ が存在して，

$$X_n(\omega) = \sum_{k=-\infty}^{\infty} c_{n-k}Z_k(\omega) \quad a.e.$$

と表現することができる。（右辺の収束は $\mathfrak{L}^2(\Omega,\mathbb{C})$ におけるそれである。）

(1) を満たす確率過程（確率変数列）$\{Z_n(\omega)\}$ は分散が 1 に等しい白色雑音にほかならない（cf. p.228）。

証明 (i)⇒(ii): $X_n(\omega)$ のスペクトル測度 ν が密度函数 $p(\lambda)$ を有すると仮定しよう。$p(\lambda) \geqq 0 \ a.e.$ であることに注意して

$$p(\lambda) = \alpha(\lambda)^2, \quad \alpha(\lambda) \geqq 0 \tag{2}$$

とする。$\alpha(\lambda) \in \mathfrak{L}^2(\mathbb{T},\mathbb{C})$ であるから，それを Fourier 級数に展開して[24]

─────────────

24) (3) の級数の収束は $\mathfrak{L}^2(T,\mathbb{C})$ におけるそれである。しかし，Carleson の定理（p.44）

$$\alpha(\lambda) \sim \frac{1}{\sqrt{2\pi}} \sum_{k=-\infty}^{\infty} \alpha_k e^{ik\lambda}, \tag{3}$$

$$\sum_{k=-\infty}^{\infty} |\alpha_k|^2 < \infty \tag{4}$$

とすることができる．もちろん α_k $(k \in \mathbb{Z})$ は $(1/\sqrt{2\pi})e^{ik\lambda}$ に対応する $\alpha(\lambda)$ の Fourier 係数である．

$X_n(\omega)$ を表現する直交測度を $\xi(S,\omega)$: $\mathcal{B}(\mathbb{T}) \times \Omega \to \mathbb{C}$ とし（定理 8.11 による），さらに定理に先立つ説明から，確率空間 $(\Omega', \mathcal{E}', P')$ と直交測度 $\eta(S, \omega') : \mathcal{B}(\mathbb{T}) \times \Omega' \to \mathbb{C}$ を p.254 の (i), (ii), (iii) を満たすように選ぶことができる．$\mathbb{T}$ をふたつの集合 $\mathbb{T}_+ = \{t \in \mathbb{T} | \alpha(t) > 0)\}$, $\mathbb{T}_0 = \{t \in \mathbb{T} | \alpha(t) = 0\}$ に分割する．

次に (2) で定義した函数 $\alpha(\lambda)$ を用いて，ふたつの函数 $\alpha_1(\lambda)$, $\alpha_2(\lambda)$ を

$$\alpha_1(\lambda) = \begin{cases} \frac{1}{\alpha(\lambda)} & \text{on} \quad \mathbb{T}_+, \\ 0 & \text{on} \quad \mathbb{T}_0, \end{cases}$$

$$\tag{5}$$

$$\alpha_2(\lambda) = \begin{cases} 0 & \text{on} \quad \mathbb{T}_+, \\ 1 & \text{on} \quad \mathbb{T}_0 \end{cases}$$

と定義する．

さらに $\gamma' : \mathcal{B}(\mathbb{T}) \times \Omega \times \Omega' \to \mathbb{C}$ を[25]

$$\gamma'(S, \omega, \omega') = \int_S \alpha_1(\lambda)\xi(d\lambda, \omega)\mathbf{1}(\omega') + \int_S \alpha_2(\lambda)\eta(d\lambda, \omega')\mathbf{1}(\omega).$$
$$= \int_S \alpha_1(\lambda)\xi(d\lambda, \omega) + \int_{\Omega} \alpha_2(\lambda)\eta(d\lambda, \omega') \tag{6}$$

により，実はこの級数は概収束して $\alpha(\lambda)$ に等しい．

25) $\mathbb{T}_0 = \emptyset$, したがって $\alpha(\lambda)$ は 0 にならない場合には議論ははるかに単純になる．実際，このときには $\gamma(S, \omega)$ を

$$\gamma(S, \omega) = \int_S \frac{1}{\alpha(\lambda)} \xi(d\lambda, \omega), \quad S \in \mathcal{B}(\mathbb{T})$$

とおけばよい．明らかに $\nu_\gamma(S) = m(S)$．

256 第 8 章 定常確率過程の調和解析

と定義する。ただし，この定義 (6) が可能であるためには函数 $\alpha_1(\lambda)$ および $\alpha_2(\lambda)$ がそれぞれ測度

$$\nu_\xi(S) = \mathbb{E}_\omega |\xi(S, \omega)|^2, \quad \nu_\eta(S) = \mathbb{E}_{\omega'} |\eta(S, \omega')|^2, \quad S \in \mathcal{B}(\mathbb{T})$$

について自乗可積分であることを要する。それは次のように確かめればよい。$S \in \mathcal{B}(\mathbb{T})$ とすれば，

$$\int_S |\alpha_1(\lambda)|^2 d\nu_\xi = \int_{S \cap \mathbb{T}_+} \frac{1}{|\alpha(\lambda)|^2} p(\lambda) dm(\lambda) = \int_{S \cap \mathbb{T}_+} dm(\lambda) = m(S \cap \mathbb{T}_+) < \infty,$$
$$\tag{7}$$
$$\int_S |\alpha_2(\lambda)|^2 d\nu_\eta = \int_{S \cap \mathbb{T}_0} dm(\lambda) = m(S \cap \mathbb{T}_0) < \infty.$$

この $\gamma'(S, \omega, \omega')$ は直交測度である。たとえばその直交性は次のようにして確かめられる。$S \cap S' = \emptyset$, $S, S' \in \mathcal{B}(\mathbb{T})$ とすれば，

$$\mathbb{E}_{(\omega,\omega')} \gamma'(S, \omega, \omega') \overline{\gamma'(S', \omega, \omega')}$$
$$= \mathbb{E}_\omega \int_S \alpha_1(\lambda) \xi(d\lambda, \omega) \int_{S'} \alpha_1(\lambda) \overline{\xi(d\lambda, \omega)}$$
$$+ \mathbb{E}_{(\omega,\omega')} \int_S \alpha_1(\lambda) \xi(d\lambda, \omega) \int_{S'} \alpha_2(\lambda) \overline{\eta(d\lambda, \omega')}$$
$$+ \mathbb{E}_{(\omega,\omega')} \int_S \alpha_2(\lambda) \eta(d\lambda, \omega') \int_{S'} \alpha_1(\lambda) \overline{\xi(d\lambda, \omega)} \tag{8}$$
$$+ \mathbb{E}_{\omega'} \int_S \alpha_2(\lambda) \eta(d\lambda, \omega') \int_{S'} \alpha_2(\lambda) \overline{\eta(d\lambda, \omega')}.$$

すると (8) の右辺における第二，三項は，ξ と η の (p.254 (iii) の意味での) 直交性によりゼロ。また第一，四項は，$S \cap S' = \emptyset$ によりやはりゼロである。
また

$$\mathbb{E}_{(\omega,\omega')} |\gamma'(S, \omega, \omega')|^2 = m(S), \quad S \in \mathcal{B}(\mathbb{T}) \tag{9}$$

が成り立つことも，(7), (8) の計算と同様にして確かめることができる。[26]

---

[26]

$$\mathbb{E}_{(\omega,\omega')} |\gamma'(S, \omega, \omega')|^2$$

§6 スペクトル測度の密度函数 257

最後に $\gamma : \mathcal{B}(\mathbb{T}) \times \Omega \to \mathbb{C}$ を

$$\gamma(S, \omega) = \mathbb{E}_{\omega'} \gamma'(S, \omega, \omega') \tag{10}$$

と定義する。γ および γ' の性質から，γ は $\nu_\gamma(S) = m(S \cap \mathbb{T}_+)$ を満たす直交測度である。

さて[27]

$$X_n(\omega) = \frac{1}{\sqrt{2\pi}} \int_{\mathbb{T}} e^{-in\lambda} \xi(d\lambda, \omega) = \frac{1}{\sqrt{2\pi}} \int_{\mathbb{T}} e^{-in\lambda} \alpha(\lambda) \gamma(d\lambda, \omega). \tag{11}$$

(3) の Fourier 級数は $\alpha(\lambda)$ に $\mathfrak{L}^2$-収束するので，

$$X_n(\omega) = \frac{1}{2\pi} \sum_{k=-\infty}^{\infty} \int_{\mathbb{T}} \alpha_k e^{-i(n-k)\lambda} \gamma(d\lambda, \omega) \quad a.e.(\omega). \tag{12}$$

実際，

$$= \mathbb{E}_\omega \left| \int_S \alpha_1(\lambda) \xi(d\lambda, \omega) \right|^2 + \mathbb{E}_{\omega'} \left| \int_S \alpha_2(\lambda) \eta(d\lambda, \omega') \right|^2$$

$$+ 2\mathcal{R}e\,\mathbb{E}_{(\omega, \omega')} \int_S \alpha_1(\lambda) \xi(d\lambda, \omega) \mathbf{1}(\omega') \int_S \overline{\alpha_2(\lambda) \eta(d\lambda, \omega') \mathbf{1}(\omega)}$$

$$= \int_S |\alpha_1(\lambda)|^2 \nu_\xi(d\lambda) + \int_S |\alpha_2(\lambda)|^2 \nu_\eta(d\lambda)$$

$$+ 2\mathcal{R}e\,\mathbb{E}_{(\omega, \omega')} \int_{S \cap \mathbb{T}_+} \alpha_1(\lambda) \xi(d\lambda, \omega) \int_{S \cap \mathbb{T}_0} \overline{\alpha_2(\lambda) \eta(d\lambda, \omega')}$$

$$= m(S \cap \mathbb{T}_+) + m(S \cap \mathbb{T}_0) + 0.$$

[27]

$$\int_{\mathbb{T}} e^{-in\lambda} \alpha(\lambda) \gamma(d\lambda, \omega)$$

$$= \int_{\mathbb{T}_+} e^{-in\lambda} \alpha(\lambda) \cdot \frac{1}{\alpha(\lambda)} \xi(d\lambda, \omega) + \mathbb{E}_{\omega'} \int_{\mathbb{T}_0} e^{-in\lambda} \alpha(\lambda) \cdot \alpha_2(\lambda) \eta(d\lambda, \omega')$$

$$= \int_{\mathbb{T}_+} e^{-in\lambda} \xi(d\lambda, \omega) = \int_{\mathbb{T}} e^{-in\lambda} \xi(d\lambda, \omega).$$

この最後の等式は次のようにして確かめられる。

$$\mathbb{E}_\omega \left| \int_{\mathbb{T}_0} e^{-in\lambda} \xi(d\lambda, \omega) \right|^2 = \int_{\mathbb{T}_0} \nu_\xi(d\lambda) \quad (\text{D-K 公式による})$$

$$= \int_{\mathbb{T}_0} p(\lambda) dm = 0 \quad (p(\lambda) = 0 \text{ on } \mathbb{T}_0).$$

第 8 章　定常確率過程の調和解析

$$\mathbb{E}_\omega\left|X_n(\omega) - \frac{1}{2\pi}\sum_{k=-p}^{p}\int_{\mathbb{T}}\alpha_k e^{i(k-n)\lambda}\gamma(d\lambda,\omega)\right|^2$$

$$= \mathbb{E}_\omega\left|X_n(\omega) - \frac{1}{2\pi}\int_{\mathbb{T}}\sum_{k=-p}^{p}\alpha_k e^{i(k-n)\lambda}\gamma(d\lambda,\omega)\right|^2$$

$$= \mathbb{E}_\omega\left|\frac{1}{\sqrt{2\pi}}\int_{\mathbb{T}}e^{-in\lambda}\left[\alpha(\lambda) - \frac{1}{\sqrt{2\pi}}\sum_{k=-p}^{p}\alpha_k e^{ik\lambda}\right]\gamma(d\lambda,\omega)\right|^2 \quad ((11)\text{ による})$$

$$= \frac{1}{2\pi}\int_{\mathbb{T}}\left|\alpha(\lambda) - \frac{1}{\sqrt{2\pi}}\sum_{k=-p}^{p}\alpha_k e^{ik\lambda}\right|^2 d\nu_\gamma(\lambda) \qquad (\text{D-K 公式による})$$

$$= \frac{1}{2\pi}\int_{\mathbb{T}_+}\left|\alpha(\lambda) - \frac{1}{\sqrt{2\pi}}\sum_{k=-p}^{p}\alpha_k e^{ik\lambda}\right|^2 dm(\lambda) \quad (\nu_\gamma(S)=m(S\cap\mathbb{T}_+)\text{ による})$$

$$\leq \frac{1}{2\pi}\int_{\mathbb{T}}\left|\alpha(\lambda) - \frac{1}{\sqrt{2\pi}}\sum_{k=-p}^{p}\alpha_k e^{ik\lambda}\right|^2 dm(\lambda)$$

$$\to 0 \quad \text{as} \quad p\to\infty \qquad ((3)\text{ による}).$$

これから (12) がただちに導かれる。

さらに

$$Z_j(\omega) = \frac{1}{\sqrt{2\pi}}\int_{\mathbb{T}}e^{ij\lambda}\gamma(d\lambda,\omega), \tag{13}$$

および $c_k = (1/\sqrt{2\pi})\alpha_k$ とおけば,

$$X_n(\omega) = \sum_{k=-\infty}^{\infty}c_k Z_{k-n}(\omega) = \sum_{j=-\infty}^{\infty}c_{n+j}Z_j(\omega). \tag{14}$$

$Z_n(\omega)$ が白色雑音過程であることも容易に知られる。たとえば $\mathbb{E}Z_j(\omega)=0$ は $\gamma(\mathbb{E}=\mathbb{E}_\omega)$ の定義 (10) より明らか。分散 $=1$ と直交性は次の計算から知られる。

$$2\pi\mathbb{E}Z_n(\omega)\overline{Z_m(\omega)}$$

$$= \mathbb{E}\int_{\mathbb{T}}e^{in\lambda}\gamma(d\lambda,\omega)\int_{\mathbb{T}}e^{-im\lambda}\overline{\gamma(d\lambda,\omega)}$$

$$= \int_{\mathbb{T}}e^{i(n-m)\lambda}d\nu_\gamma = \int_{\mathbb{T}_+}e^{i(n-m)\lambda}dm(\lambda)$$

$$= \int_{\mathbb{T}}e^{i(n-m)\lambda}dm(\lambda) - \int_{\mathbb{T}_0}e^{i(n-m)\lambda}d\nu_\gamma = \int_{\mathbb{T}}e^{i(n-m)\lambda}dm(\lambda)$$

§6 スペクトル測度の密度函数 259

$$=\delta_{n,m} \times 2\pi.$$

第二の等式は D-K 公式による。

(ii)⇒(i): 逆に $X_n(\omega)$ が白色雑音過程 $Z_n(\omega)$ の移動平均であるとしよう。$Z_n(\omega)$ は弱定常過程であるから,定理 8.11′ により

$$Z_n(\omega) = \frac{1}{\sqrt{2\pi}} \int_{\mathbb{T}} e^{-in\lambda} \xi(d\lambda, \omega) \tag{15}$$

を満たす直交測度 $\xi(S, \omega)$ が存在する。例によって $\nu_\xi(S) = \|\xi(S, \omega)\|_2^2$ と定義すれば,ν_ξ は $Z_n(\omega)$ のスペクトル測度であり,スペクトル密度函数 $1/\sqrt{2\pi}$（定値函数）をもつ。[28]

したがって,ある $\{c_n\} \in l_2$ について,

$$X_n(\omega) = \operatorname*{l.i.m.}_{N\to\infty} \frac{1}{\sqrt{2\pi}} \sum_{k=-N}^{N} c_{k-n} \int_{\mathbb{T}} e^{-ik\lambda} \xi(d\lambda, \omega)$$
$$\tag{16}$$
$$= \operatorname*{l.i.m.}_{N\to\infty} \frac{1}{\sqrt{2\pi}} \int_{\mathbb{T}} \sum_{k=-N}^{N} c_{k-n} e^{-ik\lambda} \xi(d\lambda, \omega).$$

$\{c_n\} \in l_2$ であるから,c_n はある函数 $C(\lambda) \in \mathfrak{L}^2(\mathbb{T}, \mathbb{C})$ の Fourier 係数になっており,しかも[29]

$$\left\| \frac{1}{\sqrt{2\pi}} \sum_{k=-p}^{q} c_k e^{-ik\lambda} - C(\lambda) \right\|_2 \to 0 \quad \text{as} \quad p, q \to \infty. \tag{17}$$

したがって （$k - n = j$ として）

---

[28] $Z_n(\omega)$ は白色雑音なので,その共分散は

$$\mathbb{E} Z_{n+u}(\omega) \overline{Z_n(\omega)} = \begin{cases} 1 & \text{if} \quad u = 0, \\ 0 & \text{if} \quad u \neq 0. \end{cases}$$

[29] $(1/\sqrt{2\pi}) \sum_{k=-p}^{q} c_k e^{-ik\lambda}$ の $C(\lambda)$ への収束は,Carleson の定理（p.44）から概収束でもある。それゆえ c_k は $C(\lambda)$ の $(1/\sqrt{2\pi}) e^{-ik\lambda}$ に応ずる Fourier 係数である。

$$\sum_{k=-N}^{N} c_{k-n} e^{-ik\lambda} = e^{-in\lambda} \sum_{j=-N-n}^{N-n} c_j e^{-ij\lambda}$$

は，n を固定して $N \to \infty$ とすれば，$\sqrt{2\pi} e^{-in\lambda} C(\lambda)$ に $\mathfrak{L}^2$-収束する。

$$\left\| \sum_{k=-N}^{N} c_{k-n} e^{-ik\lambda} - \sqrt{2\pi} e^{-in\lambda} C(\lambda) \right\|_2 \to 0 \quad \text{as} \quad N \to \infty. \tag{18}$$

すると，Z_n のスペクトル測度 ν_ξ の密度函数は $1/\sqrt{2\pi}$ なので，

$$\mathbb{E} \left| X_n(\omega) - \int_{\mathbb{T}} C(\lambda) e^{-in\lambda} \xi(d\lambda, \omega) \right|^2$$

$$= \mathbb{E} \left| \underset{N \to \infty}{\text{l.i.m.}} \frac{1}{\sqrt{2\pi}} \int_{\mathbb{T}} \sum_{k=-N}^{N} c_{k-n} e^{-ik\lambda} \xi(d\lambda, \omega) - \int_{\mathbb{T}} C(\lambda) e^{-in\lambda} \xi(d\lambda, \omega) \right|^2$$

$$\text{((16) による)}$$

$$= \lim_{N \to \infty} \frac{1}{2\pi} \mathbb{E} \left| \int_{\mathbb{T}} \left[\sum_{j=-N-n}^{N-n} c_j e^{-ij\lambda} - \sqrt{2\pi} C(\lambda) \right] e^{-in\lambda} \xi(d\lambda, \omega) \right|^2 \tag{19}$$

$$= \lim_{N \to \infty} \frac{1}{2\pi} \int_{\mathbb{T}} \left| \sum_{j=-N-n}^{N-n} c_j e^{-ij\lambda} - \sqrt{2\pi} C(\lambda) \right|^2 d\nu_\xi \quad (\text{D-K 公式による})$$

$$= \lim_{N \to \infty} \int_{\mathbb{T}} \left| \frac{1}{\sqrt{2\pi}} \sum_{j=-N-n}^{N-n} c_j e^{-ij\lambda} - C(\lambda) \right|^2 \frac{1}{\sqrt{2\pi}} dm(\lambda)$$

$$= 0 \quad (\text{(18) による}).$$

ゆえに

$$X_n(\omega) = \frac{1}{\sqrt{2\pi}} \int_{\mathbb{T}} \sqrt{2\pi} C(\lambda) e^{-in\lambda} \xi(d\lambda, \omega) \quad a.e. \tag{20}$$

ここで

$$\theta(S, \omega) = \int_S \sqrt{2\pi} C(\lambda) \xi(d\lambda, \omega), \quad S \in \mathcal{B}(\mathbb{R}) \tag{21}$$

とおけば，$\theta(S, \omega)$ は直交測度で[30]

---

30) たとえば直交性は次のように示せばよい。$S, S' \in \mathcal{B}(\mathbb{T})$ は共通部分をもたないものとすれば

$$X_n(\omega) = \frac{1}{\sqrt{2\pi}} \int_{\mathbb{T}} e^{-in\lambda} \theta(d\lambda, \omega).$$

これから $X_n(\omega)$ のスペクトル測度は

$$\nu(S) = \mathbb{E}|\theta(S,\omega)|^2 = 2\pi \int_S |C(\lambda)|^2 d\nu_\xi = \sqrt{2\pi} \int_S |C(\lambda)|^2 dm(\lambda).$$

こうして $\nu \ll m$ が示された。 (証了)

　移動平均仮定はスペクトル密度函数を有するのであるから，本節の冒頭に述べたとおり，それは決して周期的たりえないことがただちに知られるのである。

　同様にして $T = \mathbb{R}$ の場合についても証明を与えておこう。$T = \mathbb{Z}$ の場合に Fourier 級数に依拠したところを，今度は Fourier 変換を利用するのである。

　Plancherel の意味での Fourier 変換および逆 Fourier 変換をそれぞれ $\mathcal{F}_2, \mathcal{F}_2^{-1}$ と書く。ひとつ補題を用意しよう。[31]

補題 8.1

$$\frac{1}{\sqrt{2\pi}} \int_{\mathbb{R}} f(z)g(z)e^{-iuz} dm(z) = \frac{1}{\sqrt{2\pi}} \langle \mathcal{F}_2^{-1} f(\lambda - u), \mathcal{F}_2^{-1} \overline{g}(\lambda) \rangle$$
$$\text{for any } f \text{ and } g \in \mathfrak{L}^2(\mathbb{R}, \mathbb{C}).$$

$(f \cdot g \in \mathfrak{L}^1(\mathbb{R}, \mathbb{C})$ であることに留意しよう。$\langle \cdot, \cdot \rangle$ は $\mathfrak{L}^2(\mathbb{R}, \mathbb{C})$ における内積である。$)$

$$\mathbb{E}\theta(S, \omega)\overline{\theta(S', \omega)} = \mathbb{E} \int_{\mathbb{T}} C(\lambda)\chi_S(\lambda)\xi(d\lambda, \omega) \overline{\int_{\mathbb{T}} C(\lambda)\chi_{S'}(\lambda)\xi(d\lambda, \omega)}$$
$$= \int_{\mathbb{T}} |C(\lambda)|^2 \chi_S(\lambda)\chi_{S'}(\lambda)d\nu_\xi = 0 \quad (\text{D-K 公式による}).$$

31)　次の結果も示すことができる。(cf. 河田 [61]pp.282-283)
$$\frac{1}{\sqrt{2\pi}} \int_{\mathbb{R}} f(\lambda)g(\lambda)e^{-iz\lambda} dm(\lambda) = \frac{1}{\sqrt{2\pi}}(\mathcal{F}_2 f * \mathcal{F}_2 g)(z).$$

262　　　　　第 8 章　定常確率過程の調和解析

証明　Plancherel の意味の逆 Fourier 変換の定義から,

$$
\begin{aligned}
\mathcal{F}_2^{-1}(f(z)e^{-izu})(\lambda) &= \operatorname*{l.i.m.}_{A\to\infty} \frac{1}{\sqrt{2\pi}} \int_{-A}^{A} f(z)e^{-izu}e^{iz\lambda}dm(z) \\
&= \operatorname*{l.i.m.}_{A\to\infty} \frac{1}{\sqrt{2\pi}} \int_{-A}^{A} f(z)e^{i(\lambda-u)z}dm(z) \qquad (22) \\
&= \mathcal{F}_2^{-1}f(\lambda-u).
\end{aligned}
$$

$f \cdot g \in \mathfrak{L}^1$ に注意して,

$$
\begin{aligned}
\frac{1}{\sqrt{2\pi}} \int_{\mathbb{R}} & f(z) \cdot g(z)e^{-izu}dm(z) \\
&= \frac{1}{\sqrt{2\pi}} \langle f(z)e^{-izu}, \bar{g}(z) \rangle \\
&= \frac{1}{\sqrt{2\pi}} \langle \mathcal{F}_2^{-1}(f(z)e^{-izu})(\lambda), \mathcal{F}_2^{-1}\bar{g}(\lambda) \rangle \\
&\qquad (\text{Parseval の等式による}) \\
&= \frac{1}{\sqrt{2\pi}} \langle \mathcal{F}_2^{-1}f(\lambda-u), \mathcal{F}_2^{-1}\bar{g}(\lambda) \rangle \\
&\qquad ((22) \text{による}).
\end{aligned}
$$

(証了)

定理 8.13　$X(t,\omega)$ は可測な弱定常確率過程で, $\mathbb{E}X(t,\omega) = 0$ $(t \in \mathbb{R})$ とする。このとき次の二命題は同値である。

(i)　$X(t,\omega)$ はスペクトル密度関数を有する。

(ii)　スペクトル測度が ν で, 次の形をもつ可測な弱定常確率過程 X' : $\mathbb{R} \times \Omega \to \mathbb{C}$ が存在する。

$$
X'(t,\omega) = \int_{\mathbb{R}} w(\lambda-t)\gamma(d\lambda,\omega) \, a.e.
$$

ここで $w(\cdot) \in \mathfrak{L}^2(\mathbb{R},\mathbb{C})$ で, また直交測度 $\gamma(S,\omega) : \mathcal{B}(\mathbb{R}) \times \Omega \to \mathbb{C}$ は

$$
\nu_\gamma(S) = \mathbb{E}|\gamma(S,\omega)|^2 = m(S \cap \mathbb{R}_+), \, S \in \mathcal{B}^*(\mathbb{R}).
$$

を満たす。($\mathbb{R}_+$ の定義はのちに述べる。)

§6 スペクトル測度の密度函数 263

証明 まず Cramér-Kolmogorov の定理 8.11 により，$X(t, \omega)$ は直交測度 $\xi(S, \omega)$ を用いて

$$X(t, \omega) = \frac{1}{\sqrt{2\pi}} \int_{-\infty}^{\infty} e^{-i\lambda t} \xi(d\lambda, \omega)$$

と表現することができる。

(i)⇒(ii)：　$X(t, \omega)$ がスペクトル密度函数 $p(\cdot) \geqq 0$ を有することを仮定する。$p \in \mathfrak{L}^1(\mathbb{R}, \mathbb{R})$ であるから，函数 $\alpha(\cdot) \geqq 0$ を $|\alpha(\cdot)|^2 = p(\cdot)$ と定義すれば，$\alpha \in \mathfrak{L}^2(\mathbb{R}, \mathbb{R})$ である。

$$\begin{aligned}
\rho(u) &= \frac{1}{\sqrt{2\pi}} \int_{\mathbb{R}} e^{-iuz} d\nu(z) = \frac{1}{\sqrt{2\pi}} \int_{\mathbb{R}} e^{-iuz} \alpha(z) \cdot \alpha(z) dm(z) \\
&= \frac{1}{\sqrt{2\pi}} \langle \mathcal{F}_2^{-1} \alpha(\lambda - u), \ \mathcal{F}_2^{-1} \bar{\alpha}(\lambda) \rangle.
\end{aligned} \tag{23}$$

第三の等式は補題 8.1 による。

$\mathbb{R}$ を $\mathbb{R}_+ = \{t \in \mathbb{R} | \alpha(t) > 0\}$, $\mathbb{R}_0 = \{t \in \mathbb{R} | \alpha(t) = 0\}$ のふたつに分割する。

定理 8.12 と同様の手続きで，直交測度 $\eta(S, \omega) . \mathcal{B}(\mathbb{R}) \times \Omega \to \mathbb{C}$ と，ふたつの函数 $\alpha_1(\cdot), \alpha_2(\cdot)$ およびいまひとつの直交測度 $\gamma(S, \omega)$ を導入する。η および γ は次の関係を満たすように構成することができる。

$$\nu_\eta(S) = m(S), \quad \nu_\gamma(S) = m(S \cap \mathbb{R}_+) \quad \text{for} \quad S \in \mathcal{B}(\mathbb{R}).$$

ν_η, ν_γ の値として ∞ も許すことに注意しよう。$\alpha(\cdot)$ は Lebesgue 測度について $\mathfrak{L}^2$ ゆえ，ν_γ についても $\mathfrak{L}^2$ である。弱定常過程 $X'(t, \omega)$ を

$$X'(t, \omega) = \frac{1}{\sqrt[4]{2\pi}} \int_{\mathbb{R}} \alpha(\lambda - t) \gamma(d\lambda, \omega)$$

と定義すると，その共分散 $\rho'(u)$ は[32]

$$\rho'(u) = \mathbb{E} X'(t + u, \omega) \overline{X'(t, \omega)}$$

---

[32]　(24) の第三行は（$\alpha(\cdot)$ が実数値であることに留意して）

$$\frac{1}{\sqrt{2\pi}} \Big\{ \int_{\mathbb{R}_+} \alpha(\lambda - (t + u)) \alpha(\lambda - t) dm(\lambda) + \int_{\mathbb{R}_0} \underbrace{\alpha(\lambda - (t + u)) \alpha(\lambda - t)}_{(\dagger)} d\nu_\gamma \Big\}$$

$$= \frac{1}{\sqrt{2\pi}} \mathbb{E} \int_{\mathbb{R}} \alpha(\lambda - (t+u))\gamma(d\lambda, \omega) \int_{\mathbb{R}} \overline{\alpha(\lambda - t)\gamma(d\lambda, \omega)}$$

$$= \frac{1}{\sqrt{2\pi}} \int_{\mathbb{R}} \alpha(\lambda - (t+u))\overline{\alpha(\lambda - t)}d\nu_\gamma(\lambda) \qquad (\text{D-K 公式による}) \tag{24}$$

$$= \frac{1}{\sqrt{2\pi}} \int_{\mathbb{R}} \mathcal{F}_2^{-1}\alpha(\lambda - u)\overline{\mathcal{F}_2^{-1}\alpha(\lambda)}dm(\lambda).$$

である。つまり (23), (24) により, $\rho = \rho'$ であることが示され, $X'(t, \omega)$ のスペクトル密度函数が $p(\cdot)$ であることが知られた。

(ii)⇒(i): 逆に (ii) を仮定すると,

$$X(t, \omega) = \int_{\mathbb{R}} w(\lambda - t)\gamma(d\lambda, \omega)$$

の共分散 $\rho(u)$ は上記の $\rho'(u)$ の計算と同様にして

$$\rho(u) = \int_{\mathbb{R}} \mathcal{F}_2^{-1}\hat{w}(\lambda - u)\overline{\mathcal{F}_2^{-1}\hat{w}(\lambda)}dm(\lambda)$$

である。したがって再び補題 8.1 により,

$$\rho(u) = \int_{\mathbb{R}} \mathcal{F}_2^{-1}\hat{w}(\lambda - u)\overline{\mathcal{F}_2^{-1}\hat{w}(\lambda)}dm(\lambda)$$

$$= \langle \mathcal{F}_2^{-1}\hat{w}(\lambda - u), \ \mathcal{F}_2^{-1}\hat{w}(\lambda) \rangle$$

$$= \int_{\mathbb{R}} |\hat{w}(z)|^2 e^{-iuz}dm(z)$$

$$= \frac{1}{\sqrt{2\pi}} \Big\{ \int_{\mathbb{R}} (\dagger)dm(\lambda) - \int_{\mathbb{R}_0} (\dagger)dm(\lambda) + \int_{\mathbb{R}_0} (\dagger)d\nu_\gamma \Big\}$$

$$= \frac{1}{\sqrt{2\pi}} \Big\{ \int_{\mathbb{R}} (\dagger)dm(\lambda) - \int_{\substack{\lambda \in \mathbb{R}_0 \\ \lambda - t \in \mathbb{R}_+}} (\dagger)dm(\lambda) - \int_{\substack{\lambda \in \mathbb{R}_0 \\ \lambda - t \in \mathbb{R}_0}} (\dagger)dm(\lambda)$$

$$+ \int_{\substack{\lambda \in \mathbb{R}_0 \\ \lambda - t \in \mathbb{R}_+}} (\dagger)d\nu_\gamma(\lambda) + \int_{\substack{\lambda \in \mathbb{R}_0 \\ \lambda - t \in \mathbb{R}_0}} (\dagger)d\nu_\gamma(\lambda) \Big\}$$

$$= \frac{1}{\sqrt{2\pi}} \Big\{ \int_{\mathbb{R}} (\dagger)dm(\lambda) - \int_{(\mathbb{R}_0 - t) \cap \mathbb{R}_+} \alpha(\lambda' - u)\alpha(\lambda')dm(\lambda')$$

$$+ \int_{(\mathbb{R}_0 - t) \cap \mathbb{R}_+} \alpha(\lambda' - u)\alpha(\lambda')d\nu_\gamma(\lambda') \Big\}.$$

最後の二項は消去されるので (24) が得られる。また $\alpha(\cdot) \in \mathfrak{L}_{\nu_\gamma}^2$ の保証がないので, D-K 公式を用いるのが正しくないと考えられるかもしれない。しかし $\alpha(\cdot)$ に $\mathfrak{L}^2$-収束する単函数列 (台は有界) についてまず (24) を確かめ, 極限に移ればよい。

$$= \frac{1}{\sqrt{2\pi}} \int_{\mathbb{R}} \sqrt{2\pi} |\hat{w}(z)|^2 e^{-iuz} dm(z).$$

最後に $p(z) = \sqrt{2\pi} |\hat{w}(z)|^2$ とおけば，これが $X(t,\omega)$ のスペクトル密度函数にほかならない。 (証了)

第9章

概周期函数と弱定常確率過程

古典的 Fourier 級数論は周期函数を調和波の合成として表現するところに基本的な着想がある。非周期的な（あるいは周期が ∞ であるような）函数については Fourier 変換の概念を用いて同様の目的を達することができたのであるが，$p > 2$ なる $\mathfrak{L}^p$ に属する函数については多くの限界がある。

この限界を緩和する研究が 1928 年，H. Bohr によって推進され，その後 S. Bochner, J. von Neumann らの努力に負う貴重な果実がもたらされたのであった。概周期函数の理論がそれである。

弱定常確率過程論とのかかわりも重要である。周期的な弱定常過程はそのスペクトル測度が規則的な離散性を有することを以て特徴づけられるのであるが，一方，概周期的な弱定常確率過程は，必ずしも規則性のない離散的スペクトル測度を有することで特徴づけが与えられるのである。[1]

§1　概周期函数

定義　函数 $f : \mathbb{R} \to \mathbb{C}$ と数 $\varepsilon > 0$ に対して

1）　本章は Katznelson[57] pp.191-200，河田 [58] II, pp.96-103, 149-152, [63] pp.78-86, Loomis[74]，Rudin[88] を参考にして書いた。上にあげた古典的な研究は Bohr「8」「9」，von Neumann「112」，Bochner「4」，および Bochner and von Neumann「7」。

268 第 9 章 概周期函数と弱定常確率過程

$$\sup_{x\in\mathbb{R}}|f(x-\tau)-f(x)| < \varepsilon$$

を満たす数 $\tau \in \mathbb{R}$ を函数 f の ε-概周期 (ε-almost period) という。

例 いかなる $\varepsilon > 0$ に対しても,$\tau = 0$ は ε-概周期であることは自明である。

f が周期函数ならば,任意の $\varepsilon > 0$ に対して f の周期は ε-概周期である。

f が一様連続ならば,$\varepsilon > 0$ に対して絶対値が十分に小さな τ を選べば,τ は ε-概周期である。

定義 函数 $f : \mathbb{R} \to \mathbb{C}$ が連続で,任意の $\varepsilon > 0$ に対して正の数 $\Lambda = \Lambda(\varepsilon, f)$ を適当に選び,長さ Λ のいかなる区間も ε-概周期を含むようにすることができるとき,f は(一様に)**概周期的** (uniformly almost periodic) であるという。

概周期 (的) 函数 $f : \mathbb{R} \to \mathbb{C}$ の全体を $\mathfrak{AP}(\mathbb{R}, \mathbb{C})$ と書く。

例 ・連続な周期函数 $f : \mathbb{R} \to \mathbb{C}$ は概周期的である。

・$f(x) = \cos x + \cos \pi x$ は周期的ではない。[2] しかし後に証明するとおり(定理 9.2),概周期函数の和は必ず概周期的なので,この f は概周期的である。

・f が概周期函数ならば $|f|, \bar{f}, af, f(\lambda x)$ も同様であることは容易に確かめることができる。(ここで,$a \in \mathbb{C}$。また $\lambda \in \mathbb{R}$ である。)

次のふたつの補題はそれぞれ,概周期函数の有界性と一様連続性を示すものである。

補題 9.1 $f \in \mathfrak{AP}(\mathbb{R}, \mathbb{C})$,$\varepsilon > 0$ とする。I を長さが $\Lambda(\varepsilon, f)$ の任意の閉区間とするとき,$f(\mathbb{R})$ は $f(I)$ の ε-近傍に含まれる。したがって f は有界である。

---

2) 実際,$f(0) = 2$ であるが,$x \neq 0$ については $f(x) \neq 2$。$f(x) = 2$ であるためには $\cos x = \cos \pi x = 1$ でなければならない。したがって $x = 2k\pi \ (k \in \mathbb{Z})$ かつ $\pi x = 2k\pi \ (k \in \mathbb{Z})$ が同時に成り立たねばならない。しかしそれは不可能である。

§1 概周期函数   269

証明 $x \in \mathbb{R}$ を任意にとり，$x - I$ に含まれる ε-概周期を τ とする．もちろん $x - \tau \in I$ であり，

$$|f(x) - f(x - \tau)| < \varepsilon. \tag{1}$$

したがって $f(\mathbb{R})$ は $f(I)$ の ε-近傍に含まれる．

$$\sup_{x \in \mathbb{R}} |f(x)| \leqq \sup_{x \in I} |f(x)| + \varepsilon$$

であるから，f は有界である．   (証了)

系 9.1 $f \in \mathfrak{AP}(\mathbb{R}, \mathbb{C})$ ならば $f^2 \in \mathfrak{AP}(\mathbb{R}, \mathbb{C})$.

証明   いかなる $x, \tau \in \mathbb{R}$ についても

$$f^2(x - \tau) - f^2(x) = (f(x - \tau) + f(x))(f(x - \tau) - f(x)).$$

ここで $\varepsilon > 0$ を任意の正数，τ を f の $\varepsilon/(2\|f\|_\infty)$-概周期とすれば，

$$|f^2(x - \tau) - f^2(x)| \leqq 2\|f\|_\infty \cdot \frac{\varepsilon}{2\|f\|_\infty} = \varepsilon.$$

つまり τ は f^2 の ε-概周期である．   (証了)

補題 9.2   概周期函数は一様連続である．

証明 $f \in \mathfrak{AP}(\mathbb{R}, \mathbb{C})$ とする．$\varepsilon > 0$ に対して $\Lambda = \Lambda(\varepsilon/3, f)$ とすれば，f は区間 $[0, \Lambda]$ 上では一様連続である．したがって，十分に小さな $\delta(\varepsilon) > 0$ をとれば，

$$\sup_{x \in [0, \Lambda]} |f(x + \eta) - f(x)| < \frac{\varepsilon}{3} \quad \text{if} \quad |\eta| < \delta(\varepsilon) \tag{2}$$

とすることができる．

$y \in \mathbb{R}$ とし，区間 $[y - \Lambda, y]$ に含まれる，f の $\varepsilon/3$-概周期を τ としよう．

$$|f(y + \eta) - f(y)| \leqq |f(y + \eta) - f(y - \tau + \eta)|$$

$$+ |f(y - \tau + \eta) - f(y - \tau)| + |f(y - \tau) - f(y)|. \tag{3}$$

ここで $|\eta| < \delta(\varepsilon)$ とすれば，(2) によって，(3) の右辺第二項は $\varepsilon/3$ より小 ($y - \tau \in [0, \Lambda]$ であることに注意)．また右辺第一，三項については，τ が $\varepsilon/3$-概周期ゆえ，それぞれ $\varepsilon/3$ よりも小である．したがって (3) から，

$$|f(y + \eta) - f(y)| < \varepsilon \quad \text{if} \quad |\eta| < \delta(\varepsilon). \tag{証了}$$

§2 $\mathfrak{L}^\infty(\mathbb{R}, \mathbb{C})$ における閉部分代数としての $\mathfrak{AP}(\mathbb{R}, \mathbb{C})$

前節において，概周期函数は有界な一様連続函数であることを見た．本節では $\mathfrak{AP}(\mathbb{R}, \mathbb{C})$ が $\mathfrak{L}^\infty(\mathbb{R}, \mathbb{C})$ の閉部分代数を成すことを証明する．

まず，$f \in \mathfrak{L}^\infty(\mathbb{R}, \mathbb{C})$ に対して，函数の集合 $W_0(f)$ を

$$W_0(f) = \{f_y(x) = f(x - y) | y \in \mathbb{R}\} \tag{1}$$

と定義することにしよう．

定理 9.1 函数 $f \in \mathfrak{L}^2(\mathbb{R}, \mathbb{C})$ について，次の二命題は同値である．

(i) f は概周期函数である．

(ii) $W_0(f)$ は $\mathfrak{L}^\infty(\mathbb{R}, \mathbb{C})$ において相対コンパクトである．

証明 (i)⇒ (ii)： $\mathfrak{L}^\infty$ が完備距離空間であることから，$W_0(f)$ の相対コンパクト性を示すためには，その全有界性を示せばよい．$\varepsilon > 0$ に対して $\Lambda = \Lambda(\varepsilon/2, f)$ とする．また f が一様連続である（補題 9.2）ことから，$[0, \Lambda]$ を十分に細かく分割し，その分点を $\eta_1 < \eta_2 < \cdots < \eta_J$ とすれば，任意の $y_0 \in [0, \Lambda]$ に対して

$$\inf_{1 \le j \le J} \|f_{y_0} - f_{\eta_j}\|_\infty < \frac{\varepsilon}{2} \tag{2}$$

§2 $\mathfrak{L}^\infty(\mathbb{R}, \mathbb{C})$ における閉部分代数としての $\mathfrak{AP}(\mathbb{R}, \mathbb{C})$ 271

とすることができる。[3] $y \in \mathbb{R}$ とし，$[y - \Lambda, y]$ に含まれる f の $\varepsilon/2$-概周期を τ とする。$y_0 = y - \tau$ とすれば，$y_0 \in [0, \Lambda]$ で，しかも

$$\|f_y - f_{y_0}\|_\infty = \|f_y - f_{y-\tau}\|_\infty < \frac{\varepsilon}{2}. \tag{3}$$

したがって (2), (3) により

$$\inf_{1 \leq j \leq J} \|f_y - f_{\eta_j}\|_\infty < \varepsilon \quad \text{for any} \quad y \in \mathbb{R}. \tag{4}$$

こうして f_{η_j} $(1 \leq j \leq J)$ は $W_0(f)$ の ε-網になっていることが知られた。つまり $W_0(f)$ は全有界である。

(ii)⇒(i)： 逆に $W_0(f)$ の全有界性を仮定する。任意の $\varepsilon > 0$ に対して $y_j \in \mathbb{R}(1 \leq j \leq J)$ を適当に選び

$$W_0(f) \subset \bigcup_{j=1}^{J} B_\varepsilon(f_{y_j}) \tag{5}$$

とすることができる。一般性を失うことなく，

$$B_\varepsilon(f_{y_j}) \cap W_0(f) \neq \emptyset \quad \text{for all} \quad j \tag{6}$$

と仮定してよい。そこで

$$\Lambda = 2 \operatorname*{Max}_{1 \leq j \leq J} |y_j| \tag{7}$$

と定義する。以下，長さ Λ の任意の区間 I が必ず f の ε-概周期を含むことを

---

3) 任意の $\varepsilon > 0$ に対して $\delta > 0$ を十分に小さくとれば

$$|f(u) - f(v)| < \frac{\varepsilon}{2} \quad \text{if} \quad |u - v| < \delta.$$

そこで $[0, \Lambda]$ を分割して，隣り合う分点の間隔を δ より小さくなるようにする。$y_0 \in [0, \Lambda]$ は $[0, \Lambda]$ を分割した小区間 $[\eta_j, \eta_{j+1}]$ に含まれるので，

$$|f(x - y_0) - f(x - \eta_j)| < \frac{\varepsilon}{2}.$$

$$(|(x - y_0) - (x - \eta_j)| = |y_0 - \eta_j| < \delta \text{ に注意。})$$

これが任意の $x \in \mathbb{R}$ について成り立つので，(2) が導かれるのである。

示そう。y を I の中点，つまり

$$I = \left[y - \frac{\Lambda}{2}, y + \frac{\Lambda}{2}\right] \tag{8}$$

とする。(5) により，$\|f_y - f_{y_{j_0}}\|_\infty < \varepsilon$ となる $j_0 \in \{1, 2, \cdots, J\}$ が存在する。[4] $\tau = y - y_{j_0}$ とすれば，$\tau \in I$。実際，(7) により，$|y_{j_0}| \leq \Lambda/2$ であるから，$\tau \in I$ であることは (8) から明白である。

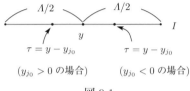

($y_{j_0} > 0$ の場合) ($y_{j_0} < 0$ の場合)

図 9.1

他方，

$$\|f_\tau - f\|_\infty = \|f_{\underbrace{\tau + y_{j_0}}_{=y}} - f_{y_{j_0}}\|_\infty < \varepsilon. \tag{9}$$

こうして I が f の ε-概周期 τ を含むことが知られた。

最後に f の連続性を示す。実はより強い条件

$$\lim_{\eta \to 0} \|f_\eta - f\|_\infty = 0 \quad (\text{一様連続性}) \tag{10}$$

を示すことができる。(5) を満たす $W_0(f)$ の ε-網 f_{y_j} $(1 \leq j \leq J)$ をとり，

$$E_j = \{\tau | f_\tau \in B_\varepsilon(f_{y_j})\}, \quad 1 \leq j \leq J \tag{11}$$

---

4)

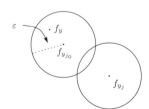

§2 $\mathfrak{L}^\infty(\mathbb{R},\mathbb{C})$ における閉部分代数としての $\mathfrak{AP}(\mathbb{R},\mathbb{C})$　　　273

とおけば,

$$\bigcup_{j=1}^{J} E_j = \mathbb{R}$$

であるから, E_j のうち少なくともひとつは正の測度をもつ。これを E_{j_0} と
しよう。$E_{j_0} - E_{j_0}$ は 0 の近傍で,[5] $y = y' - y''$ $(y',y'' \in E_{j_0})$ とすれば, 任
意の $x \in \mathbb{R}$ に対して

$$\begin{aligned}
|f_y(x) - f(x)| &\leqq |f(x - (y' - y'')) - f(x + y'' - y_{j_0})| \\
&\quad + |f(x + y'' - y_{j_0}) - f(x)| \\
&= |f(x + y'' - y') - f(x + y'' - y_{j_0})| \\
&\quad + |f(x + y'' - y'') - f(x + y'' - y_{j_0})| \\
&< \varepsilon + \varepsilon = 2\varepsilon.
\end{aligned}$$

これからただちに (10) が導かれる。　　　　　　　　　　　　　　　　　(証了)

定義　函数 $f \in \mathfrak{L}^\infty(\mathbb{R},\mathbb{C})$ に対して[6]

$$W(f) = \overline{\mathrm{co}} \bigcup_{|a| \leqq 1} W_0(af)$$

と定義し, これを f の**移動閉凸包** (translation closed convex hull) と呼ぶ。

注意　**1°**　$W(f)$ は

$$\sum a_k f_{x_k}, \quad x_k \in \mathbb{R}, \quad \sum |a_k| \leqq 1 \tag{12}$$

なる形の函数の $\|\cdot\|_\infty$-極限の集合である。

実際, まず

$$\mathrm{co} \bigcup_{|a| \leqq 1} W_0(af)$$

の元は

---

5)　一般に, Lebesgue 可測集合 M が正の測度をもつとしても, M の内部が非空であると
は限らない。たとえば無理数の集合は正の測度をもつが, 内部は空である。しかし $M - M$ は
0 の近傍となる。cf.Dudley[24], p.80.

6)　ここで $\overline{\mathrm{co}}A$ は集合 A の閉凸包, つまり A を含む最小の閉凸集合である。

274　第 9 章　概周期函数と弱定常確率過程

$$\sum_{k=1}^{p} \alpha_k \cdot a_k f_{x_k}, \tag{13}$$

$$|a_k| \le 1, \ x_k \in \mathbb{R}, \ \alpha_k \ge 0, \ \sum_{k=1}^{p} \alpha_k = 1$$

の形をもつ。ここで $\alpha_k \cdot a_k = \beta_k$ とおくならば，(13) は

$$\sum_{k=1}^{p} \beta_k f_{x_k}, \quad \sum_{k=1}^{p} |\beta_k| \le 1$$

と書ける。したがって $W(f)$ の元は (12) の形をもつ函数の $\|\cdot\|_\infty$-極限になっている。

逆に (12) の形をもつ函数を考え

$$a_k = |a_k| e^{i\theta_k}$$

と書けば，(一般性を失うことなく $\sum |a_k| \ne 0$ としてよいので)

$$\sum_{k=1}^{p} a_k f_{x_k} = \sum_{k=1}^{p} |a_k| e^{i\theta_k} f_{x_k} = \sum_{k=1}^{p} \frac{|a_k| e^{i\theta_k}}{\sum_{j=1}^{p} |a_j|} \left(\sum_{j=1}^{p} |a_j| \right) f_{x_k}.$$

ここで $\alpha_k = |a_k| / \sum |a_j|$ とおけば，α_k は和が 1 に等しい非負の実数である。また $a'_k = e^{i\theta_k} (\sum |a_j|)$ とすれば，これは $|a'_k| \le 1$ なる複素数である。したがって (12) の形の函数は (13) の形に表わすことができる。ゆえに (12) の形の函数の $\|\cdot\|_\infty$-極限は $W(f)$ に含まれる。

2°　とくに f が一様連続である場合は，$W(f)$ は

$$\varphi * f, \quad \varphi \in \mathfrak{L}^1(\mathbb{R}, \mathbb{C}), \quad \|\varphi\|_1 \le 1$$

なる形式のすべての函数がつくる集合の $\|\cdot\|_\infty$-閉包に等しい。

これは次のようにして確かめることができる。

$$\sum_{k=1}^{K} a_k f_{x_k}, \quad x_k \in \mathbb{R}, \quad \sum_{k=1}^{K} |a_k| \le 1$$

を上記の如き $\varphi * f$ で $\|\cdot\|_\infty$-近似しうることを示せばよい。f の一様連続性から，

§2 $\mathfrak{L}^\infty(\mathbb{R},\mathbb{C})$ における閉部分代数としての $\mathfrak{AP}(\mathbb{R},\mathbb{C})$ 　　　275

任意の $\varepsilon > 0$ に対して十分に小さな $\delta > 0$ を選び

$$|f(u) - f(v)| < \varepsilon \quad \text{if} \quad |u - v| < \delta$$

とすることができる。ここで δ は $[x_k - \delta, x_k + \delta]$ $(k = 1, 2, \cdots, K)$ が共通部分をもたないという条件をも満たすように選ぶことが可能である。次に $\varphi(y)$ を

$$\varphi(y) = \begin{cases} \dfrac{a_k}{2\delta} & \text{for} \quad y \in [x_k - \delta, x_k + \delta], \\ 0 & \text{for} \quad y \notin \bigcup_{k=1}^{K} [x_k - \delta, x_k + \delta] \end{cases}$$

と定義する。$\sum |a_k| \leqq 1$ より，$\|\varphi\|_1 \leqq 1$ である。さらに

$$\left| \int_{x_k - \delta}^{x_k + \delta} f(x - y)\varphi(y)dy - a_k f(x - x_k) \right|$$

$$= \left| \frac{1}{2\delta} \int_{x_k - \delta}^{x_k + \delta} f(x - y)a_k dy - \frac{1}{2\delta} \int_{x_k - \delta}^{x_k + \delta} a_k f(x - x_k)dy \right|$$

$$\leqq \frac{|a_k|}{2\delta} \int_{x_k - \delta}^{x_k + \delta} |f(x - y) - f(x - x_k)|dy \leq \frac{|a_k|}{2\delta} \cdot 2\delta \cdot \varepsilon = \varepsilon |a_k|.$$

ここで $|(x - y) - (x - x_k)| = |x_k - y| < \delta$ に注意しよう。これをすべての k について加えると，

$$\left| \int_{\mathbb{R}} f(x - y)\varphi(y)dy - \sum_{k=1}^{K} a_k f(x - x_k) \right| \leqq \varepsilon \sum_{k=1}^{K} |a_k| \leqq \varepsilon$$

が導かれるのである。

　3°　$f \in \mathfrak{L}^\infty(\mathbb{R},\mathbb{C})$ に対して

$$W(e^{i\xi x}f) = \{e^{i\xi x}g | g \subset W(f)\}.$$

　これは次のようにして証明される。まず注意 1° によれば，[7] $\mathrm{co} \bigcup_{|a| \leqq 1} W_0(ae^{i\xi x}f)$ の元は，$x_k \in \mathbb{R}$，$\sum |a_k| \leqq 1$ として

---

7)　$\mathrm{co}A$ は集合 A の凸包，つまり A を含む最小の凸集合である。

$$\sum_k a_k e^{i\xi(x-x_k)} f(x-x_k) = e^{i\xi x} \sum_k \underbrace{a_k e^{-i\xi x_k}}_{=b_k} f(x-x_k)$$

$$= e^{i\xi x} \sum_k b_k f(x-x_k) \in e^{i\xi x} \mathrm{co} \bigcup_{|b| \le 1} W_0(bf)$$

の形に表現される。ゆえに

$$\mathrm{co} \bigcup_{|a| \le 1} W_0(ae^{i\xi x}f) \subset e^{i\xi x} \mathrm{co} \bigcup_{|b| \le 1} W_0(bf). \tag{14}$$

逆に $g \in \mathrm{co} \bigcup_{|b| \le 1} W_0(bf)$ とすると，再び $x_k \in \mathbb{R}$, $\sum |a_k| \le 1$ として，

$$e^{i\xi x} g(x) = \sum_k b_k f(x-x_k) \cdot e^{i\xi x} = \sum_k b_k f(x-x_k) e^{i\xi(x-x_k)} \cdot e^{i\xi x_k}$$

$$= \sum_k \underbrace{b_k e^{i\xi x_k}}_{=a_k} f(x-x_k) e^{i\xi(x-x_k)} = \sum_k a_k e^{i\xi(x-x_k)} f(x-x_k).$$

ここで $\sum |b_k| \le 1$ であるから，

$$\mathrm{co} \bigcup_{|a| \le 1} W_0(ae^{i\xi x}f) \supset e^{i\xi x} \mathrm{co} \bigcup_{|b| \le 1} W_0(bf). \tag{15}$$

(14), (15) よりそれらの両辺は相等しい。両辺の閉包をとれば

$$W(e^{i\xi x}f) = e^{i\xi x} W(f).$$

こうして 3° が確認されたのである。

補題 9.3　$f \in \mathfrak{L}^\infty(\mathbb{R}, \mathbb{C})$ に対して，次の三命題は同値である。

(i)　$W(f)$ は $\|\cdot\|_\infty$ についてコンパクトである。

(ii)　$W_0(f)$ は $\|\cdot\|_\infty$ について相対コンパクトである。

(iii)　f は概周期函数である。

証明　定理 9.1 により (ii)⇔(iii) は既知である。また (i)⇒(ii) は自明であるから，(ii)⇒(i) のみを示せばよい。

$h \in W(f)$ とすれば，任意の $\varepsilon > 0$ に対して

$$\|h - g\|_\infty < \varepsilon \tag{16}$$

なる $g \in \mathrm{co} \bigcup_{|a| \le 1} W_0(af)$ が存在する。

$$g(x) = \sum_k a_k f_{x_k}(x), \quad \sum_k |a_k| \le 1 \tag{17}$$

とする。（p.273 の注意 1° 参照。）

$W_0(f)$ は相対コンパクトであることを仮定しているので，有限個の点から成る ε-網 $\{f_{y_1}, f_{y_2}, \cdots, f_{y_J}\}$ が存在する。(17) の各 f_{x_k} はある f_{y_j} $(1 \le j \le J)$ の ε-近傍に含まれるので，このような j をひとつ選んで $j(k)$ と書くことにしよう。すると

$$\left| \sum_k a_k f_{x_k}(x) - \sum_k a_k f_{y_{j(k)}}(x) \right| = \left| \sum_k a_k \{ f_{x_k}(x) - f_{y_{j(k)}}(x) \} \right|$$
$$\le \sum_k |a_k| \cdot |f_{x_k}(x) - f_{y_{j(k)}}| = \varepsilon. \tag{18}$$

ここで各 j に対して $j(k) = j$ となる項をまとめると，

$$\sharp(j) = \{k | j(k) = j\}$$

とおいて，

$$\sum_k a_k f_{y_{j(k)}}(x) = \sum_{j=1}^J \left\{ \sum_{k \in \sharp(j)} a_k f_{y_j}(x) \right\}$$
$$= \sum_{j=1}^J \underbrace{\left(\sum_{k \in \sharp(j)} a_k \right)}_{=b_j} f_{y_j}(x) = \sum_{j=1}^J b_j f_{y_j}(x). \tag{19}$$

ここで $\sum |b_j| \le 1$ である。(18)，(19) から

$$\left\| g(x) - \sum_{j=1}^J b_j f_{y_j}(x) \right\|_\infty < \varepsilon. \tag{20}$$

$\mathbb{R}^J$ に和のノルム $\|z\|_1 = \sum_{j=1}^J |z_j|$ を定めれば $(b_1, b_2, \cdots, b_J)$ はその単位球

278　　　第 9 章　概周期函数と弱定常確率過程

に含まれる。単位球の $\varepsilon J^{-1}\|f\|_\infty^{-1}$-網を $c_1, c_2, \cdots, c_N$ とすれば,

$$\left\| \sum_j b_j f_{y_j}(x) - \sum_j b'_j f_{y_j}(x) \right\|_\infty < \varepsilon \tag{21}$$

となるように $b'_j \in \{c_1, c_2, \cdots, c_N\}$ を選ぶことができる。[8]

(16), (20), (21) から

$$\left\| h - \sum_j b'_j f_{y_j} \right\|_\infty < 3\varepsilon.$$

こうして

$$\left\{ \sum_j \alpha_j f_{y_j} \,\middle|\, \begin{array}{l} j = 1, 2, \cdots, J, \\ \alpha_j \in \{c_1, c_2, \cdots, c_N\} \end{array} \right\}$$

は $J \times N$ 個の元から成る, $W(f)$ の 3ε-網である。

　したがって $W(f)$ は全有界で,しかも閉(完備)ゆえ,それはコンパクトである。　　　　　　　　　　　　　　　　　　　　　　　　　　　　　（証了）

　これだけの準備の下に,次の基本的な定理を証明することができる。

　定理 9.2　$\mathfrak{AP}(\mathbb{R}, \mathbb{C})$ は $\mathfrak{L}^\infty(\mathbb{R}, \mathbb{C})$ の閉部分代数である。

　証明　$f, g \in \mathfrak{AP}(\mathbb{R}, \mathbb{C})$ とすれば,

$$W(f + g) \subset W(f) + W(g)$$

は明らかで,また補題9.3から, $W(f), W(g)$ はコンパクトであるから, $W(f+g)$

---

8)　$\|(b_1, b_2, \cdots, b_J) - c_n\|_1 < \varepsilon J^{-1}\|f\|_\infty^{-1}$ となる $c_n \in \{c_1, c_2, \cdots, c_N\}$ を選び

$$c_n = (c_{n,1}, c_{n,2}, \cdots, c_{n,J}) = (b'_1, b'_2, \cdots, b'_J)$$

とおくと,

$$\left\| \sum_j b_j f_{y_j}(x) - \sum_j c_{n,j} f_{y_j}(x) \right\|_\infty \leqq \left\| \sum_j (b_j - c_{n,j}) f_{y_j}(x) \right\|_\infty$$

$$= \left\| \sum_j (b_j - b'_j) f_{y_j}(x) \right\|_\infty < \varepsilon.$$

は相対コンパクト。$W(f+g)$ は閉であるから，$W(f+g)$ はコンパクトである。再び補題 9.3 により，$f+g \in \mathfrak{AP}(\mathbb{R}, \mathbb{C})$ である。

系 9.1 から，$f^2, g^2, (f+g)^2$ も $\mathfrak{AP}(\mathbb{R}, \mathbb{C})$ に含まれるので，

$$fg = \frac{1}{2}\{(f+g)^2 - f^2 - g^2\} \in \mathfrak{AP}(\mathbb{R}, \mathbb{C}).$$

したがって $\mathfrak{AP}(\mathbb{R}, \mathbb{C})$ は $\mathfrak{L}^\infty(\mathbb{R}, \mathbb{C})$ の部分代数である。

最後に $\mathfrak{AP}(\mathbb{R}, \mathbb{C})$ が閉であることを示す。

$f \in \overline{\mathfrak{AP}(\mathbb{R}, \mathbb{C})}$ とすれば，任意の $\varepsilon > 0$ に対して

$$\|f - g\|_\infty < \frac{\varepsilon}{3}$$

となる $g \in \mathfrak{AP}(\mathbb{R}, \mathbb{C})$ が存在する。τ を g の $\varepsilon/3$-概周期とすれば，

$$\|f_\tau - f\|_\infty \leqq \|f_\tau - g_\tau\|_\infty + \|g_\tau - g\|_\infty + \|g - f\|_\infty < \frac{\varepsilon}{3} + \frac{\varepsilon}{3} + \frac{\varepsilon}{3} = \varepsilon.$$

つまり τ は f の ε-概周期である。こうして $\Lambda(\varepsilon/3, g)$ の長さをもつ線分は，f の ε-概周期を含むことが知られた。したがって f は概周期函数 $(\in \mathfrak{AP}(\mathbb{R}, \mathbb{C}))$ である。 (証了)

§3　概周期函数のスペクトル

本章においては

$$f(x) = \sum_{j=1}^{n} a_j e^{i\xi_j x}, \quad \xi_j \in \mathbb{R}$$

なる形式の函数 f を**三角多項式** (trigonometric polynomial) と呼ぶ。また $\xi_j (j = 1, 2, \cdots, n)$ を f の**周波数** (frequency) と称する。

通常は周波数 ξ_j が整数であるときに f を三角多項式というのであるが，ここでは ξ_j は任意の実数でよいことにとくに注意したい。

注意　各 $e^{i\xi_j x}$ は周期的．したがって概周期的である。したがって定理 9.2 により，三角多項式およびその一様収束極限も概周期的である。

測度 $\mu \in \mathfrak{M}(\mathbb{R})$ が離散的,つまり

$$\mu = \sum a_j \delta_{\xi_j}, \quad \sum |a_j| < \infty$$

(δ_{ξ_j} は ξ_j に質量 1 をおく Dirac 測度) とすれば,その Fourier 変換

$$\hat{\mu}(x) = \frac{1}{\sqrt{2\pi}} \int_{\mathbb{R}} e^{-itx} d\mu(t) = \frac{1}{\sqrt{2\pi}} \sum a_j e^{-i\xi_j x}$$

も概周期函数である。

定義　函数 $f \in \mathfrak{L}^\infty(\mathbb{R}, \mathbb{C})$ に対して,十分に絶対値の小さな $a \neq 0$ につき

$$ae^{i\xi x} \in W(f)$$

となるような $\xi \in \mathbb{R}$ の集合を $\sigma(f)$ と記すこととし,これを f のノルム・スペクトル (norm spectrum) と呼ぶ。

注意　$1°$　$\sigma(f)$ が空となる場合もある。たとえば,$f \in \mathfrak{C}_\infty(\mathbb{R}, \mathbb{C})$ とすれば,$W(f) \subset \mathfrak{C}_\infty(\mathbb{R}, \mathbb{C})$。したがって,いかなる $a \neq 0$ に対しても,$ae^{i\xi x} \notin W(f)$。ゆえに $\sigma(f) = \emptyset$ である。(cf.Katznelson [57] p.195.)

$2°$　$f \in \mathfrak{L}^\infty(\mathbb{R}, \mathbb{C})$ に対して

$$\sigma(e^{i\xi x} f) = \xi + \sigma(f).$$

この関係は次のようにして確かめればよい。

$\theta \in \sigma(e^{i\xi x} f).$　$\iff$　$|a|$ が十分小なる a について

$$ae^{i\theta x} \in W(e^{i\xi x} f).$$

　　$\iff$　ある $g \in W(f)$ に対して

$$ae^{i\theta x} = e^{i\xi x} g. \quad \text{(p.275, 注意 } 3°)$$

　　$\iff$　ある $g \in W(f)$ に対して

$$ae^{i(\theta - \xi)x} = g.$$

　　$\iff$　$\theta - \xi \in \sigma(f).$

§3 概周期函数のスペクトル　　　281

以下の議論の中で $f \in \mathfrak{L}^{\infty}(\mathbb{R}, \mathbb{C})$ の **Fourier** 変換 $\hat{f}$ が現われるが，これは超函数の **Fourier** 変換の意味に理解していただきたい。（付論 C を必要に応じて参照のこと。）

補題 9.4　函数 $f \in \mathfrak{L}^{\infty}(\mathbb{R}, \mathbb{C})$ に対して

$$\sigma(f) \subset \operatorname{supp} \hat{f}.$$

（$\operatorname{supp} \hat{f}$ は超函数としての台である。）[9]

証明　$\widehat{f_y} = e^{-i\xi y}\hat{f}$ である[10]から，

$$\operatorname{supp} \widehat{f_y} = \operatorname{supp} \hat{f}.$$

したがって，すべての $g \in W(f)$ に対して[11]

$$\operatorname{supp} \hat{g} \subset \operatorname{supp} \hat{f}.$$

$\sigma(f) \neq \emptyset$ で，$\xi \in \sigma(f)$ とする。$g(x) = ae^{i\xi x} \in W(f)$ とすれば，

$$\hat{g} = \sqrt{2\pi}a\delta_\xi$$

---

9)　cf. 付論 C，p.438.

10)　実際，超函数の Fourier 変換の定義により，任意の $\varphi \in \mathfrak{S}$ に対して

$$\widehat{f_y}(\varphi) = f_y(\hat{\varphi}) = \frac{1}{\sqrt{2\pi}} \int\int \varphi(\xi)e^{-i\xi x}d\xi f(x-y)dx$$

$$= \frac{1}{\sqrt{2\pi}} \int\int \varphi(\xi)e^{-i\xi(y+z)}d\xi f(z)dz$$

$$= f(\widehat{\varphi \cdot e^{-i\xi y}}) = \hat{f}(\varphi \cdot e^{-i\xi y}) = e^{-i\xi y}\hat{f}(\varphi).$$

ゆえに $\widehat{f_y} = e^{-i\xi y}\hat{f}$. 計算中 $f(\cdot)$, $f_y(\cdot)$ は，函数 f および f_y の定める緩増加超函数を表わしている。この略式表記については付論 C，§3，pp.427-428 を見よ。

11)　一応，証明を記しておこう。$g \in W(f)$ であるから，p.273 の注意 1° により，$\sum a_k f_{x_k}$, $x_k \in \mathbb{R}$, $\sum |a_k| \leq 1$ なる形式を有する函数列 $\{g_n\}$ を適当に選び，$\|g_n - g\|_\infty \to 0$ (as $n \to \infty$) とすることができる。したがって容易に確かめられるように，g_n の定める緩増加超函数は g の定める緩増加超函数に単純収束する。これからただちに $\hat{g}_n$ も $\hat{g}$ に（$\mathfrak{S}'$ において）単純収束する。（cf. p.96 の 2°）いま函数 $\varphi \in \mathfrak{S}$ の台が $\operatorname{supp} \hat{f}$ の外にあるとすれば，（$\operatorname{supp} \hat{f}_{x_k} = \operatorname{supp} \hat{f}$ から），$\hat{g}_n(\varphi) = 0$. ゆえに $\hat{g}(\varphi) = \lim_{n\to\infty} \hat{g}_n(\varphi) = 0$. こうして $\operatorname{supp} \hat{g} \subset \operatorname{supp} \hat{f}$ であることが示された。

であるから[12]

$$\text{supp}\,\hat{g} = \{\xi\}.$$

ゆえに $\xi \in \sigma(f)$ に対しては

$$\xi \in \text{supp}\,\hat{f}.$$

すなわち $\sigma(f) \subset \text{supp}\,\hat{f}$ が成り立つ。 (証了)

定義 函数 $F \in \mathfrak{L}^1(\mathbb{R}, \mathbb{C})$ に対して

$$\Omega(F, \delta) = \sup_{|y| < \delta} \|F(x+y) - F(x)\|_1$$

を F の $\mathfrak{L}^1$-連続率 (modulus of continuity) と呼ぶ。

定義から導かれる簡単な性質をいくつかあげておこう。η は実数とする。

1° $\Omega(\eta F(\eta x), \delta) = \Omega(F, \eta\delta).$
実際,

$$左辺 = \sup_{|y| < \delta} \|\eta F(\eta(x+y)) - \eta F(\eta x)\|_1 = \sup_{|y| < \delta} \|F(z + \eta y) - F(z)\|_1$$

$$(z = \eta x \text{ と変数変換})$$

$$= \sup_{|w| < \delta\eta} \|F(z+w) - F(z)\|_1 = 右辺.$$

2° $\delta > 0$ を与えたとき[13]

---

12) $e^{i\xi x}$ の Fourier 変換を求めるには,$\varphi \in \mathfrak{S}$ に対して

$$\widehat{e^{i\xi x}}(\varphi) = \int_{-\infty}^{\infty} e^{i\xi x} \hat{\varphi}(x)dx = \sqrt{2\pi}\varphi(\xi)$$

が成り立つことに留意すれば,

$$\widehat{e^{i\xi x}} = \sqrt{2\pi}\delta_\xi$$

が導かれる。

13) $F \in \mathfrak{L}^1$ なので,定理 5.1 (p.114) により,$y \mapsto \tau_y F\ (\mathbb{R} \to \mathfrak{L}^1)$ は一様連続。したがって $y = 0$ においても連続ゆえ,任意の $\varepsilon > 0$ に対して十分小さな $\theta > 0$ をとれば,$|y| < \theta$ のとき $\|\tau_y F - F\|_1 < \varepsilon$ とすることができる。これと 1° から 2° を得る。

$$\lim_{\eta \to 0} \Omega(\eta F(\eta x), \delta) = 0.$$

3° $h \in \mathfrak{L}^\infty(\mathbb{R}, \mathbb{C})$ に対して

$$g_\eta = \eta F(\eta x) * h$$

と定義すれば,

$$|g_\eta(x) - g_\eta(y)| \leqq \Omega(F, \eta|x - y|) \cdot \|h\|_\infty.$$

4° g_η を 3° と同様に定義する。$\eta \to 0$ とするとき,各 $x \in \mathbb{R}$ について $\lim_{\eta \to 0} g_\eta(x)$ が存在するとすれば,

$$\lim_{\eta \to 0} g_\eta(x) = c(\text{定数}) \quad \text{for all} \quad x \in \mathbb{R}.$$

実際,$x \neq y$ とすれば,1° および 3° により

$$|g_\eta(x) - g_\eta(y)| \leqq \Omega(\eta F(\eta x), |x - y|) \cdot \|h\|_\infty.$$

2° により,$\eta \to 0$ とするとき右辺は 0 に収束するのであるから,ただちに,4° が導かれる。

5° $\|F\|_1 \leqq 1$, $\int_\mathbb{R} F(x)dx \neq 0$ とする。p.274 の注意 2° により,$f \in \mathfrak{L}^\infty(\mathbb{R}, \mathbb{C})$ が一様連続ならば,

$$g_\eta = \eta F(\eta x) * f \in W(f).$$

g_η の一様収束極限が存在するとすれば,もちろんそれも $W(f)$ に含まれる。とくに $f \in \mathfrak{AP}(\mathbb{R}, \mathbb{C})$ ならば,$W(f)$ はコンパクトなので(補題 9.3),一様収束についての極限点の存在が保証される。

補題 9.5 $f \in \mathfrak{AP}(\mathbb{R}, \mathbb{C})$, $F \in \mathfrak{L}^1(\mathbb{R}, \mathbb{R})$, $F(x) \geqq 0$, $\int_\mathbb{R} F(x)dx = 1$ とする。このとき

$$\lim_{\eta \to 0} \eta F(\eta x) * f \quad (\text{一様収束})$$

は必ず存在する。しかも

$$\lim_{\eta \to 0} \eta F(\eta x) * f = 0 \quad \Longleftrightarrow \quad 0 \notin \sigma(f).$$

284   第 9 章　概周期函数と弱定常確率過程

証明　f は一様連続であることに留意すれば，上記 5° から，$g_\eta = \eta F(\eta x) * f \in W(f)$。しかも $W(f)$ はコンパクトなので，適当な点列 $\eta_n \to 0$ に対して $\{g_{\eta_n}\}$ は極限をもち，上記 4° によって，それは必ず定数である。

　1°　まず

$$g_{\eta_n}(x) \to 0 \quad (\text{一様収束}) \tag{1}$$

とするならば，$0 \in W(f)$。また任意の $h \in W(f)$ について[14]

$$\lim_{n \to \infty} \eta_n F(\eta_n x) * h = 0 \quad (\text{一様収束}) \tag{2}$$

の成り立つこともすぐにわかる。実際，$f_\xi(x) = f(x - \xi) \in W_0(f)$ について計算すると，

$$\begin{aligned}
\eta_n F(\eta_n x) * f_\xi &= \int_{\mathbb{R}} \eta_n F(\eta_n(x - y)) f_\xi(y) dy \\
&= \int_{\mathbb{R}} \eta_n F(\eta_n(x - y)) f(y - \xi) dy \\
&= \int_{\mathbb{R}} \eta_n F(\eta_n(x - z - \xi)) f(z) dz \\
&\quad (y - \xi = z \text{ の変数変換}) \\
&= \int_{\mathbb{R}} \eta_n F(\eta_n(x - \xi - z)) f(z) dz \to 0 \quad \text{as} \quad n \to \infty.
\end{aligned}$$

この極限関係は $x - \xi$ を固定して成り立つわけであるが，(1) により，

$$\lim_{n \to \infty} \eta_n F(\eta_n x) * f_\xi = 0 \quad (\text{一様収束}). \tag{3}$$

これから f_ξ のかわりに $\left(\displaystyle\sum_k \text{はいずれも有限和} \right)$

$$\sum_k a_k f_{\xi_k}, \quad \xi_k \in \mathbb{R}, \quad \sum_k |a_k| \leqq 1 \tag{4}$$

なる形の函数についても (3) と同様の結果が成り立つ。

---

14)　もちろん h として f を採用しても (2) は成り立つ。

§3 概周期函数のスペクトル　　　　285

$h \in W(f)$ は (4) の形式をもつ函数の列の一様極限であるから，結局 (2) が成り立つのである。

とくに h として，定数（定値函数）c が $W(f)$ に含まれるとすれば，

$$\eta F(\eta x) * c = c \tag{5}$$

であるから，[15] (2) により $c = 0$ でなければならない。したがって，(1) が成り立つとき，$W(f)$ に含まれる唯一の定数（定値函数）は 0 である。この場合，$\sigma(f)$ の定義により，$0 \notin \sigma(f)$ である。

仮に $\{g_\eta(x)\}$ の 0 以外の極限点が存在し，たとえば $\theta_n \to 0$ に対して

$$\lim_{n \to \infty} \theta_n F(\theta_n x) * f = \alpha \neq 0 \quad (\text{一様収束}) \tag{6}$$

としてみよう。このときは $\alpha \in W(f)$ となる。[16] しかし $W(f)$ に含まれる定値函数は 0 だけであるから，(6) のような事態はありえないのである。

こうして (1) が成り立つときには

$$\lim_{\eta \to 0} \eta F(\eta x) * f = 0 \quad (\text{一様収束})$$

で，しかも $0 \notin \sigma(f)$ である。これが第一のケースである。

2° g_η の極限点が 0 でない場合，つまりある（$\eta \to 0$ からぬき出した）点列 $\theta_n \to 0$ について (6) が成り立つとする。このときは

$$\lim_{n \to \infty} \theta_n F(\theta_n x) * (f - \alpha) = 0$$

であるから，上と全く同様にして

$$\lim_{\eta \to 0} \eta F(\eta x) * f = \alpha \quad (\text{一様収束})$$

が成り立つ。つまり第一のケースとは背反的な，いまひとつのケースは g_η が 0 でない定数に　様収束し，$0 \in \sigma(f)$ となる場合である。　　　　　　（証了）

————————————

15)　一応確かめておこう。

$$\eta F(\eta x) * c = \int_{\mathbb{R}} \eta F(\eta(x-y)) c\, dy = c \int_{\mathbb{R}} \eta F(\eta(x-y))\, dy = c \int_{\mathbb{R}} F(u)\, du = c.$$

ここで $\eta(x-y) = u$ なる変数変換を行なった。

16)　$W(f)$ の定義から，この場合には $0 \in \sigma(f)$。

286　　第 9 章　概周期函数と弱定常確率過程

(5) の計算から明らかなように，$F \in \mathfrak{L}^1(\mathbb{R}, \mathbb{R})$, $F \geqq 0$, $\int_{\mathbb{R}} F(x)dx = 1$ である限り，いかなる F を用いても，

$$\lim_{\eta \to 0} \eta F(\eta x) * f$$

は F にかかわりなく定まる。

　定義　$f \in \mathfrak{AP}(\mathbb{R}, \mathbb{C})$ とするとき

$$0 \notin \sigma(f - M(f))$$

を満たす数 $M(f)$ を f の平均 (mean value) と呼ぶ。

　ノルム・スペクトルを平均という概念を用いて特徴づける問題を考えてみよう。

　定理 9.3　$f \in \mathfrak{AP}(\mathbb{R}, \mathbb{C})$ とするとき，

$$M(f) = \lim_{T \to \infty} \frac{1}{2T} \int_{-T}^{T} f(y)dy.$$

　証明　補題 9.5 により，

$$M(f) = \lim_{\eta \to 0} \eta F(\eta x) * f$$

であるが，ここで上でも注意したとおり，F としては $F \in \mathfrak{L}^1(\mathbb{R}, \mathbb{C})$, $F \geqq 0$, $\int_{\mathbb{R}} F(x)dx = 1$ である限り，どんな函数を用いても $M(f)$ の値は同じである。
　そこでとくに

$$F(x) = \begin{cases} \frac{1}{2} & \text{if} \quad |x| < 1, \\ 0 & \text{if} \quad |x| \geqq 1 \end{cases}$$

とすれば，$T = 1/\eta$ として

§3 概周期函数のスペクトル

$$\begin{aligned}
\eta F(\eta x) * f &= \int_{\mathbb{R}} \eta F(\eta(x-y)) f(y) dy \\
&= \int_{x-\frac{1}{\eta}}^{x+\frac{1}{\eta}} \eta \underbrace{F(\eta(x-y))}_{=1/2} f(y) dy \\
&= \int_{x-T}^{x+T} \frac{1}{T} F\left(\frac{1}{T}(x-y)\right) f(y) dy \\
&= \int_{-T}^{T} \frac{1}{2T} f(y) dy + \int_{T}^{x+T} \frac{1}{T} F\left(\frac{1}{T}(x-y)\right) f(y) dy \\
&= \frac{1}{2T} \int_{-T}^{T} f(y) dy + \frac{1}{2T} \int_{T}^{x+T} f(y) dy \\
&= I_1 + I_2.
\end{aligned} \tag{7}$$

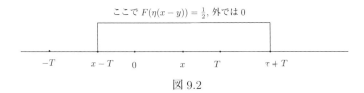

図 9.2

$$|I_2| \leqq \frac{1}{2T} \int_{T}^{x+T} |f(y)| dy \leqq \frac{|x|}{2T} \|f\|_{\infty} \to 0 \quad \text{as} \quad T \to \infty. \tag{8}$$

(7), (8) により

$$M(f) = \lim_{T \to \infty} I_1 = \lim_{T \to \infty} \frac{1}{2T} \int_{-T}^{T} f(y) dy. \qquad (証了)$$

注意 (7) において, $x = 0$ と特定化して計算すれば, $I_2 = 0$ は自明であるから, 証明が幾分短縮される. (楠岡成雄氏の教示による.)

定理 9.4 $f \in \mathfrak{AP}(\mathbb{R}, \mathbb{C})$ とするとき, 次の三命題は同値である.
  (i) $\xi \in \sigma(f)$.
  (ii) $0 \in \sigma(f e^{-i\xi x})$.

288 第 9 章 概周期函数と弱定常確率過程

(iii) $M(fe^{-i\xi x}) \neq 0.$

この結果は p.280 の注意 2° と補題 9.5 から明白であろう。

系 9.2[17] $f \in \mathfrak{AP}(\mathbb{R}, \mathbb{C})$ とする。

(i) $\mu \in \mathfrak{M}(\mathbb{R})$ に対して

$$f(x) = \frac{1}{\sqrt{2\pi}} \int_{\mathbb{R}} e^{i\xi x} d\mu(\xi).$$

と定義すれば， μ はこの f の Fourier 変換である。(したがって任意の $\mu \in \mathfrak{M}(\mathbb{R})$ は $\mathfrak{L}^{\infty}$ に属する函数の Fourier 変換である。) [18]

(ii) $\mu \in \mathfrak{M}(\mathbb{R})$ が $\mu = \hat{f}$ かつ $\mu\{0\} \neq 0$ を満たすならば， $0 \in \sigma(f).$

証明 (i) 任意の $\varphi \in \mathfrak{S}$ に対して[19]

$$\hat{f}(\varphi) = \frac{1}{\sqrt{2\pi}} \int_{\mathbb{R}} \int_{\mathbb{R}} \hat{\varphi}(x) e^{i\xi x} d\mu(\xi) dx$$

$$= \frac{1}{\sqrt{2\pi}} \int_{\mathbb{R}} \left\{ \int_{\mathbb{R}} \hat{\varphi}(x) e^{i\xi x} dx \right\} d\mu(\xi)$$

$$= \int_{\mathbb{R}} \varphi(\xi) d\mu(\xi). \qquad \text{(反転公式)}$$

これから $\hat{f} = \mu$ が導かれる。

(ii) F として Fejér の総和核 $K_{\eta}(x) = \eta K(\eta x)$ を用い，[20]

$$g_{\eta} = \eta K(\eta x) * f \tag{9}$$

とすれば，[21]

---

17) Katznelson[57] 2nd ed. pp.159-160. この点の説明については同書第二版，第三版には相違があり，後者にはスリップがある。

18) ここで $\hat{f}$ はもちろん超函数の意味での Fourier 変換である。

19) 同上。

20) 第 5 章 §4 を参照。 $K(x) = \frac{1}{2\pi} \left(\sin\frac{x}{2} \Big/ \frac{x}{2} \right)^2$ である。

21) ここで $\hat{f}$, $\hat{g}_{\eta}$ はもちろん超函数の Fourier 変換である。

$$\hat{g}_\eta = \sqrt{2\pi}\widehat{K}\left(\frac{\xi}{\eta}\right) \cdot \hat{f} = \sqrt{2\pi}\widehat{K}\left(\frac{\xi}{\eta}\right) \cdot \mu. \tag{10}$$

$\hat{g}_\eta$ を $\mathfrak{S}'$ の元とみれば，これから

$$w^*\text{-}\lim_{\eta\to 0}\hat{g}_\eta = \sqrt{2\pi}\mu\{0\}\delta_0. \tag{11}$$

したがって p.96 の $2°$ により，g_η は $\sqrt{2\pi}\mu\{0\}\delta_0$ の逆 Fourier 変換 $\mu\{0\}$ に w^*-収束する。つまり

$$w^*\text{-}\lim_{\eta\to 0}g_\eta = \mu\{0\} \neq 0. \tag{12}$$

補題 9.5 により，g_η は一様収束極限を必ずもつのであるが，それは (12) 以外には存在しない。したがって再び補題 9.5 から $0 \in \sigma(f)$ である。　　（証了）

こうして，$\hat{f} \in \mathfrak{M}(\mathbb{R})$ ならば

$$\mu\{0\} = \hat{f}(\{0\}) = M(f)$$

である。同様にして

$$\hat{f}(\{\xi\}) = M(fe^{-i\xi x}). \tag{13}$$

(13) は測度 $\hat{f}$ の離散部分の表現である。実はのちに $\hat{f}$ の連続部分は存在しないことが知られる（系 9.3）。

$\mathfrak{AP}(\mathbb{R},\mathbb{C})$ 上の平均 $M(\cdot)$ については次の公式の成り立つことが容易に確かめられる。

$1°$　$M(f+g) = M(f) + M(g)$.

$2°$　$M(af) = aM(f),\quad a \in \mathbb{C}$.

$3°$　$M(f_y) = M(f)$.

補題 9.6　$f \in \mathfrak{AP}(\mathbb{R},\mathbb{C})$, $f \geqq 0$ かつ f は恒等的には 0 でないならば，$M(f) > 0$。

290 第 9 章 概周期函数と弱定常確率過程

証明 3° により，$f(0) > 0$ と仮定してよい。したがって，十分に小さな $\alpha > 0$ をとると

$$f(x) > \alpha \quad \text{on} \quad (-\alpha, \alpha)$$

とすることができる。$\Lambda = \Lambda(\alpha/2, f)$ とすれば，長さ Λ のいかなる区間も f の $\alpha/2$-概周期 τ を含む。一般性を失うことなく，$\Lambda \geqq 2\alpha$ としてよい。すると

$$f(x) > \frac{\alpha}{2} \quad \text{on} \quad (\tau - \alpha, \tau + \alpha)$$

であるから，I を長さ Λ の区間とすると

$$\int_I f(x)dx \geqq \frac{\alpha}{2} \cdot 2\alpha = \alpha^2$$

である。ゆえに定理 9.3 により

$$M(f) = \lim_{n\to\infty} \frac{1}{2n\Lambda} \int_{-n\Lambda}^{n\Lambda} f(x)dx \geqq \frac{\alpha^2}{\Lambda}. \tag{証了}$$

系 9.3 $\mu \in \mathfrak{M}(\mathbb{R}), \hat{\mu} \in \mathfrak{AP}(\mathbb{R}, \mathbb{C})$ ならば，μ は離散的である。

証明 μ を離散部分 μ_d と連続部分 μ_c に分割して，$\mu = \mu_d + \mu_c$ と書く。$\hat{\mu}_d \in \mathfrak{AP}(\mathbb{R}, \mathbb{C})$ であるから，$\hat{\mu} \in \mathfrak{AP}(\mathbb{R}, \mathbb{C})$ ならば $\hat{\mu}_c \in \mathfrak{AP}(\mathbb{R}, \mathbb{C})$。したがって $|\hat{\mu}_c|^2 \in \mathfrak{AP}(\mathbb{R}, \mathbb{C})$。

Wiener の定理 6.16 (p.180) により

$$\lim_{T\to\infty} \frac{1}{2T} \int_{-T}^{T} |\hat{\mu}_c(x)|^2 dx = 0.$$

したがって補題 9.6 から $\mu_c = 0$。 (証了)

§4 概周期函数の Fourier 級数

$f, g \in \mathfrak{AP}(\mathbb{R}, \mathbb{C})$ に対して演算 $\langle \cdot, \cdot \rangle_M$ を

$$\langle f, g \rangle_M = M(f\bar{g}) \tag{1}$$

と定義すれば，これは $\mathfrak{AP}(\mathbb{R}, \mathbb{C})$ 上の内積となり，したがってこの演算の下

§4 概周期函数の Fourier 級数　　　291

に $\mathfrak{AP}(\mathbb{R}, \mathbb{C})$ は pre-Hilbert 空間となる。

指数函数族 $\{e^{i\xi x} | \xi \in \mathbb{R}\}$ はこの内積についての正規直交系を成す。実際，それは

$$\langle e^{i\xi x}, e^{i\eta x} \rangle_M = \lim_{T \to 0} \frac{1}{2T} \int_{-T}^{T} e^{i(\xi - \eta)x} dx = \begin{cases} 1 & \text{if} \quad \xi = \eta, \\ 0 & \text{if} \quad \xi \neq \eta \end{cases} \qquad (2)$$

であることからただちにわかる。

また $f \in \mathfrak{AP}(\mathbb{R}, \mathbb{C})$ に対して

$$\langle f, e^{i\xi x} \rangle_M = M(f e^{-i\xi x}) = \lim_{T \to \infty} \frac{1}{2T} \int_{-T}^{T} f(x) e^{-i\xi x} dx \qquad (3)$$

を，概周期函数 f の $\{e^{i\xi x} | \xi \in \mathbb{R}\}$ に関する **Fourier 係数**と呼び，それを $\hat{f}\{\xi\}$ と書くことにしよう。[22] $f \in \mathfrak{AP}(\mathbb{R}, \mathbb{C})$ と任意有限個の $\xi_1, \xi_2, \cdots, \xi_n \in \mathbb{R}$ に対して，

$$\begin{aligned} \Big\langle f - \sum_{j=1}^{n} \hat{f}\{\xi_j\} e^{i\xi_j x}, \ f - \sum_{j=1}^{n} \hat{f}(\zeta_j) e^{i\xi_j x} \Big\rangle_M \\ = \langle f, f \rangle_M - \sum_{j=1}^{n} \overline{\hat{f}\{\xi_j\}} \langle f, e^{i\xi_j x} \rangle_M \\ - \sum_{j=1}^{n} \hat{f}\{\xi_j\} \langle e^{i\xi_j x}, f \rangle_M + \sum_{j=1}^{n} |\hat{f}\{\xi_j\}|^2 \\ = M(|f|^2) - \sum_{j=1}^{n} |\hat{f}\{\xi_j\}|^2 \geqq 0 \end{aligned}$$

であるから，

$$\sum_{j=1}^{n} |\hat{f}\{\xi_j\}|^2 \leqq \langle f, f \rangle_M = M(|f|^2) \qquad (4)$$

が成り立つ。これは概周期函数に対する **Bessel** の不等式の対応物にほかならない。したがって $\hat{f}\{\xi\} \neq 0$ なる ξ は高々可算個である。

---

[22]　このように表記するのは f の Fourier 変換を測度になぞらえ，その ξ における質量としての意味を与えたいためである。

292 第 9 章 概周期函数と弱定常確率過程

この点をすこし丁寧に説明すれば次のようである。もし $|\hat{f}\{\xi\}| \geqq 1$ なる ξ が無限個存在するとしてみよう。そのなかから可算無限個のものをとって $\xi_1, \xi_2, \cdots$ とすれば，(4) の左辺は n を大きくするにつれていくらでも大きくなり，$M(|f|^2)$ を超えてしまうであろう。これは (4) に矛盾する。また $1/(n+1) \leqq |\hat{f}\{\xi\}| < 1/n \ (n = 1, 2, \cdots)$ となる ξ も有限個である。仮に無限個の $\xi_1, \xi_2, \cdots$ が（ある n について）この条件を満たすとすれば，$|\hat{f}(\xi_j)|^2$ を $(n+1)^2$ 個ずつくくって加えていけば，このくくりの和は 1 より大となる。したがって (4) の左辺はいくらでも大きくなり，再び (4) に矛盾するであろう。

$$\xi \in \sigma(f) \Longleftrightarrow M(fe^{-i\xi x}) = \hat{f}\{\xi\} \neq 0$$

であるから，$\sigma(f)$ は可算集合である。

$\sigma(f)$ に属する $\xi_n (n \in \mathbb{Z})$ を f の **Fourier 指数**（Fourier index）といい，また $c_n = M(fe^{-i\xi_n x})$，$\xi_n \in \sigma(f)$ を係数とする形式的な級数

$$\sum_{n=-\infty}^{\infty} c_n e^{i\xi_n x}$$

を概周期函数 f の **Fourier 級数**と名づけることにしよう。

定理 9.5 $f \in \mathfrak{AP}(\mathbb{R}, \mathbb{C})$ に対して，$\sigma(f)$ は可算集合である。

次に $f, g \in \mathfrak{AP}(\mathbb{R}, \mathbb{C})$ の平均によるたたみ込み (mean convolution) $(f \underset{M}{*} g)(x)$ を

$$(f \underset{M}{*} g)(x) = M_y(f(x-y)g(y)) = \lim_{T \to \infty} \frac{1}{2T} \int_{-T}^{T} f(x-y)g(y)dy \quad (5)$$

と定義する。ここで $x \in \mathbb{R}$ を任意に固定したとき，$f(x-y)g(y)$ は y についての概周期函数なので，$M_y(f(x-y)g(y))$ は曖昧さをとどめずに定義されるのである。

補題 9.7 $f, g \in \mathfrak{AP}(\mathbb{R}, \mathbb{C})$ ならば，$f \underset{M}{*} g \in \mathfrak{AP}(\mathbb{R}, \mathbb{C})$。また $M(|g|) \leqq 1$ ならば $f \underset{M}{*} g \in W(f)$。

§4 概周期函数の Fourier 級数　293

証明　$\Lambda = \Lambda(\varepsilon/\|g\|_\infty, f)$ とすれば，この長さの区間には必ず f の $\varepsilon/\|g\|_\infty$-概周期 τ が含まれる。そこで

$$\sup_x |(f \underset{M}{*} g)(x - \tau) - (f \underset{M}{*} g)(x)| \leqq \varepsilon \tag{6}$$

の成り立つことを示そう。

$$
\begin{aligned}
|(f \underset{M}{*} g)(x - \tau) &- (f \underset{M}{*} g)(x)| \\
&= \left| \lim_{T \to \infty} \frac{1}{2T} \int_{-T}^{T} f(x - \tau - y)g(y)dy \right. \\
&\qquad \left. - \lim_{T \to \infty} \frac{1}{2T} \int_{-T}^{T} f(x - y)g(y)dy \right| \\
&\leqq \lim_{T \to \infty} \frac{1}{2T} \int_{-T}^{T} |f(x - \tau - y) - f(x - y)||g(y)|dy \\
&\leqq \lim_{T \to \infty} \frac{1}{2T} \cdot 2T \cdot \frac{\varepsilon}{\|g\|_\infty} \cdot \|g\|_\infty \\
&\leqq \varepsilon.
\end{aligned}
$$

これが任意の $x \in \mathbb{R}$ について成り立つので (6) が示された。つまり長さ Λ の区間には $f \underset{M}{*} g$ の ε-概周期が必ず含まれる。ゆえに $f \underset{M}{*} g$ は概周期函数である。

次に $M(|g|) < 1$ を仮定する。

$$\lim_{T \to \infty} \frac{1}{2T} \int_{-T}^{T} |g(y)|dy < 1$$

であるから，十分大きな T に対しては

$$\frac{1}{2T} \int_{-T}^{T} |g(y)|dy < 1.$$

したがって，

$$\varphi(y) = \begin{cases} \frac{1}{2T} g(y) & \text{on} \quad [-T, T], \\ 0 & \text{on} \quad [-T, T]^c \end{cases}$$

とすれば $\|\varphi\|_1 < 1$ であり，$\varphi * f \in W(f)$（cf.p.274 の 2°）。つまり

$$\frac{1}{2T} \int_{-T}^{T} f(x-y)g(y)dy \in W(f) \tag{7}$$

が十分に大きな T について成り立つ。(5) によって，各点 x での (7) の左辺の収束は知られており，しかも $W(f)$ は $\|\cdot\|_\infty$-コンパクトゆえ，$f \underset{M}{*} g$ は (7) 左辺の一様収束極限である。ゆえに $f \underset{M}{*} g \in W(f)$。

最後に $M(|g|) = 1$ の場合を考えよう。任意の $\varepsilon > 0$ に対して，十分に $T > 0$ を大きくとれば

$$\frac{1}{2T} \int_{-T}^{T} |g(y)|dy < 1 + \varepsilon,$$

すなわち

$$\frac{1}{2T} \int_{-T}^{T} \frac{|g(y)|}{1 + \varepsilon} dy < 1.$$

そこで

$$\varphi_\varepsilon(y) = \begin{cases} \frac{1}{2T(1+\varepsilon)}g(y) & \text{on} \quad [-T, T], \\ 0 & \text{on} \quad [-T, T]^c \end{cases}$$

と定義すれば，$\|\varphi_\varepsilon\|_1 < 1$ ゆえ，上記の推論から $f \underset{M}{*} g/(1+\varepsilon) \in W(f)$。$\varepsilon \downarrow 0$ とするとき，$f \underset{M}{*} g/(1+\varepsilon)$ は $f \underset{M}{*} g$ に一様収束する。ゆえに $f \underset{M}{*} g \in W(f)$。

$$\text{(証了)}$$

平均によるたたみ込みの演算は，通常のたたみ込みの主要な性質はすべて具えている。その二，三を書き出しておくと次のようである。

1° $f, g \in \mathfrak{AP}(\mathbb{R}, \mathbb{C})$ に対して

$$\widehat{(f \underset{M}{*} g)}\{\xi\} = \hat{f}\{\xi\} \cdot \hat{g}\{\xi\}.$$

これは直接計算により，次のように確かめられる。

$$\widehat{(f \underset{M}{*} g)}\{\xi\} = M_x(M_y(f(x-y)g(y))e^{-i\xi x})$$
$$= M_x M_y(f(x-y)e^{-i\xi(x-y)}g(y)e^{-i\xi y})$$

$$= \hat{f}\{\xi\}\hat{g}\{\xi\}.$$

2°　$f \in \mathfrak{AP}(\mathbb{R}, \mathbb{C})$ に対して

$$f \underset{M}{*} e^{i\xi x} = \hat{f}\{\xi\}e^{i\xi x}.$$

3°　$g(x)$ を

$$g(x) = \sum_j \hat{g}\{\xi_j\}e^{i\xi_j x} \qquad (有限和)$$

とすれば,

$$f \underset{M}{*} g = \sum_j \hat{g}\{\xi_j\}\hat{f}\{\xi_j\}e^{i\xi_j x}.$$

さて $f \in \mathfrak{AP}(\mathbb{R}, \mathbb{C})$ に対して, 函数 f^* を

$$f^*(x) = \overline{f(-x)} \tag{8}$$

と定義すると

$$\widehat{f^*}\{\xi\} = \hat{f}\{\xi\} \tag{9}$$

であるから,

$$(\widehat{f \underset{M}{*} f^*})\{\xi\} = |\hat{f}\{\xi\}|^2 \tag{10}$$

が成り立つ。$\|f\|_\infty \leqq 1$ の場合は, $f \underset{M}{*} f^* \in W(f)$ である。

補題 9.8　$f \in \mathfrak{AP}(\mathbb{R}, \mathbb{C})$ に対して次の命題が成り立つ。

(i)　$h = f \underset{M}{*} f^*$ は正の半定符号である。

(ii)　h は $\mathbb{R}$ 上の正の Radon 測度の Fourier 変換として表現することができる。

(iii)　$\hat{h}$ は $\mathbb{R}$ 上の正の Radon 測度である。

証明　(i)　$x_j \in \mathbb{R}, z_j \in \mathbb{C} \; (j = 1, 2, \cdots, p)$ とすれば,

$$\sum_{i,j=1}^p h(x_i - x_j)z_i\bar{z}_j = \sum_{i,j} \left[\lim_{T \to \infty} \frac{1}{2T} \int_{-T}^T f(x_i - x_j - y)f^*(y)dy \right] z_i\bar{z}_j$$

$$= \lim_{T \to \infty} \frac{1}{2T} \int_{-T}^{T} \sum_{i,j} f(x_i - x_j - y)\overline{f(-y)}dy z_i \bar{z}_j$$

$$= \lim_{T \to \infty} \frac{1}{2T} \int_{-x_j-T}^{-x_j+T} \sum_{i,j} f(x_i + u)\overline{f(x_j + u)}z_i \bar{z}_j du$$

$$(u = -x_j - y \text{ の変数変換})$$

$$= \lim_{T \to \infty} \frac{1}{2T} \int_{-x_j-T}^{-x_j+T} \left| \sum_j f(x_j + u) \cdot z_j \right|^2 du$$

$$\geqq 0.$$

(ii) Bochner の定理 6.11 (p.167) により明らか。

(iii) $h = \hat{\mu}, \mu \in \mathfrak{M}_+(\mathbb{R})$ とすれば, 任意の $\varphi \in \mathfrak{S}$ に対して,

$$\hat{h}(\varphi) = h(\hat{\varphi}) = \hat{\mu}(\hat{\varphi}) = \frac{1}{\sqrt{2\pi}} \int_{\mathbb{R}} \hat{\varphi}(\xi) \int_{\mathbb{R}} e^{-i\xi x} d\mu(x) d\xi$$

$$= \frac{1}{\sqrt{2\pi}} \int_{\mathbb{R}} \left[\int_{\mathbb{R}} \hat{\varphi}(\xi) e^{i(-x)\xi} d\xi \right] d\mu(x) = \int_{\mathbb{R}} \varphi(-x) d\mu(x)$$

$$= \int_{\mathbb{R}} \varphi(x) d\mu(x) = \mu(\varphi)$$

であるから, $\hat{h} = \mu_\circ$ ここで $h(\cdot), \mu(\cdot)$ は h, μ の定める超函数, $\hat{h}, \hat{\mu}$ はその Fourier 変換であることはもちろんである。   (証了)

(iii) からはただちに

$$h = \hat{\mu} \Longleftrightarrow \hat{h} = \mu \tag{11}$$

なる関係の成り立つことがわかる。

系 9.3 から Radon 測度 $\hat{h}$ は離散的であるから

$$\hat{h} = \sum \hat{h}\{\xi\}\delta_\xi \tag{12}$$

の形状を呈し, したがって

$$h(x) = \sum \hat{h}\{\xi\}e^{i\xi x} \underset{(10)}{=} \sum |\hat{f}\{\xi\}|^2 e^{i\xi x}. \tag{13}$$

とくに $x = 0$ とすれば,

$$M(|f|^2) = h(0) = \sum |\hat{f}\{\xi\}|^2. \tag{14}$$

これが概周期函数についての **Parseval** の等式にほかならない。

(12), (13), (14) いずれにおいても，Fourier 指数は高々可算であるから，そこに現われる和 $\sum$ はいずれも可算和である。

(14) と定理 1.6 (pp.22-23) によれば $\mathfrak{AC}(\mathbb{R}, \mathbb{C})$ における正規直交系 $\{e^{i\xi x}|\xi \in \mathbb{R}\}$ は完備であることがわかる。したがって Fourier 係数の一意性が導かれる。すなわち

$$f \in \mathfrak{AP}(\mathbb{R}, \mathbb{C}), \ f \neq 0 \Longrightarrow \sigma(f) \neq \emptyset.$$

補題 9.9　有限個の実数 $\xi_1, \xi_2, \cdots, \xi_n$ と $\varepsilon > 0$ とが与えられたとき，次の三条件を満たす三角多項式 P が存在する。

(i)　$P(0) \geqq 0$.

(ii)　$M(P) = 1$.

(iii)　$\widehat{P}\{\xi_j\} > 1 - \varepsilon$ for $j = 1, 2, \cdots, n$.

証明　はじめに $\xi_1, \xi_2, \cdots, \xi_n$ のすべてが整数であるとする。整数 m を

$$\frac{1}{\varepsilon} \operatorname*{Max}_{1 \leqq j \leqq n} |\xi_j| < m$$

を満たすように選び，Fejér 核

$$K_m(x) = \sum_{k=-m}^{m} \left(1 - \frac{|k|)}{m+1}\right) e^{ikx}$$

を $P(x)$ とすれば，(i)〜(iii) のすべてが満たされる。

次に一般の場合を考えるのであるが，$\xi_1, \xi_2, \cdots, \xi_n$ に対して，以下の条件を満たす実数 $\lambda_1, \lambda_2, \cdots, \lambda_q$ が存在することに注意しよう。この事実の証明は，たとえば n についての帰納法によればよい。[23]

---

23)　$n = 1$ の場合は $P(x) = e^{i\xi_1 x}$ とすればよい。次に $\xi_1, \xi_2, \cdots, \xi_{n-1}$ に対して（イ），（ロ）を満たす $\lambda_1, \lambda_2, \cdots, \lambda_q$ が存在することを仮定し，$\xi_1, \xi_2, \cdots, \xi_n$ について考える。ここで（イ），（ロ）を満たすどのような $\lambda_1, \lambda_2, \cdots, \lambda_q$ についても

298 　第 9 章　概周期函数と弱定常確率過程

（イ）　$\displaystyle\sum_{h=1}^{q}\theta_h\lambda_h = 0, \theta_h \in \mathbb{Q} \Rightarrow \theta_h = 0$ for all h.

（ロ）　各 $j = 1, 2, \cdots, n$ ごとに

$$\xi_j = \sum_{h=1}^{q} A_{j,h}\lambda_h, \; j = 1, 2, \cdots, n$$

$$\xi_n \notin \sum_{h=1}^{q} \lambda_h \mathbb{Z}$$

としてよい。（そうでなければ，ξ_n も $\lambda_1, \lambda_2, \cdots \lambda_q$ を用いて（ロ）の形に表現できる。）$z_h \in \mathbb{Z}$ として，

$$\lambda = \xi_n - \sum_{h=1}^{q} \lambda_h z_h$$

とおく。

$$\sum_{h=1}^{q} \theta_h\lambda_h + \theta\lambda = 0, \quad \theta_h, \theta \in \mathbb{Q}$$

とする。（イ）により，もし $\theta = 0$ ならば $\theta_h = 0 \; (h = 1, 2, \cdots, q)$。そこで $\theta \neq 0$ の場合を考えればよい。

$$\sum_{h=1}^{q} \theta_h\lambda_h + \theta\lambda = \sum_{h=1}^{q} \theta_h\lambda_h + \theta\left(\xi_n - \sum_{h=1}^{q} \lambda_h z_h\right) = \sum_{h=1}^{q} (\theta_h - \theta z_h)\lambda_h + \theta\xi_n = 0.$$

ゆえに

$$\xi_n = -\sum_{h=1}^{q} \frac{\theta_h - \theta z_h}{\theta}\lambda_h.$$

$\theta_h/\theta = v_h/u_h \in \mathbb{Q}$ $(u_h, v_h \in \mathbb{Z}, \; h = 1, 2, \cdots, q)$ の分母 u_h の最小公倍数を u^* とし，$\theta_h/\theta = v_h^*/u^*$ とすれば，

$$\xi_n = -\sum_{h=1}^{q} \left(\frac{v_h^*}{u^*} - z_h\right)\lambda_h = -\sum_{h=1}^{q} (v_h^* - u^* z_h)\frac{\lambda_h}{u^*}.$$

いま $\lambda_h^* = \lambda_h/u^* \; (h = 1, 2, \cdots, q)$ とすれば，

$$\xi_j = \sum_{h=1}^{q} u^* A_{j,h}\lambda_h^*, \; j = 1, 2, \cdots, n-1,$$

$$\xi_n = -\sum_{h=1}^{q} (v_h^* - u^* z_h)\lambda_h^*$$

である。この $\lambda_1^*, \lambda_2^*, \cdots, \lambda_q^*$ は $\xi_1, \xi_2, \cdots, \xi_{n-1}$ について（イ），（ロ）を満たし，しかも

$$\xi_n \in \sum_{h=1}^{q} \lambda_h^* \mathbb{Z}$$

である。これは当初の仮定に矛盾する。したがって $\theta = 0$ でなければならない。

を満たす $A_{j,h} \in \mathbb{Z}$ が存在する。

数 $\varepsilon_1 > 0$ および $m \in \mathbb{N}$ を

$$(1-\varepsilon_1)^q > 1-\varepsilon, \quad \varepsilon_1 > \frac{\underset{j,k}{\mathrm{Max}}|A_{j,k}|}{m}$$

となるようにとる。

この $\lambda_1, \lambda_2, \cdots, \lambda_q$ を用いて

$$P(x) = \prod_{h=1}^{q} K_m(\lambda_h x) \tag{15}$$

と定義しよう。(i) は明らかである。(ii) を示すために，$P(x)$ を書きかえて

$$P(x) = \sum \left(1 - \frac{|k_1|}{m+1}\right) \cdots \left(1 - \frac{|k_q|}{m+1}\right) e^{i(k_1\lambda_1 + \cdots + k_q\lambda_q)x} \tag{16}$$

とする。ただし (16) 右辺の和は $|k_1| \leqq m, \cdots, |k_q| \leqq m$ のすべてにわたってとるのである。((イ) により，このような区分けはひととおりしか存在しない。) (16) により

$$\widehat{P}(0) = (16)\ \text{右辺の定数} = M(P) = 1.$$

さらに

$$\widehat{P}\{\xi_j\} = (16)\ \text{右辺の定数} \times \lim_{T \to \infty} \frac{1}{2T} \int_{-T}^{T} e^{i(\sum_{h=1}^{q}(k_h - A_{j,h})\lambda_h)x} dx.$$

この積分は $k_h = A_{j,h}$ の項だけが残るので，

$$\widehat{\Gamma}\{\xi_j\} = \widehat{P}\{\sum_{h=1}^{q} A_{j,h}\lambda_h\} = \prod_{h=1}^{q}{}' \left(1 - \frac{|A_{j,h}|}{m+1}\right)$$

$$\geqq (1-\varepsilon_1)^q > 1-\varepsilon.$$

これで (iii) が示された。 (証了)

定理 9.6 $f \in \mathfrak{AP}(\mathbb{R},\mathbb{C})$ とするとき，f に一様収束する三角多項式の列が $W(f)$ のなかに存在する。

証明 定理 9.5 により，$\sigma(f)$ は可算集合であるから，その元を $\xi_1, \xi_2, \cdots$ と書く。$\xi_1, \xi_2, \cdots, \xi_n$ と $\varepsilon = 1/n$ に対して補題 9.9 の条件を満たす三角多項式を P_n とし，さらに $T_n = f \underset{M}{*} P_n$ と定義しよう。補題 9.7 により，$T_n \in W(f)$。また補題 9.9 の条件 (iii) から

$$\lim_{n \to \infty} \widehat{T_n}\{\xi_j\} = \hat{f}\{\xi_j\} = 0 \quad \text{for all} \quad \xi_j \in \sigma(f).$$

もし $\xi \notin \sigma(f)$ ならば

$$\widehat{T_n}\{\xi\} = \hat{f}\{\xi\} = 0 \quad \text{for all} \quad n.$$

一方，コンパクト集合 $W(f)$ における T_n の $\|\cdot\|_\infty$-極限点を g とし，$\{T_n\}$ の部分列 $\{T_{n'}\}$ が g に一様収束するとすれば，

$$\lim_{n' \to \infty} \widehat{T_{n'}}\{\xi\} = \hat{g}\{\xi\}.$$

ゆえに

$$\hat{g}\{\xi\} = \hat{f}(\xi) \quad \text{for all} \quad \xi.$$

上に注意した Fourier 係数の一意性により，$g = f$ でなければならない。したがって $\{T_n\}$ は f に一様収束する。　　　　　　　　　　　　　　（証了）

§5　概周期弱定常確率過程

以下 $(\Omega, \mathcal{E}, P)$ を確率空間，$X : \mathbb{R} \times \Omega \to \mathbb{C}$ を可測・弱定常確率過程とし，簡単化のために，とくに断らない限り，$\mathbb{E}X(t, \omega) = 0 \ (t \in \mathbb{R})$ と仮定する。

定義　弱定常確率過程 $X : \mathbb{R} \times \Omega \to \mathbb{C}$ の共分散函数 $\rho(\cdot)$ が（一様）概周期函数であるとき，$X(t, \omega)$ を（一様）**概周期弱定常確率過程** (uniformly almost periodic weakly stationary stochastic process) と呼ぶ。

§5 概周期弱定常確率過程 301

周期弱定常確率過程の基本的特徴づけを述べた定理8.8（p.238）に対応して，概周期弱定常確率過程については次の結果がきわめて重要である。[24]

定理 9.7 $X : \mathbb{R} \times \Omega \to \mathbb{C}$ を可測弱定常確率過程とするとき，次の三命題は同値である。

(i) $X(t, \omega)$ は概周期弱定常確率過程である。

(ii)   任意の $\varepsilon > 0$ に対して長さ $\Gamma = \Gamma(\varepsilon, X)$ のすべての区間が

$$\sup_{t \in \mathbb{R}} \mathbb{E}|X(t + \tau, \omega) - X(t, \omega)|^2 < \varepsilon$$

を満たす τ を含むような数 Γ が存在する。

(iii) $X(t, \omega)$ のスペクトル測度を ν とするとき，ν は離散的である。

証明 (i)$\Rightarrow$(ii):   まず $\rho(u)$ が概周期函数であるとしよう。

$$\begin{aligned}
\sup_{t \in \mathbb{R}} \mathbb{E}|X(t + \tau, \omega) - X(t, \omega)|^2 &= \sup_{t \subset \mathbb{R}} 2[\rho(0) - \mathcal{R}e\rho(\tau)] \\
&= 2\mathcal{R}e[\rho(0) - \rho(\tau)] \leqq 2|\rho(0) - \rho(\tau)| \quad (1) \\
&= 2\sup_{u \in \mathbb{R}}|\rho(u + \tau) - \rho(u)|.
\end{aligned}$$

$\rho(\cdot)$ は概周期函数であるから，任意の $\varepsilon > 0$ に対して適当な数 $\Lambda(\varepsilon/2, \rho) > 0$ をとれば，長さ Λ の区間が必ず ρ の $\varepsilon/2$-概周期 τ を含むようにすることができる。(1) により

$$\begin{aligned}
\left\{ \tau \in \mathbb{R} \,\middle|\, \sup_{u \in \mathbb{R}}|\rho(u + \tau) - \rho(u)| < \frac{\varepsilon}{2} \right\} \\
\subset \left\{ \tau \in \mathbb{R} \,\middle|\, \sup_{t \in \mathbb{R}} \mathbb{E}|X(t + \tau, \omega) - X(t, \omega)|^2 < \varepsilon \right\}
\end{aligned}$$

であるから，$\Gamma(\varepsilon, X) = \Lambda(\varepsilon/2, \rho)$ とすれば，(ii) が満たされる。

(ii)$\Rightarrow$(i):   (ii) を仮定する。定理 8.8 の証明（p.238）と同様に，

———————————
24) 河田 [63] pp.80-82.

302　　第 9 章　概周期函数と弱定常確率過程

$$|\rho(u+\tau) - \rho(u)|^2 = |\mathbb{E}[X(u+\tau,\omega)\overline{X(0,\omega)} - X(u,\omega)\overline{X(0,\omega)}]|^2$$
$$\leqq \mathbb{E}|X(u+\tau,\omega) - X(u,\omega)|^2 \mathbb{E}|X(0,\omega)|^2$$
$$(\text{Schwarz の不等式})$$

であるから,

$$|\rho(u+\tau) - \rho(u)| \leqq [\mathbb{E}|X(u+\tau,\omega) - X(u,\omega)|^2]^{1/2}\rho(0)^{1/2}. \qquad (2)$$

ゆえに $\varepsilon > 0$ に対して

$$\left\{\tau \in \mathbb{R} \,\middle|\, \sup_{u \in \mathbb{R}} \mathbb{E}|X(u+\tau,\omega) - X(u,\omega)|^2 < \frac{\varepsilon^2}{\rho(0)}\right\}$$
$$\subset \left\{\tau \in \mathbb{R} \,\middle|\, \sup_{u \in \mathbb{R}} |\rho(u+\tau) - \rho(u)| < \varepsilon\right\}.$$

これから $\Lambda(\varepsilon, \rho) = \Gamma(\varepsilon^2/\rho(0), X)$ とすれば (i) が成り立つ。

(i)⇒(iii):　これは系 9.3 からただちに明白である。

(iii)⇒ (i):　$X(t,\omega)$ のスペクトル測度 ν が離散的であるとし,

$$\nu = \sum_n a_n \delta_{\xi_n}$$

と書けば,

$$\rho(u) = \frac{1}{\sqrt{2\pi}} \int_{\mathbb{R}} e^{-i\lambda x} d\nu = \frac{1}{\sqrt{2\pi}} \sum_n a_n e^{-i\xi_n x}$$

$a_n \geqq 0$ であるから, この級数は絶対収束, したがって一様収束である。したがって $\rho(\cdot)$ は三角多項式の一様収束極限であるから, それは概周期函数である。

(証了)

　定理 8.8 (p.238), 定理 9.7 によれば, 弱定常確率過程が周期的あるいは概周期的であるためには, そのスペクトル測度は必ず離散的でなければならない。ところが一方, 白色雑音の移動平均として定義される確率過程のスペクトル測度は必ず Lebesgue 測度について絶対連続で, Radon-Nikodým の微分を有する (定理 8.12, p.254, 定理 8.13, p.262)。したがってこの確率過程が周期的・概周期的となることは不可能である。

§5 概周期弱定常確率過程 303

　有限個の Dirac 測度と一次結合として表わされる測度の全体 $\mathfrak{M}_d(\mathbb{R})$ は $\mathfrak{M}(\mathbb{R})$ において ∗弱-稠密であることが知られている[25]から，$X(t,\omega)$ を弱定常過程，ν をそのスペクトル測度とするとき，ν に ∗弱-収束する $\mathfrak{M}_d(\mathbb{R})$ の列が存在するはずである。またスペクトル測度が ν_n となる弱定常過程は必ず存在する（定理 8.7，p.237）のであるから，この意味で $X(t,\omega)$ は概周期弱定常過程によって"近似"されることが知られる。[26]

---

25) 丸山 [79] pp.329-330.
26) Maruyama[83].

第 10 章

Fredholm 作用素

————————

　無限次元空間の間で働く線形作用素の核の次元と，像の余次元がともに有限である場合に，このような作用素を Fredholm 作用素と称する。このとき作用素の分析を実質上有限次元の枠組に落として進めることが可能となる。ここでは次章で研究する分岐方程式の取り扱いに必要な限りで，Fredholm 作用素につき概略を述べよう。[1]

　有限次元空間で働く線形作用素のスペクトル理論を無限次元空間に拡張しようとすると，それは決して容易ではない。しかしいくつかの特別の性質を有する作用素の場合については，詳しいスペクトル理論を構築することが可能である。そのひとつはコンパクト作用素の場合，[2] そしていまひとつは Fredholm 作用素の場合である。本章ではスペクトル理論の詳細を述べることはできないが，これはこの型の作用素が果たす枢要な役割のひとつである。

§1　直和と射影

　とくに断らない限り，本章に現われる線形ノルム空間はすべて実線形ノルム空間とする。

————————

　1)　この作用素の名称は，V.Volterra とともに積分方程式論の開拓に尽力した，スウェーデンの数学者 E.I.Fredholm に因むものである。ここではとくに黒田 [70] 第 11 章，Zeidler[122] Chap.3, Chap.5 を参考にした。

　2)　たとえば加藤 [55] 第 6 章を見よ。

306 第 10 章 Fredholm 作用素

Hilbent 空間における直交分解と射影の概念については，既に第 1 章（p.5）および第 7 章（p.191）で述べたとおりであるが，これを形式的に一般の線形空間の場合に拡張しておこう．

$\mathfrak{M}_1, \mathfrak{M}_2$ を線形空間 $\mathfrak{X}$ のふたつの部分空間とし，すべての $x \in \mathfrak{X}$ が $\mathfrak{M}_1$ の元と $\mathfrak{M}_2$ の元との和として一意的に表わされるとき，$\mathfrak{X}$ は $\mathfrak{M}_1$ と $\mathfrak{M}_2$ の**直和**（direct sum）であるといって，$\mathfrak{M}_1 \oplus \mathfrak{M}_2$ と書く．

$\mathfrak{X} = \mathfrak{M}_1 \oplus \mathfrak{M}_2$ とし，$x \in \mathfrak{X}$ が

$$x = m_1 + m_2; \quad m_1 \in \mathfrak{M}_1, \, m_2 \in \mathfrak{M}_2$$

と一意的に表現されるとき，作用素

$$P_1 : x \mapsto m_1 \quad (\mathfrak{X} \to \mathfrak{M}_1),$$

$$P_2 : x \mapsto m_2 \quad (\mathfrak{X} \to \mathfrak{M}_2)$$

をそれぞれ（$\mathfrak{M}_2$ に沿う）$\mathfrak{M}_1$ への**射影**（projection）および（$\mathfrak{M}_1$ に沿う）$\mathfrak{M}_2$ への射影と呼ぶ．これは**射影作用素**（projection operator）と呼ぶ場合もある．P_1, P_2 はともに線形作用素で，次のような簡単な性質を有する．

$1°$　$P_1^2 = P_1, \quad P_2^2 = P_2.$

$2°$　$P_1(\mathfrak{X}) = \mathfrak{M}_1, \quad P_2(\mathfrak{X}) = \mathfrak{M}_2.$

$3°$　$\mathfrak{M}_2 = (I - P_1)(\mathfrak{X}) = \mathrm{Ker} P_1,$
　　　$\mathfrak{M}_1 = (I - P_2)(\mathfrak{X}) = \mathrm{Ker} P_2.$

定理 10.1　$\mathfrak{X}$ は線形空間，作用素 $P : \mathfrak{X} \to \mathfrak{X}$ は線形でしかも $P^2 = P$ を満たすものとする．この P を用いて

$$\mathfrak{M}_1 = P(\mathfrak{X}), \quad \mathfrak{M}_2 = (I - P)(\mathfrak{X})$$

と定義すれば，$\mathfrak{X} = \mathfrak{M}_1 \oplus \mathfrak{M}_2$ である．[3]

---

　3)　定理 10.1 に対応する定理 7.6（p.193）では $P^2 = P$ なる条件に加えて $P^* = P$ を満たすことが仮定されている．定理 7.6 の場合，$\mathfrak{M}$ とその相手となる空間の直交性を保証することが必要で，$P^* = P$ はそのための条件であった．

§1 直和と射影 307

証明 $\mathfrak{M}_1, \mathfrak{M}_2$ がいずれも $\mathfrak{X}$ の線形部分空間であることは明白である。$x \in \mathfrak{X}$ に対して

$$m_1 = Px, \quad m_2 = (I - P)x$$

とおけば,もちろん

$$x = m_1 + m_2 \ ; \quad m_1 \in \mathfrak{M}_1, \, m_2 \in \mathfrak{M}_2.$$

またこの表現は一意的である。いま

$$x = m_1' + m_2' \ ; \quad m_1' \in \mathfrak{M}_1, \, m_2' \in \mathfrak{M}_2$$

も成り立つものとすると,$\mathfrak{M}_1, \mathfrak{M}_2$ の定義から

$$m_1' = Px', \quad m_2' = (I - P)x''$$

なる $x', x'' \in \mathfrak{X}$ が存在する。$P^2 = P$ であることから,

$$Pm_1' - m_1', \quad Pm_2' = 0$$

である。したがって

$$m_1 = Px = Pm_1' + Pm_2' = Pm_1' = m_1'.$$

同様にして $m_2 = m_2'$ の成り立つことも容易に確認することができる。

(証了)

定理 10.2 $\mathfrak{X}$ を線形空間,$\mathfrak{M}$ をその部分空間とする。

(i) $\mathfrak{X} = \mathfrak{M} \oplus \mathfrak{N}$ を満たす $\mathfrak{X}$ の部分空間 $\mathfrak{N}$ が必ず存在する。

(ii) $\mathfrak{X} = \mathfrak{M} \oplus \mathfrak{N}$ であるとき,

$$\dim \mathfrak{M} = \operatorname{codim} \mathfrak{N}.$$

(iii) $\mathfrak{X} = \mathfrak{M} \oplus \mathfrak{N}$ であるとき,

$$\dim \mathfrak{X} = \dim \mathfrak{M} + \dim \mathfrak{N} = \dim \mathfrak{M} + \operatorname{codim} \mathfrak{M}.$$

(したがって $\dim \mathfrak{X} < \infty$ の場合は $\operatorname{codim} \mathfrak{M} = \dim \mathfrak{X} - \dim \mathfrak{M}$.)

308　　　　　　第 10 章　Fredholm 作用素

証明　(i)　$\mathfrak{M}$ を含む定義域 $D(P) \subset \mathfrak{X}$ をもち，$\mathfrak{M}$ 上では恒等的である（すなわち，すべての $x \in \mathfrak{M}$ に対して $Px = x$ を満たす）線形作用素 $P : D(P) \to \mathfrak{M}$ の全体を $\mathcal{P}$ とすれば $\mathcal{P} \neq \emptyset$。[4)] $\mathcal{P}$ 上の半順序 $\leq$ を

$$P_1 \leq P_2 \Longleftrightarrow P_2 \text{は} P_1 \text{の拡張}$$

と定義すれば，$\mathcal{P}$ における任意の鎖 (chain) は $\mathcal{P}$ のなかに上界を有する。ゆえに Zorn の補題により，$\mathcal{P}$ は $\leq$ についての極大元 P_0 を有する。この P_0 は $\mathfrak{X}$ 全体で定義されていることは容易に知られる。実際，仮に $D(P_0) \subsetneq \mathfrak{X}$ であるとしてみよう。$x_0 \in \mathfrak{X} \setminus D(P_0)$ を用いて $\mathfrak{N} = D(P_0) + \mathrm{span}\{x_0\}$ とおき，作用素 $P : \mathfrak{N} \to \mathfrak{M}$ を

$$P(x + \alpha x_0) = P_0(x), \quad x \in D(P_0), \quad \alpha \in \mathbb{R}$$

と定義する。すると $P \in \mathcal{P}$ でしかも，P は P_0 の拡張になっている。これは P_0 の極大性に矛盾。

さらに $P_0^2 = P_0$ である。実際，$x \in \mathfrak{X}$ に対して $P_0 x \in \mathfrak{M}$ であるから，$P_0(P_0 x) = P_0 x$，ゆえに定理 10.1 により，(i) が導かれる。

(ii)　$\mathfrak{X} = \mathfrak{M} \oplus \mathfrak{N}$ とし，線形作用素 $T : \mathfrak{M} \to \mathfrak{X}/\mathfrak{N}$ を

$$Tx = \xi_x, \quad x \in \mathfrak{M}$$

と定義する。ここで ξ_x は $\mathfrak{N}$ を法とする x の同値類 $x + \mathfrak{N}$ である。T は明らかに全単射なので

$$\dim \mathfrak{M} = \dim \mathfrak{X}/\mathfrak{N}.$$

(iii)　$\dim \mathfrak{X} = \dim \mathfrak{M} + \dim \mathfrak{N}$ のみを示せばよい。$\dim \mathfrak{M} = \infty$ あるいは $\dim \mathfrak{N} = \infty$ ならば，もちろん $\dim \mathfrak{X} = \infty$ であるから，この場合は自明。$\dim \mathfrak{M} < \infty$，$\dim \mathfrak{N} < \infty$ の場合は，$\mathfrak{M}$ の基底と $\mathfrak{N}$ の基底の合併が $\mathfrak{X}$ の基底を構成するので，望む等式が得られる。　　　　　　　　　　　　　　（証了）

---

4)　$\mathfrak{M}$ 上での恒等写像は明らかに $\mathcal{P}$ に属する。

§1 直和と射影   309

次に $\mathfrak{X}$ に位相を導入し，線形ノルム空間としよう。$\mathfrak{M}_1, \mathfrak{M}_2$ をその部分空間とし，$\mathfrak{X} = \mathfrak{M}_1 \oplus \mathfrak{M}_2$ が成り立つものとする。P_1, P_2 をそれに対応する射影とするとき，次の三条件が互いに同値であることは殆ど明白であろう。

(i)　P_1 は連続。

(ii)　P_2 は連続。

(iii)　P_1, P_2 はともに連続。

(i)〜(iii) のいずれかが成り立つとき，$\mathfrak{X}$ は $\mathfrak{M}_1$ と $\mathfrak{M}_2$ の位相的直和 (topological direct sum) であるといい，$\mathfrak{M}_1$ と $\mathfrak{M}_2$ は互いに他の位相的補空間 (topological complement) であるという。

定理 10.3　$\mathfrak{X}$ を線形ノルム空間，$\mathfrak{M}$ をその部分空間とする。

(i)　$\mathfrak{M}$ が位相的補空間をもつためには，次のような連続な線形作用素 $P : \mathfrak{X} \to \mathfrak{X}$ が存在することが必要十分である。

イ。　$P^2 = P$,　　ロ。$P(\mathfrak{X}) = \mathfrak{M}$.

(ii)　$\mathfrak{M}$ が位相的補空間をもつならば，$\mathfrak{M}$ は閉である。

定理 10.4　$\mathfrak{X}$ を Banach 空間，$\mathfrak{M}_1, \mathfrak{M}_2$ はその部分空間とし，$\mathfrak{X} = \mathfrak{M}_1 \oplus \mathfrak{M}_2$ であるとする。このとき次の二命題は同値である。

(i)　$\mathfrak{X}$ は $\mathfrak{M}_1$ と $\mathfrak{M}_2$ の位相的直和である。

(ii)　$\mathfrak{M}_1$ と $\mathfrak{M}_2$ はいずれも閉である。

証明　(i)⇒(ii) は明らかなので，(ii)⇒(i) だけを示せばよい。

P_1, P_2 をそれぞれ $\mathfrak{M}_1, \mathfrak{M}_2$ への射影とし，それらの連続性を示そう。そのためには，上に述べた注意により，たとえば P_1 の連続性だけを確認すれば十分である。さらにそれを示すためには，P_1 のグラフ $G(P_1) = \{(x, m_1) \in \mathfrak{X} \times \mathfrak{M}_1 \,|\, m_1 = P_1 x\}$ が $\mathfrak{X} \times \mathfrak{M}_1$ の閉集合であることを確かめればよい。[5] そこで $\{x_n\}$ を $\mathfrak{X}$ の点列とし，

$$m_{1n} = P_1 x_n, \quad m_{2n} = P_2 x_n; \quad n = 1, 2, \ldots$$

─────────────

5)　閉グラフ定理による。Dunford and Schwartz[25]pp.57-58, 丸山 [78] pp.145-146 を参照。

310 第 10 章 Fredholm 作用素

とする。$(x_n, m_{1n}) \in G(P_1)$ であるが，いま

$$(x_n, m_{1n}) \to (x^*, m_1^*) \quad \text{as} \quad n \to \infty$$

とすれば，$m_{2n} \to m_2^* \equiv x^* - m_1^*$ (as $n \to \infty$)。(ii) により，$m_1^* \in \mathfrak{M}_1$ かつ $m_2^* \in \mathfrak{M}_2$ であるから，

$$m_1^* = P_1 x^*, \quad m_2^* = P_2 x^*$$

である。したがって $(x^*, m_1^*) \in G(P_1)$ が得られ，$G(P_1)$ が閉であることが判明した。 (証了)

これらの考察に基づいて，Banach 空間の位相的直和への分解を許す標準的な事例を述べておこう。そのために双直交系という概念を導入したい。

定義 $\mathfrak{X}$ を線形ノルム空間とし，$x_1, x_2, \ldots, x_n \in \mathfrak{X}$，$\varLambda_1, \varLambda_2, \ldots, \varLambda_n \in \mathfrak{X}'$ とする。

$$\langle \varLambda_i, x_j \rangle = \delta_{ij} \quad \text{for all} \quad i, j = 1, 2, \ldots, n$$

が成り立つとき，[6] $\{x_j, \varLambda_j\}_{j=1,2,\ldots,n}$ を $\mathfrak{X}$ の**双直交系** (biorthogonal system) と呼ぶ。

補題 10.1 $\mathfrak{X}$ を線形ノルム空間とし，$\varLambda_1, \varLambda_2, \ldots, \varLambda_{k+1} \in \mathfrak{X}'$ とする。$\mathrm{Ker}\varLambda_1 \cap \ldots \cap \mathrm{Ker}\varLambda_k \subset \mathrm{Ker}\varLambda_{k+1}$ であるならば，$\varLambda_{k+1}$ は $\varLambda_1, \varLambda_2, \ldots, \varLambda_k$ の一次結合として表現することができる。

証明 帰納法によってこれを示そう。

まず $k = 1$ とする。$\mathrm{Ker}\varLambda_1 \subset \mathrm{Ker}\varLambda_2$ とし，一般性を失うことなく $\varLambda_1 \neq 0$ としてよい。$\mathfrak{X}/\mathrm{Ker}\varLambda_1 \cong \mathbb{R}$ であるから，定理 10.5 (iii) により

$$\mathfrak{X} = \mathrm{Ker}\varLambda_1 \oplus \mathrm{span}\{x_0\}, \quad x_0 \notin \mathrm{Ker}\varLambda_1 \quad (位相的直和)$$

---

6) $\mathfrak{X}'$ は $\mathfrak{X}$ の双対空間。$\langle \varLambda_i, x_j \rangle$ は汎函数 $\varLambda_i$ の x_j における値 $\varLambda_i(x_j)$ を表わす。δ_{ij} は Kronecker のデルタである。

である。x を

$$x = u + \alpha x_0, \quad u \in \mathrm{Ker}\Lambda_1, \quad \alpha \in \mathbb{R}$$

で表わせば，$\mathrm{Ker}\Lambda_1 \subset \mathrm{Ker}\Lambda_2$ を考慮して

$$\Lambda_1(x) = \alpha\Lambda_1(x_0), \quad \Lambda_2(x) = \alpha\Lambda_2(x_0).$$

$\Lambda_1(x_0) \neq 0$ であるから，$\gamma = \Lambda_2(x_0)/\Lambda_1(x_0)$ とすれば，$\Lambda_2(x) = \gamma\Lambda_1(x)$ である。

次に初めに与えられた $\mathfrak{X}'$ の元の個数が k の場合に対して補題の主張が成り立つことを仮定し，$k+1$ の場合を考えよう（$k \geqq 2$）。

$$\widetilde{\Lambda}_j = \Lambda_j|_{\mathrm{Ker}\Lambda_1}; \quad j = 2, 3, \ldots, k+1$$

と書く。$\mathrm{Ker}\Lambda_1$ をひとつの線形ノルム空間とみなせば，

$$\widetilde{\Lambda}_j \in (\mathrm{Ker}\Lambda_1)'; \quad j = 2, 3, \ldots, k+1$$

である。また仮定から

$$\mathrm{Ker}\widetilde{\Lambda}_2 \cap \mathrm{Ker}\widetilde{\Lambda}_3 \cap \ldots \cap \mathrm{Ker}\widetilde{\Lambda}_k \subset \mathrm{Ker}\widetilde{\Lambda}_{k+1}$$

なので，帰納法の仮定により，$\widetilde{\Lambda}_{k+1} = \gamma_2\widetilde{\Lambda}_2 + \ldots + \gamma_k\widetilde{\Lambda}_k$ $(\gamma_j \in \mathbb{R})$ と書くことができる。いま

$$\Phi = \Lambda_{k+1} - (\gamma_2\Lambda_2 + \ldots + \gamma_k\Lambda_k) \in \mathfrak{X}'$$

とおくと，$\mathrm{Ker}\Lambda_1$ 上では

$$\Phi = \widetilde{\Lambda}_{k+1} - (\gamma_2\widetilde{\Lambda}_2 + \ldots + \gamma_k\widetilde{\Lambda}_k) = 0$$

であるから，$\mathrm{Ker}\Lambda_1 \subset \mathrm{Ker}\Phi$。したがって $k=1$ の場合の議論から $\Phi = \gamma_1\Lambda_1$ と表わすことができる。これからただちに

$$\Lambda_{k+1} = \gamma_1\Lambda_1 + \gamma_2\Lambda_2 + \ldots + \gamma_k\Lambda_k$$

を得る。　　　　　　　　　　　　　　　　　　　　　　　　　　　　（証了）

312　　　　　　　　　　第 10 章　Fredholm 作用素

補題 10.2　$\mathfrak{X}$ を線形ノルム空間とする。

(i)　$x_1, \ldots, x_n \in \mathfrak{X}$ が一次独立であるとき，これらと適当な $\Lambda_1, \Lambda_2, \ldots, \Lambda_n \in \mathfrak{X}'$ を組み合せて $\mathfrak{X}$ の双直交系をつくることができる。

(ii)　$\Lambda_1, \ldots, \Lambda_n \in \mathfrak{X}'$ が一次独立であるとき，これらと適当な $x_1, x_2, \ldots, x_n \in \mathfrak{X}$ を組み合せて $\mathfrak{X}$ の双直交系を作ることができる。

証明　(i)　一次独立な $x_1, x_2, \ldots, x_n$ のうち x_j を除き，$x_1, \ldots, x_{j-1}, x_{j+1}, \ldots, x_n$ の張る線形部分空間を $\mathfrak{M}_j$ と書くこととすれば，もちろん $x_j \notin \mathfrak{M}_j$ である。Hahn-Banach の定理により，$\mathfrak{M}_j$ 上ではゼロでしかも $\Lambda_j(x_j) = 1$ となる $\Lambda_j \in \mathfrak{X}'$ が存在する。したがってこのようにして作られた $\Lambda_1, \Lambda_2, \ldots, \Lambda_n$ と与えられた $x_1, x_2, \ldots, x_n$ とを併せれば，ひとつの双直交系がえられる。

(ii)　$\Lambda_1, \Lambda_2, \ldots, \Lambda_n$ を一次独立とする。補題 10.1 により，任意の j について $\bigcap_{i \neq j} \mathrm{Ker}\Lambda_i$ に含まれ，$\mathrm{Ker}\Lambda_j$ に含まれない点が必ず存在する。したがって，ノルムを調整して，

$$\Lambda_j(x_j) = 1, \quad \Lambda_i(x_j) = 0 \quad \text{for} \quad i \neq j.$$

なる $x_j \in \mathfrak{X}$ が存在する。$x_1, x_2, \ldots, x_n$ と $\Lambda_1, \Lambda_2, \ldots, \Lambda_n$ とを併せれば，ひとつの双直交系が得られる。　　　　　　　　　　　　　（証了）

定理 10.5　$\mathfrak{X}$ を Banach 空間，$\mathfrak{M}$ をその部分空間とする。次の条件のいずれかが満たされるとき，$\mathfrak{M}$ は位相的補空間をもつ。

(i)　$\mathfrak{X}$ は Hilbert 空間で，$\mathfrak{M}$ はその閉部分空間。

(ii)　$\dim \mathfrak{M} < \infty$.

(iii)　$\mathfrak{M}$ が閉で，$\mathrm{codim}\mathfrak{M} < \infty$.

証明　(i)　Hilbert 空間の場合については，定理 7.6（p.193）の証明に実質的に含まれているので省略する。[7]

---

7)　Hilbert 空間での議論は，たいていの函数解析学の成書に述べられている。たとえば，Dunford and Schwartz[25]pp.249-251, 丸山 [78] p.190 など。

$$\S 1 \quad \text{直和と射影} \qquad 313$$

(ii)　$\{x_1, x_2, \ldots, x_n\}$ を $\mathfrak{M}$ の基底とすると，補題 10.2 により，これを含む双直交系 $\{x_j, \Lambda_j\}_{j=1,\ldots,n}$ が存在する。作用素 $P : \mathfrak{X} \to \mathfrak{X}$ を

$$Px = \sum_{j=1}^{n} \Lambda_j(x) x_j; \quad x \in \mathfrak{X}$$

と定義すると，P は線形かつ連続である。また

$$P^2 x = \sum_{k=1}^{n} \Lambda_k(Px) x_k = \sum_{k=1}^{n} \Lambda_k \left(\sum_{j=1}^{n} \Lambda_j(x) x_j \right) x_k$$

$$= \sum_{k=1}^{n} \left[\sum_{j=1}^{n} \Lambda_j(x) \Lambda_k(x_j) \right] x_k = \sum_{k=1}^{n} \Lambda_k(x) x_k = Px; \quad x \in \mathfrak{X}$$

であるから，$P^2 = P$。さらに，いかなる $x \in \mathfrak{X}$ に対しても Px は $x_1, x_2, \ldots, x_n$ の一次結合であるから，$Px \in \mathfrak{M}$。つまり $P(\mathfrak{X}) \subset \mathfrak{M}$。逆に $Px_j = x_j (j = 1, 2, \ldots, n)$ であることから，$P(\mathfrak{X}) \supset \mathfrak{M}$ も知られ，$P(\mathfrak{X}) = \mathfrak{M}$ である。定理 10.3 により，$\mathfrak{M}$ は位相的補空間をもつ。

(iii)　$\operatorname{codim} \mathfrak{M} < \infty$ に注意し，

$$\xi_{y_k} \equiv y_k + \mathfrak{M}; \quad k = 1, 2, \ldots, p$$

を $\mathfrak{X}/\mathfrak{M}$ の基底とする。$\mathfrak{X}/\mathfrak{M}$ は $\mathfrak{X}$ の分割であるから，任意の $x \in \mathfrak{X}$ はある k について $x \in y_k + \mathfrak{M}$，したがって

$$x = y_k + z \tag{1}$$

を満たす $z \in \mathfrak{M}$ が存在する。いま $\mathfrak{N} = \operatorname{span}\{y_1, y_2, \ldots, y_p\}$ とすれば，上記のことから，$\mathfrak{X} = \mathfrak{M} + \mathfrak{N}$ である。次に (1) のような表現の一意性を示そう。

そのためにひとつだけ注意しておくべき事実は $\mathfrak{M} \cap \mathfrak{N} = \{0\}$ であること，これである。実際

$$0 \neq \sum_{k=1}^{p} \alpha_k y_k \in \mathfrak{M} \cap \mathfrak{N}$$

とすれば，

$$0 = \xi_{\sum_{k=1}^{p} \alpha_k y_k} = \sum_{k=1}^{p} \alpha_k \xi_{y_k} \quad (\text{左辺の 0 は} \xi_0 \text{の意味})$$

となり，これは $\xi_{y_k}\ (k = 1, 2, \ldots, p)$ が $\mathfrak{X}/\mathfrak{M}$ の基底であることに矛盾する。

314 第 10 章 Fredholm 作用素

いま $x \in \mathfrak{X}$ が

$$x = z + y = z' + y', \quad z, z' \in \mathfrak{M}, \quad y, y' \in \mathfrak{N}$$

のようにふたとおりに表現されたとすると,

$$z - z' = y' - y \in \mathfrak{M} \cap \mathfrak{N}.$$

したがって $z = z', y = y'$ でなければならない。つまり, $\mathfrak{X} = \mathfrak{M} \oplus \mathfrak{N}$ である。定理 10.4 により, これは位相的直和である。   (証了)

部分空間 $\mathfrak{M}$ が (iii) を満たせば, $\mathfrak{M}$ を含む部分空間もまた同様の条件を満たす。つまり次の定理が成り立つ。

定理 10.6 $\mathfrak{X}$ を Banach 空間, $\mathfrak{M}$ はその閉部分空間で, しかも codim $\mathfrak{M} < \infty$ とする。$\mathfrak{N}$ は $\mathfrak{M} \subset \mathfrak{N} \subset \mathfrak{X}$ を満たす $\mathfrak{X}$ の部分空間とすれば, $\mathfrak{N}$ も閉で, codim $\mathfrak{N} < \infty$ である。

証明 $\mathfrak{X}/\mathfrak{M}, \mathfrak{N}/\mathfrak{M}$ に商位相を定めると, 標準的射影 $\pi_1 : \mathfrak{X} \to \mathfrak{X}/\mathfrak{M}$, $\pi_2 : \mathfrak{N} \to \mathfrak{N}/\mathfrak{M}$ はともに連続である。[8] $\dim \mathfrak{X}/\mathfrak{M} < \infty$ なので $\dim \mathfrak{N}/\mathfrak{M}$ も有限であり, したがって $\mathfrak{N}/\mathfrak{M}$ は $\mathfrak{X}/\mathfrak{M}$ の閉部分空間である。ゆえに $\mathfrak{N} = \pi_1^{-1}(\mathfrak{N}/\mathfrak{M})$ は閉である。

次に $\xi_{x_1}, \xi_{x_2}, \ldots, \xi_{x_n} \in \mathfrak{X}/\mathfrak{N}$ が一次独立であるとしよう。ここで $x_j \in \mathfrak{X}, \xi_{x_j} = x_j + \mathfrak{N} (j = 1, 2, \ldots, n)$ である。

$$\sum_{j=1}^{n} \alpha_j x_j \equiv 0 \quad (\mathrm{mod}\, \mathfrak{N}) \implies \alpha_j = 0 \quad \text{for all} \quad j$$

であるから, もちろん

$$\sum_{j=1}^{n} \alpha_j x_j \equiv 0 \quad (\mathrm{mod}\, \mathfrak{M}) \implies \alpha_j = 0 \quad \text{for all} \quad j.$$

つまり $x_1 + \mathfrak{M}, x_2 + \mathfrak{M}, \ldots, x_n + \mathfrak{M}$ は $\mathfrak{X}/\mathfrak{M}$ において一次独立である。し

―――――――

8) ただし以下の証明中で用いるのは π_1 の連続性のみである

たがって

$$\dim \mathfrak{X}/\mathfrak{N} \leqq \dim \mathfrak{X}/\mathfrak{M}. \qquad\qquad (証了)$$

位相的直和について，いくつかの補足を加えておこう。

Hilbert 空間における直交補空間（p.5）の概念を一般化し，線形ノルム空間 $\mathfrak{X}$ の閉部分空間 $\mathfrak{M}$ の零化群（annihilator）$\mathfrak{M}^{\perp}$ を

$$\mathfrak{M}^{\perp} = \{\Lambda \in \mathfrak{X}' | \Lambda x = 0 \quad \text{for all} \quad x \in \mathfrak{M}\}$$

と定義する。

補題 10.3 $\mathfrak{X}$ を線形ノルム空間, $\mathfrak{M}$ をその閉部分空間とするとき, $\dim \mathfrak{M}^{\perp} < \infty$ であるためには $\mathfrak{X} = \mathfrak{M} \oplus \mathfrak{N}$（位相的直和）となるような有限次元部分空間 $\mathfrak{N}$ の存在することが必要十分である。またこのとき, $\dim \mathfrak{M}^{\perp} = \dim \mathfrak{N}$ である。

証明 （十分性）　まず $\mathfrak{X} = \mathfrak{M} \oplus \mathfrak{N}, \dim \mathfrak{N} = n < \infty$ と仮定し, $v_1, v_2, \ldots, v_n$ を $\mathfrak{N}$ の基底とする。このとき, $v_1, v_2, \ldots, v_n$ を含む $\mathfrak{X}$ の双直交系 $\{v_j, \Lambda_j\}_{j=1,2,\ldots,n}$ で $\Lambda_j \in \mathfrak{M}^{\perp}$ $(j = 1, 2, \ldots, n)$ を満たすものが存在する。その証明は補題 10.2 の (i) と同様にすればよい。つまり

$$\mathfrak{N}_j = \mathrm{span}\{v_1, \ldots, v_{j-1}, v_{j+1}, \ldots, v_n\}; \quad j = 1, 2, \ldots, n$$

とおく。$\mathfrak{M}_j = \mathfrak{M} \oplus \mathfrak{N}_j$ とすれば，定理 10.3 から，$\mathfrak{M}_j$ は閉部分空間であり，もちろん $v_j \notin \mathfrak{M}_j$ である。そこで Hahn-Banach の定理により

$$\Lambda_j(v_j) = 1, \quad \Lambda_j(v) = 0 \text{ on } \mathfrak{M}_j$$

となるような $\Lambda_j \in \mathfrak{X}'$ が存在する。このようにして定義された $\Lambda_1, \Lambda_2, \ldots, \Lambda_n$ は明らかに所望の性質を満たす。

316　　　　第 10 章　Fredholm 作用素

この $\varLambda_1, \varLambda_2, \ldots, \varLambda_n$ は一次独立である。[9] したがって任意の $\varLambda \in \mathfrak{M}^\perp$ が $\varLambda_1, \varLambda_2, \ldots, \varLambda_n$ の一次結合で表わされることを確かめれば，$\mathfrak{M}^\perp = \mathrm{span}\{\varLambda_1, \varLambda_2, \ldots, \varLambda_n\}$ で $\dim \mathfrak{M}^\perp = n$ が示される。$\varLambda \in \mathfrak{M}^\perp$ とし，

$$\varPhi = \sum_{j=1}^n \varLambda(v_j)\varLambda_j$$

とおけば，

$$\varPhi(v_k) = \sum_{j=1}^n \varLambda(v_j)\delta_{jk} = \varLambda(v_k).$$

他方，$x \in \mathfrak{X}$ は

$$x = u + \sum_{j=1}^n \alpha_j v_j, \quad u \in \mathfrak{M}$$

と表わすことができる。$\varLambda, \varPhi \in \mathfrak{M}^\perp$ であるから，$\varLambda(v_j) = \varPhi(v_j)$ により

$$\varLambda(x) = \varPhi(x) \quad \text{for all} \quad x \in \mathfrak{X}.$$

つまり $\varLambda = \varPhi$ であり，$\varLambda$ は $\varLambda_j$ の一次結合であることが知られたのである。

　（必要性）　$\dim \mathfrak{M}^\perp = n < \infty$ とし，$\varLambda_1, \varLambda_2, \ldots, \varLambda_n$ を $\mathfrak{M}^\perp$ の基底とする。$\varLambda_1, \varLambda_2, \ldots, \varLambda_n$ を含む $\mathfrak{X}$ の双直交系を $\{u_j, \varLambda_j\}_{j=1,2,\ldots,n}$ としよう（補題 10.2）。

　そこで $\mathfrak{N} = \mathrm{span}\{v_1, v_2, \ldots, v_n\}$ とし，$\mathfrak{X} = \mathfrak{M} \oplus \mathfrak{N}$（位相的直和）であることを示そう。

　まず $\mathfrak{M} \cap \mathfrak{N} = \{0\}$ であることはただちに知られる。実際，$x \in \mathfrak{M} \cap \mathfrak{N}$ とすれば，$x \in \mathfrak{N}$ から

$$x = \sum_{j=1}^m \alpha_j v_j, \quad \alpha_j \in \mathbb{R}$$

と書けるが，一方 $x \in \mathfrak{M}$ からは

$$\varLambda_j(x) = \sum_{k=1}^n \alpha_k \varLambda(v_k) = \alpha_j = 0$$

が導かれ，結局 $x = 0$ である。

---

　9)　$\alpha_1 \varLambda_1 + \ldots + \alpha_n \varLambda_n = 0$ とし，左辺を v_j で計算すれば，双直交系の定義により，$\alpha_j = 0$ である。

§1 直和と射影 317

次に $x \in \mathfrak{X}$ に対して

$$w = \sum_{j=1}^{n} \Lambda_j(x)v_j \in \mathfrak{N}, \quad u = x - w$$

とおく。このとき $u \in \mathfrak{M}$ が示されればよい。$u \notin \mathfrak{M}$ であるとすれば, Hahn-Banach の定理により, $\Lambda(u) \neq 0$ なる $\Lambda \in \mathfrak{M}^\perp$ が存在する。この Λ は

$$\Lambda = \sum_{j=1}^{n} \beta_j \Lambda_j, \quad \beta_j \in \mathbb{R}$$

と表わされるが,

$$\Lambda_k(w) = \sum_{j=1}^{n} \Lambda_j(x)\Lambda_k(v_j) = \sum_{j=1}^{n} \Lambda_j(x)\delta_{jk} = \Lambda_k(x)$$

であるから, $\Lambda(w) = \Lambda(x)$。ゆえに $\Lambda(u) = 0$ が導かれ, これは $\Lambda(u) \neq 0$ に矛盾。 (証了)

補題 10.4 $\mathfrak{X}$ は線形ノルム空間, $\mathfrak{M}$ はその閉部分空間, $\mathfrak{N}$ は有限次元部分空間で $\mathfrak{M} \cap \mathfrak{N} = \{0\}$ とする。このとき $\mathfrak{M} \oplus \mathfrak{N}$ は閉部分空間である。

証明 $\mathfrak{M} \oplus \mathfrak{N}$ の点列 $\{x_n\}$ が $x^* \in \mathfrak{X}$ に収束するとし, $x^* \in \mathfrak{M} \oplus \mathfrak{N}$ を示そう。

$$x_n = u_n + v_n ; \quad u_n \in \mathfrak{M}, v_n \in \mathfrak{N}$$

とすると, まず数列 $\{\|v_n\|\}$ は有界であることが知られる。実際, もしそうでないとすると, $\{v_n\}$ の適当な部分列 $\{v_{n'}\}$ を選び $\|v_{n'}\| \to \infty$ (as $n' \to \infty$) とすることができる。

$$z_{n'} = \frac{v_{n'}}{\|v_{n'}\|}$$

とおけば,

$$\left\| \frac{u_{n'}}{\|v_{n'}\|} + z_{n'} \right\| = \frac{1}{\|v_{n'}\|}\|u_{n'} + v_{n'}\| = \frac{1}{\|v_{n'}\|}\|x_{n'}\| \to 0 \quad \text{as} \quad n' \to \infty.$$

しかるに $\{z_{n'}\}$ は $\mathfrak{N}$ の単位球面 $S_\mathfrak{N}$ 上の点列であり, $u_{n'}/\|v_{n'}\| \in \mathfrak{M}$ である

から，上記の結果により

$$\inf_{z \in S_{\mathfrak{N}}} \rho(z, \mathfrak{M}) = 0.$$

（ここで $\rho(z, \mathfrak{M})$ は点 z と集合 $\mathfrak{M}$ との距離である。）しかも $\mathfrak{N}$ は有限次元なので，$S_{\mathfrak{N}}$ はコンパクトである。ゆえに

$$\rho(z_0, \mathfrak{M}) = 0$$

となる $z_0 \in S_{\mathfrak{N}}$ が存在する。だが $\mathfrak{M}$ は閉で $\mathfrak{M} \cap \mathfrak{N} = \{0\}$ であるから，$z_0 \in S_{\mathfrak{N}}$（したがって $z_0 \neq 0$）からは

$$\rho(z_0, \mathfrak{M}) > 0$$

が導かれる。矛盾。

　こうして $\{\|v_n\|\}$ の有界性が知られたので，$\{v_n\}$ の適当な部分列 $\{v_{n'}\}$（上と同じ記号を用いるが，別の部分列なので区別していただきたい）を選んで，

$$v_{n'} \to v^* \in \mathfrak{N}$$

とすることができる。いま

$$u_{n'} = x_{n'} - v_{n'}$$

で，$x_{n'} \to x^*, v_{n'} \to v^*$ であることから，

$$u_{n'} \to x^* - v^* \equiv u^* \quad \text{as} \quad n' \to \infty.$$

$\mathfrak{M}$ は閉であるから $u^* \in \mathfrak{M}$。したがって $x^* \in \mathfrak{M} \oplus \mathfrak{N}$ が示されたのである。

（証了）

§2　Fredholm 作用素：定義と例

定義　$\mathfrak{X}, \mathfrak{Y}$ を線形ノルム空間，$T : \mathfrak{X} \to \mathfrak{Y}$ は連続な線形作用素とする。T

§2 Fredholm 作用素：定義と例 319

が

$$\dim \operatorname{Ker}T < \infty \quad \text{かつ} \quad \operatorname{codim}T(\mathfrak{X}) < \infty$$

なる条件を満たすとき，T は **Fredholm 作用素** (Fredholm operator) で
あるという。またこのとき

$$\kappa(T) = \dim \operatorname{Ker}T - \operatorname{codim}T(\mathfrak{X})$$

を作用素 T の**指数** (index) と称する。

例 1　$\mathfrak{X} = \mathbb{R}^n, \mathfrak{Y} = \mathbb{R}^m$ とすれば，いかなる線形作用素 $T : \mathbb{R}^n \to \mathbb{R}^m$ も
Fredholm である。$\mathfrak{X}/\operatorname{Ker}T \cong T(\mathfrak{X})$ であるから，

$$\operatorname{codim} \operatorname{Ker}T = \dim T(\mathfrak{X}).$$

したがって

$$\kappa(T) = \dim \operatorname{Ker}T - \operatorname{codim}T(\mathfrak{X})$$
$$= (n - \operatorname{codim} \operatorname{Ker}T) - (m - \dim T(\mathfrak{X})) = n - m.$$

例 2　$\mathfrak{X} = \mathfrak{C}^1([a,b], \mathbb{R}), \mathfrak{Y} = \mathfrak{C}([a,b], \mathbb{R})$ とし，[10] $T : \mathfrak{C}^1 \to \mathfrak{C}$ は微分作用素

$$T : f \mapsto f', \quad f \in \mathfrak{C}^1$$

とする。このとき $\operatorname{Ker}T$ は定値函数の空間であるから $\dim \operatorname{Ker}T = 1$。また $T(\mathfrak{X}) =$
$\mathfrak{Y}$ であるから $\operatorname{codim}T(\mathfrak{X}) = 0$。したがって T は Fredholm で $\kappa(T) = 1$。

例 3　$\lambda \in \mathbb{R} \setminus \{0\}, K(x,y) : [a,b] \times [a,b] \to \mathbb{R}$ は連続とし，作用素 $T :$
$\mathfrak{L}^2([a,b], \mathbb{R}) \to \mathfrak{L}^2([a,b], \mathbb{R})$ を

$$Tf(x) = \int_a^b K(x,y)f(y)dy - \lambda f(x)$$

---

10)　$\mathfrak{C}^1$ には $\mathfrak{C}^1$-ノルム，$\mathfrak{C}$ には一様収束ノルムを定める。

320 第 10 章 Fredholm 作用素

と定義する（$\mathfrak{X} = \mathfrak{Y} = \mathfrak{L}^2([a,b], \mathbb{R})$。よく知られているように作用素

$$S : f \mapsto \int_a^b K(x,y) f(y) dy$$

は $\mathfrak{L}^2([a,b], \mathbb{R})$ 上のコンパクト（完全連続）作用素である。$T = S - \lambda I$ であるから，$\dim \operatorname{Ker} T = \operatorname{codim} T(\mathfrak{X})$。[11] したがって T は Fredhom 作用素で $\kappa(T) = 0$ である。

定理 10.7 $\mathfrak{X}, \mathfrak{Y}$ は Banach 空間，$T : \mathfrak{X} \to \mathfrak{Y}$ は連続線形作用素で $\operatorname{codim} T(\mathfrak{X}) < \infty$ とする。このとき $T(\mathfrak{X})$ は閉である。

証明 定理 10.2 により，$\mathfrak{Y}$ における部分空間 $\mathfrak{Z}$ を適当に選んで

$$\mathfrak{Y} = T(\mathfrak{X}) \oplus \mathfrak{Z}$$

とすることができる。[12] $\dim \mathfrak{Z} < \infty$ なので $\mathfrak{Z}$ は閉部分空間である。ここで作用素 $S : \mathfrak{X} \times \mathfrak{Z} \to \mathfrak{Y}$ を

$$S(x,z) = Tx + z; \quad x \in \mathfrak{X}, \ z \in \mathfrak{Z}$$

と定義すると，S は Banach 空間 $\mathfrak{X} \times \mathfrak{Z}$ から Banach 空間 $\mathfrak{Y}$ の上への連続な線形作用素である。したがって開写像定理[13]により，S は開写像となる。ゆえに

$$\widetilde{S} : \mathfrak{X} \times \mathfrak{Z} / \operatorname{Ker} S \to \mathfrak{Y}$$

を，

$$\widetilde{S} : \quad (x,z) + \operatorname{Ker} S \mapsto Tx + z$$

と定義すると，$\widetilde{S}$ の下で $\mathfrak{X} \times \mathfrak{Z} / \operatorname{Ker} S$ と $\mathfrak{Y}$ は Banach 空間として同型である。

---

11) 一般に $A : \mathfrak{X} \to \mathfrak{X}$ をコンパクト作用素，$\lambda \neq 0$ とすれば，次の四つの数はすべて有限で相等しい。（A' は A の双対作用素。）

$$\alpha = \dim \operatorname{Ker}(A - \lambda I), \quad \beta = \operatorname{codim}(A - \lambda I)(\mathfrak{X}),$$
$$\alpha' = \dim \operatorname{Ker}(A' - \lambda L), \quad \beta' = \operatorname{codim}(A' - \lambda I)(\mathfrak{X}').$$

12) $T(\mathfrak{X})$ の閉であることがまだ示されていないので，定理 10.5 を使うことはできない。

13) たとえば Dunford and Schwartz[25]pp.55-57, 丸山 [78] pp.139-142 を見よ。

§2 Fredholm 作用素：定義と例　　　321

しかるに $T(\mathfrak{X})$ は Banach 空間 $\mathfrak{X} \times \{0\}/\mathrm{Ker}S$ の $\widetilde{S}$ による像と合致する。こうして $T(\mathfrak{X})$ の完備性（したがって閉性）が示されたのである。　　　（証了）

定理 10.8　$\mathfrak{X}$ は Banach 空間，$K : \mathfrak{X} \to \mathfrak{X}$ はコンパクト作用素とするとき，次の命題が成り立つ。

(i)　$\dim \mathrm{Ker}(I + K) < \infty$.

(ii)　$\dim \mathrm{Ker}(I + K') < \infty$.[14]

(iii)　$I + K$ の像は閉集合である。

証明　(i)　$\mathrm{Ker}(I + K)$ 上においては $I = -K$ であるから，$\mathrm{Ker}(I + K)$ の単位球を S とすれば $S = -K(S)$ である。しかるに K はコンパクト作用素であるから，S は相対コンパクトである。しかも S は閉なので，それはコンパクトである。ゆえに $\dim \mathrm{Ker}(I + K) < \infty$。

(ii)　$(I + K)' = I + K'$ であることと，K' もコンパクト作用素であることから，(i) と同様にして (ii) を得る。

(iii)　(i) と定理 10.5 により，$\mathfrak{X}$ の適当な閉部分空間 $\mathfrak{M}$ を用いて，$\mathfrak{X} = \mathfrak{M} \oplus \mathrm{Ker}(I + K)$（位相的直和）とすることができる。すると

$$\|m\| \leqq \theta \|(I + K)m\| \quad \text{for all} \quad m \in \mathfrak{M} \tag{1}$$

を満たす数 $\theta > 0$ が存在する。実際，このような θ が存在しないとすれば，

$$m_n \in \mathfrak{M}, \quad \|m_n\| = 1, \quad (I + K)m_n \to 0$$

なる $\mathfrak{M}$ の点列 $\{m_n\}$ が存在する。[15] K がコンパクト作用素であることから $\{Km_n\}$ は収束部分列 $\{Km_{n'}\}$ を有する。その極限を y^* としよう。

$$(I + K)m_{n'} - m_{n'} + Km_{n'} \to 0, \quad Km_{n'} \to y^*$$

---

14)　K' は K の双対作用素。

15)　なぜなら，任意の $\varepsilon > 0$ に対して $\|v_\varepsilon\| > \varepsilon^{-1}\|(I + K)v_\varepsilon\|$ となる $v_\varepsilon \in \mathfrak{M}$ が存在することになるので，$m_\varepsilon = v_\varepsilon/\|v_\varepsilon\|$ とおけば

$$\|(I + K)m_\varepsilon\| < \varepsilon.$$

から，$m_{n'} \to -y^*$ である。したがって $Km_{n'} \to -Ky^*$ でもあり，$y^* = -Ky^*$ である。つまり $y^* \in \mathrm{Ker}(I+K)$。$\mathfrak{M}$ が閉であるから，$-y^* \in \mathfrak{M}$ であり，したがって

$$y^* \in \mathfrak{M} \cap \mathrm{Ker}(I+K).$$

これから $y^* = 0$ でなければならない。だがこれは

$$m_{n'} \to -y^*, \quad \|m_{n'}\| = 1$$

に矛盾。

$(I+K)(\mathfrak{X})$ の閉性を示そう。そこで

$$(I+K)x_n = u_n \to u^*, \quad x_n \in \mathfrak{X}$$

とする。$\mathfrak{X} = \mathfrak{M} \oplus \mathrm{Ker}(I+K)$ であるから，

$$u_n = (I+K)m_n, \quad m_n \in \mathfrak{M} \tag{2}$$

と書くことができる。これと不等式 (1) から，

$$\|m_n - m_k\| \leqq \theta \|u_n - u_k\|$$

であるから，$\{m_n\}$ は Caucy 列である。$m_n \to m^*$ とすれば，$I+K$ の連続性により

$$u^* = \lim_{n \to \infty} u_n = \lim_{n \to \infty} (I+K)m_n = (I+K)m^*$$

である。ゆえに $u^* \in (I+K)(\mathfrak{X})$。 (証了)

§3　パラメトリックス

まず以下の議論において繰り返し利用される補題をひとつ用意しておこう。

§3 パラメトリックス　　　323

補題 10.5　$\mathfrak{X}, \mathfrak{Y}$ は Banach 空間，$T : \mathfrak{X} \to \mathfrak{Y}$ は Fredholm 作用素とする。$\mathfrak{V} = \mathrm{Ker} T, \mathfrak{R} = T(\mathfrak{X})$ とおき，$\mathfrak{M} \subset \mathfrak{X}, \mathfrak{Z} \subset \mathfrak{Y}$ は

$$\mathfrak{X} = \mathfrak{V} \oplus \mathfrak{M}, \quad \mathfrak{Y} = \mathfrak{Z} \oplus \mathfrak{R} \quad (位相的直和)$$

を満たす部分空間とする。このとき T の $\mathfrak{M}$ への制限 $T|_{\mathfrak{M}}$ は $\mathfrak{M}$ と $\mathfrak{R}$ の間の（線形ノルム空間としての）同型作用素である。

証明　$T|_{\mathfrak{M}} : \mathfrak{M} \to \mathfrak{R}$ の線形性は自明である。任意の $x \in \mathfrak{X}$ は $x = v + m \, (v \in \mathfrak{V}, m \in \mathfrak{M})$ と一意的に表現されるので $Tx = Tv + Tm = 0 + Tm$。ゆえに $\mathfrak{R} = T|_{\mathfrak{M}}(\mathfrak{M})$ である。また $T|_{\mathfrak{M}}$ が単射であることは $\{m \in \mathfrak{M} \,|\, T|_{\mathfrak{M}} m = 0\} = \mathfrak{V} \cap \mathfrak{M} = \{0\}$ であることから明らかであろう。これで $T|_{\mathfrak{M}}$ が全単射であることが知られたので，逆写像 $T|_{\mathfrak{M}}^{-1} : \mathfrak{R} \to \mathfrak{M}$ が存在する。最後に，定理 10.4 により，$\mathfrak{M}, \mathfrak{R}$ はいずれも閉であることに注意し，開写像定理から $T|_{\mathfrak{M}}$ は開写像[16]である。こうして $T|_{\mathfrak{M}}$ が $\mathfrak{M}$ と $\mathfrak{R}$ との間の同型作用素であることが示された。　　　　　　　　　　　　　　　　　　　　　　　　　（証了）

定理 10.9（パラメトリックス）　$\mathfrak{X}, \mathfrak{Y}$ は Banach 空間，$T : \mathfrak{X} \to \mathfrak{Y}$ は有界線形作用素とする。このとき，次の二命題は同値である。

(i)　T は Fredholm 作用素である。

(ii)　次の条件を満たす有界線形作用素

$$P_l, P_r : \mathfrak{Y} \to \mathfrak{X}$$

とコンパクト線形作用素

$$C_l : \mathfrak{X} \to \mathfrak{X}, \quad C_r : \mathfrak{Y} \to \mathfrak{Y}$$

が存在する。すなわち

$$P_l T = I + C_l, \tag{1}$$

---

16)　注 13 を見よ。

$$TP_r = I + C_r. \tag{2}$$

証明 (i)⇒ (ii): T が Fredholm 作用素とすれば，$\mathfrak{V} \equiv \mathrm{Ker}T, \mathfrak{R} \equiv T(\mathfrak{X})$ とおくとき，

$$\mathfrak{X} = \mathfrak{V} \oplus \mathfrak{W}, \quad \mathfrak{Y} = \mathfrak{Z} \oplus \mathfrak{R} \quad \text{(位相的直和)}$$

を満たす部分空間 $\mathfrak{W} \subset \mathfrak{X}, \mathfrak{Z} \subset \mathfrak{Y}$ が存在する。（ここで定理 10.7 により，$\mathfrak{R}$ が閉であることに注意。）この位相的直和分解に対応して射影

$$\pi_\mathfrak{V} : \mathfrak{X} \to \mathfrak{V}, \quad \pi_\mathfrak{Z} : \mathfrak{Y} \to \mathfrak{Z}$$

を考える。$T|_\mathfrak{W}$ を作用素 T の $\mathfrak{W}$ への制限とし，$T|_\mathfrak{W} : \mathfrak{W} \to \mathfrak{R}$ は（線形ノルム空間の）同型作用素であることに注意する（補題 10.5）。そこで $\mathfrak{Y}$ の各点，$y = z + r \ (z \in \mathfrak{Z}, r \in \mathfrak{R})$ に対して $T|_\mathfrak{W}^{-1}(r)$ を対応させる作用素を $S : \mathfrak{Y} \to \mathfrak{W} \subset \mathfrak{X}$ としよう。つまり

$$S : (z + r) \mapsto T|_\mathfrak{W}^{-1}(r)$$

である。

こうすれば，$ST : \mathfrak{X} \to \mathfrak{X}$ は

$$ST = I - \pi_\mathfrak{V}$$

を満たし，また $TS : \mathfrak{Y} \to \mathfrak{Y}$ は

$$TS = I - \pi_\mathfrak{Z}$$

である。T が Fredholm であることから，

$$\dim \pi_\mathfrak{V}(\mathfrak{X}) < \infty, \quad \dim \pi_\mathfrak{Z}(\mathfrak{Y}) < \infty$$

なので，$\pi_\mathfrak{V}$ と $\pi_\mathfrak{Z}$ はいずれもコンパクト作用素である。そこで

$$P_l = P_r = S$$

とし，さらに

$$C_l = -\pi_\mathfrak{V}, \quad C_r = -\pi_\mathfrak{Z}$$

とおけば，(ii) が導かれる。

（ii）⇒（i）：　次に (ii) を仮定しよう。(1) により

$$\mathrm{Ker}\,T \subset \mathrm{Ker}(I + C_l)$$

で，しかも定理 10.7 により $\dim \mathrm{Ker}(I + C_l) < \infty$ である。ゆえに

$$\dim \mathrm{Ker}\,T \leqq \dim \mathrm{Ker}(I + C_l) < \infty.$$

他方 (2) からは

$$(I + C_r)(\mathfrak{Y}) \subset T(\mathfrak{X}) = \mathfrak{R}$$

が導かれ，$(I+C_r)(\mathfrak{Y})$ は閉で（定理 10.7 による），しかも $\mathrm{codim}(I+C_r)(\mathfrak{Y}) < \infty$。（p.320 の脚注 11 を見よ。）定理 10.6 によって，$\mathrm{codim}\mathfrak{R} < \infty$。

こうして T が Fredholm 作用素であることが知られた。　　　　（証了）

この補題によって存在を確認された P_l, P_r をそれぞれ作用素 T の**左パラメトリックス**および**右パラメトリックス** (left, right parametrix) と呼ぶ。

注意　**1°**　上に得られた作用素 $S : \mathfrak{Y} \to \mathfrak{X}$ は Fredholm 作用素で，しかも $\kappa(S) = -\kappa(T)$ である。($\mathrm{Ker}\,S = \mathfrak{Z}, S(\mathfrak{Y}) = \mathfrak{W}$ であることから明らか。)

　　2°　上記の証明から知られるとおり，(i)⇒(ii) の部分はやや精密化して次のように述べることもできる。

"T が Fredholm 作用素であるならば，次の条件を満たす有界線形作用素 $S : \mathfrak{Y} \to \mathfrak{X}$ とコンパクト作用素 $C_l : \mathfrak{X} \to \mathfrak{X}, C_r : \mathfrak{Y} \to \mathfrak{Y}$ が存在する。すなわち

$$ST = I + C_l, \tag{1'}$$

$$TS = I + C_r \tag{2'}$$

が成り立ち，しかも

　　a)　S は Fredholm 作用素，
　　b)　$\dim C_l(\mathfrak{X}) < \infty,$　　$\dim C_r(\mathfrak{Y}) < \infty,$
　　c)　$\kappa(S) = -\kappa(T).$ "

326   第 10 章　Fredholm 作用素

§4　Fredholm 作用素の積

定理 10.10　$\mathfrak{X}, \mathfrak{Y}, \mathfrak{Z}$ は Banach 空間，$T : \mathfrak{X} \to \mathfrak{Y}$ および $S : \mathfrak{Y} \to \mathfrak{Z}$ は Fredholm 作用素とすれば，それらの積 $ST = S \circ T : \mathfrak{X} \to \mathfrak{Z}$ も Fredholm 作用素で，しかも

$$\kappa(ST) = \kappa(S) + \kappa(T)$$

が成り立つ。

証明　T, S が Fredholm 作用素であることから，$\dim \mathrm{Ker} T < \infty$ であり，また $\mathrm{codim} S(\mathfrak{Y}) < \infty$ から $S(\mathfrak{Y})$ は閉である（定理 10.7）ことにまず注意しよう。すると定理 10.5 により，

$$\mathfrak{X} = \mathrm{Ker} T \oplus \mathfrak{W}, \tag{1}$$

$$\mathfrak{Z} = \mathfrak{U} \oplus S(\mathfrak{Y}) \quad \text{（位相的直和）} \tag{2}$$

を満たす部分空間 $\mathfrak{W} \subset \mathfrak{X}$，$\mathfrak{U} \subset \mathfrak{Z}$ が存在することがわかる。$\mathfrak{Y}$ については T, S のいずれを用いても直和分解が可能であるが，まず

$$\mathfrak{Y}_1 = T(\mathfrak{X}) \cap \mathrm{Ker} S \tag{3}$$

とすれば，$\dim \mathfrak{Y}_1 < \infty$。また $T(\mathfrak{X}), \mathrm{Ker} S$ は閉部分空間であるから，定理 10.5 により

$$T(\mathfrak{X}) = \mathfrak{Y}_1 \oplus \mathfrak{Y}_2, \tag{4}$$

$$\mathrm{Ker} S = \mathfrak{Y}_1 \oplus \mathfrak{Y}_3 \tag{5}$$

の形式に（位相的）直和分解することができる。いま $y \in T(\mathfrak{X}) \cap \mathfrak{Y}_3$ とすれば，$y \in T(\mathfrak{X}) \cap \mathrm{Ker} S = \mathfrak{Y}_1$ であり（(3) による），$\mathfrak{Y}_1 \cap \mathfrak{Y}_3 = \{0\}$ なのであるから $y = 0$。つまり $T(\mathfrak{X}) \cap \mathfrak{Y}_3 = \{0\}$ である。そこで $T(\mathfrak{X}) \oplus \mathfrak{Y}_3$ を考えることができる。$T(\mathfrak{X})$ は閉で，しかも $\mathrm{codim} T(\mathfrak{X}) < \infty$ ゆえ，定理 10.6 によ

り，$T(\mathfrak{X} \oplus \mathfrak{Y}_3)$ も閉で，しかも $\mathrm{codim}(T(\mathfrak{X}) \oplus \mathfrak{Y}_3) < \infty$ である。したがって定理 10.5 を重ねて用いれば，

$$\mathfrak{Y} = (T(\mathfrak{X}) \oplus \mathfrak{Y}_3) \oplus \mathfrak{Y}_4 = T(\mathfrak{X}) \oplus (\mathfrak{Y}_3 \oplus \mathfrak{Y}_4) \tag{6}$$

を満たす部分空間 $\mathfrak{Y}_4$ が存在する。(4), (5) により

$$\mathfrak{Y} = \mathfrak{Y}_1 \oplus \mathfrak{Y}_2 \oplus \mathfrak{Y}_3 \oplus \mathfrak{Y}_4 = \mathfrak{Y}_2 \oplus \mathfrak{Y}_4 \oplus \mathrm{Ker}S. \tag{7}$$

(6) により

$$\mathrm{codim}T(\mathfrak{X}) = \dim \mathfrak{Y}_3 + \dim \mathfrak{Y}_4$$

であるから，

$$\kappa(T) = \dim \mathrm{Ker}T - (\dim \mathfrak{Y}_3 + \dim \mathfrak{Y}_4). \tag{8}$$

また (5) からは

$$\dim \mathrm{Ker}S = \dim \mathfrak{Y}_1 + \dim \mathfrak{Y}_3$$

が導かれるから，(2) を用いて

$$\kappa(S) = \dim \mathfrak{Y}_1 + \dim \mathfrak{Y}_3 - \dim \mathfrak{U}. \tag{9}$$

補題 10.5 により，$T|_{\mathfrak{W}} : \mathfrak{W} \to T(\mathfrak{X})$ は同型作用素であるから，(4) の両辺に $T|_{\mathfrak{W}}^{-1}$ を作用させて

$$\mathfrak{W} = T|_{\mathfrak{W}}^{-1}(\mathfrak{Y}_1) \oplus T|_{\mathfrak{W}}^{-1}(\mathfrak{Y}_2). \tag{10}$$

これと (1) により

$$\mathfrak{X} = \mathrm{Ker}T \oplus T|_{\mathfrak{W}}^{-1}(\mathfrak{Y}_1) \oplus T|_{\mathfrak{W}}^{-1}(\mathfrak{Y}_2). \tag{11}$$

ここで

$$\mathrm{Ker}T \oplus T|_{\mathfrak{W}}^{-1}(\mathfrak{Y}_1) \subset \mathrm{Ker}(ST) \tag{12}$$

は明白。また ST は $T|_{\mathfrak{W}}^{-1}(\mathfrak{Y}_2)$ 上では単射である。実際，(3), (4) により $T(\mathfrak{X}) = (T(\mathfrak{X}) \cap \mathrm{Ker}S) \oplus \mathfrak{Y}_2$ であるから，S は $\mathfrak{Y}_2$ 上で単射であり，T は $T|_{\mathfrak{W}}^{-1}(\mathfrak{Y}_2)$ を $\mathfrak{Y}_2$ の上に一対一に写すことに注意すればよい（補題 10.5）。したがって (11) と (12) により

$$\operatorname{Ker}(ST) = \operatorname{Ker}T \oplus T|_{\mathfrak{W}}^{-1}(\mathfrak{Y}_1), \tag{13}$$

$$ST(\mathfrak{X}) = ST(T|_{\mathfrak{W}}^{-1}(\mathfrak{Y}_2)) = S\mathfrak{Y}_2. \tag{14}$$

(13) からは

$$\dim \operatorname{Ker}(ST) = \dim \operatorname{Ker}T + \dim \mathfrak{Y}_1. \tag{15}$$

また (7) によれば，S は $\mathfrak{Y}_2 \oplus \mathfrak{Y}_4$ を $S(\mathfrak{Y})$ の上に一対一に写す（補題 10.5）。$\mathfrak{Y}_2$ は閉部分空間，$\dim \mathfrak{Y}_4 < \infty$ であることと，補題 10.4 により，$\mathfrak{Y}_2 \oplus \mathfrak{Y}_4$ も閉部分空間。$S(\mathfrak{Y})$ も閉であるから，もう一度補題 10.5 により，$S|_{\mathfrak{Y}_2 \oplus \mathfrak{Y}_4}$ は $\mathfrak{Y}_2 \oplus \mathfrak{Y}_4$ と $S(\mathfrak{Y})$ との間に同型を与える。したがって (14) により，$ST(\mathfrak{X})$ は閉である。

さらに

$$\mathfrak{Z} = \mathfrak{U} \oplus S(\mathfrak{Y}) = \mathfrak{U} \oplus S(\mathfrak{Y}_2) \oplus S(\mathfrak{Y}_4)$$

であるから，(14) により

$$\operatorname{codim} ST(\mathfrak{X}) = \dim \mathfrak{U} + \dim \mathfrak{Y}_4. \tag{16}$$

(15)，(16) から

$$\kappa(ST) = \dim \operatorname{Ker}T + \dim \mathfrak{Y}_1 - (\dim \mathfrak{U} + \dim \mathfrak{Y}_4)$$

であり，さらに (8)，(9) に鑑れば

$$\kappa(ST) = \kappa(S) + \kappa(T). \tag{証了}$$

§5 指数の安定性

定理 10.11 $\mathfrak{X}, \mathfrak{Y}$ は Banach 空間，$T : \mathfrak{X} \to \mathfrak{Y}$ は Fredholm 作用素とする。このとき十分に小さな $\varepsilon > 0$ を選び，$\|U - T\| < \varepsilon$ なるすべての有界線形作用素 $U : \mathfrak{X} \to \mathfrak{Y}$ は Fredholm 作用素で，しかも $\kappa(U) = \kappa(T)$ を成り立たしめることができる。

§5 指数の安定性 329

証明 T が Fredholm 作用素であることから，定理 10.9 への注意により，その $(1')$, $(2')$ および a), b), c) を満たす有界線形作用素 $S : \mathfrak{Y} \to \mathfrak{X}$ とコンパクト作用素 $C_l : \mathfrak{X} \to \mathfrak{X}$, $C_r : \mathfrak{Y} \to \mathfrak{Y}$ が存在する。そこで $\varepsilon = \|S\|^{-1}$ としよう。[17]

$V : \mathfrak{X} \to \mathfrak{Y}$ を $\|V\| < \varepsilon$ なる有界線形作用素とすれば $SV : \mathfrak{X} \to \mathfrak{X}$ は $\|SV\| \leqq \|S\| \cdot \|V\| < 1$ を満たし，また $VS : \mathfrak{Y} \to \mathfrak{Y}$ についても $\|VS\| < 1$ であるから，$I + SV, I + VS$ は有界な逆作用素 $(I + SV)^{-1}, (I + VS)^{-1}$ を有する。[18]

$W = T + V$ とすると，$(1')$, $(2')$ は

$$SW = I + SV + C_l,$$
$$WS = I + VS + C_r$$

という形になる。この第一式に左から $(I + SV)^{-1}$ を，また第二式には右から $(I + VS)^{-1}$ を乗ずると，

$$(I + SV)^{-1}SW = I + (I + SV)^{-1}C_l,$$
$$WS(I + VS)^{-1} = I + C_r(I + VS)^{-1}.$$

ここで $(I + SV)^{-1}S = P_l$, $S(I + VS)^{-1} = P_r$, $(I + SV)^{-1}C_l = C_l'$, $C_r(I + VS)^{-1} = C_r'$ とすれば，上の関係は

$$P_l W = I + C_l', \quad W P_r = I + C_r'$$

となる。$\dim C_l'(\mathfrak{X}) < \infty$, $\dim C_r'(\mathfrak{Y}) < \infty$ である（定理 10.9 への注意 2°）から，C_l' と C_r' はコンパクト作用素である。定理 10.9 により，W は Fredholm 作用素であることが知られる。

次に指数を計算する。$\kappa(S) = -\kappa(T)$ および $\kappa((I + SV)^{-1}) = 0$ に注意し，定理 10.10 によれば，

---

17) $\|S\| = 0$ の場合は $\varepsilon = \infty$ と考える。ただしこのようなケースは $\dim \mathfrak{X} < \infty$, $\dim \mathfrak{Y} < \infty$ の場合にのみ生ずる。

18) 丸山 [78] pp.153-154 参照。

330 第 10 章 Fredholm 作用素

$$\kappa(P_l W) = \kappa((I + SV)^{-1} SW)$$
$$= \kappa((I + SV)^{-1}) + \kappa(S) + \kappa(W) = -\kappa(T) + \kappa(W).$$

他方 $\dim C_l'(\mathfrak{X}) < \infty$ ゆえ，$\kappa(I + C_l') = 0$。ゆえに $\kappa(E) = \kappa(T)$ である。

(証了)

定理 10.12 $\mathfrak{X}, \mathfrak{Y}$ は Banach 空間，$T : \mathfrak{X} \to \mathfrak{Y}$ は Fredholm 作用素で，また $K : \mathfrak{X} \to \mathfrak{Y}$ はコンパクト作用素とする。このとき $T + K$ は Fredholm 作用素で，$\kappa(T + K) = \kappa(T)$ が成り立つ。

証明 定理 10.9 によると，

$$P_l T = I + C_l, \quad T P_r = I + C_r$$

を満たすパラメトリックス $P_l, P_r : \mathfrak{Y} \to \mathfrak{X}$ およびコンパクト作用素 $C_l : \mathfrak{X} \to \mathfrak{X}, C_r : \mathfrak{Y} \to \mathfrak{Y}$ が存在する。したがって

$$P_l(T + K) = I + C_l + P_l K,$$
$$(T + K) P_r = I + C_r + K P_r.$$

K はコンパクト作用素なので $P_l K, K P_r$ もコンパクト作用素である。したがって P_l, P_r は $T + K$ のパラメトリックスになっていることがわかる。つまり $T + K$ は Fredholm 作用素である。

次に連続函数 $\varphi : [0, 1] \to \mathcal{L}(\mathfrak{X}, \mathfrak{Y})$（有界線形作用素の空間）を

$$\varphi(t) = T + tK$$

と定義すれば，tK はコンパクト作用素であるから，上記の結果から $T + tK$ は（すべての $t \in [0, 1]$ について）Fredholm 作用素である。定理 10.11 によると，$\kappa(T + tK)$ は $[0, 1]$ 上において局所的に定数である。したがって $[0, 1]$ の連結性により

$$\kappa(T + tK) = 一定 \quad \text{for all} \quad t \in [0, 1]$$

である。

(証了)

第11章

Hopfの分岐定理

Hopfの分岐定理は，ある種の常微分方程式の周期解を見出すために有力な手がかりを与える。この古典的定理にはいくとおりかの証明が知られているが，目的に通ずる容易な途は存在しないようである。その中でAmbrosetti-Prodi[1]の着想は注目に値する。

その着想とは，まずHopfの定理を抽象的な枠組みで整理し，それから周知の古典的結果を導こうとするものである。(ω, μ)を実パラメータとし，$F(\omega, \mu, \cdot)$はBanach空間 $\mathfrak{X}$ から同じく Banach空間 $\mathfrak{Y}$ への滑らかな函数とする。方程式 $F(\omega, \mu, x) = 0$ の分岐点 (ω^*, μ^*) を求めるためには，点 $(\omega^*, \mu^*, 0)$ における F の，$x \in \mathfrak{X}$ に関する導函数 $D_x F(\omega^*, \mu^*, 0)$ が枢要な役割を演ずる。やがて定理 11.1 において明らかにされるとおり，他の若干の仮定とともに

$$\dim \mathrm{Ker} D_x F(\omega^*, \mu^*, 0) = \mathrm{codim}\, D_x F(\omega^*, \mu^*, 0)\mathfrak{X} = 2$$

という条件が，(ω^*, μ^*) において分岐現象を発生せしめる。

この結果に基づいて，Ambrosetti-Prodi は Hopf の定理の古典的形態を導出し，その数学的構造を明澄に示すことに成功した。

本章では Ambrosetti-Prodi が空間 $\mathfrak{C}^r$ 上で考察した問題を Sobolev 空間上で検討することとする。こうすることにより推論の技術的側面をある程度単純化することが可能となるように思われるからである。ただしその代償として Fourier 級数の収束をめぐる Carleson[14], Hunt[46] の深い定理を援用する必要が生ずる。

そのうえで，経済変動の周期性を証明するひとつの優れた試みとして，

332 第 11 章 Hopf の分岐定理

Kaldor[54] の理論に厳密な数学的表現を与えることにしよう。[1]

§1　Ljapunov-Schmidt の降下法

$\mathfrak{X}, \mathfrak{Y}$ を Banach 空間とし，函数 $f \in \mathfrak{C}^p(\mathbb{R} \times \mathfrak{X}, \mathfrak{Y})$ $(p \geqq 1)$ によって定義される方程式

$$f(\lambda, x) = 0$$

を考察する。これはもちろん一般には無限次元空間における方程式であるが，若干の条件の下で，これを有限変数，有限個の方程式に帰着させて解くことができる。この方法が **Ljapunov-Schmidt の降下法** (reduction method) にほかならない。

函数 $f \in \mathfrak{C}^p(\mathbb{R} \times \mathfrak{X}, \mathfrak{Y})$ $(p \geqq 1)$ は次の四条件を満たすものとする。まず $\lambda^* \in \mathbb{R}$ とし，

$$T = D_x f(\lambda^*, 0), \quad \mathfrak{V} = \mathrm{Ker} T, \quad \mathfrak{R} = T(\mathfrak{X})$$

と書くことにしよう。ここでもちろん，$D_x f(\lambda^*, 0)$ は函数 f の，$(\lambda^*, 0)$ における x についての導函数である。必要な仮定は以下のとおりである。

(i)　$f(\lambda^*, 0) = 0$.

(ii)　T は可逆ではない。

(iii)　$\mathfrak{V}$ は $\mathfrak{X}$ における位相的補空間 $\mathfrak{W}$ をもつ。

$$\mathfrak{X} = \mathfrak{V} \oplus \mathfrak{W} \quad \text{(位相的直和)}.$$

(iv)　$\mathfrak{R}$ は閉集合で，$\mathfrak{Y}$ における位相的補空間 $\mathfrak{Z}$ をもつ。

$$\mathfrak{Y} = \mathfrak{Z} \oplus \mathfrak{R} \quad \text{(位相的直和)}.$$

注意　T が Fredholm 作用素ならば，(iii)，(iv) は満たされる。（定理 10.4, p.309, 定理 10.7, p.320 を見よ。）

---

1)　本章の叙述は Maruyama[80], [81] に基づくものである。

§1 Ljapunov-Schmidt の降下法   333

$\mathfrak{Y}$ から $\mathfrak{Z}$ および $\mathfrak{R}$ への射影をそれぞれ $P : \mathfrak{Y} \to \mathfrak{Z}$, $Q : \mathfrak{Y} \to \mathfrak{R}$ とすれば,

$$x = v + w; \quad v \in \mathfrak{V}, \ w \in \mathfrak{W}$$

として, $f(\lambda, x) = 0$ は

$$\begin{cases} Pf(\lambda, v + w) = 0, & \text{(1a)} \\ Qf(\lambda, v + w) = 0 & \text{(1b)} \end{cases}$$

と同値である。いま

$$\varphi(\lambda, x) = f(\lambda, x) - Tx$$

と定義すれば, $x = v + w$ に対して $Tv = 0$ であるから[2]

$$f(\lambda, x) = Tw + \varphi(\lambda, v + w).$$

ここで $Tw \in \mathfrak{R}$ であるから, (1b) は次のように書き直すことができる。

$$Qf(\lambda, v + w) = QTw + Q\varphi(\lambda, v + w) = Tw + Q\varphi(\lambda, v + w) - 0. \quad \text{(2)}$$

さらに

$$\Phi(\lambda, v, w) = Tw + Q\varphi(\lambda, v + w)$$

とおくと, $\Phi \in \mathfrak{C}^p(\mathbb{R} \times \mathfrak{V} \times \mathfrak{W}, \mathfrak{R})$ で, しかも $D_w \Phi(\lambda^*, 0, 0) : \mathfrak{W} \to \mathfrak{R}$ は

$$D_w \Phi(\lambda^*, 0, 0) : w \mapsto Tw + QD_x \varphi(\lambda^*, 0)w$$

である。定義により, $\varphi(\lambda, x) = f(\lambda, x) - Tx$ であるから,

$$D_x \varphi(\lambda^*, 0) = D_x f(\lambda^*, 0) - T = 0. \quad \text{(3)}$$

ゆえに

$$D_w \Phi(\lambda^*, 0, 0) = T|_{\mathfrak{W}}. \quad \text{(4)}$$

$T|_{\mathfrak{W}} : \mathfrak{W} \to \mathfrak{R}$ は同型作用素である (cf. 補題 10.5, p.323) ことに留意して,

---

2) とくに $f(\lambda^*, 0)$ の場合, $f(\lambda^*, x) = f(\lambda^*, x) - f(\lambda^*, 0) = D_x f(\lambda^*, 0)x + \varphi(\lambda^*, x)$ であるから, $\varphi(\lambda^*, x)$ は $f(\lambda^*, x)$ を線形近似したときの誤差項にほかならない。

方程式 (1b)⇔(2),すなわち

$$\Phi(\lambda, v, w) = Tw + Q\varphi(\lambda, v + w) = 0$$

に陰函数定理を適用する。[3] もちろん $\Phi(\lambda^*, 0, 0) = 0$ である。λ^* の近傍 Γ_{λ^*},$0 \in \mathfrak{V}$ の近傍 $\Gamma_{0,\mathfrak{V}}$ および $0 \in \mathfrak{W}$ の近傍 $\Gamma_{0,\mathfrak{W}}$ を適当に選ぶと,次のような函数 $\gamma \in \mathfrak{C}^p(\Gamma_{\lambda^*} \times \Gamma_{0,\mathfrak{V}}, \Gamma_{0,\mathfrak{W}})$ が一意的に定まる。

    a. $\Phi(\lambda, v, \gamma(\lambda, v)) = 0$ for all $(\lambda, v) \in \Gamma_{\lambda^*} \times \Gamma_{0,\mathfrak{V}}$,

    b. $\gamma(\lambda^*, 0) = 0$.

> **注意　1°**　すべての $\lambda \in \mathbb{R}$ に対して $f(\lambda, 0) = 0$ ならば
>
> $$\gamma(\lambda, 0) = 0 \quad \text{for all} \quad \lambda \in \Gamma_{\lambda^*}.$$

2°　$D_v\gamma(\lambda^*, 0) = 0$.

さて $w = \gamma(\lambda, v)$ を (1a) に代入すると,

$$P(f(\lambda, v + \gamma(\lambda, v))) = 0 \quad \text{for all} \quad (\lambda, v) \in \Gamma_{\lambda^*} \times \Gamma_{0,\mathfrak{V}}. \tag{5}$$

これを**分岐方程式** (bifurcation equation) と呼び,$w = \gamma(\lambda, v)$ と併せて,局所的に(つまり $\Gamma_{\lambda^*} \times \Gamma_{0,\mathfrak{V}} \times \Gamma_{0,\mathfrak{W}}$ において)$f(\lambda, x) = 0$ と同値となる。とくに,$D_x f(\lambda^*, 0) = T$ が **Fredholm** 作用素の場合は,**(5)** の変数と方程式の数は有限個となり,有限次元の問題に帰着する。

§2　抽象的 Hopf の定理

$\mathfrak{X}, \mathfrak{Y}$ は Banach 空間とし,また $F \in \mathfrak{C}^2(\mathbb{R}^2 \times \mathfrak{X}, \mathfrak{Y})$ で,しかも

$$F(\omega, \mu, 0) = 0 \quad \text{for all} \quad (\omega, \mu) \in \mathbb{R}^2$$

であることを仮定する。このような二次元のパラメータ (ω, μ) をもつ方程式

---

   3) 無限次元空間における陰函数定理については,丸山 [78], pp.281-283.

§2 抽象的 Hopf の定理 335

の分岐点を次のように定義する。

定義 $(\omega^*, \mu^*) \in \mathbb{R}^2$ とし,

$$S = \{(\omega, \mu, x) \in \mathbb{R}^2 \times \mathfrak{X} \mid x \neq 0, F(\omega, \mu, x) = 0\} \tag{1}$$

とおく。$(\omega^*, \mu^*, 0) \in \bar{S}$ であるとき, (ω^*, μ^*) は f の（自明な解 $x = 0$ からの）**分岐点** (bifurcation point) であるという。

ここで記号を次のように約束しておこう。

$$T = D_x F(\omega^*, \mu^*, 0),$$
$$\mathfrak{V} = \mathrm{Ker}\, T, \quad \mathfrak{R} = T(\mathfrak{X}),$$
$$M = D_{x,\mu}^2 F(\omega^*, \mu^*, 0),$$
$$N = D_{x,\omega}^2 F(\omega^*, \mu^*, 0).$$

ここでたとえば, $D_{x,\mu}^2 F(\omega^*, \mu^*, 0)$ は函数 F の $(\omega^*, \mu^*, 0)$ における二階の導函数 $D_\mu(D_x F)$ を表わしている。

次の結果は Ambrosetti-Prodi[1] (pp.136-139) に負う。Hopf の分岐定理の抽象化である。

定理 11.1 $\mathfrak{X}, \mathfrak{Y}$ は Banach 空間, $F \in \mathfrak{C}^2(\mathbb{R}^2 \times \mathfrak{X}, \mathfrak{Y})$ は

$$F(\omega, \mu, 0) = 0 \quad \text{for all} \quad (\omega, \mu) \in \mathbb{R}^2$$

を満たす函数とし, 次の条件 (i), (ii) を仮定する。（記号は上記のとおり。）

(i) $\dim \mathfrak{V} = 2$. また $\mathfrak{R}$ は閉で $\mathrm{codim}\, \mathfrak{R} = 2$。$\mathfrak{X}, \mathfrak{Y}$ を位相的直和に分解して

$$\mathfrak{X} = \mathfrak{V} \oplus \mathfrak{W}, \quad \mathfrak{Y} = \mathfrak{Z} \oplus \mathfrak{R}$$

とし,[4] $\mathfrak{Y}$ のこの直和分解に対応する射影を

---

4) 定理 10.5, p.312. による。

$$P : \mathfrak{Y} \to \mathfrak{Z}, \quad Q : \mathfrak{Y} \to \mathfrak{R}$$

とする。

(ii) PMv^* と PNv^* とが一次独立となるような $v^* \in \mathfrak{V}$ が存在する。[5]

以上の仮定の下に，(ω^*, μ^*) は F の分岐点となる。

証明　$x \in \mathfrak{X}$ を直和分解して

$$x = v + w \,; \quad v \in \mathfrak{V}, \quad w \in \mathfrak{W}$$

とおけば，

$$F(\omega, \mu, x) = Tx + \varphi(\omega, \mu, x) = Tw + \varphi(\omega, \mu, v + w) \tag{2}$$

と表現することができる。つまりこれが函数 $\varphi : \mathbb{R}^2 \times \mathfrak{V} \times \mathfrak{W} \to \mathfrak{Y}$ の定義である。これを用いて $QF(\omega, \mu, x) = 0$ なる関係を書き直すと，

$$\begin{aligned}
QF(\omega, \mu, v + w) &= QTw + Q\varphi(\omega, \mu, v + w) \\
&= Tw + Q\varphi(\omega, \mu, v + w) \\
&= 0.
\end{aligned} \tag{3}$$

ここで

$$\Phi(\omega, \mu, v, w) = Tw + Q\varphi(\omega, \mu, v + w)$$

とおけば，$\Phi \in \mathfrak{C}^2(\mathbb{R}^2 \times \mathfrak{V} \times \mathfrak{W}, \mathfrak{Y})$ で，

$$D_w \Phi(\omega^*, \mu^*, 0, 0)w = Tw + QD_x \varphi(\omega^*, \mu^*, 0)w \tag{4}$$

である。しかるに φ の定義 (2) から

$$D_x \varphi(\omega^*, \mu^*, 0) = D_x F(\omega^*, \mu^*, 0) - T = 0 \tag{5}$$

---

5) $\mathfrak{X}$ から $\mathfrak{Y}$ への有界線形作用素の空間を $\mathcal{L}(\mathfrak{X}, \mathfrak{Y})$ とすれば，M, N は $\mathbb{R}$ から $\mathcal{L}(\mathfrak{X}, \mathfrak{Y})$ への有界線形作用素であり，したがって $\mathcal{L}(\mathfrak{X}, \mathfrak{Y})$ の一点とみなすことができる。こう考えると $Mv*, Nv*$ は $\mathfrak{Y}$ の点で，それに P を作用させることができる。

なので, (4), (5) により

$$D_w\Phi(\omega^*, \mu^*, 0, 0) = T|_{\mathfrak{W}} \tag{6}$$

である。これは $\mathfrak{W}$ と $\mathfrak{R}$ との間に同型を与える。[6]

これらの考察に基づき, 方程式 $\Phi = 0$ に陰函数定理を適用すれば, $(\omega^*, \mu^*, 0)$ の近傍 G と函数 $\gamma \in \mathfrak{C}^2(G, \mathfrak{W})$ を適当に選び,

$$\Phi(\omega, \mu, v, \gamma(\omega, \mu, v)) = 0 \quad \text{for all} \quad (\omega, \mu, v) \in G, \tag{7}$$

$$\gamma(\omega^*, \mu^*, 0) = 0 \tag{8}$$

とすることができる。また陰函数の微分公式により,

$$D_v\gamma(\omega^*, \mu^*, 0) = -[D_w\Phi(\omega^*, \mu^*, 0, 0)]^{-1} \circ D_v\Phi(\omega^*, \mu^*, 0, 0) = 0. \tag{9}$$

(p.334, 注意 2° を見よ。)

こうして分岐方程式 (p.334 参照) として

$$P(F(\omega, \mu, v + \gamma(\omega, \mu, v))) = 0 \tag{10}$$

が得られる。

ここで函数 $h : \mathbb{R}^3 \to \mathfrak{Z}$ を

$$h(\omega, \mu, s) = PF(\omega, \mu, sv^* + \gamma(\omega, \mu, sv^*)) \tag{11}$$

と定義しよう。h は $\mathfrak{C}^2$-級で, $h(\omega, \mu, 0) = 0$ である。また

$$D_s h(\omega, \mu, s) = PD_x F(\omega, \mu, sv^* + \gamma(\omega, \mu, sv^*)) \cdot [v^* + D_v\gamma(\omega, \mu, sv^*)v^*] \tag{12}$$

であるが, これを $\chi(\omega, \mu, s)$ とする。

$$\chi(\omega, \mu, s) = D_s h(\omega, \mu, s). \tag{13}$$

χ は $\mathfrak{C}^1$-級で, (8) と (12) により

$$\chi(\omega^*, \mu^*, 0) = D_s h(\omega^*, \mu^*, 0) = 0. \tag{14}$$

次に χ の μ, ω についての導函数を求めよう。

---

6) 補題 10.5, p.323 による。

338   第 11 章　Hopf の分岐定理

$$D_\mu \chi(\omega^*, \mu^*, 0) = PD^2_{x,\mu}F(\omega^*, \mu^*, 0)[v^* + D_v\gamma(\omega^*, \mu^*, 0)v^*]$$

$$+ \underbrace{PD_xF(\omega^*, \mu^*, 0)}_{=0}[D^2_{v,\mu}\gamma(\omega^*, \mu^*, 0)v^*] \qquad (15)$$

$$= PD^2_{x,\mu}F(\omega^*, \mu^*, 0)v^* = PMv^*.$$

同様にして

$$D_\omega \chi(\omega^*, \mu^*, 0) = PNv^*. \qquad (16)$$

$PMv^*, PNv^* \in \mathfrak{Z}$ で $\dim \mathfrak{Z} = 2$ であることに留意して PMv^*, PNv^* を $\mathbb{R}^2$ の元とみなせば，仮定 (ii) により，

$$\det D_{(\omega,\mu)}\chi(\omega^*, \mu^*, 0) \neq 0. \qquad (17)$$

したがって方程式 $\chi(\omega, \mu, s) = 0$ に陰函数定理を適用すれば，この方程式は $(\omega^*, \mu^*, 0)$ の近傍において，(ω, μ) について局所的に解ける。つまり $s = 0$ の近傍で定義される $\mathfrak{C}^1$-級の函数 $\omega(s), \mu(s)$ が存在して，

$$\chi(\omega(s), \mu(s), s) = 0, \qquad (18)$$

$$\omega(0) = \omega^*, \quad \mu(0) = \mu^*. \qquad (19)$$

これから分岐方程式は

$$PF(\omega(s), \mu(s), sv^* + \gamma(\omega(s), \mu(s), sv^*)) = 0 \qquad (20)$$

となる。ここで

$$(\omega(s), \mu(s)) \to (\omega^*, \mu^*) \quad \text{as} \quad s \to 0 \qquad (21)$$

であり，また

$$x_s = sv^* + \gamma(\omega(s), \mu(s), sv^*)$$

とおけば $x_s \neq 0$ $(s \neq 0)$ で $x_s \to 0$ (as $s \to 0$) である。

こうして (ω^*, μ^*) が F の分岐点であることが知られた。　　　　(証了)

§3 Hopf の定理：周期解の分岐

前節では Hopf の分岐定理を一般的・抽象的な形式で論じ，この理論の骨格を簡明に把握するように努めた。次に，この基礎理論に基づきながら，常微分方程式の周期解の分岐という具体的な舞台設定の中で，Hopf の定理を研究してみよう。その過程において，Fourier 級数論の古典的な結果を利用する。

$f(\mu, x)$ を $\mathfrak{C}^2(\mathbb{R} \times \mathbb{R}^n, \mathbb{R}^n)$ に属する函数とし，微分方程式

$$\frac{dx}{ds} = f(\mu, x) \tag{1}$$

の周期解の分岐を研究するのである。いま時間変数 s のスケールを変更して

$$t = \omega s \quad (\omega \in \mathbb{R}, \omega \neq 0) \tag{2}$$

とすれば，(1) を書きかえて

$$\frac{dx}{dt} = \frac{1}{\omega} f(\mu, x), \tag{3}$$

あるいは

$$\omega \frac{dx}{dt} = f(\mu, x) \tag{3$'$}$$

を得る。そこで (3$'$) をふたつのパラメータ ω, μ を有する微分方程式とみて，まずこれを考える。追加的に

$$f(\mu, 0) = 0 \quad \text{for all} \quad \mu \in \mathbb{R} \tag{4}$$

を仮定する。

(3$'$) を函数方程式として形式的に扱うために，ふたつの函数空間 $\mathfrak{W}^{1,2}_{2\pi}(\mathbb{R}, \mathbb{R}^n)$ および $\mathfrak{L}^2_{2\pi}(\mathbb{R}, \mathbb{R}^n)$ を次のように定義する。まず $\mathfrak{W}^{1,2}_{2\pi}(\mathbb{R}, \mathbb{R}^n)$ は周期 2π の絶対連続函数 $x : \mathbb{R} \to \mathbb{R}^n$ で，$\dot{x}|_{[0,2\pi]} \in \mathfrak{L}^2([0,2\pi], \mathbb{R}^n)$ を満たすものすべての集合である。ここで $\dot{x}|_{[0,2\pi]}$ は $\dot{x} = dx/dt$ の区間 $[0, 2\pi]$ への制限である。

$$\mathfrak{W}^{1,2}_{2\pi} = \{x : \mathbb{R} \to \mathbb{R}^n \,|\, x \text{は周期 } 2\pi \text{の絶対連続函数で，}$$

$$\dot{x}(\cdot)|_{[0,2\pi]} \in \mathfrak{L}^2([0,2\pi],\mathbb{R}^n)\}. \tag{5}$$

$\mathfrak{W}_{2\pi}^{1,2}$ はノルム

$$\|x\|_{\mathfrak{W}_{2\pi}^{1,2}} = \left(\int_0^{2\pi} \|x(t)\|^2 dt\right)^{1/2} + \left(\int_0^{2\pi} \|\dot{x}(t)\|^2 dt\right)^{1/2} \tag{6}$$

の下に Banach 空間となる。また周期 2π の可測関数 $y : \mathbb{R} \to \mathbb{R}^n$ のうち $y|_{[0,2\pi]} \in \mathfrak{L}^2([0,2\pi],\mathbb{R}^n)$ を満たすものすべての集合を $\mathfrak{L}_{2\pi}^2$ と書く。つまり

$\mathfrak{L}_{2\pi}^2 = \{y : \mathbb{R} \to \mathbb{R}^n | y$ は周期 2π の可測関数で

$$y|_{[0,2\pi]} \in \mathfrak{L}^2([0,2\pi],\mathbb{R}^n)\}. \tag{7}$$

$\mathfrak{L}_{2\pi}^2$ はノルム

$$\|y\|_{\mathfrak{L}_{2\pi}^2} = \left(\int_0^{2\pi} \|y(t)\|^2 dt\right)^{1/2} \tag{8}$$

の下に Banach 空間となる。

本節では $\mathfrak{W}_{2\pi}^{1,2}$ を前節における $\mathfrak{X}, \mathfrak{L}_{2\pi}^2$ を $\mathfrak{Y}$ とみなす。

$$\mathfrak{X} = \mathfrak{W}_{2\pi}^{1,2}, \quad \mathfrak{Y} = \mathfrak{L}_{2\pi}^2. \tag{9}$$

さらに関数 $F : \mathbb{R}^2 \times \mathfrak{X} \to \mathfrak{Y}$ を次のように定義する。

$$F(\omega,\mu,x) = \omega \frac{dx}{dt} - f(\mu,x). \tag{10}$$

この関数 F は次の仮定の下に $\mathfrak{C}^2(\mathbb{R}^2 \times \mathfrak{X}, \mathfrak{Y})$ に属することを証明することができる（証明は次節）。

(H-1) 次の不等式を満たす定数 $\alpha, \beta, \rho \in \mathbb{R}$ が存在する。

(i) $\|f(\mu,x)\| \leqq \alpha + \beta\|x\|$ for all $x \in \mathbb{R}^n$.

(ii) $\|D_x f(\mu,x)\|, \|D^2 f(\mu,x)\| \leqq \rho$ for all $x \in \mathbb{R}^n$.

(3), (4) および (10) の定義により,

$$F(\omega,\mu,0) = 0 \quad \text{for all} \quad (\omega,\mu) \in \mathbb{R}^2 \tag{11}$$

が満たされることは自明であろう。

いま仮に (ω^*, μ^*) $(\omega^* > 0)$ が F の分岐点であるとすれば，次の条件を満たす点列 $(\omega_n, \mu_n, x_n) \in \mathbb{R}^2 \times \mathfrak{X}$ が存在する。すなわち

$$F(\omega_n, \mu_n, x_n) = 0,$$
$$(\omega_n, \mu_n) \to (\omega^*, \mu^*) \quad \text{as} \quad n \to \infty,$$
$$x_n \neq 0, \quad x_n \to 0 \quad \text{as} \quad n \to \infty.$$

すると各 x_n は微分方程式

$$\omega_n \frac{dx}{dt} = f(\mu_n, x)$$

の，自明でない $(x \neq 0)$ 周期 2π の周期解であるから，(2) にしたがって時間変数を s に戻すと，

$$X_n(s) = x_n(\omega_n s)$$

が微分方程式

$$\frac{dx}{dt} = f(\mu_n, x)$$

の周期解となり，その周期は $\tau_n = 2\pi/\omega_n$ である。そして $\omega^* \neq 0$ なる条件の下に

$$\tau_n \to \tau^* = \frac{2\pi}{\omega^*}, \quad \|X_n\|_{\mathfrak{W}^{1,2}_{2\pi/\omega_n}} \to 0 \quad \text{as} \quad n \to \infty$$

となる。

さて方程式 $F = 0$ の分岐点を定理 11.1 にしたがって見出す方法を考えるのであるが，最も重要な役割を果たすのは導函数

$$D_x F(\omega, \mu, 0) : x \mapsto \omega \dot{x} - D_x f(\mu, 0)x \tag{12}$$

である。もちろん $D_x F(\omega, \mu, 0)$ は $\mathfrak{X}$ から $\mathfrak{Y}$ への有界線形作用素である。ここで $A_\mu = D_x f(\mu, 0)$ とおけば，これは $(n \times n)$-型の行列で，(12) は

$$D_x F(\omega, \mu, 0)x = \omega \dot{x} - A_\mu x \tag{12'}$$

と書くことができる。この行列 A_μ はある (ω^*, μ^*) において次のふたつの関係を満たすことを仮定する。

342　　　第 11 章　Hopf の分岐定理

(H-2)　A_{μ^*} は正則で，$\pm i\omega^*(\omega^* > 0)$ は A_{μ^*} の単純固有値である。

(H-3)　$\pm ik\omega^*(k \neq \pm 1)$ は A_{μ^*} の固有値ではない。

F の滑らかさ

定理 11.1 を利用するために，まず所謂 Nemyckii 作用素の微分可能性を吟味しよう。[7]

$\mathfrak{W}_{2\pi}^{1,2}$ 上で定義される作用素 Φ を

$$\Phi : x(\cdot) \mapsto f(\mu, x(\cdot)), \quad x \in \mathfrak{W}_{2\pi}^{1,2} \tag{13}$$

と定義する。μ は任意の固定された定数である。仮定 (H-1)(i) が満たされていれば，$\Phi(x(\cdot))$ は $\mathfrak{L}_{2\pi}^2$ に属する。

補題 11.1　仮定 (H-1)(i) の下に，作用素 $\Phi : \mathfrak{W}_{2\pi}^{1,2} \to \mathfrak{L}_{2\pi}^2$ は連続である。

証明　$\mathfrak{W}_{2\pi}^{1,2}$ の点列 $\{x_n(\cdot)\}$ が（$n \to \infty$ として）$x_0(\cdot) \in \mathfrak{W}_{2\pi}^{1,2}$ に収束するものと仮定しよう。このときもちろん $\{x_n(\cdot)\}$ は $x_0(\cdot)$ に $\mathfrak{L}_{2\pi}^2$ においても収束する。

すると適当な部分列 $\{x_{n'}(\cdot)\}$ と関数 $\varphi(\cdot) \in \mathfrak{L}^2([0, 2\pi], \mathbb{R})$ に対して

$$x_{n'}(t) \to x_0(t) \quad a.e. \quad \text{on} \quad [0, 2\pi], \tag{14}$$

$$\|x_{n'}(t)\| \leqq \varphi(t) \quad a.e. \quad \text{on} \quad [0, 2\pi] \tag{15}$$

とすることができる。仮定により $f \in \mathfrak{C}^2$ であるから，

$$\Phi(x_{n'}(\cdot)) = f(\mu, x_{n'}(\cdot)) \to \Phi(x_0(\cdot)) = f(\mu, x_0(\cdot)) \quad a.e. \tag{16}$$

仮定 (H-1)(i) と (15) により，

$$\|f(\mu, x_{n'}(\cdot))\| \leqq \alpha + \beta \|x_{n'}(\cdot)\| \leqq \alpha + \beta \varphi(\cdot) \quad a.e. \tag{17}$$

(16), (17) と上限収束定理により

---

7)　関連する問題が Ambrosetti-Prodi[1] pp.17-21 に論じられている。

§3 Hopf の定理：周期解の分岐　　　343

$$\|\Phi(x_{n'}(\cdot)) - \Phi(x_0(\cdot))\|^2_{\mathfrak{L}^2_{2\pi}} = \int_0^{2\pi} \|f(\mu, x_{n'}(t)) - f(\mu, x_0(t))\|^2 dt \to 0$$

$$\text{as} \quad n' \to \infty. \quad (18)$$

これから，$\mathfrak{L}^2_{2\pi}$ において $\Phi(x_n(\cdot)) \to \Phi(x_0(\cdot))$ が導かれる。（仮にそうでなければ，上記の結果に矛盾を生ずる。）　　　(証了)

補題 11.2　仮定 (H-1) の下において，作用素 $\Phi : \mathfrak{W}^{1,2}_{2\pi} \to \mathfrak{L}^2_{2\pi}$ は二階連続微分可能である。

証明　まず Φ の第一変分を計算することから始めよう。任意の $x, z \in \mathfrak{W}^{1,2}_{2\pi}$ に対して

$$\frac{1}{\lambda}[\Phi(x(\cdot) + \lambda z(\cdot)) - \Phi(x(\cdot))](t) = \frac{1}{\lambda}[f(\mu, x(t) + \lambda z(t)) - f(\mu, x(t))]$$

$$= \frac{1}{\lambda}[D_x f(\mu, x(t))\lambda z(t) + o(\lambda z(t))] \quad (19)$$

$$\to D_x f(\mu, x(t))z(t) \quad \text{as} \quad \lambda \to 0$$

を得る。ここで仮定 (H-1) および $z \in \mathfrak{W}^{1,2}_{2\pi}$ により，

$$D_x f(\mu, x(\cdot))z(\cdot) \in \mathfrak{L}^2_{2\pi} \quad \text{for any} \quad x(\cdot), z(\cdot) \in \mathfrak{W}^{1,2}_{2\pi}. \quad (20)$$

また任意の $\varepsilon > 0$ に対して

$$\left\| \frac{1}{\lambda}[\Phi(x(\cdot) + \lambda z(\cdot)) - \Phi(x(\cdot))](t) - D_x f(\mu, x(t))z(t) \right\|^2$$

$$= \left\| D_x f(\mu, x(t))z(t) + \frac{o(\lambda z(t))}{\lambda} - D_x f(\mu, x(t))z(t) \right\|^2 \quad (21)$$

$$\leqq \varepsilon^2 \|z(t)\|^2$$

が十分に小さな λ について成り立つ。それゆえ (19) および上限収束定理により

$$\frac{1}{\lambda}[\Phi(x(\cdot) + \lambda z(\cdot)) - \Phi(x(\cdot))] \to D_x f(\mu, x(\cdot))z(\cdot) \quad \text{in} \quad \mathfrak{L}^2_{2\pi}$$

$$\text{as} \quad \lambda \to 0. \quad (22)$$

これから，Φ は (20) の形の第一変分を有することが知られる。

344   第 11 章　Hopf の分岐定理

作用素

$$z(\cdot) \mapsto D_x f(\mu, x(\cdot)) z(\cdot)$$

は $\mathfrak{W}_{2\pi}^{1,2} \to \mathfrak{L}_{2\pi}^2$ なる有界線形作用素であることも容易に知られるので，Φ は Gâteaux 微分可能である。

さらに函数

$$x(\cdot) \mapsto D_x f(\mu, x(\cdot)) \tag{23}$$

は $\mathfrak{W}_{2\pi}^{1,2} \to \mathcal{L}(\mathfrak{W}_{2\pi}^{1,2}, \mathfrak{L}_{2\pi}^2)$ （$\mathfrak{W}_{2\pi}^{1,2}$ から $\mathfrak{L}_{2\pi}^2$ の中への有界線形作用素の空間）なる形式の連続函数である[8]から，Φ は Fréchet 微分可能である。[9]

最後に上と類似の議論をつうじて，Φ は二階連続微分可能であることを示すことができる。 (証了)

いま $T = D_x F(\omega^*, \mu^*, 0)$ とおけば，

$$Tx = 0 \Longleftrightarrow \omega^* \dot{x} - A_{\mu^*} x = 0 \tag{24}$$

である。定理 11.1 を用いるために $\mathfrak{V} = \mathrm{Ker}\, T$，$\mathfrak{R} = T(\mathfrak{X})$ として，まず $\dim \mathfrak{V} = 2$，$\mathrm{codim}\, \mathfrak{R} = 2$ であることを確認しよう。

$\mathfrak{V}$ の次元

$x \in \mathfrak{X}$ を Fourier 級数に展開して

$$x(t) = \sum_{k=-\infty}^{\infty} u_k e^{ikt}, \quad u_k \in \mathbb{C}^n \tag{25}$$

とする。ここで u_k は

$$\frac{1}{2\pi} \int_0^{2\pi} x_j(t) e^{-ikt} dt; \quad j = 1, 2, \cdots, n$$

を第 j 座標とするベクトルである。$x(t)$ は実ベクトルであるから，容易に知

---

8)　函数 (23) の連続性は補題 11.1 と同様の仕方で示すことができる。上限収束定理を利用するために，再び仮定 (H-1)(i) を用いる。

9)　$\mathfrak{V}, \mathfrak{W}$ を Banach 空間とし，U は $\mathfrak{V}$ の開集合とする。函数 $\varphi : U \to \mathfrak{W}$ が点 $x \in U$ の近傍 V において Gâteaux 微分可能とし，点 v における Gâteaux 導函数を $\delta\varphi(v)$ と書く。函数 $v \mapsto \delta\varphi(v)(V \to \mathcal{L}(\mathfrak{V}, \mathfrak{W}))$ が連続ならば，φ は x において Fréchet 微分可能である。しかも両導函数は一致する。(cf. 丸山 [78] p.236)

§3 Hopf の定理：周期解の分岐 345

られるとおり

$$u_{-k} = \bar{u}_k, \quad k \in \mathbb{Z} \tag{26}$$

であることに注意しよう。また定理 2.5 (p.45) により,[10] (25) の右辺は一様収束である。$\dot{x}(\cdot)$ の第 k 番目の Fourier 係数（厳密にはその $1/\sqrt{2\pi}$ 倍）は iku_k である。$x(\cdot) \in \mathfrak{W}_{2\pi}^{1,2}$ であるから，もちろん $\dot{x}(\cdot) \in \mathfrak{L}_{2\pi}^2$。ゆえに

$$\dot{x}(t) = \sum_{k=-\infty}^{\infty} iku_k e^{ikt} \quad a.e. \tag{27}$$

すなわち (27) の右辺の形で与えられる $\dot{x}(\cdot)$ の Fourier 級数は概収束して $\dot{x}(\cdot)$ に等しい。これは Carleson の定理（p.44）に基づく結果である。

(27) を (24) に代入して整理すると,

$$\omega^* \dot{x} - A_{\mu^*} x = \sum_{k=-\infty}^{\infty} [ik\omega^* I - A_{\mu^*}] u_k e^{ikt} = 0 \quad a.e. \tag{28}$$

完備な正規直交系 $(1/\sqrt{2\pi}) e^{ikt}$ $(k = 0, \pm 1, \pm 2, \cdots)$ による Fourier 係数の一意性から

$$[ik\omega^* I - A_{\mu^*}] u_k = 0 \quad \text{for all} \quad k \in \mathbb{Z} \tag{29}$$

とならねばならない。

$\mathfrak{V}$ を求めるためには，Fourier 係数が (29) を満たすようなすべての $x \in \mathfrak{X}$ を見出せばよいわけである。仮定 (H-2) のうち A_{μ^*} の正則性と (H-3) により，

$$ik\omega^* - A_{\mu^*}, \quad k \neq \pm 1$$

はすべて可逆である。したがって (29) によって

$$u_k = 0 \quad \text{for} \quad k \neq \pm 1. \tag{30}$$

こうして (28) のうち，$k \neq \pm 1$ の Fourier 級数はすべて消え，結局

$$[\pm i\omega^* I - A_{\mu^*}] u_{\pm 1} = 0 \tag{31}$$

を満たす係数 $u_{\pm 1}$ をもつ函数を求めればよい。

---

10) 周期 2π の函数 $\varphi : \mathbb{R} \to \mathbb{R}$ が絶対連続で，その導函数 φ' が $\mathfrak{L}^2([0, 2\pi], \mathbb{R})$ に属するならば，φ の Fourier 級数は全直線上で φ に一様収束する。また φ' の第 k 番目の Fourier 係数は $ik\hat{\varphi}$ で与えられる。$\hat{\varphi}(k)$ は φ の k 番目の Fourier 係数。

346   第 11 章　Hopf の分岐定理

(H-2) により，$\pm i\omega^*$ は A_{μ^*} の単純固有値なので

$$\mathrm{Ker}\{i\omega^* I - A_{\mu^*}\} = \mathrm{span}\{\xi\} \tag{32}$$

なる $\xi \in \mathbb{C}^n$ $(\xi \neq 0)$ が存在する。一方，

$$\mathrm{Ker}\{-i\omega^* I - A_{\mu^*}\} = \mathrm{span}\{\bar{\xi}\} \tag{33}$$

である。

(32)，(33) から，(31) を満たす $u_{\pm 1}$ は

$$u_{+1} = a\xi, \quad u_{-1} = b\bar{\xi} \quad (a, b \in \mathbb{C}) \tag{34}$$

のように表わされるが，実解 $x(t)$ を求めるためには，$b = \bar{a}$ とおいて $(u_k = 0$ for all $k \neq \pm 1)$

$$x(t) = a\xi e^{it} + \bar{a}\bar{\xi}e^{-it} \tag{35}$$

とすればよい。$a = \alpha + i\beta$, $\xi = \gamma + i\delta$ $(\alpha, \beta \in \mathbb{R};\ \gamma, \delta \in \mathbb{R}^n)$ とすれば，簡単な計算から

$$x(t) = 2\mathcal{R}e[a\xi e^{it}] = 2[\alpha(\gamma\cos t - \delta\sin t) - \beta(\gamma\sin t + \delta\cos t)].$$

ここで $p(t) = \gamma\cos t - \delta\sin t$, $q(t) = \gamma\sin t + \delta\cos t$ とおけば，

$$x(t) = 2\alpha p(t) - 2\beta q(t). \tag{36}$$

ここで α, β は任意の実数でよい。また $p(t), q(t)$ は一次独立である。実際，$\mu p(t) + \nu q(t) = 0$ $(\mu, \nu \in \mathbb{R})$ とおけば，容易に $\mu = \nu = 0$ が導かれるからである。[11]

---

11)　$\mu p(t) + \nu q(t) = \mu(\gamma\cos t - \delta\sin t) + \nu(\gamma\sin t + \delta\cos t) = (\mu\gamma + \nu\delta)\cos t + (\nu\gamma - \mu\delta)\sin t = 0$ とおく。すると

$$\begin{cases} \mu\gamma + \nu\delta = 0, \\ \nu\gamma - \mu\delta = 0 \end{cases}$$

であるから

$$\begin{cases} \mu\nu\gamma + \nu^2\delta = 0, \\ \mu\nu\gamma - \mu^2\delta = 0. \end{cases}$$

したがって $(\nu^2 + \mu^2)\delta = 0$。仮に $\mu \neq 0$ あるいは $\nu \neq 0$ とすれば，$\delta = 0$。これから $\xi = \gamma$，つまり $\xi = \bar{\xi}$ (実ベクトル) を得て，矛盾。ゆえに $\mu = \nu = 0$。

§3 Hopf の定理：周期解の分岐　　　347

こうして $p(\cdot), q(\cdot)$ が $\mathfrak{V}$ の基底であることがわかる．ゆえに $\dim \mathfrak{V} = 2$ である．

$\mathfrak{R}$ の余次元

$\mathfrak{R} = \{Tx \,|\, x \in \mathfrak{X}\}$ を法とする $\mathfrak{Y}$ の商空間 $\mathfrak{Y}/\mathfrak{R}$ の次元を調べよう．

$$Tx = y, \quad x \in \mathfrak{X}, \quad y \in \mathfrak{Y}$$

として，再び x, y の Fourier 級数を考える．u_k を x の Fourier 係数，v_k を y の Fourier 係数とすれば，[12]

$$\sum_{k=-\infty}^{\infty} [ik\omega^* I - A_{\mu^*}]u_k e^{ikt} = \sum_{k=-\infty}^{\infty} v_k e^{ikt}.$$

$x \in \mathfrak{W}_{2\pi}^{1,2}, y \in \mathfrak{L}_{2\pi}^2$ で，いずれも周期 2π の函数であるから，定理 2.5 (p.45) により，この右辺は一様収束する．Fourier 係数の一意性から，次の関係が成り立たねばならない．

$$[ik\omega^* I - A_{\mu^*}]u_k = v_k \quad \text{for all} \quad k \in \mathbb{Z}. \tag{37}$$

A_{μ^*} の正則性と (H-2) により，(37) は $k \neq \pm 1$ については一意的に解ける．$u_0 = -A_{\mu^*}^{-1} v_0$ であり，

$$u_k = [ik\omega^* I - A_{\mu^*}]^{-1} v_k, \quad k \neq 0, \pm 1 \tag{38}$$

である．また $|k|$ が十分に大きければ，$(1/ik\omega^*)A_{\mu^*}$ のノルムは 1 よりも小となるから，このような k（たとえば $|k| \geqq k_0$）については[13]

$$\begin{aligned}
[ik\omega^* I - A_{\mu^*}]^{-1} &= \frac{1}{ik\omega^*}\left[I - \frac{1}{ik\omega^*}A_{\mu^*}\right]^{-1} \\
&= \frac{1}{ik\omega^*}\left[I + \frac{1}{ik\omega^*}A_{\mu^*} + \frac{1}{(ik\omega^*)^2}A_{\mu^*}^2 + \cdots\right] \\
&= \frac{1}{ik\omega^*}I + O\left(\frac{1}{k^2}\right).
\end{aligned} \tag{39}$$

---

12)　y を Fourier 級数に展開するために，y に適当な滑らかさを課したのである．
13)　丸山 [78] p.153 を参照．

348　第 11 章　Hopf の分岐定理

(38), (39) により, $|k| \geqq k_0$ については

$$u_k = [ik\omega^* I - A_{\mu^*}]^{-1} v_k = \frac{1}{ik\omega^*} v_k + O\left(\frac{1}{k^2}\right) v_k$$

である。したがって

$$\sum_{k \neq 0, \pm 1} u_k e^{ikt} = \sum_{\substack{|k| < k_0 \\ k \neq 0, \pm 1}} [ik\omega^* I - A_{\mu^*}]^{-1} v_k e^{ikt} + \sum_{|k| \geqq k_0} \frac{v_k}{ik\omega^*} e^{ikt}$$

$$+ \sum_{|k| \geqq k_0} O\left(\frac{1}{k^2}\right) v_k e^{ikt}. \tag{40}$$

(40) 右辺の第二項は $\mathfrak{W}_{2\pi}^{1,2}$ に属する。これを確かめるために, まず

$$\theta(t) = \sum_{|k| \geqq k_0} v_k e^{ikt} \tag{41}$$

とおけば, $\theta(t)$ は $\mathfrak{L}_{2\pi}^2$ に属する。これを不定積分して

$$\Theta(t) = \int_0^t \theta(\tau) d\tau \tag{42}$$

と定義すれば, $\Theta(t)$ は $\mathfrak{W}_{2\pi}^{1,2}$ に含まれ, $\dot{\Theta}(t) = \theta(t)$ a.e. である。しかも $\theta(t)$ を Fourier 級数に展開した (41) における, $k = 0$ に対応する係数 $\hat{\theta}(0)$ は 0 である。ゆえに Fourier 級数論で周知の事実[14]により,

$$\hat{\Theta}(k) = \hat{\theta}(k)/ik \quad \text{for all} \quad k \neq 0,$$

つまり

$$\frac{1}{\omega^*} \Theta(t) = \sum_{|k| \geqq k_0} \frac{v_k}{ik\omega^*} e^{ikt} = (40)\ 右辺の第二項.$$

(42) により, これは $\mathfrak{W}_{2\pi}^{1,2}$ に属することが上と同様に示される。

---

14)　pp.64-65 の注意参照。$f : \mathbb{R} \to \mathbb{R}$（$\mathbb{R}^n$ でも同様）は周期 2π でしかも $[-\pi, \pi]$ 上で可積分, かつ $\hat{f}(0) = 0$ とする。（$\hat{f}(0)$ は $k = 0$ に対応する f の Fourier 係数.)

$$F(x) = \int_0^x f(t) dt$$

と定義すれば, F は周期 2π の連続函数で,

$$\widehat{F}(k) = \frac{1}{ik} \hat{f}(k), \quad k \neq 0$$

が成り立つ。

§3 Hopf の定理：周期解の分岐　　　　349

また (40) 右辺の第三項は $\mathfrak{W}^{1,2}_{2\pi}$ に属し，この場合は (41) のかわりに函数 $\theta(t) \in \mathfrak{L}^2_{2\pi}$ を

$$\theta(t) = \sum_{|k| \geqq k_0} ikO\left(\frac{1}{k^2}\right) v_k \cdot e^{ikt} \tag{43}$$

と定義する。(42) と同様，$\Theta(t)$ は $\theta(t)$ の不定積分とする。

(40) 右辺第一項はもちろん $\mathfrak{W}^{1,2}_{2\pi}$ に属するので，(40) の右辺全体が $\mathfrak{W}^{1,2}_{2\pi}$ に属することとなる。

このように任意の $y \in \mathfrak{Y}$ に対してその Fourier 係数を v_k とすれば，

$$\sum_{k \neq \pm 1} u_k e^{ikt} = -A_{\mu^*}^{-1} v_0 + \sum_{k \neq 0, \pm 1} [ik\omega^* I - A_{\mu^*}]^{-1} v_k e^{ikt} \tag{44}$$

は $\mathfrak{W}^{1,2}_{2\pi}$ に属し，ここで定義された u_k は (37) の関係を満足するのである。

そこで $k = \pm 1$ の場合の検討に移ろう。

$$[\pm i\omega^* I - A_{\mu^*}]u_{\pm 1} = v_{\pm 1} \tag{45}$$

は解ける場合と解けない場合がある。仮定 (H-2) により

$$\mathrm{codim}[\pm i\omega^* I - A_{\mu^*}](\mathbb{C}^n) = 1$$

であるから，

$$\mathbb{C}^n / [i\omega^* I - A_{\mu^*}](\mathbb{C}^n) = \mathrm{span}\{\varphi + [i\omega^* I - A_{\mu^*}](\mathbb{C}^n)\} \tag{46}$$

を満たす $\varphi \in \mathbb{C}^n$ $(\varphi \neq 0)$ が存在する。他方，

$$\mathbb{C}^n / [-i\omega^* I - A_{\mu^*}](\mathbb{C}^n) = \mathrm{span}\{\bar{\varphi} + [-i\omega^* I - A_{\mu^*}](\mathbb{C}^n)\} \tag{47}$$

である。

$\mathfrak{Y}$ の元のうち $\mathfrak{R}$ に含まれないものとは，$k = \pm 1$ についての Fourier 係数 $v_{\pm 1}$ に対して (45) を満たすような $u_{\pm 1}$ が存在しないものにほかならない。そのような v_1 は同値類 (46) に含まれるベクトル，v_{-1} は (47) に含まれるベクトルである。したがって $\mathfrak{Y}/\mathfrak{R}$ の元は

$$a\varphi e^{it} + b\bar{\varphi} e^{-it} + \mathfrak{R}, \quad a, b \in \mathbb{C}$$

と表現されることになる。実解を求めるためには $b = \bar{a}$ とおけばよい。$\varphi = \gamma + i\delta$, $a = \alpha + i\beta$ $(\alpha, \beta \in \mathbb{R}; \gamma, \delta \in \mathbb{R}^n)$ とおけば（p.346 の計算と同様に

して)

$$a\varphi e^{it} + b\bar{\varphi}e^{-it} = 2[\alpha(\gamma\cos t - \delta\sin t) - \beta(\gamma\sin t + \delta\cos t)]$$
$$= 2\alpha p(t) - 2\beta q(t).$$

ここで $p(t) = \gamma\cos t - \delta\sin t,\ q(t) = \gamma\sin t + \delta\cos t$ である。こうして $\mathfrak{Y}/\mathfrak{R}$ のいかなる元も，一次独立な

$$p(t) + \mathfrak{R}, \quad q(t) + \mathfrak{R}$$

の一次結合として表現されることが知られた。つまり $\mathrm{codim}\mathfrak{R} = 2$ である。

　　注意　　φ としてとくに ξ(p.346) を選んでもよいので，以下そう考える。

PNv^*; PMv^* の一次独立性
最後に PNv^* と PMv^* とが一次独立となる $v^* \in \mathfrak{V}$ の存在を示そう。
仮定により $\pm i\omega^*$ は A_{μ^*} の単純固有値であるから，

$$\mathbb{C}^n = \mathrm{Ker}[\pm i\omega^* I - A_{\mu^*}] \oplus [\pm i\omega^* I - A_{\mu^*}](\mathbb{C}^n). \tag{48}$$

$\pm i\omega^*$ のどちらについても同様であるから，さしあたり $+i\omega^*$ の方から考えよう。
　　いま函数 $g: \mathbb{R}\times\mathbb{C}\times\mathbb{C}^n \to \mathbb{C}^{n+1}$ を次のように定義する。ここで $\eta \in \mathbb{C}^n$ ($\neq$ 0) は $[i\omega^* I - A_{\mu^*}](\mathbb{C}^n)$ に直交するベクトルとする。ξ については p.346 の (32) を見よ。

$$g(\mu, \lambda, \theta) = \begin{pmatrix} (\lambda I - A_\mu)(\xi + \theta) \\ \langle\eta, \theta\rangle \end{pmatrix}. \tag{49}$$

g は $\mathfrak{C}^1$-級で，しかも

$$g(\mu^*, i\omega^*, 0) = 0 \tag{50}$$

を満たす。

§3 Hopf の定理：周期解の分岐　　　　351

　方程式 $g(\mu, \lambda, \theta) = 0$ を $(\mu^*, i\omega^*, 0)$ の近傍において，(λ, θ) について局所的に解くことを考える。

$$D_{(\lambda,\theta)}g(\mu^*, i\omega^*, 0)(\lambda, \theta) = \begin{pmatrix} \lambda\xi + (i\omega^* I - A_{\mu^*})\theta \\ \langle \eta, \theta \rangle \end{pmatrix} \tag{51}$$

であるが，(48) により，導函数 $D_{(\lambda,\theta)}g(\mu^*, i\omega^*, 0)$ $((n+1) \times (n+1))$-型の行列）は可逆である。[15]　したがって陰函数定理から次の命題が得られる。

補題 11.3　μ^* の近傍において次の条件を満たす $\mathfrak{C}^1$-級の函数 $\lambda(\mu), \theta(\mu)$ が存在する。

$$\begin{pmatrix} (\lambda(\mu)I - A_\mu)(\xi + \theta(\mu)) \\ \langle \eta, \theta(\mu) \rangle \end{pmatrix} = \begin{pmatrix} 0 \\ 0 \end{pmatrix}, \tag{52}$$

$$\lambda(\mu^*) = i\omega^*, \quad \theta(\mu^*) = 0. \tag{53}$$

　要するに，方程式 $g(\mu, \lambda, 0) = 0$ は $(\mu^*, i\omega^*, 0)$ の近傍において，(λ, θ) について解けるのである。そこで

$$\xi(\mu) = \xi + \theta(\mu)$$

と書けば，(52)，(53) は

$$A_\mu \xi(\mu) = \lambda(\mu)\xi(\mu), \tag{52'}$$

$$\lambda(\mu^*) = i\omega^*, \quad \xi(\mu^*) = \xi \tag{53'}$$

---

15)　任意の $(\alpha_0, \beta_0) \in \mathbb{C}^n \times \mathbb{C}$ に対して，(48) により $\lambda_0 \in \mathbb{C}$ と $\gamma_0 \in (i\omega^* I - A_{\mu^*})(\mathbb{C}^n)$ が一意的に定まって $\alpha_0 = \lambda_0\xi + \gamma_0$。とくに $(\alpha_0, \beta_0) = (0, 0)$ とすれば，$\lambda_0 = 0$ かつ $\gamma_0 = 0$。方程式

$$\begin{pmatrix} (i\omega^* I - A_{\mu^*})\theta \\ \langle \eta, \theta \rangle \end{pmatrix} = \begin{pmatrix} 0 \\ 0 \end{pmatrix}$$

の解は $\theta = 0$ に限る。実際，これは $\mathrm{Ker}\langle \eta, \cdot \rangle = [i\omega^* I - A_{\mu^*}](\mathbb{C}^n)$ と (48) とからただちに導かれる。したがって $D_{(\lambda,\theta)}g(\mu^*, i\omega^*, 0)$ は単射である。

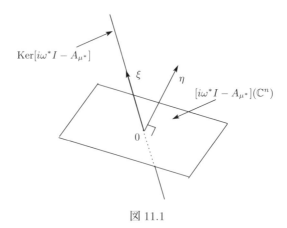

図 11.1

と記しても同じである．

ここでスペクトル射影 (spectral projection) という概念の説明をはさんでおこう．仮定により $\mathrm{codim}[i\omega^* I - A_{\mu^*}](\mathbb{C}^n) = 1$ であるから，上で見たように

$$\langle \eta, \kappa \rangle = 0 \quad \text{for all} \quad \kappa \in [i\omega^* I - A_{\mu^*}](\mathbb{C}^n) \tag{54}$$

を満たす $\eta \in \mathbb{C}^n, \eta \neq 0$ が存在する．$i\omega^*$ は A_{μ^*} の単純固有値であるから，$\xi \notin [i\omega^* I - A_{\mu^*}](\mathbb{C}^n)$．したがって η は

$$\langle \eta, \xi \rangle = 1 \tag{55}$$

であるように選ぶことができる．この η を用いて定義される

$$\Pi : \kappa \mapsto \xi \langle \eta, \kappa \rangle, \quad \kappa \in \mathbb{C}^n \tag{56}$$

を，ξ に対応するスペクトル射影と呼ぶのである．[16] 同様に $\bar{\xi}$ に対応するスペクトル射影 $\bar{\Pi}$ は η のかわりに $\bar{\eta}$ を用いて定義すればよい．

---

16) この定義を図 11.2 を見ながら考えよう．$\langle \eta, \xi \rangle = \|\eta\| \cdot \|\xi\| \cos \theta = 1$ であるから，$\|\eta\| = 1/\|\xi\| \cos \theta$．したがって
$$\Pi(\kappa) = \xi \langle \eta, \kappa \rangle = (\|\kappa\| \cos \zeta / \|\xi\| \cos \theta) \cdot \xi.$$
ここで $\|\kappa\| \cos \zeta = 0A$ の長さ，$\|\xi\| \cos \theta = 0B$ の長さであるから，$\Pi(\kappa)$ は ξ を $0A/0B$ だ

§3 Hopf の定理：周期解の分岐

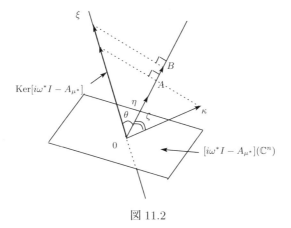

図 11.2

記号の簡単化のために

$$A'_{\mu^*} = \frac{d}{d\mu} A_\mu \bigg|_{\mu=\mu^*} \tag{57}$$

と書くことにすると，次の計算が成り立つ．

補題 11.4 $\Pi A'_{\mu^*} \xi = \lambda'(\mu^*) \xi$, $\quad \bar{\Pi} A'_{\mu^*} \bar{\xi} = \overline{\lambda'(\mu^*)} \bar{\xi}$.

証明 前半だけ証明すれば十分であろう．

$$A_\mu \xi = A_\mu(\xi - \xi(\mu)) + A_\mu \xi(\mu) = A_\mu(\xi - \xi(\mu)) + \lambda(\mu) \xi(\mu).$$

け縮小あるいは拡大したベクトルにほかならない．

ζ は η と κ のなす角，θ は ξ と η のなす角である．

また κ は適当な $\alpha, \beta \in \mathbb{C}$ と $z \in [i\omega^* I - A_{\mu^*}](\mathbb{C}^n)$ を用いて $\kappa = \alpha\eta + \beta z$ と一意的にあらわされる．他方 η は適当な $a, b \in \mathbb{C}$ と $z' \in [i\omega^* I - A_{\mu^*}](\mathbb{C}^n)$ によって $\eta = a\xi + bz'$ と一意的に表わされる．$\|\eta\|^2 = \langle a\xi + bz', \eta \rangle = a\langle \xi, \eta \rangle + b\langle z', \eta \rangle = a$ であるから，$\eta = \|\eta\|^2 \xi + bz'$. したがって

$$\kappa = \alpha\eta + \beta z = \alpha\|\eta\|^2 \xi + (\alpha b z' + \beta z).$$

また $\Pi(\kappa) = \langle \eta, \kappa \rangle \xi = \langle \eta, \alpha\|\eta\|^2 \xi + (\alpha b z' + \beta z) \rangle \xi = \alpha\|\eta\|^2 \xi$. ($\alpha b z' + \beta z \in [i\omega^* I - A_{\mu^*}](\mathbb{C}^n)$ であるから，これと η の内積は 0 である．) こうして

$$\kappa = \Pi(\kappa) + (\alpha b z' + \beta z)$$

が導かれる．これが $\mathrm{span}\{\xi\}$ と $[i\omega^* I - A_{\mu^*}](\mathbb{C}^n)$ による $\mathbb{C}^n$ の直和表現である．

ここで

$$\xi' = \frac{d}{d\mu}\xi(\mu)\Big|_{\mu=\mu^*}$$

と表記すれば,

$$A'_{\mu^*}\xi = A'_{\mu^*}(\xi - \xi(\mu^*)) - A_{\mu^*}\xi' + \lambda'(\mu^*)\xi(\mu^*) + \lambda(\mu^*)\xi'$$
$$= \lambda'(\mu^*)\xi(\mu^*) + (\lambda(\mu^*)I - A_{\mu^*})\xi'$$
$$= \lambda'(\mu^*)\xi + (i\omega^* I - A_{\mu^*})\xi'.$$

これに Π を作用させると, $\Pi[(i\omega^* I - A_{\mu^*})\xi'] = 0$ であるから,

$$\Pi A'_{\mu^*}\xi = \lambda'(\mu^*)\xi. \tag{証了}$$

さて, これだけの準備の下に本来の課題に戻ろう。$v^* \in \mathfrak{V}$ を次のように特定化する。

$$v^* = \xi e^{it} + \bar{\xi}e^{-it}. \tag{58}$$

このとき

$$D_x F(\omega, \mu, 0)v^* = \omega \dot{v}^* - A_\mu v^*$$
$$= i\omega(\xi e^{it} - \bar{\xi}e^{-it}) - A_\mu(\xi e^{it} + \bar{\xi}e^{-it}). \tag{59}$$

PNv^* の計算

(59) から,

$$\underbrace{D^2_{x\omega}F(\omega^*, \mu^*, 0)}_{N}v^* = i\xi e^{it} - i\bar{\xi}e^{-it}. \tag{60}$$

一般に $y \in \mathfrak{Y}$ の $\mathfrak{Z}$ への射影 Py を計算するには (y の, $k = \pm 1$ に対応する Fourier 係数を $v_{\pm 1}$ として)

$$Py = \Pi(v_1)e^{it} + \Pi(v_{-1})e^{-it}$$

であるから,[17]　(60) により

$$PNv^* = i\langle\eta,\xi\rangle\xi e^{it} - i\langle\bar\eta,\bar\xi\rangle\bar\xi e^{-it} = i\xi e^{it} - i\bar\xi e^{-it}. \tag{61}$$

PMv^* の計算

補題 11.3 で得た $\lambda(\mu)$ を実・虚部に分けて

$$\lambda(\mu) = \alpha(\mu) + i\beta(\mu)$$

と書く。また

$$\lambda'(\mu) = \alpha'(\mu) + i\beta'(\mu)$$

とする。(59) により,

$$\underbrace{D_{x\mu}^2 F(\omega,\mu,0)}_{M} v^* = -A'_{\mu^*}(\xi e^{it} + \bar\xi e^{-it}). \tag{62}$$

ゆえに補題 11.4 を用いて

$$\begin{aligned}
PMv^* &= -\Pi\Lambda'_{\mu^*}\zeta e^{it} - \bar\Pi A'_{\mu^*}\bar\xi e^{-it} \\
&= -\lambda'(\mu^*)\xi e^{it} - \overline{\lambda'(\mu^*)}\bar\xi e^{-it} \\
&= -\alpha'(\mu^*)(\xi e^{it} + \bar\xi e^{-it}) - \beta'(\mu^*)(\xi e^{it} - \bar\xi e^{-it}).
\end{aligned} \tag{63}$$

(61) と (63) を比較し,PNv^* と PMv^* とが一次独立であるためには,$\alpha'(\mu^*) \neq 0$ であることが必要十分である。

こうして $\alpha'(\mu^*) \neq 0$ を追加的に仮定すれば,定理 11.1 のすべての条件が充足されたことになる。

定理 11.2　函数 $f(\mu,x) \in \mathfrak{C}^?(\mathbb{R}\times\mathbb{R}^n, \mathbb{R}^n)$ はすべての $\mu \in \mathbb{R}$ に対して $f(\mu,0) = 0$ を満たすものとし,(H-1), (H-2) および $\alpha'(\mu^*) \neq 0$ を仮定する。このとき (ω^*, μ^*) は $F(\omega,\mu,x) = \omega dx/dt - f(\mu,x)$ の分岐点である。

---

17)　y の各 Fourier 係数を $\text{span}\{\xi\}$ と $[i\omega^* I - A_{\mu^*}](\mathbb{C}^n)$ の元の直和に分解し,前者に寄与する項を残せばよいのである。

356　　　　　第 11 章　Hopf の分岐定理

例　Van der Pol の微分方程式

$$\ddot{x} - (\mu - 3x^2)\dot{x} + x = 0 \tag{64}$$

を考える。[18] μ は実パラメータである。(64) は連立微分方程式

$$\begin{cases} \dot{x} = y, \\ \dot{y} = -x + (\mu - 3x^2)y \end{cases} \tag{65}$$

と同値である。

　そこで $u = (x, y)$, $f(\mu, u) = (y, -x + (\mu - 3x^2)y)$, そして $\omega^* = 1$ と考えれば，(65) は

$$\omega\dot{u} = f(\mu, u)$$

の形式にあてはまる。$F(\omega, \mu, u) = \omega\dot{u} - f(\mu, u)$ とすれば，$(\omega^*, \mu^*) = (1, 0)$ は F の分岐点である。

　まず $D_u f(\mu, 0) = A_\mu$ を計算すると，

$$A_\mu = \begin{pmatrix} 0 & 1 \\ -1 & \mu \end{pmatrix}.$$

A_μ の固有値 $\lambda(\mu)$ は

$$\lambda(\mu) = \frac{1}{2}(\mu \pm \sqrt{\mu^2 - 4}).$$

とくに $\mu = \mu^* = 0$ のときは

$$\lambda(0) = \pm i.$$

これは明らかに $A_{\mu^*} = A_0$ の単純固有値で，これ以外の固有値は存在しない。もちろん A_0 は正則。さらに $\lambda(\mu) = \alpha(\mu) + i\beta(\mu)$ とするとき，$\alpha'(0) = 1/2 \neq 0$。したがって定理 11.2 により，$(\omega^*, \mu^*) = (1, 0)$ は F の分岐点である。

---

18)　$\dot{x}$, $\ddot{x}$ はそれぞれ x の t に関する一階，二階の導函数である。

§4 $\mathfrak{C}^r$ における Hopf 分岐

前節においては空間 $\mathfrak{X} = \mathfrak{W}_{2\pi}^{1,2}$ の枠組みにおいて Hopf の分岐定理を考察した。しかし設定を変更して，滑らかな周期函数から成る空間において同じ問題を考察する場合は，若干の技術的修正を要することに留意したい。

ここでは函数空間 $\mathfrak{X}, \mathfrak{Y}$ を

$$\mathfrak{X} = \{x \in \mathfrak{C}^r(\mathbb{R}, \mathbb{R}^n) | x(t + 2\pi) = x(t) \quad \text{for all } t\},$$

$$\mathfrak{Y} = \{x \in \mathfrak{C}^{r-1}(\mathbb{R}, \mathbb{R}^n) | y(t + 2\pi) = y(t) \quad \text{for all } t\},$$

$$r \geqq 3$$

とする。さらに函数 $f : \mathbb{R} \times \mathbb{R}^n \to \mathbb{R}^n$ は $\mathfrak{C}^{r-1}(\mathbb{R} \times \mathbb{R}^n, \mathbb{R}^n)$ に属することを仮定しよう。

1° まず確認すべき第一の点は，p.345 の (29) である。新しい設定の下では，前節よりもやや注意深い取り扱いを要する。

$x(\cdot) \in \mathfrak{C}^r (r \geqq 3)$ であるから[19]

$$u_k = o\left(\frac{1}{|k|^r}\right) \quad \text{as} \quad |k| \to \infty. \tag{1}$$

したがって，任意の $\varepsilon > 0$ に対して十分に大きな $N \in \mathbb{N}$ を選び

$$|u_k| \leqq \varepsilon \cdot \left(\frac{1}{|k|^r}\right) \quad \text{for} \quad |k| \geqq N$$

とすることができる。

p.344(25) の右辺を項別に微分すると，

$$\left\| \sum_{k=-\infty}^{\infty} iku_k e^{ikt} \right\| \leqq \sum_{k=-\infty}^{\infty} \|ku_k\|$$

---

[19] 定理 3.6 (p.66) による。

第 11 章　Hopf の分岐定理

$$\leqq \sum_{|k|<N} \|ku_k\| + \varepsilon \sum_{|k|\geqq N} |k| \frac{1}{|k|^r}$$

$$= \sum_{|k|<N} \|ku_k\| + \varepsilon \sum_{|k|\geqq N} \frac{1}{|k|^{r-1}}.$$

こうして，$r \geqq 3$ なる条件を考慮すれば，p.345(27)) 右辺の項別微分によって得られる級数は一様収束である。したがって，p.345(27) に対応する

$$\dot{x}(t) = \sum_{k=-\infty}^{\infty} iku_k e^{ikt} \qquad (2)$$

が導かれる。[20]

2°　第二の修正点は $\operatorname{codim}\mathfrak{R} = 2$ の証明において必要となる。p.348 の (40) に続く議論は，次のように変更されなければならない。

(40) 式右辺の第二項は $\mathfrak{C}^r$-級であることを示すのである。そのためには函数 $\theta(t)$ を

$$\theta(t) = \sum_{|k|\geqq k_0} v_k e^{ikt} \qquad (3)$$

と定義する。$\theta(t)$ は $\mathfrak{C}^{r-1}$-級である。$\Theta(t)$ を $\theta(t)$ の不定積分

$$\Theta(t) = \int_0^t \theta(\tau)d\tau \qquad (4)$$

と定義すれば，$\Theta(t)$ は連続微分可能で $\dot{\Theta}(t) = \theta(t)$。しかも $\theta(t)$ を Fourier 級数に展開した p.348 (41) における $k=0$ に対応する係数 $\hat{\theta}(0) = 0$ である。ゆえに Fourier 級数論の周知の事実（cf. pp.64-65 の注意）により

$$\hat{\Theta}(k) = \frac{\hat{\theta}(k)}{ik} \quad \text{for all} \quad k \neq 0,$$

つまり

---

20)　函数 $\varphi_n : [a, b] \to \mathbb{R}$ が $\mathfrak{C}^1$-級で，各 $t \in [a, b]$ において $S(t) = \sum_{n=1}^{\infty} \varphi_n(t)$ が収束するとする。さらに $\sum_{n=1}^{\infty} \varphi_n'(t)$ が一様収束であれば，$S(t)$ は微分可能で，$S'(t) = \sum_{n=1}^{\infty} \varphi_n'(t)$ である。cf. 高木 [105] pp.158-159. $r \geqq 3$ を仮定したのは，この定理を使うためである。

$$\frac{1}{\omega^*}\Theta(t) = \sum_{|k| \geqq k_0} \frac{v_k}{ik\omega^*}e^{ikt} = \text{p.348 (40) 右辺第二項.}$$

これは $\mathfrak{C}^r$-級である。

また (40) 右辺の第三項は $\mathfrak{C}^{r-1}$-級で，各点で収束する。形式的に項別微分を施すと，

$$\sum_{|k| \geqq k_0} O\left(\frac{1}{k^2}\right) v_k \cdot ike^{ikt} \tag{5}$$

であるが，$v_k = o(1/k^{r-1})\,(r \geqq 3)$ であることから，(5) は一様収束する。したがって (40) 右辺第三項は微分可能で，(5) がちょうどその導函数に等しい。こうして第三項も $\mathfrak{C}^r$-級である。

(40) 右辺第一項はもちろん $\mathfrak{C}^r$-級なので，(40) の右辺全体が $\mathfrak{C}^r$-級であることが知られた。

以上の二点を除くと，次の定理の証明には定理 11.2 に比べて基本的な変更は不用である。

定理 11.3　$f(\mu, x) : \mathbb{R} \times \mathbb{R}^n \to \mathbb{R}^n$ は $\mathfrak{C}^{r-1}(\mathbb{R} \times \mathbb{R}^n, \mathbb{R}^n)\,(r \geqq 3)$ に属する函数で，すべての $\mu \in \mathbb{R}$ に対して $f(\mu, 0) = 0$ を満たすものとする。仮定 (II-1), (H-2) および $\alpha'(\mu^*) \neq 0$ が満たされるものとすれば，(ω^*, μ^*) は $F(\omega, \mu, x) = \omega dx/dt - f(\mu, x)$ の分岐点である。

§5　N. Kaldor の景気循環論

いわゆる利潤原理の考え方に従う非線形投資函数に立脚した N. Kaldor の景気循環理論の大梗については既に周知のところであろう。[21] 本節ではこの型の景気理論の数学的実質を Liénard の微分方程式としてとらえた安井 [118] の着想に従って，この方程式の周期解の存在を Hopf の分岐定理を用いて証

---

21)　本節は Maruyama[80] による。Kaldor の原論文は [54]，初等的な解説として，丸山 [82]，第 18 章を見よ。

360   第 11 章　Hopf の分岐定理

明してみたい。[22]

　まず粗投資[23]I は国民所得 Y と資本ストック K に依存して定まるものとし，その関係を函数

$$I = \varphi(Y, K) \tag{1}$$

で表わす。ここで通常

$$D_Y \varphi > 0, \quad D_K \varphi < 0 \tag{2}$$

を仮定する。（もちろん $D_Y \varphi = \partial\varphi/\partial Y, \ D_K \varphi = \partial\varphi/\partial K$ である。）以下の分析では (1) を単純化して

$$\varphi(Y, K) = F(Y) - \mu K \quad (\mu > 0) \tag{3}$$

とする。函数 F は二階連続微分可能，つまり $\mathfrak{C}^2$-級と仮定する。資本の減価償却は K の定数倍 $\delta K \, (\delta > 0)$ とすれば，純投資がゼロとなるのは

$$I = \delta K \tag{4}$$

の成り立つ場合である。δ は減価償却率と呼ぶ。貯蓄は国民所得 Y の定数倍として定まるものとし，それを貯蓄函数

$$S(Y) = sY \quad (0 < s < 1) \tag{5}$$

で表わす。S は貯蓄，s は貯蓄率である。[24]

　純投資がゼロの状態では，(3), (4) により

$$F(Y) - \mu K = \delta K,$$

したがって

$$K = \frac{1}{\mu + \delta} F(Y)$$

---

　22)　Poincaré-Bendixson の定理をつうじても，周期解の存在を確認することができる。Maruyama[80] §3 を見よ。

　23)　固定資本の減耗を含んだ投資を粗投資（gross investment）と呼ぶ。粗投資から固定資本減耗（減価償却）を控除した値を純投資（net investment）という。

　24)　貯蓄＝国民所得－消費と定義する。

が成り立つが，$I = \delta K$ であるから

$$I = \frac{\delta}{\mu + \delta} F(Y) \tag{6}$$

を得る。これは資本ストックの純変化がゼロとなるような，Y と I との組み合せを表わす関係である。これを横軸を Y，縦軸を I とするグラフに表わすとすれば，（$F'(Y) > 0$ であるから）一本の右上りの曲線となるであろう。この曲線を RR' とする。

RR' 上で均衡条件 $S = I$ が成り立つのは，[25]

$$sY = \frac{\delta}{\mu + \delta} F(Y) \tag{7}$$

を満たす Y の水準 Y_0 であり，(4) および (6) から，そのときの資本ストックの水準 K_0，粗投資の水準 I_0 が定まる。

$I = \varphi(Y, K)$ と $I_0 = \varphi(Y_0, K_0)$ の差を計算すると

$$I - I_0 = F(Y) - F(Y_0) - \mu(K - K_0) \tag{8}$$

であるが，ここで

$$i = I - I_0, \quad y = Y - Y_0, \quad k = K - K_0,$$
$$f(y) = F(Y) - F(Y_0)$$

とおくと，(8) は

$$i = f(y) - \mu k \tag{9}$$

となる。この記法を用いると，RR' の方程式 (6) は

$$i = \frac{\delta}{\mu + \delta} f(y) \tag{10}$$

となる。

25）生み出された正味の財 (Y) は消費需要 C と投資需要 I とに需要吸収される。したがって需要＝供給という意味での均衡（＝平衡 equilibrium）は $Y = C + I$ と表わすことができる。これは $S = I$ と書いても同じである。

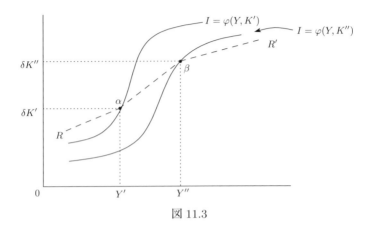

図 11.3

さて国民所得の時間変化率が投資と貯蓄の差に正比例するものとし,それを

$$\varepsilon \dot{y} = i - sy, \quad \varepsilon > 0 \tag{11}$$

と表現する。[26] (9) によりこれは

$$\varepsilon \dot{y} = f(y) - \mu k - sy, \tag{12}$$

すなわち

$$\varepsilon \dot{y} - f(y) + \mu k + sy = 0 \tag{12'}$$

の形をとる。また純投資は,(9) により

$$\dot{k} = i - \delta k = f(y) - \mu k - \delta k \tag{13}$$

と表わされる。

(12′) を時間 t で微分すると,

$$\varepsilon \ddot{y} - f'(y)\dot{y} + \mu \dot{k} + s\dot{y} = \varepsilon \ddot{y} - f'(y)\dot{y} + \mu[f(y) - \mu k - \delta k] + s\dot{y} \quad ((13) による)$$
$$= \varepsilon \ddot{y} + [s - f'(y)]\dot{y} + \mu[\varepsilon \dot{y} + sy - \delta k] \quad ((12) による)$$

---

26) $\dot{y}$ は y の時間 t に関する導関数。$\ddot{y}$ は二階の導関数である。$\dot{k}$ なども同様。

§5 N. Kaldor の景気循環論

$$= \varepsilon\ddot{y} + [s + \mu\varepsilon - f'(y)]\dot{y} + \mu(sy - \delta k)$$

$$= \varepsilon\ddot{y} + [s + \mu\varepsilon - f'(y)]\dot{y} + \mu sy - \mu\delta k$$

$$= \varepsilon\ddot{y} + [s + \mu\varepsilon - f'(y)]\dot{y} + \mu sy + \delta\varepsilon\dot{y} - \delta f(y) + \delta sy$$

$$((12) \text{ による})$$

$$= \varepsilon\ddot{y} + [\varepsilon(\mu + \delta) + s - f'(y)]\dot{y} + s(\mu + \delta)y - \delta f(y)$$

$$= 0. \tag{14}$$

両辺を $\varepsilon > 0$ で割れば,

$$\ddot{y} + \frac{1}{\varepsilon}\psi(y)\dot{y} + g(y) = 0, \tag{15}$$

ただし, ここで

$$\psi(y) = \varepsilon(\mu + \delta) + s - f'(y), \tag{16}$$

$$g(y) = \frac{\delta}{\varepsilon}\left[\frac{s(\mu + \delta)}{\delta}y - f(y)\right] \tag{17}$$

を得る。(15) は明らかに Liénard 型の微分方程式である。これが Kaldor-安井の景気循環論の基本方程式にほかならない。

(15) は次のような形に書き換えることができる。

$$\begin{pmatrix} \dot{y} \\ \dot{z} \end{pmatrix} = \begin{pmatrix} z \\ -\frac{1}{\varepsilon}[\varepsilon(\mu + \delta) + s - f'(y)]z - \frac{\delta}{\varepsilon}\left[\frac{s(\mu+\delta)}{\delta}y - f(y)\right] \end{pmatrix}. \tag{18}$$

$^t(y, z)$ を u, また (18) の右辺を $h(\mu, u)$ と書き, μ をパラメータとみなすと, (18) は手短かに

$$\dot{u} = h(\mu, u) \tag{19}$$

と表現される。

そこで方程式

$$K(\omega, \mu, u) = \omega\dot{u} - h(\mu, u) = 0 \tag{20}$$

を考えよう。ここで ω はもうひとつのパラメータである。簡単な計算により, $A_\mu = D_u h(\mu, 0)$ とおくと

$$A_\mu = \begin{pmatrix} 0 & 1 \\ -\frac{s(\mu+\delta)}{\varepsilon} + \frac{\delta}{\varepsilon}f'(0) & -\frac{1}{\varepsilon}[\varepsilon(\mu+\delta) + s - f'(0)] \end{pmatrix} \quad (21)$$

である。

いま μ を特定化して，次の (22), (23) を満たす値を μ^* としよう。

$$-\frac{s(\mu+\delta)}{\varepsilon} + \frac{\delta}{\varepsilon}f'(0) = -1, \quad (22)$$

$$-\frac{1}{\varepsilon}[\varepsilon(\mu+\delta) + s - f'(0)] = 0. \quad (23)$$

容易に知られるとおり，

$$\mu^* = \frac{\varepsilon}{s - \delta\varepsilon}(\delta^2 + 1) \quad (24)$$

である。[27] さらに $\omega^* = 1$ とすれば，$\pm i\omega^* = \pm i$ は A_{μ^*} の単純固有値である。また行列 A_μ の固有値を $\lambda(\mu) = \alpha(\mu) \pm i\beta(\mu)$ と書くと，$\alpha'(\mu^*) \neq 0$ である。

こうして定理 11.2 により，次の結果が導かれる。

定理 11.4 f が十分に滑らかであるならば，$(\omega^*, \mu^*) = (1,\ \varepsilon(\delta^2+1)/(s-\delta\varepsilon))$ は (20) で定義された $K(\omega, \mu, u)$ の分岐点である。

すなわち μ が十分に μ^* に近い値であるならば，方程式 (18)⇔(19) は 2π に近い周期を持つ (自明でない) 周期解を有するのである。

§6 Ljapunov の渦心点定理

二次元の定係数線形常微分方程式の解軌道 (trajectory) を，係数行列の固有値に応じて分類する方法はよく知られたところである。とくに固有値がすべて純虚数になる場合は，平衡点としての原点は渦心点になるのであった。

---

27) (23) により $s = -\varepsilon(\mu+\delta) + f'(0)$. また (22) から $\varepsilon = s(\mu+\delta) - \delta f'(0) = s(\mu+\delta) - \delta(s + \varepsilon(\mu+\delta))$. したがって (24) を得る。

§6 Ljapunov の渦心点定理 365

　しかし非線形体系の場合は次の事例が示すように状況が異なることに注意
しよう。

　例　二次元の非線形微分方程式

$$\dot{x} = -y - x(x^2 + y^2),$$
$$\dot{y} = x - y(x^2 + y^2) \tag{1}$$

を考えよう。(1) の右辺を原点の近傍で線形近似する行列を A とすれば,

$$A = \begin{pmatrix} 0 & -1 \\ 1 & 0 \end{pmatrix}$$

であり，その固有値は $\pm i$ となる。しかし解軌道は渦心点をめぐる運動にはならな
い。実際，$(x(t), y(t))$ を (1) の解とすれば,

$$\frac{d}{dt}\left[\frac{1}{2}(x^2 + y^2)\right] = x\dot{x} + y\dot{y} = -(x^2 + y^2)^2.$$

これからただちに

$$x^2 + y^2 = \frac{1}{2t + C} \quad (C \text{ は定数})$$

が導かれ，この軌道は閉軌道ではない。したがって原点は渦心点にはならないので
ある。

　そこで非線形微分方程式における渦心点の発生を，Hopf の分岐定理を用い
て考察しよう。そのために，微分方程式の第一積分という概念を導入する。
　Ω を $\mathbb{R}^n$ の開集合，函数 $f : \Omega \to \mathbb{R}^n$ は連続で偏微分可能とする。また Ω'
は Ω に含まれる開集合とし，函数 $u : \Omega' \to \mathbb{R}$ は連続微分可能とする。微分
方程式

$$\dot{x} = f(x) \tag{2}$$

の解で，その軌道が全く Ω' に含まれている函数 $\varphi(t)$ を任意に選んで，$x = \varphi(t)$
を $u(\cdot)$ に代入したとき,

$$u(\varphi(t)) = \text{定数} \tag{3}$$

であるならば，函数 u は微分方程式 (2) の**第一積分** (first integral) であると
いう。つまり $u(\varphi(t))$ の値が解 $\varphi(t)$ のとり方にのみ依存して，変数 t から独

366 　 第 11 章　Hopf の分岐定理

立に定まることを意味する。

　補題 11.5　函数 u が (2) の第一積分であるためには

$$\langle Du(x), f(x) \rangle = 0 \quad \text{for all} \quad x \in \Omega' \tag{4}$$

の成り立つことが必要十分である。

　証明　u を (2) の第一積分としよう。ξ を Ω' の任意の点とし，$t = 0$ のとき ξ を初期値とする (2) の解を $\varphi(t, \xi)$ とする。第一積分の定義から

$$\frac{d}{dt} u(\varphi(t, \xi))|_{t=0} = \langle Du(\xi), f(\xi) \rangle = 0.$$

ここで $\xi \in \Omega'$ は任意であったから，Ω' 全体で (4) が成り立つ。
　逆に (4) を仮定する。$\varphi(t)$ を軌道が Ω' に含まれる (2) の解とし，これを $u(x)$ に代入して

$$v(t) = u(\varphi(t))$$

とする。これを微分すると，(4) により

$$\frac{d}{dt} v(t) = \langle Du(\varphi(t)), f(\varphi(t)) \rangle = 0$$

である。したがって $v(t) = u(\varphi(t)) =$ 定数である。　　　　　　(証了)

　例　函数 $H : \mathbb{R}^n \times \mathbb{R}^n \to \mathbb{R}$ は微分可能とし，いわゆる **Hamilton 系** (Hamiltonian system)

$$\begin{aligned} \dot{x} &= -D_y H(x, y), \\ \dot{y} &= D_x H(x, y) \end{aligned} \tag{5}$$

を考える。このとき函数 H 自身が (5) の第一積分である。

§6 Ljapunov の渦心点定理   367

補題 11.6 $f \in \mathfrak{C}^1(\mathbb{R}^n, \mathbb{R}^n)$ とし，$u \in \mathfrak{C}^1(\mathbb{R}^n, \mathbb{R})$ は微分方程式

$$\dot{x} = f(x) \tag{6}$$

の第一積分とする。x が微分方程式

$$\dot{x} = f(x) + \mu Du(x), \quad \mu \in \mathbb{R} \tag{7}$$

の周期 T の解であるとすれば，この x は (6) の周期 T の解にもなっている。

証明 $\mu = 0$ の場合は自明であるから，$\mu \neq 0$ を仮定する。x を (7) の周期 T の解とし，

$$v(t) = u(x(t))$$

とおくと，

$$\begin{aligned}
\dot{v}(t) &= \frac{d}{dt} u(x(t)) = \langle Du(x(t)), \dot{x}(t) \rangle \\
&= \langle Du(x(t)), f((x(t)) + \mu Du(x(t)) \rangle \tag{8} \\
&\qquad ((7) \text{ による}) \\
&= \langle Du(x(t)), f(x(t)) \rangle + \mu \| Du(x(t)) \|^2
\end{aligned}$$

である。u が (6) の第一積分であることから，(8) の最右辺第一項は 0。ゆえに

$$\dot{v}(t) = \mu \| Du(x(t)) \|^2. \tag{9}$$

したがって，もしたとえば $\mu > 0$ とすれば（$\mu < 0$ の場合も同様）

$$\dot{v} \geqq 0 \tag{10}$$

なので，$v(t)$ は単調非減少である。他方 x の周期性から

$$v(0) = u(x(0)) = u(x(T)) = v(T). \tag{11}$$

(10)，(11) から $\dot{v}(t) = 0$ が導かれ，(9) から

$$\mu Du(x(t)) = 0$$

を得る。こうして x が (6) の周期 T の解であることが判明した。   (証了)

368 　　　　　　第 11 章　Hopf の分岐定理

定理 11.5 (Ljapunov)　$f \in \mathfrak{C}^2(\mathbb{R}^n, \mathbb{R}^n)$ は $f(0) = 0$ を満たす函数とし，$A = Df(0)$ について，次の二条件を仮定する。

　(i)　A は正則で，また $\pm i\omega^* (\omega^* > 0)$ は A の単純固有値である。

　(ii)　$k \neq \pm 1$ なるすべての $k \in \mathbb{Z}$ に対して，$ik\omega^*$ は A の固有値ではない。

　さらに $u \in \mathfrak{C}^3(\mathbb{R}^n, \mathbb{R})$ は微分方程式 (6) の第一積分で，$D^2 u(0) \equiv B$ は正則と仮定する。

　このとき $(\omega^*, \mu^*) = (\omega^*, 0)$ は

$$\omega \dot{x} = f(x) + \mu Du(x) \tag{12}$$

の分岐点である。[ここで x の変域は

$$\mathfrak{X} = \{x \in \mathfrak{C}^r(\mathbb{R}, \mathbb{R}^n) \mid x(t + 2\pi) = x(t) \quad \text{for all} \ \ t\}$$

$(r \geqq 3)$ である。]

証明 (Ambrosetti-Prodi[1])　定理 11.3 による。

1°　まず定理 11.3 の f に該当するものとして

$$\varphi(\mu, x) = f(x) + \mu Du(x) \tag{13}$$

とおけば，φ は $\mathfrak{C}^2$-級である。

2°　補題 11.5 により，$\langle Du(\xi), f(x) \rangle = 0 \ (x \in \mathbb{R}^n)$ であるから，

$$\langle D^2 u(\xi) y, f(\xi) \rangle + \langle Du(\xi), Df(\xi) y \rangle = 0 \quad \text{for all} \quad \xi, y \in \mathbb{R}^n. \tag{14}$$

とくに $\xi = 0$ とすれば，

$$\langle D^2 u(0) y, f(0) \rangle + \langle Du(0), Df(0) y \rangle = 0 \quad \text{for all} \quad y \in \mathbb{R}^n. \tag{15}$$

$f(0) = 0$ であるから，(15) の第一項は 0 であり，したがって

$$\langle Du(0), Ay \rangle = \langle {}^t A Du(0), y \rangle = 0 \quad \text{for all} \quad y \in \mathbb{R}^n. \tag{16}$$

A の正則性から，$Du(0) = 0$ とならねばならず，したがって (13) の定義から

$$\varphi(\mu, 0) = f(0) + \mu Du(0) = 0. \tag{17}$$

3°　$A_\mu = D_x \varphi(\mu, 0)$ とおくと,

$$A_\mu = D_x f(0) + \mu D^2 u(0) = A + \mu B. \tag{18}$$

とくに $\mu^* = 0$ に対しては, (i), (ii) によって次の二条件が満たされる.

(a)　A_{μ^*} は正則で, $\pm i\omega^*$ はその単純固有値である.

(b)　$k \neq \pm 1$ なるすべての $k \in \mathbb{Z}$ に対して, $ik\omega^*$ は A_{μ^*} の固有値ではない.

4°　Hopf の定理の最終条件を確認しよう. まず (14) を ξ について微分し, $\xi = 0$ で評価すると,

$$\langle D^3 u(0)(y, z), f(0) \rangle + \langle Df(0)z, D^2 u(0)y \rangle + \langle D^2 u(0)z, Df(0)y \rangle$$
$$+ \langle Du(0), D^2 f(0)(y, z) \rangle = 0 \quad \text{for all} \quad y, z \in \mathbb{R}^n$$

であるが, $f(0) = 0, Du(0) = 0$ であるから, 左辺の第一, 第四項は消える. したがって結局,

$$\langle Az, By \rangle + \langle Ay, Bz \rangle = 0 \quad \text{for all} \quad y, z \in \mathbb{R}^n. \tag{19}$$

B が対称行列であることに注意すると,

$$\langle z, {}^t\!ABy \rangle + \langle z, BAy \rangle = \langle z, ({}^t\!AB + BA)y \rangle = 0 \quad \text{for all} \quad y, z \in \mathbb{R}^n$$

であるから

$${}^t\!AB + BA = 0. \tag{20}$$

　適当な変換により, ($\pm i\omega^*$ が A の単純固有値であることから)

$$A = \begin{pmatrix} S & 0 \\ 0 & R \end{pmatrix}$$

とすることができる. ここで

$$S = \begin{pmatrix} 0 & -\omega^* \\ \omega^* & 0 \end{pmatrix}$$

であり，R は $\pm i\omega^*$ をそのスペクトルに含まない。（S は (2×2)-型，R は $(n-2) \times (n-2)$-型の行列である。）他方，B は

$$B = \begin{pmatrix} U & W \\ {}^t W & V \end{pmatrix}$$

としよう。ここで $U(\text{resp. } V)$ は (2×2)-型 (resp. $(n-2) \times (n-2)$-型) の対称行列，W は $2 \times (n-2)$-型の行列である。(20) により

$$SU = US, \tag{21}$$

$$SW = WR. \tag{22}$$

実際，たとえば (21) を確認するためには，

$$
{}^t AB + BA = \begin{pmatrix} 0 & \omega^* & & 0 \\ -\omega^* & 0 & & \\ & & & \\ 0 & & & {}^t R \end{pmatrix} \begin{pmatrix} U & W \\ {}^t W & V \end{pmatrix}
$$

$$
+ \begin{pmatrix} U & W \\ {}^t W & V \end{pmatrix} \begin{pmatrix} 0 & -\omega^* & & 0 \\ \omega^* & 0 & & \\ & & & \\ 0 & & & R \end{pmatrix} = 0
$$

の計算中，左上方に位置する (2×2)-型の小行列ブロック同士のかけ算に注目すれば，容易に

$$-SU + US = 0$$

を得，これから (21) が確認される。(22) については各自試みよ。

いま対称行列 U を

$$U = \begin{pmatrix} a & b \\ b & a \end{pmatrix}$$

とおき，(21) の関係 $SU = US$ を計算すると，$\omega^* \neq 0$ であることから，$b = 0$ とならねばならず，したがって

$$U = \begin{pmatrix} a & 0 \\ 0 & a \end{pmatrix} \tag{23}$$

の形となることが知られる。

さらに行列 W は 0 である。これを示すために，W を構成する二行をそれぞれ $X, Y \in \mathbb{R}^{n-2}$，つまり

$$W = \begin{pmatrix} X \\ Y \end{pmatrix}$$

とすれば，(22) により

$$XR + \omega^* Y = 0, \tag{24}$$

$$YR - \omega^* X = 0 \tag{25}$$

が成り立つ。(25) から

$$X = \frac{1}{\omega^*} YR \tag{26}$$

であり，さらに (26) を (24) に代入して

$$\begin{aligned} \frac{1}{\omega^*} YR^2 + \omega^* Y &= \frac{1}{\omega^*} Y[R^2 + {\omega^*}^2 I] \\ &= \frac{1}{\omega^*} Y(R + i\omega^* I)(R - i\omega^* I) \\ &= 0. \end{aligned} \tag{27}$$

$\pm i\omega^*$ は R の固有値ではないので，(27) から $Y = 0$ である。したがって (26) から $X = 0$ が得られる。こうして $W = 0$ である。つまり B の形は

$$B = \begin{pmatrix} a & U & 0 \\ 0 & a & \\ & & \\ 0 & & V \end{pmatrix}$$

のようであり，B の正則性から，$a \neq 0$ とならねばならない。

372   第 11 章　Hopf の分岐定理

したがって

$$A + \mu B = \begin{pmatrix} \mu a & -\omega^* & & \\ \omega^* & \mu a & & 0 \\ \hdashline & & & \\ & 0 & & R + \mu V \end{pmatrix} \qquad (28)$$

である。これを用いて $A + \mu B$ の固有値を μ をパラメータとして求め，$\mu = 0$ のときの固有値が $\pm i\omega^*$ となるもの $\lambda(\mu)$ を求めれば

$$\lambda(\mu) = \mu a \pm i\omega^* \quad (a \neq 0).$$

これで Hopf の定理の全条件が確認されたのである。   （証了）

　上の定理では，$\omega_n \to \omega^*, \mu_n \to 0$ であるときに，微分方程式

$$\omega_n \dot{x} = f(x) + \mu_n Du(x), \quad n = 1, 2, \ldots$$

の周期 2π の自明でない解 $x_n(t)$ が存在して，$x_n \to 0 (\text{in } \mathfrak{C}^r)$ となることを示した。
　とくに $\omega^* = 1$ とすれば，微分方程式

$$\dot{x} = f(x) + \mu_n Du(x), \quad n = 1, 2, \ldots \qquad (29)$$

には周期 $T_n = 2\pi/\omega_n$ で振幅が 0 に収束するような解 x_n が存在することになる。しかるに補題 11.6 によれば，この x_n は (29) の解であるのみならず

$$\dot{x} = f(x) \qquad (30)$$

の解にもなっている。つまり (30) にも周期 $2\pi/\omega_n$ の自明でない解の列が存在して，その振幅は 0 に収束することが明らかになったわけである。

注意　$1°$　定理 11.5 においては，微分方程式を定める函数 f の定義域を $\mathbb{R}^n$ としたが，これはもちろん（0 を含む）開集合 Ω に置き換えてもよい。その場合は，第一積分 u の定義域も Ω と考えてかまわない。つまり $\varphi(t)$ を微分方程式 (6) の解で，その軌道が完全に Ω に含まれているものとするとき，$u(\varphi(t)) = $ 定数が成

§6 Ljapunov の渦心点定理　　　　373

り立つことを要請すればよいのである。

2° 定理 11.5 では，点 0 を微分方程式 (6) の平衡点と考え，$A = Df(0)$ とした。0 以外の点 x_0 が平衡点である場合には変数を $v = x - x_0$ と置き換えることによって，問題を平衡点 0 の場合に帰着せしめることができる。

応用例　(Volterra-Lotka の微分方程式)

二変数 x, y に関する次のような微分方程式系を考える。($\dot{x}, \dot{y}$ は時間 t についての導函数を表わす。)

$$\begin{aligned}
\dot{x} &= x(a - by), \\
\dot{y} &= y(cx - d).
\end{aligned} \tag{31}$$

ここで a, b, c, d は正の定数である。たとえば $x(t)$ は時刻 t における小麦の数量，$y(t)$ はそれを食糧とする人間の数と解釈する。(31) は x, y の成長率 $\dot{x}/x, \dot{y}/y$ がそれぞれ $(a - by), (cx - d)$ であることを表わしている。(31) の右辺をベクトル表示で $f(x, y)$ と書けば，(31) は

$$\begin{pmatrix} \dot{x} \\ \dot{y} \end{pmatrix} = f(x, y) \tag{32}$$

と整理される。

　簡単な計算から，(31) の平衡点は $(0, 0)$ および $(d/c, a/b) \equiv (x_0, y_0)$ のふたつであることがわかる。両軸上に初期点が存在する場合の解軌道は図 11.4 のとおりである。

　解釈上，$x(t) \geqq 0, y \geqq 0$ の範囲の解を考える。$x = 0$ かつ $y \geqq 0$ のときは $x(a - by)|_{x=0} = 0$，また $x \geqq 0$ かつ $y = 0$ のときは $y(cx - d)|_{y=0} = 0$ であるから，任意の非負の初期値 (α_0, β_0) に対して (31) の非負解 $(x(t), y(t))$ が存在する。[28] いま第一象限の内部を $\Omega = \{(x, y) \in \mathbb{R}^2 | x > 0, y > 0\}$ とすれば，Ω の点を初期値とする解は Ω 内に留まる。(解の一意性による。)

---

28)　山口 [117] p.25.

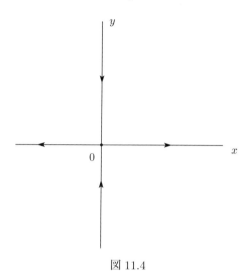

図 11.4

平衡点 (x_0, y_0) において $Df(x_0, y_0)$ を計算すると，

$$Df(x_0, y_0) = \begin{pmatrix} 0 & -bd/c \\ ca/b & 0 \end{pmatrix}.$$

したがって，この固有値は $\pm i\sqrt{ad} \equiv i\omega_0$ のふたつで，いずれも単純固有値である．
次に第一積分を求める．(31) の二式にそれぞれ c, b を乗じて加えあわせると

$$acx - bdy = c\dot{x} + b\dot{y}. \tag{33}$$

同様に d, a を乗じて加えると，

$$d\frac{\dot{x}}{x} - (acx - bdy) + a\frac{\dot{y}}{y} = 0 \tag{34}$$

(34) に (33) を代入して

$$c\dot{x} - d\frac{\dot{x}}{x} + b\dot{y} - a\frac{\dot{y}}{y} = 0. \tag{35}$$

$x(t), y(t)$ が (31) の解であれば，(35) が常に成り立っていなければならぬ．Ω 内

§6 Ljapunov の渦心点定理 375

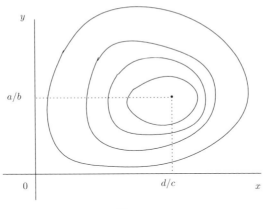

図 11.5

に留まる解 $(x(t), y(t))$ について (35) を積分して

$$cx(t) - d\log x(t) + by(t) - a\log y(t) = \text{const.}$$

そこで函数 $u : \Omega \to \mathbb{R}$ を

$$u(x, y) = cx - d\log x + by - a\log y \tag{36}$$

と定義すれば,

$$\frac{d}{dt} u(x(t), y(t)) = 0.$$

つまり $u(x, y)$ は (31) の第一積分である.

さらに

$$D^2 u(x_0, y_0) = \begin{pmatrix} d/r_0^2 & 0 \\ 0 & a/y_0^2 \end{pmatrix}$$

であるから, この行列は正則である.

したがって定理 11.5 により, (x_0, y_0) は渦心点である.[29]

---

[29] この問題は V.Volterra, *Leçon sur la théorie mathématique de la lutte pour la vie*, (Gauthier-Villars, Paris) 1931 によって研究されたのであるが, 私は未見であるため, 巻末の参考文献には収載しなかった.

付論A　指数函数　$e^{i\theta}$

———————

　Fourier 解析においては，虚の指数函数 $e^{i\theta}(\theta \in \mathbb{R})$ がたえず姿を現わす。$e^{i\theta}$ は実部が $\cos\theta$，虚部が $\sin\theta$ の複素数で，したがって θ が $\mathbb{R}$ を動くとき，複素平面上の単位円周を描くことは誰れもが知っている。しかしその根拠を厳密に述べることは決して容易ではない。議論を正確に進めるために，虚の指数函数についての要点を，ここで整理しておくことにしたい。[1]

§1　複素指数函数

　複素数 z に対して，函数 e^z を

$$e^z = \sum_{n=0}^{\infty} \frac{1}{n!} z^n \tag{1}$$

を以て定義する。(1) の右辺の巾級数は無限大の収束半径をもつから，これは絶対収束する。その導函数は

$$\frac{d}{dz} e^z = e^z \tag{2}$$

と計算される。また $z, z' \in \mathbb{C}$ に対して

$$e^{z+z'} = e^z \cdot e^{z'} \tag{3}$$

の成り立つことも容易に知られる。実際，

———————

　　1)　Cartan[15]．高木 [105]　等を参照した。群論の基礎知識については van der Waerden[111] などを見よ。

378　　　　　　　　付論A　指数函数　$e^{i\theta}$

$$e^z \cdot e^{z'} = \sum_{n=0}^{\infty} \frac{1}{n!} z^n \cdot \sum_{n=0}^{\infty} \frac{1}{n!} z'^n$$

$$= \sum_{n=0}^{\infty} \sum_{p=0}^{n} \frac{1}{p!(n-p)!} z^p z'^{(n-p)}$$

$$= \sum_{n=0}^{\infty} \frac{1}{n!} (z+z')^n$$

$$= e^{z+z'}$$

であるから，(3) が確かめられた。[2]

(3) から，$e^z \cdot e^{-z} = 1$ であるから，いかなる $z \in \mathbb{C}$ に対しても $e^z \neq 0$ である。

また $z \in \mathbb{C}$ を $z = x+iy$ $(x, y \in \mathbb{R})$ と書けば，

$$e^z = e^x \cdot e^{iy}.$$

_____

[2]　一般に $\displaystyle\sum_{n=0}^{\infty} u_n, \sum_{n=0}^{\infty} v_n$ を絶対収束級数とし，

$$w_n = \sum_{p=0}^{n} u_p v_{n-p}$$

とおけば，$\displaystyle\sum_{n=0}^{\infty} w_n$ は絶対収束し，

$$\sum_{n=0}^{\infty} w_n = \left(\sum_{n=0}^{\infty} u_n \right) \left(\sum_{n=0}^{\infty} v_n \right) \tag{†}$$

が成り立つ。実際，

$$\alpha_p = \sum_{n=p}^{\infty} |u_n|, \quad \beta_q = \sum_{n=q}^{\infty} |v_n|$$

とすれば，

$$\sum_{n=0}^{\infty} |w_n| \leqq \sum_{p=0}^{\infty} \sum_{q=0}^{\infty} |u_p| \, |v_q| = \alpha_0 \cdot \beta_0.$$

また $m \geqq 2n$ とすれば，

$$\sum_{k=0}^{m} w_k - \left(\sum_{k=0}^{n} u_k \right) \left(\sum_{k=0}^{n} v_k \right)$$

の絶対値は $|u_p| \cdot |v_q|$　（p あるいは q が $> n$）なる形の積の有限和でおさえられる。この和はさらに $\alpha_0 \beta_{n+1} + \beta_0 \alpha_{n+1}$ でおさえられる。したがって $n \to \infty$ のとき 0 に収束する。かくして (†) の成り立つことが知られたのである。

§2 虚の指数函数　　　　379

したがって e^z の性質は実指数函数 e^x と，虚の指数函数 e^{iy} の性質を調べることに帰着する。

　e^x の性質やその逆変換としての対数函数については，ここであらためて述べるまでもないであろう。

　そこで専ら $e^{iy}\,(y \in \mathbb{R})$ なる函数について考察する。

§2　虚の指数函数

　前節の (1) で与えた定義から，$e^{-i\theta} = \overline{e^{i\theta}}\quad (\theta \in \mathbb{R})$ であるから，

$$e^{i\theta} \cdot e^{-i\theta} = |e^{i\theta}|^2 = 1.$$

ゆえに

$$|e^{i\theta}| = 1 \quad \text{for all} \quad \theta \in \mathbb{R}. \tag{1}$$

　$U = \{z \in \mathbb{C}\,|\,|z| = 1\}$ は複素平面 $\mathbb{C}$ の単位円周であり，複素数の乗法についての群を成す。函数 $\varphi : \mathbb{R} \to U$ を

$$\varphi(\theta) = e^{i\theta}, \quad \theta \in \mathbb{R} \tag{2}$$

と定義すると，φ は加群 $\mathbb{R}$ から乗法群 U への（群の）準同型である。

　この φ を詳しく吟味するために，$e^{i\theta}$ を実部と虚部とに分けて

$$e^{i\theta} = \cos\theta + i\sin\theta \tag{3}$$

と定義する。つまり $e^{i\theta}$ の実部を $\cos\theta$，虚部を $\sin\theta$ と定義するのである。$\cos\theta,\ \sin\theta$ はそれぞれ

$$\cos\theta = 1 - \frac{1}{2}\theta^2 + \cdots + \frac{(-1)^n}{(2n)!}\theta^{2n} + \cdots,$$

$$\sin\theta = \theta - \frac{1}{3!}\theta^3 + \cdots + \frac{(-1)^n}{(2n+1)!}\theta^{2n+1} + \cdots \tag{4}$$

なる巾級数であり，これらの収束半径は ∞ である．また

$$\frac{d}{d\theta}\cos\theta = -\sin\theta, \quad \frac{d}{d\theta}\sin\theta = \cos\theta \tag{5}$$

である．

$\cos 0 = 1$ で，$\cos\theta$ は連続であるから，適当な数 $\theta_0 > 0$ を選んで

$$\cos\theta > 0 \quad \text{for all} \quad \theta \in [0, \theta_0] \tag{6}$$

とすることができる．したがって (5) により，$\sin\theta$ は $[0, \theta_0]$ 上で狭義の増加函数である．$\sin 0 = 0$ であることに注意すれば，$\sin\theta_0 = a$ は正である．

さて $\cos\theta = 0$ となる $\theta > 0$ が存在することを示そう．いま仮に $\theta \in [\theta_0, \theta_1]$ に対して常に $\cos\theta > 0$ であるとしてみよう．

$$\cos\theta_1 - \cos\theta_0 = -\int_{\theta_0}^{\theta_1}\sin\theta d\theta. \tag{7}$$

であるが, 積分区間上で常に $\cos\theta > 0$ なので, $\sin\theta$ は増加的で $\sin\theta > \sin\theta_0 = a$. したがって

$$\int_{\theta_0}^{\theta_1}\sin\theta d\theta > a(\theta_1 - \theta_0).$$

(7) と $\cos\theta_1 > 0$ から

$$\theta_1 - \theta_0 < \frac{1}{a}\cos\theta_0$$

とならねばならない．ゆえに区間 $[\theta_0, \theta_0 + \frac{1}{a}\cos\theta_0]$ の中に必ず $\cos\theta = 0$ となる点が存在することがわかる．

さてそこで $\cos\theta = 0$ となる最小の正数を $\pi/2$ と定義する．（これが π の定義である．）

区間 $[0, \pi/2]$ 上で，$\cos\theta$ は 1 から 0 へと単調に減少し，$\sin\theta$ は 0 から 1 へと単調に増大する．こうして φ は区間 $[0, \pi/2]$ を単位円周 U 上の第一象限に含まれる部分集合

$$U_1 = \{(u, v) \in v \mid u \geqq 0, v \geqq 0\}$$

の上へと写す連続な全単射である．$[0, \pi/2]$ がコンパクトであることから，φ の逆写像も連続．したがって $[0, \pi/2]$ は U_1 と（φ をつうじて）位相同型である．

$$\S 2 \quad \text{虚の指数函数} \qquad 381$$

同様にして，φ は

$$\left[\frac{\pi}{2}, \pi\right] \longleftrightarrow U_2 = \{(u, z) \in U \mid u \leqq 0, v \geqq 0\},$$

$$\left[\pi, \frac{3}{2}\pi\right] \longleftrightarrow U_3 = \{(u, z) \in U \mid u \leqq 0, v \leqq 0\},$$

$$\left[\frac{3}{2}\pi, 2\pi\right) \longleftrightarrow U_4 = \{(u, z) \in U \mid u \geqq 0, v < 0\}$$

なる対応に位相同型の関係を与える。

たとえば θ が区間 $[\pi/2, \pi]$ を動くものとしよう。$\theta = \pi/2 + \xi$ と書けば，θ が $\pi/2$ から π まで動くとき，ξ は 0 から $\pi/2$ まで動く。

$$e^{i\theta} = e^{i(\pi/2+\xi)} = e^{i\cdot\pi/2} \cdot e^{i\xi}$$

$$= \left(\cos\frac{\pi}{2} + i\sin\frac{\pi}{2}\right)e^{i\xi} = -\sin\xi + i\cos\xi$$

であるから，[3] θ が $[\pi/2, \pi]$ を動き，したがって ξ が $[0, \pi/2]$ を動くとき，$e^{i\theta}$ の実部は 0 から -1 へと単調に減少し，虚部は 1 から 0 へと単調に減少する。こうして $\varphi(\theta) = e^{i\theta}$ $(\theta \in [\pi/2, \pi])$ の描く軌跡は，単位円周 U 上の第二象限に含まれる部分となるのである。残りの場合について議論を繰り返す必要はないであろう。

こうして次の結論が導かれる。

φ の下に $[0, 2\pi)$ と U とは位相同型である。

もちろん $[0, 2\pi)$ のかわりに $[-\pi, \pi)$ を考えてもやはり U と位相同型である。また U の単位元は 1 であるから，準同型 φ の核，すなわち $\mathrm{Ker}\varphi = \{\theta \in \mathbb{R} \mid \varphi(\theta) = 1\}$ は正の実数 2π の整数倍である。つまり

$$\mathrm{Ker}\varphi = 2\pi\mathbb{Z} = \{2\pi n \mid n \in \mathbb{Z}\}. \tag{8}$$

---

3) ここで二番目の等号は，(2) で定義した函数 φ が準同型であることによる。

382   付論A　指数函数　$e^{i\theta}$

§3　トーラス　$\mathbb{R}/2\pi\mathbb{Z}$

　加群 $\mathbb{R}$ をその部分群 $2\pi\mathbb{Z} = \{2\pi n \,|\, n \in \mathbb{Z}\}$ で割った商群 $\mathbb{R}/2\pi\mathbb{Z}$ を（一次元の）**トーラス** (torus) といい，$\mathbb{T}$ と表記すれば，代数学でよく知られた群の同型定理と前節 (8) により，φ をつうじて $\mathbb{T}$ と U とは群として同型である。

$$\mathbb{T} = \mathbb{R}/2\pi\mathbb{Z} \cong U. \tag{1}$$

　$\mathbb{T}$ に商位相を定めると，これは Hausdorff 位相空間である。$\theta \in \mathbb{R}$ をその剰余類 $\theta + 2\pi\mathbb{Z}$ に対応させる写像を $\xi: \mathbb{R} \to \mathbb{T}$ とすれば，商位相の定義により，ξ は連続である。$\mathbb{T}$ は ξ による $[0, 2\pi]$ の像であるから，$\mathbb{T}$ は商位相についてコンパクトである。

　次に函数 $\tilde{\varphi}: \mathbb{T} \to U$ を

$$\tilde{\varphi}(\theta + 2\pi\mathbb{Z}) = \varphi(\theta), \quad \theta \in \mathbb{R} \tag{2}$$

と定義すれば，$\tilde{\varphi}$ は全単射で連続である。[4]　したがって $\tilde{\varphi}$ は $\mathbb{T}$ と U との間の位相同型写像である。（もちろん U はコンパクトである。）

---

　4)　連続性は次のように示せばよい。$\tilde{\varphi}(\theta_0 + 2\pi\mathbb{Z}) = \varphi(\theta_0)$ の開近傍を Σ とすれば，φ の連続性から，θ_0 を含む開集合 $\Theta(\subset \mathbb{R})$ を適当に選び

$$\varphi(\theta) \in \Sigma \quad \text{for all} \quad \theta \in \Theta$$

とすることができる。Θ に属する θ を $2\pi z$ ずつずらした点の集合を

$$\Theta' = \{\theta + 2\pi z \,|\, \theta \in \Theta, z \in \mathbb{Z}\} = \bigcup_{z \in \mathbb{Z}} (\Theta + 2\pi z)$$

とすれば，Θ' は θ_0 を含む $\mathbb{R}$ の開集合で

$$\varphi(\theta) \in \Sigma \quad \text{for all} \quad \theta \in \Theta'$$

である。さらに Θ' の点を含む同値類の集合を

$$\Gamma = \{\theta + 2\pi\mathbb{Z} \,|\, \theta \in \Theta'\}$$

と定義すれば，$\theta_0 + 2\pi\mathbb{Z} \in \Gamma$ で，しかも $\xi^{-1}(\Gamma) = \Theta'$ であるから，商位相の定義により，$\Gamma \subset \mathbb{T}$ は開集合。また

$$\tilde{\varphi}(\theta + 2\pi\mathbb{Z}) = \varphi(\theta) \in \Sigma \quad \text{for all} \quad \theta \in \Theta' \quad (\textit{i.e. for all } \theta + 2\pi\mathbb{Z} \in \Gamma).$$

ゆえに $\tilde{\varphi}$ は連続である。

$$§3 \quad トーラス \quad \mathbb{R}/2\pi\mathbb{Z}$$

こうしてトーラス $\mathbb{T}$ と単位円周 U とは群としてもまた位相空間としても同型となる。

各 $u \in U$ に対して $\tilde{\varphi}^{-1}(u) \in \mathbb{T}$ が一意的に定まる。つまり 2π の整数倍 $2\pi\mathbb{Z}$ を法としてひとつの実数が定まるのである。この実数を u の**偏角** (argument) といって，$arg\,u$ と表記する。

一般の複素数 $z \neq 0$ に対しても，その偏角 $arg\,z$ を

$$arg\,z = arg\left(\frac{z}{|z|}\right) \tag{3}$$

を以て定義する。（$z/|z| \in U$ であるから，右辺は既に定義されている。）ただし $arg\,z$ も $2\pi\mathbb{Z}$ を法として定まるにすぎないことに注意しよう。この記法を用いれば，

$$z = |z|e^{i\,arg\,z} \tag{4}$$

が成り立つ。

複素数 $t \in \mathbb{C}$ $(t \neq 0)$ に対して $e^z = t$ を満たす z は

$$\log|t| + i\,arg\,t \tag{5}$$

である。これを $\log t$ の定義とする。つまり

$$\log t = \log|t| + i\,arg\,t. \tag{6}$$

$arg\,t$ が $2\pi\mathbb{Z}$ を法として定まるにすぎないから，$\log t$ もまた $2\pi i \cdot \mathbb{Z}$ を法として定まるにすぎない。

$\mathbb{C} \setminus \{0\}$ の領域（連結な開集合）D において定義される函数 $f : D \to \mathbb{C}$ が $e^{f(t)} = t\,(t \in D)$ を満たし（つまり $f(t)$ は $\log t$ の値のひとつで），しかも連続であるとき，$f(t)$ は $\log t$ のひとつの**分枝** (branch) であるという。

$f(t)$ が $\log t$ の分枝であるならば，導函数 $f'(t)$ が存在して，$f'(t) = 1/t$ である。

384　　　　　　付論A　指数函数　　$e^{i\theta}$

　その証明：　$h \neq 0$ が十分小さいとき（したがって $t+h \in D$）

$$\frac{f(t+h) - f(t)}{h} = \frac{f(t+h) - f(t)}{e^{f(t+h)} - e^{f(t)}}.$$

$h \to 0$ とするとき，これは $z' \to z = f(t)$ とするときの $(e^{z'} - e^z)/(z' - z)$ の極限の逆数に近づく。ゆえに $f'(t)$ は，e^z の $z = f(t)$ における導函数の逆数，つまり $e^{f(t)} = 1/t$ に等しいのである。

§4　$\mathbb{R}$ から U への準同型

　$x \in \mathbb{R}$ を任意にひとつ固定して，函数 $\psi_x : \mathbb{R} \to U$ を

$$\psi_x(\theta) = e^{ix\theta}$$

とおけば，ψ_x は連続な群の準同型である。逆に連続な準同型 $\eta : \mathbb{R} \to U$ は適当な $x \in \mathbb{R}$ を用いて $\eta(\theta) = e^{ix\theta}$ の形式で表現できるであろうか。[5]

　まず η の連続性と $\eta(0) = 1$ から，$\delta > 0$ を十分に小さくとって

$$\int_0^\delta \eta(t)dt = \alpha \neq 0 \tag{1}$$

とすることができる。η が準同型であることから，

$$\begin{aligned} \alpha\eta(\theta) &= \eta(\theta) \int_0^\delta \eta(t)dt = \int_0^\delta \eta(\theta + t)dt \\ &= \int_\theta^{\theta+\delta} \eta(t)dt. \quad \text{(変数変換)} \end{aligned} \tag{2}$$

η については連続性のみを仮定しているのであるが，(2) によって実は η は微分可能であることが知られる。[6]

$$\alpha\eta'(\theta) = \int_0^\delta \eta'(\theta + t)dt = \eta(\theta + \delta) - \eta(\theta)$$

---

5)　Rudin[89] pp.12-13 による。

6)　丸山 [78] pp.381-382.

$$= \eta(\theta)\eta(\delta) - \eta(\theta) = \eta(\theta)(\eta(\delta) - 1).$$

したがって

$$\eta'(\theta) = \eta(\theta) \cdot \frac{\eta(\delta) - 1}{\alpha}$$

であるが，右辺の $(\eta(\delta) - 1)/\alpha$ はちょうど $\eta'(0)$ に等しい。[7]

$$\eta'(\theta) = z\eta(\theta), \quad z = \eta'(0). \tag{3}$$

$\eta(0) = 1$ の下でこの微分方程式を解けば，$\log t$ の分枝の微分公式から[8]

$$\eta(\theta) = e^{ix\theta} \tag{4}$$

なる $x \in \mathbb{R}$ が一意的に定まる。こうしていかなる連続な準同型 $\psi : \mathbb{R} \to U$ も一意的に定まる $x \in \mathbb{R}$ に対して $\psi(\theta) = e^{i\theta x}$ の形に表現できるのである。

§5　トーラス上の函数

　$\mathbb{T}$ 上で定義される複素数値函数の空間を $\mathfrak{F}(\mathbb{T}, \mathbb{C})$，また $\mathbb{R}$ 上で定義される複素数値函数で周期 2π のものの空間を $\mathfrak{F}_{2\pi}(\mathbb{R}, \mathbb{C})$ と書くことにすれば，これらは 1 対 1 に対応する。作用素 $T : \mathfrak{F}(\mathbb{T}, \mathbb{C}) \to \mathfrak{F}_{2\pi}(\mathbb{R}, \mathbb{C})$ を

$$(Tf)(\theta) = f(\xi(\theta)) = f(\theta + 2\pi\mathbb{Z}), \quad f \in \mathfrak{F}(\mathbb{T}, \mathbb{C})$$

とすれば，$\mathrm{Ker}\, T$ は $\{0\}$ であるから，$\mathfrak{F}(\mathbb{T}, \mathbb{C})$ と $\mathfrak{F}_{2\pi}(\mathbb{R}, \mathbb{C})$ とは線形空間として同型である。(ξ は θ をその剰余類 $\theta + 2\pi\mathbb{Z}$ に対応させる写像である。)

---

[7]
$$\alpha\eta'(0) = \int_0^\delta \eta'(t)dt = \eta(\delta) - \eta(0) = \eta(\delta) - 1.$$

[8]　$\log\eta(\theta) = z\theta + \mathrm{constant}$．しかし $\eta(0) = 1$ なので constant$= 0$ である。他方 $\log\eta(\theta) = \log|\eta(\theta)| + i\,arg\,\eta(\theta) = i\,arg\,\eta(\theta)$ なので，結局 $i\,arg\,\eta(\theta) = \theta z$，したがって $z = y + ix$ とすれば $i\,arg\,\eta(\theta) = ix\theta$。ゆえに $\eta(\theta) = e^{ix\theta}$ が導かれる。

386   付論A　指数函数　$e^{i\theta}$

　とくに $\mathbb{T}$ 上で定義される複素数値連続函数の空間を $\mathfrak{C}(\mathbb{T},\mathbb{C})$。また $\mathbb{R}$ 上で定義される有界な複素数値連続函数を $\mathfrak{C}^b(\mathbb{R},\mathbb{C})$ と書く。双方とも一様収束による位相を定めれば Banach 空間である。線形作用素 $T : \mathfrak{C}(\mathbb{T},\mathbb{C}) \to \mathfrak{C}^b(\mathbb{R},\mathbb{C})$ を

$$(Tf)(\theta) = f(\xi(\theta)), \quad f \in \mathfrak{C}(\mathbb{T},\mathbb{C})$$

と定義すれば，Tf は周期 2π の連続函数である。

　こうして周期 2π の有界複素数値連続函数の空間を $\mathfrak{C}^b_{2\pi}(\mathbb{R},\mathbb{C})$ とすれば，$\mathfrak{C}(\mathbb{T},\mathbb{C})$ と $\mathfrak{C}^b_{2\pi}(\mathbb{R},\mathbb{C})$ とは Banach 空間として同型である。

付論B　函数解析からの補足

———————

　本書第3章において超函数の Fourier 変換に関する概要を述べ，その結果はのちに概周期函数の研究へと応用された（第11章）。超函数の Fourier 解析を厳密に述べるためには，$\mathfrak{D}(\Omega)$ や $\mathfrak{D}(\Omega)'$，$\mathfrak{S}(\Omega)$ や $\mathfrak{S}(\Omega)'$ がノルム空間ではないので，やや抽象性の高い局所凸線形位相空間の理論が不可欠である。しかし本書においてその全貌を著述することは主題からの逸脱を招くであろうから，函数解析の他の著述に委ねなければならない。[1] しかし函数解析の基本知識を得た読者が本書を読み進むための多少の便宜を図る目的で，ふたつの主題について補足的な解説を付しておくこととした。第一は帰納的極限位相について，第二は局所凸線形位相空間の双対についてのふたつである。

　付論 C に現われる試料函数の空間 $\mathfrak{D}(\Omega)$ の位相は帰納的極限によって定められ，その双対空間 $\mathfrak{D}(\Omega)'$ が超函数の空間なのであるから，超函数論の正確な理解のためにはこの補論で述べる知識が不可欠となるのである。

§1　帰納的極限位相

　超函数とは，ある種の円滑な函数が作る線形位相空間上で定義された連続線形汎函数のことであった。この際，超函数の定義域となる函数空間の位相

———————

1)　局所凸空間の一般論としては Bourbaki[11]，Grothendieck[34] などが今日でも最も優れた体系的著述である。以下，とくに超函数論とのかかわりで述べる帰納的極限・樽型空間については，おもに Schwartz[95] Chap.III，同 [93] Chap.IV および Appendix，PartII をここでは参考にした。

388　　　　　　　　付論B　函数解析からの補足

は，いわゆる "帰納的極限" という概念を用いて定義されるので，まずこれ
について概説する。

　$\mathfrak{X}$ は線形空間，$\{\mathfrak{X}_\alpha\}_{\alpha \in A}$ は $\mathfrak{X}$ の線形部分空間の族で $\mathfrak{X} = \bigcup_{\alpha \in A} \mathfrak{X}_\alpha$ とし，また
各 $\mathfrak{X}_\alpha$ は局所凸 Hausdorff 線形位相空間 (locally convex Hausdorff topological
vector space, 以下 LCHTVS と略す)，その位相を $\mathcal{T}_\alpha$ とする。このときすべ
ての $\alpha \in A$ について

$$U \cap \mathfrak{X}_\alpha \in \mathcal{N}(0, \mathcal{T}_\alpha)$$

（ここで $\mathcal{N}(0, \mathcal{T}_\alpha)$ は，$\mathfrak{X}_\alpha$ における 0 の，位相 $\mathcal{T}_\alpha$ についての
完全近傍系）

となるような，$\mathfrak{X}$ の円形・凸部分集合 U の全体を $\mathcal{B}_0$ とする。[2]

　実際このような U が存在する。各 $\mathfrak{X}_\alpha$ における 0 の円形な凸近傍を V_α と
するとき，$U \equiv \mathrm{co} \bigcup_\alpha V_\alpha$ は確かに所望の条件を満たしている。

　そこで

$$\mathcal{B} = \{x + U \,|\, x \in \mathfrak{X}, \ U \in \mathcal{B}_0\}$$

とおけば，$\mathfrak{X}$ 上に $\mathcal{B}$ を基底とするひとつの位相 $\mathcal{T}$ が定まる。$\mathcal{B}_0$ の構成の
仕方により，$\mathfrak{X}$ は位相 $\mathcal{T}$ の下に局所凸線形位相空間となる。（$\mathcal{T}$ は必ずしも
Hausdorff ではない。）この位相 $\mathcal{T}$ のことを，$\mathfrak{X}$ の帰納的極限位相 (inductive
limit topology) と呼ぶ。$\mathcal{T}$ から $\mathfrak{X}_\alpha$ に導入される相対位相は $\mathcal{T}_\alpha$ よりも弱い。

　帰納的極限位相はいくとおりかの仕方で特徴づけることができる。まず次
のような条件を満たす $\mathfrak{X}$ 上の位相 $\mathcal{T}'$ を考えよう。

　(a)　$\mathcal{T}'$ の下に $\mathfrak{X}$ は局所凸線形位相空間となる。

　(b)　$\mathcal{T}'$ によって $\mathfrak{X}_\alpha (\alpha \in A)$ に導入される相対位相 $\mathcal{T}'_\alpha$ は $\mathfrak{X}_\alpha$ の当初の
位相 $\mathcal{T}_\alpha$ よりも弱い。

　(c)　$\mathcal{T}'$ は埋め込み恒等写像 $I_\alpha : \mathfrak{X}_\alpha \to \mathfrak{X} (\alpha \in A)$ を連続ならしめる。

―――――――――

　2)　$\mathfrak{X}$ を線形空間，M をその部分集合とする。すべての $x \in M$ と，すべての $|\alpha| \leqq 1$
なる数に対して $\alpha x \in M$ の成り立つとき，M は円形 (blanced) であるという。またすべての
$x \in \mathfrak{X}$ に対して $(1/\alpha)x \in M$ なる $\alpha > 0$ が存在するとき，M は吸収的 (absorbing) である
という。（丸山 [77] pp.246-248.）

§1 帰納的極限位相   389

すると帰納的極限位相を次のように特徴づけることができる．一般論として，局所凸線形位相空間は円形かつ吸収的な凸集合からなる，0 の基本近傍系を有することを想起しておきたい．

定理 B.1   (i)   帰納的極限位相 $\mathcal{T}$ は (a), (b) を満たす位相として最も強いものである．

(ii) $\mathcal{T}$ は (a), (c) を満たす位相として最も強いものである．

証明   (i)   (a), (b) を満たす $\mathfrak{X}$ 上の任意の位相を $\mathcal{T}'$ とする．$U \in \mathcal{N}(0, \mathcal{T}')$ を円形な凸集合とすると，

$$U \cap \mathfrak{X}_\alpha \in \mathcal{N}(0, \mathcal{T}'_\alpha) \quad \text{for all} \quad \alpha \in A.$$

$\mathcal{T}'_\alpha$ は $\mathcal{T}_\alpha$ よりも弱いのであるから，

$$U \cap \mathfrak{X}_\alpha \subset \mathcal{N}(0, \mathcal{T}_\alpha) \quad \text{for all} \quad \alpha \in A.$$

したがって $U \in \mathcal{N}(0, \mathcal{T})$．これから $\mathcal{T}'$ が $\mathcal{T}$ よりも弱いことが知られた．

(ii)   (a), (c) を満たす $\mathfrak{X}$ 上の任意の位相を $\mathcal{T}'$ とする．$U \in \mathcal{N}(0, \mathcal{T}')$ を円形な凸集合とすると，(c) により

$$U \cap \mathfrak{X}_\alpha \in \mathcal{N}(0, \mathcal{T}_\alpha) \quad \text{for all} \quad \alpha \in A.$$

ゆえに $U \in \mathcal{N}(0, \mathcal{T})$ となって，所望の帰結を得る．   (証了)

次に述べるいくつかの命題は，$(\mathfrak{X}, \mathcal{T})$ 上のセミ・ノルム，線形汎函数，線形作用素が連続であるためには，それらが $(\mathfrak{X}_\alpha, \mathcal{T}_\alpha)$ $(\alpha \in A)$ 上で連続であることが必要十分であることを示すものである．

定理 B.2 $(\mathfrak{X}_\alpha, \mathcal{T}_\alpha)(\alpha \in A)$ は LCHTVS とし，線形空間 $\mathfrak{X} = \displaystyle\bigcup_{\alpha \in A} \mathfrak{X}_\alpha$ には帰納的極限位相 $\mathcal{T}$ が定まっているものとする．p を $\mathfrak{X}$ 上のセミ・ノルムとするとき，次の二命題は同値である．

(i) p は $\mathcal{T}$ について連続．

390 付論 B 函数解析からの補足

(ii) すべての $\alpha \in A$ に対して，p は $\mathfrak{X}_\alpha$ 上で $\mathcal{T}_\alpha$ について連続．

証明 (i)$\Rightarrow$(ii)：　p が $(\mathfrak{X}, \mathcal{T})$ 上で連続であるとすれば，p はもちろん $(\mathfrak{X}_\alpha, \mathcal{T}'_\alpha)$ （$\mathcal{T}'_\alpha$ は $\mathcal{T}$ によって $\mathfrak{X}_\alpha$ に導入された相対位相）上で連続．しかるに $\mathcal{T}_\alpha$ は $\mathcal{T}'_\alpha$ よりも強いのだから，p は $(\mathfrak{X}_\alpha, \mathcal{T}_\alpha)$ 上でも連続である．

(ii)$\Rightarrow$(i)：　(ii) を仮定すれば，

$$\{x \in \mathfrak{X} \,|\, p(x) \leqq 1\}$$

は円形な凸集合で，しかも

$$\{x \in \mathfrak{X} \,|\, p(x) \leqq 1\} \cap \mathfrak{X}_\alpha \in \mathcal{N}(0, \mathcal{T}_\alpha) \quad \text{for all} \quad \alpha \in A.$$

したがって位相 $\mathcal{T}$ の定義により，

$$\{x \in \mathfrak{X} \,|\, p(x) \leqq 1\} \in \mathcal{N}(0, \mathcal{T}).$$

ゆえに p は $(\mathfrak{X}, \mathcal{T})$ 上で連続である．[3]　　　　　　　　　　　（証了）

定理 B.3　$(\mathfrak{X}_\alpha, \mathcal{T}_\alpha)$, $(\mathfrak{X}, \mathcal{T})$ は定理 B.2 と同様とする．$\Lambda : \mathfrak{X} \to \mathbb{C}$ を線形汎函数とするとき，次の二命題は同値である．

(i)　Λ は $\mathcal{T}$ について連続．

(ii)　すべての $\alpha \in A$ に対して，Λ は $\mathfrak{X}_\alpha$ 上で $\mathcal{T}_\alpha$ について連続．

証明　Λ は $(\mathfrak{X}, \mathcal{T})$ 上で連続．

$\iff$　$|\Lambda(\cdot)|$ は $(\mathfrak{X}, \mathcal{T})$ 上の連続なセミ・ノルム

$\underset{\text{(定理 B.2)}}{\iff}$　$|\Lambda(\cdot)|$ は $(\mathfrak{X}_\alpha, \mathcal{T}_\alpha)$ $(\alpha \in A)$ 上の連続なセミ・ノルム

$\iff$　Λ は $(\mathfrak{X}_\alpha, \mathcal{T}_\alpha)$ $(\alpha \in A)$ 上で連続．　　　（証了）

---

[3]　ここで $\mathcal{N}(0)$ は 0 の完全近傍系。Schwartz[93] p.10．$p(\cdot)$ を線形位相空間 $\mathfrak{X}$ 上のセミ・ノルムとするとき，次の五命題は同値である。(i) p は連続。(ii) $\{x \in \mathfrak{X} \,|\, p(x) < 1\}$ は開集合。(iii) $\{x \in \mathfrak{X} \,|\, p(x) < 1\} \in \mathcal{N}(0)$. (iv) $\{x \in \mathfrak{X} \,|\, p(x) \leqq 1\} \in \mathcal{N}(0)$. (v) p は 0 において連続。

§1 帰納的極限位相 391

系 B.1 $(\mathfrak{X}_\alpha, \mathcal{T}_\alpha)$, $(\mathfrak{X}, \mathcal{T})$ は定理 B.2 と同様とする。$\mathfrak{Y}$ を局所凸線形位相空間，$T : \mathfrak{X} \to \mathfrak{Y}$ を線形作用素とするとき，次の二命題は同値である。

(i) T は $\mathcal{T}$ について連続。

(ii) すべての $\alpha \in A$ に対して，T は $\mathfrak{X}_\alpha$ 上で $\mathcal{T}_\alpha$ について連続。

系 B.1 を証明するには $\mathfrak{Y}$ 上の連続なセミ・ノルムを q とし，$q \circ T$ を考えてみればよい。

帰納的極限位相の定義において，とくに次の (i), (ii), (iii) が成り立つとき，$\mathcal{T}$ は**強い意味での帰納的極限位相** (strict inductive limit topology) と呼ばれる。

(i) $A = \mathbb{N}$。

(ii) $\mathfrak{X}_n \subset \mathfrak{X}_{n+1}$ で，しかも $\mathfrak{X}_n$ の位相 $\mathcal{T}_n$ は $\mathfrak{X}_{n+1}$ から導入される相対位相に合致する。

(iii) $\mathfrak{X}_n$ は $\mathfrak{X}_{n+1}$ の閉部分空間である。

ここで二，三の注意をはさむ。

注意 1° (i) $\mathfrak{M}$ を線形位相空間 $\mathfrak{X}$ の部分空間とする。U を $\mathfrak{X}$ における 0 の凸・開・円形な近傍とし，また V は $\mathfrak{M}$ における 0 の凸・開・円形な近傍で $U \cap \mathfrak{M} \subset V$ とする。このとき $\mathrm{co}(U \cup V)$ は $\mathfrak{X}$ における 0 の凸・開・円形な近傍である。

(ii) q は $\mathfrak{M}$ 上で定義された連続なセミ・ノルム，p は $\mathfrak{X}$ 上で定義された連続なセミ・ノルムで，

$$q(x) \leq p(r) \quad \text{for all} \quad x \in \mathfrak{M}$$

とする。このとき，$\mathfrak{X}$ 上の連続セミ・ノルム $\tilde{q}$ で

イ． $\tilde{q}(x) = q(x) \quad \text{for all} \quad x \in \mathfrak{M}$,

ロ． $\tilde{q}(x) \leqq p(x) \quad \text{for all} \quad x \in \mathfrak{X}$

を満たすものが存在する。

2° 以下の事実は第 10 章に述べたことがらの一般化であるが，記憶を新たにしておこう。

(i) $\mathfrak{X}$ は線形空間，$\mathfrak{Y}$ と $\mathfrak{Z}$ は互いに他の補空間，つまり $\mathfrak{X} = \mathfrak{Y} \oplus \mathfrak{Z}$ とする。

$P : \mathfrak{X} \to \mathfrak{Y}$ を射影作用素とすれば，$P(\mathfrak{X}) = \mathfrak{Y}$, $P^{-1}(\{0\}) = \mathfrak{Z}$, $P^2 = P$ である。さて逆に，$P : \mathfrak{X} \to \mathfrak{X}$ を線形で $P^2 = P$ を満たす作用素とするとき，$\mathfrak{X}$ の補空間 $\mathfrak{Y}$, $\mathfrak{Z}$ が一意的に定まって，P は $\mathfrak{Y}$ への射影となる。

(ii) $\mathfrak{X}$ を Hausdorff 線形位相空間，$\mathfrak{Y}, \mathfrak{Z}, P$ は (i) と同様とする。ここで線形作用素 $\varphi : \mathfrak{Y} \times \mathfrak{Z} \to \mathfrak{X}$ を

$$\varphi : (x, y) \mapsto x + y$$

と定義すれば，φ はもちろん単射である。この φ が位相同型写像のとき，$\mathfrak{Y}$ と $\mathfrak{Z}$ とは，互いに他の位相的な補空間 (topological complement) であるという。さて $\mathfrak{Y}$ と $\mathfrak{Z}$ とが位相的な補空間であるためには，P が連続であることが必要十分である。また P が連続であるならば，$\mathfrak{Y}$ と $\mathfrak{Z}$ は $\mathfrak{X}$ の閉部分集合である。さらに $\dim\mathfrak{Y} < \infty$ あるいは $\dim\mathfrak{Z} < \infty$ のときには，その逆も成り立つ。

(iii) $\mathfrak{X}$ を LCHTVS とし，また $\mathfrak{Y}$ は $\mathfrak{X}$ の部分空間で，

イ． $\dim\mathfrak{Y} < \infty$,

あるいは

ロ． $\mathfrak{Y}$ は閉で余次元が有限

のいずれかを満たすものとする。このとき，$\mathfrak{Y}$ は必ず位相的な補空間 $\mathfrak{Z}$ をもつ。

定理 B.4 $(\mathfrak{X}_n, \mathcal{T}_n)$ は LCHTVS, $\mathfrak{X} = \bigcup_{n=1}^{\infty} \mathfrak{X}_n$ には強い意味での帰納的極限位相 $\mathcal{T}$ が定まっているものとする。p_n を $\mathfrak{X}_n$ 上の連続セミ・ノルムとすれば，p_n は強い意味での帰納的極限位相について連続な $\mathfrak{X}$ 上のセミ・ノルムとして拡張可能である。

証明 まず

$$V = \{x \in \mathfrak{X}_n \,|\, p_n(x) \leqq 1\}$$

とおけば，強い意味での帰納的極限位相の定義により，

$$U \cap \mathfrak{X}_n \subset V$$

となる，$\mathfrak{X}_{n+1}$ の 0 の凸・開・円形近傍 U が存在する。この U によって定ま

§1 帰納的極限位相　　　393

る $\mathfrak{X}_{n+1}$ 上の連続セミ・ノルムを q とすれば

$$p_n(x) \leqq q(x) \quad \text{for all} \quad x \in \mathfrak{X}_n$$

であるから，上記の注意 1° の結果を利用して，p_n は（この不等式を保存しつつ）$\mathfrak{X}_{n+1}$ 上の連続セミ・ノルムとして拡張可能であることがわかる。帰納法により，p_n は全域 $\mathfrak{X}$ 上のセミ・ノルム p として拡張できる。この p を各 $\mathfrak{X}_n$ 上に制限した場合には連続なので，定理 B.2 から，p は $\mathfrak{X}$ 上で連続となる。　　　　　　　　　　　　　　　　　　　　　　　　　　　　　　（証了）

　この定理からただちに，$\mathfrak{X}$ から各 $\mathfrak{X}_n$ に導入される相対位相は，$\mathfrak{X}_n$ の当初の位相 $\mathcal{T}_n$ に合致するという重大な帰結を得ることに注目しておこう。

系 B.2　強い意味での帰納的極限位相は必ず Hausdorff である。[4]

注意　$\mathfrak{X}$ を線形空間，$\{(\mathfrak{X}_n, \mathcal{T}_n)\}$，$\{(\widetilde{\mathfrak{X}}_m, \widetilde{\mathcal{T}}_m)\}$ はそれぞれ LCHTVS の増加列で $\mathfrak{X} = \bigcup_n \mathfrak{X}_n = \bigcup_m \widetilde{\mathfrak{X}}_m$ とする。さらに次の二条件を仮定する。
　（イ）　すべての $n \in \mathbb{N}$ に対して，適当な m を選べば，$\mathfrak{X}_n \subset \widetilde{\mathfrak{X}}_m$ で，しかも $\widetilde{\mathcal{T}}_m$ から $\mathfrak{X}_n$ に導入される相対位相は $\mathcal{T}_n$ と合致する。
　（ロ）　すべての $m \in \mathbb{N}$ に対して，適当な n を選べば，$\widetilde{\mathfrak{X}}_m \subset \mathfrak{X}_n$ で，しかも $\mathcal{T}_n$ から $\widetilde{\mathfrak{X}}_m$ に導入される相対位相は $\widetilde{\mathcal{T}}_m$ と合致する。
　このとき $\{\mathfrak{X}_n\}$ によって定まる $\mathfrak{X}$ 上の強い意味での帰納的極限位相と，$\{\widetilde{\mathfrak{X}}_m\}$ によって定まるそれとは同一である。

定理 B.5　$(\mathfrak{X}_n, \mathcal{T}_n)$，$(\mathfrak{X}, \mathcal{T})$ は定理 B.4 と同様とする。集合 $A \subset \mathfrak{X}$ について，次の二命題は同値である。
　(i)　A は $(\mathfrak{X}, \mathcal{T})$ において有界である。
　(ii)　A は，ある n について，$(\mathfrak{X}_n, \mathcal{T}_n)$ において有界である。

---

　4)　0 と $x \neq 0$ とを分離する各の近傍を求めればよい。適当な n に対して $x \in \mathfrak{X}_n$ であるから，$p_n(x) = 1$ を満たす $\mathfrak{X}_n$ 上の連続セミ・ノルム p_n が存在する。この p_n を定理 B.2 により，$\mathfrak{X}$ 上の連続セミ・ノルムとして拡張してみよ。

証明　(ii)⇒(i) は明らかなので，(i)⇒(ii) だけを示そう。そこでいま仮に，A がいかなる $\mathfrak{X}_n$ にも含まれないものとしてみよう。すると $\{\mathfrak{X}_n\}$ の適当な部分列 $\{\widetilde{\mathfrak{X}}_m\}$ と A の点列 $\{x_1 \neq 0, x_2, \cdots, x_m, \cdots\}$ を，次のように選ぶことができる。

- $x_1 \in \widetilde{\mathfrak{X}}_1,\ x_m \in \widetilde{\mathfrak{X}}_m \setminus \widetilde{\mathfrak{X}}_{m-1}\ ;\quad m = 2, 3, \cdots$
- $\mathfrak{X} = \bigcup\limits_{m=1}^{\infty} \widetilde{\mathfrak{X}}_m$.
- $\{\widetilde{\mathfrak{X}}_m\}$ は上記注意の（イ）（ロ）を満たす。

ここで $\{\widetilde{\mathfrak{X}}_m\}$ によって定まる $\mathfrak{X}$ 上の強い意味での帰納的極限位相は $\mathcal{T}$ と合致することに注意する。

帰納法により，セミ・ノルムの列 $\{p_m\}$ を次のように作る。まず $\widetilde{\mathfrak{X}}_1$ 上の連続なセミ・ノルム p_1 を $p_1(x_1) = 1$ となるように採る。次に $\widetilde{\mathfrak{X}}_{m-1}$ 上の連続なセミ・ノルム p_{m-1} が

$$p_{m-1}|_{\widetilde{\mathfrak{X}}_{m-2}} = p_{m-2}, \quad p_{m-1}(x_{m-1}) = m - 1$$

を満たすように作られたものとしよう。そこで

$$\mathfrak{Z} = \operatorname{span}\{x_m\} = \mathbb{C}x_m (\subset \widetilde{\mathfrak{X}}_m),$$
$$\mathfrak{M} = \operatorname{span}(\widetilde{\mathfrak{X}}_{m-1} \cup \mathfrak{Z})$$

とおくと，$\widetilde{\mathfrak{X}}_{m-1}$ が閉であることと $\dim \mathfrak{M}/\widetilde{\mathfrak{X}}_{m-1} = \dim \mathfrak{Z} = 1$ であることに注意して，pp.391-392 の注意 2° の (iii) を利用すると，$\widetilde{\mathfrak{X}}_{m-1}$ と $\mathfrak{Z}$ とは，$\mathfrak{M}$ において互いに他の位相的補空間である。したがって $\widetilde{\mathfrak{X}}_{m-1} \times \mathfrak{Z}$ と $\widetilde{\mathfrak{X}}_{m-1} \oplus \mathfrak{Z} = \mathfrak{M}$ とは位相同型である。

$x \in \mathfrak{M}$ は

$$x = y + \lambda x_m\ ;\quad \lambda \in \mathbb{C},\ y \in \widetilde{\mathfrak{X}}_{m-1},$$

あるいはもっと簡便に $x = (y, \lambda)$ と書くことができる。このような x に対して

$$q_m(x) = p_{m-1}(y) + m|\lambda|, \quad x = (y, \lambda) \in \widetilde{\mathfrak{X}}_{m-1} \oplus \mathfrak{Z}$$

とおけば，q_m は $\widetilde{\mathfrak{X}}_{m-1} \oplus \mathfrak{Z} = \mathfrak{M}$ 上の連続なセミ・ノルムで，しかも $q_m(x_m) = m$

である。ここでまた p.391 の注意 1° の (ii) を利用して，q_m を $\widetilde{\mathfrak{X}}_m$ 上の連続セミ・ノルムとして拡張し，これを p_m と書く。

このプロセスを継続して $\mathfrak{X}$ 上のセミ・ノルム p を

$$p(x) = p_m(x) \quad \text{if} \quad x \in \widetilde{\mathfrak{X}}_m$$

と定義すれば，$p|_{\widetilde{\mathfrak{X}}_m} = p_m \ (m \in \mathbb{N})$ である。したがって p は各 $\widetilde{\mathfrak{X}}_m$ 上で連続であるから，$\mathfrak{X}$ 上でも連続。しかし，p は A 上で有界ではない。これは A の有界性に矛盾する。

かくして，A はある $\mathfrak{X}_n$ に含まれることが判明した。 (証了)

これからただちに次の重要な帰結を得る。

系 B.3　$(\mathfrak{X}_n, \mathcal{T}_n)$, $(\mathfrak{X}, \mathcal{T})$ は定理 B.4 と同様とする。$\mathfrak{X}$ の有向点族 $\{x_\alpha\}$ について，次の二命題は同値である。

(i)　$\{x_\alpha\}$ は強い意味での帰納的極限位相について，$\mathfrak{X}$ のある一点 x^* に収束する。

(ii)　$\{x_\alpha\}$ はある n について $\mathfrak{X}_n$ に含まれ，かつ $\mathcal{T}_n$ について x_n の一点 x^* に収束する。

定義　線形位相空間における閉・凸・円形かつ吸収的な集合のことを樽 (barrel) と呼ぶ。またすべての樽が原点 0 の近傍であるような LCHTVS のことを**樽型空間** (barreled space) という。

樽型空間の帰納的極限はやはり樽型であることを，順次示すこととしよう。

定理 B.6　LCHTVS $\mathfrak{X}$ が樽型であるためには，下半連続なセミ・ノルムがすべて連続であることが必要十分である。

証明　まず $\mathfrak{X}$ が樽型であるとしてみよう。p を下半連続な $\mathfrak{X}$ 上のセミ・ノルムとし，

$$A = \{x \in \mathfrak{X} \mid p(x) \leqq 1\}$$

とすれば，A は明らかに凸・円形・吸収的で，しかも p の下半連続性により閉である。つまり A は樽で，0 の近傍である。ゆえに p は連続である。（p.390 の脚注 3 を参照。）

逆に，$\mathfrak{X}$ 上の下半連続なセミ・ノルムはすべて連続とする。A を樽とし，

$$p(x) = \inf\{\lambda > 0 | x \in \lambda A\}$$

とおけば，A が吸収的であることから，$p(x)$ は有限確定である。p がセミ・ノルムであることもすぐにわかる。[5)]

次に $A = \{x \in \mathfrak{X} | p(x) \leqq 1\}$ を示そう。$x \in A$ ならば $p(x) \leqq 1$ は明らか。また $p(x) < 1$ ならば，A が円形であることを考慮して，$x \in A$ でなければならない。さらに $p(x) = 1$ ならば，

$$(1 - \varepsilon)x \in A \quad \text{for all} \quad \varepsilon \in (0, 1).$$

A が閉であることから，$x \in A$。また再び A が閉であることから，p は下半連続。かくして p は連続となり，A は 0 の近傍であることがわかった。ゆえに $\mathfrak{X}$ は樽型である。 (証了)

補題 B.1 位相空間 X が Baire 空間[6)]で，$f : X \to \mathbb{R}$ は下半連続とする。このとき X の任意の開集合 U に対して，開集合 $V \subset U$ を適当に選び

$$\sup_{x \in V} f(x) = M < \infty$$

とすることができる。

---

5) 一般に K を LCHTVS における，0 の円形・吸収的な凸近傍とし，

$$p_K(x) = \inf\left\{r > 0 \,\middle|\, \frac{x}{r} \in K\right\}$$

と定義すると，$p_K(\cdot)$ はセミ・ノルムである。これを K によって定まる **Minkowski** の汎函数と称する。（丸山 [77] pp.250-251.）

6) X を位相空間とする。任意の**第一類** (first category) の集合 M に対して $\overline{X \setminus M} = X$ が成り立つとき，X は **Baire** 空間であるという。（丸山 [77] pp.28-33.）

§1 帰納的極限位相　　　397

証明　U は Baire 空間の開集合ゆえ，やはり Baire 空間である。[7] そこで視野を U に限定して考える。いま

$$F_n = \{x \in U | f(x) \leqq n\}; \quad n = 1, 2, \cdots$$

とおけば，f が下半連続であるから，F_n は閉。しかも

$$U = \bigcup_{n=1}^{\infty} F_n$$

であるから，ある n について int. $F_n \neq \emptyset$。そこで $V = \mathrm{int}.F_n$ とおけば所望の帰結を得る。　　　　　　　　　　　　　　　　　　　　　　　　　（証了）

　　注意　位相空間 X を Baire 空間，また $\{f_\alpha : X \to \mathbb{R}\}$ を各 $x \in X$ において

$$\sup_\alpha |f_\alpha(x)| < \infty$$

なる連続函数族とする。このとき X のある開集合 V 上で $\{f_\alpha\}$ が　様有界となる。（$f(x) = \sup_\alpha |f_\alpha(x)|$ とおいて考えればよい。）これは Osgood の一様有界原理をわずかに一般化した命題にほかならない。

定理 B.7　LCHTVS $\mathfrak{X}$ が Baire 空間ならば，$\mathfrak{X}$ は樽型である。

　　証明　p を $\mathfrak{X}$ 上の下半連続なセミ・ノルムとすれば，補題 B.1 により，$\mathfrak{X}$ の適当な開集合 V について

$$\sup_{x \in V} p(x) = M < \infty$$

とすることができる。$x \in V$ とし，$W = V - x$ とおけば，W は 0 の開近傍である。すると $w \in W$ ならば，ある $v \in V$ について $w = v - x$ となるわけ

───────────────
　　7)　丸山 [77] 定理 1.14, p.30.

だから，

$$p(w) \leqq 2M$$

である。したがって

$$\frac{1}{2M} W \subset \{x \in \mathfrak{X} | p(x) \leqq 1\}.$$

つまり $\{x \in \mathfrak{X} | p(x) \leqq 1\}$ は 0 の近傍である。これから p が連続であることが判明し，定理 B.6 から，$\mathfrak{X}$ は樽型である。　　　　　　　　　　（証了）

系 B.4　Banach 空間，Fréchet 空間は樽型である。

例　$\mathfrak{C}([0,1],\mathbb{R})$ 上に $\mathfrak{L}^1$-ノルムを与えて得られる空間は樽型空間ではない。($U = \{f \in \mathfrak{C}([0,1],\mathbb{R}) | \|f\|_\infty \leqq 1\}$ を調べてみよ。)

定理 B.8　$\mathfrak{X}$ は線形空間，$\{\mathfrak{X}_\alpha\}_{\alpha \in A}$ は $\mathfrak{X}$ の線形部分空間の族で $\mathfrak{X} = \bigcup_{\alpha \in A} \mathfrak{X}_\alpha$ とする。すべての $\mathfrak{X}_\alpha$ が樽型で，$\mathfrak{X}$ の位相はその帰納的極限位相とすれば，$\mathfrak{X}$ も樽型である。

証明　A を $\mathfrak{X}$ の樽とすれば，すべての α について，$A \cap \mathfrak{X}_\alpha$ は $\mathfrak{X}_\alpha$ における樽である。各 $\mathfrak{X}_\alpha$ は樽型であるから，$A \cap \mathfrak{X}_\alpha$ は $\mathfrak{X}_\alpha$ の 0-近傍である。

したがって帰納的極限位相の定義により，A は $\mathfrak{X}$ の 0-近傍である。ゆえに $\mathfrak{X}$ は樽型である。　　　　　　　　　　（証了）

系 B.4 および定理 B.8 により，超函数論で重要な役割を果たす $\mathfrak{E}(\Omega)$，$\mathfrak{D}_K(\Omega)$ および $\mathfrak{D}(\Omega)$ が樽型であることは自明である。(詳しくは系 C.1，p.420 を見よ。)

定義　任意の有界集合が相対コンパクトであるような樽型空間を **Montel 空間** (Montel space) と呼ぶ。

顕著な事例として，$\mathfrak{D}(\Omega)$, $\mathfrak{E}(\Omega)$ が Montel 空間であることは後に（定理 C.5, p.420）示す。

§2 局所凸空間の双対

定義 $\mathfrak{X}$ を線形位相空間 (TVS)，$\mathfrak{Y}$ を局所凸線形位相空間，$\mathfrak{X}$ から $\mathfrak{Y}$ への連続な線形作用素の空間を $\mathcal{L}(\mathfrak{X}, \mathfrak{Y})$ とする。$\mathcal{L}(\mathfrak{X}, \mathfrak{Y})$ 上の位相としては，通常次の三種類が考えられる。

1°　単純位相 (simple topology)：　$x \in \mathfrak{X}$ と $\mathfrak{Y}$ 上の連続なセミ・ノルム q を用いて，

$$p_{x,q}(T) = q(Tx) \quad ; \quad T \in \mathcal{L}(\mathfrak{X}, \mathfrak{Y})$$

とおけば，$p_{x,q}$ は $\mathcal{L}(\mathfrak{X}, \mathfrak{Y})$ 上のセミ・ノルムである。このような形式のセミ・ノルムの族

$$\{ p_{x,q} \mid x \in \mathfrak{X}, \ q \text{ は } \mathfrak{Y} \text{ 上の連続セミ・ノルム} \}$$

によって生成される $\mathcal{L}(\mathfrak{X}, \mathfrak{Y})$ の位相を単純位相と呼ぶ。とくに $\mathfrak{Y} = \mathbb{C}$ の場合，単純位相は*弱位相にほかならない。

2°　コンパクト位相 (compact topology)：　$\mathfrak{X}$ のコンパクト集合 K と $\mathfrak{Y}$ 上の連続なセミ・ノルム q を用いて

$$p_{K,q}(T) = \sup_{x \in K} q(Tx) \quad ; \quad T \in \mathfrak{L}(\mathfrak{X}, \mathfrak{Y})$$

とおけば，$p_{K,q}$ は $\mathcal{L}(\mathfrak{X}, \mathfrak{Y})$ 上のセミ・ノルムである。このような形式のセミ・ノルムの族によって生成される $\mathcal{L}(\mathfrak{X}, \mathfrak{Y})$ の位相をコンパクト位相と呼ぶ。

3°　強位相 (strong topology)：　$\mathfrak{X}$ の有界集合 B と，$\mathfrak{Y}$ 上の連続なセミ・ノルム q を用いて

$$p_{B,q}(T) = \sup_{x \in B} q(Tx) \quad ; \quad T \in \mathcal{L}(\mathfrak{X}, \mathfrak{Y})$$

とおけば，$p_{B,q}$ は $\mathcal{L}(\mathfrak{X}, \mathfrak{Y})$ 上のセミ・ノルムである。このような形式のセミ・ノルムの族によって生成される $\mathcal{L}(\mathfrak{X}, \mathfrak{Y})$ の位相を強位相と呼ぶ。

400 　付論B　函数解析からの補足

定理 B.9 $\mathfrak{X}$ を LCHTVS とするとき，次の二命題は同値である。

(i) $\mathfrak{X}$ は樽型である。

(ii) $\mathfrak{X}'$ の*弱有界集合は同程度連続である。

証明 (i)⇒(ii)：　A を $\mathfrak{X}'$ の*弱有界集合とする。各 $\Lambda \in A$ に対して定義されるセミ・ノルム，$x \mapsto |\Lambda x|$ は連続ゆえ，

$$p_A(x) \equiv \sup_{\Lambda \in A} |\Lambda x|$$

とおくと，$p_A(x)$ は有限（A は*弱有界であるから）で，下半連続である。仮定により $\mathfrak{X}$ は樽型なので，定理 B.6 から，p_A は連続であることが知られる。したがって，$\mathfrak{X}$ における 0 の近傍 U を十分に小さく選び，

$$\sup_{x \in U} p_A(x) = \sup_{x \in U} \sup_{\Lambda \in A} |\Lambda x| \leqq \varepsilon$$

とすることができる。すなわち A は同程度連続である。

(ii)⇒(i)：　逆に (ii) を仮定する。B を $\mathfrak{X}$ の樽とすると，[8]

$$B^\circ = \{\Lambda \in \mathfrak{X}' \,|\, |\Lambda x| \leqq 1 \quad \text{for all} \quad x \in B\}$$

は $\mathfrak{X}'$ の*弱有界集合である。（B が吸収的であることにより，任意の $z \in \mathfrak{X}$ に対して適当な $\lambda \in \mathbb{C}$ を選び，$\lambda z \in B$ とすることができる。したがって

$$\sup_{\Lambda \in B^\circ} |\Lambda z| = \sup_{\Lambda \in B^\circ} \frac{1}{|\lambda|} |\Lambda(\lambda z)| \leqq \frac{1}{|\lambda|}.$$

これがどの $z \in \mathfrak{X}$ についても成り立つから，B° は*弱有界。）ゆえに (ii) により，B° は同程度連続である。したがって $B^{\circ\circ} = \{x \in \mathfrak{X} \,|\, |\Lambda x| \leqq 1 \text{ for all } \Lambda \in B^\circ\}$

---

8)　集合 $A \subset \mathfrak{X}$ に対して，$A^\circ = \{\Lambda \in \mathfrak{X}' \,|\, |\Lambda x| \leqq 1 \quad \text{for all} \quad x \in A\}$ と定義し，これを A の極集合 (polar set) と呼ぶ。単純な性質として，(i) $\{0\}^\circ = \mathfrak{X}'$, $\mathfrak{X}^\circ = \{0\} \in \mathfrak{X}'$, (ii) $A \subset B \Rightarrow B^\circ \subset A^\circ$, (iii) $\lambda \in \mathbb{C}$ に対して $(\lambda A)^\circ = (1/\lambda) A^\circ$, (iv) $(A \cup B)^\circ = A^\circ \cap B^\circ$。(cf. Schwartz[93] pp.56-57.)

とおくと，Hahn-Banach の定理から，$B = B^{\circ\circ}$ の成り立つことに注意すれば，

$$B = B^{\circ\circ} \in \mathcal{N}(0).$$

すなわち $\mathfrak{X}$ は樽型である。 (証了)

注意 より一般に，$A \subset \mathfrak{X}$ を任意とするとき，$A^{\circ\circ}$ は A を含む最小の閉・凸・円
形集合である。証明は難しくない。まず $A^{\circ\circ}$ が A を含む閉・凸・円形集合である
ことは明白なので，$A^{\circ\circ} \supset \overline{\mathrm{co}}A$ である。逆の包含関係 $A^{\circ\circ} \subset \overline{\mathrm{co}}A$ だけを丁寧に
見ておけばよい。もし仮にそうでないとすれば，$x_0 \in A^{\circ\circ} \backslash \overline{\mathrm{co}}A$ が存在する。凸
集合の分離定理（Hahn-Banach の定理）から，

$$\overline{\Lambda(\overline{\mathrm{co}}A)} \bigcap \Lambda x_0 = \emptyset$$

を満たす $\Lambda \in \mathfrak{X}'$ が存在する。$\overline{\Lambda(\overline{\mathrm{co}}A)}$ の形状は

複素線形空間の場合：$\mathbb{C}$ における 0 を中心とする閉円板，

実線形空間の場合：$\mathbb{R}$ における 0 を中心として対照的な閉線分であるから，い
ずれにせよ，ある $\rho \geqq 0$ に対して

$$\overline{\Lambda(\overline{\mathrm{co}}A)} = \{z \in \mathbb{C} \text{ または } \mathbb{R} \mid |z| \leqq \rho\}.$$

Λx_0 はその外にあるのだから，$|\Lambda x_0| > \rho$。そこで $\Gamma = \Lambda/\rho$ と定義すると，任意
の $x \in \overline{\mathrm{co}}A$ に対して $|\Gamma x| \leqq 1$ であるから，$\Gamma \in A^\circ$。しかし一方で，$|\Gamma x_0| > 1$。
これは $x_0 \in A^{\circ\circ}$ に矛盾。したがって $A^{\circ\circ} \subset \overline{\mathrm{co}}A$ が成り立たねばならない。

定理 B.10 $\mathfrak{X}$ は樽型空間，$\mathfrak{Y}$ は LCHTVS とするとき，$\mathcal{L}(\mathfrak{X}, \mathfrak{Y})$ の単純
位相についての有界集合（s-有界集合）は同程度連続である。

証明 $H \subset \mathcal{L}(\mathfrak{X}, \mathfrak{Y})$ を s-有界集合とする。つまり任意の $x \in \mathfrak{X}$ について

$$H(x) \equiv \{Tx \in \mathfrak{Y} \mid T \in H\}$$

が $\mathfrak{Y}$ の有界集合であるとする。このとき任意の $V \in \mathcal{N}_{\mathfrak{Y}}(0)$ に対して

$$U \equiv \bigcap_{T \in H} T^{-1}(V) \in \mathcal{N}_{\mathfrak{X}}(0)$$

であることを示せば十分である。（$\mathcal{N}_{\mathfrak{X}}(0)$, $\mathcal{N}_{\mathfrak{Y}}(0)$ はそれぞれ $\mathfrak{X}$, $\mathfrak{Y}$ における

402 付論B 函数解析からの補足

0 の完全近傍系。）ここで一般性を失うことなく，V は閉・凸・円型と仮定してよい。

さて任意の $T \in H$ について，$T^{-1}(V)$ は閉・凸・円型であるから，

$$U = \bigcap_{T \in H} T^{-1}(V)$$

も同様である。H は s-有界なので，各 $x \in \mathfrak{X}$ ごとに適当な $\lambda \in \mathbb{R}$ を選んで

$$\lambda H(x) = \{T(\lambda x) \in \mathfrak{Y} | T \in H\} \subset V$$

とすることができる。つまり $\lambda x \in T^{-1}(V)$ である。こうして U が吸収的であることもわかったので，U は樽である。$\mathfrak{X}$ は樽型だから，$U \in \mathcal{N}_{\mathfrak{X}}(0)$ となる。 （証了）

注意 $\mathfrak{X}, \mathfrak{Y}$ を LCHTVS とし，とくに $\mathfrak{Y} \neq \{0\}$ とする。$\mathcal{L}(\mathfrak{X}, \mathfrak{Y})$ の任意の s-有界集合が同程度連続ならば，$\mathfrak{X}$ は樽型である。（定理 B.10 の逆。）証明は定理 B.9 を利用し，背理法で進むとよい。

さて次に Banach-Steinhaus の定理へ進むのだが，その準備として，一般的形態での Ascoli-Arzelà の定理を用意しておこう。

定理 B.11 (Ascoli-Arzelà) X を位相空間，$\mathfrak{Y}$ を局所凸線形位相空間とし，X から $\mathfrak{Y}$ への連続函数の空間 $\mathfrak{C}(X, \mathfrak{Y})$ を考える。$\mathcal{F}$ を $\mathfrak{C}(X, \mathfrak{Y})$ の同程度連続な部分集合とするとき，次の諸命題が成り立つ。

(i) 各点収束位相による $\mathcal{F}$ の閉包 $\overline{\mathcal{F}}$ は $\mathfrak{C}(X, \mathfrak{Y})$ における同程度連続な集合である。

(ii) $\mathcal{F}(\overline{\mathcal{F}}$ も同様）上の次の三種の位相は合致する。

    a. X の稠密部分集合上での各点収束位相 $(\mathcal{T}_a)$,

    b. X 上での各点収束位相 $(\mathcal{T}_b)$,

    c. 広義一様収束 $(\mathcal{T}_c)$.

(iii) 各 $x \in X$ において

$$\mathcal{F}(x) = \{f(x) \in \mathfrak{Y} | f \in \mathcal{F}\}$$

が $\mathfrak{Y}$ における相対コンパクト集合ならば，$\mathcal{F}$ は $\mathcal{T}_c$ において相対コンパクトである。

証明[9]　(i)　$x \in X, V \in \mathcal{N}_{\mathfrak{Y}}(0)$ とする。この V に対して円形な $W \in \mathcal{N}_{\mathfrak{Y}}(0)$ を適当に選び

$$W + W + W \subset V$$

とすることができる。$\mathcal{F}$ は X 上で同程度連続であるから，$U \in \mathcal{N}_X(x)$ を適当に選んで

$$f(z) - f(x) \in W \quad \text{for all} \quad z \in U,\ f \in \mathcal{F}$$

とすることができる。

次に $\tilde{f} \in \overline{\mathcal{F}}$ とすれば，各 $z \in U$ ごとに

$$\tilde{f}(z) - f(z) \in W, \quad \tilde{f}(x) - f(x) \in W$$

を満たす $f \in \mathcal{F}$ が存在する。したがって

$$\tilde{f}(z) - \tilde{f}(x) = (\tilde{f}(z) - f(z)) + (f(z) - f(x)) + (f(x) - \tilde{f}(x))$$
$$\in W + W + W \subset V.$$

かくして $\overline{\mathcal{F}}$ は X 上で同程度連続である。(したがって $\overline{\mathcal{F}} \subset \mathfrak{C}(X, \mathfrak{Y})$。)

(ii)　$\mathcal{T}_a \subset \mathcal{T}_b \subset \mathcal{T}_c$ は自明であるから，$\mathcal{T}_c \subset \mathcal{T}_a$ のみを示せば十分である。すなわち，$f \in \mathcal{F}$ について

$$\mathcal{N}(f, \mathcal{T}_c) \subset \mathcal{N}(f, \mathcal{T}_a)$$

を示すのである。その際　一般性を失うことなく恒等的に 0 に等しい函数は $\mathcal{F}$ に含まれるものと仮定し，

$$\mathcal{N}(0, \mathcal{T}_c) \subset \mathcal{N}(0, \mathcal{T}_a)$$

を証明すればよかろう。

---

9)　Schwartz[93] pp.78-80 による。

404   付論B　函数解析からの補足

$D = \{z_\alpha\}$ を X の稠密部分集合とする。また $K \subset X$ をコンパクト集合, p を $\mathfrak{Y}$ 上の連続セミ・ノルムとすれば,

$$q_{K,p}(f) = \sup_{x \in K} p(f(x)) \quad ; \quad f \in \mathcal{F}$$

は $\mathcal{T}_c$ について連続な $\mathfrak{F}$ 上のセミ・ノルムである。そこで

$$S \equiv \{f \in \mathcal{F} | q_{K,p}(f) < 1\}$$

が $\mathcal{N}(0, \mathcal{T}_a)$ に属することを示せばよい。

$V \in \mathcal{N}_{\mathfrak{Y}}(0)$ を

$$V = \left\{ y \in \mathfrak{Y} \middle| p(y) < \frac{1}{4} \right\}$$

とする。$\mathcal{F}$ は同程度連続であるから, 各 $x \in K$ について $U_x \in \mathcal{N}_X(x)$ を適当に選び

$$f(U_x) - f(x) \subset V \quad \text{for all} \quad f \in \mathcal{F}$$

とすることができる。$\{U_x | x \in K\}$ は K の被覆ゆえ, 有限部分被覆 $\{U_{x_1}, \cdots, U_{x_n}\}$ が存在する。$\bar{D} = X$ であるから, 各 $j = 1, 2, \cdots, n$ について

$$z_{\alpha_j} \in D \cap U_{x_j}$$

が存在する。記号の簡単化のために $z_{\alpha_j} = z_j$ と書くこととすれば,

$$f(U_{x_j}) - f(z_j) = (f(U_{x_j}) - f(x_j)) + (f(x_j) - f(z_j))$$
$$\subset V + V \quad \text{for all} \quad f \in \mathcal{F}.$$

ゆえに, 各 $x \in K$ ごとに

$$p(f(x) - f(z_j)) < \frac{1}{2} \quad \text{for all} \quad f \in \mathcal{F}$$

を満たす $z_j \in D$ が存在する。したがって

$$\sup_{x \in K} \operatorname*{Min}_{1 \leqq j \leqq n} p(f(x) - f(z_j)) \leqq \frac{1}{2}.$$

そこで

$$T = \bigcap_{j=1}^{n} \left\{ f \in \mathcal{F} \middle| q_{z_j,p}(f) < \frac{1}{2} \right\}$$

($q_{z_j,p}(f)$ は厳密には $q_{\{z_j\},p}(f)$ と書くべきであろう) とおけば, $T \in \mathcal{N}(0, \mathcal{T}_a)$。

$f \in T, x \in K$ とすれば

$$p(f(x)) \leqq p(f(x) - f(z_j)) + p(f(z_j))$$

であり,

$$q_{K,p}(f) = \sup_{x \in K} p(f(x)) < \frac{1}{2} + \frac{1}{2} = 1$$

となるから, $f \in S$。つまり $T \subset S$ を得る。これは $S \in \mathcal{N}(0, \mathcal{F}_a)$ を意味する。

(iii) $\mathcal{F}(x) = \{f(x) \in \mathfrak{Y} | f \in \mathcal{F}\}$ が $\mathfrak{Y}$ の相対コンパクト集合ゆえ, Tihonov の定理により,

$$\prod_{x \in X} \mathcal{F}(x)$$

は $\mathfrak{Y}^X$ の相対コンパクト集合である。(i), (ii) により, $\mathcal{F}$ は広義一様収束の位相について相対コンパクトである。   (証了)

この結果を利用して, Banach-Steinhaus の定理の一般型を示そう。

定理 B.12 (Banach-Steinhaus) $\mathfrak{X}$ を樽型空間, $\mathfrak{Y}$ を LCHTVS とする。また $\{T_n\}$ は $\mathcal{L}(\mathfrak{X}, \mathfrak{Y})$ の点列で, すべての $x \in \mathfrak{X}$ について $\lim_{n \to \infty} T_n(x) \equiv T(x)$ が存在するものとする。このとき, $T \in \mathcal{L}(\mathfrak{X}, \mathfrak{Y})$ で, しかも $\{T_n\}$ はコンパクト位相について T に収束する。

証明 各 $x \in \mathfrak{X}$ ごとに $\lim_{n \to \infty} T_n(x)$ が存在するのであるから, $\{T_n\}$ は $\mathcal{L}(\mathfrak{X}, \mathfrak{Y})$ の単純位相について有界である。しかるに $\mathfrak{X}$ は樽型ゆえ, 定理 B.10 から, $\{T_n\}$ は同程度連続である。さらに定理 B.11 の (i) (ii) から, $T \in \mathcal{L}(\mathfrak{X}, \mathfrak{Y})$ で, しかも T_n は T にコンパクト位相で収束する。   (証了)

次に局所凸線形位相空間においては,（当初の位相についての）有界性と, 弱有界性とが同値であることを主張する共鳴定理 (resonance theorem) を導こう。

さらに定理の証明中で用いる, 局所凸線形位相空間の商空間についても, 要点を記しておく。

$\mathfrak{X}$ を局所凸線形位相空間，$\mathfrak{M}$ をその線形部分空間とする。商空間 $\mathfrak{X}/\mathfrak{M}$ の元，たとえば $\mathfrak{M}$ を法として $x \in \mathfrak{X}$ と合同な $\mathfrak{X}$ の元の集合を ξ_x と書くことにしよう。

(i) p を $\mathfrak{X}$ 上のセミ・ノルムとし，$\dot{p} : \mathfrak{X}/\mathfrak{M} \to \mathbb{R}$ を

$$\dot{p}(\xi_x) = \inf_{z \in \xi_x} p(z)$$

と定義する。$\dot{p}$ は $\mathfrak{X}/\mathfrak{M}$ 上のセミ・ノルム（商セミ・ノルム）で

$$\{\xi_x \in \mathfrak{X}/\mathfrak{M} | \dot{p}(\xi_x) < 1\} = \{\xi_x \in \mathfrak{X}/\mathfrak{M} | p(x) < 1\}$$

が成り立つ。

(ii) $\mathfrak{X}$ の位相を生成するセミ・ノルムの属を $\{p_\alpha\}$ とするとき，$\{\dot{p}_\alpha\}$ の生成する $\mathfrak{X}/\mathfrak{M}$ 上の位相は商位相と合致する。

(iii) 商位相が Hausdorff であるためには，$\mathfrak{M}$ が閉部分空間であることが必要十分である。

(iv) $\mathfrak{X}$ が Fréchet 空間，$\mathfrak{M}$ が閉部分空間なら，$\mathfrak{X}/\mathfrak{M}$ も Fréchet 空間である。

(v) $\mathfrak{X}$ が樽型で，$\mathfrak{M}$ が閉部分空間ならば，$\mathfrak{X}/\mathfrak{M}$ も樽型である。

(vi) $(\mathfrak{X}/\mathfrak{M})' \cong \mathfrak{M}^\circ$。

定理 B.13（Banach-Mackey の共鳴定理） $\mathfrak{X}$ を局所凸線形位相空間（必ずしも Hausdorff でなくてよい）とし，M をその部分集合とするとき，M が有界であることと弱有界であることとは同値である。

証明 1° まず $\mathfrak{X}$ がノルム空間の場合にこの定理の成り立つことはよく知られている。[10]

2° 次に $\mathfrak{X}$ が単一のセミ・ノルム p によって位相の定まった局所凸線形位相空間の場合を考えよう。いま

$$\mathfrak{N} = \{x \in \mathfrak{X} | p(x) = 0\}$$

とおけば，$\mathfrak{N}$ は $\mathfrak{X}$ の閉部分空間であるから，$\mathfrak{X}/\mathfrak{N}$ は局所凸線形位相空間となる。p によって定まる商セミ・ノルム $\dot{p}$ は実はノルムであることもすぐに

---

10) Yosida[120]p.69, 丸山 [77] p.351.

わかる。実際，$z \in \xi_x$ とすれば

$$z = x + y \quad \text{for some} \quad y \in \mathfrak{N}$$

であるから，

$$p(z) \leqq p(x) + p(y) = p(x)$$

である。同様にして $p(x) \leqq p(z)$ も成り立つから，$p(x) = p(z)$ を得る。つまり p は各 $\xi_x \in \mathfrak{X}/\mathfrak{M}$ の上で定値である。したがって

$$p(x) = \dot{p}(\xi_x)$$

となり，

$$\dot{p}(\xi_x) = 0 \Longleftrightarrow \xi_x = \mathfrak{N}$$

が判明する。ゆえに $\dot{p}$ はノルムである。

いま $\Lambda \in \mathfrak{X}'$ とすれば，

$$|\Lambda(x)| \leqq C \cdot p(x) \quad \text{for all} \quad x \in \mathfrak{X}$$

を満たす定数 C が存在する。（ノルム空間の場合と全く同様にすればよい。）$x \in \mathfrak{N}$ については $p(x) = 0$ なのだから，

$$\Lambda(x) = 0 \quad \text{for all} \quad x \in \mathfrak{N}$$

である。

$\Lambda \in \mathfrak{X}'$ に対して $\dot{\Lambda} : (\mathfrak{X}/\mathfrak{N})' \to \mathbb{C}$ を

$$\dot{\Lambda}(\xi_x) = \dot{\Lambda}(x + \mathfrak{N}) = \Lambda(x)$$

と定義する。このとき

$$\{\xi_x \in \mathfrak{X}/\mathfrak{N} \mid |\dot{\Lambda}(\xi_x)| < 1\} = \{\xi_x \in \mathfrak{X}/\mathfrak{N} \mid \Lambda(x) < 1\}$$
$$= \pi(\{x \in \mathfrak{X} \mid \Lambda(x) < 1\})$$
$$(\pi : \mathfrak{X} \to \mathfrak{X}/\mathfrak{N} \text{ は標準的射影})$$

であるが, π は開写像ゆえ, この集合は開集合, つまり $0 \in \mathfrak{X}/\mathfrak{N}$ の近傍である. したがって $\dot{\Lambda}$ は連続で $\dot{\Lambda} \in (\mathfrak{X}/\mathfrak{N})'$.

線形作用素 $A : \mathfrak{X}' \to (\mathfrak{X}/\mathfrak{N})'$ を

$$A : \Lambda \mapsto \dot{\Lambda}$$

と定義すると, 明らかに

$$\mathrm{Ker} A = \{0\} \subset \mathfrak{X}'.$$

つまり A は線形の全単射であり, $\mathfrak{X}'$ と $(\mathfrak{X}/\mathfrak{N})'$ は線形空間として同型であることが判明する.

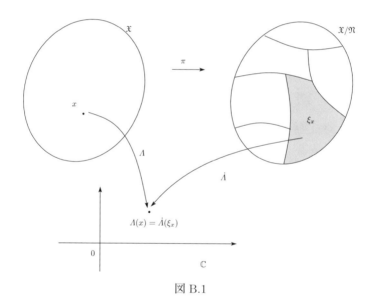

図 B.1

かくして M が $\mathfrak{X}$ において弱有界であることと, $\dot{M} \equiv \{\xi_x | x \in M\}$ が $\mathfrak{X}/\mathfrak{N}$ において弱有界であることとは同値である. しかるに $\mathfrak{X}/\mathfrak{N}$ はノルム空間ゆえ, $\dot{M}$ は $\mathfrak{X}/\mathfrak{N}$ において強有界;

$$i.e. \quad \dot{p}(\xi_x) \leq B \quad \text{for all} \quad x \in M$$

を満たす $B < \infty$ が存在する。これは

$$p(x) \leqq B \quad \text{for all} \quad x \in M$$

を意味する。

3° $\mathfrak{X}$ が一般の局所凸線形位相空間の場合。$\mathfrak{X}$ の位相を定めるセミ・ノルムの族を $\{p_\alpha\}$ とし、単一のセミ・ノルム p_α によって $\mathfrak{X}$ 上の位相を定めて得られる局所凸線形位相空間を $\mathfrak{X}_\alpha$ とする。もちろん $\mathfrak{X}$ の当初の位相は $\mathfrak{X}_\alpha$ の位相よりも強い。したがって $\mathfrak{X}$ 上の弱位相 $\sigma(\mathfrak{X}, \mathfrak{X}')$ は $\mathfrak{X}_\alpha$ 上の弱位相 $\sigma(\mathfrak{X}, \mathfrak{X}'_\alpha)$ よりも強い。

ゆえに、M が $\mathfrak{X}$ において弱有界なら、それは $\mathfrak{X}_\alpha$ においても弱有界である。2° によれば、このとき M は $\mathfrak{X}_\alpha$ で有界である。この事実がすべての α について成り立つので、

$$\sup_{x \in M} p_\alpha(x) < \infty \quad \text{for all} \quad \alpha.$$

つまり M は $\mathfrak{X}$ 上で有界である。 (証了)

注意 $\mathfrak{X}$ が局所凸でないときには、上記の定理は成り立たない。$\mathfrak{X} = \mathfrak{L}^{1/2}([0,1], \mathbb{R})$ とすると、$\mathfrak{X}' = \{0\}$。したがって $\mathfrak{X}$ のいかなる集合も弱有界である。だが $\mathfrak{X}$ は当初の位相について有界ではない。[11]

系 B.6 $\mathfrak{X}$ を局所凸線形位相空間とする。このとき $\mathfrak{X}$ における弱収束点列は有界である。

定義 $\mathfrak{X}$ を局所凸線形位相空間とする。$\mathfrak{X}'$ に強位相を与えて得られる局所凸線形位相空間の双対空間 $\mathfrak{X}''$ が $\mathfrak{X}$ と合致するとき、$\mathfrak{X}$ は半反射的 (semi-reflexive) であるという。$\mathfrak{X}$ が半反射的で、さらに $\mathfrak{X}''$ の強位相が $\mathfrak{X}$ の位相と合致するとき、$\mathfrak{X}$ は反射的 (reflexive) であるという。

---

11) $\mathfrak{L}^{1/2}$ における凸・開集合は $\emptyset$ と $\mathfrak{L}^{1/2}$ に限ることに注意しよう。

410   付論B　函数解析からの補足

半反射的，反射的な線形位相空間の特徴づけとしては，次の二つの定理が
重要である．

定理 B.14 (Mackey)　$\mathfrak{X}$ を LCHTVS とするとき，次の二命題は同値で
ある．

(i)　$\mathfrak{X}$ は半反射的である．

(ii)　$\mathfrak{X}$ の任意の有界集合は弱相対コンパクトである．

定理 B.15　$\mathfrak{X}$ を局所凸線形位相空間とするとき，次の二命題は同値で
ある．

(i)　$\mathfrak{X}$ は反射的である．

(ii)　$\mathfrak{X}$ は半反射的かつ樽型である．

以下，これを順に証明するが，若干の準備を要する．

補題 B.2　$\mathfrak{X}$ を LCHTVS，$(\mathfrak{X}')^*$ は $\mathfrak{X}'$ の代数的双対空間とし，その位
相は $\sigma((\mathfrak{X}')^*, \mathfrak{X}')$ とする．このとき $f \in (\mathfrak{X}')^*$ が $(\mathfrak{X}')'$（$\mathfrak{X}'$ の位相は強
位相）に属するためには，f が $\mathfrak{X}$ のある有界集合の触点であることが必
要十分である．（ここで $\mathfrak{X}$ を $(\mathfrak{X}')^*$ の部分空間とみなしていることに注
意せよ．）

証明　$f \in (\mathfrak{X}')^*$ とするとき，

$$f \in \mathfrak{X}'' \Longleftrightarrow f \in V^\circ = \{u \in (\mathfrak{X}')^* | \sup_{v \in V} |u(v)| \leqq 1\}$$

$$\text{for some} \quad V \in \mathcal{N}_{\mathfrak{X}'}(0).$$

また集合 $V \subset \mathfrak{X}'$ が 0 の（強位相についての）近傍であるためには $B^\circ \subset V$
となる $\mathfrak{X}$ の有界集合（一般性を失うことなく閉・凸・円形としてよい）B の
存在することが必要十分である．かくして $f \in (\mathfrak{X}')^*$ が $(\mathfrak{X}')'$ に属するために
は，$f \in B^{\circ\circ}$ となる $\mathfrak{X}$ の有界集合 B の存在することが必要十分であることが
知られる．

$f \in \bar{B}$ ならば, $f \in B^{\circ\circ} = \bar{B}$。[12] したがって上記の結果から, $f \in \mathfrak{X}''$。逆に $f \in (\mathfrak{X}')'$ ならば, $\mathfrak{X}$ のある有界集合 B について $f \in B^{\circ\circ}$ が成り立つ。B は閉・凸・円形としてよいから, $B^{\circ\circ} = \bar{B}$。ゆえに $f \in \bar{B}$。　　　　(証了)

補題 B.3　$\mathfrak{X}$ を局所凸線形位相空間, V を $0 \in \mathfrak{X}$ の近傍とすると, V° は*弱コンパクトである。

証明　V を $0 \in \mathfrak{X}$ の近傍とすれば, V° は同程度連続である。[13] また V が吸収的であることから, すべての $x \in \mathfrak{X}$ について

$$V^\circ(x) = \{\Lambda(x) | \Lambda \in V^\circ\}$$

は $\mathbb{C}$ の有界集合となる。したがって Ascoli-Arzelà の定理 B.11 (ii), (iii) により, V° は*弱コンパクトである。　　　　(証了)

定理 B.14 の証明　(i)⇒ (ii): $\mathfrak{X}$ を半反射的とし, B を $\mathfrak{X}$ の有界集合とする。このとき $B^\circ \in \mathcal{N}_{\mathfrak{X}'}(0)$（強位相についての近傍系）であることに注意して補題 B.3 を使うと, $B^{\circ\circ}$ は $\mathfrak{X}'' = \mathfrak{X}$ における $\sigma(\mathfrak{X}'', \mathfrak{X}')$-コンパクト集合である。したがって $B \subset B^{\circ\circ}$ は弱相対コンパクトである。

(ii)⇒ (i):　任意の有界集合 $B \subset \mathfrak{X}$ が弱相対コンパクトであると仮定しよう。$\mathfrak{X}$ を $(\mathfrak{X}')^*$ の部分空間とみれば, 弱位相 $\sigma(\mathfrak{X}, \mathfrak{X}')$ は $\sigma((\mathfrak{X}')^*, \mathfrak{X}')$ から $\mathfrak{X}$ に導入された相対位相に等しい。

B の $\mathfrak{X}$ における弱閉包を $\bar{B}^{\sigma(\mathfrak{X}, \mathfrak{X}')}$ と書き, $(\mathfrak{X}')^*$ における $\sigma((\mathfrak{X}')^*, \mathfrak{X}')$-閉包を $\bar{B}^{\sigma((\mathfrak{X}')^*, \mathfrak{X}')}$ と書くことにすると, 仮定により $\bar{B}^{\sigma(\mathfrak{X}, \mathfrak{X}')}$ が弱コンパクトであることから,

$$\bar{B}^{\sigma(\mathfrak{X}, \mathfrak{X}')} = \bar{B}^{\sigma((\mathfrak{X}')^*, \mathfrak{X}')}$$

---

12)　$B^{\circ\circ}$ は B を含む最小の閉・凸・円形集合である。Cf.p.401 の注意。
13)　$\mathfrak{X}$ を LCHTVS, $H \subset \mathfrak{X}'$ とするとき, 次の諸命題は同値である。
　a.　H は同程度連続。
　b.　ある $V \in \mathcal{N}_{\mathfrak{X}}(0)$ について, $H \subset V^\circ$。
　c.　$H^\circ \in \mathcal{N}_{\mathfrak{X}}(0)$。
とくに $H = V^\circ$ とすれば, もちろん V° は同程度連続である。

が導かれる。

$f \in \mathfrak{X}''$ とすれば，補題 B.2 により，ある有界集合 $B \subset \mathfrak{X}$ について

$$f \in \overline{B}^{\sigma((\mathfrak{X}')^*, \mathfrak{X}')} = \overline{B}^{\sigma(\mathfrak{X}, \mathfrak{X}')} \quad (\subset \mathfrak{X})$$

とならねばならない。ゆえに $\mathfrak{X}'' \subset \mathfrak{X}$ である。$\mathfrak{X} \subset \mathfrak{X}''$ は明らかだから $\mathfrak{X} = \mathfrak{X}''$。つまり $\mathfrak{X}$ は半反射的である。 (証了)

次に定理 B.15 の証明に移る。

補題 B.4　$\mathfrak{X}$ を局所凸線形位相空間とする。V を $\mathfrak{X}'$ における*弱位相についての樽とすれば，V は $\mathfrak{X}'$ の強位相についての 0 の近傍である。

証明　V が吸収的であることから，V° が弱有界であることはただちに知られる。Banach-Mackey の定理 B.13 により，V° は当初の位相についても有界である。したがって $V = V^{\circ\circ}$ は，$\mathfrak{X}'$ の強位相についての 0 の近傍である。 (証了)

補題 B.5　$\mathfrak{X}$ が半反射的ならば，$\mathfrak{X}'$（位相は強位相）は樽型である。

証明　V を $\mathfrak{X}'$（位相は強位相）の樽とする。$\mathfrak{X} = \mathfrak{X}''$ であるから $\sigma(\mathfrak{X}', \mathfrak{X}) = \sigma(\mathfrak{X}', \mathfrak{X}'')$ となり，V は*弱位相についての樽にもなっている。したがって，補題 B.4 から，V は $\mathfrak{X}'$ の（強位相についての）0 の近傍である。 (証了)

定理 B.15 の証明　まず $\mathfrak{X}$ を反射的とすれば，$\mathfrak{X}'$（位相は強位相）も反射的である。したがってもちろん $\mathfrak{X}'$ は半反射的で，補題 B3,4 から $\mathfrak{X}'' = \mathfrak{X}$ は樽型である。

逆に $\mathfrak{X}$ が半反射的で樽型としよう。そこで $\mathfrak{X}$ の当初の位相と，$(\mathfrak{X}')'$ とを比較する。

V を $\mathfrak{X}$ の当初の位相についての 0 の近傍，W を $(\mathfrak{X}')'$ における 0 の近傍とする。一般性を失うことなく，V と W は閉・凸・円型としてよい。

§2 局所凸空間の双対 413

$V \in \mathcal{N}_{\mathfrak{X}}(0)$ であるから，V° は同程度連続である。（p.411 の脚注 13 を見よ。）また V が吸収的であることから，すべての $x \in \mathfrak{X}$ について

$$V^{\circ}(x) = \{\Lambda(x) | \Lambda \in V^{\circ}\}$$

は $\mathbb{C}$ の有界集合となる。したがって定理 B.11 の (ii)，(iii) により，V° は *弱位相 $\sigma(\mathfrak{X}', \mathfrak{X})$ について相対コンパクト。$\mathfrak{X} = \mathfrak{X}''$（半反射性）によれば，$\mathfrak{X}'$ 上では $\sigma(\mathfrak{X}', \mathfrak{X}) = \sigma(\mathfrak{X}', \mathfrak{X}'')$ であるから，V° は弱位相についても相対コンパクトで，したがって弱有界である。定理 B.13 から，V° は当初の位相についても有界である。ゆえに

$$V^{\circ\circ} \in \mathcal{N}_{\mathfrak{X}''}(0).$$

こうして $\mathfrak{X}''$ の位相は $\mathfrak{X}$ の当初の位相よりも強いことが知られた。（ここでは $\mathfrak{X}$ が樽型という仮定は使っていないことに注意しよう。）

次に B を $\mathfrak{X}'$ の有界集合とし，W を

$$W = \{x \in \mathfrak{X} | p_B(x) \leqq 1\}$$

と定義する。ここでももちろん

$$p_B(x) = \sup_{\Lambda \in B} |\Lambda(x)|$$

である。要するに $W = B^{\circ}$ である。こうすれば，W は当初の位相について閉じた凸・円形集合であることがわかる。B が有界であることから，W が吸収的であることもすぐに判明する。ゆえに W は樽であり，したがって $W \subset \mathcal{N}_{\mathfrak{X}}(0)$。こうして $\mathfrak{X}$ の当初の位相が $\mathfrak{X}''$ の位相よりも強いことが知られ，先の結果と合わせて，$\mathfrak{X}$ の反射性が証明されたのである。　　　（証了）

注意　**1°**　Montel 空間は反射的である。

　2°　$\mathfrak{X}$ が反射的な局所凸線形位相空間とすれば，$\mathfrak{X}'$（位相は強位相）も反射的である。

定理 B.16　（Montel 空間の双対）　$\mathfrak{X}$ が Montel 空間ならば，$\mathfrak{X}'$（位相は強位相）も Montel 空間である。

414　　　　　　　　　付論B　函数解析からの補足

　証明　上記の注意によれば，$\mathfrak{X}$ が Montel 空間であることから，$\mathfrak{X}'$ が反射的であることが導かれ，したがって定理 B.15 により，$\mathfrak{X}'$ は樽型である。あとは $\mathfrak{X}'$ の任意の有界集合が相対コンパクトであることを示せばよい。

　そこで A を $\mathfrak{X}'$ の有界集合としよう。$\mathfrak{X}$ が樽型であることと，定理 B.10 により，A は同程度連続である。さらに，$\mathfrak{X}'$ が反射的（したがって半反射的）であることと，A の有界性により，A は弱相対コンパクト。Ascoli-Arzelà の定理 B.11 によると，A 上では*弱位相（＝弱位相）とコンパクト位相は合致するので，A はコンパクト位相について相対コンパクトである。

　しかるに $\mathfrak{X}$ は Montel 空間ゆえ，$\mathfrak{X}$ の有界集合は相対コンパクトであり，したがって $\mathfrak{X}'$ 上の強位相とコンパクト位相とは合致する。ゆえに A は強位相について相対コンパクトである。　　　　　　　　　　　　　　（証了）

付論C　超函数論からの補足

　　前章の一般論に基づき，L. Schwartz の超函数論の基本事項を、本文の理解に必要な限りで述べておこう。[1]

§1　空間 $\mathfrak{D}$

　　まず超函数を定義する土台となる函数空間を構成することにしよう。

　　Ω を $\mathbb{R}^l$ の非空な開集合とし，Ω 上で定義される無限回微分可能な複素数値函数の全体を $\mathfrak{E}(\Omega)$ と書く。[2]本書では叙述の簡略化を図るため，また後段これを用いる必要の範囲を考慮して，$l = 1$ の場合に限定して述べることとする。s 回の導函数をとる微分作用素を D^s と書き，Ω におけるコンパクト集合 K と $m \in \mathbb{N} \cup \{0\}$ とに対して，セミ・ノルム $p_{K,m}$ を

$$p_{K,m}(\varphi) = \sup_{\substack{x \in K \\ s \leq m}} |D^s \varphi(x)|$$

と定義すれば，このようなセミ・ノルムによって位相を与えられた $\mathfrak{E}(\Omega)$ は局所凸 Hausdorff 線形位相空間 (LCHTVS と略記) となる。

　　定理 C.1 (空間 $\mathfrak{E}$)　$\mathfrak{E}(\Omega)$ は Fréchet 空間である。

　　証明　まず Ω の中に

---

1)　Schwartz[95] Chap.I-III, Yosida[120] pp.46-52, 62-64 などを参照。

2)　$\mathfrak{E}^\infty(\Omega, \mathbb{C})$ と書いてもよいのだが，ここでは超函数論の慣習に従う。

（イ）　$K_n \subset \mathrm{int}.K_{n+1}$,

（ロ）　$\displaystyle\bigcup_{n=1}^{\infty} K_n = \Omega$

を満たすコンパクト集合の列 $\{K_1, K_2, \cdots\}$ をつくることができる。実際，たとえば

$$K_n = \overline{B_n(0)} \bigcap \left\{ x \in \mathbb{R} \,\middle|\, \rho(\Omega^c, x) \geqq \frac{1}{n} \right\}$$

とすればよい。すると Ω における任意のコンパクト集合は，ある $K_n (n \in \mathbb{N})$ に含まれる。したがって

$$\{p_{K_n,m} | m, n \in \mathbb{N}\}$$

なる可算個のセミ・ノルムの族が $\mathfrak{E}(\Omega)$ の位相を決定する。かくして $\mathfrak{E}(\Omega)$ は距離づけ可能である。

次に完備性を示す。$\{\varphi_n\}$ を $\mathfrak{E}(\Omega)$ の Cauchy 列としよう。すると任意の微分作用素 D^s について，$\{D^s\varphi_n\}$ はある函数 $g_s : \Omega \to \mathbb{C}$ に広義一様収束する。とくに

$$\varphi_n(x) = D^0\varphi_n(x) \to g_0(x) \quad ; \quad x \in \Omega$$

である。極限演算と微分演算の交換可能性によって，$g_s = D^s g_0$ である。

これからただちに，

$$g_0 \in \mathfrak{E}(\Omega) \quad \text{かつ} \quad \varphi_n \to g_0 \quad \text{in} \quad \mathfrak{E}(\Omega)$$

を得る。つまり $\mathfrak{E}(\Omega)$ は完備である。　　　　　　　　　　　（証了）

定理 C.2　(i)　$\mathfrak{E}(\Omega)$ の有界集合は全有界である。

(ii)　$\mathfrak{E}(\Omega)$ はノルムづけ不可能である。

証明　(i)　$\{p_{K_n,m}\}$ を $\mathfrak{E}(\Omega)$ の位相を定める可算個のセミ・ノルムとする。A を $\mathfrak{E}(\Omega)$ の有界集合とすれば，

$$\sup_{\varphi \in A} p_{K_n,m}(\varphi) \equiv C_{K_n,m} < \infty \quad \text{for each} \quad n, m \in \mathbb{N} \cup \{0\}.$$

$\{\varphi_j\}$ を A の任意の点列とすると，各微分作用素 D^s について $\{D^s\varphi_j\}$ は各 K_n 上で一様有界かつ同程度連続である。Ascoli-Arzelà の定理と Cantor の

対角線論法を使って，$\{\varphi_j\}$ は $\mathfrak{E}(\Omega)$ において収束する部分列を有する。つまり A は $\mathfrak{E}(\Omega)$ における列コンパクト集合で，したがって全有界である。

(ii) については読者自ら試みよ。[3]　　　　　　　　　　　　　　　　　　（証了）

K を Ω のコンパクト集合とし，$\mathfrak{E}(\Omega)$ の部分空間 $\mathfrak{D}_K(\Omega)$ を次のように定義する。

$$\mathfrak{D}_K(\Omega) = \{\varphi \in \mathfrak{E}(\Omega) | \operatorname{supp}\varphi \subset K\}.$$

$\mathfrak{D}_K(\Omega)$ に $\mathfrak{E}(\Omega)$ から導入される相対位相は，セミ・ノルムの族

$$p_{K,m}(\varphi) = \sup_{\substack{x \in K \\ s \leqq m}} |D^s\varphi(x)| \quad ; \quad m \in \mathbb{N} \cup \{0\}$$

によって定まり，$\mathfrak{D}_K(\Omega)$ はもちろん LCHTVS となる。

定理 C.3（空間 $\mathfrak{D}_K$）　$\mathfrak{D}_K(\Omega)$ は Fréchet 空間である。

証明　線形汎函数 $\Lambda_x : \mathfrak{E}(\Omega) \to \mathbb{C} \ (x \in \Omega)$ を

$$\Lambda_x : \varphi \mapsto \varphi(x)$$

と定義すれば，$\mathfrak{E}(\Omega)$ の位相の定義から，Λ_x は連続である。また

$$\mathfrak{D}_K(\Omega) = \bigcap_{x \in \Omega \setminus K} \operatorname{Ker}\Lambda_x$$

であるから，$\mathfrak{D}_K(\Omega)$ は $\mathfrak{E}(\Omega)$ の閉部分空間となっていることがわかる。ゆえに $\mathfrak{D}_K(\Omega)$ も Fréchet 空間である。　　　　　　　　　　　　（証了）

$\mathfrak{E}(\Omega)$ の元のうち，台がコンパクトなものの全体を $\mathfrak{D}(\Omega)$ と書く。[4]すなわち

---

3)　$\mathfrak{X}$ を Hausdorff 線形位相空間とする。この位相があるノルムによって定義されるためには，零点 0 が凸かつ有界な近傍を有することが必要十分である。

4)　これも $\mathfrak{E}_0^\infty(\Omega, \mathbb{C})$ と書いてもよいのであるが，$\mathfrak{D}(\Omega)$ と書くのは超函数論における慣習である。

$$\mathfrak{D}(\Omega) = \{\varphi \in \mathfrak{E}(\Omega) | \operatorname{supp}\varphi \text{ はコンパクト }\}$$
$$= \bigcup\{\mathfrak{D}_K(\Omega) | K \text{ は}\Omega\text{のコンパクト集合 }\}$$

である。

たとえば Ω のコンパクト集合列 $\{K_n\}$ を，p.416 の（イ）（ロ）を満たすように選べば，Fréchet 空間の列 $\{\mathfrak{D}_{K_n}(\Omega)\}$ は

$$\mathfrak{D}(\Omega) = \bigcup_{n=1}^{\infty} \mathfrak{D}_{K_n}(\Omega)$$

上に強い意味での帰納的極限位相を定める。そしてこの位相は，**p.393 の注意により，$\{K_n\}$ の選び方によらず一意的に定まる**ことに注意しよう。

$\mathfrak{D}(\Omega)$ に属する函数のことを**試料函数** (test function) と呼ぶ。

帰納的極限位相に関する一般論 (付論 B, §1 参照) から，$\mathfrak{D}(\Omega)$ の基本性質として，ただちに次の命題が得られる。

定理 C.4（$\mathfrak{D}$ の基本性質） (i) $\mathfrak{D}(\Omega)$ は LCHTVS である。

(ii) K を Ω のコンパクト集合とするとき，$\mathfrak{D}(\Omega)$ から $\mathfrak{D}_K(\Omega)$ に導入される相対位相は，$\mathfrak{D}_K(\Omega)$ の当初の位相と合致する。

(iii) $B \subset \mathfrak{D}(\Omega)$ が有界であるためには，Ω のあるコンパクト集合 K について，B が $\mathfrak{D}_K(\Omega)$ の有界集合であることが必要十分である。

(iv) $\mathfrak{D}(\Omega)$ の有向点族 $\{\varphi_\alpha\}$ が $\varphi^* \in \mathfrak{D}(\Omega)$ に収束するためには，ある（α に無関係な）コンパクト集合 $K \subset \Omega$ に対して

$$\operatorname{supp}\varphi_\alpha \subset K \quad \text{for all} \quad \alpha$$

で，しかもすべての階数の微分作用素 D^s について

$$D^s\varphi_\alpha \to D^s\varphi^* \quad (\text{一様収束})$$
$$(i.e. \quad \varphi_\alpha \to \varphi^* \quad \text{in} \quad \mathfrak{D}_K(\Omega))$$

の成り立つことが必要十分である。

§1 空間 $\mathfrak{D}$ 419

  (v)　$\mathfrak{D}(\Omega)$ は完備である。

  証明　(i)〜(iv) については，付論 B, §1 の一般論と対応させて考えればみな自明である。そこで (v) についてだけ少し丁寧に見ておくことにしよう。[5]
$\{\varphi_\alpha\}$ を $\mathfrak{D}(\Omega)$ の Cauchy 有向点族とする。いま

$$I : \mathfrak{D}(\Omega) \to \mathfrak{E}(\Omega)$$

を埋め込み恒等写像とすれば，これは連続である。したがって $\{\varphi_\alpha\}$ は $\mathfrak{E}(\Omega)$ の Cauchy 有向点族にもなっている。定理 C.1 によれば，$\mathfrak{E}(\Omega)$ は Fréchet 空間なのであるから，

$$\varphi_\alpha \to \varphi^* \quad \text{in} \quad \mathfrak{E}(\Omega)$$

なる $\varphi^* \in \mathfrak{E}(\Omega)$ が存在する。そこで φ^* の台がコンパクトであることを示せばよい。

  いま仮に φ^* の台がコンパクトではないとしてみよう。再び p.416 の（イ），（ロ）を満たすコンパクト集合の列 $\{K_n\}$ と，点列

$$x_n \in K_n \setminus K_{n-1} \quad , \quad \varphi^*(x_n) \neq 0 \quad (n = 1, 2, \cdots)$$

を見出すことができる。さらに

$$V = \left\{ \varphi \in \mathfrak{D}(\Omega) \,\middle|\, \varphi \in \mathfrak{D}_{K_n}(\Omega) \Rightarrow \|\varphi\|_\infty < \frac{|\varphi^*(x_n)|}{2} \right\}$$

とおけば，V は $\mathfrak{D}(\Omega)$ における 0 の近傍である。$\{\varphi_\alpha\}$ は Cauchy ゆえ，適当な α_0 に対して

$$\varphi_\alpha - \varphi_\beta \in V \quad \text{for all} \quad \alpha, \beta \succ \alpha_0$$

とすることができる。各 φ_α の台はコンパクトだから，十分に大きな n につ

---

  5)　Choquet[17] Vol.I, pp.305-306 を参考にした。

420 　　　　　　　付論 C　超函数論からの補足

いては

$$\varphi_{\alpha_0}(x_n) = 0$$

とならねばならない。したがって（$\beta = \alpha_0$ とすれば）

$$|\varphi_\alpha(x_n)| < \frac{|\varphi^*(x_n)|}{2} \quad \text{for all} \quad \alpha \succ \alpha_0.$$

しかしこれは

$$\varphi_\alpha(x) \to \varphi^*(x) \quad \text{各点収束}$$

に矛盾する。[6]　　　　　　　　　　　　　　　　　　　　（証了）

　　注意　Ω の中に

$$K_n \subset \text{int. } K_{n+1} \quad , \quad \bigcup_{n=1}^{\infty} K_n = \Omega$$

を満たすコンパクト集合列を考える。すると明らかに

$$\mathfrak{D}_{K_n}(\Omega) \subset \mathfrak{D}_{K_{n+1}}(\Omega) \quad ; \quad \bigcup_{n=1}^{\infty} \mathfrak{D}_{K_n}(\Omega) = \mathfrak{D}(\Omega)$$

である。

　（i）　各 $\mathfrak{D}_{K_n}(\Omega)$ は $\mathfrak{D}(\Omega)$ の閉部分空間である。

　（ii）　各 n について　$\text{int.}\mathfrak{D}_{K_n}(\Omega) = \emptyset$ である。

　（iii）　$\mathfrak{D}(\Omega)$ は距離づけが不可能である。

　定理 C.1，C.3 および系 B.4，定理 B.8（p.398）から，ただちに次の系を得る。

　系 **C.1**　$\mathfrak{E}(\Omega)$，$\mathfrak{D}_K(\Omega)$ および $\mathfrak{D}(\Omega)$ は樽型である。

　定理 **C.5**　$\mathfrak{D}(\Omega)$，$\mathfrak{E}(\Omega)$ は Montel 空間である。

─────────

　6）　$\mathfrak{D}(\Omega)$ における任意の Cauchy 列が必ず $\mathfrak{D}(\Omega)$ の中で収束することを示すのははるかに容易である。

§2 試料函数の実例と近似定理　　　　421

証明　B を $\mathfrak{D}(\Omega)$ の有界集合とする。定理 B.5（p.393）により，Ω のある
コンパクト集合 K について，B は $\mathfrak{D}_K(\Omega)$ の有界集合になる。ここで $\mathfrak{D}_K(\Omega)$
は距離づけ可能であることに注意しよう。$\{\varphi_j\}$ を B の任意の点列とすると，
各微分作用素 D^s について $\{D^s\varphi_j\}$ は K 上で一様有界かつ同程度連続であ
る。Ascoli-Arzelà の定理と Cantor の対角線論法を使って，$\{\varphi_j\}$ は $\mathfrak{D}_K(\Omega)$
において収束する部分列を有する。つまり B は $\mathfrak{D}_K(\Omega)$ における列コンパク
ト集合で，したがって $\mathfrak{D}_K(\Omega)$ の相対コンパクト集合である。埋め込み恒等
写像 $I : \mathfrak{D}_K(\Omega) \to \mathfrak{D}(\Omega)$ は連続（定理 B.1, p.389）なのだから[7]

$$I(\mathrm{cl.}_{\mathfrak{D}_K(\Omega)}B) = \mathrm{cl.}_{\mathfrak{D}_K(\Omega)}B$$

は $\mathfrak{D}(\Omega)$ のコンパクト集合で，もちろん B を含む。ゆえに B は相対コンパ
クトである。

$\mathfrak{E}(\Omega)$ もまた Montel 空間であることは同様に示すことができる。　　（証了）

§2　試料函数の実例と近似定理

本節では，$\mathfrak{D}(\Omega)$ に属する函数の重要な具体例を呈示し，併せて $\mathfrak{D}(\Omega)$ の
元による連続函数の近似問題や，$\mathfrak{D}(\Omega)$ のある意味での"潤沢性"について
論ずる。

コンパクトな台をもつ滑らかな函数の実例を調べる前に，二，三の計算上
の準備をしておこう。

まず次の補題は，いわゆる有限増分の公式の特別の場合である。

補題 C.1　I を $\mathbb{R}$ の開区間とし，函数 $f : I \to \mathbb{R}^n$ を考える。

(i)　f が I 上で微分可能ならば，すべての $x, y \in I$ について，

$$\|f(y) - f(x)\| \leqq |y - x| \sup_{0 \leqq t \leqq 1} \|Df(x + t(y - x))\|$$

───────────

7)　ここで $\mathrm{cl.}_{\mathfrak{D}_K(\Omega)}B$ は，$\mathfrak{D}_K(\Omega)$ における B の閉包を意味する。

が成り立つ。

(ii) $x, y \in I$ とし，f が区間 $[x, y]$ 上で連続であり，かつ (x, y) 上で微分可能であるならば，

$$\|f(y) - f(x)\| \leqq |y - x| \sup_{0 < t < 1} \|Df(x + t(y - x))\|$$

が成り立つ。

(iii) $v \in \mathbb{R}^n$ とし，(ii) と同様の仮定をおけば，

$$\|f(y) - f(x) - \langle v, y - x \rangle\| \leqq |y - x| \sup_{0 < t < 1} \|Df(x + t(y - x)) - v\|$$

が成り立つ。

証明 (i) $\displaystyle\sup_{0 \leqq t \leqq 1} \|Df(x + t(y - x))\| = \infty$ の場合は自明であるから，$< \infty$ としてよい。まず

$$M > \sup_{0 \leqq t \leqq 1} \|Df(x + t(y - x))\|$$

とおき，

$$E = \{t \in [0, 1] | \|f(x + t(y - x)) - f(x)\| \leqq Mt|x - y|\}$$

と定義する。f の連続性により，E は閉集合で，また明らかに $0 \in E$。ゆえに E は最大元を有するので，それを s としよう。仮に $s < 1$ としてみよう。すると $t > s$ で，$t - s$ が十分に小さければ，

$$\begin{aligned}
\|f(x + t(y - x)) - f(x)\| &\leqq \|f(x + t(y - x)) - f(x + s(y - x))\| \\
&\quad + \|f(x + s(y - x)) - f(x)\| \\
&\leqq M|(t - s)(y - x)| + Ms|y - x| \\
&= Mt|y - x|.
\end{aligned}$$

したがって t も E の元で，s が E の最大元であることに反する。つまり $s = 1$ である。

§2 試料函数の実例と近似定理 423

(ii) と (iii) は容易であるから省略。[8]   (証了)

補題 C.2 I を $\mathbb{R}$ の開区間，$F \subset I$ は閉集合とする。連続函数 $f : I \to \mathbb{R}^n$ は F 上で常に 0 であり，また $I \setminus F$ において微分可能とする。x を ∂F の一点とし，x に収束する $I \setminus F$ の点列 $\{y_j\}$ について，$Df(y_j) \to 0$ (as $j \to \infty$) ならば，$Df(x)$ が存在して，それは 0 に等しい。

補題 C.2 から次の補題 C.3 が導かれる。

補題 C.3 P を多項式とし，函数 $f : \mathbb{R} \to \mathbb{R}$ を

$$f(x) = \begin{cases} P\left(\frac{1}{x}\right)\exp\left(-\frac{1}{x}\right) & \text{if} \quad x > 0, \\ 0 & \text{if} \quad x \leqq 0 \end{cases}$$

と定義する。このとき f は 0 において微分可能で $Df(0) = 0$ である。[9]

これらの準備の下に，$\mathfrak{D}(\Omega)$ に属する函数の実例を調べていこう。

例 $\mathfrak{D}(\mathbb{R})$ の例。函数 $\varphi : \mathbb{R} \to \mathbb{R}$ を

$$\varphi(x) = \begin{cases} 0 & \text{if} \quad |x| \geqq 1, \\ \exp\left(-\frac{1}{1-x^2}\right) & \text{if} \quad |x| < 1 \end{cases}$$

と定義する。このとき $\operatorname{supp} \varphi = [-1, 1]$ であり，$|x| \geqslant 1$ なる x においては，φ は無限回微分可能である。問題は $x = \pm 1$ における無限回微分可能性のチェックである。

いま $g : \mathbb{R} \to \mathbb{R}$ を

$$g(t) = \begin{cases} \exp\left(-\frac{1}{t}\right) & \text{if} \quad t > 0, \\ 0 & \text{if} \quad t \leqq 0 \end{cases}$$

---

8) (iii) については，$x \mapsto f(x) - xv$ を考えてみよ。

9) 補題 C.1〜C.3 については，Hörmander[45] I, pp.6-7 を参考にした。

とおけば，補題 C.3 を繰り返し適用して，g は（0 を含む）すべての点において無限回微分可能である．また $h : \mathbb{R} \to \mathbb{R}$ を

$$h(x) = 1 - x^2$$

とおけば，これももちろん無限回微分可能である．φ は

$$\varphi(x) = (g \circ h)(x)$$

と表現できるから，φ もすべての点で無限回微分可能なのである．よって $\varphi \in \mathfrak{D}(\mathbb{R})$ が示された．

次節においてわれわれは $\mathfrak{D}(\Omega)$ 上の連続な線形汎函数として超函数を定義する．つまり $\mathfrak{D}(\Omega)'$ が超函数の空間である．詳細は後の議論に譲るが，Ω 上の任意の局所可積分函数 f に対して，汎函数 $T_f : \mathfrak{D}(\Omega) \to \mathbb{C}$ を

$$T_f(\varphi) = \int_\Omega f(x)\varphi(x)dx \quad , \quad \varphi \in \mathfrak{D}(\Omega)$$

とおくと，T_f は超函数である．いまふたつの相異なる局所可積分函数 $\boldsymbol{f}, \boldsymbol{g}$ を用いて，上記の方法で超函数 $\boldsymbol{T_f}, \boldsymbol{T_g}$ をつくったとき，$\mathfrak{D}(\Omega)$ は $\boldsymbol{T_f}$ と $\boldsymbol{T_g}$ とを識別できるほど潤沢であろうか？ つまり $f \neq g$ のとき，適当な $\varphi \in \mathfrak{D}(\Omega)$ に対して $T_f(\varphi) \neq T_g(\varphi)$ となしうるほど，$\mathfrak{D}(\Omega)$ のメニューは豊富であろうか？ 次の定理はこのような疑問を晴らしてくれる意義を有する．

定理 C.6 $f : \Omega \to \mathbb{C}$ を局所可積分な函数とし，いかなる $\varphi \in \mathfrak{D}(\Omega)$ に対しても

$$\int_\Omega f(x)\varphi(x)dx = 0$$

ならば，殆どすべての $x \in \Omega$ について $f(x) = 0$ である．

証明 以下，三つのステップに分けて証明する．

1° コンパクトな台をもつ任意の連続函数 $\psi : \Omega \to \mathbb{C}$ に対して

$$\int_\Omega f(x)\psi(x)dx = 0$$

が成り立つ．

§2 試料函数の実例と近似定理 425

任意の $\varepsilon > 0, \delta > 0$ に対して函数 $\varphi \in \mathfrak{D}(\Omega)$ を適当に選び

$$\operatorname{supp} \varphi \subset B_\delta(\operatorname{supp} \psi) \quad , \quad \|\varphi - \psi\|_\infty \leqq \varepsilon$$

とすることができる。この φ については

$$\left| \int_\Omega (\varphi(x) - \psi(x)) f(x) dx \right| \leqq \varepsilon \int_{B_\delta(\operatorname{supp} \psi)} |f(x)| dx.$$

しかるに仮定によって

$$\int_\Omega f(x) \varphi(x) dx = 0$$

であるから,

$$\left| \int_\Omega f(x) \psi(x) dx \right| \leqq \varepsilon \int_{B_\delta(\operatorname{supp} \psi)} |f(x)| dx.$$

ここで δ は固定したままで $\varepsilon \downarrow 0$ とすれば,1° の帰結を得る。

$2°$ コンパクトな台をもつ任意の有界可測函数 $\eta : \Omega \to \mathbb{C}$ に対して

$$\int_\Omega f(x) \eta(x) dx = 0$$

が成り立つ。

まず次のような性質を有する連続函数の列 $\{\psi_n : \Omega \to \mathbb{C}\}$ が存在することを示そう。

イ. $\psi_n(x) \to \eta(x) \ a.e.$

ロ. あるコンパクト集合 $K \subset \Omega$ に対して

$$\operatorname{supp} \psi_n \subset K \quad \text{for all} \quad n.$$

ハ. $\|\psi_n\|_\infty \leqq \|\eta\|_\infty.$

実函数論でよく知られているとおり,イを満たす——つまり η に概収束する連続函数の列 $\{\theta_n : \Omega \to \mathbb{C}\}$ が存在する。[10] さらに,$K \subset \Omega$ を $\operatorname{supp} \eta \subset \operatorname{int}.K$

――――――――――――

10) 丸山 [79] pp.232-233.

となるコンパクト集合とすれば，

$$\alpha(\operatorname{supp}\eta)=\{1\}\quad,\quad \operatorname{supp}\alpha\subset K$$

を満たす連続函数 $\alpha:\Omega\to[0,1]$ が存在する。[11] この α を用いて $\tilde{\theta}_n:\Omega\to\mathbb{C}$ を

$$\tilde{\theta}_n(x)=\alpha(x)\theta_n(x)\quad;\quad n=1,2,\cdots$$

とおけば，各 $\tilde{\theta}_n$ は台が K に含まれる連続函数で，η に概収束する。つまりイ，ロの条件を満たす。

さらに

$$\tilde{\theta}_n(x)=|\tilde{\theta}_n(x)|e^{i\cdot arg\tilde{\theta}_n(x)}$$

と書き直し，

$$\beta_n(x)=\operatorname{Min}\{\|\eta\|_\infty,|\tilde{\theta}_n(x)|\}$$

とおいて

$$\psi_n(x)=\beta_n(x)e^{i\cdot arg\tilde{\theta}_n(x)}\quad;\quad n=1,2,\cdots$$

と定義するならば，確かに $\{\psi_n\}$ はイ，ロ，ハを満たす。

すると $1°$ により，

$$\int_\Omega f(x)\psi_n(x)dx=0\quad;\quad n=1,2,\cdots.$$

他方，イ，ロおよび上限収束定理によれば，[12]

$$\int_\Omega f(x)\eta(x)dx=\int_K\lim_{n\to\infty}f(x)\psi_n(x)dx=\lim_{n\to\infty}\int_\Omega f(x)\psi_n(x)dx=0.$$

これから $2°$ の帰結が得られた。

$\mathbf{3°}\quad f(x)=0\quad a.e.$

コンパクトな台をもつ有界可測函数 $\eta:\Omega\to\mathbb{C}$ を次のように特定化しよう。つまり $a>0$ に対して

---

11) 丸山 [78] pp.61-62.

12) $|f(x)\psi_n(x)|\leqq\|\eta\|_\infty|f(x)|$ で，しかも右辺は K 上で可積分であることに注意。

$$\eta(x) = \begin{cases} 0 & \text{if } |x| > a \quad \text{or} \quad f(x) = 0, \\ e^{-i \cdot arg f(x)} & \text{if } |x| \leqq a \quad \text{and} \quad f(x) \neq 0. \end{cases}$$

こうすれば η は可測で，$|\eta(x)|$ は 0 あるいは 1。また $\operatorname{supp} \eta \subset \{x \in \Omega \mid \|x\| \leqq a\}$ である。$2°$ によれば

$$\int_\Omega f(x)\eta(x)dx = \int_{|x| \leqq a} |f(x)|dx = 0$$

とならねばならない。これが任意の $a > 0$ について成り立つから，殆どすべての $x \in \Omega$ について $f(x) = 0$ である。[13]　　　　　　　　　　　　　　(証了)

§3　超函数の定義と例

本節では Schwartz の意味での超函数を定義し，併せて代表的な実例を紹介する。

定義　$\mathfrak{D}(\Omega)$ の双対空間 $\mathfrak{D}(\Omega)'$ の元を，Ω における**超函数** (distribution, generalized function) と呼ぶ。

つまり超函数とは，$\mathfrak{D}(\Omega)$ 上の連続な線形汎函数のことであり，$\mathfrak{D}(\Omega)$ の位相構造については，前章で詳しく研究した。

例 1　$f : \Omega \to \mathbb{C}$ を局所可積分な函数とし，これを用いて $T_f : \mathfrak{D}(\Omega) \to \mathbb{C}$ を

$$T_f(\varphi) = \int_\Omega f(x)\varphi(x)dx$$

と定義する。T_f が well-defined であることと，その線形性は自明であろう。さらに連続性も次のようにして容易に確認される。$\mathfrak{D}(\Omega)$ の有向点族 $\{\varphi_\alpha\}$ が $\varphi^* \in \mathfrak{D}(\Omega)$

---

13)　定理 C.6 の証明は，Schwartz[94] pp.80-82 によった。またこの定理の意義については，コルモゴロフ＝フォミーン [69] pp.212-213 が簡明な説明を与えている。

428　　　　　　　　　付論 C　超函数論からの補足

に収束するものとし，K は

$$\operatorname{supp} \varphi_\alpha \subset K$$

を満たすコンパクト集合とする（cf. 定理 C.4）。そうすると

$$|T_f(\varphi_\alpha) - T_f(\varphi^*)| = \left| \int_K f(x)\{\varphi_\alpha(x) - \varphi^*(x)\}dx \right|$$
$$\leqq \int_K |f(x)|dx \cdot \sup_x |\varphi_\alpha(x) - \varphi^*(x)|.$$

ここで f は局所可積分で，しかも $\|\varphi_\alpha - \varphi^*\|_\infty \to 0$ であるから，

$$|T_f(\varphi_\alpha) - T_f(\varphi^*)| \to 0.$$

したがって T_f は連続である。

　定理 C.6 によれば，ふたつの局所可積分函数 f, g に対して

$$f = g \quad a.e. \iff T_f = T_g$$

が成り立つ。そこで殆ど到るところ等しい局所可積分函数は同一視して考えれば，局所可積分函数 f とそれが定める超函数 T_f とがちょうど一対一に対応する。だからしばしば f と T_f とを意識的に混同して $T_f(\varphi)$ のかわりに $f(\varphi)$ などど書く場合もある。

例 2　D を任意の微分作用素とし，f を局所可積分函数とする。このとき $T : \mathfrak{D}(\Omega) \to \mathbb{C}$ を

$$T(\varphi) = \int_\Omega f(x)D\varphi(x)dx$$

と定義すれば，T は超函数である。

例 3　$\delta : \mathfrak{D}(\Omega) \to \mathbb{C}$ を

$$\delta(\varphi) = \varphi(0)$$

と定義すれば，δ は超函数であり，これを **Dirac の超函数**と呼ぶ。また

$$\delta_{(a)}(\varphi) = \varphi(a) \quad ; \quad a \in \Omega$$

として定義される超函数 $\delta_{(a)}$ は点 a に質量 **1** をおく **Dirac** の超函数であるという。

§3 超函数の定義と例　　　　429

例 4　K を Ω のコンパクト集合とし,

$$\mathfrak{K}_K(\Omega) = \{\varphi \in \mathfrak{C}(\Omega, \mathbb{C}) | \operatorname{supp} \varphi \subset K\}$$

と定義する。つまり $\mathfrak{K}_K(\Omega)$ は, 台が K に含まれる連続函数の全体で, 通常の演算の下に線形空間をなす。$\varphi \in \mathfrak{K}_K(\Omega)$ に対して

$$p_K(\varphi) = \sup_{x \in K} |\varphi(x)|$$

とおけば, p_K はノルムであり, このノルムの下に $\mathfrak{K}_K(\Omega)$ は Banach 空間になる。

さらに

$$\mathfrak{K}(\Omega) = \bigcup \{\mathfrak{K}_K(\Omega) | K\ \text{は}\ \Omega\text{のコンパクト集合}\,\}$$

とおけば, $\mathfrak{D}(\Omega)$ の場合と同じようにして, $\mathfrak{K}(\Omega)$ 上には, $\{\mathfrak{K}_K(\Omega)\}$ による強い意味での帰納的極限位相が定まる。

1°　$B \subset \mathfrak{K}(\Omega)$ が有界であるためには, Ω のあるコンパクト集合 K について, B が $\mathfrak{K}_K(\Omega)$ の有界集合であることが必要十分である。

2°　$\mathfrak{K}(\Omega)$ の有向点族 $\{\varphi_\alpha\}$ が $\varphi^* \in \mathfrak{K}$ に収束するためには, ある (α に無関係な) コンパクト集合 $K \subset \Omega$ に対して

$$\operatorname{supp} \varphi_\alpha \subset K \quad \text{for all}\quad \alpha$$

で, しかも

$$\varphi_\alpha \to \varphi^* \quad \text{一様収束}$$

の成り立つことが必要十分である。

これらの帰結は付論 B の一般論からただちに導かれる。局所凸線形位相空間 $\mathfrak{K}(\Omega)$ の双対空間 $\mathfrak{K}(\Omega)'$ の元のことを Ω 上の **Radon** 測度と呼ぶ。[14]

---

14)　本書第 4 章, §1 においては, 空間 $\mathfrak{C}_\infty$ に一様収束ノルムを定めて得られる Banach 空間上の連続線形汎函数を Radon 測度と呼んだ。ここでは $\mathfrak{K}(\Omega)'$ の元に同じ名称を与えているが, 厳密には区別をしていただきたい。$\mu \in \mathfrak{C}'_\infty$ とする。$\mathfrak{K}$ の有向点族 $\{\varphi_\alpha\}$ が $\varphi^* \in \mathfrak{K}$ に収束するとすれば, 2° により $\operatorname{supp} \varphi_\alpha \subset K$ かつ $\{\varphi_\alpha\}$ は K 上で φ^* に一様収束するようなコンパクト集合 K が存在する。したがって $\mu(\varphi_\alpha) \to \mu(\varphi^*)$。つまり μ は $\mathfrak{K}$ 上でも連続で $\mu \in \mathfrak{K}'$ である。第 4 章の意味での Radon 測度は $\mathfrak{K}'$ の元にもなっているのである。Radon 測度の一般論については, Bourbaki[10], Choque[17], Vol.I, Chap.3 を参照。さらに, 超函数と Radon 測度の対応については, Schwartz[95], Chap 1, §4 を見よ。

Radon 測度は明らかに超函数である。

以下，超函数と Radon 測度との関連について二，三の注意を掲げておこう。

注意 超函数 T が，ある Radon 測度 μ によって定義される（つまり μ の $\mathfrak{D}$ への制限が T に等しい）ためには，任意のコンパクト集合 K に対して，$\mathfrak{K}_K$ から導かれる相対位相を定めた $\mathfrak{D}_K$ において，T が連続であることが必要十分である。このとき T を定める μ は一意に定まる。──この命題は次の段取りで証明される。（必要性は明らかゆえ，十分性のみを示せばよい。）

(i)　H を $\mathbb{R}$ の任意のコンパクト集合とする。$\mathfrak{D}_H$ の $\mathfrak{K}_H$ における閉包を $\bar{\mathfrak{D}}_H^{\mathfrak{K}_H}$ と書く。このとき $T|_{\mathfrak{D}_H}$ は $\bar{\mathfrak{D}}_H^{\mathfrak{K}_H}$ 上の連続な線形汎函数 $\bar{T}_H$ に一意的に拡張される。（ただしここで $\bar{\mathfrak{D}}_H^{\mathfrak{K}_H}$ の位相は $\mathfrak{K}_H$ からの相対位相である。）

(ii)　T は $\bigcup\{\bar{\mathfrak{D}}_H^{\mathfrak{K}_H}|H$ はコンパクト $\}$ 上の線形汎函数 $\bar{T}$ として拡大され，各コンパクト集合 H 上では $\bar{T}=\bar{T}_H$ となしうる。

(iii)　$\bigcup\{\bar{\mathfrak{D}}_H^{\mathfrak{K}_H}|H$ はコンパクト $\}=\mathfrak{K}$ である。

(iv)　$\bar{T}$ は Radon 測度である。

(v)　$\bar{T}=\mu$ とおき，μ は T によって一意に定まる。

こうして $\mathfrak{D}'$ のある部分空間と $\mathfrak{K}'$ との間に一対一の対応のつくことが判明したから，互いに対応する **Radon** 測度と超函数とを同一視することができるであろう。

実数値の $\varphi\in\mathfrak{D}$ に対して，つねに $T(\varphi)$ が実数となるような超函数 T を実数値であるという。またすべての $\varphi\geqq 0$ なる $\varphi\in\mathfrak{D}$ に対して，$T(\varphi)\geqq 0$ であるとき，超函数 T は正の超函数であるという。**正の超函数は正の Radon 測度である。**

実際，これを示すには T を正の超函数とし，これが各コンパクト集合 K に対して，$\mathfrak{K}_K$ から導かれた相対位相を定めた $\mathfrak{D}_K$ で連続であることを見ればよい。そこで $\mathfrak{D}_K$ の有向点族 $\{\varphi_\alpha\}$ について，φ_α が 0 に一様収束したとする。いま $\psi\in\mathfrak{D}$ を

$$\psi\geqq 0 \quad \text{on} \quad \mathbb{R} \quad ; \quad \psi\geqq 1 \quad \text{on} \quad K$$

となるように定めると，適当な $\varepsilon_\alpha>0$ を選んで

$$|\varphi_\alpha| \leqq \varepsilon_\alpha \psi \quad ; \quad \varepsilon_\alpha \downarrow 0$$

とすることができる。各 φ_α を実・虚部に分け,

$$\varphi_\alpha = u_\alpha + iv_\alpha \quad ; \quad u_\alpha, v_\alpha \in \mathfrak{D}$$

と書けば,

$$-\varepsilon_\alpha \psi \leqq u_\alpha, \, v_\alpha \leqq +\varepsilon_\alpha \psi$$

であるから,T が正の超函数であることを用いて

$$|T(\varphi_\alpha)| \leqq 2\varepsilon_\alpha T(\psi)$$

の成り立つことが知られるのである。

§4　超函数の微分

$f : \mathbb{R} \to \mathbb{C}$ を連続微分可能な函数とし,f や f' などの定める超函数も同じ記号を用いて f, $\partial f/\partial x_j$ などと書く。

いま超函数 f' の値を計算してみると,$\varphi \in \mathfrak{D}(\mathbb{R})$ について

$$f'(\varphi) = \int_{\mathbb{R}} f' \cdot \varphi \, dx = \int_{-\infty}^{+\infty} f' \cdot \varphi \, dx$$

となる。部分積分により,これは

$$f \cdot \varphi \Big|_{-\infty}^{+\infty} - \int_{-\infty}^{+\infty} f\varphi' \, dx$$

であるが,この第一項は,φ の台が有界であることから 0 である。ゆえに

$$f'(\varphi) = -\int_{\mathbb{R}} f\varphi' \, dx \qquad\qquad (*)$$

となる。連続微分可能な函数 f の導函数が定める超函数は $(*)$ のような計算となる。これを一般の超函数の微分という概念に拡張することは容易である。

432 付論 C　超函数論からの補足

いま T を $\mathbb{R}$ 上の超函数とするとき，$\mathfrak{D}(\mathbb{R})$ 上の新しい線形汎函数 S を

$$S\varphi = -T(\varphi') \quad ; \quad \varphi \in \mathfrak{D}(\mathbb{R})$$

と定義すれば，S も超函数である。この超函数 S のことを T' と書くこととし，T の**導超函数** (generalized derivative, distributional derivative) と呼ぶ。

次に二階の導超函数 T'' を計算してみよう。

$$T''\varphi = -T'(\varphi') = +T(\varphi'').$$

より一般の微分作用素 D^p については

$$D^p T(\varphi) = (-1)^p T(D^p \varphi)$$

が成り立つ。

以上の結果をまとめて――

定理 C.7　いかなる超函数 $T \in \mathfrak{D}(\mathbb{R})'$ もすべての階数の逐次導超函数をもち，任意の微分作用素 D^p について

$$D^p T(\varphi) = (-1)^p T(D^p \varphi) \quad ; \quad \varphi \in \mathfrak{D}(\mathbb{R})$$

である。

微分演算の実例

例 1　いわゆる **Heaviside** の函数 Y を考えよう。つまり

$$Y(x) = \begin{cases} 0 & \text{if} \quad x < 0, \\ 1 & \text{if} \quad x > 0 \end{cases}$$

で，測度 0 の集合 $x = 0$ では，必ずしも定義する必要はない。Y は

$$Y(\varphi) = \int_0^{+\infty} \varphi(x)dx \quad ; \quad \varphi \in \mathfrak{D}(\mathbb{R})$$

なる計算によって，超函数とみなすことができる。Y の導超函数を求めてみよう。

§4 超函数の微分

$$DY(\varphi) = Y(D\varphi) = -\int_{-\infty}^{+\infty} Y(x)\varphi'(x)dx = -\int_{0}^{+\infty} \varphi'(x)dx = -\varphi(x)\big|_0^{+\infty}$$
$$= -\lim_{a \to +\infty}(\varphi(a) - \varphi(0)) = \varphi(0) = \delta(\varphi) \; ; \; \varphi \in \mathfrak{D}(\mathbb{R}).$$

かくして Y の超導函数 $DY(=Y')$ は Dirac の超函数 δ に等しい；$Y' = \delta$。

Y' をもう一度微分してみると，

$$Y''(\varphi) = \delta'(\varphi) = -\delta(\varphi') = -\varphi'(0).$$

一般に

$$D^{p+1}Y(\varphi) = D^p\delta(\varphi) = (-1)^p\delta(D^p\varphi) = (-1)^p D^p\varphi(0).$$

例 2 数直線上に可算個の点 $\{x_\nu\} = \{\cdots, x_{-2}, x_{-1}, x_0, x_1, x_2, \cdots\}$ が与えられており，$\lim_{\nu \to \pm\infty} x_\nu = \pm\infty$，また区間 $[x_{\nu-1}, x_\nu]$ は非退化とする．函数 f は"区分的に滑らかな"函数，つまり各区間の内部 $(x_{\nu-1}, x_\nu)$ では普通の意味で無限回微分可能な函数で，また各 x_ν では，f およびその普通の意味での逐次微分係数が第一種の不連続性を呈するものとする．(図 C.1 を見よ)

$$\sigma_\nu^p = D^p f(x_\nu + 0) - D^p f(x_\nu - 0)$$

とおけば，σ_ν^p は x_ν における，f の p 階導函数の"跳び"の大きさを表わしている．(f は x_ν で定義されていなくてもよい．)

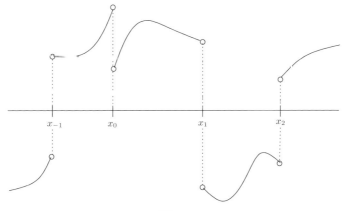

図 C.1

やや記号が煩雑になるが，超函数 f の導超函数を

$$f', f'', \cdots, f^{(p)}, \cdots \tag{*}$$

と書き，また区間 $(x_{\nu-1}, x_\nu)$ では普通の意味での f の逐次微分係数に一致し，各 x_ν では必ずしも定義されない函数（局所可積分）の定める超函数を

$$[f'], [f''], \cdots, [f^{(p)}], \cdots \tag{**}$$

と書くことにして，(*) と (**) とを区別する．(たとえば f を Heaviside の函数とするとき，$f' = \delta, [f'] = 0$ である。)

さてこのような f の導超函数を求めてみよう．まず図 C.2 のような位置に点

図 C.2

a, b を固定する．この区間 $[a, b]$ で $f \cdot \varphi' (\varphi \in \mathfrak{D})$ を積分するのだが，丁寧にやれば以下のとおり．

$$\int_a^{x_\nu - \varepsilon} f \cdot \varphi' dx = f \cdot \varphi \Big|_a^{x_\nu - \varepsilon} - \int_a^{x_\nu - \varepsilon} f' \cdot \varphi dx$$
$$= f(x_\nu - \varepsilon) \cdot \varphi(x_\nu - \varepsilon) - f(a) \cdot \varphi(a) - \int_a^{x_\nu - \varepsilon} f' \cdot \varphi dx.$$

ここで積分記号下の f' は普通の意味での微分である．$\varepsilon \to 0$ として，

$$\int_a^{x_\nu} f \cdot \varphi' dx = f(x_\nu - 0) \varphi(x_\nu) - f(a) \varphi(a) - \int_a^{x_\nu} f' \cdot \varphi dx.$$

同様にして

$$\int_{x_\nu}^b f \cdot \varphi' dx = f(b) \cdot \varphi(b) - f(x_\nu + 0) \cdot \varphi(x_\nu) - \int_{x_\nu}^b f' \cdot \varphi dx.$$

したがって

$$\int_a^b f \cdot \varphi' dx = f(b) \cdot \varphi(b) - f(a) \cdot \varphi(a)$$

$$- [f(x_\nu + 0) - f(x_\nu - 0)]\varphi(x_\nu) - \int_a^b f' \cdot \varphi dx.$$

$\mathbb{R}$ をこのような区間 $[a, b]$ に分割して，各 の小区間上で $f \cdot \varphi'$ を積分し，それを加えあわせると，φ の台が有界であることを利用して，

$$\int_{-\infty}^{+\infty} f \cdot \varphi' dx = -\sum_\nu \sigma_\nu^0 \varphi(x_\nu) - \int_{-\infty}^{+\infty} f' \cdot \varphi dx.$$

したがって

$$f'(\varphi) = -f(\varphi') = \sum_\nu \sigma_\nu^0 \varphi(x_\nu) + \int_{-\infty}^{+\infty} f' \cdot \varphi dx = \sum_\nu \sigma_\nu^0 \delta_{(x_\nu)}(\varphi) + [f'](\varphi)$$

である。かくして

$$f' = [f'] + \sum_\nu \sigma_\nu^0 \delta_{(x_\nu)}$$

という形で，f の導超函数が求められたのである。f の不連続性が点質量の形で導超函数に現われることに注意しよう。

さらに微分を繰り返して一般に p 階の導超函数 $f^{(p)}$ は

$$f^{(p)} = [f^{(p)}] + \sum_\nu \sigma_\nu^{(p-1)} \delta_{(x_\nu)} + \sum_\nu \sigma_\nu^{(p-2)} \delta_{(x_\nu)}^{(1)} + \cdots + \sum_\nu \sigma_\nu^0 \delta_{(x_\nu)}^{(p-1)}$$

となる。

§5 超函数の空間 $\mathfrak{D}'$ の位相

付論 B, §2 の一般論を超函数の空間に適用すると，ただちにいくつかの基本的命題が得られる。

定理 C.8 超函数の空間 $\mathfrak{D}'$ に強位相を与える。

(i) $\mathfrak{D}'$ は完備である。

(ii) $\mathfrak{D}'$ は Montel 空間である。

(iii) $\mathfrak{D}$ および $\mathfrak{D}'$ はいずれも反射的で，互いに他方の双対空間になっている。

436　　　　付論 C　超函数論からの補足

補題 C.4　超函数の列 $\{T_n\}$ が超函数 T に単純収束するならば，すなわち

$$\lim_{n \to \infty} T_n(\varphi) = T(\varphi) \quad \text{for any} \quad \varphi \in \mathfrak{D}$$

であるならば，任意の微分作用素 D^p について，$\{D^p T_n\}$ は $D^p T$ に単純収束する。

証明　$\varphi \in \mathfrak{D}$ とすれば，

$$D^p T_n(\varphi) = (-1)^{|p|} T_n(D^p \varphi) \to (-1)^{|p|} T(D^p \varphi) = D^p T(\varphi). \qquad \text{(証了)}$$

次の定理は Banach-Steinhaus の定理 B.12（p.405）および補題 C.4 からただちに導かれる。

定理 C.9　超函数の列 $\{T_n\}$ が各 $\varphi \in \mathfrak{D}$ に対して極限

$$T(\varphi) \equiv \lim_{n \to \infty} T_n(\varphi)$$

をもつものとしよう。このとき次の結果が成り立つ。
　(i)　T も超函数であり，T_n は T に強収束する。
　(ii)　任意の微分作用素 D^p について，

$$D^p T = \lim_{n \to \infty} D^p T_n.$$

これからただちに次の系を得る。

系 C.2（超函数の級数）　$T_n (n = 1, 2, \cdots)$ を超函数とし，各 $\varphi \in \mathfrak{D}$ に対して極限

$$T(\varphi) \equiv \sum_{n=1}^{\infty} T_n(\varphi)$$

が存在するものとしよう。このとき次の結果が成り立つ。

§5 超函数の空間 $\mathfrak{D}'$ の位相　　　437

(i)　$T = \sum_n T_n$ は超函数である。

(ii)　任意の微分作用素 D^p について,

$$D^p T = \sum_{n=1}^{\infty} D^p T_n.$$

定義　T を $\Omega \subset \mathbb{R}$ 上の超函数, U を Ω の開部分集合とする。$\mathrm{supp}\, \varphi \subset U$ となるすべての $\varphi \in \mathfrak{D}(\Omega)$ に対して, $T(\varphi) = 0$ であるとき, T は**開集合 U において 0 である** (vanish in U) という。

定理 C.10　$\{U_i\}_{i \in I}$ を Ω における開集合の族とし, 超函数 $T \in \mathfrak{D}(\Omega)'$ は各 U_i において 0 であるとしよう。このとき T は $U \equiv \bigcup_{i \in I} U_i$ において 0 である。

証明　$\varphi \in \mathfrak{D}$ を $\mathrm{supp}\, \varphi \subset U$ を満たす函数とする。また $\{U_i\}_{i \in I}$ に $\Omega \setminus \mathrm{supp}\, \varphi$ を付け加えて得られる Ω の開被覆を記号をかえて $\{V_j\}_{j \in J}$ とし, $\{V_j\}_{j \in J}$ に従属する滑らかな 1 の分解を $\{\beta_j\}_{j \in J}$ とする。すなわち, それは

$1°$　$\beta_j : \Omega \to [0,1]$,

$2°$　$\mathrm{supp}\, \beta_j \subset V_j$,

$3°$　Ω に含まれる任意のコンパクト集合 K に対して, 有限個の β_j を除き, 他はすべて K 上で 0,

$4°$　すべての $x \in \Omega$ について

$$\sum_{j \in J} \beta_j(x) = 1$$

を満たす, 無限回微分可能な函数の族である。

すると

$$\varphi = \sum_{j \in J} \beta_j \varphi$$

と書け, $\mathrm{supp}\, \varphi$ がコンパクトであることと, $\{\beta_j\}$ の性質 $3°$ から, これは事

実上は有限和である。したがって

$$T(\varphi) = \sum_{j \in J} T(\beta_j \varphi).$$

supp β_j がある $U_i \, (i \in I)$ に含まれる場合は，仮定により $T(\beta_j\varphi)=0$。また supp β_j が $\Omega \setminus \text{supp}\,\varphi$ に含まれる場合には，$\beta_j\varphi = 0$ であるから，明らかに $T(\beta_j\varphi) = 0$ である。ゆえに $T(\varphi)=0$ を得る。　　　　　(証了)

この定理によれば，超函数 T がそこで 0 であるような開集合全体の合併

$$U \equiv \bigcup \{V \subset \Omega \,|\, T \text{ は } V \text{ において } 0\}$$

においても T は 0 であり，しかも U はそのような開集合として最大である。$\Omega \setminus U$ のこととを，超函数 T の台と呼ぶ。

定義　超函数 $T \in \mathfrak{D}(\Omega)'$ が $\Omega \setminus F$ において 0 となるような，Ω の最小の閉集合を T の台 (support) と呼び，これを $\text{supp}\,T$ と表記する。

例1　T が連続函数ならば，T の超函数としての台と，函数としての台とは一致する。

例2　Dirac 超函数 $\delta_{(a)}$ の台は一点 $\{a\}$ である。

ここで線形位相空間の有界性に関するいくつかの事実を記しておこう。[15]

$1°$　$\mathfrak{X}, \mathfrak{Y}$ を線形位相空間，$T : \mathfrak{X} \to \mathfrak{Y}$ は連続な線形作用素とする。このとき $\mathfrak{X}$ の任意の有界集合 B の像 $T(B)$ は $\mathfrak{Y}$ の有界集合である。

$2°$　$\mathfrak{X}$ を局所凸線形位相空間とするとき，次の二命題は同値である。

　　a.　$\mathfrak{X}$ において，すべての有界集合を吸収する円形・凸集合は 0 の近傍である。

　　b.　すべての有界集合上で有界な $\mathfrak{X}$ のセミ・ノルムは連続である。

---

15)　詳しくは Yosida[120]pp.44-46 を参照。

§5 超函数の空間 $\mathfrak{D}'$ の位相 439

この a($\Leftrightarrow$ b) の性質を有する局所凸線形位相空間を**有界型** (bornologic) という。

3° 距離づけ可能な局所凸線形位相空間は有界型である。

実際，$A \subset \mathfrak{X}$ をすべての有界集合を吸収する円形・凸集合としよう。$\mathfrak{X}$ は距離づけ可能なので 0 の可算基本近傍系 $\{U_n\}$ が存在し，一般性を失うことなく，$U_n \subset U_{n-1}$ を満たすものとしてよい。仮に A が 0 の近傍でないとすると，

$$x_n \in \frac{1}{n} U_n,\ x_n \notin A$$

となる $\mathfrak{X}$ の点列 $\{x_n\}$ が存在する。$nx_n \to 0$ であるから，$\{nx_n\}$ は有界。したがって

$$nx_n \in \alpha A \quad \text{for all } n$$

を満たす $\alpha \geqq 0$ が存在する。$x_n \in (\alpha/n)A$ ゆえ，十分大きな n については $x_n \in A$ とならねばならない，矛盾。

3° からただちに 4° が導かれる。

4° $\mathfrak{D}(\Omega), \mathfrak{E}(\Omega)$ は有界型である。

5° $\mathfrak{X}$ を有界型局所凸線形位相空間，$\mathfrak{Y}$ を局所凸線形位相空間とする。$\mathfrak{X}$ の任意の有界集合 B の像 $T(B)$ が $\mathfrak{Y}$ の有界集合となる線形作用素 $T : \mathfrak{X} \to \mathfrak{Y}$ は連続である。

これからただちに次の帰結が得られる。

定理 C.11 $\mathfrak{D}(\Omega)$ (resp.$\mathfrak{E}(\Omega)$) 上の線形汎函数 T が連続であるためには，$\mathfrak{D}(\Omega)$ (resp.$\mathfrak{E}(\Omega)$) における任意の有界集合 B の像 $T(B)$ が $\mathbb{C}$ の有界集合であることが必要十分である。

系 C.3 $\mathfrak{D}(\Omega)$ 上の線形汎函数 T について，次の二命題は同値である。

(i) T は超函数である。

(ii) Ω における各コンパクト集合 K に対して，適当な $C > 0$ と $k \in \mathbb{N}$ とを選び

440 付論 C　超函数論からの補足

$$|T(\varphi)| \leqq C \sup_{\substack{|p| \leqq k \\ x \in K}} |D^p \varphi(x)| \quad \text{for all} \quad \varphi \in \mathfrak{D}_K(\Omega)$$

とすることができる。

証明　(i)⇒(ii):　T が超函数であるとすれば，Ω の各コンパクト集合 K について，T は $\mathfrak{D}_K$ 上で連続である。したがって，ただちに (ii) が得られる。

(ii)⇒(i):　逆に (ii) を仮定すれば，T は $\mathfrak{D}(\Omega)$ の任意の有界集合を有界集合に写す。よって定理 C.11 から，T は連続である。　　　　　　(証了)

補題 C.5[16)]　(i)　$\mathfrak{D}(\Omega) \subset \mathfrak{E}(\Omega)$ であるが，$\mathfrak{D}(\Omega)$ の位相は，$\mathfrak{E}(\Omega)$ から $\mathfrak{D}(\Omega)$ に導入された相対位相よりも強い。

(ii)　$\mathfrak{D}(\Omega)$ は $\mathfrak{E}(\Omega)$ において稠密である。

これだけの準備の下に，次の重要な事実を示そう。

コンパクトな台をもつ超函数 $T \in \mathfrak{D}(\Omega)'$ は，$\mathfrak{E}(\Omega)'$ の元に一意的に拡張される。

---

16)　補題 C.5 の証明は次のように進めばよい。

(i)　Ω において $K_n \subset \mathrm{int}.K_{n+1}$，$\Omega = \bigcup_{n=1}^{\infty} K_n$ となるコンパクト集合列 $\{K_n\}$ をとる。$\mathfrak{E}(\Omega)$ における基本近傍のひとつ

$$V_{m,\varepsilon,K} \equiv \{\varphi \in \mathfrak{E} \mid \sup_{p \leqq m, x \in K} |D^p \varphi(x)| < \varepsilon\} \quad (K \text{ はコンパクト})$$

を考える。$K \subset K_n$ となる K_n を使うと

$$V_{m,\varepsilon,K} \bigcap \mathfrak{D}_{K_n}(\Omega) = \{\varphi \in \mathfrak{D}_{K_n}(\Omega) \mid \sup_{p \leqq m, x \in K} |D^p \varphi(x)| < \varepsilon\}$$

$$\supset \{\varphi \in \mathfrak{D}_{K_n}(\Omega) \mid \sup_{p \leqq m, x \in K_n} |D^p \varphi(x) < \varepsilon\}.$$

最後の項は $\mathfrak{D}_{K_n}(\Omega)$ の 0 の近傍である。ゆえに $\mathfrak{D}(\Omega)$ の位相の定義から，$V_{m,\varepsilon,K} \bigcap \mathfrak{D}_{K_n}(\Omega)$ は $\mathfrak{D}(\Omega)$ の 0 の近傍である。

(ii)　$\varphi_n \in \mathfrak{D}(\Omega)$ を $\varphi_n(K_n) = \{1\}$，$\varphi_n(\Omega \setminus K_{n+1}) = \{0\}$ となる函数とし，$\varphi \in \mathfrak{E}(\Omega)$ とする。このとき，$\varphi \cdot \varphi_n \in \mathfrak{D}(\Omega)$ で，しかも $\varphi \cdot \varphi_n \to \varphi$ (in $\mathfrak{E}(\Omega)$) であることを示せばよい。

§5 超函数の空間 $\mathfrak{D}'$ の位相　　441

証明　$K \equiv \operatorname{supp} T$ （コンパクト）とし，ψ を K のある近傍で1に等しい $\mathfrak{D}(\Omega)$ の元とする。（このような ψ は確かに存在する。[17]）この ψ を用いて，$\widetilde{T} : \mathfrak{E}(\Omega) \to \mathbb{C}$ を

$$\widetilde{T}(\eta) = T(\psi\eta) \quad ; \quad \eta \in \mathfrak{E}(\Omega)$$

と定義する。$\widetilde{T}$ は ψ の選び方によらずに決まるので，この定義に曖昧さはない。[18]

$\widetilde{T}$ の線形性は明らかである。またその連続性は次のようにして示される。B を $\mathfrak{E}(\Omega)$ の有界集合とすると，集合 $\{\psi\eta | \eta \in B\}$ は $\mathfrak{D}(\Omega)$ において有界である。したがって定理 C.11 により

$$\{\widetilde{T}(\eta) | \eta \in B\} = \{T(\psi\eta) | \eta \in B\}$$

は有界である。ゆえに再び定理 C.11 から，$\widetilde{T}$ の連続性を得る。

$\widetilde{T}$ は T の拡張である。実際，$\psi \in \mathfrak{D}(\Omega)$ とすれば，$\varphi(1 - \psi) \in \mathfrak{D}(\Omega)$ かつ

$$\operatorname{supp} \varphi(1 - \psi) \bigcap K = \emptyset$$

であるから，$T(\varphi(1 - \psi)) = 0$。ゆえに

$$\widetilde{T}\varphi = T(\psi\varphi) + T(\varphi(1 - \psi)) = T\varphi.$$

こうして $\widetilde{T}$ は T の拡張であることが知られた。

---

17)　$K = \operatorname{supp} T$（コンパクト）とすれば　任意の $\varepsilon > 0$ に対して，K の有限個の点，$x_1, x_2, \cdots, x_n$ を選び

$$K \subset \bigcup_{j=1}^{n} B_\varepsilon(x_j)$$

とすることができる。この $\{B_\varepsilon(x_j) | j = 1, 2, \cdots n\}$ に従属する滑らかな 1 の分解を β_j としよう。さらに $\displaystyle\bigcup_{j=1}^{n} B_\varepsilon(x_j)$ に含まれる K のコンパクト近傍を H として，$\psi : \Omega \to \mathbb{C}$ を

$$\psi(x) = \sum_{(\operatorname{supp} \beta_j) \cap H \neq \emptyset} \beta_j(x)$$

と定義する。こうすれば，$\psi \in \mathfrak{D}(\Omega)$ で，しかも ψ は K のある近傍で常に 1 に等しい。

18)　θ をやはり K の近傍で 1 に等しい $\mathfrak{D}(\Omega)$ の元とすれば，$(\psi - \theta)\eta$ は $\mathfrak{D}(\Omega)$ の元で，K の近傍において 0 となる。したがって $T(\psi\eta) - T(\theta\eta) = T((\psi - \theta)\eta) = 0$ が導かれるのである。

442　　付論 C　超函数論からの補足

$\mathfrak{E}(\Omega)$(Fréchet 空間）の中で $\mathfrak{D}(\Omega)$ が稠密であることと，$\widetilde{T}|_{\mathfrak{D}(\Omega)} = T$ が連続（したがってこの場合一様連続）であることから，一致の原理により，T の $\mathfrak{E}(\Omega)$ への連続線形な拡張は，この $\widetilde{T}$ によって一意的に定まる。　　（証了）

次に逆命題を述べる。

$\mathfrak{E}(\Omega)'$ の元を $\mathfrak{D}(\Omega)$ に制限すると，それは台がコンパクトな超函数である。

証明　$\widetilde{T} \in \mathfrak{E}(\Omega)'$ を $\mathfrak{D}(\Omega)$ に制限したものを T とする。

$$T = \widetilde{T}|_{\mathfrak{D}(\Omega)}.$$

T が $\mathfrak{D}(\Omega)$ 上での線形汎函数であることは自明であろう。

$\{\varphi_\alpha\}$ を $\mathfrak{D}(\Omega)$ において 0 に収束する有向点族とすれば，あるコンパクト集合 $K \subset \Omega$ について

$$\varphi_\alpha \to 0 \quad \text{in} \quad \mathfrak{D}_K(\Omega).$$

したがって

$$\varphi_\alpha \to 0 \quad \text{in} \quad \mathfrak{E}(\Omega)$$

である。$\widetilde{T}$ は $\mathfrak{E}(\Omega)'$ の元なので，

$$T(\varphi_\alpha) = \widetilde{T}(\varphi_\alpha) \to 0.$$

ゆえに T は $\mathfrak{D}(\Omega)$ 上で連続，つまり $T \in \mathfrak{D}(\Omega)'$ である。

最後に $\mathrm{supp}\, T$ がコンパクトであることを示そう。もしそうでないとすると，各 $n \in \mathbb{N}$ について

$$\begin{cases} \mathrm{supp}\, \varphi_n \subset \Omega \setminus \overline{B_n(0)} \\ \quad (i.e. \quad \varphi_n(x) = 0 \quad \text{if} \quad \|x\| \leqq n), \\ T(\varphi_n) = 1 \end{cases}$$

となるような $\mathfrak{D}(\Omega)$ の列 $\{\varphi_n\}$ が存在する。すると $\mathrm{supp}\, \varphi_n$ は "無限に遠ざ

§5 超函数の空間 $\mathfrak{D}'$ の位相　443

かっていく"ので

$$\varphi_n \to 0 \quad \text{in} \quad \mathfrak{E}(\Omega)$$

である。したがって

$$T(\varphi_n) = \widetilde{T}(\varphi_n) \to 0$$

とならねばならない。だがこれは $T(\varphi_n) = 1$ (for all n) に矛盾。よって $\operatorname{supp} T$ はコンパクトである　　　　　　　　　　　　　　　　　（証了）

　上記の二命題を総合すると，コンパクトな台をもつ超函数 T と $\mathfrak{E}(\Omega)'$ の元 $\widetilde{T}$ とが一対一に対応していることが判明する。対応する T と $\widetilde{T}$ を同一視すれば――

定理 C.12 コンパクトな台をもつ超函数全体の空間は，$\mathfrak{E}(\Omega)'$ に合致する。

注意　$\mathfrak{E}(\Omega)$ 上の線形汎函数 $\widetilde{T}$ が連続であるためには，Ω におけるあるコンパクト集合 H，および適当な $C > 0$, $k \in \mathbb{N}$ に対して

$$|\widetilde{T}(\eta)| \leqq C \cdot \sup_{p \leqq k, x \in H} |D^p \eta(x)| \quad \text{for all} \quad \eta \in \mathfrak{E}(\Omega)$$

の成り立つことが必要十分である。

証明　十分性は容易なので，必要性だけを示そう。$T = \widetilde{T}|_{\mathfrak{D}(\Omega)}$ が超函数であることから，Ω における任意のコンパクト集合 K に対して

$$|T(\varphi)| \leqq C' \sup_{p \leqq k', x \in K} |D^p \varphi(x)| \quad \text{tor all} \quad \varphi \subset \mathfrak{D}_K(\Omega)$$

を満たす $C' > 0$ と $k' \in \mathbb{N}$ とが存在する。K としてとくに $H = \operatorname{supp} \widetilde{T}$ をとってもよい。

　さて前と同様，ψ を H のある近傍で1に等しい $\mathfrak{D}(\Omega)$ の元としよう。$H = \operatorname{supp} \varphi$ とすれば，任意の $\eta \in \mathfrak{E}(\Omega)$ に対して，$\psi\eta \in \mathfrak{D}_H(\Omega)$ であるから，

$$|\widetilde{T}(\eta)| = |T(\psi\eta)| \leqq C' \sup_{p \leqq k', x \in H} |D^p(\psi\eta)(x)| \leqq C' \{C'' \sup_{p \leqq k', x \in H} |D^p \eta(x)|\}.$$

ここで $C = C' \cdot C''$, $k = k'$ とおけば，所望の帰結を得る。　　　　　（証了）

参 考 文 献

[1] Ambrosetti, A. and G. Prodi, *A Primer of Nonlinear Analysis*, (Cambridge Univ. Press, Cambridge) 1993.

[2] Arveson, W., *An Invitation to C^*-Algebra*, (Springer-Verlag, Berlin) 1976.

[3] Billingsley, P., *Convergence of Probability Measures*, (Wiley, New York) 1968.

[4] Bochner, S., ,,Beiträge zur Theorie der fastperiodischen Funktionen", I,II, *Math. Ann.*, **96** (1927), 119-147, 383-409.

[5] ——, *Vorlesungen über Fouriersche Integrale*, (Akademische Verlagsgesellschaft, Leipzig) 1932.

[6] ——, ,,Monotone Funktionen, Stieltjessche Integrale und harmonische Analyse", *Math. Ann.*, **108** (1933), 378-410.

[7] —— and J. von Neumann, "Almost Periodic Functions in a Group II", *Trans. Amer. Math. Soc.*, **37** (1935), 21-50.

[8] Bohr, H., ,,Zur Theorie der Fastperiodischen Funktion", I-III, *Acta Math.*, **45** (1925), 29-127, **46** (1925), 101-214, **47** (1926), 237-281.

[9] ——, *Fastperiodische Funktionen*, (Springer, Berlin) 1932.

[10] Bourbaki, N., *Eléments de mathématique : Integration*, Chap.1-4, (Hermann, Paris) 1965, 英訳 *Elements of Mathematics; Integration*, I,II, (Springer-Verlag, Berlin/Heidelberg) 2004.

[11] ——, *Eléments de mathématique : Espace vectoriels topologiques*, Chap.1-2 (second édition), (Hermann, Paris), 1965 : Chap.3-5, 1964, 英訳 *Elements of Mathematics; Topological Vector Spaces*, (Springer-

参 考 文 献 445

Verlag, Berlin/Heidelberg) 2004.

[12] Brémaud, P., *Fourier Analysis and Stochastic Processes*, (Springer, Cham) 2014.

[13] Carathéodory, C., „Über den Variabilitätsbereich der Koefficienten von Potenzreihen die gegebene Werte nicht annemen", *Math. Ann.*, **54** (1907), 95-115.

[14] Carleson, L., "On the Convergence and Growth of Partial Sums of Fourier Series", *Acta Math.*, **116** (1966), 135-157.

[15] Cartan, H., *Théorie élémentaires des fonctions analytiques d'une ou plusieurs variables complexes*, (Hermann, Paris) 1961. 英訳 *Elementary Theory of Analytic Functions of One or Several Complex Variables*, (Addison Wesley, Reading) 1963. 邦訳『複素函数論』高橋禮司 訳 (岩波書店) 1965.

[16] Chang, W.W. and D.J. Smyth, "The Existence and Persistence of Cycles in a Non-linear Model of Kaldor's 1940 Model Re-examined", *Review of Economic Studies*, **38** (1971), 37-44.

[17] Choquet, G., *Lectures on Analysis*, Vol. I, (Benjamin, London) 1969.

[18] Cramér, H., "On the Theory of Stationary Random Processes", *Ann. Math.*, **41** (1940), 215-230.

[19] Crandall, M.G. and P.H. Rabinowitz, "The Hopf Bifurcation Theorem", MRC Technical Summary Report, No. 1604, Univ. of Wisconsin Math. Research Center, (1976).

[20] Crum, M.M., "On Positive Definite Functions", *Proc. London Math. Soc.*, **6** (1956), 548-560.

[21] Dixmier, J., C^*-*Algebras*, (North-Holland, Amsterdam) 1977.

[22] Doob, J.L., *Stochastic Processes*, (Wiley, New York) 1953.

[23] ——, "Time Series and Harmonic Analysis", *Proc. Berkeley Symposium of Math. Stat. and Prob.*, (Univ. of California Press, Berkeley) 1949, 303-393.

[24] Dudley, R.M., *Real Analysis and Probability*, (Wadsworth and Brooks, Pacific Grove), 1988.

[25] Dunford, N. and J.T. Schwartz, *Linear Operators*, Part 1-3, (Interscience, New York) 1958-1971.

[26] Duoandikoetxea, J., *Fourier Analysis*, (Amer. Math. Soc., Providence) 2001.

[27] Dym, H. and H.P. McKean, *Fourier Series and Integrals*, (Academic Press, New York) 1972.

[28] Evans, L., *Partial Differential Equations*, (Amer. Math. Soc., Providence) 1998.

[29] Folland, G.B, *Fourier Analysis and its Applications*, (Amer. Math. Soc., Providence) 1992.

[30] Frisch, R., "Propagation Problems and Inpulse Problems in Dynamic Economics", in *Economic Essays in Honor of Gustav Cassel*, (Allen and Unwin, London) 1933.

[31] Goldberg, R.R., *Fourier Transforms*, (Cambridge Univ. Press, Cambridge) 1961.

[32] Grafakos, L., *Modern Fourier Analysis*, 3rd ed., (Springer, New York) 2014.

[33] Granger, C.W.J. and P. Newbold., *Forecasting Economic Time Series*, 2nd ed., (Academic Press, Orland) 1986.

[34] Grothendieck, A., *Topological Vector Spaces*, (Gordon and Breach, New York) 1973.

[35] Halmos, P. R., *Introduction to a Hilbert Space and the Theory of Spectal Multiplicity,* (Chalsea, New York) 1951.

[36] Hamilton, J.D., *Time Series Analysis*, (Princeton Univ. Press, Princeton) 1994.

[37] Hardy, G.H., "On the Summability of Fourier Series", *Proc. London Math. Soc.*, **12** (1913), 365-372.

[38] —— and W.W. Rogozinski, *Fourier Series*, 3rd ed., (Cambridge Univ. Press, London) 1956.

[39] Helson, H., *Harmonic Analysis*, (Wadsworth and Brooks, Belmont) 1991.

参 考 文 献 447

[40] Herglotz, G., „Über Potenzreihen mit positiven reellen Teil in Einheitskreise", *Berichte Verh Säcks. Akad. Wiss. Leipzig. Math.-phys. Kl.,* **63** (1911), 501-511.

[41] Hewitt, E. and K.A. Ross, *Abstract Harmonic Analysis,* I,II, (Springer-Verlag, Berlin) 1963, 1970.

[42] Heyer, H., *Probability Measures on Locally Compact Groups,* (Springer- Verlag, Berlin) 1977.

[43] Hicks, J.R., *A Contribution to the Theory of the Trade Cycle,* (Oxford Univ. Press, London) 1950. 邦訳『景気循環論』古谷弘訳（岩波書店） 1951.

[44] Hopf, E., „Abzweigung einer periodischen Lösung von einer stationären Lösung eines Differentialsystems", *Ber. Math. Phys. Sächsische Akademie der Wissenschafters, Leipzig,* **94** (1942), 1-22.

[45] Hormander, L., *The Analysis of Linear Partial Differential Operators,* I,II, (Springer-Verlag, Berlin/Heidelberg) 1983.

[46] Hunt, R.A., "On the Convergence of Fourier Series", *Proceedings of the Conference on Orthogonal Expansions and their Continuous Analogues,* (Southern Illinois Univ. Press, Carbondale) 1968, 234-255.

[47] 猪狩　惺 (Igari, S.) 『実解析入門』 (岩波書店) 1996.

[48] 伊藤　清 (Itô, K.) 『確率論』 (岩波書店) 1953.

[49] Jørsbue, O.G. and L. Melbro, *The Carleson-Hunt Theorem on Fourier Analysis,* (Springer-Verlag, Berlin) 1982.

[50] J.P. Kahane., *Série de Fourier absolument convergentes,* (Springer-Verlag, Berlin/Heidelberg) 1970.

[51] ——, *Some Random Series of Functions,* 2nd ed., (Cambridge Univ. Press, Cambridge) 1985.

[52] ——, and Y. Katznelson, "Sur les ensembles de divergence des séries trigonométriques", *Stud. Math.,* **26** (1966), 305-306.

[53] ——, Y. Katznelson and K. de Leeuw, "Sur les coefficients de Fourier des fonctions continues", *C.R. Acad. Sci. Paris,* **285**(1977), 1001-

1003.

[54] Kaldor, N., "A Model of the Trade Cycle", *Economic Journal*, **50** (1940), 78-92.

[55] 加藤敏夫 (Kato, T.) 『位相解析』 （共立出版）1957.

[56] Katznelson, Y., "Sur les ensembles de divergence des séries trigonométriques", *Studia Math.*, **26** (1966), 301-304.

[57] ——, *An Introduction to Harmonic Analysis*, 3rd ed., (Cambridge Univ. Press, Cambridge) 2004.

[58] 河田龍夫 (Kawata, T.) 『応用数学概論』I,II （岩波書店）1950, 1952.

[59] ——, 『Fourier 変換と Laplace 変換』 （岩波書店）1957.

[60] ——, "On the Fourier Series of a Stationary Stochastic Process", I, II, *Z. Wahrsch. Verw. Gebiete*, **6** (1966), 224-245, **13** (1969), 25-38.

[61] ——, 『フーリエ解析』 （産業図書）1975.

[62] ——, 『フーリエ解析と統計』 （共立出版）1985.

[63] ——, 『定常確率過程』 （共立出版）1985.

[64] ——, *Fourier Analysis in Probability Theory*, (Academic Press, New York) 1972.

[65] ——, "Almost Periodic Weakly Stationary Processes", G. Kallianpur, P.P. Krishnaiah and J.K.Ghosh eds., *Statistics and Probability: Essays in Honor of C.R. Rao*, (North-Holland, Amsterdam) 1982, 383-396.

[66] Keynes, J.M., *The General Theory of Employment, Interest and Money*, (Macmillan, London) 1936. 邦訳『雇用，利子および貨幣の一般理論』上・下，間宮陽介訳（岩波文庫）2008.

[67] Kolmogorov, A.N., "Une série de Fourier-Lebesgue divergent presque partout", *Fund. Math.*, **4** (1923), 324-328.

[68] ——, "Une série de Fourier-Lebesgue divergent partout", *C.R. Acad. Sci. Paris*, **183** (1926), 1327-1328.

[69] —— and C.B. フォミーン (Fomin, S.V.) 邦訳『函数解析の基礎』第4版，上・下，山崎三郎・柴岡泰光訳，（岩波書店）1979.

[70] 黒田成俊 (Kuroda, N.) 『関数解析』 （共立出版）1980.

参 考 文 献　　　　　　　　449

[71] Lax, P.D., *Functional Analysis*, (Wiley, New York) 2002.

[72] Loève, M., *Probability Theory*, 3rd ed., (van Nostrand, Princeton) 1963.

[73] Loomis, L., *An Introduction to Abstract Harmonic Analysis*, (van Nostrand, Princeton) 1953.

[74] ——, "The Spectral Characterization of a Class of Almost Periodic Functions", *Ann. Math.*, **72** (1960), 362-368.

[75] Malliavin, P., *Integration and Probability*, (Springer-Verlag, New York) 1995.

[76] Maruyama, G. (丸山儀四郎), "Harmonic Analysis of Stationary Stochastic Processes", *Mem. Fac. Sci. Kyushu Univ.*, Ser. A, **4** (1949), 45-106.

[77] 丸山徹 (Maruyama, T.) 『函数解析学』(慶應通信) 1980.

[78] ——, 『数理経済学の方法』(創文社) 1995.

[79] ——, 『積分と函数解析』(シュプリンガー東京) 2006.

[80] ——, "Existence of Periodic Solutions for Kaldorian Business Fluctuations", *Contemporary Mathematics*, **514** (2010), 189-197.

[81] ——, "On the Fourier Analysis Approach to the Hopf Bifurcation Theorem", *Adv. Math. Eco.*, **15** (2011), 41-65.

[82] ——, 『新講経済原論』第三版, (岩波書店) 2013.

[83] ——, "Fourier Analysis of Periodic Weakly Stationary Processes: A Note on Slutsky's Observation", *Adv. Math. Eco.*, **20** (2016), 151-180.

[84] ——, "Herglotz-Bochner Representation Theorem via Theory of Distributions", *Journal of the Operations Reserach Society of Japan*, **60** (2017), 122-135.

[85] Naimark, M.A., *Normed Algebras*, (Wolters Noordhoff, Groningen) 1972.

[86] ポントリャーギン, L.S. (Pontryagin, L.S.),. 邦訳『連続群論』上, 柴岡泰光訳 (岩波書店) 1957.

[87] Riesz, F., „Über Sätze von Stone und Bochner", *Acta Univ. Szegad.*, **6** (1933), 184-198.

参 考 文 献

[88] Rudin, W., "Weak Almost Periodic Functions and Fourier-Stieltjes Transforms", *Duke Math. J.*, **26** (1959), 215-220.

[89] ——, *Fourier Analysis on Groups*, (Interscience, New York) 1962.

[90] Samuelson, P.A., "Interaction between the Multiplier Analysis and the Priciple of Acceleration", *Review of Economic Studies*, **21** (1939), 75-78.

[91] ——, "A Synthesis of the Principle of Acceleration and the Multiplier", *Journal of Political Economy*, **47** (1939), 786-797.

[92] Sargent, T.J., *Macroeconomic Theory*, (Academic Press, New York) 1979.

[93] Schwartz, L., *Functional Analysis*, (Couran Institute, New York Univ,. New York) 1964.

[94] ——, *Méthods mathématique pour les sciences physiques*, (Hermann, Paris)1965, 邦訳『物理数学』吉田耕作, 渡辺二郎訳(岩波書店) 1966.

[95] ——, *Théorìe des distributions*, Nouvelle édition, entièrement corrigée, refondue et augmentée, (Hermann, Paris) 1973. 邦訳『超函数の理論』原書第三版, 岩村聯, 石垣春夫, 鈴木文夫訳（岩波書店）1971.

[96] ——, *Analyse hilbertienne*, (Hermann, Paris) 1979.

[97] Shinasi, G.J., "A Nonlinear Dynamic Model of Short Run Fluctuations", *Review of Economic Studies*, **48** (1981), 649-656.

[98] ——, "Fluctuations in a Dynamic Intermediate-run IS-LM Model: Application of the Poincaré-Bendixson Theorem", *Journal of Economic Theory*, **28** (1982), 369-375.

[99] Slutsky, E., "Alcune proposizioni sulla teoria delle funzioni aleatorie", *Giorn. Inst. Ital. degli Attuari*, **8** (1937), 193-199.

[100] ——, "The Summation of Random Causes as the Source of Cyclic Processes", *Econometrica*, **5** (1937), 105-146.

[101] ——, "Sur les fonctions aléatoires presque-periodiques et sur la décomposition des fonctions aléatoires stationnaires en composantes", *Actualités Sci. Ind.*, **738** (1938), 38-55.

[102] Stein, E.M., *Harmonic Analysis*, (Princeton Univ. Press, Princeton)

1993.

[103] Stone, M. H., "One-parameter Unitary Group in Hilbert Space", *Ann. Math.*, **33** (1932), 643-648.

[104] Stromberg, K.R., *An Introduction to Classical Real Analysis*, (Amer. Math. Soc., Providence) 1981.

[105] 高木貞治 (Takagi, T.) 『解析概論』改訂第三版 (岩波書店) 1961.

[106] 髙橋陽一郎 (Takahashi, Y.) 『実関数と Fourier 解析』1,2 (岩波書店) 1998.

[107] 寺沢寛一 (Terasawa, K.) 『自然科学者のための数学概論』増訂版 (岩波書店) 1954.

[108] Titchmarsh, E.C., *Introduction to the Theory of Fourier Integrals*, 2nd ed., (Oxford, London) 1948.

[109] Toeplitz, O., „Über die Fouriersche Entwickelung positive Funktionen", *Rend di Cinc. Mat. di Palermo*, **32** (1911), 191-192.

[110] Treves, J.F., *Topological Vector Spaces, Distributions and Kernels*, (Academic Press, New York) 1967. 邦訳『位相ベクトル空間・超関数・核』上・下, 松浦重武訳 (吉岡書店) 1973,1976.

[111] van der Waerden, B.L., *Algebra*, nonvelle éd., (Unger, New York) 1970.

[112] von Neumann, J., "Almost Periodic Functions in a Group", I, *Trans. Amer. Math. Soc.*, **36** (1934), 445-492.

[113] Wiener, N., "Generalized Harmonic Analysis", *Acta. Math.*, **55** (1930), 117-258.

[114] ——, *The Fourier Integral and Certain of its Applications*, (Cambridge Univ. Press, London/NewYork) 1933.

[115] Wold, H., *A Study in the Analysis of Stationary Time Series*, 2nd ed., (Almquist and Wicksell, Uppsala), 1953.

[116] Wolf, J., *Harmonic Analysis on Commutative Spaces*, (Amer. Math. Soc., Providence) 2007.

[117] 山口昌哉 (Yamaguti, M) 『非線型現象の数学』 (朝倉書店) 1972.

[118] 安井琢磨 (Yasui, T.) 「自励振動と景気循環」安井『均衡分析の基本問

題』(岩波書店) 1965 所収.

[119] Yosida, K.(吉田耕作), *Lectures on differential and Integral Equations*, (Intersciences, New York) 1960.

[120] ——, *Functional Analysis*, (Springer Verlag, New York) 3rd ed., 1971.

[121] ——, 加藤敏夫 『応用数学 I』 (裳華房) 1961.

[122] Zeidler, E., *Applied Functional Analysis*, (Springer-Verlag, New York) 1995.

[123] Zygmund, A., *Trigonometric Series*, 2nd ed., (Cambridge Univ. Press, Cambridge) 1968.

注意　原著，翻訳等いくつかの版本が併記されている文献については，引用の際のページ数は最初に記された版によった。

人名索引

（アルファベット順）

Ambrosetti, A., 331, 335, 342n, 444

Arveson, W., 188n, 444

Billingsley, P., 444

Bochner, S., 113, 115n, 117n, 129, 135, 140n, 152, 162, 167, 167n, 168, 168n, 181, 206, 207, 209, 211, 213, 234, 267, 267n, , 296, 444, 449

Bohr, H., 267, 267n, 444

Bourbaki, N., 73n, 387n, 429n, 444

Brémaud, P., 445

Carathéodory, C., 149n, 445

Carleson, L., 44, 44n, 254n, 259n, 331, 345, 445, 447

Cartan, H., 11n, 61n, 377n, 445

Cauchy, A., 23, 26, 57, 61, 80, 115n, 117n, 129, 184, 197, 227, 244, 247, 416, 419, 420n

Chang, W.W., 445

Choquet, G., 419n, 445

Cramér, H., 246, 246n, 253, 263, 445

Crandall, M.G., 445

Crum, M.M., 230, 230n, 247, 445

de Leeuw, K., 447

Dixmier, J., 445

Doob, J.L., 213n, 245, 253n, 445

du Bois Reymond, P., 41, 43

Dudley, R.M., 26, 215n, 273n, 445

Dunford, N., 43n, 82n, 309n, 312n, 320n, 446

Duoandikoetxea, J., 446

Dym, H., 58n, 446

Evans, L., 182n, 446

Folland, G.B., 9n, 20n, 104n, 446

Fomin, S.V., 448

Frisch, R., 213n, 446

Goldberg, R.R., 58n, 446

Goodwin, R., 213

Grafakos, L., 446

Granger, C.W.J., 446

Grothendieck, A., 73n, 387n, 446

Halmos, P.R., 446

Hamilton, J.D., 366, 446

Hardy, G.H., 43, 44n, 446

Helson, H., 446

Herglotz, G., 113, 135, 140, 144, 146, 149, 149n, 150, 152, 168, 181, 199, 205, 206, 213, 235, 447, 449

Hewitt, E., 447

Heyer, H., 447

Hicks, J.R., 213, 213n, 447

Hopf, E., 331, 334, 335, 339, 357, 359, 365, 369, 372, 415, 447, 449

Hörmander, L., 423n, 447

Hunt, R.A., 44, 44n, 331, 447

猪狩 惺 (Igari, S.), 174n, 447

伊藤 清 (Itô, K.), 237n, 246n, 447

Jørsboe, O.G., 44n, 447

Kahane, J.P., 44, 44n, 447

Kaldor, N., 213, 213n, 332, 359, 359n, 363, 445, 448, 449

加藤 敏夫 (Kato, T.), 45n, 104n, 191n, 305n, 448, 452

Katznelson, Y., 44, 44n, 117n, 125n, 140n, 149n, 168n, 175n, 267n, 280,

288n, 447, 448

河田 龍夫 (Kawata, T.), 20n, 35n, 39n, 41n, 48n, 58n, 85n, 126n, 213n, 215n, 216n, 236n, 245, 245n, 261n, 267n, 301n, 448

Keynes, J.M., 213, 213n, 448

Kolmogorov, A.N., 44, 44n, 215, 246, 246n, 253, 263, 448

黒田 成俊 (Kuroda, S.), 305n, 448

楠岡 成雄 (Kusuoka, S.), 216n, 287

Lax, P.D., 104n, 155n, 168n, 172n, 181, 182, 182n, 185, 189n, 202n, 206n, 449

Ljapunov, A., 332, 364, 368

Loève, M., 215n, 449

Loomis, L., 267n, 449

Lotka, A.J., 373

Lusin, N.N., 43, 44

Malliavin, P., 132n, 171n, 449

丸山 儀四郎 (Maruyama, G.), 213, 449

丸山 徹 (Maruyama, T.), 43n, 75n, 78n, 83n, 104n, 115n, 129n, 136n, 150n, 155n, 168n, 172n, 188n, 198n, 213n, 238n, 247n, 303n, 309n, 312n, 320n, 329n, 332n, 334n, 344n, 347n, 359n, 360n, 384n, 388n, 396n, 397n, 406n, 425n, 426n, 449

McKean, H.P., 58n, 446

Melbro, L., 44n, 447

Naimark, M.A., 168n, 172n, 449

Newbold, P., 446

Plancherel, M., 71, 79, 82, 83, 85, 98, 189, 194, 261, 262

Pontryagin, L.S., 449

Prodi, G., 331, 335, 342n, 444

Rabinowitz, P.H., 445

Riesz, F., 5, 6, 99, 101n, 136, 137, 173, 182, 183, 185, 186, 449

Ross, K.A., 447

Rudin, W., 267n, 384n, 450

Samuelson, P.A., 213, 213n, 450

Sargent, T.J., 241, 450

Schwartz, J.T., 43n, 309n, 312n, 320n, 446

Schwartz, L., 70n, 73n, 82n, 85, 104n, 168n, 387n, 390n, 400n, 403n, 415, 415n, 427, 427n, 429n, 450

Shinasi, G.J., 450

Slutsky, E., 213, 213n, 449, 450

Smyth, D.J., 445

Stein, E.M., 450

Stone, M.H., 168n, 206, 206n, 209, 210, 250, 449, 451

Stromberg, K.R., 39n, 45n, 46n, 48n, 69n, 451

高木 貞治 (Takagi, T.), 11n, 39n, 46n, 48n, 61n, 69n, 75n, 358n, 377n, 451

高橋 陽一郎 (Takahashi, Y.), 451

寺沢 寛一 (Terasawa, K.), 9n, 451

Titchmarsh, E.C., 58n, 451

Toeplitz, O., 149n, 451

Treves, J.F., 78n, 451

van der Waerden, B.L., 377n, 451

Volterra, V., 305n, 373, 375n

von Neumann, J., 267, 267n, 444, 451

Wiener, N., 451

Wold, H., 451

Wolf, J., 451

山口 昌哉 (Yamaguti, M.), 373n, 451

安井 琢磨 (Yasui, T.), 359, 363, 451

吉田 耕作 (Yosida, K.), 9n, 21n, 26, 43n, 78n, 97n, 104n, 198n, 209n, 406n, 415n, 438n, 450, 452

Zeidler, E., 305n, 452

Zygmund, A., 44n, 452

事 項 索 引

（五十音順）

あ　行

Abel の総和核 (Abel summability kernel)　126

Ascoli-Arzelà の定理 (Ascoli-Arzelà theorem)　402

位相的直和 (topological direct sum)　309

位相的補空間 (topological complements)　309, 392

一径数群 (one-parameter group)　206

C_0-級の（強連続な）――　206

一様強連続 (uniformly strongly continuous)　229

移動作用素 (shift operator)　113

移動平均過程 (moving average process)　228

移動閉凸包 (translation closed convex hull)　273

ε-概周期 (ε-almost period)　268

Wiener 代数 (Wiener algebra)　132

Wiener の定理 (Wiener's theorem)　178, 180

Volterra-Lotka の微分方程式 (Volterra-Lotka differential equation)　373

$\mathfrak{H}$-弱連続 ($\mathfrak{H}$-weakly continuous)　220

Hermite の多項式 (Hermite polynomial)　11

円形集合 (balanced set)　388n

か　行

Carleson の定理 (Carleson's theorem)　44

概周期，概周期的 (almost periodic)

――函数　268

――函数の空間 $\mathfrak{AP}$　268

――弱定常確率過程　300

開集合において消える (vanish in an open set)　437

Gauss の総和核 (Gauss summability kernel)　126

確率過程 (stochastic process)　214

可測――　229

強定常――　222

強連続――　217

弱定常――　222

弱連続――　220

周期弱定常――　238

p 次の――　215

加速度 (accelerator)　213

Gâteaux 微分可能 (Gâteaux- differentiable)　344n

緩増加函数 (slowly increasing function)　90

――によって定まる緩増加超函数　89

緩増加測度 (tempered measure)　97

緩増加超函数 (tempered distribution)　88

完備正規直交系 (complete orthonormal system)　20

ガンマ函数 (gamma function)　10n
帰納的極限位相 (inductive limit topology)　388
　強い意味での──　391
急減少函数 (rapidly decreasing function)　71
　──の空間 $\mathfrak{S}$　72
吸収的 (absorbing)　388n
強位相 (strong topology)　399
強定常確率過程 (strongly stationary stochastic process)　222
共分散函数 (covariance function)　216
共鳴定理 (resonance theorem)
　Banach-Steinhaus の──　43n
　Banach-Mackey の──　406
共役作用素 (conjugate operator)　188
強連続 (strongly continuous)　217
強連続確率過程 (strongly continuous stochastic process)　217
　一様──　218
極集合 (polar set)　400n
局所的性質 (local property)　37
Khintchine の直交測度 (Khintchine orthogonal measure)　242
Cramér-Kolmogorov の表現定理 (Cramér-Kolmogorov representation theorem)　246
Crum の定理 (Crum's theorem)　230
景気変動 (business fluctuation)　213
系列無相関 (serially uncorrelatedness)　228
Cauchy の主値 (Cauchy's principal value)　57
Cauchy-Bochner 積分　115n
恒等作用素の分解 (resolution of the identity)　195
Kolmogorov の定理 (Kolmogorov's theorem)　215
コンパクト位相 (compact topology)　399

さ　行

最良近似 (best apprroximation)　18
三角多項式 (trigonometric polynomial)　279
三角不等式 (triangular inequality)　4
$(C,1)$-総和可能 $((C,1)$-summable)　48
$(C,1)$ 和 $((C,1)$-sum)　48
自己随伴作用素 (self-adjoint operator)　189n
指数 (index)
　Fredholm 作用素の──　319
射影 (projection)　191, 306
射影作用素 (projection operator)　191, 306
弱定常確率過程 (weakly stationary stochastic process)　222
Schwarz の不等式 (Schwarz inequality)　4
周期弱定常確率過程 (periodic weakly stationary stochastic process)　238
周期超函数 (periodic distribution)　104
周波数 (frequency)　279
Schmidt の直交化 (Schmidt's orthogonalization)　13
乗数 (multiplier)　213
商セミ・ノルム (quotient seminorm)　406
Jordan の判定条件 (Jordan test)　38
試料函数 (test function)　418
　──の空間 $\mathfrak{D}$　417-418
随伴作用素 (adjoint operator)　188
Stone の定理 (ユニタリ作用素の作る一径数群についての) (Stone's theorem (on one parameter group of unitary operators))　209
スペクトル合成 (spectral synthesis)　125, 129
　Wiener 代数上の──　131
　$\mathfrak{L}^1$ 上の──　131

$\mathfrak{L}^1_{2\pi}$ 上の── 124

スペクトル射影 (spectral projection) 352

スペクトル測度 (spectral measure) 234

スペクトル表現 (spectral representation)
  共分散の── 234, 235
  弱定常確率過程の── 246
  ユニタリ作用素の── 205
  ユニタリ作用素の作る一径数群の── 209

スペクトル分布函数 (spectral distribution function) 234

スペクトル密度函数 (spectral density function) 234

正規直交系 (orthonormal system) 8

正の超函数 (positive distribution) 430

正の半定符号 (positive semi-definite) 146

積分法の第二平均値定理 (second mean value theorem of integration) 38, 38-39n
  Bonnet 型の── 39n
  Weierstrass 型の── 39n

線形確率過程 (linear stochastic process) 228

相関函数 (corrrelation function) 216

双直交系 (biorthogonal system) 310

双対作用素 (dual operator) 91

総和核 (summability kernel)
  Abel の── 126
  $\mathbb{R}$ 上の── 125
  Gauss の── 126
  Fejér の── 128
  $[-\pi, \pi]$ 上の── 117

た　行

第一積分 (first integral) 365

対称作用素 (symmetric operator) 189

たたみ込み (convolution)
  $\mathfrak{L}^1$ 上の── 60
  函数と測度の── 152
  測度の── 172
  平均による── 292
  $[-\pi, \pi]$ 上の── 122

樽 (barrel) 395

樽型空間 (barreled space) 395

単純位相 (simple topology) 399

単純固有値 (simple eigenvalue) 342

Cesàro の意味での一次総和可能 (first-summability in the sence of Cesàro) 48

超函数 (distribution) 427
  緩増加── 90
  局所可積分函数の定める── 428
  コンパクトな台をもつ── 440
  周期── 104
  正の── 430
  Dirac の── 428
  導── 87, 432

超函数の台 (support of a distribution) 438

直和 (direct sum)
  位相的── 309
  線形空間上の── 306

直交系 (orthogonal system) 8
  正規── 8

直交する (orthogonal) 4

直交測度 (orthogonal measure) 241
  Khintchine の── 242
  有限── 242

直交分解 (orthogonal decomposition) 5

直交補空間 (orthogonal complement) 5

強い意味での帰納的極限位相 (strictly inductive limit topology) 391

Dini の判定条件 (Dini test) 38

Dirac の超函数 (Dirac distribution) 428

Dirichlet 積分 (Dirichlet integral) 31

Dirichlet の核（総和核）(Dirichlet kernel) 31

Doob-Kawata 公式 (D-K 公式) (Doob-Kawata formulas (D-K formulas)) 245

導超函数 (distributional derivative) 432

トーラス (torus) 382

な　行

内積 (inner product) 3
　$\mathfrak{AP}$ 上の—— 290

熱伝導方程式 (heat equation) 68

Nemyckii 作用素 (Nemyckii operator) 342

ノルム・スペクトル (norm spectrum) 280

は　行

Parseval の定理 (Parseval's theorem) 102

Parseval の等式 (Parseval's equality) 23
　概周期函数についての—— 297

白色雑音 (white noise) 228

Banach-Steinhaus の共鳴定理 (Banach-Steinhaus resonance theorem) 43n

Banach-Steinhaus の定理 (Banach-Steinhaus theorem) 405

Banach-Mackey の共鳴定理 (Banach-Mackey resonance theorem) 406

Hamilton 系 (Hamiltonian system) 366

パラメトリックス (parametrix)
　左—— 325
　右—— 325

半群 (semi-group) 206n

反射的 (reflexive) 409

半双線形汎函数 (sesquilinear functional) 181

有界な—— 185

半反射的 (semi-reflexive) 409

非線形振動論 (theory of nonlinear oscillation) 213

Pythagoras の定理 (Pythagorian theorem) 4

左パラメトリックス (left parametrix) 325

標本函数 (sample function) 214

Hilbert 空間 (Hilbert space) 4
　可分な—— 24

Van der Pol の微分方程式 356

Fourier 級数 (Fourier series) 16
　$\mathfrak{L}^1$ 上の—— 30
　概周期函数の—— 292
　Hilbert 空間上の—— 16
　複素型—— 17

Fourier 級数の収束 (convergence of Fourier series)
　——の一様収束 45
　——の一点での収束 33
　——の概収束 43
　——の局所的性質 37
　——のための Jordan の条件 38
　——のための Dini の条件 37
　——のノルム収束 22

Fourier 係数 (Fourier coefficient)
　概周期函数の—— 291
　周期超函数の—— 108
　測度の—— 137
　Hilbert 空間上の—— 16

Fourier 指数 (Fourier index) 292

Fourier-Stieltjes 係数 (Fourier-Stieltjes coefficient) 137

Fourier-Stieltjes 変換 (Fourier-Stieltjes transform) 152

Fourier の逆変換 (inverse Fourier transform)
　$\mathfrak{S}$ 上の—— 78
　$\mathfrak{S}'$ 上の—— 92
　$\mathfrak{L}^2$ 上の—— 79

事 項 索 引　　　　459

Fourier の逆変換公式 (Fourier inversion formula)
　𝔖 上の── 75
　𝔏¹ 上の── 131
　𝔏² 上の── 79
Fourier の積分公式 (Fourier integral formula) 57
　複素型の── 57
Fourier の反転公式 (Fourier inversion formula) 75
Fourier 変換 (Fourier transform)
　──の高階導函数 68
　──の導函数 67
　𝔖 上の── 75
　𝔏¹ 上の── 58
　𝔏² 上の── 79, 98
　緩増加超函数の── 91
　高階導函数の── 65
　測度の── 152
　たたみ込みの── 63
　導函数の── 64
Fejér 核 (総和核) (Fejér kernel) 49
　──の表現 50
Fejér 積分 (Fejér integral) 49
Fejér の総和核 (Fejér summability kernel)
　ℝ 上の── 128
Fejér の総和可能 (Fejér summability) 117
Fejér の総和定理 51
Fejér 和 (Fejér sum) 49
符号定理 (sign theorem) 147
Plancherel の定理 (Plancherel's theorem) 79, 98
pre-Hilbert 空間 (pre-Hilbert space) 4
Fréchet 微分可能 (Fréchet-differentiable) 344n
Fredholm 作用素 (Fredholm operator) 319
分岐点 (bifurcation point) 335

分岐方程式 (bifurcation equation) 334
分散 (variance) 216
分枝 (対数の) (branch (of log)) 383
分布 (distribution) 214
平均 (mean value)
　𝔏¹ 上の── 286
平均によるたたみ込み (mean convolution) 292
平行四辺形の原理 (parallelogram law) 4
Heaviside の函数 (Heaviside function) 432
ベータ函数 (beta function) 11n
Baire 空間 (Baire space) 396n
巾等性 (idempotency) 192
Bessel の不等式 (Bessel's inequality) 19
　概周期函数に対する── 291
Herglotz の定理 (Herglotz's theorem) 149
偏角 (複素数の) (argument (of a complex number)) 383
Poisson の公式 (熱伝導方程式の) (Poisson formula (of heat equation)) 70
Hopf の分岐定理 (Hopf bifurcation theorem) 355, 359
Bochner の定理 (Bochner's theorem) 167

ま　行

Mackey の定理 (Mackey's theorem) 410
右パラメトリックス (right parametrix) 325
Minkowski の汎函数 (Minkowski functional) 396n
無限遠で消える (vanish at infinity) 136n
Montel 空間 (Montel space) 398
　──の双対 413

事 項 索 引

や　行

有界型空間 (bornologic space)　439
有限次元分布系 (system of finite dimensional distributions)　214
ユニタリ群 (unitary group)　194
ユニタリ作用素 (unitary operator)　193

ら　行

Laguerre の多項式 (Laguerre polynomial)　12
Lax-Milgram の定理 (Lax-Milgram's theorem)　182
Radon 測度 (Radon measure)　136, 429
Riesz の表現定理 (Riesz's representation theorem)　5
Riesz-Markov-角谷の定理 (Riesz-Markov-Kakutani theorem)　136

Riemann-Lebesgue の補題 (Riemann-Lebesgue lemma)
　$\mathfrak{L}^1$ 上の――　34
　Hilbert 空間上の――　19
　Fourier 変換の――　65
Liénard の微分方程式 (Liénard differential equation)　359
離散測度 (discrete measure)　174
Ljapunov-Schmidt の降下法 (Ljapunov-Schmidt reduction method)　332
Ljapunov の渦心点定理 (Ljapunov center theorem)　368
Legendre の多項式 (Legendre polynomial)　9
Lusin の問題 (Lusin's problem)　44
連続測度 (continuous measure)　174
連続率 (modulus of continuity)　282
　$\mathfrak{L}^1$-――　282

わ　行

歪対称性 (skew-symmetric)　182

丸山 徹（まるやま・とおる）

1949 年，東京に生まれる。1972 年，慶應義塾大学経済学部卒業。現在，同大学名誉教授，経済学博士。専攻　解析学，数理経済学

〔主著〕『数理経済学の方法』（創文社，1995 年），『経済数学』（知泉書館，2002 年），『積分と函数解析』（シュプリンガー東京，2006 年），『ワルラスの肖像』（勁草書房，2008 年），『アダム・スミス『国富論』を読む』（岩波書店，2011 年），『新講・経済原論』第三版（岩波書店，2013 年），ほかに随筆集『春宵』（慶應通信，1989 年），『水たまりの青空』（三月書房，2002 年），『述ベテ作ラズ』（青蛙房，2015 年）がある。

〈数理経済学叢書 8〉

〔経済現象の調和解析〕　　　　　　　　　ISBN978-4-86285-262-5

2017 年 11 月 10 日　第 1 刷印刷
2017 年 11 月 15 日　第 1 刷発行

著　者　丸　山　　　徹

発行者　小　山　光　夫

製　版　ジ　ャ　ッ　ト

発行所　〒113-0033 東京都文京区本郷1-13-2
　　　　電話03 (3814) 6161 振替00120-6-117170
　　　　http://www.chisen.co.jp
　　　　　　　　　　　　　　株式会社　知 泉 書 館

Printed in Japan　　　　　　　　　　印刷・製本／藤原印刷

〔数理経済学叢書〕

経済現象の調和解析 〔数理経済学叢書8〕

丸山　徹著　　　　　　　　　　《最新刊》　菊/478p/9000 円

* * *

非協力ゲーム理論 〔数理経済学叢書1〕

グレーヴァ香子著　講義と研究を基に一書にまとめた，初学者から
研究者まで幅広い対象の本格的中級テキスト　　菊/344p/4400 円

ミクロ経済分析の基礎 〔数理経済学叢書2〕

長名寛明著　本書をマスターすればどのようなミクロ経済の問題も
的確に理解できるよう配慮された第一級テキスト　菊/476p/6000 円

極値問題の理論 〔数理経済学叢書7〕

イオッフェ，ティコミロフ／細矢祐誉・虞朝聞訳　最大や最小の問
題を扱う極値理論の世界的に定評の教科書を訳出　菊/630p/9000 円

最適化の数理 I　数理計画法の基礎 〔数理経済学叢書3〕

小宮英敏著　経済学の多くの場面で活用される最適化の数理を支え
る数学の手法を専門の数学者の立場で丁寧に解説　菊/294p/4600 円

最適化の数理 II　ベルマン方程式 〔数理経済学叢書5〕

岩本誠一著　経済動学分野においてよく用いられる動的計画法の核
心をなすベルマン方程式を分かり易く解説する　　菊/468p/6500 円

非線型経済動学　差分方程式・分岐・カオス 〔数理経済学叢書4〕

J.-M. グランモン／斉木吉隆訳　非線型力学系理論の要点を分り易
く正確に説明，動学理論に関心をもつ人の必携書　菊/144p/3000 円

凸解析の基礎　凸錐・凸集合・凸関数 〔数理経済学叢書6〕

W. フェンヒェル／小宮英敏訳　幾何学と解析学の両面から凸錐，凸
集合，凸関数の基本的性質を網羅した融合の成果　菊/136p/3500 円

知泉書館

〒113-0033　東京都文京区本郷 1-13-2
Tel: 03-3814-6161 / Fax: 03-3814-6166
http://www.chisen.co.jp　　　（税込友）